# 500만 독자 여러분께
# 감사

세상이 아 … 바쁘게 돌아가더라도
책까지 아무렇게나 빨리 만들 수는 없습니다.

길벗은 독자 여러분이
가장 쉽게, 가장 빨리 배울 수 있는 책을
한 권 한 권 정성을 다해 만들겠습니다.

독자의 1초를 아껴주는
정성을 만나보세요.

미리 책을 읽고 따라해 본 2만 베타테스터 여러분과
무따기 체험단, 길벗스쿨 엄마 2% 기획단,
시나공 평가단, 토익 배틀, 대학생 기자단까지!
믿을 수 있는 책을 함께 만들어주신 독자 여러분께 감사드립니다.

(주)도서출판 길벗 **www.gilbut.co.kr**
길벗 스쿨 **www.gilbutschool.co.kr**

선양미 지음

길벗

직장인을 위한 **실무 데이터 분석 with 엑셀**

**The Business Practice Series - Date Analysis with Excel**

**초판 발행**·2020년 8월 17일
**초판 3쇄 발행**·2022년 11월 3일

**지은이**·선양미
**발행인**·이종원
**발행처**·(주)도서출판 길벗
**출판사 등록일**·1990년 12월 24일
**주소**·서울시 마포구 월드컵로 10길 56(서교동)
**대표 전화**·02)332-0931 | **팩스**·02)322-0586
**홈페이지**·www.gilbut.co.kr | **이메일**·gilbut@gilbut.co.kr

**기획 및 책임 편집**·박슬기(sul3560@gilbut.co.kr)
**표지 디자인**·황애라 | **본문 디자인**·이도경 | **제작**·이준호, 손일순, 이진혁
**영업마케팅**·전선하, 차명환, 박민영 | **영업관리**·김명자 | **독자지원**·윤정아, 최희창

**편집진행**·안혜희북스 | **전산편집**·예다움 | **CTP 출력 및 인쇄**·교보피앤비 | **제본**·경문제책



ISBN 979-11-6521-249-0 03000
(길벗 도서번호 007090)

가격 22,000원

## 엑셀의 기본만 알고 있다면 누구나 따라할 수 있는 책입니다!

새로운 책을 준비하면서 머릿속에 새겼던 생각은

'어려워서 몇 장 넘기다 덮어버리는 책이 아니라 엑셀의 기본만 알고 있는 초보자라면 누구나 따라할 수 있는 책을 만들자!'

입니다. 이 책은 하나의 주제를 던져 놓고 그 문제를 해결하기 위한 다양한 접근 방법을 소개합니다. 같은 결과를 얻을 수 있지만, 그 문제를 해결하는 방법은 다양하므로 본인에게 편한 방법이 무엇인지, 또는 다양한 상황에 맞는 적당한 방법을 찾아볼 수 있답니다.

이 책은 두 개의 파트로 구성되어 있습니다.
데이터를 관리할 때 기초 데이터를 정리하는 작업을 우선해야 하는데, 첫 번째 파트에서는 이 작업에서 발생할 수 있는 다양한 상황을 처리하는 방법을 소개합니다. 기초 데이터를 만들 때 직접 일일이 수작업으로 처리해야 해서 시간이 오래 걸리는 경우가 많습니다. 하지만 귀찮다고 이 작업을 제대로 하지 않으면 다음 작업을 할 때마다 매번 번거로운 작업 단계를 거쳐야 하고, 데이터의 정확도도 떨어지는 문제가 발생할 수 있습니다.
두 번째 파트에서는 이렇게 정리한 방대한 자료를 이용해서 다양한 요구에 맞게 분석하고, 통계 자료를 만들 때 사용할 수 있는 다양한 방법을 소개합니다.

엑셀이 전문 데이터베이스 프로그램은 아닙니다. 하지만 우리가 익숙하게 엑셀을 사용할 수 있고, 기초 자료가 엑셀로 만들어져 있다면 새로운 데이터베이스 프로그램을 익혀서 사용하는 것보다 엑셀이 훨씬 편할 겁니다. 엑셀로도 원하는 데이터 분석과 통계 자료를 얻을 수 있는 다양한 방법이 있으니 꼭 익혀보세요.

마지막으로 이 책을 선택해 주신 독자분들께 감사드리며, 여러분의 선택에 조금이나마 도움이 되고 항상 책상 앞에 꽂혀서 자주 펼쳐보는 책이 되었으면 합니다. 이 책이 나오기까지 많은 수고와 도움을 주신 길벗출판사와 박슬기 님, 안혜희 님께도 감사의 인사를 드립니다. 언제나 따뜻한 마음으로 옆을 든든하게 지켜주는 남편 박병철 님에게도 고맙다는 말을 전합니다.

장맛비가 내리는 7월 끝자락에서

저자 선양미 드림

수집한 데이터를 관리하기 쉽고 편하게 리모델링하는 방법에 대해 알려줍니다. 업무 시간은 줄이고, 효율성을 높이는 다양한 팁을 익혀보세요. 또한 기초 자료를 관리하기 편리한 데이터로 리모델링할 때의 주의 사항도 함께 익혀보세요.

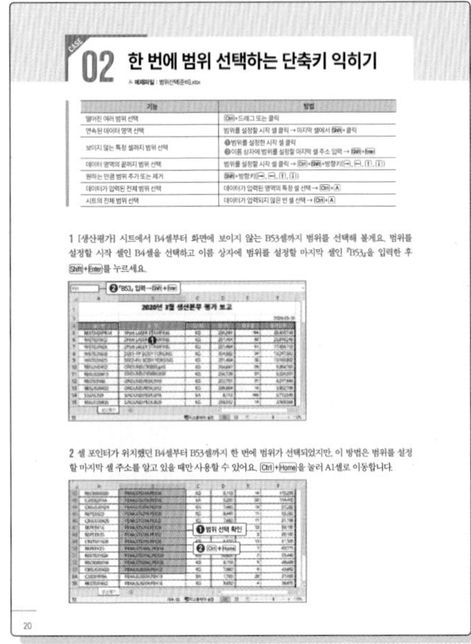

CASE 02 한 번에 범위 선택하는 단축키 익히기

예제파일 : 범위선택(준비).xlsx

| 기능 | 방법 |
|---|---|
| 떨어진 여러 범위 선택 | Ctrl+드래그 또는 클릭 |
| 연속된 데이터 영역 선택 | 범위를 설정할 시작 셀 클릭 → 마지막 셀에서 Shift+클릭 |
| 보이지 않는 특정 셀까지 범위 선택 | ❶범위를 설정한 시작 셀 클릭<br>❷이름 상자에 범위를 설정할 마지막 셀 주소 입력 → Shift+Enter |
| 데이터 영역의 끝까지 범위 선택 | 범위를 설정할 시작 셀 클릭 → Ctrl+Shift+방향키(→, ←, ↑, ↓) |
| 원하는 만큼 범위 추가 또는 제거 | Shift+방향키(→, ←, ↑, ↓) |
| 데이터가 입력된 전체 범위 선택 | 데이터가 입력된 영역의 특정 셀 선택 → Ctrl+A |
| 시트의 전체 범위 선택 | 데이터가 입력되지 않은 빈 셀 선택 → Ctrl+A |

1 [생산평가] 시트에서 B4셀부터 화면에 보이지 않는 B53셀까지 범위를 선택해 볼게요. 범위를 설정할 시작 셀인 B4셀을 선택하고 이름 상자에 범위를 설정할 마지막 셀인 『B53』을 입력한 후 Shift+Enter를 누르세요.



2 셀 포인터가 위치했던 B4셀부터 B53셀까지 한 번에 범위가 선택되었지만, 이 방법은 범위를 설정할 마지막 셀 주소를 알고 있을 때만 사용할 수 있어요. Ctrl+Home을 눌러 A1셀로 이동합니다.



20

## 업무 시간 단축

데이터를 최대한 빠르고 신속하게 처리할 수 있도록 유용한 팁을 간단하게 정리해서 보여줍니다.

## 스텝별 설명

실무 활용도 높은 프로젝트 예제를 차근차근 따라하다 보면 데이터 관리 및 분석 능력이 향상됩니다.

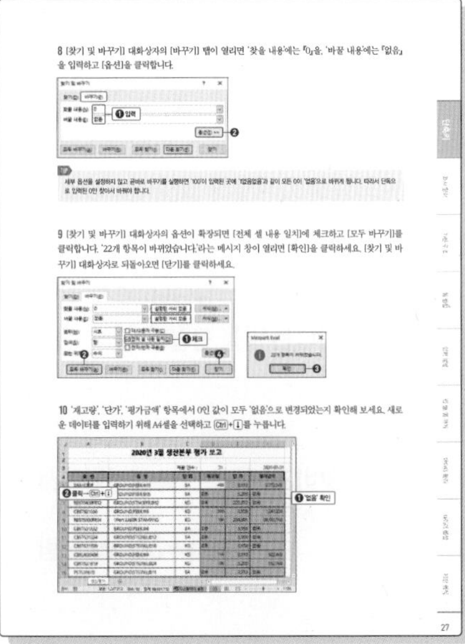

8 [찾기 및 바꾸기] 대화상자의 [바꾸기] 탭이 열리면 '찾을 내용'에는 『0』을, '바꿀 내용'에는 『없음』을 입력하고 [옵션]을 클릭합니다.



TIP
세부 옵션을 설정하지 않고 곧바로 바꾸기를 실행하면 '100'이 입력된 곳에 '1없음없음'과 같이 모든 0이 '없음'으로 바뀌게 됩니다. 따라서 단독으로 입력된 0만 찾아서 바꿔야 합니다.

9 [찾기 및 바꾸기] 대화상자의 옵션이 확장되면 [전체 셀 내용 일치]에 체크하고 [모두 바꾸기]를 클릭합니다. '22개 항목이 바뀌었습니다.'라는 메시지 창이 열리면 [확인]을 클릭하세요. [찾기 및 바꾸기] 대화상자로 되돌아오면 [닫기]를 클릭하세요.



10 '재고량', '단가', '평가금액' 항목에서 0인 값이 모두 '없음'으로 변경되었는지 확인해 보세요. 새로운 데이터를 입력하기 위해 A4셀을 선택하고 Ctrl+↓를 누릅니다.



27

## TIP

실습을 따라하면서 알아두면 좋은 유용한 팁이나 궁금한 점을 정리해 두었습니다.

## 검색 탭

데이터 분석 작업을 위한 키워드를 표시해 두어 원하는 기능을 빠르게 찾을 수 있습니다.

## 데이터 분석 MASTER 02

상황별 데이터 처리 및 분석 방법에 대해 배워봅니다. 데이터 비교, 집계 자료 생성, 데이터 통합, 데이터 추출 등 업무에서 자주 쓰는 데이터 분석 기능만 엄선하여 실사례를 통해 알려줍니다.

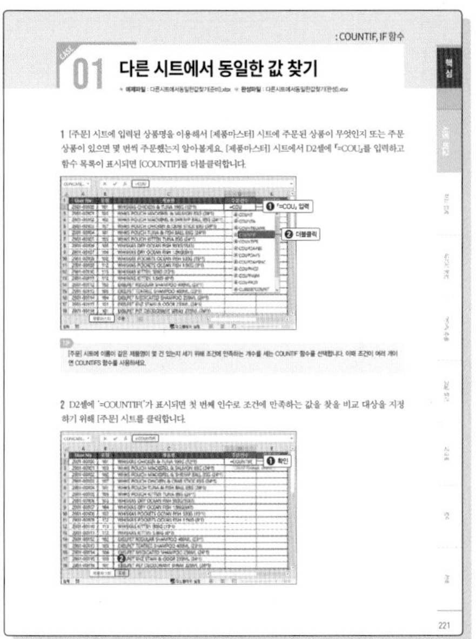

: COUNTIF, IF 함수

CASE 01 다른 시트에서 동일한 값 찾기

1 [주문] 시트에 입력된 상품명을 이용해서 [제품마스터] 시트에 주문된 상품이 무엇인지 또는 주문 상품이 있으면 몇 번씩 주문했는지 알아볼게요. [제품마스터] 시트에서 D2셀에 『=COU』를 입력하고 함수 목록이 표시되면 [COUNTIF]를 더블클릭합니다.



TIP [주문] 시트에 이름이 같은 제품명이 몇 건 있는지 세기 위해 조건에 만족하는 개수를 세는 COUNTIF 함수를 선택합니다. 이때 조건이 여러 개이면 COUNTIFS 함수를 사용하세요.

2 D2셀에 '=COUNTIF('가 표시되면 첫 번째 인수로 조건에 만족하는 값을 찾을 비교 대상을 지정하기 위해 [주문] 시트를 클릭합니다.



221

### CASE

실제 업무에서 만나게 되는 다양한 상황을 예제에 녹여냈습니다. 언제, 어떤 상황에서나 응용하여 활용할 수 있습니다.

### 주요 함수

데이터 분석 필수 함수만 콕 집어 알려줍니다.

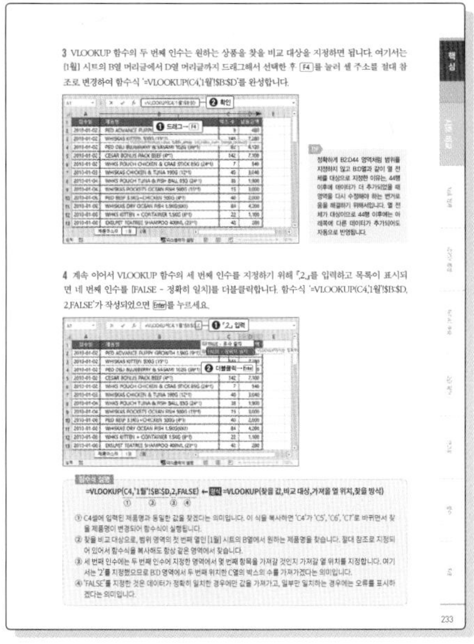

3 VLOOKUP 함수의 두 번째 인수는 원하는 상품을 찾을 비교 대상을 지정하면 됩니다. 여기서는 [1월] 시트의 B열 머리글에서 D열 머리글까지 드래그해서 선택한 후 F4를 눌러 셀 주소를 절대 참조로 변경하여 함수식 '=VLOOKUP(C4,'1월'!$B:$D'를 완성합니다.



TIP 정확하게 B2:D44 영역처럼 범위를 지정하지 않고 B:D열과 같이 열 전체를 대상으로 지정한 이유는, 44행 이후에 데이터가 더 추가되었을 때 영역을 다시 수정해야 하는 번거로움을 해결하기 위해서입니다. 열 전체가 대상이므로 44행 이후에는 아래쪽에 다른 데이터가 추가되어도 자동으로 반영됩니다.

4 계속 이어서 VLOOKUP 함수의 세 번째 인수를 지정하기 위해 『2,』를 입력하고 목록이 표시되면 네 번째 인수를 [FALSE - 정확히 일치]를 더블클릭합니다. 함수식 '=VLOOKUP(C4,'1월'!$B:$D,2,FALSE'가 작성되었으면 Enter를 누르세요.



함수식 설명

=VLOOKUP(C4,'1월'!$B:$D,2,FALSE) ← 형식 =VLOOKUP(찾을 값,비교 대상,가져올 열 위치,찾을 방식)

① C4셀에 입력된 제품명과 동일한 값을 찾겠다는 의미입니다. 이 식을 복사하면 'C4'가 'C5', 'C6', 'C7'로 바뀌면서 찾을 제품명이 변경되어 함수식이 실행됩니다.
② 찾을 비교 대상으로, 범위 영역의 첫 번째 열인 [1월] 시트의 B열에서 원하는 제품명을 찾습니다. 절대 참조로 지정되어 있어서 함수식을 복사해도 항상 같은 영역에서 찾습니다.
③ 세 번째 인수에는 두 번째 인수에 지정한 영역에서 몇 번째 항목을 가져갈 것인지 가져갈 열 위치를 지정합니다. 여기서는 '2'를 지정했으므로 B:D 영역에서 두 번째 위치한 C열의 박스의 수를 가져가겠다는 의미입니다.
④ 'FALSE'를 지정한 것은 데이터가 정확히 일치한 경우에만 값을 가져가고, 일부만 일치하는 경우에는 오류를 표시하겠다는 의미입니다.

233

### 핵심

데이터 분석에 꼭 필요한기능이 담겨있습니다. 따라서 해당 예제는 꼭 따라해 봐야 합니다.

### 함수식 설명

함수, 어렵지 않습니다. 여기서는 이해하기 쉽게 알려주기 때문에 업무에 바로 써 먹을 수 있습니다.

## 핵심! 직장인을 위한 데이터 분석 핵심 기능만 모았다!

# PART 01 관리하기 편하게 데이터 리모델링하기

## PART 02 다양한 요구에 맞게 데이터 분석하기

**부록/ 예제 및 완성 파일 다운로드 안내**

이 책에 사용된 예제파일 및 완성파일은 길벗출판사 홈페이지(www.gilbut.co.kr)에서 다운로드할 수 있습니다. 홈페이지 검색 창에 『직장인을 위한 실무 데이터 분석』을 입력하고 해당 도서 페이지가 열리면 [자료실]을 클릭해 실습 파일을 다운로드하세요. 홈페이지 회원으로 가입하지 않아도 누구나 부록 파일을 다운로드할 수 있습니다.

# 길벗출판사 홈페이지 소개

길벗출판사에서 운영하는 홈페이지(www.gilbut.co.kr)에서는 출간한 도서에 대한 정보뿐 아니라 실습 파일 및 동영상 등 학습에 필요한 자료도 제공하고 있습니다. 또한 책을 읽다 모르는 내용이 있다면 언제든지 홈페이지의 도서 게시판에 문의를 남겨주세요. 독자 A/S 전담팀과 저자가 신속하고 정확하게 질문을 해결해 드립니다.

- 길벗출판사 홈페이지에 접속한 후 검색 창에 『직장인을 위한 실무 데이터 분석 with 엑셀』을 입력해 해당 도서 페이지로 이동하세요. 홈페이지 화면의 오른쪽에 보이는 퀵 메뉴를 이용하면 도서 및 동영상 강좌 문의를 빠르게 할 수 있어요.

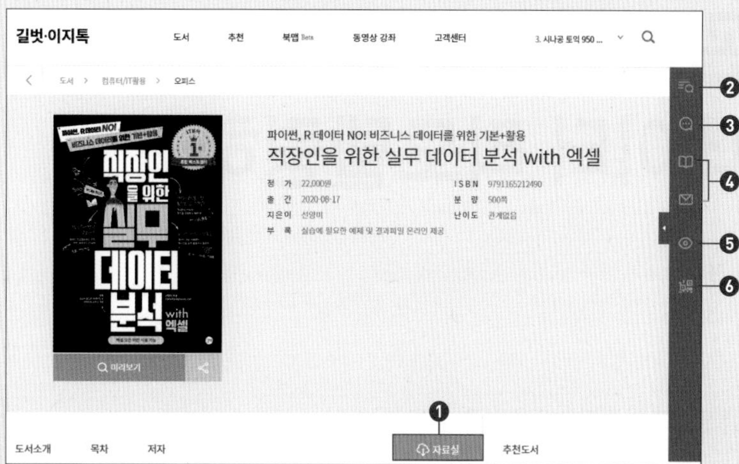


❶ **자료실** : 실습에 필요한 예제파일 및 완성파일, 동영상 강좌 등을 제공합니다. 홈페이지 회원으로 가입하지 않아도 누구나 도서 자료를 다운로드할 수 있습니다.

❷ **빠른조회** : 길벗에서 보낸 메시지, 최근 이용 자료, 문의/답변 등 내 계정과 관련된 알림을 빠르게 확인해 볼 수 있어요. 해당 메뉴는 홈페이지에 로그인한 상태에서만 이용할 수 있어요.

❸ **도서문의** : 책을 보다 모르는 내용이 나오거나 오류를 발견한 경우 해당 메뉴를 클릭해 문의 내용을 입력해 주세요. 꼭 로그인한 상태로 문의해 주세요.

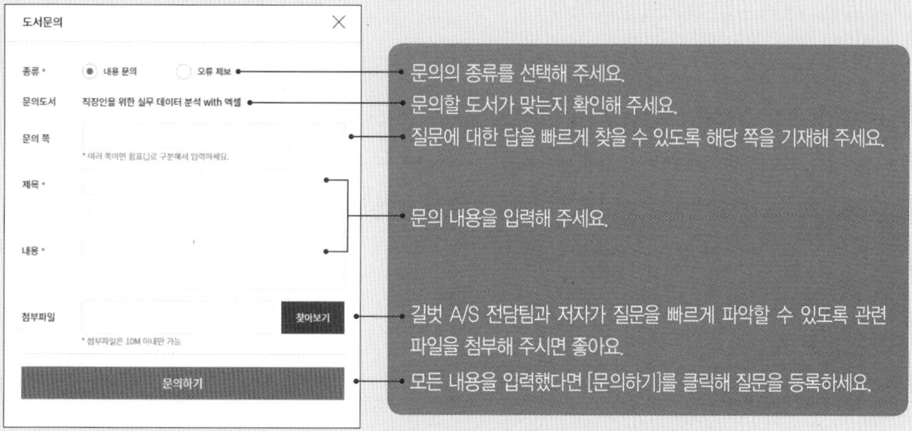


❹ **구매 도서 인증, 독자의견** : 구입한 도서의 ISBN 부가 기호를 입력하여 구입을 인증하면 독자 의견을 등록할 수 있어요.

❺ **최근 본 도서** : 홈페이지에서 찾아본 도서를 최근 순서대로 보여줍니다.

❻ **모바일로 열기** : 휴대폰으로 QR 코드를 찍으면 모바일에서도 해당 페이지를 바로 열 수 있어요.

# PART 01

# 관리하기 편하게 데이터 리모델링하기

01 알아두면 편리한 단축키를 살펴보자

02 데이터에 정확한 표시 형식을 지정하자

03 데이터베이스의 기본 구조와 작성법을 익히자

04 셀 병합 최소화해 작업의 효율성을 높이자

05 데이터는 세로 방향으로 입력하자

06 제목은 한 행으로 정리하자

07 빈 행과 빈 열은 없애자

08 한 셀에 입력된 데이터를 여러 셀로 분리하자

09 여러 셀에 입력된 데이터를 하나의 셀에 합치자

10 데이터의 저장 형식을 바꾸자

많은 양의 정보를 활용해서 유용한 마케팅이나 기획 및 예측 자료로 사용하려면 기초 자료를 잘 만들어야 합니다. 이 작업이 귀찮다고 그냥 사용하면 데이터가 많이 쌓일수록 반복되는 작업이 많아지고, 그만큼 작업 시간이 길어지게 됩니다. 이번 파트에서는 기초 자료를 관리하기 편리한 데이터로 리모델링할 때 주의해야 할 사항과 좀 더 편리하게 작업할 수 있는 방법을 살펴보겠습니다.

# 01 알아두면 편리한 단축키를 살펴보자

엑셀에서 작업 속도를 높이기 위해 알아두면 편리한 단축키를 살펴보겠습니다. 단축키를 이용하면 메뉴를 선택하는 것보다 빠르고 정확하게 원하는 기능을 실행할 수도 있고, 반복 작업할 때도 매우 편리합니다.

**주요 기능**

/ 한 번에 셀 포인터 이동하는 단축키 익히기

/ 한 번에 범위 선택하는 단축키 익히기

/ 입력과 편집 관련 단축키 익히기

CASE
# 01 한 번에 셀 포인터 이동하는 단축키 익히기

◉ **예제파일** : 셀포인터이동(준비).xlsx

| 기능 | 방법 |
|---|---|
| 원하는 셀로 한 번에 이동 | 이름 상자에 셀 주소 입력 → Enter<br>❶ F5<br>❷ [이동] 대화상자에서 셀 주소 입력 → [확인] |
| A1셀로 한 번에 이동 | Ctrl+Home |
| 데이터가 입력된 끝 셀로 이동 | Ctrl+End |
| 워크시트의 마지막 행 또는 열로 이동 | 빈 셀 클릭 → Ctrl+방향키(→, ←, ↑, ↓) |
| 데이터가 입력된 마지막 행 또는 열로 이동 | 데이터가 입력된 특정 셀 클릭 → Ctrl+방향키(→, ←, ↑, ↓) |
| 이전 시트로 이동/다음 시트로 이동 | Ctrl+PageUp / Ctrl+PageDown |

**1** [Sheet1] 시트에서 특정 셀인 D30셀로 한 번에 이동해 볼게요. 이름 상자를 클릭하고 『D30』을 입력한 후 Enter를 누르세요.

| | A | B | C | D | E | F |
|---|---|---|---|---|---|---|
| 1 | 2020년 3월 생산본부 평가 보고 자료 | | | | | |
| 3 | | | | | | 2020-03-31 |
| 4 | 품 번 | 품 명 | 단 위 | 단 가 | 재고량 | 평가금액 |
| 5 | C30001PBA | PEXA,SUS304,PEX14 | EA | 1,700 | 22.00 | 37,400 |
| 6 | C30002P | SPRING WIRE,STS316L,Φ0.8 | EA | 3,238 | 0.00 | - |
| 7 | C30002PAA | PEXA,STS316,PEX18 | EA | 5,200 | 22.00 | 114,400 |
| 8 | C30002PBA | PEXA,SUS304,PEX26 | EA | 5,200 | 4.00 | 20,800 |
| 9 | C300EP | GROUND,PEEK,Φ35 | EA | 5,200 | 292.00 | 1,518,400 |
| 10 | CBSTS31614 | GROUND,SUS304,Φ35 | KG | 5,200 | 30.9000 | 160,680 |
| 11 | CBSTS31616 | PEXA,SUS304,PEX17 | KG | 5,200 | 6.9000 | 35,880 |
| 12 | CBSTS31618 | GROUND,STS316L,Φ28 | KG | 5,200 | 92.6000 | 481,520 |
| 13 | CBSTS31619 | GROUND,STS316L,Φ24 | KG | 5,200 | 106.3000 | 552,760 |
| 14 | CBSTS31620 | GROUND,STS430FR,Φ14 | KG | 5,200 | 73.5000 | 382,200 |

Sheet1

**TIP**
F5를 눌러 [이동] 대화상자를 열고 '참조'에 이동할 셀 주소인 『D30』을 입력한 후 [확인]을 클릭해도 D30셀로 한 번에 이동할 수 있어요.

**2** 셀 포인터가 D30셀로 한 번에 이동했는지 확인하고 Ctrl+Home을 누르세요.

D30 | 8113

이동 확인→Ctrl+Home

| | A | B | C | D | E | F |
|---|---|---|---|---|---|---|
| 17 | CBSTS31630 | GROUND,STS316L,Φ16 | KG | 6,150 | 121.7000 | 748,455 |
| 18 | CBSTS31632 | GROUND,PEEK,Φ8 | KG | 6,150 | 155.4000 | 955,710 |
| 19 | CBSTS31636 | GROUND,PEEK,Φ6 | KG | 6,150 | 202.8000 | 1,247,220 |
| 20 | CBSTS31638 | PEXA,STS316,PEX36 | KG | 6,150 | 10.0000 | 61,500 |
| 21 | CBSUS30412 | PEXA,SUS304,PEX27 | KG | 6,150 | 3.2000 | 19,680 |
| 22 | CBSUS30413 | PEXA,SUS304,PEX24 | KG | 6,150 | 5.4000 | 33,210 |
| 23 | CBSUS30414 | LMFC700 END PLUG BODY소재 | KG | 7,500 | 21.4000 | 160,500 |
| 24 | CBSUS30416 | PEXA,SUS304,PEX32 | KG | 7,500 | 2.1000 | 15,750 |
| 25 | CBSUS30423 | GROUND,SUS304,Φ16 | KG | 7,660 | 34.5000 | 264,270 |
| 26 | CBSUS30424 | PEXA,STS316,PEX19 | KG | 7,660 | 12.7000 | 97,282 |
| 27 | CBSUS30425 | PEXA,STS316,PEX22 | | | 00 | 81,196 |
| 28 | CBSUS30426 | PEXA,SUS304,PEX12 | | | 00 | 43,662 |
| 29 | CBSUS30432 | LMFC700 Main Body Material | KG | 7,660 | 17.4000 | 133,284 |
| 30 | CBSUS30436 | GROUND,PEEK,Φ9 | KG | 8,113 | 113.7000 | 922,448 |
| 31 | DSS1CP2F | GROUND,PEEK,Φ16 | EA | 8,113 | 465.00 | 3,772,545 |
| 32 | DSS2CU1F | GROUND,SUM24L,φ32 | EA | 14,200 | 25.00 | 355,000 |

Sheet1

**3** 셀 포인터가 한 번에 A1셀로 이동했어요. 이번에는 데이터가 어느 셀까지 입력되어 있는지 알아보기 위해 Ctrl+End를 누릅니다.

| | A | B | C | D | E | F |
|---|---|---|---|---|---|---|
| 1 | 2020년 3월 생산본부 평가 보고 자료 | | | | | |
| 3 | | | | | | 2020-03-31 |
| 4 | 품 번 | 품 명 | 단 위 | 단 가 | 재고량 | 평가금액 |
| 5 | C30001PBA | PEXA,SUS304,PEX14 | EA | 1,700 | 22.00 | 37,400 |
| 6 | C30002P | SPRING WIRE,STS316L,Φ0.8 | EA | 3,238 | 0.00 | - |
| 7 | C30002PAA | PEXA,STS316,PEX18 | EA | 5,200 | 22.00 | 114,400 |
| 8 | C30002PBA | PEXA,SUS304,PEX26 | EA | 5,200 | 4.00 | 20,800 |
| 9 | C300EP | GROUND,PEEK,Φ35 | EA | 5,200 | 292.00 | 1,518,400 |
| 10 | CBSTS31614 | GROUND,SUS304,Φ35 | KG | 5,200 | 30.9000 | 160,680 |
| 11 | CBSTS31616 | PEXA,SUS304,PEX17 | KG | 5,200 | 6.9000 | 35,880 |
| 12 | CBSTS31618 | GROUND,STS316L,Φ28 | KG | 5,200 | 92.6000 | 481,520 |
| 13 | CBSTS31619 | GROUND,STS316L,Φ24 | KG | 5,200 | 106.3000 | 552,760 |
| 14 | CBSTS31620 | GROUND,STS430FR,Φ14 | KG | 5,200 | 73.5000 | 382,200 |
| 15 | CBSTS31622 | GROUND,STS316L,Φ32 | KG | 5,200 | 83.4000 | 433,680 |



**4** 워크시트에서 데이터가 입력된 끝 셀로 한 번에 셀 포인터가 이동했으면 Ctrl+↑를 누르세요.

| | A | B | C | D | E | F |
|---|---|---|---|---|---|---|
| 55 | RBSTS3166 | GROUND,PEEK,Φ10 | KG | 203,751 | 20.7000 | 4,217,646 |
| 56 | RBSTS430FR12 | GROUND,STS430FR,Φ12 | KG | 226,072 | 273.7200 | 61,880,428 |
| 57 | RBSTS430FR14 | 1Port LASER STAMPING | KG | 234,391 | 163.9600 | 38,430,748 |
| 58 | RBSUM2432 | GROUND,C95800,φ16 | KG | 234,647 | 29.0000 | 6,804,763 |
| 59 | RBSUS30413 | GROUND,C95800,Φ20 | KG | 234,738 | 26.5000 | 6,220,557 |
| 60 | RBSUS30416 | GROUND,PEEK,Φ25 | KG | 238,464 | 12.4000 | 2,956,954 |
| 61 | RBSUS30420 | GROUND,PEEK,Φ12 | KG | 239,804 | 16.4000 | 3,932,786 |
| 62 | RBSUS30426 | GROUND,PEEK,Φ32 | KG | 241,738 | 9.6000 | 2,320,685 |
| 63 | RBSUS30435 | GROUND,PEEK,Φ20 | KG | 258,012 | 13.8000 | 3,560,566 |
| 64 | WISTS31602 | 2Port LASER STAMPING | KG | 281,464 | 91.7000 | 25,810,249 |
| 65 | WISTS31603 | DSS2-PU BODY FORGING | KG | 281,464 | 36.1000 | 10,160,850 |
| 66 | WISTS31605 | 2Port LASER STAMPING | KG | 281,464 | 60.6000 | 17,056,718 |
| 67 | WISTS31608 | DSS1-PP BODY FORGING | KG | 304,082 | 33.7000 | 10,247,563 |
| 68 | | | | | | |
| 69 | | | | | | |

Sheet1 · 디스플레이 설정 · 110%

이동 확인→Ctrl+↑

**5** F67셀을 기준으로 데이터가 연속해서 입력된 위쪽 끝 셀인 F3셀로 이동한 것을 확인합니다. 이와 같이 Ctrl+방향키(→, ←, ↑, ↓)를 누르면 현재 셀을 기준으로 원하는 방향으로 데이터가 연속해서 입력된 마지막 셀로 이동할 수 있어요.

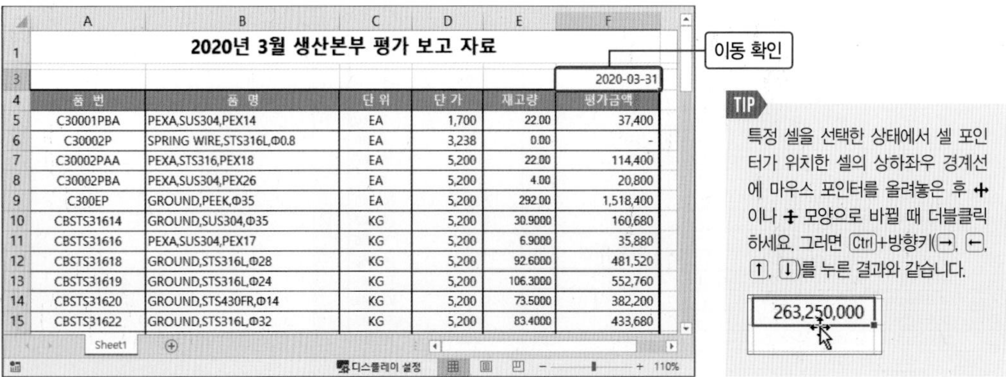

| | A | B | C | D | E | F |
|---|---|---|---|---|---|---|
| 1 | 2020년 3월 생산본부 평가 보고 자료 | | | | | |
| 3 | | | | | | 2020-03-31 |
| 4 | 품 번 | 품 명 | 단 위 | 단 가 | 재고량 | 평가금액 |
| 5 | C30001PBA | PEXA,SUS304,PEX14 | EA | 1,700 | 22.00 | 37,400 |
| 6 | C30002P | SPRING WIRE,STS316L,Φ0.8 | EA | 3,238 | 0.00 | - |
| 7 | C30002PAA | PEXA,STS316,PEX18 | EA | 5,200 | 22.00 | 114,400 |
| 8 | C30002PBA | PEXA,SUS304,PEX26 | EA | 5,200 | 4.00 | 20,800 |
| 9 | C300EP | GROUND,PEEK,Φ35 | EA | 5,200 | 292.00 | 1,518,400 |
| 10 | CBSTS31614 | GROUND,SUS304,Φ35 | KG | 5,200 | 30.9000 | 160,680 |
| 11 | CBSTS31616 | PEXA,SUS304,PEX17 | KG | 5,200 | 6.9000 | 35,880 |
| 12 | CBSTS31618 | GROUND,STS316L,Φ28 | KG | 5,200 | 92.6000 | 481,520 |
| 13 | CBSTS31619 | GROUND,STS316L,Φ24 | KG | 5,200 | 106.3000 | 552,760 |
| 14 | CBSTS31620 | GROUND,STS430FR,Φ14 | KG | 5,200 | 73.5000 | 382,200 |
| 15 | CBSTS31622 | GROUND,STS316L,Φ32 | KG | 5,200 | 83.4000 | 433,680 |



**TIP**

특정 셀을 선택한 상태에서 셀 포인터가 위치한 셀의 상하좌우 경계선에 마우스 포인터를 올려놓은 후 ✥이나 ✥ 모양으로 바뀔 때 더블클릭하세요. 그러면 Ctrl+방향키(→, ←, ↑, ↓)를 누른 결과와 같습니다.

263,250,000

**6** 워크시트의 마지막 셀로 이동하기 위해 워크시트의 빈 셀을 선택하고 Ctrl+↓를 누릅니다. 여기서는 H5셀을 선택했어요.

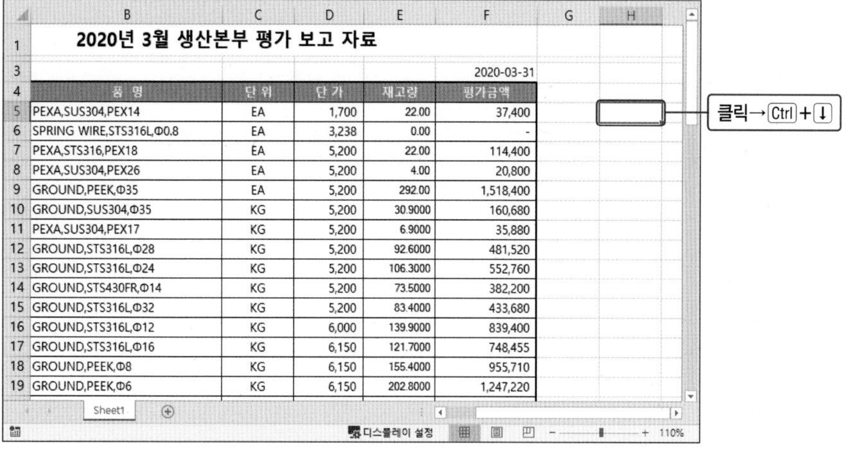

2020년 3월 생산본부 평가 보고 자료

2020-03-31

| | 품 명 | 단 위 | 단 가 | 재고량 | 평가금액 |
|---|---|---|---|---|---|
| 5 | PEXA,SUS304,PEX14 | EA | 1,700 | 22.00 | 37,400 |
| 6 | SPRING WIRE,STS316L,Φ0.8 | EA | 3,238 | 0.00 | - |
| 7 | PEXA,STS316,PEX18 | EA | 5,200 | 22.00 | 114,400 |
| 8 | PEXA,SUS304,PEX26 | EA | 5,200 | 4.00 | 20,800 |
| 9 | GROUND,PEEK,Φ35 | EA | 5,200 | 292.00 | 1,518,400 |
| 10 | GROUND,SUS304,Φ35 | KG | 5,200 | 30.9000 | 160,680 |
| 11 | PEXA,SUS304,PEX17 | KG | 5,200 | 6.9000 | 35,880 |
| 12 | GROUND,STS316L,Φ28 | KG | 5,200 | 92.6000 | 481,520 |
| 13 | GROUND,STS316L,Φ24 | KG | 5,200 | 106.3000 | 552,760 |
| 14 | GROUND,STS430FR,Φ14 | KG | 5,200 | 73.5000 | 382,200 |
| 15 | GROUND,STS316L,Φ32 | KG | 5,200 | 83.4000 | 433,680 |
| 16 | GROUND,STS316L,Φ12 | KG | 6,000 | 139.9000 | 839,400 |
| 17 | GROUND,STS316L,Φ16 | KG | 6,150 | 121.7000 | 748,455 |
| 18 | GROUND,PEEK,Φ8 | KG | 6,150 | 155.4000 | 955,710 |
| 19 | GROUND,PEEK,Φ6 | KG | 6,150 | 202.8000 | 1,247,220 |



**7** 마지막 셀 포인터가 위치한 셀은 값이 입력되지 않은 빈 셀입니다. **6** 과정에서 선택한 H5셀을 기준으로 데이터가 입력되지 않는 마지막 셀인 워크시트의 끝 셀로 이동한 것을 확인할 수 있어요.

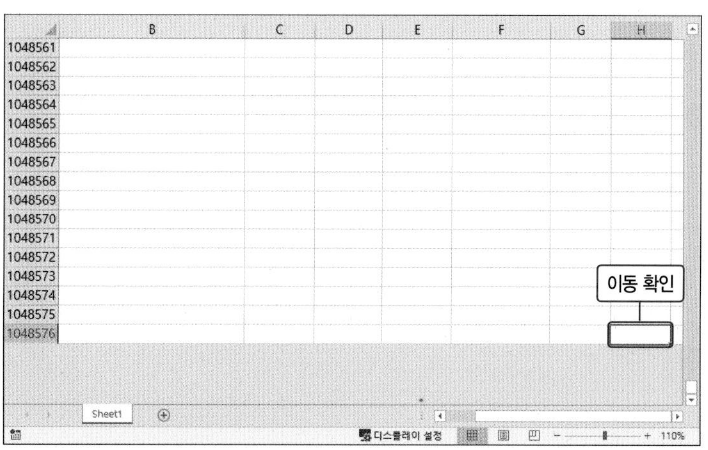

# 02 한 번에 범위 선택하는 단축키 익히기

◉ **예제파일** : 범위선택(준비).xlsx

| 기능 | 방법 |
|---|---|
| 떨어진 여러 범위 선택 | Ctrl+드래그 또는 클릭 |
| 연속된 데이터 영역 선택 | 범위를 설정할 시작 셀 클릭 → 마지막 셀에서 Shift+클릭 |
| 보이지 않는 특정 셀까지 범위 선택 | ❶ 범위를 설정한 시작 셀 클릭<br>❷ 이름 상자에 범위를 설정할 마지막 셀 주소 입력 → Shift+Enter |
| 데이터 영역의 끝까지 범위 선택 | 범위를 설정할 시작 셀 클릭 → Ctrl+Shift+방향키(→, ←, ↑, ↓) |
| 원하는 만큼 범위 추가 또는 제거 | Shift+방향키(→, ←, ↑, ↓) |
| 데이터가 입력된 전체 범위 선택 | 데이터가 입력된 영역의 특정 셀 선택 → Ctrl+A |
| 시트의 전체 범위 선택 | 데이터가 입력되지 않은 빈 셀 선택 → Ctrl+A |

**1** [생산평가] 시트에서 B4셀부터 화면에 보이지 않는 B53셀까지 범위를 선택해 볼게요. 범위를 설정할 시작 셀인 B4셀을 선택하고 이름 상자에 범위를 설정할 마지막 셀인 『B53』을 입력한 후 Shift+Enter를 누르세요.

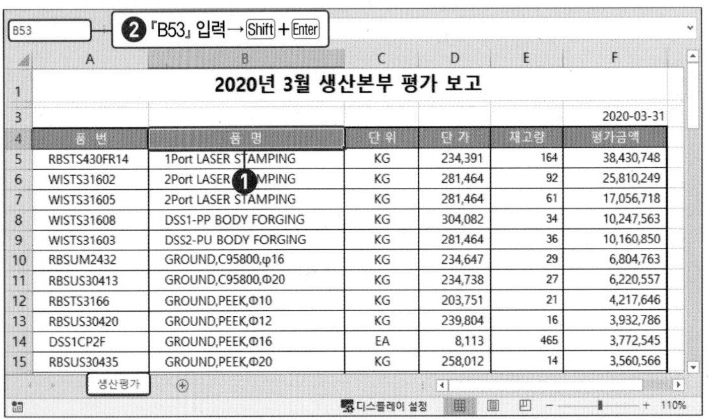


**2** 셀 포인터가 위치했던 B4셀부터 B53셀까지 한 번에 범위가 선택되었지만, 이 방법은 범위를 설정할 마지막 셀 주소를 알고 있을 때만 사용할 수 있어요. Ctrl+Home을 눌러 A1셀로 이동합니다.

**3** 범위를 설정할 때 마지막 셀 주소를 모른다면 데이터가 입력된 마지막 셀까지 자동으로 범위를 설정할 수 있는 Ctrl+Shift+방향키(→, ←, ↑, ↓)를 이용해 보세요. B열의 '품명' 항목의 전체 데이터 영역을 선택하기 위해 시작 셀인 B4셀을 선택하고 Ctrl+Shift+↓를 누르세요.

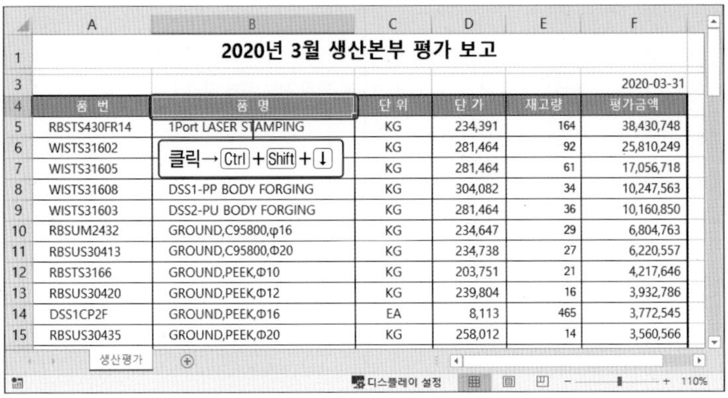

| | A | B | C | D | E | F |
|---|---|---|---|---|---|---|
| 1 | 2020년 3월 생산본부 평가 보고 | | | | | |
| 3 | | | | | | 2020-03-31 |
| 4 | 품 번 | 품 명 | 단 위 | 단 가 | 재고량 | 평가금액 |
| 5 | RBSTS430FR14 | 1Port LASER STAMPING | KG | 234,391 | 164 | 38,430,748 |
| 6 | WISTS31602 | | KG | 281,464 | 92 | 25,810,249 |
| 7 | WISTS31605 | | KG | 281,464 | 61 | 17,056,718 |
| 8 | WISTS31608 | DSS1-PP BODY FORGING | KG | 304,082 | 34 | 10,247,563 |
| 9 | WISTS31603 | DSS2-PU BODY FORGING | KG | 281,464 | 36 | 10,160,850 |
| 10 | RBSUM2432 | GROUND,C95800,φ16 | KG | 234,647 | 29 | 6,804,763 |
| 11 | RBSUS30413 | GROUND,C95800,Φ20 | KG | 234,738 | 27 | 6,220,557 |
| 12 | RBSTS3166 | GROUND,PEEK,Φ10 | KG | 203,751 | 21 | 4,217,646 |
| 13 | RBSUS30420 | GROUND,PEEK,Φ12 | KG | 239,804 | 16 | 3,932,786 |
| 14 | DSS1CP2F | GROUND,PEEK,Φ16 | EA | 8,113 | 465 | 3,772,545 |
| 15 | RBSUS30435 | GROUND,PEEK,Φ20 | KG | 258,012 | 14 | 3,560,566 |

클릭→Ctrl+Shift+↓

생산평가 | 디스플레이 설정 | 110%

**4** 연속해서 데이터가 입력된 마지막 셀까지 자동으로 범위가 선택되었으면 Ctrl+Shift+→를 누릅니다.

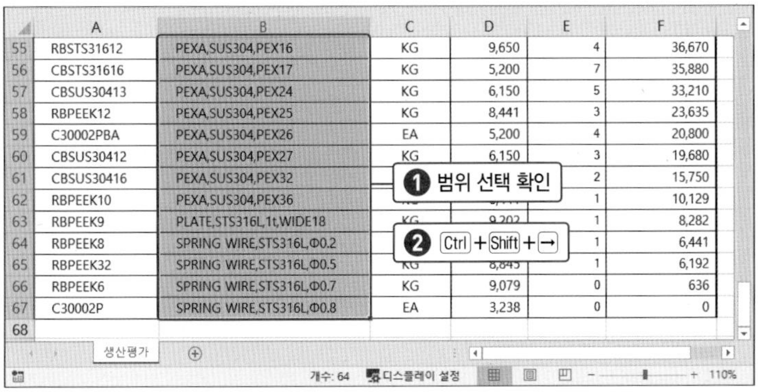

| | A | B | C | D | E | F |
|---|---|---|---|---|---|---|
| 55 | RBSTS31612 | PEXA,SUS304,PEX16 | KG | 9,650 | 4 | 36,670 |
| 56 | CBSTS31616 | PEXA,SUS304,PEX17 | KG | 5,200 | 7 | 35,880 |
| 57 | CBSUS30413 | PEXA,SUS304,PEX24 | KG | 6,150 | 5 | 33,210 |
| 58 | RBPEEK12 | PEXA,SUS304,PEX25 | KG | 8,441 | 3 | 23,635 |
| 59 | C30002PBA | PEXA,SUS304,PEX26 | EA | 5,200 | 4 | 20,800 |
| 60 | CBSUS30412 | PEXA,SUS304,PEX27 | KG | 6,150 | 3 | 19,680 |
| 61 | CBSUS30416 | PEXA,SUS304,PEX32 | | | 2 | 15,750 |
| 62 | RBPEEK10 | PEXA,SUS304,PEX36 | | | 1 | 10,129 |
| 63 | RBPEEK9 | PLATE,STS316L,1t,WIDE18 | | | 1 | 8,282 |
| 64 | RBPEEK8 | SPRING WIRE,STS316L,Φ0.2 | | | 1 | 6,441 |
| 65 | RBPEEK32 | SPRING WIRE,STS316L,Φ0.5 | | | 1 | 6,192 |
| 66 | RBPEEK6 | SPRING WIRE,STS316L,Φ0.7 | KG | 9,079 | 0 | 636 |
| 67 | C30002P | SPRING WIRE,STS316L,Φ0.8 | EA | 3,238 | 0 | 0 |
| 68 | | | | | | |

❶ 범위 선택 확인

❷ Ctrl+Shift+→

생산평가 | 개수: 64 | 디스플레이 설정 | 110%

**5** 이전에 범위가 설정되었던 영역에 추가로 데이터가 입력된 오른쪽 마지막 열까지 자동으로 범위가 선택되었습니다. 현재 설정된 범위에서 원하는 만큼 범위를 추가하거나 해제하려면 Shift+방향키(→, ←, ↑, ↓)를 눌러보세요. 여기서는 Shift+←를 두 번 누르고 이어서 Shift+↑를 누르세요.

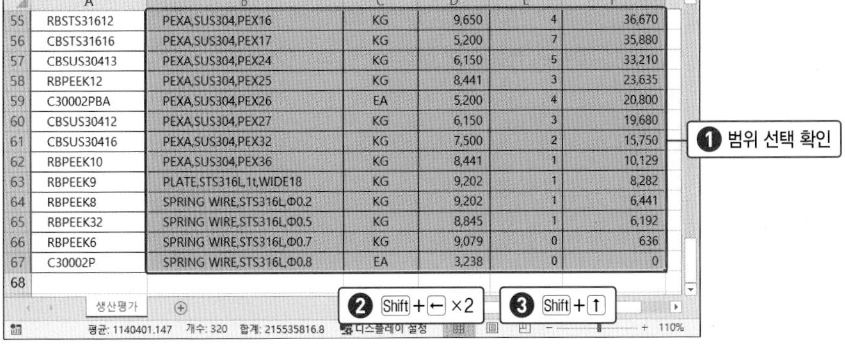

| | A | B | C | D | E | F |
|---|---|---|---|---|---|---|
| 55 | RBSTS31612 | PEXA,SUS304,PEX16 | KG | 9,650 | 4 | 36,670 |
| 56 | CBSTS31616 | PEXA,SUS304,PEX17 | KG | 5,200 | 7 | 35,880 |
| 57 | CBSUS30413 | PEXA,SUS304,PEX24 | KG | 6,150 | 5 | 33,210 |
| 58 | RBPEEK12 | PEXA,SUS304,PEX25 | KG | 8,441 | 3 | 23,635 |
| 59 | C30002PBA | PEXA,SUS304,PEX26 | EA | 5,200 | 4 | 20,800 |
| 60 | CBSUS30412 | PEXA,SUS304,PEX27 | KG | 6,150 | 3 | 19,680 |
| 61 | CBSUS30416 | PEXA,SUS304,PEX32 | KG | 7,500 | 2 | 15,750 |
| 62 | RBPEEK10 | PEXA,SUS304,PEX36 | KG | 8,441 | 1 | 10,129 |
| 63 | RBPEEK9 | PLATE,STS316L,1t,WIDE18 | KG | 9,202 | 1 | 8,282 |
| 64 | RBPEEK8 | SPRING WIRE,STS316L,Φ0.2 | KG | 9,202 | 1 | 6,441 |
| 65 | RBPEEK32 | SPRING WIRE,STS316L,Φ0.5 | KG | 8,845 | 1 | 6,192 |
| 66 | RBPEEK6 | SPRING WIRE,STS316L,Φ0.7 | KG | 9,079 | 0 | 636 |
| 67 | C30002P | SPRING WIRE,STS316L,Φ0.8 | EA | 3,238 | 0 | 0 |
| 68 | | | | | | |

❶ 범위 선택 확인

❷ Shift+← ×2

❸ Shift+↑

생산평가 | 평균: 1140401.147 개수: 320 합계: 215535816.8 | 디스플레이 설정 | 110%

**6** E열과 F열, 그리고 67행이 범위로 선택되었던 영역에서 해제되었는지 확인합니다.

| | A | B | C | D | E | F |
|---|---|---|---|---|---|---|
| 55 | RBSTS31612 | PEXA,SUS304,PEX16 | KG | 9,650 | 4 | 36,670 |
| 56 | CBSTS31616 | PEXA,SUS304,PEX17 | KG | 5,200 | 7 | 35,880 |
| 57 | CBSUS30413 | PEXA,SUS304,PEX24 | KG | 6,150 | 5 | 33,210 |
| 58 | RBPEEK12 | PEXA,SUS304,PEX25 | KG | 8,441 | 3 | 23,635 |
| 59 | C30002PBA | PEXA,SUS304,PEX26 | EA | 5,200 | 4 | 20,800 |
| 60 | CBSUS30412 | PEXA,SUS304,PEX27 | KG | 6,150 | 3 | 19,680 |
| 61 | CBSUS30416 | PEXA,SUS304,PEX32 | KG | 7,500 | 2 | 15,750 |
| 62 | RBPEEK10 | PEXA,SUS304,PEX36 | KG | 8,441 | 1 | 10,129 |
| 63 | RBPEEK9 | PLATE,STS316L,1t,WIDE18 | KG | 9,202 | 1 | 8,282 |
| 64 | RBPEEK8 | SPRING WIRE,STS316L,Φ0.2 | KG | 9,202 | 1 | 6,441 |
| 65 | RBPEEK32 | SPRING WIRE,STS316L,Φ0.5 | KG | 8,845 | 1 | 6,192 |
| 66 | RBPEEK6 | SPRING WIRE,STS316L,Φ0.7 | KG | 9,079 | 0 | 636 |
| 67 | C30002P | SPRING WIRE,STS316L,Φ0.8 | EA | 3,238 | 0 | 0 |
| 68 | | | | | | |
| 69 | | | | | | |

생산평가

평균: 60791.01613 개수: 189 합계: 3769043 디스플레이 설정 110%

범위 선택 해제 확인

**7** 데이터가 입력된 영역에서 특정 셀을 선택하는데, 여기서는 C60셀을 선택하고 Ctrl+A를 누릅니다.

| | A | B | C | D | E | F |
|---|---|---|---|---|---|---|
| 55 | RBSTS31612 | PEXA,SUS304,PEX16 | KG | 9,650 | 4 | 36,670 |
| 56 | CBSTS31616 | PEXA,SUS304,PEX17 | KG | 5,200 | 7 | 35,880 |
| 57 | CBSUS30413 | PEXA,SUS304,PEX24 | KG | 6,150 | 5 | 33,210 |
| 58 | RBPEEK12 | PEXA,SUS304,PEX25 | KG | 8,441 | 3 | 23,635 |
| 59 | C30002PBA | PEXA,SUS304,PEX26 | EA | 5,200 | 4 | 20,800 |
| 60 | CBSUS30412 | PEXA,SUS304,PEX27 | KG | 6,150 | 3 | 19,680 |
| 61 | CBSUS30416 | PEXA,SUS304,PEX32 | KG | 7,500 | 2 | 15,750 |
| 62 | RBPEEK10 | PEXA,SUS304,PEX36 | KG | 8,441 | 1 | 10,129 |
| 63 | RBPEEK9 | PLATE,STS316L,1t,WIDE18 | KG | 9,202 | 1 | 8,282 |
| 64 | RBPEEK8 | SPRING WIRE,STS316L,Φ0.2 | KG | 9,202 | 1 | 6,441 |
| 65 | RBPEEK32 | SPRING WIRE,STS316L,Φ0.5 | KG | 8,845 | 1 | 6,192 |
| 66 | RBPEEK6 | SPRING WIRE,STS316L,Φ0.7 | KG | 9,079 | 0 | 636 |
| 67 | C30002P | SPRING WIRE,STS316L,Φ0.8 | EA | 3,238 | 0 | 0 |
| 68 | | | | | | |
| 69 | | | | | | |

생산평가

디스플레이 설정 110%

클릭→Ctrl+A

**8** 선택한 셀(C60셀)을 기준으로 연속해서 데이터가 입력된 전체 영역이 한 번에 선택되었는지 확인합니다.

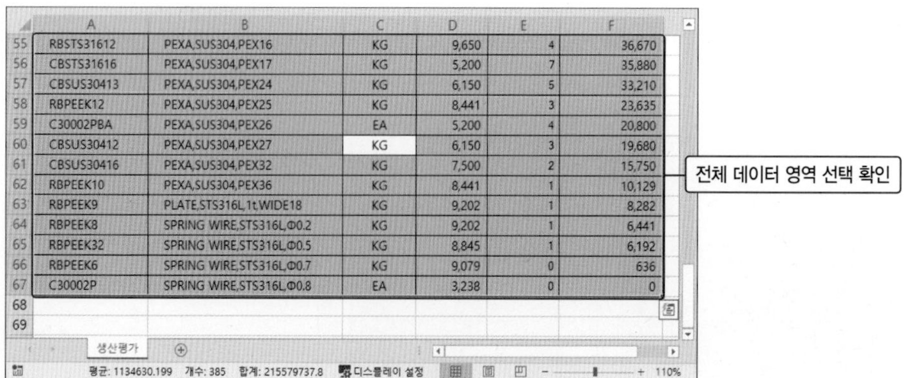

| | A | B | C | D | E | F |
|---|---|---|---|---|---|---|
| 55 | RBSTS31612 | PEXA,SUS304,PEX16 | KG | 9,650 | 4 | 36,670 |
| 56 | CBSTS31616 | PEXA,SUS304,PEX17 | KG | 5,200 | 7 | 35,880 |
| 57 | CBSUS30413 | PEXA,SUS304,PEX24 | KG | 6,150 | 5 | 33,210 |
| 58 | RBPEEK12 | PEXA,SUS304,PEX25 | KG | 8,441 | 3 | 23,635 |
| 59 | C30002PBA | PEXA,SUS304,PEX26 | EA | 5,200 | 4 | 20,800 |
| 60 | CBSUS30412 | PEXA,SUS304,PEX27 | KG | 6,150 | 3 | 19,680 |
| 61 | CBSUS30416 | PEXA,SUS304,PEX32 | KG | 7,500 | 2 | 15,750 |
| 62 | RBPEEK10 | PEXA,SUS304,PEX36 | KG | 8,441 | 1 | 10,129 |
| 63 | RBPEEK9 | PLATE,STS316L,1t,WIDE18 | KG | 9,202 | 1 | 8,282 |
| 64 | RBPEEK8 | SPRING WIRE,STS316L,Φ0.2 | KG | 9,202 | 1 | 6,441 |
| 65 | RBPEEK32 | SPRING WIRE,STS316L,Φ0.5 | KG | 8,845 | 1 | 6,192 |
| 66 | RBPEEK6 | SPRING WIRE,STS316L,Φ0.7 | KG | 9,079 | 0 | 636 |
| 67 | C30002P | SPRING WIRE,STS316L,Φ0.8 | EA | 3,238 | 0 | 0 |
| 68 | | | | | | |
| 69 | | | | | | |

**9** 이번에는 데이터가 입력되지 않은 빈 셀을 선택하는데, 여기서는 H55셀을 선택하고 Ctrl+A를 누릅니다.

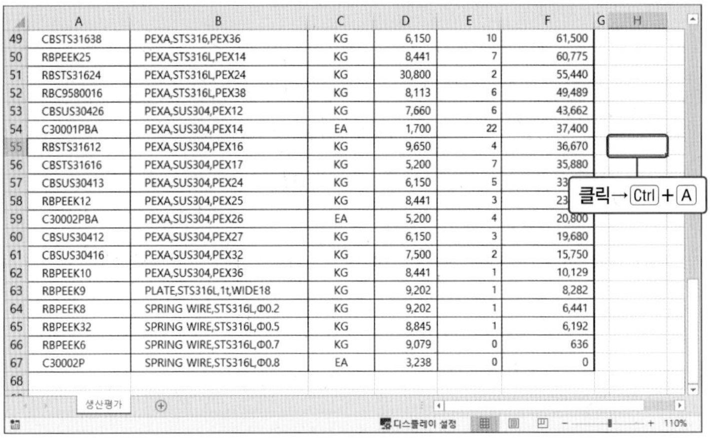

| | A | B | C | D | E | F | G | H |
|---|---|---|---|---|---|---|---|---|
| 49 | CBSTS31638 | PEXA,STS316,PEX36 | KG | 6,150 | 10 | 61,500 | | |
| 50 | RBPEEK25 | PEXA,STS316L,PEX14 | KG | 8,441 | 7 | 60,775 | | |
| 51 | RBSTS31624 | PEXA,STS316L,PEX24 | KG | 30,800 | 2 | 55,440 | | |
| 52 | RBC9580016 | PEXA,STS316L,PEX38 | KG | 8,113 | 6 | 49,489 | | |
| 53 | CBSUS30426 | PEXA,SUS304,PEX12 | KG | 7,660 | 6 | 43,662 | | |
| 54 | C30001PBA | PEXA,SUS304,PEX14 | EA | 1,700 | 22 | 37,400 | | |
| 55 | RBSTS31612 | PEXA,SUS304,PEX16 | KG | 9,650 | 4 | 36,670 | | |
| 56 | CBSTS31616 | PEXA,SUS304,PEX17 | KG | 5,200 | 7 | 35,880 | | |
| 57 | CBSUS30413 | PEXA,SUS304,PEX24 | KG | 6,150 | 5 | 33 | | |
| 58 | RBPEEK12 | PEXA,SUS304,PEX25 | KG | 8,441 | 3 | 23 | | |
| 59 | C30002PBA | PEXA,SUS304,PEX26 | EA | 5,200 | 4 | 20,800 | | |
| 60 | CBSUS30412 | PEXA,SUS304,PEX27 | KG | 6,150 | 3 | 19,680 | | |
| 61 | CBSUS30416 | PEXA,SUS304,PEX32 | KG | 7,500 | 2 | 15,750 | | |
| 62 | RBPEEK10 | PEXA,SUS304,PEX36 | KG | 8,441 | 1 | 10,129 | | |
| 63 | RBPEEK9 | PLATE,STS316L,1t,WIDE18 | KG | 9,202 | 1 | 8,282 | | |
| 64 | RBPEEK8 | SPRING WIRE,STS316L,Φ0.2 | KG | 9,202 | 1 | 6,441 | | |
| 65 | RBPEEK32 | SPRING WIRE,STS316L,Φ0.5 | KG | 8,845 | 1 | 6,192 | | |
| 66 | RBPEEK6 | SPRING WIRE,STS316L,Φ0.7 | KG | 9,079 | 0 | 636 | | |
| 67 | C30002P | SPRING WIRE,STS316L,Φ0.8 | EA | 3,238 | 0 | 0 | | |
| 68 | | | | | | | | |

생산평가

디스플레이 설정 110%

클릭→Ctrl+A

**10** 시트 전체가 한 번에 선택된 것을 확인할 수 있습니다.

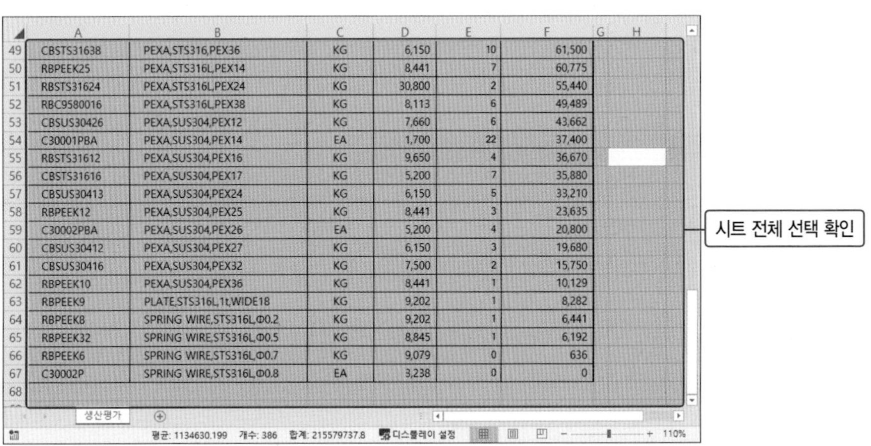

| | A | B | C | D | E | F | G | H |
|---|---|---|---|---|---|---|---|---|
| 49 | CBSTS31638 | PEXA,STS316,PEX36 | KG | 6,150 | 10 | 61,500 | | |
| 50 | RBPEEK25 | PEXA,STS316L,PEX14 | KG | 8,441 | 7 | 60,775 | | |
| 51 | RBSTS31624 | PEXA,STS316L,PEX24 | KG | 30,800 | 2 | 55,440 | | |
| 52 | RBC9580016 | PEXA,STS316L,PEX38 | KG | 8,113 | 6 | 49,489 | | |
| 53 | CBSUS30426 | PEXA,SUS304,PEX12 | KG | 7,660 | 6 | 43,662 | | |
| 54 | C30001PBA | PEXA,SUS304,PEX14 | EA | 1,700 | 22 | 37,400 | | |
| 55 | RBSTS31612 | PEXA,SUS304,PEX16 | KG | 9,650 | 4 | 36,670 | | |
| 56 | CBSTS31616 | PEXA,SUS304,PEX17 | KG | 5,200 | 7 | 35,880 | | |
| 57 | CBSUS30413 | PEXA,SUS304,PEX24 | KG | 6,150 | 5 | 33,210 | | |
| 58 | RBPEEK12 | PEXA,SUS304,PEX25 | KG | 8,441 | 3 | 23,635 | | |
| 59 | C30002PBA | PEXA,SUS304,PEX26 | EA | 5,200 | 4 | 20,800 | | |
| 60 | CBSUS30412 | PEXA,SUS304,PEX27 | KG | 6,150 | 3 | 19,680 | | |
| 61 | CBSUS30416 | PEXA,SUS304,PEX32 | KG | 7,500 | 2 | 15,750 | | |
| 62 | RBPEEK10 | PEXA,SUS304,PEX36 | KG | 8,441 | 1 | 10,129 | | |
| 63 | RBPEEK9 | PLATE,STS316L,1t,WIDE18 | KG | 9,202 | 1 | 8,282 | | |
| 64 | RBPEEK8 | SPRING WIRE,STS316L,Φ0.2 | KG | 9,202 | 1 | 6,441 | | |
| 65 | RBPEEK32 | SPRING WIRE,STS316L,Φ0.5 | KG | 8,845 | 1 | 6,192 | | |
| 66 | RBPEEK6 | SPRING WIRE,STS316L,Φ0.7 | KG | 9,079 | 0 | 636 | | |
| 67 | C30002P | SPRING WIRE,STS316L,Φ0.8 | EA | 3,238 | 0 | 0 | | |
| 68 | | | | | | | | |

생산평가

평균: 1134630.199 개수: 386 합계: 215579737.8 디스플레이 설정 110%

CASE

# 03 입력과 편집 관련 단축키 익히기

◉ **예제파일** : 입력과편집(준비).xlsx ◉ **완성파일** : 입력과편집(완성).xlsx

| 기능 | 방법 |
|---|---|
| 빈 셀만 한 번에 선택 | ❶ 빈 셀을 찾을 대상 영역 선택<br>❷ [홈] 탭-[편집] 그룹에서 [찾기 및 선택] 선택<br>❸ [이동 옵션] 대화상자의 '종류'에서 [빈 셀] 선택 |
| 텍스트(숫자)가 입력된 셀만 선택 | ❶ 찾을 값이 입력된 대상 영역 선택<br>❷ [홈] 탭-[편집] 그룹에서 [찾기 및 선택] 선택<br>❸ [이동 옵션] 대화상자의 '종류'에서 [상수]와 [텍스트] 또는 [숫자] 선택 |
| 여러 셀에 동일한 값 입력 | ❶ 값을 넣을 모든 셀 선택<br>❷ 원하는 값 입력 → Ctrl+Enter |
| 윗 셀과 동일한 값 표시 | Ctrl+D 또는 Ctrl+' |
| 위쪽 셀에 입력된 데이터 목록 표시 | Alt+↓ |
| 마지막 실행한 명령 다시 실행 | F4 |

**1** [생산평가] 시트에서 D열에 입력된 '재고량' 항목의 값 중 빈 셀만 선택해서 0으로 바꿔볼게요. C5 셀을 선택하고 Ctrl+Shift+↓를 누르세요.

| | A | B | C | D | E | F |
|---|---|---|---|---|---|---|
| 2 | | | | | | |
| 3 | | | 제품 건수 : | 31 | | 2020-03-31 |
| 4 | 품 번 | 품 명 | 단 위 | 재고량 | 단 가 | 평가금액 |
| 5 | DSS1CP2F | GROUND,PEEK,Φ16 | EA | 465 | 8,113 | 3,772,545 |
| 6 | C300EP | GROUND,PEEK,Φ35 | EA | | 5,200 | 0 |
| 7 | RBSTS430FR12 | GROUND,STS430FR,Φ1 | | | 226,072 | 0 |
| 8 | CBSTS31636 | GROUND,PEEK,Φ6 | KG | 203 | 6,150 | 1,247,220 |
| 9 | RBSTS430FR14 | 1Port LASER STAMPING | KG | 164 | 234,391 | 38,430,748 |
| 10 | CBSTS31632 | GROUND,PEEK,Φ8 | EA | | 6,150 | 0 |
| 11 | CBSTS31624 | GROUND,STS316L,Φ12 | EA | | 6,000 | 0 |
| 12 | CBSTS31630 | GROUND,STS316L,Φ16 | KG | | 6,150 | 0 |
| 13 | CBSUS30436 | GROUND,PEEK,Φ9 | KG | 114 | 8,113 | 922,448 |
| 14 | CBSTS31619 | GROUND,STS316L,Φ24 | KG | 106 | 5,200 | 552,760 |
| 15 | PSTS31618 | GROUND,STS316L,Φ11 | EA | | 8,113 | 0 |
| 16 | CBSTS31618 | GROUND,STS316L,Φ28 | KG | 93 | 5,200 | 481,520 |
| 17 | WISTS31602 | 2Port LASER STAMPING | KG | | 281,464 | 0 |
| 18 | CBSTS31622 | GROUND,STS316L,Φ32 | KG | | 5,200 | 0 |
| 19 | CBSTS31620 | GROUND,STS430FR,Φ14 | KG | 74 | 5,200 | 382,200 |
| 20 | RBSTS31611 | GROUND,STS316L,Φ20 | KG | 72 | 9,274 | 665,873 |

클릭→Ctrl+Shift+↓

생산평가

TIP

C5셀을 기준으로 범위 선택을 시작한 것은 D열에는 중간중간에 빈 셀이 있어서 Ctrl+Shift+방향키(→, ←, ↑, ↓)를 이용해서 영역의 끝까지 자동으로 범위를 설정할 수 없기 때문입니다. 이 경우에는 주변의 C5셀이나 E5셀을 기준으로 시작 셀을 지정하면 됩니다.

**2** C5셀부터 아래쪽 끝까지 범위를 선택했으면 이 상태에서 Shift+→를 눌러 D열까지 범위를 추가합니다. [홈] 탭-[편집] 그룹에서 [찾기 및 선택]을 클릭하고 [이동 옵션]을 선택합니다.

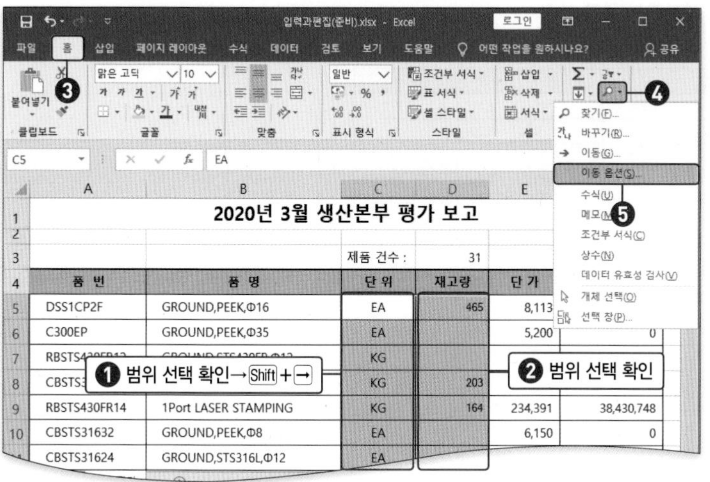


**3** [이동 옵션] 대화상자가 열리면 '종류'에서 [빈 셀]을 선택하고 [확인]을 클릭합니다.

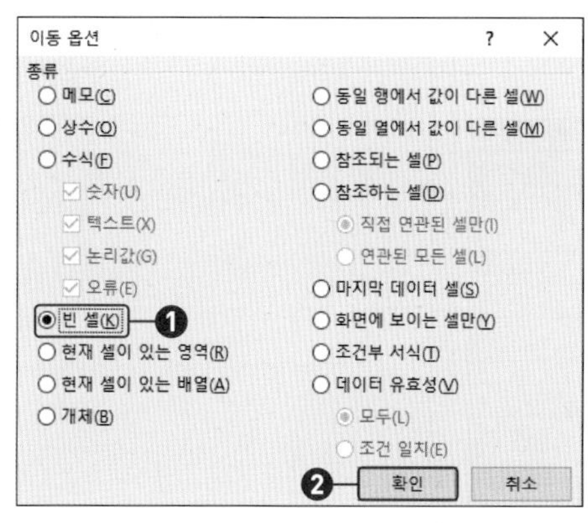

**4** 선택한 영역에서 빈 셀만 모두 선택되었으면 빈 셀 대신에 표시할 『0』을 입력하고 Ctrl+Enter를 누릅니다.

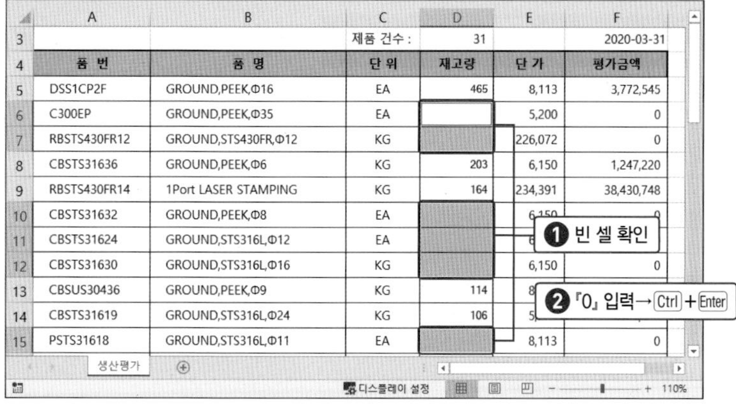

5 선택된 모든 빈 셀에 한꺼번에 '0'이 입력되었는지 확인해 보세요.

| | A | B | C | D | E | F |
|---|---|---|---|---|---|---|
| 1 | 2020년 3월 생산본부 평가 보고 | | | | | |
| 2 | | | | | | |
| 3 | | | 제품 건수 : | 31 | | 2020-03-31 |
| 4 | 품 번 | 품 명 | 단 위 | 재고량 | 단 가 | 평가금액 |
| 5 | DSS1CP2F | GROUND,PEEK,Φ16 | EA | 465 | 8,113 | 3,772,545 |
| 6 | C300EP | GROUND,PEEK,Φ35 | EA | 0 | 5,200 | 0 |
| 7 | RBSTS430FR12 | GROUND,STS430FR,Φ12 | KG | 0 | 226,072 | 0 |
| 8 | CBSTS31636 | GROUND,PEEK,Φ6 | KG | 203 | 6,150 | 1,247,220 |
| 9 | RBSTS430FR14 | 1Port LASER STAMPING | KG | 164 | 234,391 | 38,430,748 |
| 10 | CBSTS31632 | GROUND,PEEK,Φ8 | EA | 0 | 6,150 | 0 |
| 11 | CBSTS31624 | GROUND,STS316L,Φ12 | EA | 0 | | 0 |
| 12 | CBSTS31630 | GROUND,STS316L,Φ16 | KG | 0 | 6,150 | 0 |
| 13 | CBSUS30436 | GROUND,PEEK,Φ9 | KG | 114 | 8,113 | 922,448 |
| 14 | CBSTS31619 | GROUND,STS316L,Φ24 | KG | 106 | 5,200 | 552,760 |
| 15 | PSTS31618 | GROUND,STS316L,Φ11 | EA | 0 | 8,113 | 0 |

'0' 확인

생산평가

준비 평균: 0 개수: 11 합계: 0 디스플레이 설정 110%

6 이번에는 '재고량', '단가', '평가금액' 항목에서 0인 값을 '없음'으로 바꿔볼게요. D5셀을 선택하고 Ctrl+Shift+End를 눌러 D5셀부터 시트에서 데이터가 입력된 마지막 셀까지 범위를 설정하세요.

| | A | B | C | D | E | F |
|---|---|---|---|---|---|---|
| 1 | 2020년 3월 생산본부 평가 보고 | | | | | |
| 2 | | | | | | |
| 3 | | | 제품 건수 : | 31 | | 2020-03-31 |
| 4 | 품 번 | 품 명 | 단 위 | 재고량 | 단 가 | 평가금액 |
| 5 | DSS1CP2F | GROUN | | 465 | 8,113 | 3,772,545 |
| 6 | C300EP | GROUND,PEEK,Φ35 | EA | 0 | 5,200 | 0 |
| 7 | RBSTS430FR12 | GROUND,STS430FR,Φ12 | KG | 0 | 226,072 | 0 |
| 8 | CBSTS31636 | GROUND,PEEK,Φ6 | KG | 203 | 6,150 | 1,247,220 |
| 9 | RBSTS430FR14 | 1Port LASER STAMPING | KG | 164 | 234,391 | 38,430,748 |
| 10 | CBSTS31632 | GROUND,PEEK,Φ8 | EA | 0 | 6,150 | 0 |
| 11 | CBSTS31624 | GROUND,STS316L,Φ12 | EA | 0 | 6,000 | 0 |
| 12 | CBSTS31630 | GROUND,STS316L,Φ16 | KG | 0 | 6,150 | 0 |
| 13 | CBSUS30436 | GROUND,PEEK,Φ9 | KG | 114 | 8,113 | 922,448 |
| 14 | CBSTS31619 | GROUND,STS316L,Φ24 | KG | 106 | 5,200 | 552,760 |
| 15 | PSTS31618 | GROUND,STS316L,Φ11 | EA | 0 | 8,113 | 0 |

클릭→Ctrl+Shift+End

생산평가

준비 평균: 952,707 개수: 93 합계: 88,601,735 디스플레이 설정 110%

7 [홈] 탭-[편집] 그룹에서 [찾기 및 선택]을 클릭하고 [바꾸기]를 선택합니다.

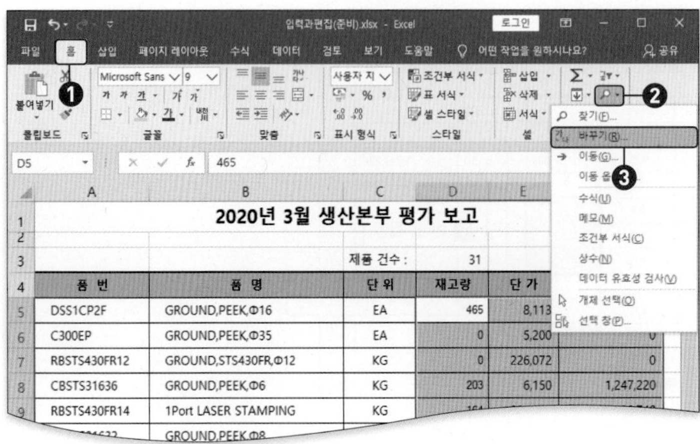

**8** [찾기 및 바꾸기] 대화상자의 [바꾸기] 탭이 열리면 '찾을 내용'에는 『0』을, '바꿀 내용'에는 『없음』을 입력하고 [옵션]을 클릭합니다.

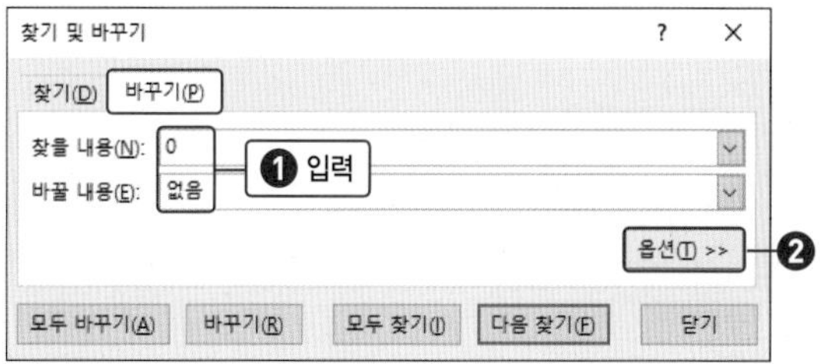


**TIP**

세부 옵션을 설정하지 않고 곧바로 바꾸기를 실행하면 '100'이 입력된 곳에 '1없음없음'과 같이 모든 0이 '없음'으로 바뀌게 됩니다. 따라서 단독으로 입력된 0만 찾아서 바꿔야 합니다.

**9** [찾기 및 바꾸기] 대화상자의 옵션이 확장되면 [전체 셀 내용 일치]에 체크하고 [모두 바꾸기]를 클릭합니다. '22개 항목이 바뀌었습니다.'라는 메시지 창이 열리면 [확인]을 클릭하세요. [찾기 및 바꾸기] 대화상자로 되돌아오면 [닫기]를 클릭하세요.

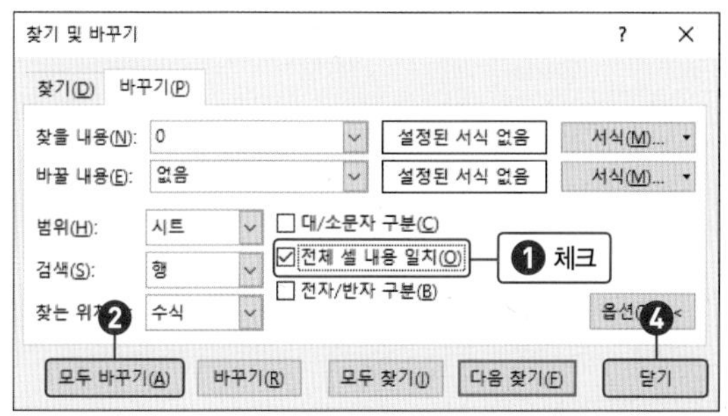


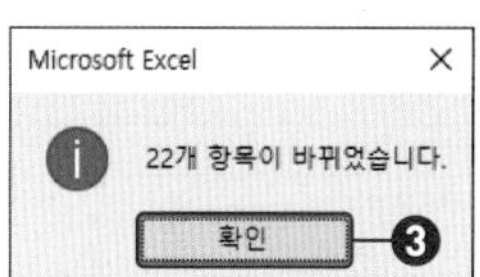


**10** '재고량', '단가', '평가금액' 항목에서 0인 값이 모두 '없음'으로 변경되었는지 확인해 보세요. 새로운 데이터를 입력하기 위해 A4셀을 선택하고 Ctrl+↓를 누릅니다.

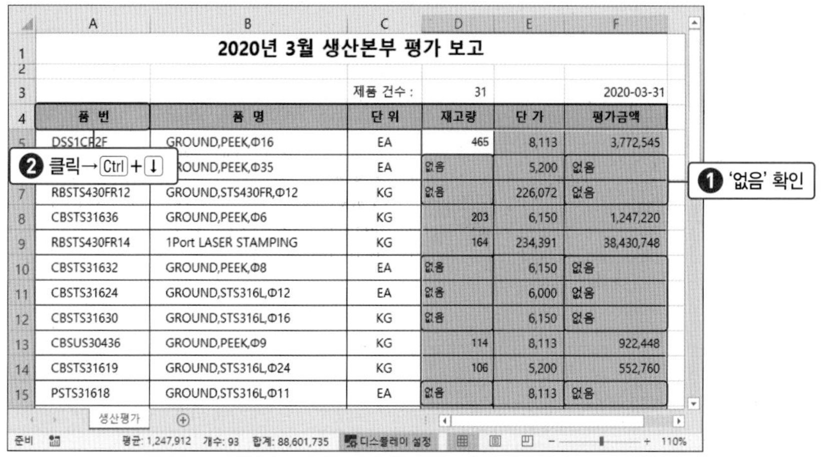


| | A | B | C | D | E | F |
|---|---|---|---|---|---|---|
| 1 | 2020년 3월 생산본부 평가 보고 | | | | | |
| 2 | | | | | | |
| 3 | | | 제품 건수 : | 31 | | 2020-03-31 |
| 4 | 품 번 | 품 명 | 단 위 | 재고량 | 단 가 | 평가금액 |
| 5 | DSS1CR2F | GROUND,PEEK,Φ16 | EA | 465 | 8,113 | 3,772,545 |
| 6 | | ROUND,PEEK,Φ35 | EA | 없음 | 5,200 | 없음 |
| 7 | RBSTS430FR12 | GROUND,STS430FR,Φ12 | KG | 없음 | 226,072 | 없음 |
| 8 | CBSTS31636 | GROUND,PEEK,Φ6 | KG | 203 | 6,150 | 1,247,220 |
| 9 | RBSTS430FR14 | 1Port LASER STAMPING | KG | 164 | 234,391 | 38,430,748 |
| 10 | CBSTS31632 | GROUND,PEEK,Φ8 | EA | 없음 | 6,150 | 없음 |
| 11 | CBSTS31624 | GROUND,STS316L,Φ12 | EA | 없음 | 6,000 | 없음 |
| 12 | CBSTS31630 | GROUND,STS316L,Φ16 | KG | 없음 | 6,150 | 없음 |
| 13 | CBSUS30436 | GROUND,PEEK,Φ9 | KG | 114 | 8,113 | 922,448 |
| 14 | CBSTS31619 | GROUND,STS316L,Φ24 | KG | 106 | 5,200 | 552,760 |
| 15 | PSTS31618 | GROUND,STS316L,Φ11 | EA | 없음 | 8,113 | 없음 |

준비 평균: 1,247,912 개수: 93 합계: 88,601,735 디스플레이 설정 110%

**11** 데이터가 입력된 마지막 행인 35행으로 셀 포인터가 이동하면 Enter를 누르세요.

| | A | B | C | D | E | F |
|---|---|---|---|---|---|---|
| 24 | CBSUS30423 | GROUND,SUS304,Φ16 | KG | 35 | 7,660 | 264,270 |
| 25 | WISTS31608 | DSS1-PP BODY FORGING | KG | 34 | 304,082 | 10,247,563 |
| 26 | CBSTS31614 | GROUND,SUS304,Φ35 | KG | 없음 | 5,200 | 없음 |
| 27 | RBSUM2432 | GROUND,C95800,φ16 | KG | 29 | 234,647 | 6,804,763 |
| 28 | RBSTS31613 | GROUND,STS316L,Φ6 | KG | 29 | 13,763 | 392,246 |
| 29 | RBSUS30413 | GROUND,C95800,Φ20 | KG | 27 | 234,738 | 6,220,557 |
| 30 | RBSTS31620 | GROUND,STS316L,Φ18 | KG | 25 | 27,916 | 697,900 |
| 31 | DSS2CU1F | GROUND,SUM24L,φ32 | EA | 25 | 14,200 | 355,000 |
| 32 | C30002PAA | PEXA,STS316,PEX18 | EA | 22 | 5,200 | 114,400 |
| 33 | C30001PBA | PEXA,SUS304,PEX14 | EA | 22 | 1,700 | 37,400 |
| 34 | CBSUS30414 | LMFC700 END PLUG BODY소재 | KG | 21 | 7,500 | 160,500 |
| 35 | RBSTS3166 | | G | 21 | 203,751 | 4,217,646 |
| 36 | | | | | | |

셀 포인터 이동 확인→Enter

생산평가

준비 · 디스플레이 설정 · 110%

**12** 새로운 행인 A36셀로 셀 포인터가 이동하면 Ctrl+D나 Ctrl+'를 눌러 바로 위쪽 셀인 A35 셀에 입력된 값과 같은 값을 표시합니다. 여러 셀에 값을 복사하기 위해 D36:F36 영역을 선택하고 Ctrl+D를 누르세요.

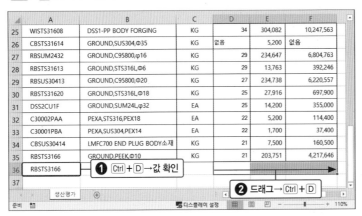

| | A | B | C | D | E | F |
|---|---|---|---|---|---|---|
| 25 | WISTS31608 | DSS1-PP BODY FORGING | KG | 34 | 304,082 | 10,247,563 |
| 26 | CBSTS31614 | GROUND,SUS304,Φ35 | KG | 없음 | 5,200 | 없음 |
| 27 | RBSUM2432 | GROUND,C95800,φ16 | KG | 29 | 234,647 | 6,804,763 |
| 28 | RBSTS31613 | GROUND,STS316L,Φ6 | KG | 29 | 13,763 | 392,246 |
| 29 | RBSUS30413 | GROUND,C95800,Φ20 | KG | 27 | 234,738 | 6,220,557 |
| 30 | RBSTS31620 | GROUND,STS316L,Φ18 | KG | 25 | 27,916 | 697,900 |
| 31 | DSS2CU1F | GROUND,SUM24L,φ32 | EA | 25 | 14,200 | 355,000 |
| 32 | C30002PAA | PEXA,STS316,PEX18 | EA | 22 | 5,200 | 114,400 |
| 33 | C30001PBA | PEXA,SUS304,PEX14 | EA | 22 | 1,700 | 37,400 |
| 34 | CBSUS30414 | LMFC700 END PLUG BODY소재 | KG | 21 | 7,500 | 160,500 |
| 35 | RBSTS3166 | GROUND,PEEK,Φ10 | KG | 21 | 203,751 | 4,217,646 |
| 36 | RBSTS3166 | | | | | |
| 37 | | | | | | |

❶ Ctrl+D→값 확인

❷ 드래그→Ctrl+D

생산평가

준비 · 디스플레이 설정 · 110%

**13** 범위를 설정한 3개의 셀(D36셀, E36셀, F36셀)에 D35셀, E35셀, F35셀 값이 한 번에 복사되었는지 확인합니다.

| | A | B | C | D | E | F |
|---|---|---|---|---|---|---|
| 24 | CBSUS30423 | GROUND,SUS304,Φ16 | KG | 35 | 7,660 | 264,270 |
| 25 | WISTS31608 | DSS1-PP BODY FORGING | KG | 34 | 304,082 | 10,247,563 |
| 26 | CBSTS31614 | GROUND,SUS304,Φ35 | KG | 없음 | 5,200 | 없음 |
| 27 | RBSUM2432 | GROUND,C95800,φ16 | KG | 29 | 234,647 | 6,804,763 |
| 28 | RBSTS31613 | GROUND,STS316L,Φ6 | KG | 29 | 13,763 | 392,246 |
| 29 | RBSUS30413 | GROUND,C95800,Φ20 | KG | 27 | 234,738 | 6,220,557 |
| 30 | RBSTS31620 | GROUND,STS316L,Φ18 | KG | 25 | 27,916 | 697,900 |
| 31 | DSS2CU1F | GROUND,SUM24L,φ32 | EA | 25 | 14,200 | 355,000 |
| 32 | C30002PAA | PEXA,STS316,PEX18 | EA | 22 | 5,200 | 114,400 |
| 33 | C30001PBA | PEXA,SUS304,PEX14 | EA | 22 | 1,700 | 37,400 |
| 34 | CBSUS30414 | LMFC700 END PLUG BODY소재 | KG | 21 | 7,500 | 160,500 |
| 35 | RBSTS3166 | GROUND,PEEK,Φ10 | KG | 21 | 203,751 | 4,217,646 |
| 36 | RBSTS3166 | | | 21 | 203,751 | 4,217,646 |
| 37 | | | | | | |

복사 확인

생산평가

평균: 1,473,806 개수: 3 합계: 4,421,417 · 디스플레이 설정 · 110%

**14** 이번에는 단위를 입력하기 위해 C36셀을 선택하고 Alt+↓를 누르면 C36셀을 기준으로 위쪽으로 입력된 연속 데이터 중에서 유일한 항목이 표시됩니다. 목록 중에서 원하는 단위를 선택하세요.

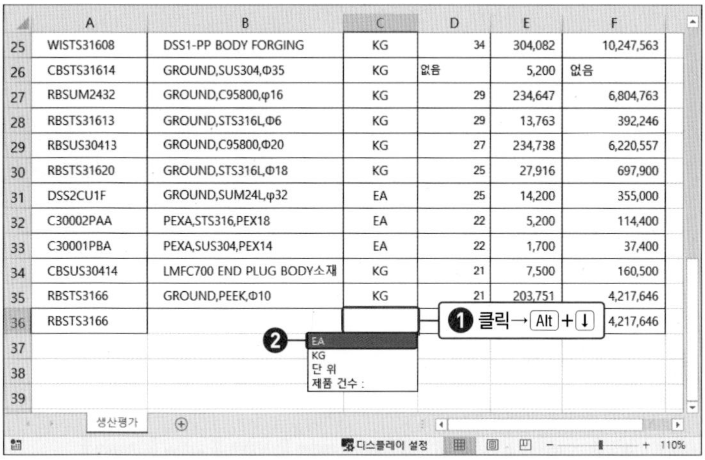

| | A | B | C | D | E | F |
|---|---|---|---|---|---|---|
| 25 | WISTS31608 | DSS1-PP BODY FORGING | KG | 34 | 304,082 | 10,247,563 |
| 26 | CBSTS31614 | GROUND,SUS304,Φ35 | KG | 없음 | 5,200 | 없음 |
| 27 | RBSUM2432 | GROUND,C95800,φ16 | KG | 29 | 234,647 | 6,804,763 |
| 28 | RBSTS31613 | GROUND,STS316L,Φ6 | KG | 29 | 13,763 | 392,246 |
| 29 | RBSUS30413 | GROUND,C95800,Φ20 | KG | 27 | 234,738 | 6,220,557 |
| 30 | RBSTS31620 | GROUND,STS316L,Φ18 | KG | 25 | 27,916 | 697,900 |
| 31 | DSS2CU1F | GROUND,SUM24L,φ32 | EA | 25 | 14,200 | 355,000 |
| 32 | C30002PAA | PEXA,STS316,PEX18 | EA | 22 | 5,200 | 114,400 |
| 33 | C30001PBA | PEXA,SUS304,PEX14 | EA | 22 | 1,700 | 37,400 |
| 34 | CBSUS30414 | LMFC700 END PLUG BODY소재 | KG | 21 | 7,500 | 160,500 |
| 35 | RBSTS3166 | GROUND,PEEK,Φ10 | KG | 21 | 203,751 | 4,217,646 |
| 36 | RBSTS3166 | | | | | 4,217,646 |
| 37 | | | | | | |
| 38 | | | | | | |
| 39 | | | | | | |

❶ 클릭→Alt+↓

❷ EA / KG / 단 위 / 제품 건수 :

생산평가

디스플레이 설정 110%

**15** C36셀에 선택한 단위를 한 번에 편리하게 입력할 수 있습니다.

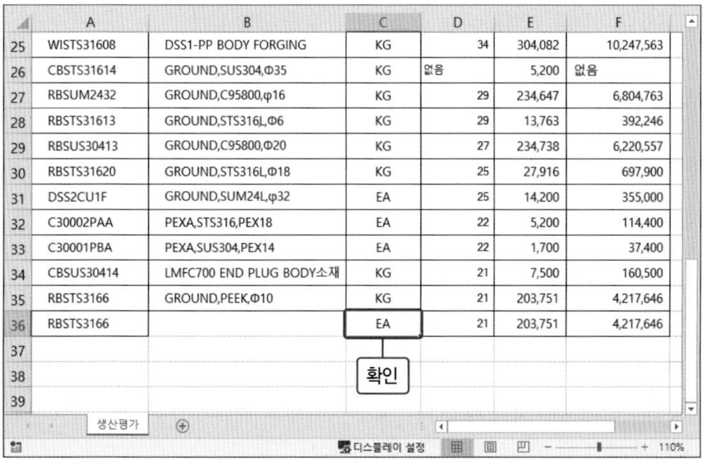

| | A | B | C | D | E | F |
|---|---|---|---|---|---|---|
| 25 | WISTS31608 | DSS1-PP BODY FORGING | KG | 34 | 304,082 | 10,247,563 |
| 26 | CBSTS31614 | GROUND,SUS304,Φ35 | KG | 없음 | 5,200 | 없음 |
| 27 | RBSUM2432 | GROUND,C95800,φ16 | KG | 29 | 234,647 | 6,804,763 |
| 28 | RBSTS31613 | GROUND,STS316L,Φ6 | KG | 29 | 13,763 | 392,246 |
| 29 | RBSUS30413 | GROUND,C95800,Φ20 | KG | 27 | 234,738 | 6,220,557 |
| 30 | RBSTS31620 | GROUND,STS316L,Φ18 | KG | 25 | 27,916 | 697,900 |
| 31 | DSS2CU1F | GROUND,SUM24L,φ32 | EA | 25 | 14,200 | 355,000 |
| 32 | C30002PAA | PEXA,STS316,PEX18 | EA | 22 | 5,200 | 114,400 |
| 33 | C30001PBA | PEXA,SUS304,PEX14 | EA | 22 | 1,700 | 37,400 |
| 34 | CBSUS30414 | LMFC700 END PLUG BODY소재 | KG | 21 | 7,500 | 160,500 |
| 35 | RBSTS3166 | GROUND,PEEK,Φ10 | KG | 21 | 203,751 | 4,217,646 |
| 36 | RBSTS3166 | | EA | 21 | 203,751 | 4,217,646 |
| 37 | | | | | | |
| 38 | | | | | | |
| 39 | | | | | | |

확인

생산평가

디스플레이 설정 110%

# 02 데이터에 정확한 표시 형식을 지정하자

엑셀에서 데이터를 입력할 때는 최소한의 순수한 값만 넣은 후 사용자 지정 서식을 이용해 어떻게 표시할 것인지 지정하게 됩니다. 이때 대상이 숫자인지, 문자인지, 날짜인지 등에 따라 사용할 기호가 미리 정해져 있는데, 여기에서는 이들 기호의 종류와 사용법을 알아보겠습니다.

**주요 기능**

/ 숫자 데이터에 표시 형식 지정하기

/ 날짜 데이터에 표시 형식 지정하기

/ 시간 데이터에 표시 형식 지정하기

/ 문자 데이터에 표시 형식 지정하기

CASE

# 01 숫자 데이터에 표시 형식 지정하기

◉ **예제파일** : 숫자서식지정(준비).xlsx ◉ **완성파일** : 숫자서식지정(완성).xlsx

| 사용자 지정 서식 | 결과 |
|---|---|
| # | 숫자 앞에 오는 0을 표시하지 않음 |
| 0 | 숫자 앞에 오는 0을 그대로 표시 |
| ? | 숫자 앞에 오는 0을 공백으로 표시 |
| #,##0 | 숫자 세 자리 앞에 콤마(,) 표시 |
| #,##0_- | 숫자 세 자리 앞에 콤마(,)를 표시하고 오른쪽 끝에 공백 한 칸 표시 |
| #,##0_-_- | 숫자 세 자리 앞에 콤마(,)를 표시하고 오른쪽 끝에 공백 두 칸 표시 |
| ??? | 『1』을 입력하면 '(공백)(공백)1' 표시(###에 1이 입력된 경우에는 1만 표시) |
| #,##0.00 | 숫자 세 자리 앞에 콤마(,)를 표시하고 소수점 이하 둘째 자리까지 표시 |
| $#,##0 또는 ₩#,##0 | 숫자 세 자리 앞에 콤마(,)를 표시하고 숫자 앞에 통화 기호($ 또는 ₩) 표시 |
| #,##0, | 숫자 세 자리 앞에 콤마(,)를 표시하고 천 원 단위 이하는 생략하고 표시 |
| #,##0,, | 숫자 세 자리 앞에 콤마(,)를 표시하고 백만 원 단위 이하는 생략하고 표시 |
| 0% | 숫자를 백분율로 표시 |
| ;;; | 셀 값이 화면에 보이지 않게 숨김 |

**1** [내역서] 시트에서 숫자 데이터인 지점별 매출 금액에 서식을 지정하기 위해 H2셀을 선택하고 Ctrl+Shift+End를 누르세요. 시트에서 값이 입력된 끝 셀까지 자동으로 영역이 선택되었으면 범위가 설정된 하나의 셀에서 마우스 오른쪽 단추를 클릭하고 [셀 서식]을 선택하세요.

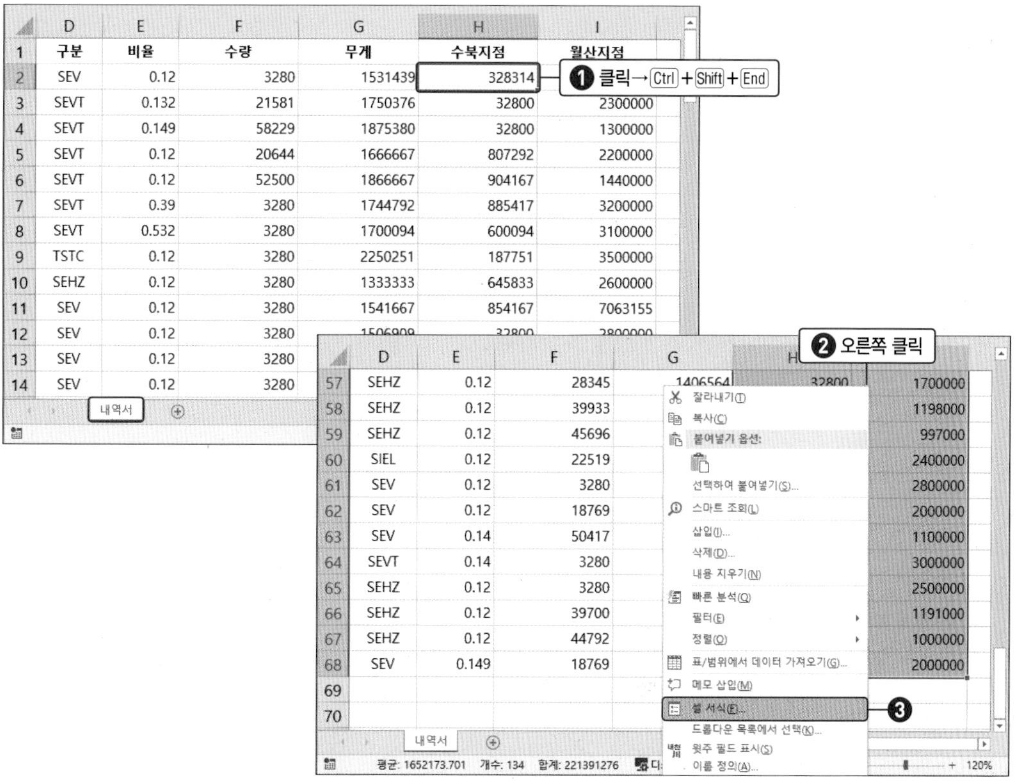

❶ 클릭→Ctrl+Shift+End

❷ 오른쪽 클릭

❸

**2** [셀 서식] 대화상자가 열리면 [표시 형식] 탭의 '범주'에서 [사용자 지정]을 선택하고 '형식'에서 『#,##0』을 선택한 후 [확인]을 클릭합니다.

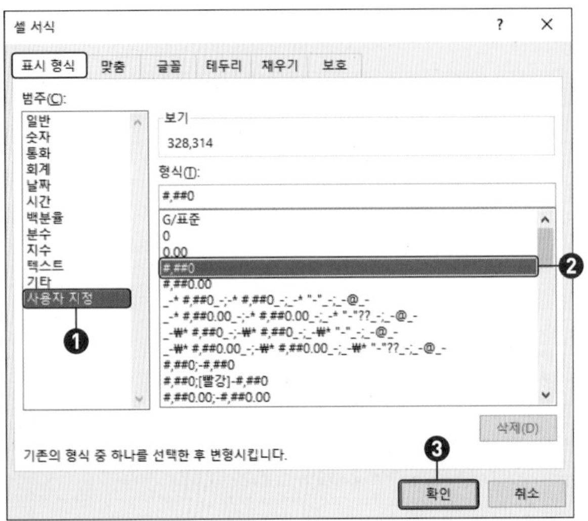


**TIP**
[홈] 탭-[표시 형식] 그룹에서 [표시 형식] 아이콘(⧉)을 클릭하거나 Ctrl+1을 눌러도 [셀 서식] 대화상자를 열 수 있어요.

**3** 숫자 데이터의 세 자리마다 콤마(,)가 표시되었는지 확인합니다. 숫자 데이터의 오른쪽에 공백을 함께 표시하기 위해 범위가 설정된 상태에서 Ctrl+1을 누르세요.

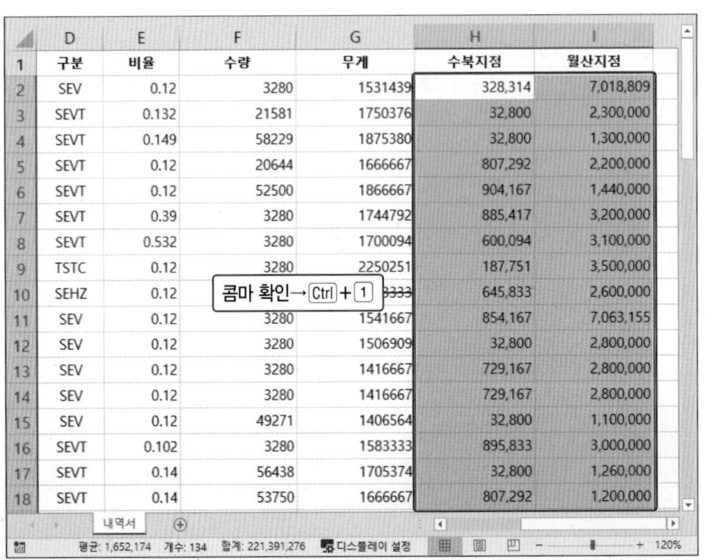

| | D | E | F | G | H | I |
|---|---|---|---|---|---|---|
| 1 | 구분 | 비율 | 수량 | 무게 | 수북지점 | 월산지점 |
| 2 | SEV | 0.12 | 3280 | 1531439 | 328,314 | 7,018,809 |
| 3 | SEVT | 0.132 | 21581 | 1750376 | 32,800 | 2,300,000 |
| 4 | SEVT | 0.149 | 58229 | 1875380 | 32,800 | 1,300,000 |
| 5 | SEVT | 0.12 | 20644 | 1666667 | 807,292 | 2,200,000 |
| 6 | SEVT | 0.12 | 52500 | 1866667 | 904,167 | 1,440,000 |
| 7 | SEVT | 0.39 | 3280 | 1744792 | 885,417 | 3,200,000 |
| 8 | SEVT | 0.532 | 3280 | 1700094 | 600,094 | 3,100,000 |
| 9 | TSTC | 0.12 | 3280 | 2250251 | 187,751 | 3,500,000 |
| 10 | SEHZ | 0.12 | | 3333 | 645,833 | 2,600,000 |
| 11 | SEV | 0.12 | 3280 | 1541667 | 854,167 | 7,063,155 |
| 12 | SEV | 0.12 | 3280 | 1506909 | 32,800 | 2,800,000 |
| 13 | SEV | 0.12 | 3280 | 1416667 | 729,167 | 2,800,000 |
| 14 | SEV | 0.12 | 3280 | 1416667 | 729,167 | 2,800,000 |
| 15 | SEV | 0.12 | 49271 | 1406564 | 32,800 | 1,100,000 |
| 16 | SEVT | 0.102 | 3280 | 1583333 | 895,833 | 3,000,000 |
| 17 | SEVT | 0.14 | 56438 | 1705374 | 32,800 | 1,260,000 |
| 18 | SEVT | 0.14 | 53750 | 1666667 | 807,292 | 1,200,000 |



**TIP**
[홈] 탭-[표시 형식] 그룹에서 [쉼표 스타일]을 클릭해도 세 자리마다 콤마(,)가 표시되지만, 셀 값이 0인 경우에는 '-'로 표시됩니다. 0일 때 0을 그대로 셀에 표시하려면 이 방법으로 지정하세요.

**4** [셀 서식] 대화상자의 [표시 형식] 탭이 열리면 '범주'에서 [사용자 지정]을 선택하고 '형식'에 『#,##0_-』를 입력한 후 [확인]을 클릭합니다.

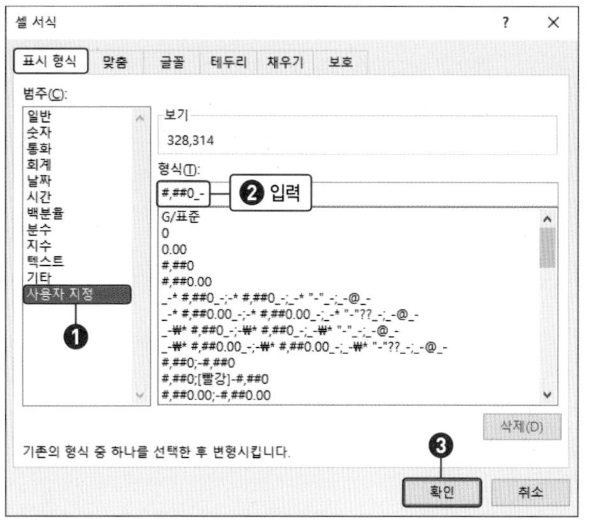


**5** 셀에 입력된 숫자 데이터의 오른쪽에 공백이 한 칸 표시되었습니다. 숫자 데이터에 통화 기호를 함께 표시하려면 범위를 설정한 상태에서 Ctrl+1을 누르세요.

| | D | E | F | G | H | I |
|---|---|---|---|---|---|---|
| 1 | 구분 | 비율 | 수량 | 무게 | 수북지점 | 월산지점 |
| 2 | SEV | 0.12 | 3280 | 1531439 | 328,314 | 7,018,809 |
| 3 | SEVT | 0.132 | 21581 | 1750376 | 32,800 | 2,300,000 |
| 4 | SEVT | 0.149 | 58229 | 1875380 | 32,800 | 1,300,000 |
| 5 | SEVT | 0.12 | 20644 | 1666667 | 807,292 | 2,200,000 |
| 6 | SEVT | 0.12 | 52500 | 1866667 | 904,167 | 1,440,000 |
| 7 | SEVT | 0.39 | 3280 | 1744792 | 885,417 | 3,200,000 |
| 8 | SEVT | 0.532 | 3280 | 1700094 | 600,094 | 3,100,000 |
| 9 | TSTC | 0.12 | 3280 | 2250251 | 187,751 | 3,500,000 |
| 10 | SEHZ | 0.12 | | 3333 | 645,833 | 2,600,000 |
| 11 | SEV | 0.12 | 3280 | 1541667 | 854,167 | 7,063,155 |
| 12 | SEV | 0.12 | 3280 | 1506909 | 32,800 | 2,800,000 |
| 13 | SEV | 0.12 | 3280 | 1416667 | 729,167 | 2,800,000 |
| 14 | SEV | 0.12 | 3280 | 1416667 | 729,167 | 2,800,000 |
| 15 | SEV | 0.12 | 49271 | 1406564 | 32,800 | 1,100,000 |
| 16 | SEVT | 0.102 | 3280 | 1583333 | 895,833 | 3,000,000 |
| 17 | SEVT | 0.14 | 56438 | 1705374 | 32,800 | 1,260,000 |
| 18 | SEVT | 0.14 | 53750 | 1666667 | 807,292 | 1,200,000 |

공백 확인→Ctrl+1

내역서

평균: 1,652,174 개수: 134 합계: 221,391,276 디스플레이 설정 120%

**TIP**

두 칸의 공백을 표시하려면 사용자 지정 서식을 이용해서 '#,##0_-_-'와 같이 '_-'를 두 번 넣어보세요.

**6** [셀 서식] 대화상자의 [표시 형식] 탭이 열리면 '범주'에서 [사용자 지정]을 선택하고 '형식'에 『₩#,##0원_-』를 입력한 후 [확인]을 클릭합니다.

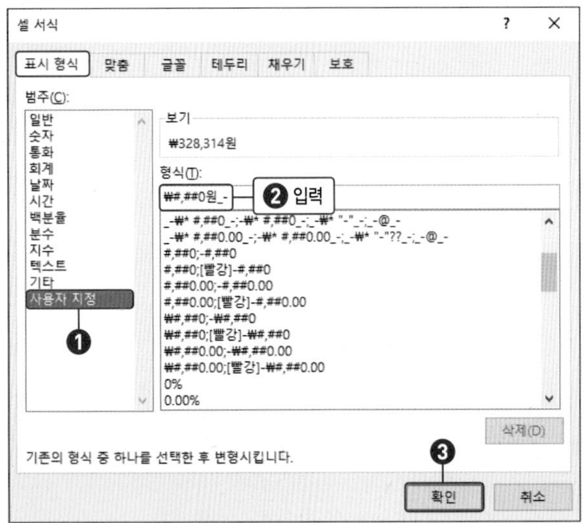


**TIP**

₩ 기호는 '형식' 목록에서 ₩ 기호가 들어간 표시 형식을 선택한 후 입력 값을 수정하면 됩니다. 또는 한글 자음 『ㄹ』을 입력하고 한자를 눌러 단위 목록을 표시한 후 ₩ 기호를 선택할 수 있습니다. 한글 자음+한자를 눌러 기호를 입력하는 방법은 40쪽의 18~19 과정을 참고하세요.

**7** 숫자 데이터의 앞에는 통화 기호(₩)가, 뒤에는 '원'이 표시되었는지 확인합니다.

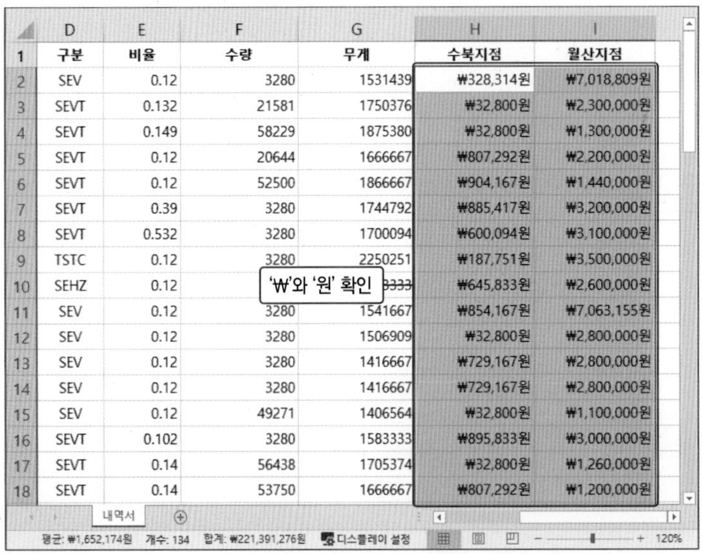

| | D | E | F | G | H | I |
|---|---|---|---|---|---|---|
| 1 | 구분 | 비율 | 수량 | 무게 | 수북지점 | 월산지점 |
| 2 | SEV | 0.12 | 3280 | 1531439 | ₩328,314원 | ₩7,018,809원 |
| 3 | SEVT | 0.132 | 21581 | 1750376 | ₩32,800원 | ₩2,300,000원 |
| 4 | SEVT | 0.149 | 58229 | 1875380 | ₩32,800원 | ₩1,300,000원 |
| 5 | SEVT | 0.12 | 20644 | 1666667 | ₩807,292원 | ₩2,200,000원 |
| 6 | SEVT | 0.12 | 52500 | 1866667 | ₩904,167원 | ₩1,440,000원 |
| 7 | SEVT | 0.39 | 3280 | 1744792 | ₩885,417원 | ₩3,200,000원 |
| 8 | SEVT | 0.532 | 3280 | 1700094 | ₩600,094원 | ₩3,100,000원 |
| 9 | TSTC | 0.12 | 3280 | 2250251 | ₩187,751원 | ₩3,500,000원 |
| 10 | SEHZ | 0.12 | [illegible] | [illegible] | ₩645,833원 | ₩2,600,000원 |
| 11 | SEV | 0.12 | 3280 | 1541667 | ₩854,167원 | ₩7,063,155원 |
| 12 | SEV | 0.12 | 3280 | 1506909 | ₩32,800원 | ₩2,800,000원 |
| 13 | SEV | 0.12 | 3280 | 1416667 | ₩729,167원 | ₩2,800,000원 |
| 14 | SEV | 0.12 | 3280 | 1416667 | ₩729,167원 | ₩2,800,000원 |
| 15 | SEV | 0.12 | 49271 | 1406564 | ₩32,800원 | ₩1,100,000원 |
| 16 | SEVT | 0.102 | 3280 | 1583333 | ₩895,833원 | ₩3,000,000원 |
| 17 | SEVT | 0.14 | 56438 | 1705374 | ₩32,800원 | ₩1,260,000원 |
| 18 | SEVT | 0.14 | 53750 | 1666667 | ₩807,292원 | ₩1,200,000원 |

**8** 이번에는 'No.' 항목에 입력된 숫자에 서식을 설정하기 위해 A2셀을 선택하고 Ctrl+Shift+↓를 누릅니다. 'No.' 항목의 숫자 데이터를 모두 선택했으면 [홈] 탭-[맞춤] 그룹에서 [가운데 맞춤]을 클릭하세요.

**9** 숫자 데이터를 셀 너비의 가운데에 정렬했으면 숫자를 세 자리에 맞춰 표시하기 위해 Ctrl+1을 누릅니다.

| | A | B | C | D | E | F | G |
|---|---|---|---|---|---|---|---|
| 1 | No. | 제품번호 | 파트번호 | 구분 | 비율 | 수량 | 무게 |
| 2 | 1 | 5140389703 | 2901-001758 | SEV | 0.12 | 3280 | 1531 |
| 3 | 2 | 5142822071 | 2901-001743 | SEVT | 0.132 | 21581 | 1750 |
| 4 | 3 | 5142822071 | 2901-001756 | SEVT | 0.149 | 58229 | 1875 |
| 5 | 11 | 5143166197 | 2901-001731 | SEVT | 0.12 | 20644 | 1666 |
| 6 | 12 | 5143166197 | 2901-001758 | SEVT | 0.12 | 52500 | 1866 |
| 7 | 13 | 5143867136 | 2901-001732 | SEVT | 0.39 | 3280 | 1744 |
| 8 | 14 | 5143867136 | 2901-001731 | SEVT | 0.532 | 3280 | 1700 |
| 9 | 15 | 5144282993 | 2901-001758 | TSTC | 0.12 | 3280 | 2250 |
| 10 | 111 | 5 | 31 | SEHZ | 0.12 | 3280 | 1333 |
| 11 | 112 | 5144376148 | 2901-001763 | SEV | 0.12 | 3280 | 1541 |
| 12 | 113 | 5144376148 | 2901-001732 | SEV | 0.12 | 3280 | 1506 |
| 13 | 114 | 5144376148 | 2901-001647 | SEV | 0.12 | 3280 | 1416 |
| 14 | 115 | 5144473271 | 1405-001346 | SEV | 0.12 | 3280 | 1416 |
| 15 | 116 | 5144473271 | 1405-001296 | SEV | 0.12 | 49271 | 1406 |
| 16 | 117 | 5144940249 | 1405-001346 | SEVT | 0.102 | 3280 | 1583 |
| 17 | 150 | 5144940249 | 2901-001731 | SEVT | 0.14 | 56438 | 1705 |
| 18 | 17 | 5144940249 | 2901-001647 | SEVT | 0.14 | 53750 | 1666 |

정렬 확인→Ctrl+1

내역서

평균: 47.17910448 개수: 67 합계: 3161 디스플레이 설정 120%


단축키
표시 형식
기본 구조
셀 병합
입력 방법
빈 행/열 제거
데이터 분리
데이터 통합
저장 형식

**10** [셀 서식] 대화상자의 [표시 형식] 탭이 열리면 '범주'에서 [사용자 지정]을 선택하고 '형식'에 『000』을 입력한 후 [확인]을 클릭합니다.

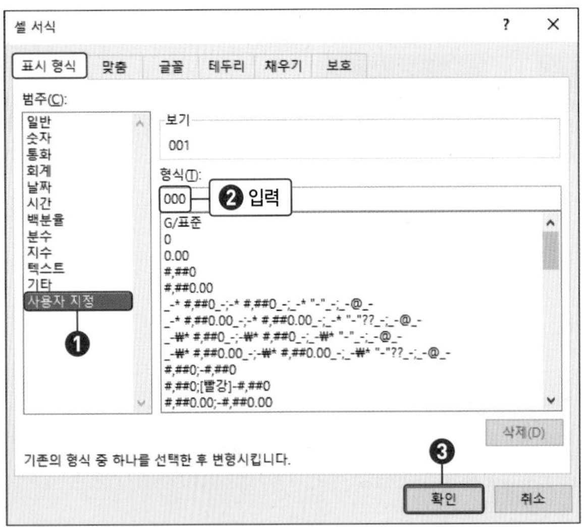


**11** 셀 너비의 가운데에 정렬된 숫자 데이터에서 앞의 빈 자리에 0이 채워지면서 세 자릿수로 숫자 값이 표시되었으면 Ctrl+1을 누릅니다. [셀 서식] 대화상자의 [표시 형식] 탭이 열리면 [사용자 지정] 범주의 '형식'에 『000』 대신 『???』를 입력하고 [확인]을 클릭하세요.

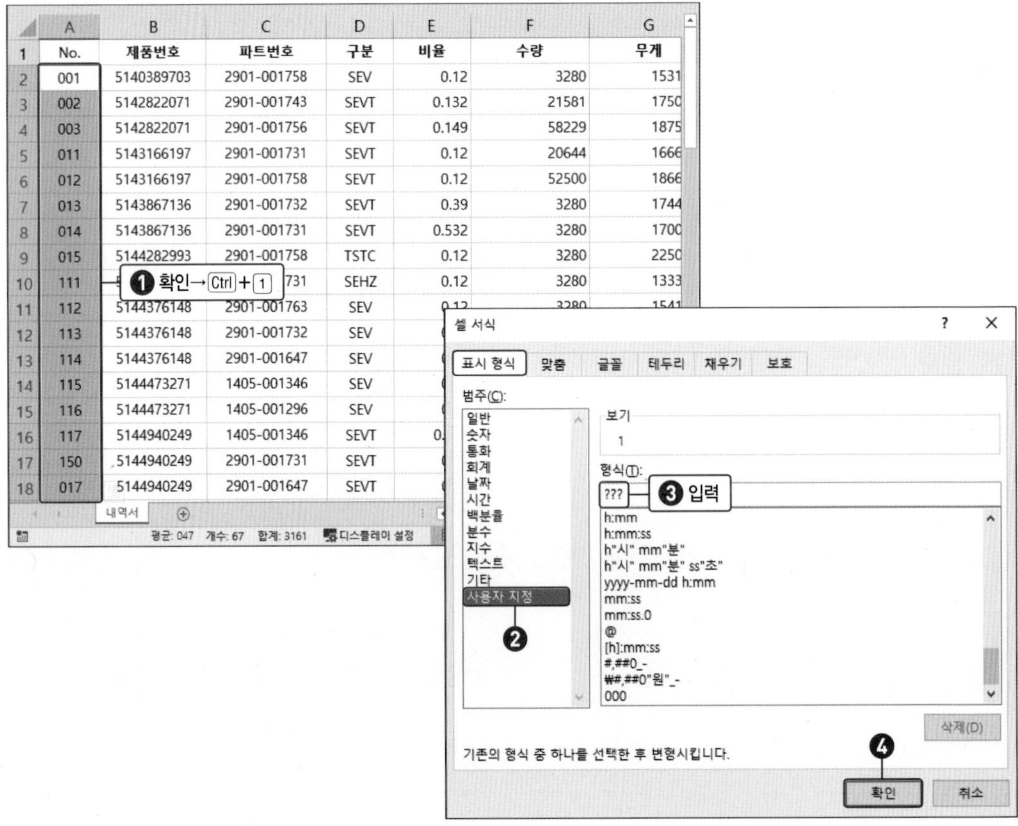

12 숫자의 앞에 0 대신 공백으로 대체되어 표시되었는지 확인합니다. E2셀을 선택하고 Ctrl+Shift+↓를 눌러 연속으로 입력된 '비율' 항목의 전체 범위를 선택한 후 [홈] 탭-[표시 형식] 그룹에서 [백분율 스타일]을 클릭하세요.

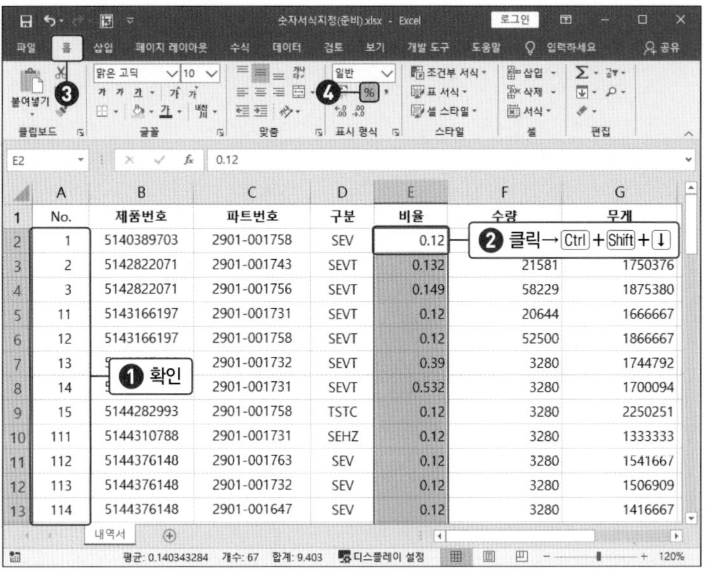


| | A | B | C | D | E | F | G |
|---|---|---|---|---|---|---|---|
| 1 | No. | 제품번호 | 파트번호 | 구분 | 비율 | 수량 | 무게 |
| 2 | 1 | 5140389703 | 2901-001758 | SEV | 0.12 | | |
| 3 | 2 | 5142822071 | 2901-001743 | SEVT | 0.132 | 21581 | 1750376 |
| 4 | 3 | 5142822071 | 2901-001756 | SEVT | 0.149 | 58229 | 1875380 |
| 5 | 11 | 5143166197 | 2901-001731 | SEVT | 0.12 | 20644 | 1666667 |
| 6 | 12 | 5143166197 | 2901-001758 | SEVT | 0.12 | 52500 | 1866667 |
| 7 | 13 | | 2901-001732 | SEVT | 0.39 | 3280 | 1744792 |
| 8 | 14 | | 2901-001731 | SEVT | 0.532 | 3280 | 1700094 |
| 9 | 15 | 5144282993 | 2901-001758 | TSTC | 0.12 | 3280 | 2250251 |
| 10 | 111 | 5144310788 | 2901-001731 | SEHZ | 0.12 | 3280 | 1333333 |
| 11 | 112 | 5144376148 | 2901-001763 | SEV | 0.12 | 3280 | 1541667 |
| 12 | 113 | 5144376148 | 2901-001732 | SEV | 0.12 | 3280 | 1506909 |
| 13 | 114 | 5144376148 | 2901-001647 | SEV | 0.12 | 3280 | 1416667 |

**TIP**

[셀 서식] 대화상자의 [표시 형식] 탭에서 [사용자 지정] 범주를 선택하고 '형식'에 『0%』를 입력한 후 [확인]을 클릭해도 결과가 같아요.

13 소수점으로 표시되었던 비율이 백분율로 환산되었는지 확인합니다. F열 머리글을 클릭하여 '수량' 항목의 전체 범위를 선택하고 Ctrl+1을 누르세요.

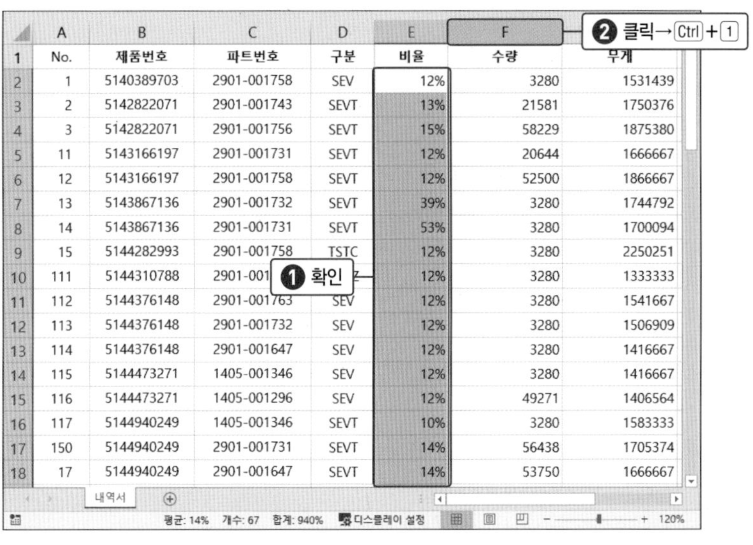


| | A | B | C | D | E | F | G |
|---|---|---|---|---|---|---|---|
| 1 | No. | 제품번호 | 파트번호 | 구분 | 비율 | 수량 | 무게 |
| 2 | 1 | 5140389703 | 2901-001758 | SEV | 12% | 3280 | 1531439 |
| 3 | 2 | 5142822071 | 2901-001743 | SEVT | 13% | 21581 | 1750376 |
| 4 | 3 | 5142822071 | 2901-001756 | SEVT | 15% | 58229 | 1875380 |
| 5 | 11 | 5143166197 | 2901-001731 | SEVT | 12% | 20644 | 1666667 |
| 6 | 12 | 5143166197 | 2901-001758 | SEVT | 12% | 52500 | 1866667 |
| 7 | 13 | 5143867136 | 2901-001732 | SEVT | 39% | 3280 | 1744792 |
| 8 | 14 | 5143867136 | 2901-001731 | SEVT | 53% | 3280 | 1700094 |
| 9 | 15 | 5144282993 | 2901-001758 | TSTC | 12% | 3280 | 2250251 |
| 10 | 111 | 5144310788 | 2901-001 | | 12% | 3280 | 1333333 |
| 11 | 112 | 5144376148 | 2901-001763 | SEV | 12% | 3280 | 1541667 |
| 12 | 113 | 5144376148 | 2901-001732 | SEV | 12% | 3280 | 1506909 |
| 13 | 114 | 5144376148 | 2901-001647 | SEV | 12% | 3280 | 1416667 |
| 14 | 115 | 5144473271 | 1405-001346 | SEV | 12% | 3280 | 1416667 |
| 15 | 116 | 5144473271 | 1405-001296 | SEV | 12% | 49271 | 1406564 |
| 16 | 117 | 5144940249 | 1405-001346 | SEVT | 10% | 3280 | 1583333 |
| 17 | 150 | 5144940249 | 2901-001731 | SEVT | 14% | 56438 | 1705374 |
| 18 | 17 | 5144940249 | 2901-001647 | SEVT | 14% | 53750 | 1666667 |

**14** [셀 서식] 대화상자의 [표시 형식] 탭이 열리면 '범주'에서 [사용자 지정]을 선택하고 '형식'에 『#,##0개_-』를 입력한 후 [확인]을 클릭합니다.

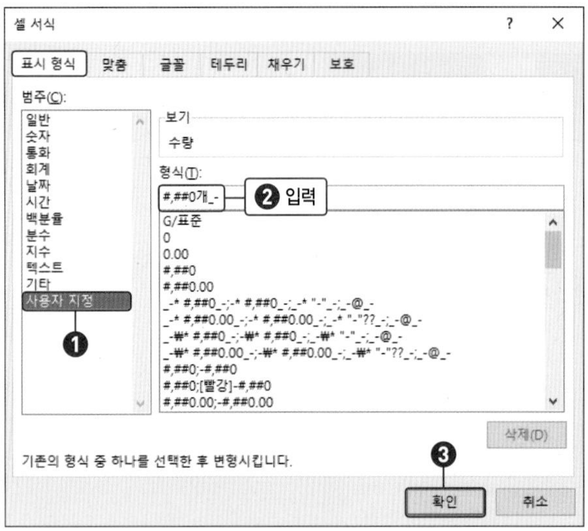


**15** '수량' 항목의 숫자에 세 자리마다 콤마(,)가 표시되고 숫자의 뒤에 '개'가 표시되면서 공백 한 칸이 삽입되었는지 확인하세요. G열의 '무게' 항목에 입력된 수량에 천 단위를 생략하고 표시하기 위해 G열 머리글을 클릭하고 Ctrl+1을 누릅니다.

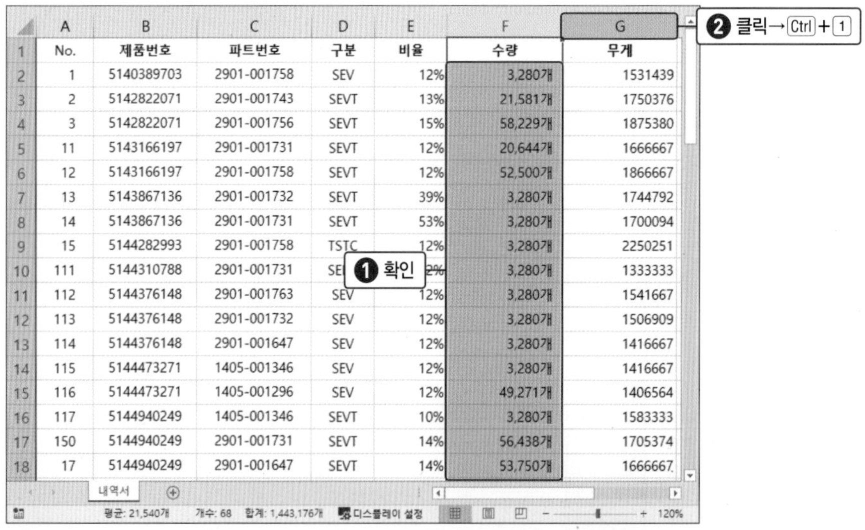

| | A | B | C | D | E | F | G |
|---|---|---|---|---|---|---|---|
| 1 | No. | 제품번호 | 파트번호 | 구분 | 비율 | 수량 | 무게 |
| 2 | 1 | 5140389703 | 2901-001758 | SEV | 12% | 3,280개 | 1531439 |
| 3 | 2 | 5142822071 | 2901-001743 | SEVT | 13% | 21,581개 | 1750376 |
| 4 | 3 | 5142822071 | 2901-001756 | SEVT | 15% | 58,229개 | 1875380 |
| 5 | 11 | 5143166197 | 2901-001731 | SEVT | 12% | 20,644개 | 1666667 |
| 6 | 12 | 5143166197 | 2901-001758 | SEVT | 12% | 52,500개 | 1866667 |
| 7 | 13 | 5143867136 | 2901-001732 | SEVT | 39% | 3,280개 | 1744792 |
| 8 | 14 | 5143867136 | 2901-001731 | SEVT | 53% | 3,280개 | 1700094 |
| 9 | 15 | 5144282993 | 2901-001758 | TSTC | 12% | 3,280개 | 2250251 |
| 10 | 111 | 5144310788 | 2901-001731 | [illegible] | [illegible] | 3,280개 | 1333333 |
| 11 | 112 | 5144376148 | 2901-001763 | SEV | 12% | 3,280개 | 1541667 |
| 12 | 113 | 5144376148 | 2901-001732 | SEV | 12% | 3,280개 | 1506909 |
| 13 | 114 | 5144376148 | 2901-001647 | SEV | 12% | 3,280개 | 1416667 |
| 14 | 115 | 5144473271 | 1405-001346 | SEV | 12% | 3,280개 | 1416667 |
| 15 | 116 | 5144473271 | 1405-001296 | SEV | 12% | 49,271개 | 1406564 |
| 16 | 117 | 5144940249 | 1405-001346 | SEVT | 10% | 3,280개 | 1583333 |
| 17 | 150 | 5144940249 | 2901-001731 | SEVT | 14% | 56,438개 | 1705374 |
| 18 | 17 | 5144940249 | 2901-001647 | SEVT | 14% | 53,750개 | 1666667 |



**TIP**

숫자 셀에 직접 『3000개』와 같이 입력하면 문자로 입력되어 계산이 안 되는 문제가 발생합니다. 그래서 셀에는 숫자만 넣고 그 외의 값은 사용자 지정 서식으로 표현해야 해요.

**16** [셀 서식] 대화상자의 [표시 형식] 탭이 열리면 '범주'에서 [사용자 지정]을 선택하고 '형식'에 『#,##0,』를 입력한 후 [확인]을 클릭합니다.

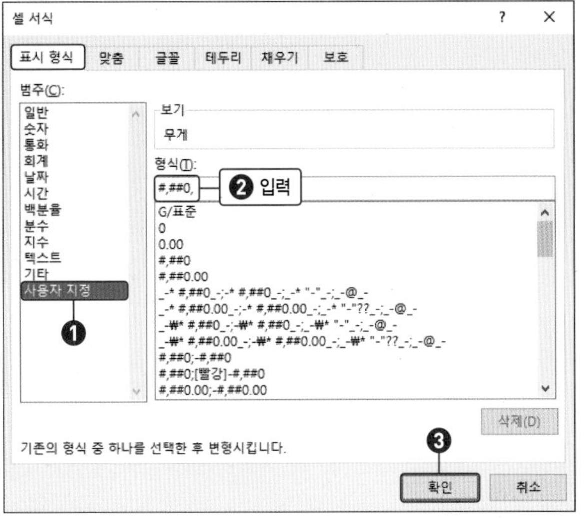


**TIP**

사용자 지정 서식으로 '#,##0,'를 지정하면 천 단위가 생략되어 표시되고, '#,##0,,'를 지정하면 백만 단위가 생략된 결과를 볼 수 있어요.

**17** 실제 입력된 숫자 값이 천 단위가 생략되어 표시되었어요. 이 결과값의 뒤쪽에 원하는 단위를 추가로 표시하기 위해 범위를 설정한 상태에서 Ctrl+1을 누르세요.

| | A | B | C | D | E | F | G |
|---|---|---|---|---|---|---|---|
| 1 | No. | 제품번호 | 파트번호 | 구분 | 비율 | 수량 | 무게 |
| 2 | 1 | 5140389703 | 2901-001758 | SEV | 12% | 3,280개 | 1,531 |
| 3 | 2 | 5142822071 | 2901-001743 | SEVT | 13% | 21,581개 | 1,750 |
| 4 | 3 | 5142822071 | 2901-001756 | SEVT | 15% | 58,229개 | 1,875 |
| 5 | 11 | 5143166197 | 2901-001731 | SEVT | 12% | 20,644개 | 1,667 |
| 6 | 12 | 5143166197 | 2901-001758 | SEVT | 12% | 52,500개 | 1,867 |
| 7 | 13 | 5143867136 | 2901-001732 | SEVT | 39% | 3,280개 | 1,745 |
| 8 | 14 | 5143867136 | 2901-001731 | SEVT | 53% | 3,280개 | 1,700 |
| 9 | 15 | 5144282993 | 2901-001758 | TSTC | 12% | 3,280개 | 2,250 |
| 10 | 111 | 5144310788 | 2901-001731 | SEHZ | 12% | 3,280개 | 1,333 |
| 11 | 112 | 5144376148 | 2901-001763 | SEV | 12% | 3,280개 | 1,542 |
| 12 | 113 | 5144376148 | 2901-001732 | SEV | 12% | 3,280개 | 1,507 |
| 13 | 114 | 5144376148 | 2901-001647 | SEV | 12% | 3,280개 | 1,417 |
| 14 | 115 | 5144473271 | 1405-001346 | SEV | 12% | 3,280개 | 1,417 |
| 15 | 116 | 5144473271 | 1405-001296 | SEV | 12% | 49,271개 | 1,407 |
| 16 | 117 | 5144940249 | 1405-001346 | SEVT | 10% | 3,280개 | 1,583 |
| 17 | 150 | 5144940249 | 2901-001731 | SEVT | 14% | 56,438개 | 1,705 |
| 18 | 17 | 5144940249 | 2901-001647 | SEVT | 14% | 53,750개 | 1,667 |

내역서

평균: 1,672 개수: 68 합계: 112,028 디스플레이 설정 120%

확인→Ctrl+1

**18** [셀 서식] 대화상자의 [표시 형식] 탭이 열리면 '범주'에서 [사용자 지정]을 선택하고 '형식'에 입력되어 있던 서식의 뒤쪽에 한글 자음 『ㄹ』을 입력한 후 한자를 누릅니다.

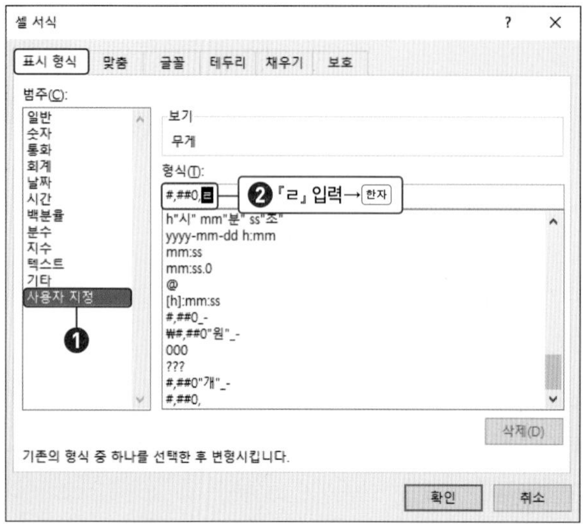


**TIP**

원하는 곳에서 한글 자음(ㄱ, ㄴ, ㄷ 등)을 입력한 후 한자를 누르면 등록된 기호 목록을 볼 수 있습니다. 각 자음마다 등록된 값이 다르므로 하나씩 확인해 보세요. 자주 사용하는 기호는 'ㅁ'에, 단위는 'ㄹ'에 등록되어 있다는 것을 기억하세요.

**19** 단위 목록이 표시되면 [보기 변경] 단추(»)를 클릭하여 단위 목록을 확장하고 [kg]을 클릭합니다. '형식'에 『#,##0,kg』이 입력되었으면 [확인]을 클릭하세요.

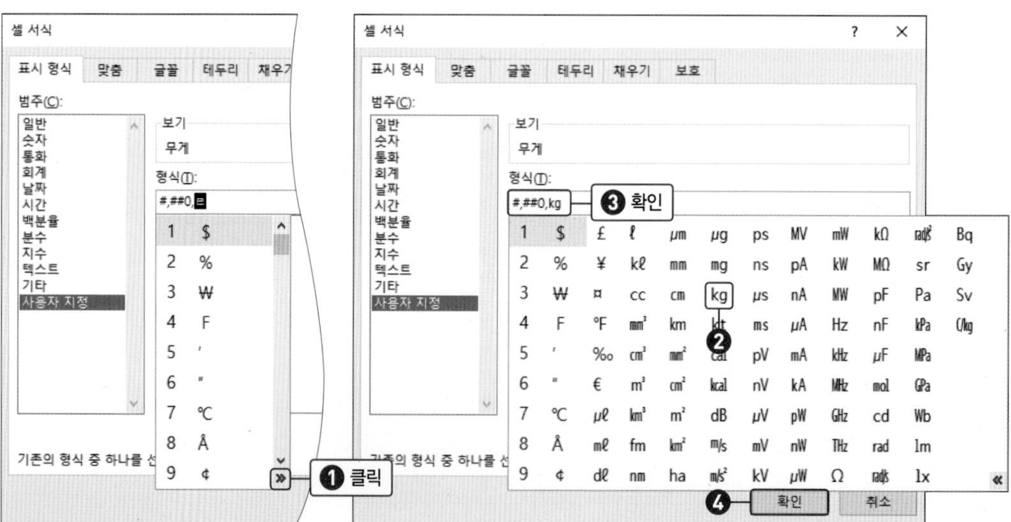

**20** '무게' 항목의 값이 천 단위가 생략되고 숫자 뒤에 'kg'이 표시되었는지 확인하세요. 이와 같이 셀에는 순수한 숫자만 입력하고 사용자 지정 서식을 이용해 표시 방식을 지정하면 숫자를 계산할 때 문제없이 처리할 수 있답니다.

| | A | B | C | D | E | F | G |
|---|---|---|---|---|---|---|---|
| 1 | No. | 제품번호 | 파트번호 | 구분 | 비율 | 수량 | 무게 |
| 2 | 1 | 5140389703 | 2901-001758 | SEV | 12% | 3,280개 | 1,531kg |
| 3 | 2 | 5142822071 | 2901-001743 | SEVT | 13% | 21,581개 | 1,750kg |
| 4 | 3 | 5142822071 | 2901-001756 | SEVT | 15% | 58,229개 | 1,875kg |
| 5 | 11 | 5143166197 | 2901-001731 | SEVT | 12% | 20,644개 | 1,667kg |
| 6 | 12 | 5143166197 | 2901-001758 | SEVT | 12% | 52,500개 | 1,867kg |
| 7 | 13 | 5143867136 | 2901-001732 | SEVT | 39% | 3,280개 | 1,745kg |
| 8 | 14 | 5143867136 | 2901-001731 | SEVT | 53% | 3,280개 | 1,700kg |
| 9 | 15 | 5144282993 | 2901-001758 | TSTC | 12% | [illegible]개 | 2,250kg |
| 10 | 111 | 5144310788 | 2901-001731 | SEHZ | 12% | [illegible]개 | 1,333kg |
| 11 | 112 | 5144376148 | 2901-001763 | SEV | 12% | 3,280개 | 1,542kg |
| 12 | 113 | 5144376148 | 2901-001732 | SEV | 12% | 3,280개 | 1,507kg |
| 13 | 114 | 5144376148 | 2901-001647 | SEV | 12% | 3,280개 | 1,417kg |
| 14 | 115 | 5144473271 | 1405-001346 | SEV | 12% | 3,280개 | 1,417kg |
| 15 | 116 | 5144473271 | 1405-001296 | SEV | 12% | 49,271개 | 1,407kg |
| 16 | 117 | 5144940249 | 1405-001346 | SEVT | 10% | 3,280개 | 1,583kg |
| 17 | 150 | 5144940249 | 2901-001731 | SEVT | 14% | 56,438개 | 1,705kg |
| 18 | 17 | 5144940249 | 2901-001647 | SEVT | 14% | 53,750개 | 1,667kg |

확인

내역서

평균: 1,672kg 개수: 68 합계: 112,028kg 디스플레이 설정 120%

**21** 셀에 설정한 사용자 지정 서식을 지우고 초기 상태로 되돌리기 위해 워크시트에서 데이터가 입력된 하나의 셀(여기서는 D5셀)을 클릭하고 Ctrl+A를 누릅니다. 연속 데이터가 입력된 전체 데이터의 범위가 자동으로 설정되면 [홈] 탭-[표시 형식] 그룹에서 [표시 형식]의 목록 단추(∨)를 클릭하고 [일반]을 선택하세요.

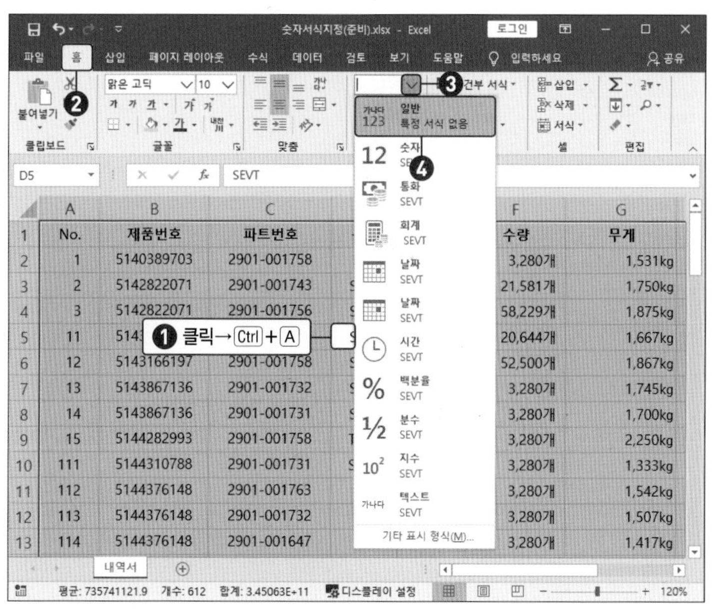


**TIP**
[셀 서식] 대화상자의 [표시 형식] 탭에서 [일반] 범주를 선택해도 결과는 같아요.

**22** 범위에 있는 사용자 지정 서식이 한 번에 지워지면서 처음 입력했을 때의 데이터 상태로 되돌아왔는지 확인합니다.

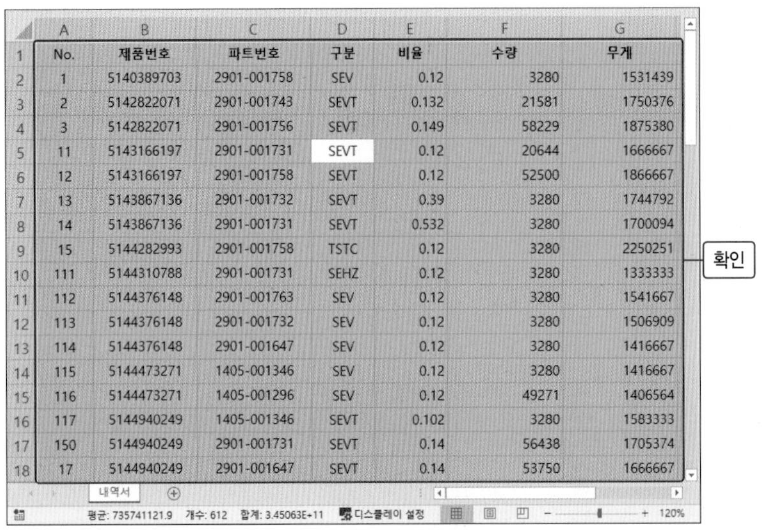

| | A | B | C | D | E | F | G |
|---|---|---|---|---|---|---|---|
| 1 | No. | 제품번호 | 파트번호 | 구분 | 비율 | 수량 | 무게 |
| 2 | 1 | 5140389703 | 2901-001758 | SEV | 0.12 | 3280 | 1531439 |
| 3 | 2 | 5142822071 | 2901-001743 | SEVT | 0.132 | 21581 | 1750376 |
| 4 | 3 | 5142822071 | 2901-001756 | SEVT | 0.149 | 58229 | 1875380 |
| 5 | 11 | 5143166197 | 2901-001731 | SEVT | 0.12 | 20644 | 1666667 |
| 6 | 12 | 5143166197 | 2901-001758 | SEVT | 0.12 | 52500 | 1866667 |
| 7 | 13 | 5143867136 | 2901-001732 | SEVT | 0.39 | 3280 | 1744792 |
| 8 | 14 | 5143867136 | 2901-001731 | SEVT | 0.532 | 3280 | 1700094 |
| 9 | 15 | 5144282993 | 2901-001758 | TSTC | 0.12 | 3280 | 2250251 |
| 10 | 111 | 5144310788 | 2901-001731 | SEHZ | 0.12 | 3280 | 1333333 |
| 11 | 112 | 5144376148 | 2901-001763 | SEV | 0.12 | 3280 | 1541667 |
| 12 | 113 | 5144376148 | 2901-001732 | SEV | 0.12 | 3280 | 1506909 |
| 13 | 114 | 5144376148 | 2901-001647 | SEV | 0.12 | 3280 | 1416667 |
| 14 | 115 | 5144473271 | 1405-001346 | SEV | 0.12 | 3280 | 1416667 |
| 15 | 116 | 5144473271 | 1405-001296 | SEV | 0.12 | 49271 | 1406564 |
| 16 | 117 | 5144940249 | 1405-001346 | SEVT | 0.102 | 3280 | 1583333 |
| 17 | 150 | 5144940249 | 2901-001731 | SEVT | 0.14 | 56438 | 1705374 |
| 18 | 17 | 5144940249 | 2901-001647 | SEVT | 0.14 | 53750 | 1666667 |



**23** B2셀을 선택하고 Ctrl+Shift+↓를 눌러 '제품번호' 항목의 전체 범위를 선택한 후 Ctrl+1을 누릅니다.

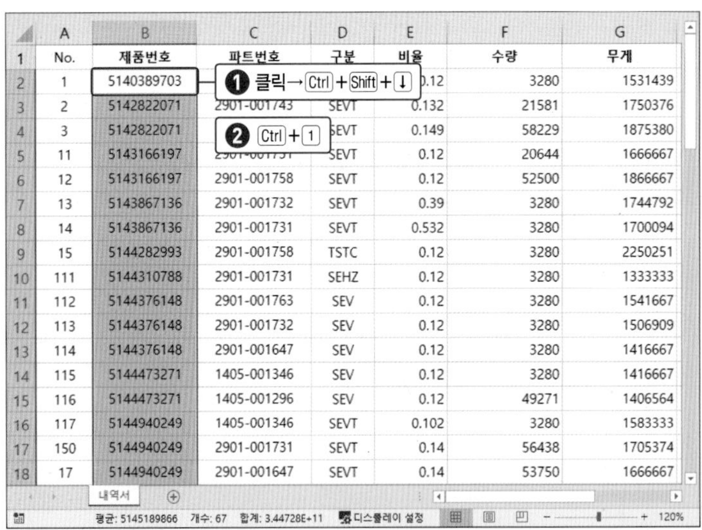

| | A | B | C | D | E | F | G |
|---|---|---|---|---|---|---|---|
| 1 | No. | 제품번호 | 파트번호 | 구분 | 비율 | 수량 | 무게 |
| 2 | 1 | 5140389703 | [illegible] | [illegible] | 0.12 | 3280 | 1531439 |
| 3 | 2 | 5142822071 | 2901-001743 | SEVT | 0.132 | 21581 | 1750376 |
| 4 | 3 | 5142822071 | [illegible] | SEVT | 0.149 | 58229 | 1875380 |
| 5 | 11 | 5143166197 | [illegible] | SEVT | 0.12 | 20644 | 1666667 |
| 6 | 12 | 5143166197 | 2901-001758 | SEVT | 0.12 | 52500 | 1866667 |
| 7 | 13 | 5143867136 | 2901-001732 | SEVT | 0.39 | 3280 | 1744792 |
| 8 | 14 | 5143867136 | 2901-001731 | SEVT | 0.532 | 3280 | 1700094 |
| 9 | 15 | 5144282993 | 2901-001758 | TSTC | 0.12 | 3280 | 2250251 |
| 10 | 111 | 5144310788 | 2901-001731 | SEHZ | 0.12 | 3280 | 1333333 |
| 11 | 112 | 5144376148 | 2901-001763 | SEV | 0.12 | 3280 | 1541667 |
| 12 | 113 | 5144376148 | 2901-001732 | SEV | 0.12 | 3280 | 1506909 |
| 13 | 114 | 5144376148 | 2901-001647 | SEV | 0.12 | 3280 | 1416667 |
| 14 | 115 | 5144473271 | 1405-001346 | SEV | 0.12 | 3280 | 1416667 |
| 15 | 116 | 5144473271 | 1405-001296 | SEV | 0.12 | 49271 | 1406564 |
| 16 | 117 | 5144940249 | 1405-001346 | SEVT | 0.102 | 3280 | 1583333 |
| 17 | 150 | 5144940249 | 2901-001731 | SEVT | 0.14 | 56438 | 1705374 |
| 18 | 17 | 5144940249 | 2901-001647 | SEVT | 0.14 | 53750 | 1666667 |

24 [셀 서식] 대화상자의 [표시 형식] 탭이 열리면 '범주'에서 [사용자 지정]을 선택하고 '형식'에 『;;;』을 입력한 후 [확인]을 클릭하세요.

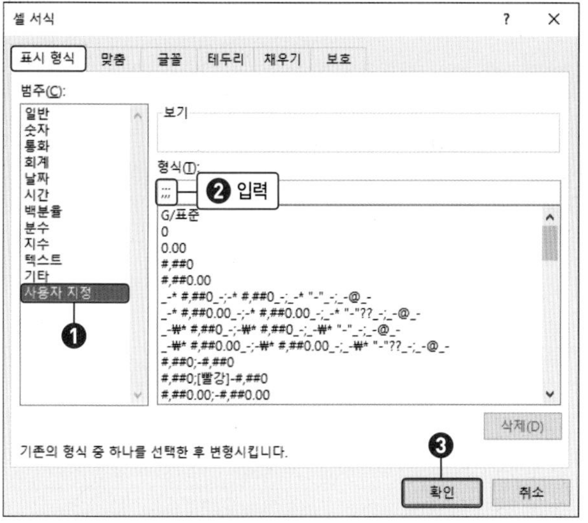


25 범위로 설정했던 영역의 값이 없어졌네요. B2셀을 선택하면 수식 입력줄에는 값이 있지만, 화면에서만 표시되지 않습니다. 이 기능은 화면에서 값을 숨기고 인쇄하거나 다른 사용자에게 보여주고 싶지 않을 때 매우 유용해요.

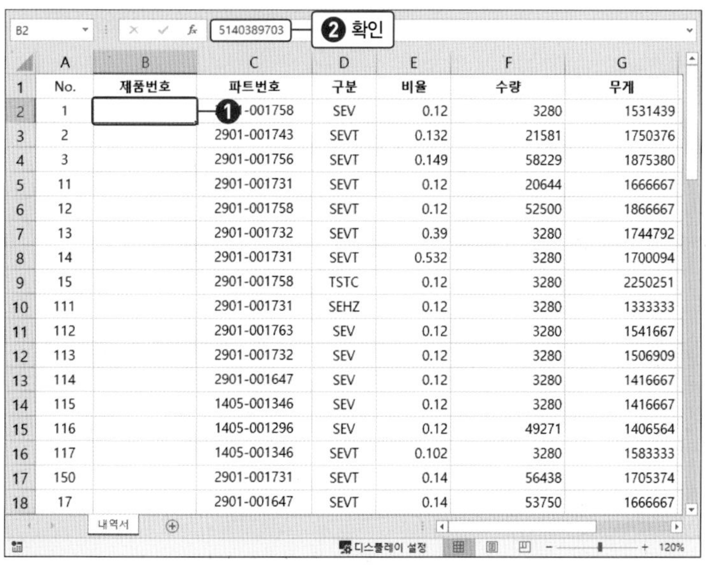


| | A | B | C | D | E | F | G |
|---|---|---|---|---|---|---|---|
| 1 | No. | 제품번호 | 파트번호 | 구분 | 비율 | 수량 | 무게 |
| 2 | 1 | | -001758 | SEV | 0.12 | 3280 | 1531439 |
| 3 | 2 | | 2901-001743 | SEVT | 0.132 | 21581 | 1750376 |
| 4 | 3 | | 2901-001756 | SEVT | 0.149 | 58229 | 1875380 |
| 5 | 11 | | 2901-001731 | SEVT | 0.12 | 20644 | 1666667 |
| 6 | 12 | | 2901-001758 | SEVT | 0.12 | 52500 | 1866667 |
| 7 | 13 | | 2901-001732 | SEVT | 0.39 | 3280 | 1744792 |
| 8 | 14 | | 2901-001731 | SEVT | 0.532 | 3280 | 1700094 |
| 9 | 15 | | 2901-001758 | TSTC | 0.12 | 3280 | 2250251 |
| 10 | 111 | | 2901-001731 | SEHZ | 0.12 | 3280 | 1333333 |
| 11 | 112 | | 2901-001763 | SEV | 0.12 | 3280 | 1541667 |
| 12 | 113 | | 2901-001732 | SEV | 0.12 | 3280 | 1506909 |
| 13 | 114 | | 2901-001647 | SEV | 0.12 | 3280 | 1416667 |
| 14 | 115 | | 1405-001346 | SEV | 0.12 | 3280 | 1416667 |
| 15 | 116 | | 1405-001296 | SEV | 0.12 | 49271 | 1406564 |
| 16 | 117 | | 1405-001346 | SEVT | 0.102 | 3280 | 1583333 |
| 17 | 150 | | 2901-001731 | SEVT | 0.14 | 56438 | 1705374 |
| 18 | 17 | | 2901-001647 | SEVT | 0.14 | 53750 | 1666667 |

TIP
셀에 값을 다시 표시하려면 [홈] 탭-[표시 형식] 그룹에서 [표시 형식]의 목록 단추(☐)를 클릭하고 [일반]을 선택해서 지정한 서식을 없애야 합니다.

# 02 날짜 데이터에 표시 형식 지정하기

◉ **예제파일** : 날짜서식지정(준비).xlsx ◉ **완성파일** : 날짜서식지정(완성).xlsx

| 대상 | 사용자 지정 서식 | 입력값 | 결과값 |
|---|---|---|---|
| 연도 | yy | 2021-2-23 | 21 |
| | yyyy | 2021-2-23 | 2021 |
| 월 | m | 2020-5-11 | 5 |
| | mm | 2020-5-11 | 05 |
| | mmm | 2020-10-3 | Oct |
| | mmmm | 2020-10-3 | October |
| 일 | d | 2020-8-9 | 9 |
| | dd | 2020-8-9 | 09 |
| 요일 | aaa | 2020-8-9 | 일 |
| | aaaa | 2020-8-9 | 일요일 |
| | ddd | 2020-8-9 | Sun |
| | dddd | 2020-8-9 | Sunday |

| 기능 | 방법 |
|---|---|
| 셀에 작업하는 당일 날짜 표시(변하지 않는 고정된 날짜) | Ctrl+; |
| 셀에 작업하는 현재 시간 표시(변하지 않는 고정된 시간) | Ctrl+Shift+; |
| 셀에 작업하는 당일 날짜 표시(파일을 열 때마다 당일 날짜로 변함) | =TODAY( ) |
| 셀에 작업하는 당일 날짜와 시간 표시(파일을 열 때마다 당일 날짜와 시간으로 변함) | =NOW( ) |

**1** [배송현황] 시트에는 C4셀에 접수일을 입력하면 자동으로 배송 예정일이 표시되도록 수식이 작성되어 있어요. 이것을 확인하기 위해 C4셀에 '『20.10.22』를 입력하고 Enter를 누르세요.

도서 배송 현황

접수일: 20.10.22 — 『20.10.22』 입력→Enter

| 접수번호 | 고객명 | 도서명 | 배송소요일 | 배송예정일 |
|---|---|---|---|---|
| 1 | 조예준 | E-002 | 3 | 1900-01-03 |
| 2 | 정수란 | A-018 | 2 | 1900-01-02 |
| 3 | 박선영 | F-090 | 4 | 1900-01-04 |
| 4 | 박병철 | A-030 | 3 | 1900-01-03 |
| 5 | 한우석 | F-006 | 2 | 1900-01-02 |
| 6 | 한영희 | B-321 | 3 | 1900-01-03 |
| 7 | 조홍제 | A-214 | 2 | 1900-01-02 |
| 8 | 이순신 | C-057 | 3 | 1900-01-03 |
| 9 | 김동호 | B-461 | 3 | 1900-01-03 |
| 10 | 김소훈 | C-057 | 2 | 1900-01-02 |

배송현황

**2** C4셀의 '20.10.22'처럼 연월일 사이에 마침표(.)를 입력하면 날짜가 아닌 문자로 인식되기 때문에 F열의 '배송예정일' 항목에 수식 오류가 발생합니다. 접수일에는 반드시 날짜 형식에 맞게 입력해야 수식이 실행되기 때문에 C4셀에 『20-10-22』를 입력하고 Enter를 누르세요.

| | A | B | C | D | E | F | G | H |
|---|---|---|---|---|---|---|---|---|
| 1 | | | | | | | | |
| 2 | | 도서 배송 현황 | | | | | | |
| 3 | | | | | | | | |
| 4 | | 접수일 | 20-10-22 | ❷ 『20-10-22』 입력→Enter | | | | |
| 5 | | | | | | | | |
| 6 | | 접수번호 | 고객명 | 도서명 | 배송소요일 | 배송예정일 | | |
| 7 | | 1 | 조예준 | E-002 | 3 | #VALUE! | | |
| 8 | | 2 | 정수란 | A-018 | 2 | #VALUE! | | |
| 9 | | 3 | 박선영 | F-090 | 4 | #VALUE! | | |
| 10 | | 4 | 박병철 | A-030 | 3 | #VALUE! | | |
| 11 | | 5 | 한우석 | F-0( | ❶ 오류 확인 | #VALUE! | | |
| 12 | | 6 | 한영희 | B-3: | | #VALUE! | | |
| 13 | | 7 | 조홍제 | A-214 | 2 | #VALUE! | | |
| 14 | | 8 | 이순신 | C-057 | 3 | #VALUE! | | |
| 15 | | 9 | 김동호 | B-461 | 3 | #VALUE! | | |
| 16 | | 10 | 김소훈 | C-057 | 2 | #VALUE! | | |
| 17 | | | | | | | | |
| 18 | | | | | | | | |
| 19 | | | | | | | | |

배송현황

준비 디스플레이 설정 120%

**TIP**

날짜를 입력할 때는 '년-월-일' 방식이나 '년/월/일'과 같이 '-'나 '/'를 이용해서 입력해야 해요. 그렇지 않으면 숫자가 아닌 문자로 인식되어 날짜를 이용한 계산 결과를 얻을 수 없습니다.

**3** '배송예정일' 항목에 계산된 날짜가 표시되었으면 C4셀에 『5/13』을 입력하고 Enter를 누르세요.

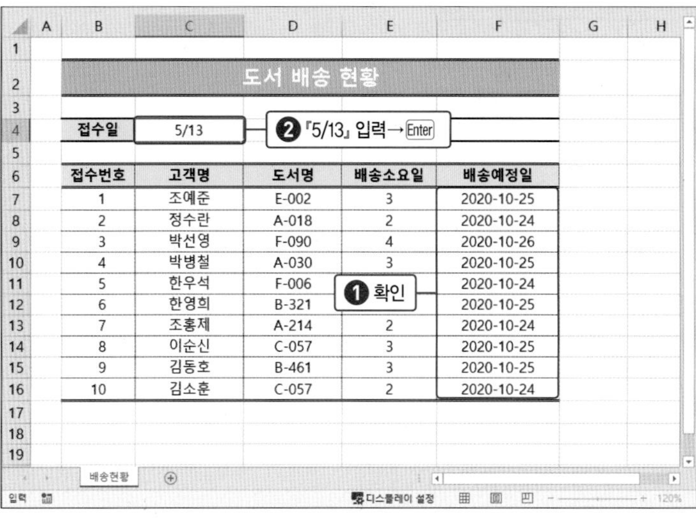

| | A | B | C | D | E | F | G | H |
|---|---|---|---|---|---|---|---|---|
| 1 | | | | | | | | |
| 2 | | 도서 배송 현황 | | | | | | |
| 3 | | | | | | | | |
| 4 | | 접수일 | 5/13 | ❷ 『5/13』 입력→Enter | | | | |
| 5 | | | | | | | | |
| 6 | | 접수번호 | 고객명 | 도서명 | 배송소요일 | 배송예정일 | | |
| 7 | | 1 | 조예준 | E-002 | 3 | 2020-10-25 | | |
| 8 | | 2 | 정수란 | A-018 | 2 | 2020-10-24 | | |
| 9 | | 3 | 박선영 | F-090 | 4 | 2020-10-26 | | |
| 10 | | 4 | 박병철 | A-030 | 3 | 2020-10-25 | | |
| 11 | | 5 | 한우석 | F-006 | ❶ 확인 | 2020-10-24 | | |
| 12 | | 6 | 한영희 | B-321 | | 2020-10-25 | | |
| 13 | | 7 | 조홍제 | A-214 | 2 | 2020-10-24 | | |
| 14 | | 8 | 이순신 | C-057 | 3 | 2020-10-25 | | |
| 15 | | 9 | 김동호 | B-461 | 3 | 2020-10-25 | | |
| 16 | | 10 | 김소훈 | C-057 | 2 | 2020-10-24 | | |
| 17 | | | | | | | | |
| 18 | | | | | | | | |
| 19 | | | | | | | | |

배송현황

입력 디스플레이 설정 120%

**4** 접수일인 C4셀에 『5/13』을 입력하면 연도가 생략된 것으로 인식하고 작업하는 당일에 해당하는 연도가 자동으로 표시되면서 '2020-05-13'으로 입력됩니다. 이번에는 C4셀을 선택하고 Ctrl+;을 누르세요.

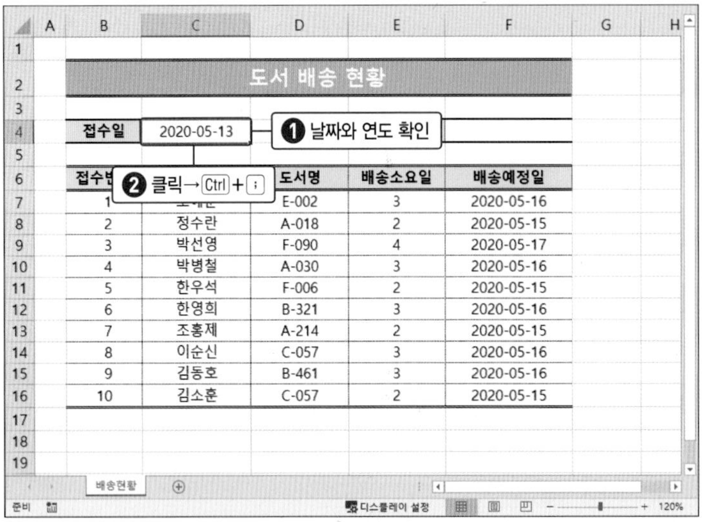

도서 배송 현황
접수일
2020-05-13
❶ 날짜와 연도 확인
❷ 클릭→Ctrl+;
도서명 배송소요일 배송예정일
1 E-002 3 2020-05-16
2 정수란 A-018 2 2020-05-15
3 박선영 F-090 4 2020-05-17
4 박병철 A-030 3 2020-05-16
5 한우석 F-006 2 2020-05-15
6 한영희 B-321 3 2020-05-16
7 조홍제 A-214 2 2020-05-15
8 이순신 C-057 3 2020-05-16
9 김동호 B-461 3 2020-05-16
10 김소훈 C-057 2 2020-05-15
배송현황
준비
디스플레이 설정
120%


**5** C4셀에 작업하는 당일 날짜가 자동으로 표시되므로 현재 날짜를 입력할 때 매우 편리합니다. 접수 시간을 입력하기 위해 F4셀을 선택하고 Ctrl+Shift+;을 누르세요.

도서 배송 현황
접수일
2020-05-30
접수시간
❷ 클릭→Ctrl+Shift+;
접수번호
❶ 확인
도서명 배송소요일 배송예정일
1 E-002 3 2020-06-02
2 정수란 A-018 2 2020-06-01
3 박선영 F-090 4 2020-06-03
4 박병철 A-030 3 2020-06-02
5 한우석 F-006 2 2020-06-01
6 한영희 B-321 3 2020-06-02
7 조홍제 A-214 2 2020-06-01
8 이순신 C-057 3 2020-06-02
9 김동호 B-461 3 2020-06-02
10 김소훈 C-057 2 2020-06-01
배송현황
준비
디스플레이 설정
120%


**TIP**

표시된 날짜는 작업하는 당일 날짜이기 때문에 실제 표시된 값을 다를 수 있습니다. 이렇게 입력된 날짜는 변하지 않으므로 『=TODAY( )』를 입력하면 파일을 열 때마다 작업하는 당일 날짜로 자동으로 변경할 수 있어요.

**6** F4셀에 자동으로 현재 작업하는 시간이 표시되면 Enter를 눌러 접수 시간을 입력하세요. '배송예정일' 항목을 보기 좋게 꾸미기 위해 F7셀을 선택하고 Ctrl+Shift+↓를 눌러 아래쪽 끝까지 범위를 설정한 후 Ctrl+1을 누르세요.

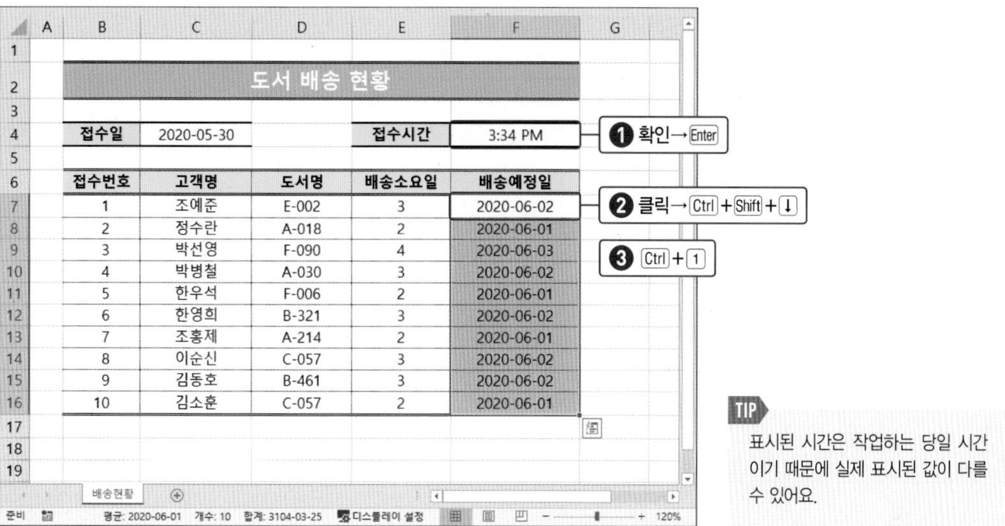

| 접수일 | 2020-05-30 | | 접수시간 | 3:34 PM |
|---|---|---|---|---|
| 접수번호 | 고객명 | 도서명 | 배송소요일 | 배송예정일 |
| 1 | 조예준 | E-002 | 3 | 2020-06-02 |
| 2 | 정수란 | A-018 | 2 | 2020-06-01 |
| 3 | 박선영 | F-090 | 4 | 2020-06-03 |
| 4 | 박병철 | A-030 | 3 | 2020-06-02 |
| 5 | 한우석 | F-006 | 2 | 2020-06-01 |
| 6 | 한영희 | B-321 | 3 | 2020-06-02 |
| 7 | 조홍제 | A-214 | 2 | 2020-06-01 |
| 8 | 이순신 | C-057 | 3 | 2020-06-02 |
| 9 | 김동호 | B-461 | 3 | 2020-06-02 |
| 10 | 김소훈 | C-057 | 2 | 2020-06-01 |



**TIP**
표시된 시간은 작업하는 당일 시간이기 때문에 실제 표시된 값이 다를 수 있어요.

**7** [셀 서식] 대화상자의 [표시 형식] 탭이 열리면 '범주'에서 [사용자 지정]을 선택하고 '형식'에 『mmm-dd-yyyy』를 입력한 후 [확인]을 클릭합니다.

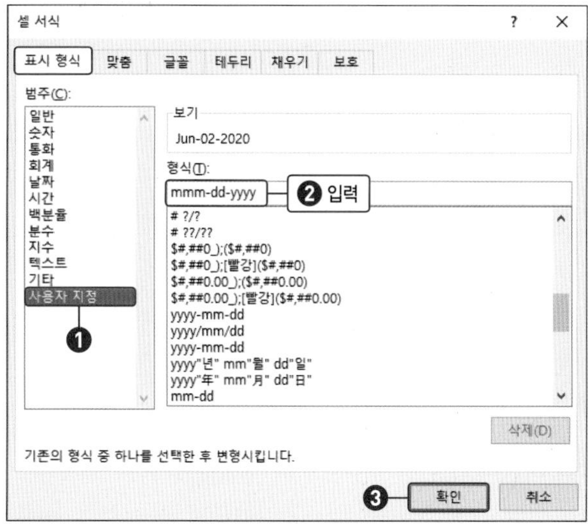


**TIP**
'형식'에 입력한 『mmm-dd-yyyy』 중에서 mmm은 월을 영문으로 짧게 표시하고(예 Jun), dd는 일을 두 자리 숫자에 맞추어 표시하며(예 02), yyyy는 연도를 네 자리 숫자로 표시합니다. 그리고 –는 항목 사이에 '–'를 지정하라는 뜻입니다.

**8** '배송예정일' 항목에 날짜가 원하는 형태로 표시되었는지 확인했으면 범위를 그대로 선택한 상태에서 Ctrl+1을 누릅니다.

**도서 배송 현황**

| 접수일 | 2020-05-30 | | 접수시간 | 3:34 PM |
|---|---|---|---|---|

| 접수번호 | 고객명 | 도서명 | 배송소요일 | 배송예정일 |
|---|---|---|---|---|
| 1 | 조예준 | E-002 | 3 | Jun-02-2020 |
| 2 | 정수란 | A-018 | 2 | Jun-01-2020 |
| 3 | 박선영 | F-090 | 4 | Jun-03-2020 |
| 4 | 박병철 | A-030 | 3 | Jun-02-2020 |
| 5 | 한우석 | F-006 | 2 | Jun-01-2020 |
| 6 | 한영희 | B-321 | 3 | Jun-02-2020 |
| 7 | 조홍제 | A-214 | 2 | Jun-01-2020 |
| 8 | 이순신 | C-057 | 3 | Jun-02-2020 |
| 9 | 김동호 | B-461 | 3 | Jun-02-2020 |
| 10 | 김소훈 | C-057 | 2 | Jun-01-2020 |

확인→Ctrl+1

배송현황

준비 평균: Jun-01-2020 개수: 10 합계: Mar-25-3104 디스플레이 설정 120%

**9** [셀 서식] 대화상자의 [표시 형식] 탭이 열리면 '범주'에서 [사용자 지정]을 선택하고 '형식'에 『mm월dd일』을 입력한 후 [확인]을 클릭합니다.

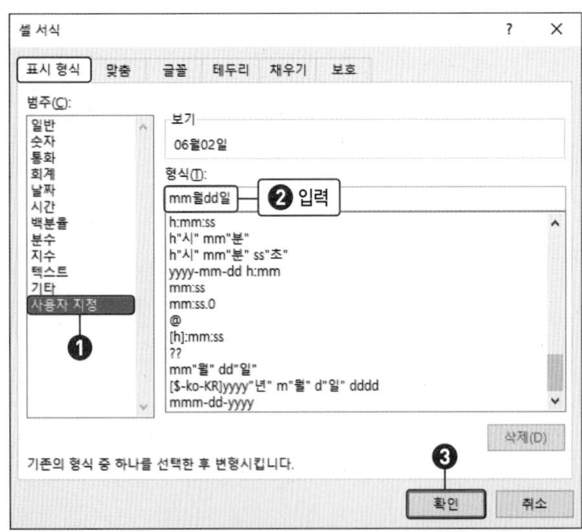


**TIP**

mm은 월을 두 자리 숫자로, dd는 일을 두 자리 숫자로 표현하라는 뜻입니다. 사용자 지정 기호 사이에 원하는 문자를 더욱 다양하게 표현할 수 있습니다.

**10** '06월02일'과 같이 연도가 생략되어 표시된 결과를 확인했으면 F6셀을 선택하고 Ctrl+Shift+↓를 누르세요. F열의 '배송예정일' 항목의 아래쪽 끝까지 범위를 설정했으면 Ctrl+C를 누릅니다.

**11** G6셀을 선택하고 Ctrl+V를 눌러 데이터를 붙여넣습니다. 복사된 데이터의 끝에 표시된 [붙여넣기 옵션] 단추((Ctrl)▾)를 클릭하고 '붙여넣기'에서 [원본 열 너비 유지]()를 클릭합니다.

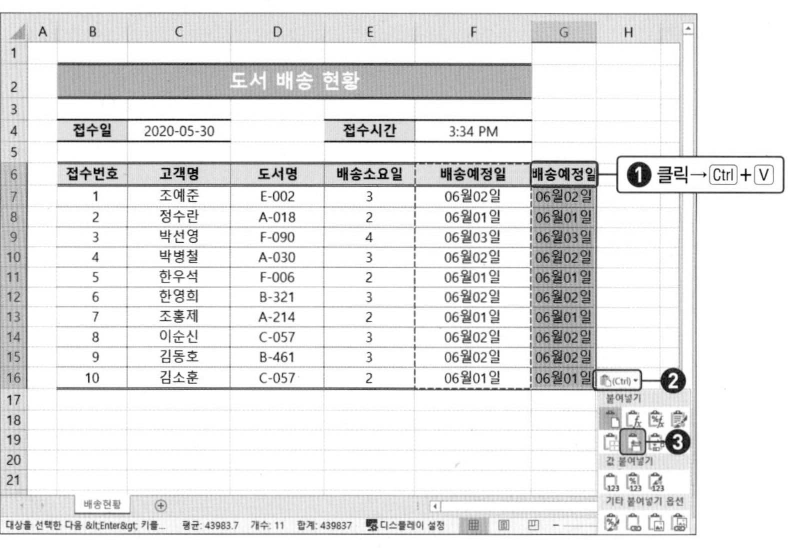

**12** 붙여넣은 데이터와 함께 열 너비도 그대로 복사되었으면 Ctrl+1을 누릅니다.

도서 배송 현황

| 접수일 | 2020-05-30 | | 접수시간 | 3:34 PM | |
|---|---|---|---|---|---|
| 접수번호 | 고객명 | 도서명 | 배송소요일 | 배송예정일 | 배송예정일 |
| 1 | 조예준 | E-002 | 3 | 06월02일 | 06월02일 |
| 2 | 정수란 | A-018 | 2 | 06월01일 | 06월01일 |
| 3 | 박선영 | F-090 | 4 | 06월03일 | 06월03일 |
| 4 | 박병철 | A-030 | 3 | 06월02일 | 06월02일 |
| 5 | 한우석 | F-006 | 2 | 06월01일 | 06월01일 |
| 6 | 한영희 | B-321 | 3 | 06월02일 | 06월02일 |
| 7 | 조홍제 | A-214 | 2 | 06월01일 | 06월01일 |
| 8 | 이순신 | C-057 | 3 | 06월02일 | 06월02일 |
| 9 | 김동호 | B-461 | 3 | 06월02일 | 06월02일 |
| 10 | 김소훈 | C-057 | 2 | 06월01일 | 06월01일 |



**13** [셀 서식] 대화상자의 [표시 형식] 탭이 열리면 '범주'에서 [사용자 지정]을 선택하고 '형식'에 『aaaa』를 입력한 후 [확인]을 클릭합니다.

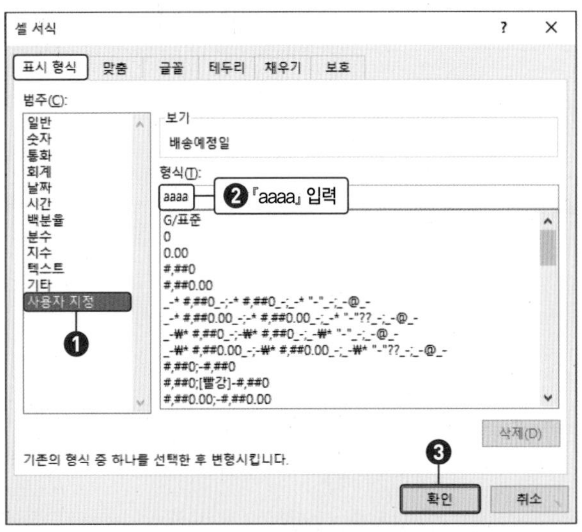



**TIP**

aaa는 한글로 요일을 짧게(예 월, 화), aaaa는 한글로 요일을 길게(예 월요일, 화요일), mmm은 영문으로 요일을 짧게(예 Mon, Tue), mmmm은 영문으로 요일을 길게(예 Monday, Tuesday) 표시합니다. 날짜에서 연월일을 모두 생략하고 요일만 표시하는 효과를 볼 수 있어요.

**14** '배송예정일' 항목에서 연월일이 생략되고 요일만 한글로 표시된 결과를 확인할 수 있어요.

| | | | | | |
|---|---|---|---|---|---|
| 도서 배송 현황 | | | | | |
| 접수일 | 2020-05-30 | | 접수시간 | 3:34 PM | |
| 접수번호 | 고객명 | 도서명 | 배송소요일 | 배송예정일 | 배송예정일 |
| 1 | 조예준 | E-002 | 3 | 06월02일 | 화요일 |
| 2 | 정수란 | A-018 | 2 | 06월01일 | 월요일 |
| 3 | 박선영 | F-090 | 4 | 06월03일 | 수요일 |
| 4 | 박병철 | A-030 | 3 | 06월02일 | 화요일 |
| 5 | 한우석 | F-006 | 2 | 06월01일 | 월요일 |
| 6 | 한영희 | B-321 | 3 | 06월02일 | 화요일 |
| 7 | 조홍제 | A-214 | 2 | 06월01일 | 월요일 |
| 8 | 이순신 | C-057 | 3 | 06월02일 | 화요일 |
| 9 | 김동호 | B-461 | 3 | 06월02일 | 화요일 |
| 10 | 김소훈 | C-057 | 2 | 06월01일 | 월요일 |

확인

**15** F7셀을 선택하고 Ctrl+Shift+↓를 눌러 아래쪽 끝까지 범위를 선택합니다. 다시 Ctrl+Shift+→를 눌러 G열의 '배송예정일' 항목까지 범위를 선택하고 [홈] 탭-[표시 형식] 그룹에서 [표시 형식]의 목록 단추(∨)를 클릭한 후 [일반]을 선택하세요.

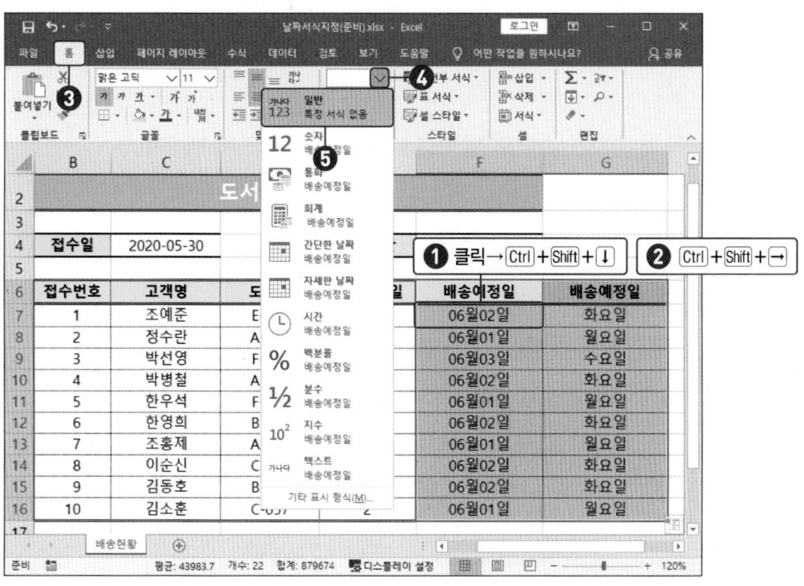


**TIP**

셀에 설정된 사용자 지정 서식을 없애고 처음 입력한 값으로 되돌리기 위해 [일반]을 선택합니다. 이 메뉴는 [셀 서식] 대화상자의 [표시 형식] 탭에서 [일반] 범주를 선택해도 결과가 같습니다.

**16** 날짜가 표시되었던 값의 사용자 지정 서식을 없애면 숫자가 나타나는데, 이 숫자를 날짜로 표시하려면 날짜 서식을 지정해야 합니다. 범위 설정된 데이터를 날짜 형식으로 표현하기 위해 [홈] 탭-[표시 형식] 그룹에서 [표시 형식]의 목록 단추(⌵)를 클릭하고 [간단한 날짜]를 선택하세요.

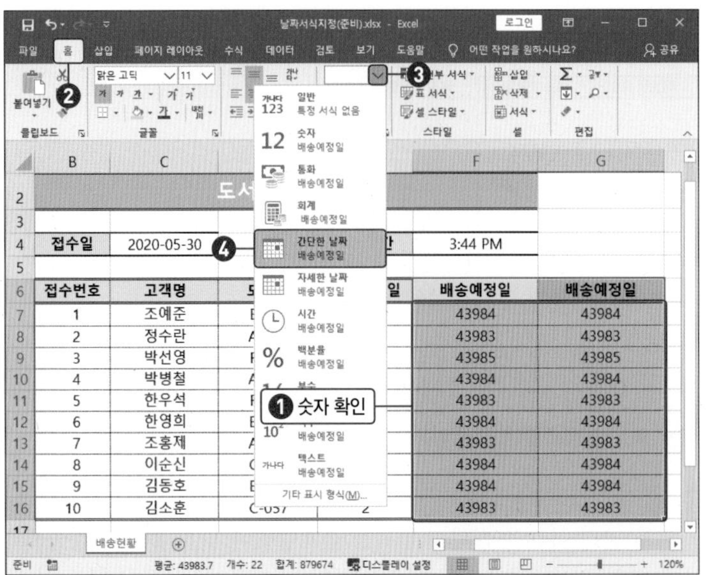


**TIP**

날짜는 셀에 입력될 때 1900-1-1을 1로 저장하므로 날짜 셀에 설정된 서식을 없애면 숫자 값으로 변환됩니다. 이 숫자를 날짜로 표현하려면 날짜 서식을 지정하고, 날짜를 숫자로 바꾸려면 서식을 없애야 합니다.

**17** F열과 G열의 '배송예정일' 항목의 숫자가 간단한 날짜로 바뀌었는지 확인해 보세요.

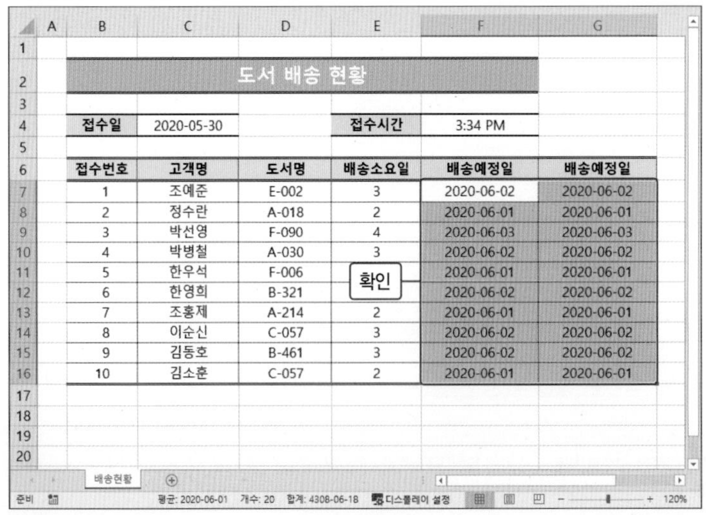


**TIP**

[셀 서식] 대화상자의 [사용자 지정] 범주에 원하는 서식을 입력해도 됩니다. 하지만 자주 사용하는 서식이 메뉴로 제공되고 있으므로 이 목록을 이용하면 쉽게 서식을 적용할 수 있어요.

CASE

# 03 시간 데이터에 표시 형식 지정하기

◉ **예제파일** : 시간서식지정(준비).xlsx ◉ **완성파일** : 시간서식지정(완성).xlsx

| 대상 | 사용자 지정 서식 | 결과 |
|---|---|---|
| 시 | h | 시간 표시(24 미만 숫자만 표시) |
| | hh | 시간을 두 자리로 표시(24 미만 숫자만 표시) |
| | [hh] | 시간을 누적해서 표시(24 이상 숫자 표시 가능) |
| 분 | m | 분 표시(60 미만 숫자만 표시) |
| | mm | 분을 두 자리로 표시(60 미만 숫자만 표시) |
| | [mm] | 분을 누적해서 표시(60 이상 숫자 표시 가능) |
| 초 | s | 초 표시(60 미만 숫자만 표시) |
| | ss | 초를 두 자리로 표시(60 미만 숫자만 표시) |
| | [ss] | 초를 누적해서 표시(60 이상 숫자 표시 가능) |
| 7:20:30 | hh | 07(시간에서 시만 표시) |
| | hh:mm | 07:20(시간에서 시와 분만 표시) |
| | hh시간mm분ss초 | 07시간20분30초 |
| | hh:mm:ss AM/PM | 7:20:30 AM(시간을 오전/오후 방식으로 표시) |
| 28:30:5 | hh:mm:ss | 04:30:05(시간에서 24 이상 값을 제외한 값만 표시) |
| | [hh]:mm:ss | 28:30:05(시간을 누적해서 24 이상 값 표시) |
| | [m]:ss | 1230:05(시간을 분으로 환산한 후 누적해서 표시) |
| | [ss]초 | 73805초(시간을 초로 환산한 후 누적해서 표시) |

1 [근무내역] 시트에서 C3셀을 선택하고 『=TODAY( )』를 입력한 후 Enter를 누릅니다.

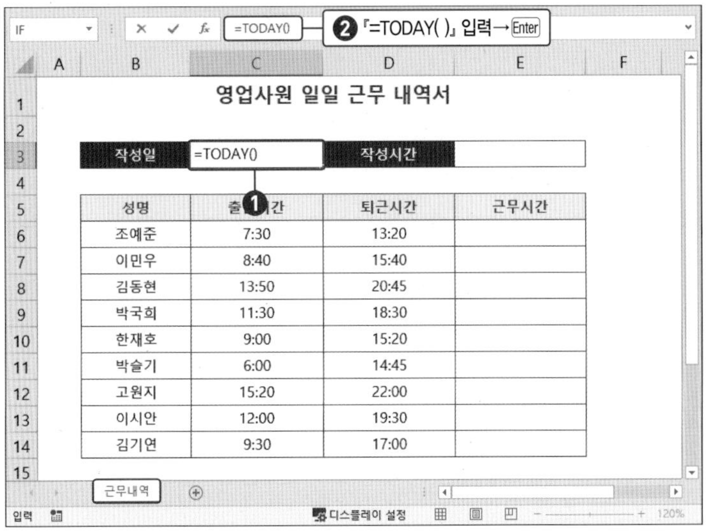


**TIP**

Ctrl+;을 입력해도 작업하는 당일 날짜가 표시되지만, 다른 날에 이 파일을 열었을 때 날짜가 바뀌지 않습니다. 그러므로 언제든지 파일을 열었을 때 날짜로 자동으로 바뀌도록 TODAY 함수를 사용해야 작업할 때 편리합니다.

**2** C3셀에 작업하는 당일 날짜가 자동으로 표시되었으면 E3셀을 선택하고 시간을 표시하기 위해 『8:3:20』을 입력한 후 Enter를 누릅니다.

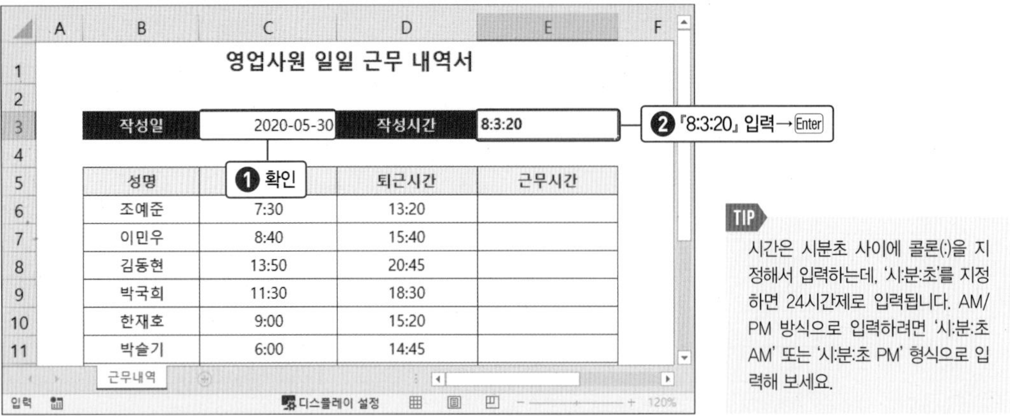

| | A | B | C | D | E |
|---|---|---|---|---|---|
| 1 | | 영업사원 일일 근무 내역서 | | | |
| 2 | | | | | |
| 3 | | 작성일 | 2020-05-30 | 작성시간 | 8:3:20 |
| 4 | | | | | |
| 5 | | 성명 | | 퇴근시간 | 근무시간 |
| 6 | | 조예준 | 7:30 | 13:20 | |
| 7 | | 이민우 | 8:40 | 15:40 | |
| 8 | | 김동현 | 13:50 | 20:45 | |
| 9 | | 박국희 | 11:30 | 18:30 | |
| 10 | | 한재호 | 9:00 | 15:20 | |
| 11 | | 박슬기 | 6:00 | 14:45 | |



**TIP**

시간은 시분초 사이에 콜론(:)을 지정해서 입력하는데, '시:분:초'를 지정하면 24시간제로 입력됩니다. AM/PM 방식으로 입력하려면 '시:분:초 AM' 또는 '시:분:초 PM' 형식으로 입력해 보세요.

**3** E3셀에 24시간제로 시간이 입력되었는지 확인합니다.

| | A | B | C | D | E |
|---|---|---|---|---|---|
| 1 | | 영업사원 일일 근무 내역서 | | | |
| 2 | | | | | |
| 3 | | 작성일 | 2020-05-30 | 작성시간 | 8:03:20 |
| 4 | | | | | |
| 5 | | 성명 | 출근시간 | 퇴근시간 | 근무시간 |
| 6 | | 조예준 | 7:30 | 13:20 | |
| 7 | | 이민우 | 8:40 | 15:40 | |
| 8 | | 김동현 | 13:50 | 20:45 | |
| 9 | | 박국희 | 11:30 | 18:30 | |
| 10 | | 한재호 | 9:00 | 15:20 | |
| 11 | | 박슬기 | 6:00 | 14:45 | |

확인

**4** 이번에는 AM/PM 방식으로 시간을 입력하기 위해 E3셀에 『10:10:20 pm』을 입력하고 Enter를 누릅니다.

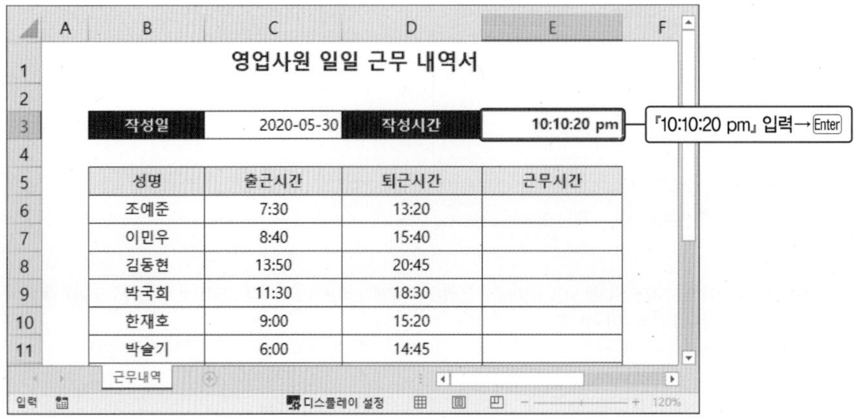

| | A | B | C | D | E |
|---|---|---|---|---|---|
| 1 | | 영업사원 일일 근무 내역서 | | | |
| 2 | | | | | |
| 3 | | 작성일 | 2020-05-30 | 작성시간 | 10:10:20 pm |
| 4 | | | | | |
| 5 | | 성명 | 출근시간 | 퇴근시간 | 근무시간 |
| 6 | | 조예준 | 7:30 | 13:20 | |
| 7 | | 이민우 | 8:40 | 15:40 | |
| 8 | | 김동현 | 13:50 | 20:45 | |
| 9 | | 박국희 | 11:30 | 18:30 | |
| 10 | | 한재호 | 9:00 | 15:20 | |
| 11 | | 박슬기 | 6:00 | 14:45 | |

『10:10:20 pm』 입력 → Enter

5 입력한 시간이 24시간제로 환산되어 표시된 것을 확인했으면 AM/PM 방식으로 표시 형식을 바꾸어 볼게요. 다시 E3셀을 선택하고 Ctrl+1을 누릅니다.

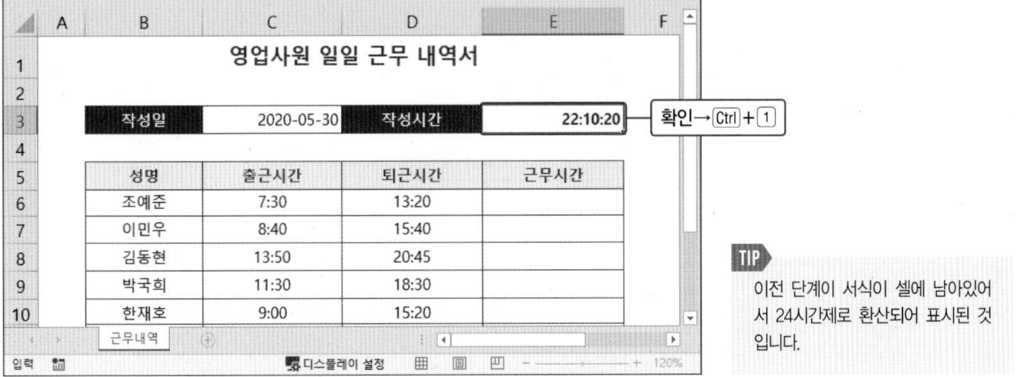


TIP
이전 단계의 서식이 셀에 남아있어서 24시간제로 환산되어 표시된 것입니다.

6 [셀 서식] 대화상자의 [표시 형식] 탭이 열리면 '범주'에서 [사용자 지정]을 선택하고 '형식'에서 『h:mm:ss AM/PM』을 선택한 후 [확인]을 클릭합니다.

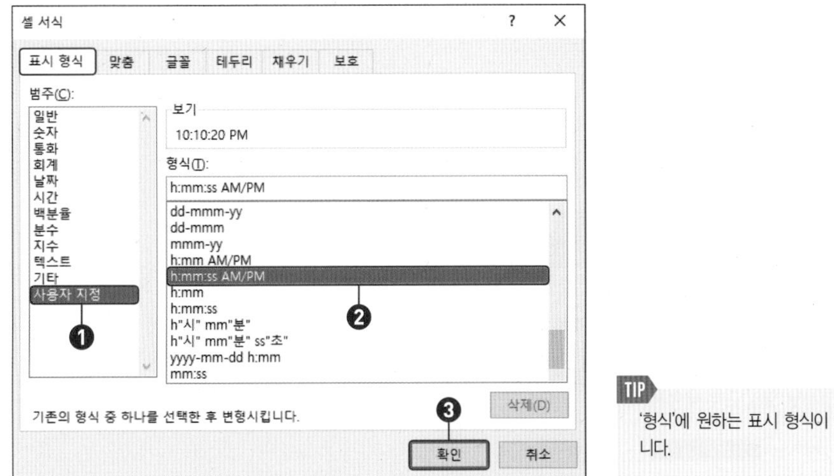


TIP
'형식'에 원하는 표시 형식이 없으면 직접 입력해도 됩니다.

7 E3셀에 시간이 AM/PM 형식으로 표시 형식이 바뀌어서 표시되었습니다.

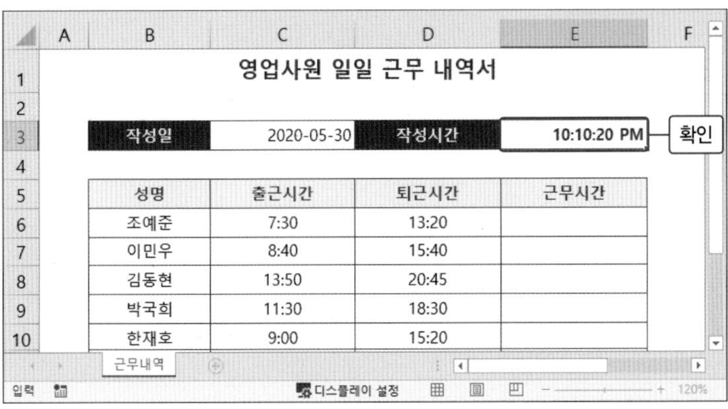

**8** 이번에는 출근시간과 퇴근시간을 이용해서 실제 근무한 시간이 몇 시간인지 알아볼게요. E6셀에 『=D6-C6』을 입력하고 Enter를 누르세요.

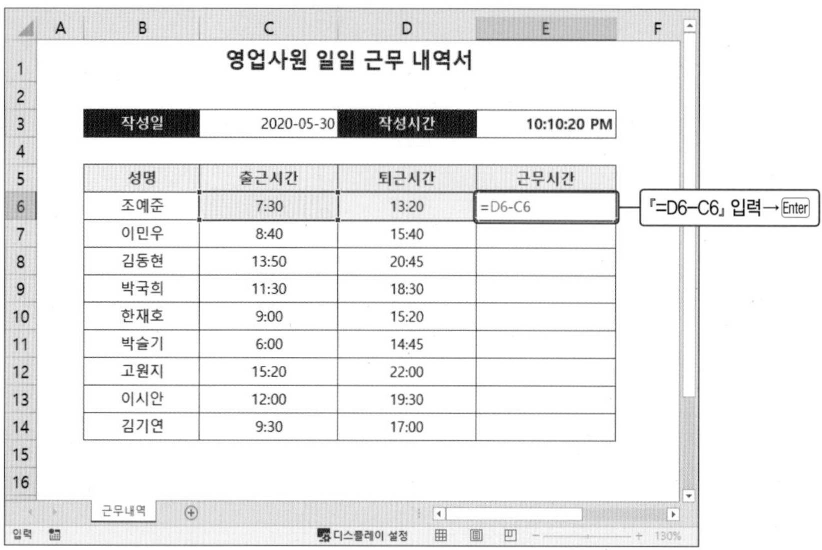

영업사원 일일 근무 내역서
작성일
2020-05-30
작성시간
10:10:20 PM
성명
출근시간
퇴근시간
근무시간
조예준
7:30
13:20
=D6-C6
『=D6-C6』 입력→Enter
이민우
8:40
15:40
김동현
13:50
20:45
박국희
11:30
18:30
한재호
9:00
15:20
박슬기
6:00
14:45
고원지
15:20
22:00
이시안
12:00
19:30
김기연
9:30
17:00
근무내역


**9** E6셀에 '조예준'의 퇴근시간에서 출근시간을 뺀 근무시간이 표시되었으면 E6셀의 자동 채우기 핸들을 더블클릭해서 이 수식을 다른 행에도 복사합니다. 셀에 표시된 결과를 가운데 맞춤으로 설정하기 위해 [홈] 탭-[맞춤] 그룹에서 [가운데 맞춤]을 클릭하세요.

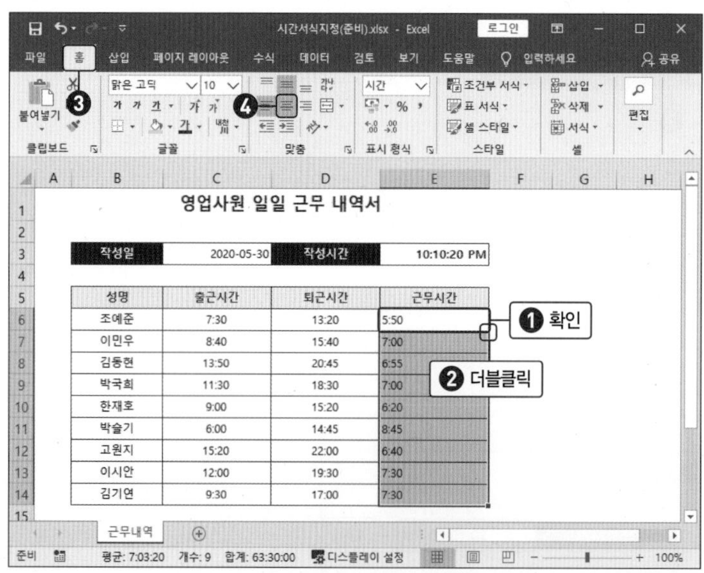

**10** C6셀을 선택하고 Ctrl+Shift+End를 눌러 시간 데이터의 범위를 모두 선택합니다. [홈] 탭-[표시 형식] 그룹에서 [표시 형식]의 목록 단추(∨)를 클릭하고 [시간]을 선택하세요.

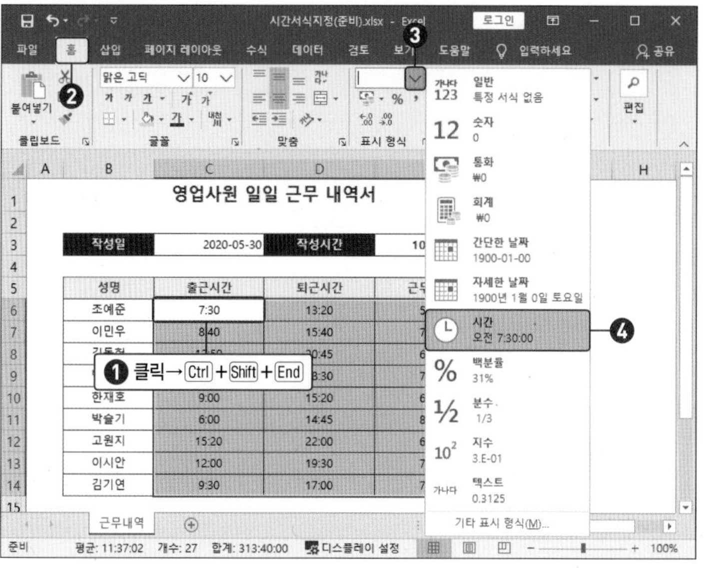


**TIP**

[표시 형식] 그룹에는 자주 사용하는 서식이 메뉴로 표시되어 있어서 편리하게 사용할 수 있지만, 자세하게 세부 설정을 할 수 없습니다.

**11** 선택한 데이터 영역에 새로운 형식으로 시간이 표시되었으면 Ctrl+1을 누르세요.

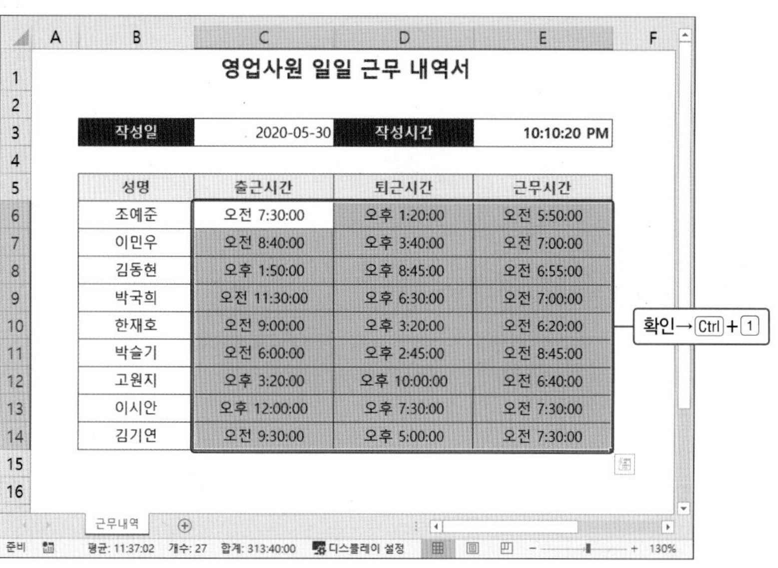

**12** [셀 서식] 대화상자의 [표시 형식] 탭이 열리면 [시간] 범주에서 제공하는 다양한 시간 표시 형식 중에서 마음에 드는 유형을 선택하고 [확인]을 클릭하세요.

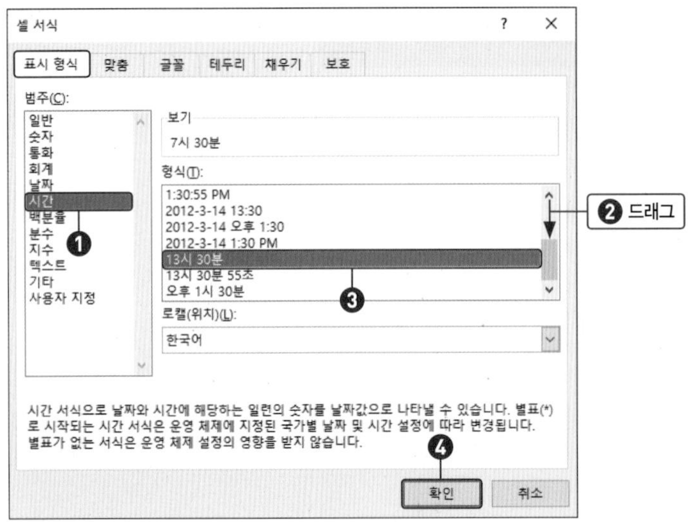


**13** '출근시간', '퇴근시간', '근무시간' 항목에 선택한 시간 표시 형식이 적용되었는지 확인합니다.

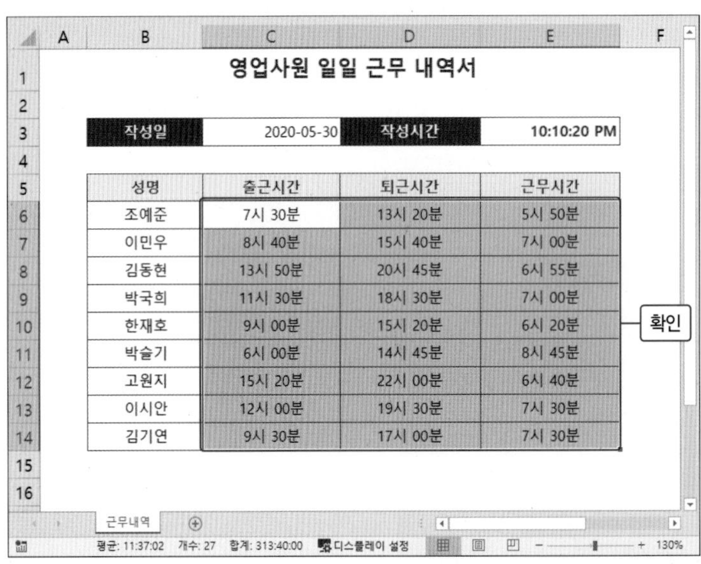

영업사원 일일 근무 내역서

| 작성일 | 2020-05-30 | 작성시간 | 10:10:20 PM |
|---|---|---|---|

| 성명 | 출근시간 | 퇴근시간 | 근무시간 |
|---|---|---|---|
| 조예준 | 7시 30분 | 13시 20분 | 5시 50분 |
| 이민우 | 8시 40분 | 15시 40분 | 7시 00분 |
| 김동현 | 13시 50분 | 20시 45분 | 6시 55분 |
| 박국희 | 11시 30분 | 18시 30분 | 7시 00분 |
| 한재호 | 9시 00분 | 15시 20분 | 6시 20분 |
| 박슬기 | 6시 00분 | 14시 45분 | 8시 45분 |
| 고원지 | 15시 20분 | 22시 00분 | 6시 40분 |
| 이시안 | 12시 00분 | 19시 30분 | 7시 30분 |
| 김기연 | 9시 30분 | 17시 00분 | 7시 30분 |

CASE

# 04 문자 데이터에 표시 형식 지정하기

◉ **예제파일** : 문자서식지정(준비).xlsx ◉ **완성파일** : 문자서식지정(완성).xlsx

| 사용자 지정 서식 | 결과 |
|---|---|
| @ | 셀에 입력된 문자 데이터를 그대로 표시 |
| @귀하 | 셀에 입력된 문자 데이터의 뒤에 '귀하'를 붙여서 표시 |
| 영업사원@님 | 셀에 입력된 문자 앞에는 '영업사원'을, 뒤에는 '님'을 붙여서 표시 |
| * | * 뒤에 지정한 문자를 셀 너비만큼 반복해서 표시 |
| @*- | 셀에 입력된 문자의 뒤에 '-'를 셀 너비만큼 반복해서 표시 |
| *$0.00 | 숫자를 소수점 이하 둘째 자리까지 표시하고 셀 너비만큼 숫자 앞에 '$'를 반복해서 표시 |

**1** [사원정보] 시트에서 이름의 뒤에 '님'을 표시하기 위해 B5:B13 영역을 선택하고 Ctrl+1을 누릅니다.

| | A | B | C | D | E | F |
|---|---|---|---|---|---|---|
| 2 | | 영업사원 근무 평가표 | | | | |
| 3 | | | | | | |
| 4 | | 이름 | 지점 | 우편번호 | 평가 | |
| 5 | | 조예준 | 서울 | 135010 | 10 | |
| 6 | | 이민우 | 인천 | 232920 | 2 | |
| 7 | | 김동현 | 안산 | 101020 | 4 | |
| 8 | | 박국희 | 천안 | 631080 | 5 | |
| 9 | | 한재호 | | 762835 | 6 | |
| 10 | | 박솔기 | 광주 | 135010 | 9 | |
| 11 | | 고원지 | 대구 | 232920 | 10 | |
| 12 | | 이시안 | 부산 | 101020 | 8 | |
| 13 | | 김 연 | 목포 | 631080 | 4 | |

드래그→Ctrl+1

사원정보

개수: 9 디스플레이 설정 120%

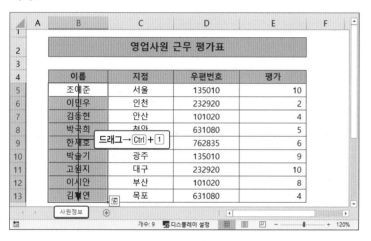

**2** [셀 서식] 대화상자의 [표시 형식] 탭이 열리면 '범주'에서 [사용자 지정]을 선택하고 '형식'에 『@님』을 입력한 후 [확인]을 클릭합니다.

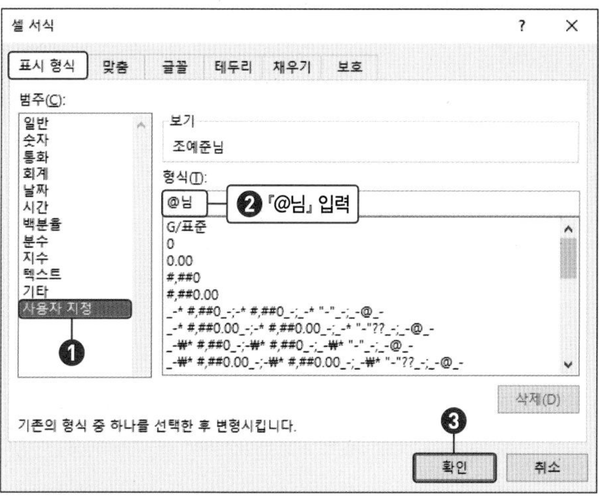

**3** 범위 설정했던 이름의 뒤에 모두 '님'이 자동으로 표시되었는지 확인합니다. C5셀을 선택하고 Ctrl+Shift+↓를 눌러 데이터가 입력된 아래쪽 끝까지 범위를 설정하고 Ctrl+1을 누르세요.

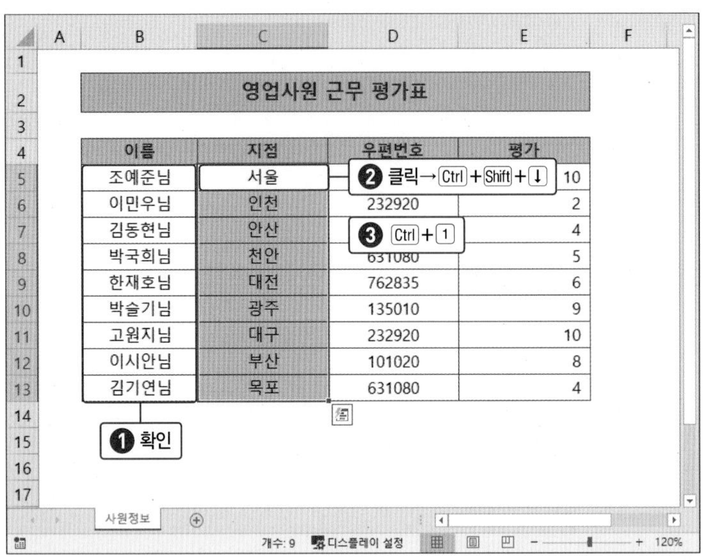

영업사원 근무 평가표
이름
지점
우편번호
평가
조예준님
서울
10
이민우님
인천
232920
2
김동현님
안산
4
박국희님
천안
5
한재호님
대전
762835
6
박슬기님
광주
135010
9
고원지님
대구
232920
10
이시안님
부산
101020
8
김기연님
목포
631080
4
❶ 확인
❷ 클릭→Ctrl+Shift+↓
❸ Ctrl+1
사원정보
개수: 9
디스플레이 설정
120%


**4** [셀 서식] 대화상자의 [표시 형식] 탭이 열리면 '범주'에서 [사용자 지정]을 선택하고 '형식'에 『@지점』을 입력한 후 [확인]을 클릭합니다.

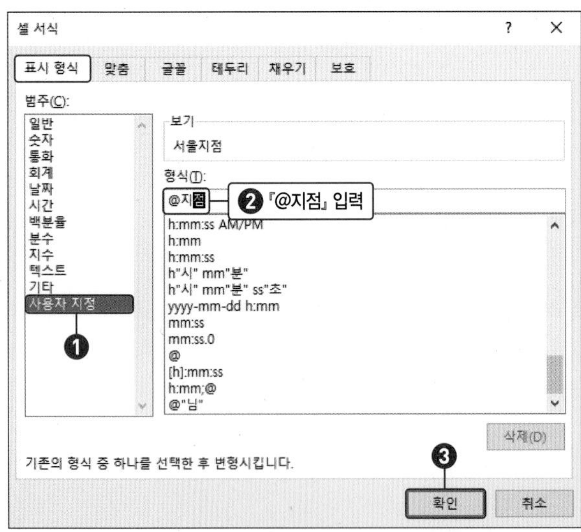

**5** 셀에 입력된 문자 데이터의 뒤에 '지점'이 자동으로 추가되어 표시되는데, 표시된 문자는 실제 값이 바뀐 것은 아니고 단지 보여줄 때만 표시되는 값입니다. D5:D13 영역을 선택하고 Ctrl+1을 누르세요.

| | A | B | C | D | E | F |
|---|---|---|---|---|---|---|
| 3 | | | | | | |
| 4 | | 이름 | 지점 | 우편번호 | 평가 | |
| 5 | | 조예준님 | 서울지점 | 135010 | 10 | |
| 6 | | 이민우님 | 인천지점 | 232920 | 2 | |
| 7 | | 김동현님 | 안산지점 | 101020 | 4 | |
| 8 | | 박국희님 | 천안지점 | 631080 | 5 | |
| 9 | | ❶ 확인 | 대전지점 | 762835 ❷ 드래그→Ctrl+1 | | |
| 10 | | 박슬기님 | 광주지점 | 135010 | 9 | |
| 11 | | 고원지님 | 대구지점 | 232920 | 10 | |
| 12 | | 이시안님 | 부산지점 | 101020 | 8 | |
| 13 | | 김기연님 | 목포지점 | 631080 | 4 | |

사원정보 | 평균: 329210.5556 개수: 9 합계: 2962895 | 디스플레이 설정 | 120%

**6** [셀 서식] 대화상자의 [표시 형식] 탭이 열리면 '범주'에서 [사용자 지정]을 선택하고 '형식'에 『000-000』을 입력한 후 [확인]을 클릭하세요.

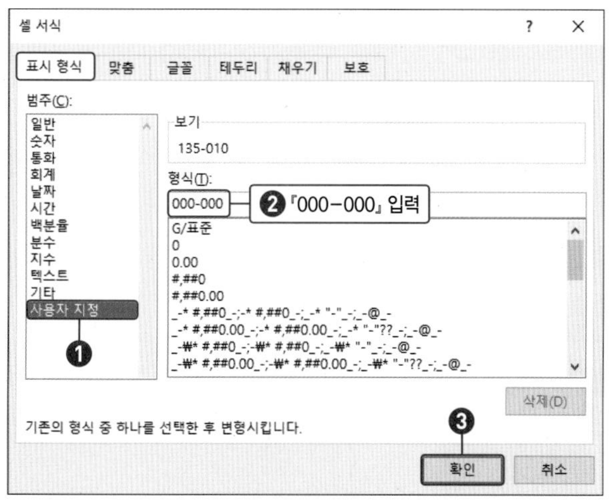


**7** 기존에 입력된 여섯 자리 숫자에 '000-000' 서식이 적용되어 세 자리 사이에 '-'가 표시되었습니다. E5:E13 영역을 선택하고 Ctrl+1을 누르세요.

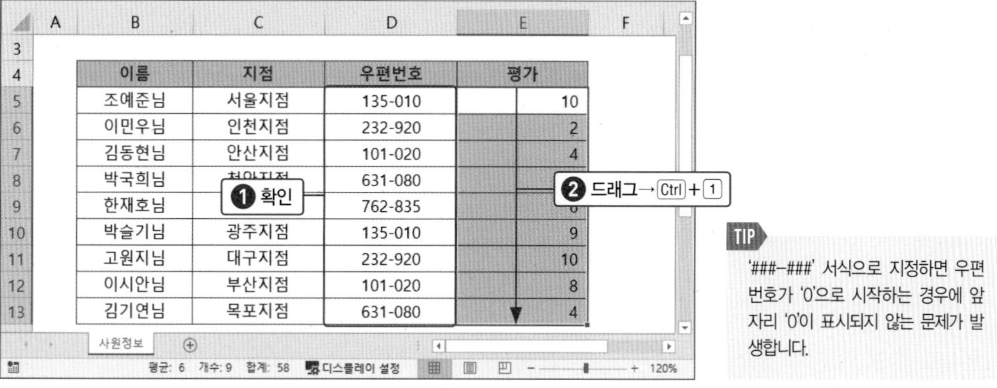


TIP

'###-###' 서식으로 지정하면 우편번호가 '0'으로 시작하는 경우에 앞자리 '0'이 표시되지 않는 문제가 발생합니다.

**8** [셀 서식] 대화상자의 [표시 형식] 탭이 열리면 '범주'에서 [사용자 지정]을 선택하고 '형식'에 『*-0』을 입력한 후 [확인]을 클릭하세요.

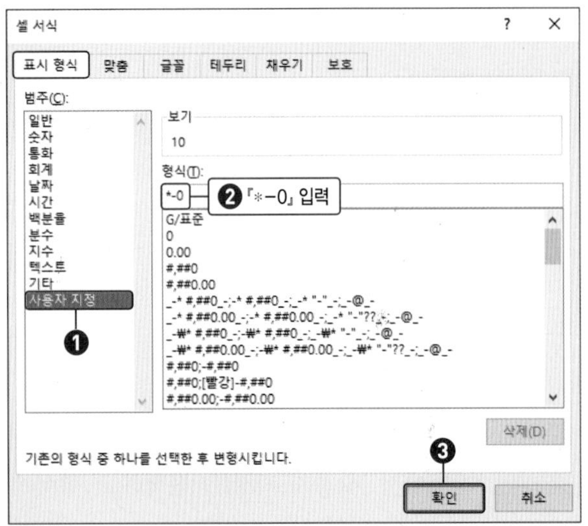


**TIP**

'*'는 '*'의 뒤에 입력된 문자를 셀 너비만큼 반복해서 표시합니다. '*-0'은 0이 지정된 위치에 셀에 입력된 숫자를 그대로 표시하는데, '*' 뒤에 입력한 '-'를 남은 너비에 채우라는 의미입니다.

**9** 숫자를 입력하고 숫자 앞에 남은 공백만큼 '-'로 채워졌는지 확인합니다.

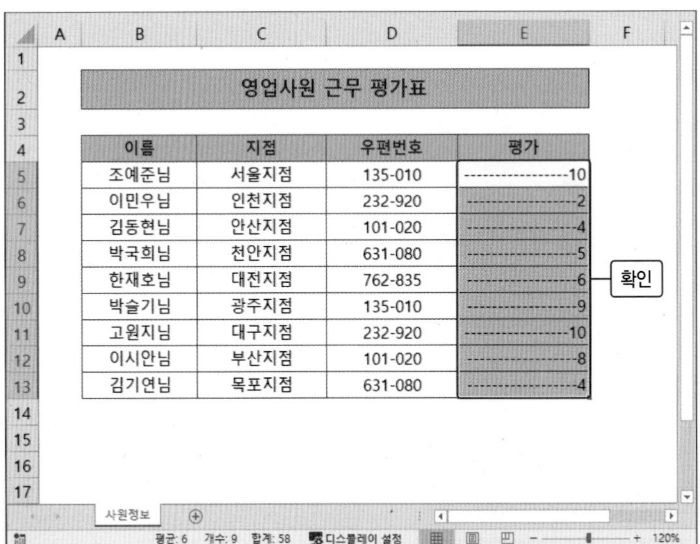

10 데이터가 입력된 하나의 셀을 선택하고 Ctrl+A를 눌러 전체 데이터 범위를 선택합니다. [홈] 탭-[표시 형식] 그룹에서 [표시 형식]의 목록 단추(∨)를 클릭하고 [일반]을 선택하세요.

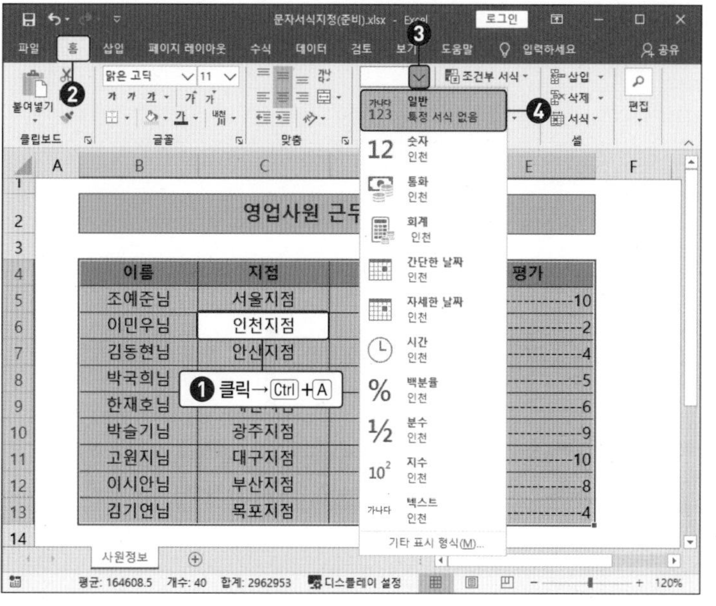


11 선택한 영역에 지정된 사용자 지정 서식이 지워지면서 초기에 입력된 값으로 되돌려졌는지 확인합니다.

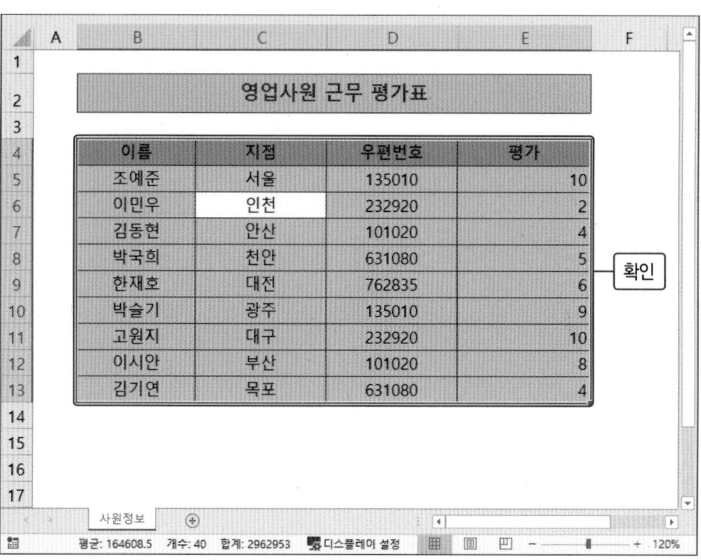

# 03 데이터베이스의 기본 구조와 작성법을 익히자

데이터를 관리하려면 기초 데이터를 잘 만들어야 사용할 때 빠르고 편리하게 원하는 결과물을 만들 수 있습니다. 이번에는 데이터베이스의 기본 구조와 수집한 데이터를 편리하게 작업하고 정리하기 위해 꼭 알아두어야 하는 주의 사항을 살펴보겠습니다.

**주요 기능**

/ 데이터베이스의 기본 구조 이해하기

/ 기초 데이터 작성 시 주의 사항 살펴보기

CASE

# 01 데이터베이스의 기본 구조 이해하기

데이터는 서로 다른 특징을 가진 여러 개의 항목으로 구성되었는데, 이들 중 하나의 항목(세로 단위)을 '필드(field)'라고 합니다. 필드는 성별, 나이, 이름 등의 특정 값으로 이루어졌고, 이런 필드들을 묶은 가로 단위를 '레코드(record)'라고 합니다. 그리고 이렇게 묶은 레코드들이 쌓여서 하나의 '데이터베이스(database)'를 이루는 것이죠.

| 항목1 | 항목2 | 항목3 | 항목4 | 항목5 |
|---|---|---|---|---|
| 값 | 값 | 값 | 값 | 값 |
| 값 | 값 | 값 | 값 | 값 |
| 값 | 값 | 값 | 값 | 값 |
| 값 | 값 | 값 | 값 | 값 |
| 값 | 값 | 값 | 값 | 값 |
| 값 | 값 | 값 | 값 | 값 |
| 값 | 값 | 값 | 값 | 값 |
| 값 | 값 | 값 | 값 | 값 |

레코드

필드

▲ 데이터베이스의 구성 요소

다음은 실제 엑셀 시트에 입력된 사원 정보 데이터베이스입니다. 여기서 A열의 '사원번호'와 B열의 '한글이름', C열의 '영문이름' 등이 '필드'이고, 이들 중 사원 번호와 관련된 필드끼리 묶은 행 단위의 데이터는 '레코드'가 됩니다. 그리고 이들 전체 데이터를 '사원 정보 데이터베이스' 또는 '사원 정보 테이블'이라고 부릅니다.

| | A | B | C | D | E | F | G | H |
|---|---|---|---|---|---|---|---|---|
| 1 | 사원번호 | 한글이름 | 영문이름 | 직위 | 성별 | 나이 | 입사일 | 주소 |
| 2 | CG92111 | 김소미 | Kim So Mi | 사원 | 여 | 26 | 2017-04-28 | 서울특별시 강남구 역삼동 36-8 |
| 3 | CG92112 | 김덕훈 | Kim Doek Hoon | 과장 | 남 | 30 | 2014-08-11 | 부천시 소사구 원미동 16-11 |
| 4 | CG92113 | 윤대현 | Yoon Dae Hyeon | 사원 | 남 | 27 | 2016-03-29 | 광주광역시 광산구 송정동 100-11 |
| 5 | CG92114 | 최소라 | Choi So Ra | 대리 | 여 | 25 | 2015-04-29 | 부산광역시 중구 중앙동 57-14 |
| 6 | CG92115 | 안정훈 | Ahn Jeong Hoon | 부장 | 남 | 42 | 2010-10-13 | 인천광역시 남구 도화동 276-31 |
| 7 | CG92116 | 김찬진 | Kim Chan Jin | 과장 | 남 | 30 | 2013-10-13 | 대전광역시 대덕구 이현동 577-1 |
| 8 | CG92117 | 오영수 | O Yeong Soo | 대리 | 남 | 28 | 2018-12-29 | 청주시 상당구 문화동 76-77 |
| 9 | CG92118 | 선하라 | Seon Ha Ra | 대리 | 여 | 34 | 2018-03-01 | 전주시 덕진구 고랑동 116 |
| 10 | CG92119 | 유가을 | Yoo Ka Eul | 사원 | 여 | 26 | 2019-11-11 | 대구광역시 남구 대명동 19-7 |
| 11 | | | | | | | | |

CASE

# 02 기초 데이터 작성 시 주의 사항 살펴보기

기초 데이터를 이용해서 데이터베이스를 작성할 때는 다음과 같이 몇 가지 사항을 주의해야 합니다. 이렇게 작성하면 데이터베이스를 편하고 정확하게 관리할 수 있으므로 꼭 익혀두세요.

## 1 제목은 한 행으로 입력하자

다음의 그림처럼 3~4행에 걸쳐서 필드명을 입력했다면 엑셀의 일부 기능을 사용할 때 문제가 발생할 수 있어요. 보기 좋게 꾸미기 위해 셀 병합을 하거나 여러 행으로 제목을 입력한 후 특정 필드 순으로 정렬했는데, 제목 행이 아래쪽으로 내려가 있는 등 데이터를 관리할 때 불편한 상황이 발생합니다.

**부자재 구입현황**

업체명 : 나무산업㈜

| 구입날짜 | 품명 | 제품정보 | | | 구매정보 | | |
|---|---|---|---|---|---|---|---|
| | | 규격 | 단위 | 열처리 | 구매량 | 단가 | 가격 |
| 2020년7월 | A3215 | SCM420H | kg | CA156-187 | 10,910 | 8,550 | 93,280,500 |
| 2020년7월 | F4526 | SCM420H | ea | CA163-197 | 80,000 | 2,667 | 213,360,000 |
| 2020년7월 | C2345 | SCM420H | kg | CA171-200 | 14,000 | 2,250 | 31,500,000 |
| 2020년7월 | B4952 | SCMH1M | kg | CA170-201 | | | 0 |
| 2020년7월 | K3426 | SCM420H | kg | CA156-187 | 27,000 | 2,250 | 60,750,000 |
| 2020년7월 | F3321 | SCMH1M | ea | CA156-187 | 82,000 | 520 | 42,640,000 |
| 2020년7월 | C3562 | ASCM17L1H1 | kg | CA163-197 | 8,000 | 48,938 | 391,500,000 |
| 2020년7월 | D4763 | SCMH1M | kg | CA163-201 | 169,720 | 172 | 29,191,840 |
| 2020년7월 | L4274 | SCMH1M | ea | CA163-197 | 48,000 | 125 | 6,000,000 |
| 2020년7월 | P6363 | SCR420H | kg | CA163-197 | 18,000 | 1,100 | 19,800,000 |
| 2020년7월 | O4352 | SCM420H | kg | CA163-201 | 20,380 | 90 | 1,834,200 |
| 2020년8월 | A3215 | SCM420H | kg | CA156-187 | 6,290 | 8,200 | 51,578,000 |
| 2020년8월 | F4526 | SCM420H | ea | CA163-197 | 47,000 | 2,667 | 125,350,000 |
| 2020년8월 | C2345 | SCM420H | kg | CA171-200 | 14,000 | 2,250 | 31,500,000 |
| 2020년8월 | B4952 | SCMH1M | kg | CA170-201 | | | 0 |
| 2020년8월 | K3426 | SCM420H | kg | CA156-187 | | | 0 |
| 2020년8월 | F3321 | SCMH1M | ea | CA156-187 | 68,000 | 600 | 40,800,000 |

구입현황 Sheet2 Sheet3

디스플레이 설정 100%

▲ 4~5행에 걸쳐서 필드명을 입력한 경우

그러므로 필드명은 한 행으로 입력해야 작업하기가 편리합니다.

**부자재 구입현황**

업체명 : 나무산업㈜

| 구입날짜 | 품명 | 규격 | 단위 | 열처리 | 구매량 | 단가 | 가격 |
|---|---|---|---|---|---|---|---|
| 2020년7월 | A3215 | SCM420H | kg | CA156-187 | 10,910 | 8,550 | 93,280,500 |
| 2020년7월 | F4526 | SCM420H | ea | CA163-197 | 80,000 | 2,667 | 213,360,000 |
| 2020년7월 | C2345 | SCM420H | kg | CA171-200 | 14,000 | 2,250 | 31,500,000 |
| 2020년7월 | B4952 | SCMH1M | kg | CA170-201 | | | 0 |
| 2020년7월 | K3426 | SCM420H | kg | CA156-187 | 27,000 | 2,250 | 60,750,000 |
| 2020년7월 | F3321 | SCMH1M | ea | CA156-187 | 82,000 | 520 | 42,640,000 |
| 2020년7월 | C3562 | ASCM17L1H1 | kg | CA163-197 | 8,000 | 48,938 | 391,500,000 |
| 2020년7월 | D4763 | SCMH1M | kg | CA163-201 | 169,720 | 172 | 29,191,840 |
| 2020년7월 | L4274 | SCMH1M | ea | CA163-197 | 48,000 | 125 | 6,000,000 |
| 2020년7월 | P6363 | SCR420H | kg | CA163-197 | 18,000 | 1,100 | 19,800,000 |
| 2020년7월 | O4352 | SCM420H | kg | CA163-201 | 20,380 | 90 | 1,834,200 |
| 2020년8월 | A3215 | SCM420H | kg | CA156-187 | 6,290 | 8,200 | 51,578,000 |
| 2020년8월 | F4526 | SCM420H | ea | CA163-197 | 47,000 | 2,667 | 125,350,000 |
| 2020년8월 | C2345 | SCM420H | kg | CA171-200 | 14,000 | 2,250 | 31,500,000 |
| 2020년8월 | B4952 | SCMH1M | kg | CA170-201 | | | 0 |
| 2020년8월 | K3426 | SCM420H | kg | CA156-187 | | | 0 |
| 2020년8월 | F3321 | SCMH1M | ea | CA156-187 | 68,000 | 600 | 40,800,000 |
| 2020년8월 | C3562 | ASCM17L1H1 | kg | CA163-197 | | | 0 |

구입현황 Sheet2 Sheet3

디스플레이 설정 100%

▲ 4행에만 필드명을 입력한 경우

## 2 필드의 첫 행에는 반드시 필드 이름을 입력하자

필드마다 첫 행에 입력된 값을 대표하는 이름이 있어야 하는데, 이것을 '필드명'이라고 합니다. 필드명에는 업체 번호, 업체명, 도시명 등이 해당합니다. 필드명이 있으면 [데이터] 탭에서 제공하는 [정렬], [필터], [고급], [부분합] 등의 명령을 사용할 때 자동으로 데이터의 첫 행을 제목으로 인식해서 처리합니다.

| | A | B | C | D | E |
|---|---|---|---|---|---|
| 1 | 업체번호 | 업체명 | 도시명 | 주소 | 우편 번호 |
| 2 | 1 | 한미교역㈜ | 서울특별시 | 동작구 대방동 36-8 | 156-020 |
| 3 | 2 | 경성트레이딩㈜ | 인천광역시 | 남구 연수동 208-16 | 402-110 |
| 4 | 3 | 혜성백화점㈜ | 서울특별시 | 강남구 대치동 315-11 | 135-280 |
| 5 | 4 | 삼화상사㈜ | 부산광역시 | 부산진구 당감 3동 611-3 | 614-103 |
| 6 | 5 | 광성교역㈜ | 서울특별시 | 도봉구 방학 3동 18 | 132-023 |
| 7 | 6 | 동광통상㈜ | 서울특별시 | 강서구 내발산동 318 | 157-280 |
| 8 | 7 | 협우상사㈜ | 서울특별시 | 서대문구 남가좌 1동 121 | 120-121 |
| 9 | 8 | 오성통상㈜ | 과천시 | 갈현동 232-8 | 427-100 |
| 10 | 9 | 태강교역㈜ | 부산광역시 | 사하구 신평동 701-29 | 604-030 |
| 11 | 10 | 베네디스유통㈜ | 서울특별시 | 영등포구 당산동 3가 16 | 150-043 |
| 12 | 11 | 월드링크㈜ | 김해시 | 구산동 17-111 | 621-060 |
| 13 | 12 | 신영상사㈜ | 상주시 | 가장동 78-3 | 742-170 |
| 14 | 13 | 서주무역㈜ | 서울특별시 | 용산구 갈월동 116-7 | 140-150 |
| 15 | 14 | 진흥㈜ | 서울특별시 | 성북구 길음동 136-11 | 136-110 |
| 16 | 15 | 미림백화점㈜ | 구리시 | 수택동 435 | 471-030 |

▲ 필드명 '업체번호', '업체명', '도시명', '주소', '우편 번호'로 구성된 데이터베이스

예를 들어 데이터를 원하는 필드 순서대로 정렬할 때 [정렬] 대화상자의 [내 데이터에 머리글 표시]에 체크해 보세요. 이 상태에서 [정렬 기준]의 목록 단추(⌄)를 클릭하면 자동으로 데이터의 첫 행을 제목으로 가져와서 표시됩니다.

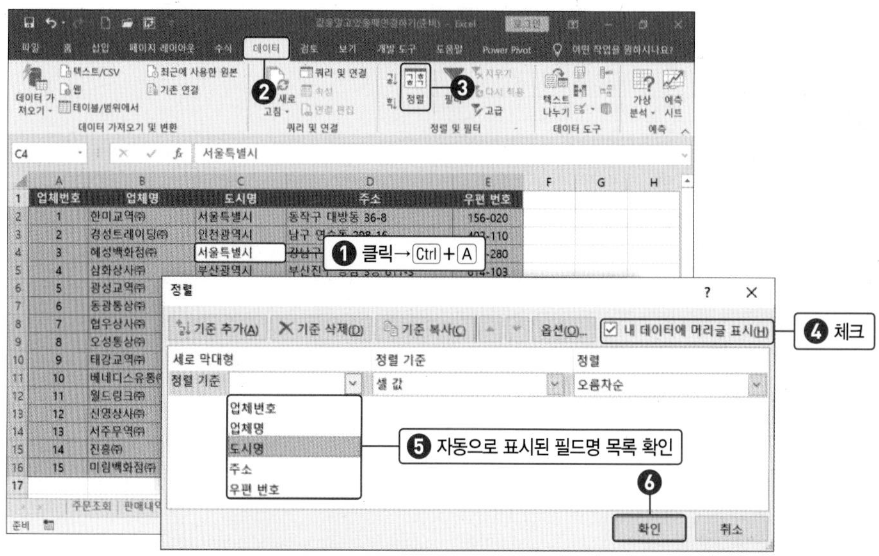


▲ [정렬] 대화상자의 '정렬 기준'에 자동으로 표시된 필드명 목록

## 3 셀 병합은 최소화하자

간혹 같은 값일 때 보기 좋게 표현하기 위해 셀을 하나로 병합해서 표시합니다. 이 경우 나중에 데이터 통계를 구할 때 다음의 예제와 같이 A4:A7 영역이 하나로 병합되어 B5셀, B6셀, B7셀의 발주 번호는 해당하는 지역이 없는 것으로 인식되어 결과를 구할 수 없게 됩니다.

지역별 발주 내역 보고

| 지역 | 발주번호 | 접수일 | 유형 | Cstm | Item | PartNo | 박스 | 납품금액 |
|---|---|---|---|---|---|---|---|---|
| 경기 | 5145381499 | 201010 | VSL | SEZ | 115 | 2901-001698 | 1 | 20,000 |
| | 5145938042 | 201016 | VSL | SEZ | 103 | 2901-001698 | 1 | 36,000 |
| | 5143166197 | 200912 | AIR | SVT | AC | 2901-001758 | 2 | 550,000 |
| | 5145431397 | 201010 | AIR | SVT | 101 | 2901-001787 | 1 | 24,000 |
| 광주 | 5145381499 | 201010 | VSL | SEZ | 101 | 2901-001647 | 1 | 120,000 |
| | 5145938042 | 201016 | VSL | SEZ | 102 | 2901-001689 | 1 | 136,000 |
| | 5144940249 | 201002 | AIR | SVT | 106 | 1405-001346 | 2 | 520,000 |
| | 5145431397 | 201010 | AIR | SVT | 116 | 2901-001689 | 1 | 76,000 |
| | 5143166197 | 200912 | AIR | SVT | 107 | 2901-001731 | 1 | 120,000 |
| | 5143867136 | 200919 | AIR | SVT | 105 | 2901-001731 | 1 | 100,000 |
| 부산 | 5145902007 | 201015 | AIR | SEZ | 101 | 1405-001346 | 2 | 930,000 |
| | 5145938042 | 201016 | AIR | SEZ | 101 | 2901-001651 | 6 | 1,120,000 |
| | 5145516377 | 201010 | AIR | TSO | 103 | 2901-001625 | 1 | 8,000 |
| | 5145517022 | 201010 | AIR | TSO | 101 | 2901-001634 | 1 | 4,000 |

발주내역

▲ 같은 지역명이 셀 병합되어 데이터 통계 결과를 정확하게 구할 수 없는 경우

같은 값이어도 셀 병합하지 않고 각 셀마다 값을 별도로 입력해야 정렬, 필터, 피벗 테이블 등의 작업을 처리할 때 원하는 결과를 얻을 수 있습니다.

지역별 발주 내역 보고

| 지역 | 발주번호 | 접수일 | 유형 | Cstm | Item | PartNo | 박스 | 납품금액 |
|---|---|---|---|---|---|---|---|---|
| 경기 | 5145381499 | 201010 | VSL | SEZ | 115 | 2901-001698 | 1 | 20,000 |
| 경기 | 5145938042 | 201016 | VSL | SEZ | 103 | 2901-001698 | 1 | 36,000 |
| 경기 | 5143166197 | 200912 | AIR | SVT | AC | 2901-001758 | 2 | 550,000 |
| 경기 | 5145431397 | 201010 | AIR | SVT | 101 | 2901-001787 | 1 | 24,000 |
| 광주 | 5145381499 | 201010 | VSL | SEZ | 101 | 2901-001647 | 1 | 120,000 |
| 광주 | 5145938042 | 201016 | VSL | SEZ | 102 | 2901-001689 | 1 | 136,000 |
| 광주 | 5144940249 | 201002 | AIR | SVT | 106 | 1405-001346 | 2 | 520,000 |
| 광주 | 5145431397 | 201010 | AIR | SVT | 116 | 2901-001689 | 1 | 76,000 |
| 광주 | 5143166197 | 200912 | AIR | SVT | 107 | 2901-001731 | 1 | 120,000 |
| 광주 | 5143867136 | 200919 | AIR | SVT | 105 | 2901-001731 | 1 | 100,000 |
| 부산 | 5145902007 | 201015 | AIR | SEZ | 101 | 1405-001346 | 2 | 930,000 |
| 부산 | 5145938042 | 201016 | AIR | SEZ | 101 | 2901-001651 | 6 | 1,120,000 |
| 부산 | 5145516377 | 201010 | AIR | TSO | 103 | 2901-001625 | 1 | 8,000 |
| 부산 | 5145517022 | 201010 | AIR | TSO | 101 | 2901-001634 | 1 | 4,000 |

발주내역

▲ 각 셀마다 값을 입력해서 데이터 통계 결과를 정확하게 구하는 경우

## 4 데이터는 세로 방향으로 입력하자

데이터를 입력할 때는 세로(행) 방향으로 입력해야 데이터를 쉽게 관리할 수 있습니다. 데이터의 첫 행에 필드명을 입력하고 세로 방향으로는 관련 데이터를, 가로(열) 방향으로는 필드명을 나열합니다.

| | A | B | C | D | E |
|---|---|---|---|---|---|
| 1 | 업체번호 | 업체명 | 도시명 | 주소 | 우편 번호 |
| 2 | 1 | 한미교역㈜ | 서울특별시 | 동작구 대방동 36-8 | 156-020 |
| 3 | 2 | 경성트레이딩㈜ | 인천광역시 | 남구 연수동 208-16 | 402-110 |
| 4 | 3 | 혜성백화점㈜ | 서울특별시 | 강남구 대치동 315-11 | 135-280 |
| 5 | 4 | 삼화상사㈜ | 부산광역시 | 부산진구 당감 3동 611-3 | 614-103 |
| 6 | 5 | 광성교역㈜ | 서울특별시 | 도봉구 방학 3동 18 | 132-023 |
| 7 | 6 | 동광통상㈜ | 서울특별시 | 강서구 내발산동 318 | 157-280 |
| 8 | 7 | 협우상사㈜ | 서울특별시 | 서대문구 남가좌 1동 121 | 120-121 |
| 9 | 8 | 오성통상㈜ | 과천시 | 갈현동 232-8 | 427-100 |
| 10 | 9 | 태강교역㈜ | 부산광역시 | 사하구 신평동 701-29 | 604-030 |
| 11 | 10 | 베네디스유통㈜ | 서울특별시 | 영등포구 당산동 3가 16 | 150-043 |
| 12 | 11 | 월드링크㈜ | 김해시 | 구산동 17-111 | 621-060 |
| 13 | 12 | 신영상사㈜ | 상주시 | 가장동 78-3 | 742-170 |
| 14 | 13 | 서주무역㈜ | 서울특별시 | 용산구 갈월동 116-7 | 140-150 |
| 15 | 14 | 진흥㈜ | 서울특별시 | 성북구 길음동 136-11 | 136-110 |
| 16 | 15 | 미림백화점㈜ | 구리시 | 수택동 435 | 471-030 |

▲ 1행에 필드명을 입력하고 세로 방향으로 규칙적으로 데이터를 입력한 경우

데이터가 여러 개의 테이블로 분리되어 있으면 하나의 테이블로 합쳐서 관리하는 게 편리합니다. 만약 연도별로 테이블(표)이 따로 분리되어 있으면 전체적인 통계 자료를 만들기가 쉽지 않습니다.

**전국 주민등록 인구 및 세대 현황**

| | 2016년 | | | | | |
|---|---|---|---|---|---|---|
| 행정기관 | 총인구수 | 세대수 | 세대당 인구 | 남자 인구수 | 여자 인구수 | 남여 비율 |
| 전국 | 51,696,216 | 21,294,009 | 2.43 | 25,827,594 | 25,868,622 | 1 |
| 서울특별시 | 9,930,616 | 4,189,839 | 2.37 | 4,876,789 | 5,053,827 | 0.96 |
| 부산광역시 | 3,498,529 | 1,451,270 | 2.41 | 1,725,607 | 1,772,922 | 0.97 |
| 대구광역시 | 2,484,557 | 994,220 | 2.5 | 1,234,169 | 1,250,388 | 0.99 |
| 인천광역시 | 2,943,069 | 1,171,399 | 2.51 | 1,477,671 | 1,465,398 | 1.01 |
| 광주광역시 | 1,469,214 | 586,464 | 2.51 | 728,137 | 741,077 | 0.98 |
| 대전광역시 | 1,514,370 | 606,137 | 2.5 | 757,289 | 757,081 | 1 |
| 울산광역시 | 1,172,304 | 455,352 | 2.57 | 603,797 | 568,507 | 1.06 |
| 세종특별자치시 | 243,048 | 94,343 | 2.58 | 121,505 | 121,543 | 1 |
| 경기도 | 12,716,780 | 5,003,406 | 2.54 | 6,395,453 | 6,321,327 | 1.01 |
| 강원도 | 1,550,806 | 692,254 | 2.24 | 781,146 | 769,660 | 1.01 |
| 충청북도 | 1,591,625 | 680,960 | 2.34 | 803,240 | 788,385 | 1.02 |
| 충청남도 | 2,096,727 | 902,294 | 2.32 | 1,064,765 | 1,031,962 | 1.03 |
| 전라북도 | 1,864,791 | 790,084 | 2.36 | 927,505 | 937,286 | 0.99 |
| 전라남도 | 1,903,914 | 842,688 | 2.26 | 951,889 | 952,025 | 1 |
| 경상북도 | 2,700,398 | 1,180,643 | 2.29 | 1,356,868 | 1,343,530 | 1.01 |
| 경상남도 | 3,373,871 | 1,385,684 | 2.43 | 1,699,219 | 1,674,652 | 1.01 |
| 제주특별자치도 | 641,597 | 266,972 | 2.4 | 322,545 | 319,052 | 1.01 |

| | 2017년 | | | |
|---|---|---|---|---|
| 행정기관 | 총인구수 | 세대수 | 세대당 인구 | 남자 인구 |
| 전국 | 51,778,544 | 21,632,851 | 2.39 | 25,855, |
| 서울특별시 | 9,857,426 | 4,220,082 | 2.34 | 4,830, |
| 부산광역시 | 3,470,653 | 1,467,555 | 2.36 | 1,709, |
| 대구광역시 | 2,475,231 | 1,006,753 | 2.46 | 1,227, |
| 인천광역시 | 2,948,542 | 1,188,917 | 2.48 | 1,479, |
| 광주광역시 | 1,463,770 | 592,818 | 2.47 | 725, |
| 대전광역시 | 1,502,227 | 614,639 | 2.44 | 750, |
| 울산광역시 | 1,165,132 | 458,547 | 2.54 | 599, |
| 세종특별자치시 | 280,100 | 109,490 | 2.56 | 139, |
| 경기도 | 12,873,895 | 5,131,379 | 2.51 | 6,475, |
| 강원도 | 1,550,142 | 700,265 | 2.21 | 780, |
| 충청북도 | 1,594,432 | 692,140 | 2.3 | 805, |
| 충청남도 | 2,116,770 | 923,499 | 2.29 | 1,076, |
| 전라북도 | 1,854,607 | 797,916 | 2.32 | 922, |
| 전라남도 | 1,896,424 | 851,376 | 2.23 | 948, |
| 경상북도 | 2,691,706 | 1,193,261 | 2.26 | 1,353, |
| 경상남도 | 3,380,404 | 1,406,011 | 2.4 | 1,701, |
| 제주특별자치도 | 657,083 | 278,203 | 2.36 | 330, |

| | 2018년 | | | | | |
|---|---|---|---|---|---|---|
| 행정기관 | 총인구수 | 세대수 | 세대당 인구 | 남자 인구수 | 여자 인구수 | 남여 비율 |
| 전국 | 51,826,059 | 22,042,947 | 2.35 | 25,866,129 | 25,959,930 | 1 |

| | 2019년 | | | |
|---|---|---|---|---|
| 행정기관 | 총인구수 | 세대수 | 세대당 인구 | 남자 인구 |
| 전국 | 51,849,861 | 22,481,466 | 2.31 | 25,864, |

▲ 연도별로 표를 따로 작성한 경우

여러 테이블을 하나로 합칠 때는 반드시 각 테이블의 데이터를 구분할 수 있으면서 유일하게 데이터를 식별할 수 있는 키 필드가 필요합니다. 여기서는 B열에 연도를 지정해서 행정기관이 어느 연도에 해당하는 데이터인지 구분했습니다.

| | A | B | C | D | E | F | G | H |
|---|---|---|---|---|---|---|---|---|
| 1 | 행정기관 | 연도 | 총인구수 | 세대수 | 세대당 인구 | 남자 인구수 | 여자 인구수 | 남여 비율 |
| 2 | 전국 | 2016년 | 51,696,216 | 21,294,009 | 2.43 | 25,827,594 | 25,868,622 | 1 |
| 3 | 서울특별시 | 2016년 | 9,930,616 | 4,189,839 | 2.37 | 4,876,789 | 5,053,827 | 0.96 |
| 4 | 부산광역시 | 2016년 | 3,498,529 | 1,451,270 | 2.41 | 1,725,607 | 1,772,922 | 0.97 |
| 5 | 대구광역시 | 2016년 | 2,484,557 | 994,220 | 2.5 | 1,234,169 | 1,250,388 | 0.99 |
| 6 | 인천광역시 | 2016년 | 2,943,069 | 1,171,399 | 2.51 | 1,477,671 | 1,465,398 | 1.01 |
| 7 | 광주광역시 | 2016년 | 1,469,214 | 586,464 | 2.51 | 728,137 | 741,077 | 0.98 |
| 8 | 대전광역시 | 2016년 | 1,514,370 | 606,137 | 2.5 | 757,289 | 757,081 | 1 |
| 9 | 울산광역시 | 2016년 | 1,172,304 | 455,352 | 2.57 | 603,797 | 568,507 | 1.06 |
| 10 | 세종특별자치시 | 2016년 | 243,048 | 94,343 | 2.58 | 121,505 | 121,543 | 1 |
| 11 | 경기도 | 2016년 | 12,716,780 | 5,003,406 | 2.54 | 6,395,453 | 6,321,327 | 1.01 |
| 12 | 강원도 | 2016년 | 1,550,806 | 692,254 | 2.24 | 781,146 | 769,660 | 1.01 |
| 13 | 충청북도 | 2016년 | 1,591,625 | 680,960 | 2.34 | 803,240 | 788,385 | 1.02 |
| 14 | 충청남도 | 2016년 | 2,096,727 | 902,294 | 2.32 | 1,064,765 | 1,031,962 | 1.03 |
| 15 | 전라북도 | 2016년 | 1,864,791 | 790,084 | 2.36 | 927,505 | 937,286 | 0.99 |
| 16 | 전라남도 | 2016년 | 1,903,914 | 842,688 | 2.26 | 951,889 | 952,025 | 1 |

▲ B열의 '연도' 항목에 연도별로 데이터를 구분해서 하나의 테이블로 합친 경우

## 5 빈 행이나 빈 열은 없애자

데이터의 중간에 빈 행이나 빈 열이 있으면 서로 다른 테이블로 인식하게 되므로 없애는 것이 좋습니다. 예를 들어 B6셀을 선택한 상태에서 Ctrl+A를 누르면 연속해서 데이터가 입력된 영역만 범위 지정됩니다. 엑셀에서 메뉴를 이용할 때 자동으로 범위 영역이 설정되면서 실행되는 기능이 있어요. 이렇게 빈 행이나 빈 열이 있으면 전체 데이터가 아닌 일부분만 데이터로 사용해야 하는 문제가 발생할 수 있으니 주의해야 합니다.

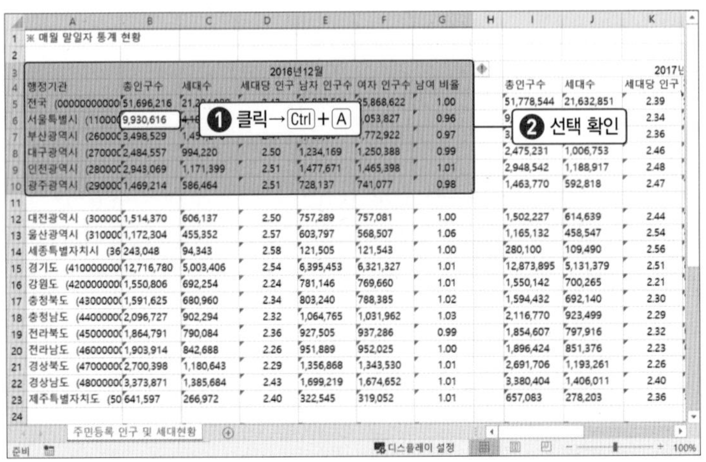


▲ 빈 열/행 때문에 Ctrl+A를 눌러도 일부 데이터만 선택된 경우

빈 행이나 빈 열이 아닌 빈 셀도 정확하게 값을 채우는 게 좋습니다. 값이 없는 것과 0인 것은 서로 달라요. 그러므로 통계 자료를 만들 때 정확하게 값을 표현하려면 빈 셀은 원하는 다른 값으로 채워서 관리해야 합니다.

| | 품명 | 규격 | 구입단위 | 열처리 | 구입날짜 | 구매량 | 단가 |
|---|---|---|---|---|---|---|---|
| 7 | GEAR DIFF | SCM420H | kg | CA156-187 | 20년07월 | 10,910 | 8,550 |
| 8 | PINION DIFF | SCM420H | ea | CA163-197 | 20년07월 | 80,000 | 2,667 |
| 9 | GEAR DIFF | SCM420H | kg | CA171-200 | 20년07월 | 14,000 | 2,250 |
| 10 | PINION DRIVE | SCMH1M | kg | CA170-201 | 20년07월 | | |
| 11 | M/S O/D GEAR | SCM420H | kg | CA156-187 | 20년07월 | 27,000 | 2,250 |
| 12 | PINION DRIVE | SCMH1M | ea | CA156-187 | 20년07월 | 82,000 | 520 |
| 13 | S/FRONT OUTER | ASCM17L1H1 | kg | CA163-197 | 20년07월 | 8,000 | 48,938 |
| 14 | M/S 1ST GEAR | SCMH1M | kg | CA163-201 | 20년07월 | 169,720 | 172 |
| 15 | M/S REV GEAR | SCMH1M | ea | CA163-197 | 20년07월 | 48,000 | 125 |
| 16 | HUB | SCR420H | kg | CA163-197 | 20년07월 | 18,000 | 1,100 |
| 17 | PINION DIFF | SCM420H | kg | CA163-201 | 20년07월 | 20,380 | 90 |
| 18 | GEAR DIFF | SCM420H | kg | CA156-187 | 20년07월 | 6,290 | 8,200 |
| 19 | PINION DIFF | SCM420H | ea | CA163-197 | 20년07월 | 47,000 | 2,667 |
| 20 | GEAR DIFF | SCM420H | kg | CA171-200 | 20년08월 | 14,000 | 2,250 |
| 21 | PINION DRIVE | SCMH1M | kg | CA170-201 | 20년08월 | | |
| 22 | M/S O/D GEAR | SCM420H | kg | CA156-187 | 20년08월 | | |
| 23 | PINION DRIVE | SCMH1M | ea | CA156-187 | 20년08월 | 68,000 | 600 |
| 24 | S/FRONT OUTER | ASCM17L1H1 | kg | CA163-197 | 20년08월 | | |
| 25 | M/S 1ST GEAR | SCMH1M | kg | CA163-201 | 20년08월 | 141,400 | 183 |

▲ 빈 셀 때문에 정확하게 통계 값을 구할 수 없는 경우

## 6 데이터는 목록으로 만들자

데이터를 관리할 때 직원별, 지역별, 지점별 등과 같이 서로 다른 시트로 만들어서 작업하면 수정할 때마다 모든 시트를 하나씩 수정해야 하고, 전체 자료를 만들 때도 불편합니다. 다음의 자료는 사원별로 시트를 따로 작성해서 사원 정보를 관리하는 예제입니다. 이 경우 새로운 항목을 추가하려면 시트마다 일일이 추가해야 합니다.

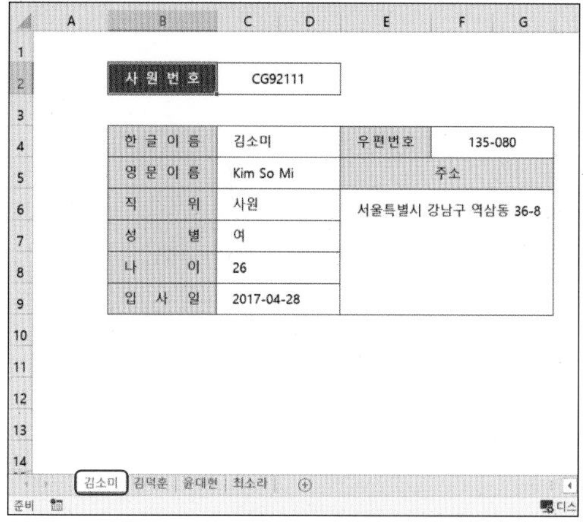


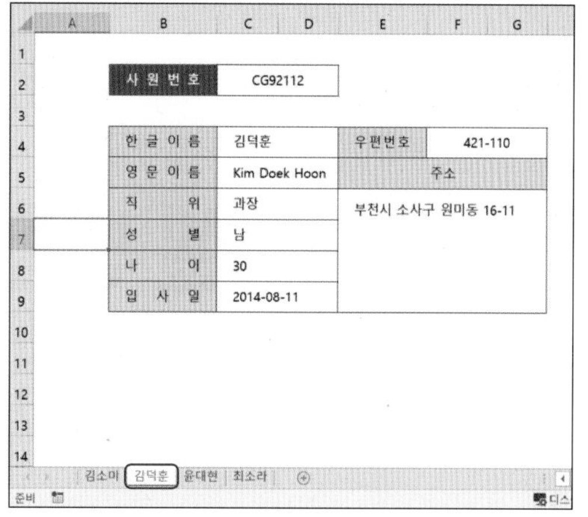


▲ 사원 정보를 사원별로 다른 시트에 작성한 경우

사원 정보는 목록으로 만들어 하나의 시트에서 관리하고, 사원의 세부 정보를 볼 때는 [조회] 시트에서 사원 번호만 바꾸면 자동으로 데이터가 매핑되어 표시되도록 양식을 작성하면 됩니다. 그러면 새로운 항목을 추가해도 [조회] 시트에서 한 번만 수정하면 되므로 편리합니다.

| 사원번호 | 이름(한글) | 이름(영문) | 직위 | 성별 | 나이 | 입사일 | 주소 |
|---|---|---|---|---|---|---|---|
| CG92111 | 김소미 | Kim So Mi | 사원 | 여 | 26 | 2017-04-28 | 서울특별시 강남구 역 |
| CG92112 | 김덕훈 | Kim Doek Hoon | 과장 | 남 | 30 | 2014-08-11 | 부천시 소사구 원미동 |
| CG92113 | 윤대현 | Yoon Dae Hyeon | 사원 | 남 | 27 | 2016-03-29 | 광주광역시 광산구 송 |
| CG92114 | 최소라 | Choi So Ra | 대리 | 여 | 25 | 2015-04-29 | 부산광역시 중구 중앙 |
| CG92115 | 안정훈 | Ahn Jeong Hoon | 부장 | 남 | 42 | 2010-10-13 | 인천광역시 남구 도화 |
| CG92116 | 김찬진 | Kim Chan Jin | 과장 | 남 | 30 | 2013-10-13 | 대전광역시 대덕구 이 |
| CG92117 | 오영수 | O Yeong Soo | 대리 | 남 | 28 | 2018-12-29 | 청주시 상당구 문화동 |
| CG92118 | 선하라 | Seon Ha Ra | 대리 | 여 | 34 | 2018-03-01 | 전주시 덕진구 고랑동 |
| CG92119 | 유가을 | Yoo Ka Eul | 사원 | 여 | 26 | 2019-11-11 | 대구광역시 남구 대명 |

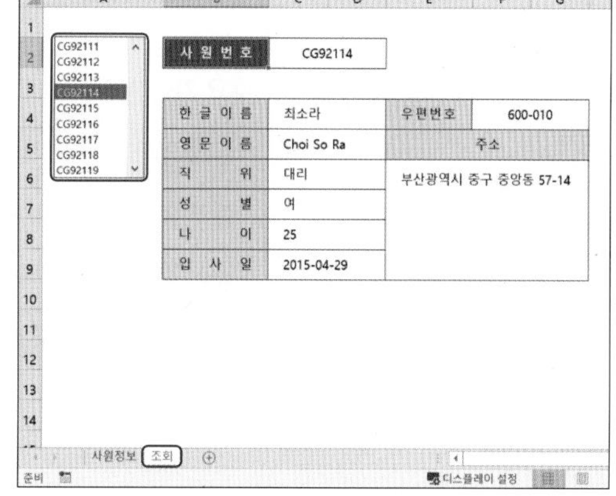


▲ 사원 정보를 목록으로 만들어서 하나의 시트에 작성한 경우

# 04 셀 병합 최소화해 작업의 효율성을 높이자

데이터를 입력할 때 여러 셀에 걸쳐서 표시하기 위해 '병합하고 가운데 맞춤' 기능을 사용합니다. 이 경우 깔끔해 보이지만, 영역을 선택하거나 잘라내기, 정렬, 필터 등을 실행할 경우에는 병합된 셀 때문에 불편한 일이 종종 발생합니다. 그러므로 엑셀에서 작업할 때는 셀 병합은 최소한으로 사용하는 것이 좋아요.

**주요 기능**

/ 셀 병합하지 않고 가로 영역의 가운데 배치하기

/ 셀 병합 해제하고 세로 영역에 같은 값 채우기

/ 같은 값은 한 개만 남기고 화면에서 숨기기

/ 여러 항목들을 하나의 셀로 합치기

CASE

# 01 셀 병합하지 않고 가로 영역의 가운데 배치하기

◉ **예제파일** : 병합하지않고가운데배치하기(준비).xlsx ◉ **완성파일** : 병합하지않고가운데배치하기(완성).xlsx

| 기능 | 방법 |
|---|---|
| 병합하지 않고 가운데 배치 | ❶ 가운데 배치할 영역의 첫 번째 셀에 데이터 입력<br>❷ 데이터가 입력된 셀부터 가운데 배치할 영역까지 영역 선택 → Ctrl+1<br>❸ [셀 서식] 대화상자의 [맞춤] 탭에서 '가로'의 [선택 영역의 가운데로] 선택 |
| 바로 직전에 사용한 명령 다시 실행 | F4 |

**1** [발주내역] 시트에서 A1:I1 영역, A3:C3 영역, D3:G3 영역, H3:I3 영역이 가로 방향으로 셀 병합되어 표시되어 있습니다.

**2** 병합된 영역의 특정 열인 G열 머리글을 클릭해서 G열 전체 범위를 설정합니다. 선택 영역에서 마우스 오른쪽 단추를 클릭하고 [잘라내기]를 선택하세요.

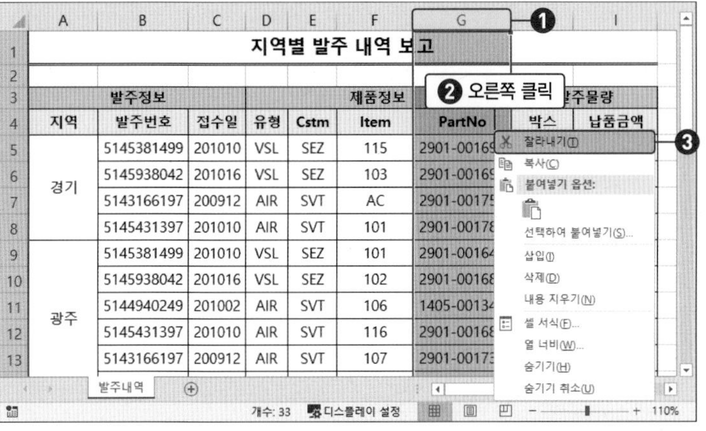

**3** 병합된 셀에서는 잘라내기를 실행할 수 없다는 오류 메시지 창이 열리면 [확인]을 클릭하세요. 이와 같이 다른 작업에서도 병합된 셀 때문에 작업을 실행할 수 없는 문제가 자주 발생하는데, 이 문제를 해결하기 위해 셀 병합을 해제한 후 작업하고 다시 셀들을 병합해야 해서 매우 번거롭답니다.

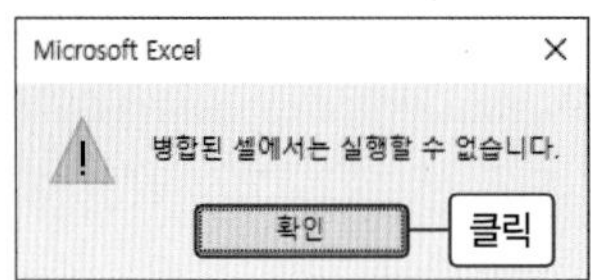


**4** 셀 병합을 하지 않고 여러 셀의 가운데에 데이터가 자동으로 위치하도록 설정해 볼게요. 기존에 병합된 영역을 모두 해제하기 위해 1행 머리글부터 3행 머리글 영역을 드래그해서 범위를 설정하고 [홈] 탭-[맞춤] 그룹에서 [병합하고 가운데 맞춤]을 클릭하세요.

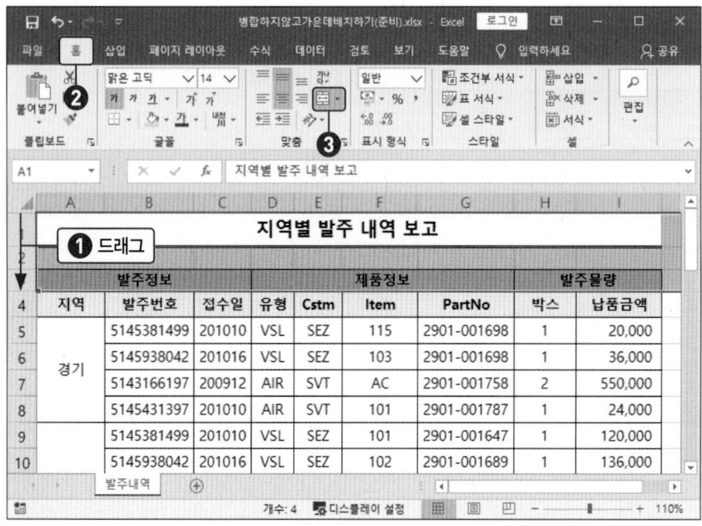


**5** 1행부터 3행에 입력된 데이터의 병합이 모두 해제되었으면 A3:C3 영역을 선택하고 Ctrl+1을 누릅니다.

**6** [셀 서식] 대화상자의 [맞춤] 탭이 열리면 '가로'의 목록 단추(⌄)를 클릭하고 [선택 영역의 가운데로]를 선택한 후 [확인]을 클릭하세요.

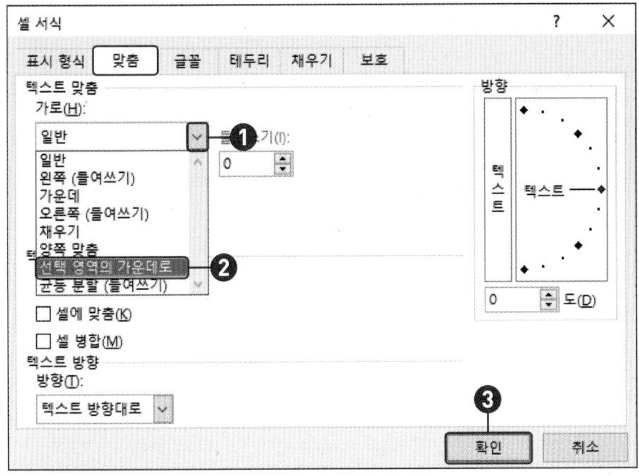


**7** A3:C3 영역에 입력된 '발주정보'가 선택한 범위의 가운데에 자동으로 위치하지만, 셀을 선택해 보면 각각의 셀로 선택됩니다. 셀 병합을 하지 않았지만 원하는 영역의 가운데에 데이터가 자동으로 표시된 것입니다. D3:G3 영역을 선택하고 바로 전에 사용한 명령을 다시 적용하기 위해 F4를 누르세요.

**TIP**

바로 직전에 사용했던 명령을 다시 반복해서 실행하려면 해당 메뉴를 다시 찾아 선택하지 않고 F4를 누르면 편리합니다.

**8** D3:G3 영역에 입력된 '제품정보'가 자동으로 범위의 가운데에 위치합니다. 이와 같은 방법으로 H3:I3 영역 선택 → F4, A1:I1 영역 선택 → F4를 눌러 모두 [선택 영역의 가운데로] 위치를 변경하세요.

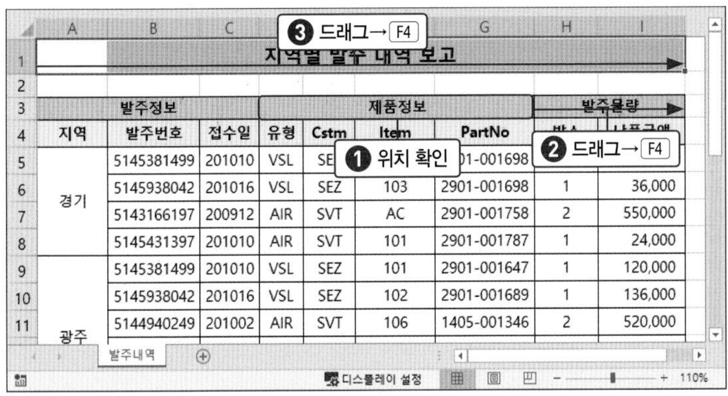

**9** G열 머리글을 클릭해서 G열 전체 범위를 설정합니다. 선택 영역에서 마우스 오른쪽 단추를 클릭하고 [잘라내기]를 선택하면 병합된 셀이 없어서 잘라내기 작업이 오류 없이 그대로 진행됩니다.

| | A | B | C | D | E | F | G |
|---|---|---|---|---|---|---|---|
| 1 | | | 지역별 발주 내역 보고 | | | | |
| 2 | | | | | | | |
| 3 | | 발주정보 | | | 제품정보 | | |
| 4 | 지역 | 발주번호 | 접수일 | 유형 | Cstm | Item | PartNo |
| 5 | 경기 | 5145381499 | 201010 | VSL | SEZ | 115 | 2901-00169 |
| 6 | | 5145938042 | 201016 | VSL | SEZ | 103 | 2901-00169 |
| 7 | | 5143166197 | 200912 | AIR | SVT | AC | 2901-00175 |
| 8 | | 5145431397 | 201010 | AIR | SVT | 101 | 2901-00178 |
| 9 | 광주 | 5145381499 | 201010 | VSL | SEZ | 101 | 2901-00164 |
| 10 | | 5145938042 | 201016 | VSL | SEZ | 102 | 2901-00168 |
| 11 | | 5144940249 | 201002 | AIR | SVT | 106 | 1405-00134 |
| 12 | | 5145431397 | 201010 | AIR | SVT | 116 | 2901-00168 |
| 13 | | 5143166197 | 200912 | AIR | SVT | 107 | 2901-00173 |

❶ ❷ 오른쪽 클릭 ❸

잘라내기(T) / 복사(C) / 붙여넣기 옵션: / 선택하여 붙여넣기(S)... / 삽입(I) / 삭제(D) / 내용 지우기(N) / 셀 서식(F)... / 열 너비(W)... / 숨기기(H) / 숨기기 취소(U)

발주내역 · 개수: 33 · 디스플레이 설정 · 110%

**10** 잘라낸 G열을 C열로 붙여넣어 볼게요. C열 머리글을 클릭해서 C열 전체 범위를 설정하고 선택 영역에서 마우스 오른쪽 단추를 클릭한 후 [잘라낸 셀 삽입]을 선택하세요.

| | A | B | C | G | H | I |
|---|---|---|---|---|---|---|
| 1 | | | | | | |
| 2 | | | | | | |
| 3 | | 발주정보 | | | 발주물량 | |
| 4 | 지역 | 발주번호 | 접수일 | PartNo | 박스 | 납품금액 |
| 5 | 경기 | 5145381499 | 201010 | 2901-001698 | 1 | 20,000 |
| 6 | | 5145938042 | 201016 | 2901-001698 | 1 | 36,000 |
| 7 | | 5143166197 | 200912 | 2901-001758 | 2 | 550,000 |
| 8 | | 5145431397 | 201010 | 2901-001787 | 1 | 24,000 |
| 9 | 광주 | 5145381499 | 201010 | -001647 | 1 | 120,000 |
| 10 | | 5145938042 | 201016 | 2901-001689 | 1 | 136,000 |
| 11 | | 5144940249 | 201002 | 1405-001346 | 2 | 520,000 |
| 12 | | 5145431397 | 201010 | 2901-001689 | 1 | 76,000 |
| 13 | | 5143166197 | 200912 | 2901-001731 | 1 | 120,000 |



**11** C열의 왼쪽으로 잘라낸 G열의 데이터가 삽입되었는지 확인합니다. C열에 열이 삽입되면서 A3셀에 입력했던 '발주정보'가 자동으로 A3:D3 범위의 중간에 재배치되었어요.

| | A | B | C | D | E | F | G | H | I |
|---|---|---|---|---|---|---|---|---|---|
| 1 | | | 지역별 발주 내역 보고 | | | | | | |
| 2 | | | | | | | | | |
| 3 | | 발주정보 | | | | 제품정보 | | 발주물량 | |
| 4 | 지역 | 발주번호 | PartNo | 접수일 | 유형 | Cstm | Item | 박스 | 납품금액 |
| 5 | 경기 | 5145381499 | 2901-001698 | 201010 | VSL | SEZ | 115 | 1 | 20,000 |
| 6 | | 5145938042 | 2901-001698 | 20 | SL | SEZ | 103 | 1 | 36,000 |
| 7 | | 5143166197 | 2901-001758 | 200912 | AIR | SVT | AC | 2 | 550,000 |
| 8 | | 5145431397 | 2901-001787 | 201010 | AIR | SVT | 101 | 1 | 24,000 |
| 9 | 광주 | 5145381499 | 2901-001647 | 201010 | VSL | SEZ | 101 | 1 | 120,000 |
| 10 | | 5145938042 | 2901-001689 | 201016 | VSL | SEZ | 102 | 1 | 136,000 |
| 11 | | 5144940249 | 1405-001346 | 201002 | AIR | SVT | 106 | 2 | 520,000 |
| 12 | | 5145431397 | 2901-001689 | 201010 | AIR | SVT | 116 | 1 | 76,000 |

확인

발주내역 · 개수: 33 · 디스플레이 설정 · 110%

# CASE 02 셀 병합 해제하고 세로 영역에 같은 값 채우기

◉ **예제파일** : 세로영역에동일한값채우기(준비).xlsx ◉ **완성파일** : 세로영역에동일한값채우기(완성).xlsx

| 기능 | 방법 |
|---|---|
| 세로 영역에 같은 값 채우기 | =IF(A5=" ",B4,A5)<br>→ 왼쪽 셀(A5셀)이 비어 있으면 윗쪽 셀(B4셀)과 같은 값을 채우고, 비어 있지 않으면 (새로운 값이면) 왼쪽 셀(A5셀)과 같은 값으로 채움 |
| 수식을 값으로 바꿔서 복사하기 | ❶ 수식이 입력된 영역 선택 → Ctrl+C<br>❷ 붙여넣을 시작 셀에서 마우스 오른쪽 단추 클릭 → [값(📋)] 선택 |

**1** [발주내역] 시트에서 A열의 '지역' 항목에는 지역이 같으면 세로 방향으로 셀 병합해서 깔끔하게 표시되어 있어요. 하지만 지역별로 통계를 구하는 경우에는 병합된 셀이 하나의 셀로 인식되는 문제가 발생합니다.

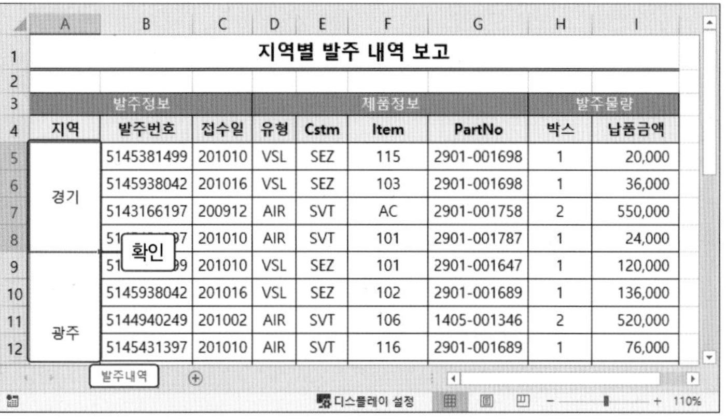


**2** 경기 지역의 발주건수가 몇 건인지 알아볼게요. K5셀을 선택하고 함수식 『=COUNTIF(A5:A36,"경기")』를 입력한 후 Enter를 누릅니다.

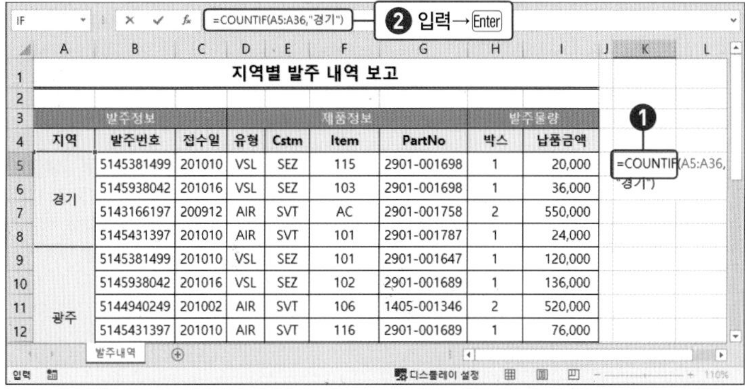


**함수식 설명**

**=COUNTIF(A5:A36,"경기")**

COUNTIF 함수는 조건에 만족하는 개수를 구할 때 사용하는 함수인데, 이 함수식 에서는 A5:A36 영역에서 텍스트가 '경기'와 동일한 셀이 몇 개인지 알아봅니다.

**3** 지역이 '경기'인 셀은 4개이지만, 하나의 셀로 병합되어 있어서 결과값 '1'이 표시되었어요. 이와 같이 세로 방향으로 같은 값을 입력하는 경우에도 셀을 병합하지 않고 각 셀마다 값을 따로 입력해야 통계 데이터를 쉽게 만들 수 있습니다. 셀 병합을 해제하기 위해 A5:A36 영역을 선택하고 [홈] 탭-[맞춤] 그룹에서 [병합하고 가운데 맞춤]을 클릭하여 이미 병합되었던 셀의 병합을 해제하세요.

**4** 지역이 시작하는 첫 셀에만 값이 입력되어 있네요. 나머지 빈 셀에도 같은 값을 채워넣기 위해 A5 셀의 자동 채우기 핸들을 더블클릭하세요.

**TIP**

A5셀이 자동 채우기 핸들을 더블클릭했는데 모두 '경기'가 입력되지 않고 다른 지역 이름이 차례대로 채워진다면 사용자 지정 목록에 데이터가 추가되어 있기 때문입니다. 이 문제를 해결하려면 355쪽의 '잠깐만요'를 참고하세요.

5 '경기'라는 값이 똑같이 채워지지만, 새 지역이 표시될 때마다 이 작업을 반복해야 해서 불편합니다. 채워진 결과를 되돌리기 위해 Ctrl+Z를 누르세요.

| | A | B | C | D | E | F | G | H | I | J | K |
|---|---|---|---|---|---|---|---|---|---|---|---|
| 1 | 지역별 발주 내역 보고 | | | | | | | | | | |
| 2 | | | | | | | | | | | |
| 3 | | 발주정보 | | | 제품정보 | | | 발주물량 | | | |
| 4 | 지역 | 발주번호 | 접수일 | 유형 | Cstm | Item | PartNo | 박스 | 납품금액 | | |
| 5 | 경기 | 5145381499 | 201010 | VSL | SEZ | 115 | 2901-001698 | 1 | 20,000 | | 4 |
| 6 | 경기 | 5145938042 | 201016 | VSL | SEZ | 103 | 2901-001698 | 1 | 36,000 | | |
| 7 | 경기 | 51 | | | SVT | AC | 2901-001758 | 2 | 550,000 | | |
| 8 | 경기 | 5145431397 | 201010 | AIR | SVT | 101 | 2901-001787 | 1 | 24,000 | | |
| 9 | 광주 | 45381499 | 201010 | VSL | SEZ | 101 | 2901-001647 | 1 | 120,000 | | |
| 10 | | 5145938042 | 201016 | VSL | SEZ | 102 | 2901-001689 | 1 | 136,000 | | |
| 11 | | 5144940249 | 201002 | AIR | SVT | 106 | 1405-001346 | 2 | 520,000 | | |
| 12 | | 5145431397 | 201010 | AIR | SVT | 116 | 2901-001689 | 1 | 76,000 | | |
| 13 | | 5143166197 | 200912 | AIR | SVT | 107 | 2901-001731 | 1 | 120,000 | | |

확인→Ctrl+Z

6 A5:A36 영역을 선택하고 [홈] 탭-[편집] 그룹에서 [찾기 및 선택]을 클릭한 후 [이동 옵션]을 선택하세요.

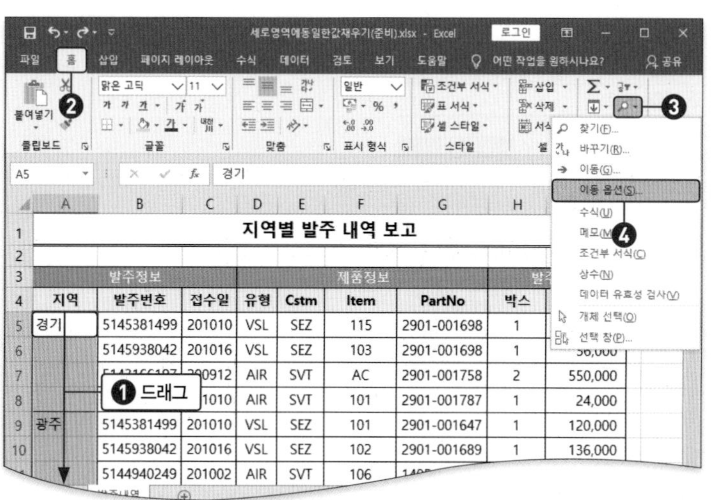


7 [이동 옵션] 대화상자가 열리면 '종류'에서 [빈 셀]을 선택하고 [확인]을 클릭합니다.

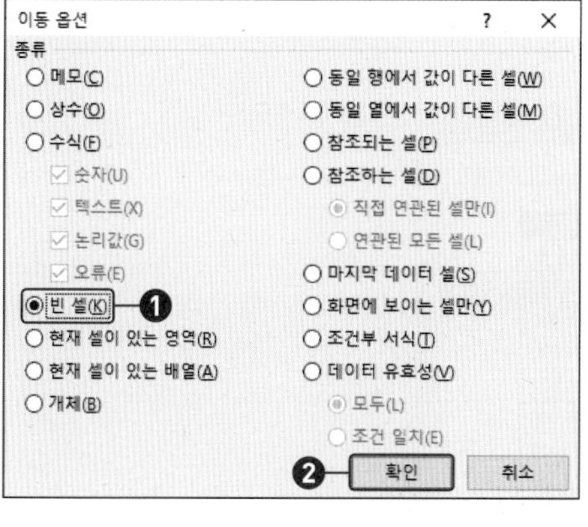

**8** 범위로 설정한 영역에서 빈 셀만 선택되었으면 첫 번째 빈 셀인 A6셀에 수식 『=A5』를 입력하고 Ctrl+Enter를 누릅니다.

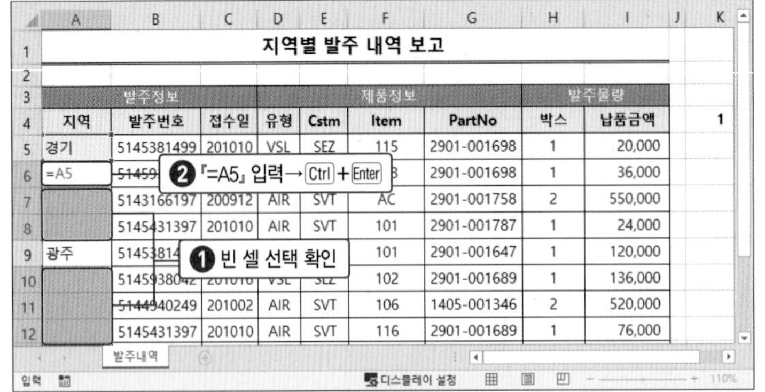


**TIP**

범위로 설정된 빈 셀 중에서 첫 번째 셀인 A6셀에 수식 '=A5'를 지정한 것은 바로 윗 셀과 동일한 값을 표시하라는 의미입니다. 이 상태에서 Ctrl+Enter를 누르면 범위로 설정된 모든 빈 셀에 같은 수식이 한 번에 입력됩니다.

**9** 비어 있는 모든 셀에 바로 위쪽 셀과 같은 값으로 채워졌는지 확인합니다. 빈 셀에 채워진 수식은 항상 바로 위쪽 셀을 참조하기 때문에 위쪽 셀 값이 바뀌면 문제가 발생합니다. 이것을 확인하기 위해 5행 머리글을 클릭하여 5행 전체를 선택하고 선택 영역에서 마우스 오른쪽 단추를 클릭한 후 [삭제]를 선택하세요.

**10** 5행이 삭제되자 A5셀을 참조했던 수식에 의해 나머지 행에 오류가 발생한 것을 확인할 수 있어요. 이번에는 수식이 지정된 셀에 수식을 실행한 결과값으로 바꿔서 입력하기 위해 Ctrl+Z를 눌러 5행을 삭제한 작업을 취소합니다.

11 빈 셀에 입력했던 수식을 다른 곳으로 이동해도 변하지 않는 값으로 표시해 볼게요. A5셀을 선택하고 Ctrl+Shift+↓를 눌러 범위를 선택한 후 Ctrl+C를 눌러 복사하세요.

지역별 발주 내역 보고

| 지역 | 발주번호 | 접수일 | 유형 | Cstm | Item | PartNo | 박스 | 납품금액 |
|---|---|---|---|---|---|---|---|---|
| 발주정보 | | | 제품정보 | | | | 발주물량 | |
| 경기 | 51 | | | | 115 | 2901-001698 | 1 | 20,000 |
| 경기 | 5145938042 | 201016 | VSL | SEZ | 103 | 2901-001698 | 1 | 36,000 |
| 경기 | 51 | | AIR | SVT | AC | 2901-001758 | 2 | 550,000 |
| 경기 | 5145431397 | 201010 | AIR | SVT | 101 | 2901-001787 | 1 | 24,000 |
| 광주 | 5145381499 | 201010 | VSL | SEZ | 101 | 2901-001647 | 1 | 120,000 |
| 광주 | 5145938042 | 201016 | VSL | SEZ | 102 | 2901-001689 | 1 | 136,000 |
| 광주 | 5144940249 | 201002 | AIR | SVT | 106 | 1405-001346 | 2 | 520,000 |
| 광주 | 5145431397 | 201010 | AIR | SVT | 116 | 2901-001689 | 1 | 76,000 |

❶ 클릭→Ctrl+Shift+↓

❷ Ctrl+C

12 A5셀에서 마우스 오른쪽 단추를 클릭하고 '붙여넣기 옵션'에서 [값]( )을 클릭합니다.

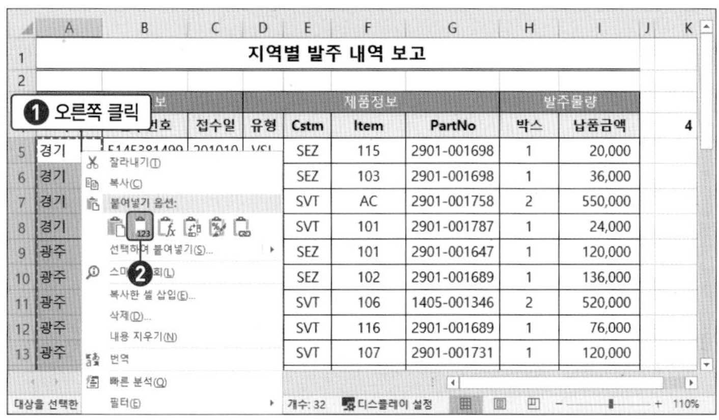


TIP

A열의 '지역' 항목에 선택 영역을 표시하는 점선이 보이면 Esc를 눌러 선택을 해제하세요.

13 A6셀을 선택하고 수식 입력줄을 확인하면 기존에 '=A5'라는 수식 대신 '경기'라는 문자로 바뀌었습니다. 이제는 수식이 입력된 곳에 수식을 실행한 결과값이 대신 입력되어 있어서 이 값을 다른 곳으로 이동하거나 삭제해도 오류가 발생하지 않아요. 빈 셀 대신 같은 값으로 채우는 다른 방법을 살펴보기 위해 Ctrl+Z를 두 번 눌러 빈 셀에 값을 채우기 전 단계로 되돌아갑니다.

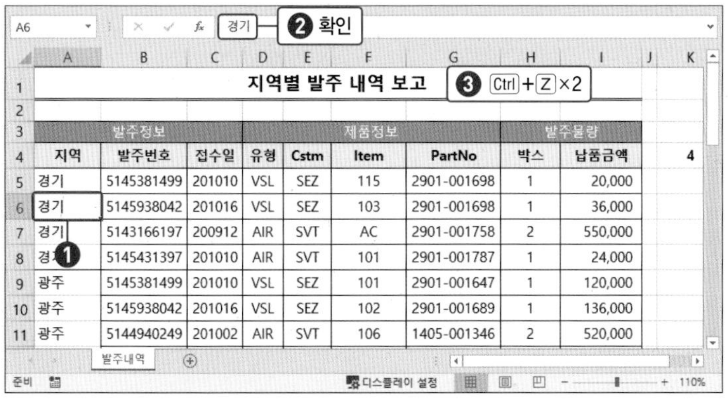

**14** '지역' 필드의 오른쪽에 새로운 빈 열을 삽입하기 위해 B열 머리글에서 마우스 오른쪽 단추를 클릭하고 [삽입]을 선택합니다.

❶ 오른쪽 클릭

잘라내기(T)
복사(C)
붙여넣기 옵션:
선택하여 붙여넣기(S)...
삽입(I) ❷
삭제(D)
내용 지우기(N)
셀 서식(F)...
열 너비(W)...
숨기기(H)
숨기기 취소(U)

| | A | B | C | D | E | F | G | H | I |
|---|---|---|---|---|---|---|---|---|---|
| 1 | | | | | | 내역 보고 | | | |
| 3 | | 발주정보 | | | | 제품정보 | | 발주물량 | |
| 4 | 지역 | 발주번호 | | | | Item | PartNo | 박스 | 납품금액 |
| 5 | 경기 | 5145381499 | | | | | 2901-001698 | 1 | 20,000 |
| 6 | | 5145938042 | | | | 103 | 2901-001698 | 1 | 36,000 |
| 7 | | 5143166197 | | | | AC | 2901-001758 | 2 | 550,000 |
| 8 | | 5145431397 | | | | 101 | 2901-001787 | 1 | 24,000 |
| 9 | 광주 | 5145381499 | | | | 101 | 2901-001647 | 1 | 120,000 |
| 10 | | 5145938042 | | | | 102 | 2901-001689 | 1 | 136,000 |
| 11 | | 5144940249 | 201002 | AIR | SVT | 106 | 1405-001346 | 2 | 520,000 |
| 12 | | 5145431397 | 201010 | AIR | SVT | 116 | 2901-001689 | 1 | 76,000 |
| 13 | | 5143166197 | 200912 | AIR | SVT | 107 | 2901-001731 | 1 | 120,000 |
| 14 | | 5143867136 | 200919 | AIR | SVT | 105 | 2901-001731 | 1 | 100,000 |
| 15 | 부산 | 5145902007 | 201015 | AIR | SEZ | 101 | 1405-001346 | 2 | 930,000 |
| 16 | | 5145938042 | 201016 | AIR | SEZ | 101 | 2901-001651 | 6 | 1,120,000 |
| 17 | | 5145516377 | 201010 | AIR | TSO | 103 | 2901-001625 | 1 | 8,000 |
| 18 | | 5145517022 | 201010 | AIR | TSO | 101 | 2901-001634 | 1 | 4,000 |

발주내역

준비 평균: 5145094293 개수: 33 합계: 1.64643E+11 디스플레이 설정 110%

**15** 빈 열이 삽입되면 B5셀을 선택하고 함수식 『=IF(A5=" ",B4,A5)』를 입력한 후 Enter를 누릅니다.

| | A | B | C | D | E | F | G | H | I | J |
|---|---|---|---|---|---|---|---|---|---|---|
| 1 | 지역별 발주 내역 보고 | | | | | | | | | |
| 3 | | 발주정보 | | | | 제품정보 | | | 발주물량 | |
| 4 | 지역 | | 발주번호 | 접수일 | 유형 | Cstm | Item | PartNo | 박스 | 납품금액 |
| 5 | 경기 | =IF(A5="",B4,A5) | | 201010 | VSL | SEZ | 115 | 2901-001698 | 1 | 20,000 |
| 6 | | | | | SL | SEZ | 103 | 2901-001698 | 1 | 36,000 |
| 7 | | | 5143166197 | 200912 | AIR | SVT | AC | 2901-001758 | 2 | 550,000 |
| 8 | | | 5145431397 | 201010 | AIR | SVT | 101 | 2901-001787 | 1 | 24,000 |
| 9 | 광주 | | 5145381499 | 201010 | VSL | SEZ | 101 | 2901-001647 | 1 | 120,000 |
| 10 | | | 5145938042 | 201016 | VSL | SEZ | 102 | 2901-001689 | 1 | 136,000 |
| 11 | | | 5144940249 | 201002 | AIR | SVT | 106 | 1405-001346 | 2 | 520,000 |
| 12 | | | 5145431397 | 201010 | AIR | SVT | 116 | 2901-001689 | 1 | 76,000 |
| 13 | | | 5143166197 | 200912 | AIR | SVT | 107 | 2901-001731 | 1 | 120,000 |
| 14 | | | 5143867136 | 200919 | AIR | SVT | 105 | 2901-001731 | 1 | 100,000 |
| 15 | 부산 | | 5145902007 | 201015 | AIR | SEZ | 101 | 1405-001346 | 2 | 930,000 |
| 16 | | | 5145938042 | 201016 | AIR | SEZ | 101 | 2901-001651 | 6 | 1,120,000 |
| 17 | | | 5145516377 | 201010 | AIR | TSO | 103 | 2901-001625 | 1 | 8,000 |
| 18 | | | 5145517022 | 201010 | AIR | TSO | 101 | 2901-001634 | 1 | 4,000 |
| 19 | | | 5145517022 | 201010 | AIR | TSO | 102 | 2901-001634 | 1 | 4,000 |

**함수식 설명**

**=IF(A5=" ",B4,A5)**

A5셀이 비어 있다면 윗쪽 셀인 B4셀과 같은 값을 표시하고, 무엇인가가 입력되었다면 A5셀 값을 표시하라는 함수식입니다.

**16** B5셀에 '경기'가 표시되었으면 B5셀의 자동 채우기 핸들을 더블클릭해서 데이터가 입력된 마지막 행까지 자동으로 함수식을 복사합니다. 지역이 바뀌면 바뀐 지역으로 표시하고 그렇지 않으면 같은 지역이 채워졌는지 확인합니다. 이 값을 A열에 그대로 덮어쓰기 위해 범위를 선택한 상태에서 Ctrl+C를 누르세요.

**17** 복사한 결과를 붙여넣을 시작 셀인 A5셀을 선택하고 Ctrl+V를 누르세요.

**18** 붙여넣은 결과에 오류가 발생한 것은 복사한 원본 데이터가 수식이어서 수식이 그대로 복사되었기 때문입니다. 이 경우에는 수식이 아닌 값 자체로 붙여넣어야 하므로 방금 실행한 작업을 취소하기 위해 Ctrl+Z를 누르세요.

**19** 결과를 붙여넣을 시작 셀인 A5셀에서 마우스 오른쪽 단추를 클릭하고 '붙여넣기 옵션'에서 [값]()을 클릭합니다.

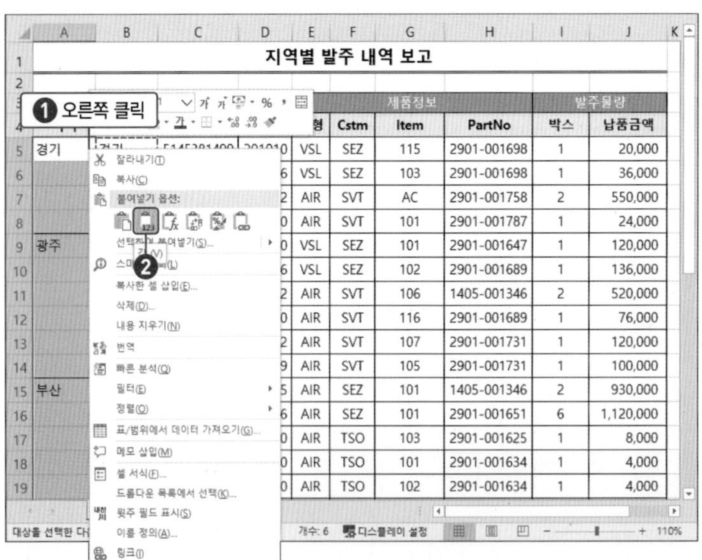

**20** 복사한 원본에 입력된 수식을 결과값으로 변환해서 붙여넣은 결과를 확인하고 [홈] 탭-[맞춤] 그룹에서 [가운데 맞춤]을 클릭합니다.

**21** 붙여넣은 지역명을 셀 가운데에 배치했습니다. B열 머리글에서 마우스 오른쪽 단추를 클릭하고 [삭제]를 선택하여 함수식을 작성했던 열을 삭제하세요.

**22** K4셀에 경기 지역의 발주건수가 '4'로 바뀐 결과를 확인할 수 있어요. 이와 같이 세로 방향으로 값이 동일해서 셀 병합하여 표시했으면 이 방법을 이용해서 수정해 보세요.

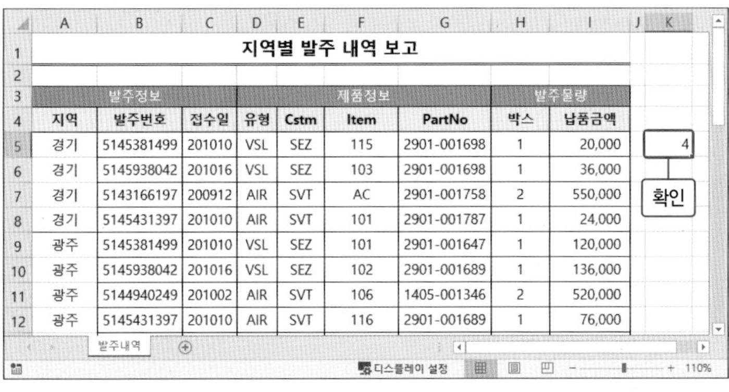

# CASE 03 같은 값은 한 개만 남기고 화면에서 숨기기

◉ **예제파일** : 동일한값숨기기(준비).xlsx ◉ **완성파일** : 동일한값숨기기(완성).xlsx

| 기능 | 방법 |
|---|---|
| 셀 서식으로 값 숨기기 | [셀 서식] 대화상자의 [표시 형식] 탭에서 '형식'에 『;;;』 입력 |
| 조건부 서식으로 값 숨기기 | ❶ [새 서식 규칙] 대화상자에서 [수식을 사용하여 서식을 지정할 셀 결정] 선택<br>❷ '다음 수식이 참인 값의 서식 지정'에 새 규칙으로 『=A5=A4』 입력 |

**1** A열에 입력된 지역을 살펴보면 같은 지역이어도 반복해서 표시해야 K열과 L열 영역에 지역별 발주건수를 제대로 표시할 수 있습니다. 반복된다고 병합하거나 지우면 1개의 셀만 인식되어 통계 결과를 구할 수 없어요. 이때 반복해서 표시된 지역을 지울 수는 없지만 보이지 않게 숨길 수는 있습니다. [발주내역] 시트의 '경기' 지역 중에서 첫 번째 지역인 A5셀만 남기고 A6:A8 영역을 선택한 후 Ctrl+1을 누르세요.

| | A | B | C | D | E | F | G | H | I | J | K | L |
|---|---|---|---|---|---|---|---|---|---|---|---|---|
| 1 | 지역별 발주 내역 보고 | | | | | | | | | | | |
| 2 | | | | | | | | | | | | |
| 3 | 발주정보 | | | 제품정보 | | | | 발주물량 | | | 지역 | 발주 건수 |
| 4 | 지역 | 발주번호 | 접수일 | 유형 | Cstm | Item | PartNo | 박스 | 납품금액 | | 경기 | 4 |
| 5 | 경기 | 5145381499 | 201010 | VSL | SEZ | 115 | 2901-001698 | 1 | 20,000 | | 광주 | 6 |
| 6 | 경기 | | | SL | SEZ | 103 | 2901-001698 | 1 | 36,000 | | 부산 | 6 |
| 7 | 경기 | | | IR | SVT | 102 | 2901-001758 | 2 | 550,000 | | 서울 | 6 |
| 8 | 경기 | 5145431397 | 201010 | AIR | SVT | 101 | 2901-001787 | 1 | 24,000 | | 전주 | 4 |
| 9 | 광주 | 5145381499 | 201010 | VSL | SEZ | 101 | 2901-001647 | 1 | 120,000 | | 진해 | 6 |
| 10 | 광주 | 5145938042 | 201016 | VSL | SEZ | 102 | 2901-001689 | 1 | 136,000 | | | |
| 11 | 광주 | 5144940249 | 201002 | AIR | SVT | 106 | 1405-001346 | 2 | 520,000 | | | |
| 12 | 광주 | 5145431397 | 201010 | AIR | SVT | 116 | 2901-001689 | 1 | 76,000 | | | |
| 13 | 광주 | 5143166197 | 200912 | AIR | SVT | 107 | 2901-001731 | 1 | 120,000 | | | |
| 14 | 광주 | 5143867136 | 200919 | AIR | SVT | 105 | 2901-001731 | 1 | 100,000 | | | |
| 15 | 부산 | 5145902007 | 201015 | AIR | SEZ | 101 | 1405-001346 | 2 | 930,000 | | | |

드래그→Ctrl+1

발주내역

개수: 3 디스플레이 설정 100%

**2** [셀 서식] 대화상자의 [표시 형식] 탭이 열리면 '범주'에서 [사용자 지정]을 선택하고 '형식'에 『;;;』을 입력한 후 [확인]을 클릭하세요.

**TIP** 사용자 지정 서식으로 『;;;』을 입력하면 셀에 입력된 값은 그대로 남아있지만, 화면에서 보이지 않게 숨겨지는 효과를 얻을 수 있어요.

3 범위를 지정했던 영역의 데이터가 화면에서 사라졌지만, 셀을 선택하면 수식 입력줄에 값은 그대로 남아있습니다. K열과 L열 영역의 '경기' 지역 데이터 결과도 변함없이 그대로입니다.

4 '광주' 지역에도 똑같이 작업하기 위해 A10:A14 영역을 선택하고 F4를 누르세요.

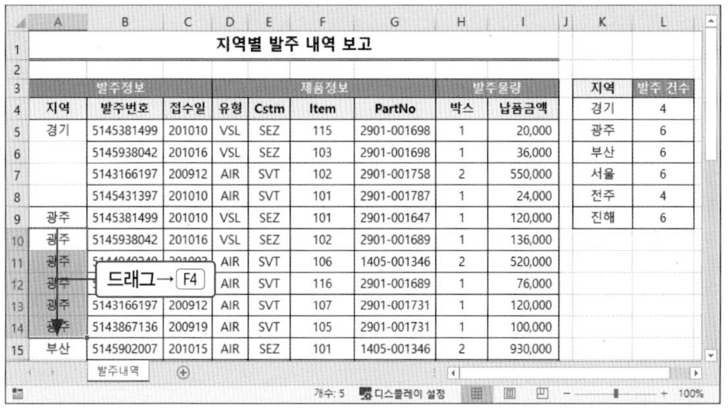


**TIP** F4를 누르면 방금 전에 실행한 명령, 즉 셀 서식을 ';;;'으로 지정한 명령을 다시 실행할 수 있어요.

5 범위를 지정했던 영역의 값이 화면에 보이지 않게 숨겨졌지만, 지역이 바뀔 때마다 일일이 범위를 설정해서 숨기기를 설정하는 것이 귀찮을 것입니다. 이 문제를 해결하기 위해 Ctrl+Z를 두 번 눌러 실행한 명령을 두 단계 취소해서 처음 상태로 되돌리세요.

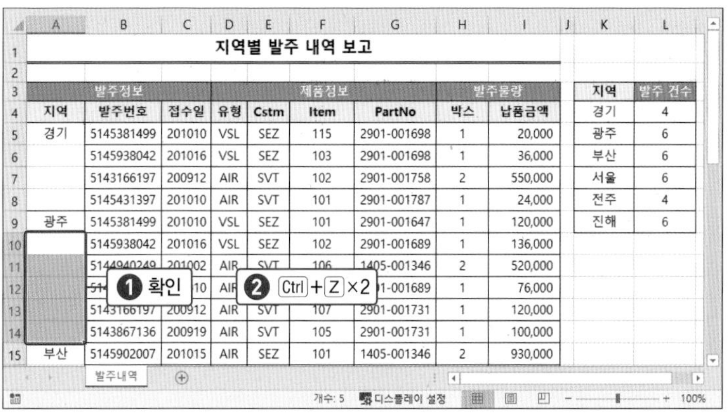


**TIP** 메뉴를 이용해서 셀 값을 숨긴 효과를 취소하려면 대상 영역을 다시 설정하고 Ctrl+1을 눌러 [셀 서식] 대화상자의 [표시 형식] 탭을 연 후 '범주'에서 [일반]을 선택하세요.

**6** 지역이 같으면 셀 값을 숨기고, 다르면 셀 값을 표시하도록 자동 설정해 볼게요. A5셀을 선택하고 Ctrl+Shift+↓를 눌러 데이터가 입력된 아래쪽 끝까지 범위를 설정한 후 [홈] 탭-[스타일] 그룹에서 [조건부 서식]을 클릭하고 [새 규칙]을 선택합니다.

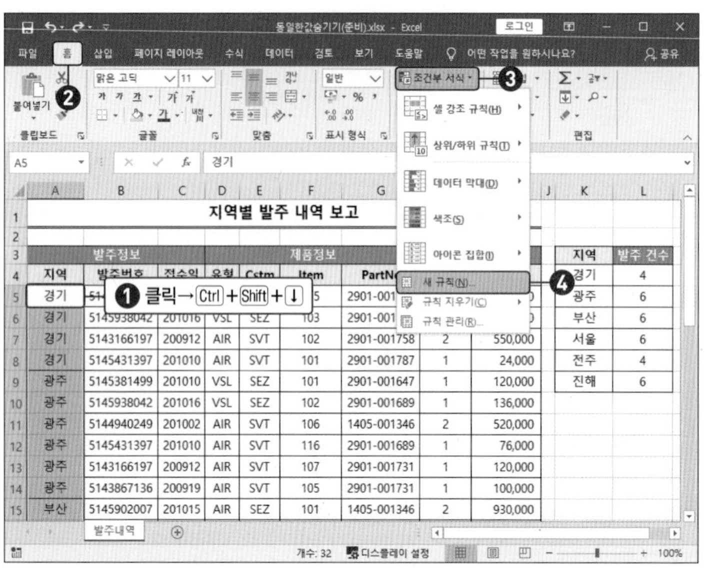

**7** [새 서식 규칙] 대화상자가 열리면 '규칙 유형 선택'에서 [수식을 사용하여 서식을 지정할 셀 결정]을 선택합니다. '규칙 설명 편집'의 '다음 수식이 참인 값의 서식 지정'에 『=A5=A4』를 입력하고 [서식]을 클릭하세요.

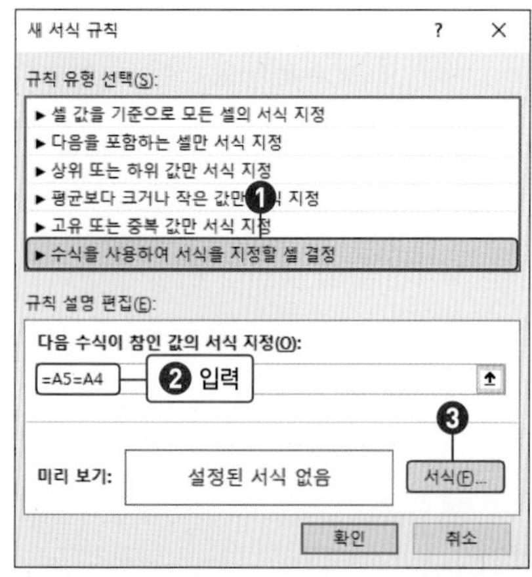

**함수식 설명**

**=A5=A4**

맨 앞에 있는 '='은 이것은 수식이라는 뜻입니다. 'A5=A4'는 범위를 지정한 첫 번째 셀인 A5셀이 위쪽 셀인 A4셀과 값이 같은지 확인하는 수식입니다. 만약 값이 같으면 다음 단계에서 지정하는 셀 값을 숨기는 서식을 자동으로 실행합니다.

**8** [셀 서식] 대화상자의 [표시 형식] 탭에서 [사용자 지정] 범주를 선택하고 '형식'에 『;;;』을 입력한 후 [확인]을 클릭합니다.

**TIP**

[글꼴] 탭과 [테두리] 탭, [채우기] 탭을 이용해서 글꼴색, 테두리, 배경색 등의 세부 셀 서식을 추가로 지정할 수 있어요.

**9** [새 서식 규칙] 대화상자로 되돌아오면 [확인]을 클릭합니다.

새 서식 규칙

규칙 유형 선택(S):

- ▶ 셀 값을 기준으로 모든 셀의 서식 지정
- ▶ 다음을 포함하는 셀만 서식 지정
- ▶ 상위 또는 하위 값만 서식 지정
- ▶ 평균보다 크거나 작은 값만 서식 지정
- ▶ 고유 또는 중복 값만 서식 지정
- ▶ 수식을 사용하여 서식을 지정할 셀 결정

규칙 설명 편집(E):

다음 수식이 참인 값의 서식 지정(O):

=A5=A4

미리 보기: 서식(F)...

클릭 확인 취소

**10** 범위로 설정했던 셀에서 지역이 달라지는 첫 번째 셀에만 값이 표시되고 나머지 같은 지역인 경우에는 값이 한 번에 숨겨졌어요. 이것은 값이 지워진 것이 아니라 보이지 않게 숨겨놓은 것이기 때문에 K열과 L열 영역에 구한 통계값에는 영향을 주지 않습니다.

지역별 발주 내역 보고

| 발주정보 | | | 제품정보 | | | | 발주물량 | | | 지역 | 발주 건수 |
|---|---|---|---|---|---|---|---|---|---|---|---|
| 지역 | 발주번호 | 접수일 | 유형 | Cstm | Item | PartNo | 박스 | 납품금액 | | 경기 | 4 |
| 경기 | 5145381499 | 201010 | VSL | SEZ | 115 | 2901-001698 | 1 | 20,000 | | 광주 | 6 |
| | 5145938042 | 201016 | VSL | SEZ | 103 | 2901-001698 | 1 | 36,000 | | 부산 | 6 |
| | 5143166197 | 200912 | AIR | SVT | 102 | 2901-001758 | 2 | 550,000 | | 서울 | 6 |
| | 5145431397 | 201010 | AIR | SVT | 101 | 2901-001787 | 1 | 24,000 | | 전주 | 4 |
| 광주 | 5145381499 | 201010 | VSL | SEZ | 101 | 2901-001647 | 1 | 120,000 | | 진해 | 6 |
| | 514 | 201016 | VSL | SEZ | 102 | 2901-001689 | 1 | 136,000 | | | |
| | 514 | 201002 | AIR | SVT | 106 | 1405-001346 | 2 | 520,000 | | | |
| | 5145431397 | 201010 | AIR | SVT | 116 | 2901-001689 | 1 | 76,000 | | | |
| | 5143166197 | 200912 | AIR | SVT | 107 | 2901-001731 | 1 | 120,000 | | | |
| | 5143867136 | 200919 | AIR | SVT | 105 | 2901-001731 | 1 | 100,000 | | | |
| 부산 | 5145902007 | 201015 | AIR | SEZ | 101 | 1405-001346 | 2 | 930,000 | | | |
| | 5145938042 | 201016 | AIR | SEZ | 101 | 2901-001651 | 6 | 1,120,000 | | | |

확인

발주내역 · 준비 · 개수: 32 · 디스플레이 설정 · 100%

**11** [홈] 탭-[스타일] 그룹에서 [조건부 서식]을 클릭하고 [규칙 지우기]-[시트 전체에서 규칙 지우기]를 선택합니다.

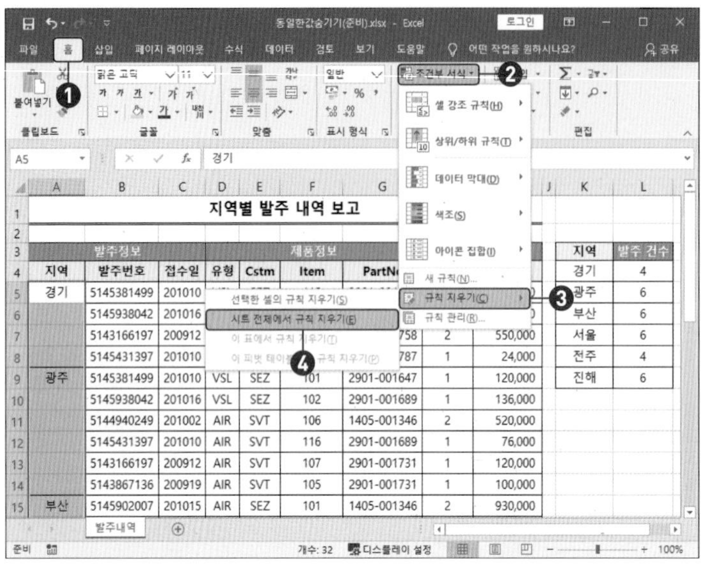


**12** 지정한 조건부 서식의 설정이 지워지면서 다시 지역명이 표시되었는지 확인합니다.

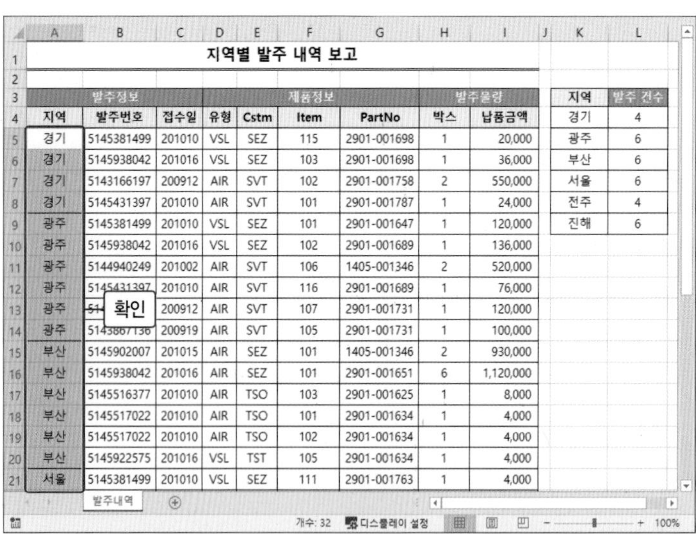

지역별 발주 내역 보고

| 지역 | 발주번호 | 접수일 | 유형 | Cstm | Item | PartNo | 박스 | 납품금액 |
|---|---|---|---|---|---|---|---|---|
| 경기 | 5145381499 | 201010 | VSL | SEZ | 115 | 2901-001698 | 1 | 20,000 |
| 경기 | 5145938042 | 201016 | VSL | SEZ | 103 | 2901-001698 | 1 | 36,000 |
| 경기 | 5143166197 | 200912 | AIR | SVT | 102 | 2901-001758 | 2 | 550,000 |
| 경기 | 5145431397 | 201010 | AIR | SVT | 101 | 2901-001787 | 1 | 24,000 |
| 광주 | 5145381499 | 201010 | VSL | SEZ | 101 | 2901-001647 | 1 | 120,000 |
| 광주 | 5145938042 | 201016 | VSL | SEZ | 102 | 2901-001689 | 1 | 136,000 |
| 광주 | 5144940249 | 201002 | AIR | SVT | 106 | 1405-001346 | 2 | 520,000 |
| 광주 | 5145431397 | 201010 | AIR | SVT | 116 | 2901-001689 | 1 | 76,000 |
| 광주 | [illegible] | 200912 | AIR | SVT | 107 | 2901-001731 | 1 | 120,000 |
| 광주 | 5143867136 | 200919 | AIR | SVT | 105 | 2901-001731 | 1 | 100,000 |
| 부산 | 5145902007 | 201015 | AIR | SEZ | 101 | 1405-001346 | 2 | 930,000 |
| 부산 | 5145938042 | 201016 | AIR | SEZ | 101 | 2901-001651 | 6 | 1,120,000 |
| 부산 | 5145516377 | 201010 | AIR | TSO | 103 | 2901-001625 | 1 | 8,000 |
| 부산 | 5145517022 | 201010 | AIR | TSO | 101 | 2901-001634 | 1 | 4,000 |
| 부산 | 5145517022 | 201010 | AIR | TSO | 102 | 2901-001634 | 1 | 4,000 |
| 부산 | 5145922575 | 201016 | VSL | TST | 105 | 2901-001634 | 1 | 4,000 |
| 서울 | 5145381499 | 201010 | VSL | SEZ | 111 | 2901-001763 | 1 | 4,000 |

| 지역 | 발주 건수 |
|---|---|
| 경기 | 4 |
| 광주 | 6 |
| 부산 | 6 |
| 서울 | 6 |
| 전주 | 4 |
| 진해 | 6 |

# CASE 04 여러 항목들을 하나의 셀로 합치기

◉ **예제파일** : 한셀로합치기(준비).xlsx ◉ **완성파일** : 한셀로합치기(완성).xlsx



**1.** [내역서] 시트에서 C열과 D열을 살펴보면 입금과 출금 내역을 별도의 항목으로 나누어서 표시하고있고, F열부터 I열의 지역도 지역마다 하나의 열을 차지하고 있습니다. 만약 지역이 계속 늘어난다면 차지하는 영역이 계속 늘어나서 자료를 정리할 때도 문제가 발생할 것입니다. 그렇다면 이러한 데이터를 공간의 낭비도 없애고 관리 작업도 편리하게 관련 항목별로 하나의 필드로 합쳐볼게요.

| | A | B | C | D | E | F | G | H | I |
|---|---|---|---|---|---|---|---|---|---|
| 1 | 접수일 | PartNo | 입금 | 출금 | 금액 | 경기 | 부산 | 목포 | 대전 |
| 2 | 201010 | 2901-001698 | | X | 20,000 | | O | | |
| 3 | 201016 | 2901-001698 | X | | 36,000 | | | O | |
| 4 | 200912 | 2901-001758 | X | | 550,000 | O | | | |
| 5 | 201010 | 2901-001787 | X | | 24,000 | | | O | |
| 6 | 201010 | 2901-001647 | X | | 120,000 | | O | | |
| 7 | 201016 | 2901-001689 | | X | 136,000 | O | | | |
| 8 | 201002 | 1405-001346 | | X | 520,000 | | | | O |
| 9 | 201010 | 2901-001689 | | X | 76,000 | | | O | |
| 10 | 200912 | 2901-001731 | | X | 120,000 | | O | | |
| 11 | 200919 | 2901-001731 | | X | 100,000 | O | | | |
| 12 | 201015 | 1405-001346 | X | | 930,000 | | | O | |
| 13 | 201016 | 2901-001651 | | X | 1,120,000 | | | O | |
| 14 | 201010 | 2901-001625 | X | | 8,000 | | O | | |
| 15 | 201010 | 2901-001634 | X | | 4,000 | | | | O |
| 16 | 201010 | 2901-001634 | X | | 4,000 | O | | | |
| 17 | 201016 | 2901-001634 | | X | 4,000 | | | O | |
| 18 | 201010 | 2901-001763 | | X | 4,000 | | | O | |
| 19 | 201006 | 2901-001766 | X | | 200,000 | | O | | |
| 20 | 201016 | 2901-001766 | X | | 412,000 | O | | | |
| 21 | 200926 | 1405-001296 | | X | 10,000 | | | | O |
| 22 | 201016 | 1405-001296 | X | | 40,000 | | | O | |

내역서
디스플레이 설정 105%

**2** 새로운 열을 추가하기 위해 E열 머리글에서 마우스 오른쪽 단추를 클릭하고 [삽입]을 선택합니다.

| | A | B | C | D | E | F | G | H | I |
|---|---|---|---|---|---|---|---|---|---|
| 1 | 접수일 | PartNo | 입금 | 출금 | 금액 | | | | 대전 |
| 2 | 201010 | 2901-001698 | | | 20,000 | | | | |
| 3 | 201016 | 2901-001698 | X | | 36,000 | | | | |
| 4 | 200912 | 2901-001758 | X | | 550,000 | | | | |
| 5 | 201010 | 2901-001787 | X | | 24,000 | | | | |
| 6 | 201010 | 2901-001647 | X | | 120,000 | | | | |
| 7 | 201016 | 2901-001689 | | X | 136,000 | | | | |
| 8 | 201002 | 1405-001346 | | X | 520,000 | | | | O |
| 9 | 201010 | 2901-001689 | | X | 76,000 | | | | |
| 10 | 200912 | 2901-001731 | | X | 120,000 | | | | |
| 11 | 200919 | 2901-001731 | | X | 100,000 | | | | |
| 12 | 201015 | 1405-001346 | X | | 930,000 | | | | |
| 13 | 201016 | 2901-001651 | | X | 1,120,000 | | | O | |
| 14 | 201010 | 2901-001625 | X | | 8,000 | | O | | |
| 15 | 201010 | 2901-001634 | X | | 4,000 | | | | O |
| 16 | 201010 | 2901-001634 | X | | 4,000 | O | | | |
| 17 | 201016 | 2901-001634 | | X | 4,000 | | | O | |
| 18 | 201010 | 2901-001763 | | X | 4,000 | | | O | |
| 19 | 201006 | 2901-001766 | X | | 200,000 | | O | | |
| 20 | 201016 | 2901-001766 | X | | 412,000 | O | | | |
| 21 | 200926 | 1405-001296 | | X | 10,000 | | | | O |
| 22 | 201016 | 1405-001296 | X | | 40,000 | | | O | |

❶ 오른쪽 클릭

잘라내기(T)
복사(C)
붙여넣기 옵션:
선택하여 붙여넣기(S)...
❷ 삽입(I)
삭제(D)
내용 지우기(N)
셀 서식(F)...
열 너비(W)...
숨기기(H)
숨기기 취소(U)

내역서
평균: 226,188 개수: 33 합계: 7,238,000 디스플레이 설정 105%

**3** 새로운 열이 삽입되면 E1셀에 『구분』을 입력하고 Enter를 누르세요. E2셀에 함수식 『=IF(C2<>"","입금","출금")』을 입력한 후 Enter를 누르세요.

| | A | B | C | D | E | F | G |
|---|---|---|---|---|---|---|---|
| 1 | 접수일 | PartNo | 입금 | 출금 | 구분 | | |
| 2 | 201010 | 2901-001698 | | =IF(C2<>"","입금","출금") | | | |
| 3 | 201016 | 2901-001698 | X | IF(logical_test, [value_if_true], [value_if_false]) | | 0 | |
| 4 | 200912 | 2901-001758 | X | | | 550,000 | O |
| 5 | 201010 | 2901-001787 | X | | | 24,000 | |
| 6 | 201010 | 2901-001647 | X | | | 120,000 | |
| 7 | 201016 | 2901-001689 | | X | | 136,000 | O |
| 8 | 201002 | 1405-001346 | | X | | 520,000 | |
| 9 | 201010 | 2901-001689 | | X | | 76,000 | |
| 10 | 200912 | 2901-001731 | | X | | 120,000 | |
| 11 | 200919 | 2901-001731 | | X | | 100,000 | O |
| 12 | 201015 | 1405-001346 | X | | | 930,000 | |
| 13 | 201016 | 2901-001651 | | X | | 1,120,000 | |
| 14 | 201010 | 2901-001625 | X | | | 8,000 | |
| 15 | 201010 | 2901-001634 | X | | | 4,000 | |
| 16 | 201010 | 2901-001634 | X | | | 4,000 | O |
| 17 | 201016 | 2901-001634 | | X | | 4,000 | |

① 『구분』 입력 ② ③ 입력

**함수식 설명**

**=IF(C2<>"","입금","출금")**

C2셀에 무엇인가가 입력되어 있어서 빈 셀이 아니면 '입금'을, 아무것도 입력되어 있지 않으면 '출금'을 표시하는 함수식입니다.

**4** E2셀에 C열과 D열에 입력된 값에 따라 '입금'인지, '출금'인지 결과값이 표시되었습니다. E2셀의 자동 채우기 핸들을 더블클릭해서 나머지 행에도 함수식을 복사하세요.

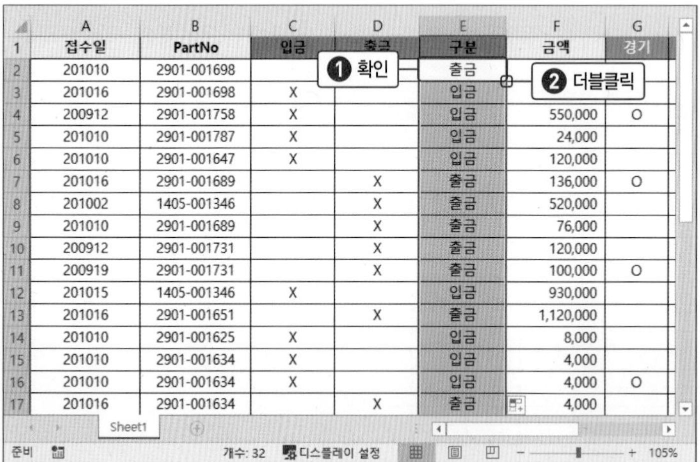

| | A | B | C | D | E | F | G |
|---|---|---|---|---|---|---|---|
| 1 | 접수일 | PartNo | 입금 | 출금 | 구분 | 금액 | 경기 |
| 2 | 201010 | 2901-001698 | | | 출금 | | |
| 3 | 201016 | 2901-001698 | X | | 입금 | | |
| 4 | 200912 | 2901-001758 | X | | 입금 | 550,000 | O |
| 5 | 201010 | 2901-001787 | X | | 입금 | 24,000 | |
| 6 | 201010 | 2901-001647 | X | | 입금 | 120,000 | |
| 7 | 201016 | 2901-001689 | | X | 출금 | 136,000 | O |
| 8 | 201002 | 1405-001346 | | X | 출금 | 520,000 | |
| 9 | 201010 | 2901-001689 | | X | 출금 | 76,000 | |
| 10 | 200912 | 2901-001731 | | X | 출금 | 120,000 | |
| 11 | 200919 | 2901-001731 | | X | 출금 | 100,000 | O |
| 12 | 201015 | 1405-001346 | X | | 입금 | 930,000 | |
| 13 | 201016 | 2901-001651 | | X | 출금 | 1,120,000 | |
| 14 | 201010 | 2901-001625 | X | | 입금 | 8,000 | |
| 15 | 201010 | 2901-001634 | X | | 입금 | 4,000 | |
| 16 | 201010 | 2901-001634 | X | | 입금 | 4,000 | O |
| 17 | 201016 | 2901-001634 | | X | 출금 | 4,000 | |

**5** C열 머리글부터 D열 머리글까지 드래그해서 범위를 설정하고 선택 영역에서 마우스 오른쪽 단추를 클릭한 후 [삭제]를 선택합니다.

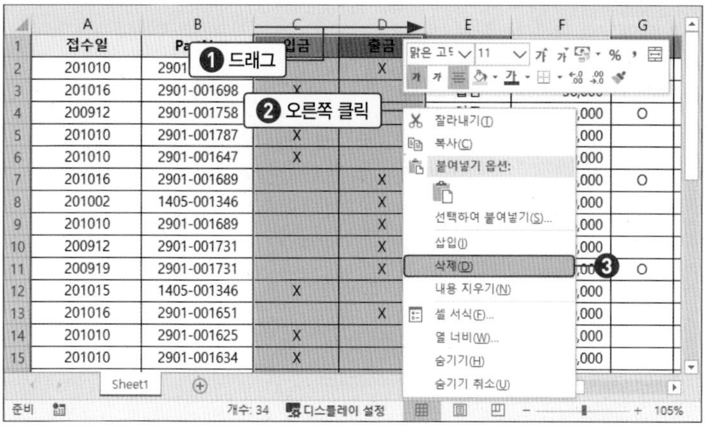

❶ 드래그
❷ 오른쪽 클릭
❸

| | A | B | C | D | E | F | G |
|---|---|---|---|---|---|---|---|
| 1 | 접수일 | PartNo | 입금 | 출금 | | | |
| 2 | 201010 | 2901 | | X | | | |
| 3 | 201016 | 2901-001698 | X | | | | |
| 4 | 200912 | 2901-001758 | | | | ,000 | O |
| 5 | 201010 | 2901-001787 | X | | | ,000 | |
| 6 | 201010 | 2901-001647 | X | | | ,000 | |
| 7 | 201016 | 2901-001689 | | X | | ,000 | O |
| 8 | 201002 | 1405-001346 | | X | | ,000 | |
| 9 | 201010 | 2901-001689 | | X | | ,000 | |
| 10 | 200912 | 2901-001731 | | X | | ,000 | |
| 11 | 200919 | 2901-001731 | | X | | | O |
| 12 | 201015 | 1405-001346 | X | | | ,000 | |
| 13 | 201016 | 2901-001651 | | X | | ,000 | |
| 14 | 201010 | 2901-001625 | X | | | ,000 | |
| 15 | 201010 | 2901-001634 | X | | | ,000 | |

잘라내기(T)
복사(C)
붙여넣기 옵션:
선택하여 붙여넣기(S)...
삽입(I)
삭제(D)
내용 지우기(N)
셀 서식(F)...
열 너비(W)...
숨기기(H)
숨기기 취소(U)

**6** C열과 D열에 입력된 값을 참조해서 E열의 '구분' 항목에 함수식이 구해지기 때문에 이 값이 삭제되어 오류가 발생합니다. Ctrl+Z를 눌러 삭제한 작업을 취소하세요.

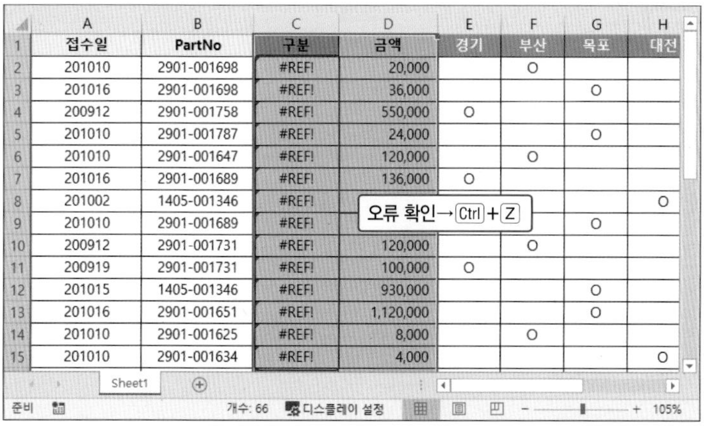

오류 확인→Ctrl+Z

| | A | B | C | D | E | F | G | H |
|---|---|---|---|---|---|---|---|---|
| 1 | 접수일 | PartNo | 구분 | 금액 | 경기 | 부산 | 목포 | 대전 |
| 2 | 201010 | 2901-001698 | #REF! | 20,000 | | O | | |
| 3 | 201016 | 2901-001698 | #REF! | 36,000 | | | O | |
| 4 | 200912 | 2901-001758 | #REF! | 550,000 | O | | | |
| 5 | 201010 | 2901-001787 | #REF! | 24,000 | | | O | |
| 6 | 201010 | 2901-001647 | #REF! | 120,000 | | O | | |
| 7 | 201016 | 2901-001689 | #REF! | 136,000 | O | | | |
| 8 | 201002 | 1405-001346 | #REF! | | | | | O |
| 9 | 201010 | 2901-001689 | #REF! | | | | O | |
| 10 | 200912 | 2901-001731 | #REF! | 120,000 | | O | | |
| 11 | 200919 | 2901-001731 | #REF! | 100,000 | O | | | |
| 12 | 201015 | 1405-001346 | #REF! | 930,000 | | | O | |
| 13 | 201016 | 2901-001651 | #REF! | 1,120,000 | | | O | |
| 14 | 201010 | 2901-001625 | #REF! | 8,000 | | O | | |
| 15 | 201010 | 2901-001634 | #REF! | 4,000 | | | | O |

**7** E열 머리글을 클릭해서 범위를 설정하고 Ctrl+C를 눌러 복사하세요.

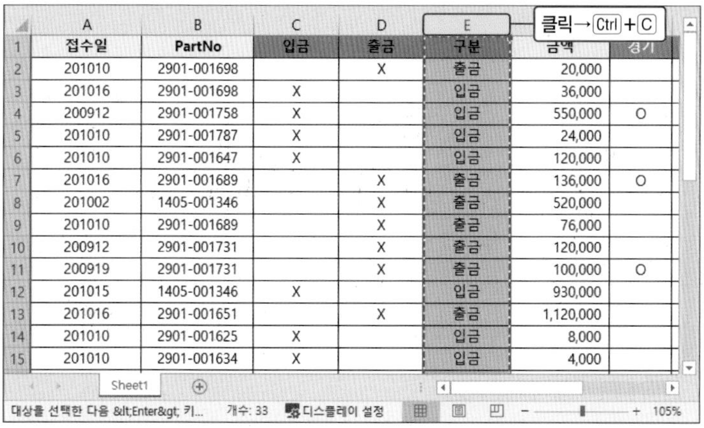

클릭→Ctrl+C

| | A | B | C | D | E | F | G |
|---|---|---|---|---|---|---|---|
| 1 | 접수일 | PartNo | 입금 | 출금 | 구분 | 금액 | 경기 |
| 2 | 201010 | 2901-001698 | | X | 출금 | 20,000 | |
| 3 | 201016 | 2901-001698 | X | | 입금 | 36,000 | |
| 4 | 200912 | 2901-001758 | X | | 입금 | 550,000 | O |
| 5 | 201010 | 2901-001787 | X | | 입금 | 24,000 | |
| 6 | 201010 | 2901-001647 | X | | 입금 | 120,000 | |
| 7 | 201016 | 2901-001689 | | X | 출금 | 136,000 | O |
| 8 | 201002 | 1405-001346 | | X | 출금 | 520,000 | |
| 9 | 201010 | 2901-001689 | | X | 출금 | 76,000 | |
| 10 | 200912 | 2901-001731 | | X | 출금 | 120,000 | |
| 11 | 200919 | 2901-001731 | | X | 출금 | 100,000 | O |
| 12 | 201015 | 1405-001346 | X | | 입금 | 930,000 | |
| 13 | 201016 | 2901-001651 | | X | 출금 | 1,120,000 | |
| 14 | 201010 | 2901-001625 | X | | 입금 | 8,000 | |
| 15 | 201010 | 2901-001634 | X | | 입금 | 4,000 | |

**8** E열 머리글에서 마우스 오른쪽 단추를 클릭하고 '붙여넣기 옵션'에서 [값]( )을 클릭합니다.

| | A | B | C | D | E | F | G |
|---|---|---|---|---|---|---|---|
| 1 | 접수일 | PartNo | 입금 | 출금 | 구분 | | |
| 2 | 201010 | 2901-001698 | | | 출금 | | |
| 3 | 201016 | 2901-001698 | X | | 입금 | | |
| 4 | 200912 | 2901-001758 | X | | 입금 | | |
| 5 | 201010 | 2901-001787 | X | | 입금 | | |
| 6 | 201010 | 2901-001647 | X | | 입금 | | |
| 7 | 201016 | 2901-001689 | | X | 출금 | | |
| 8 | 201002 | 1405-001346 | | X | 출금 | | |
| 9 | 201010 | 2901-001689 | | X | 출금 | | |
| 10 | 200912 | 2901-001731 | | X | 출금 | | |
| 11 | 200919 | 2901-001731 | | X | 출금 | | |
| 12 | 201015 | 1405-001346 | X | | 입금 | | |
| 13 | 201016 | 2901-001651 | | X | 출금 | | |
| 14 | 201010 | 2901-001625 | X | | 입금 | 8,000 | |
| 15 | 201010 | 2901-001634 | X | | 입금 | 4,000 | |

❶ 오른쪽 클릭
❷

잘라내기(T)
복사(C)
붙여넣기 옵션:
선택하여 붙여넣기(S)...
삽입(E)
삭제(D)
내용 지우기(N)
셀 서식(F)...
열 너비(W)...
숨기기(H)
숨기기 취소(U)

**9** 함수식으로 입력되어 있던 E열을 값으로 바꾸었으면 C열 머리글과 D열 머리글을 드래그해서 범위를 설정합니다. 선택 영역에서 마우스 오른쪽 단추를 클릭하고 [삭제]를 선택하세요.

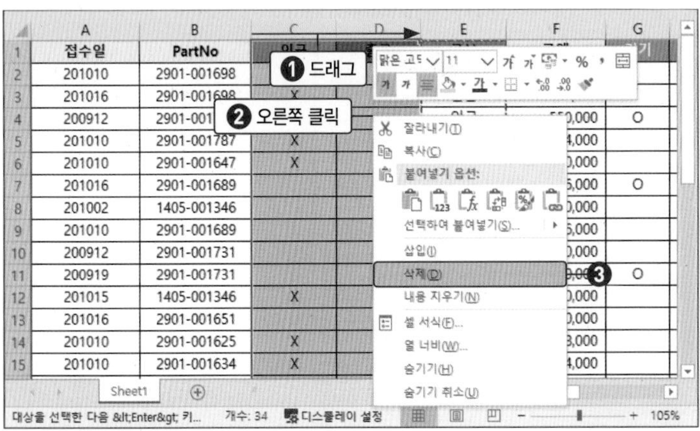


**10** 삭제한 C열과 D열을 참조하는 함수식이 없기 때문에 삭제해도 아무런 문제가 없네요. I1셀에 『지역』을 입력하고 Enter를 누르세요.

| | B | C | D | E | F | G | H | I |
|---|---|---|---|---|---|---|---|---|
| 1 | PartNo | 구분 | 금액 | 경기 | 부산 | 목포 | 대전 | 지역 |
| 2 | 2901-001698 | 출금 | 20,000 | | O | | | |
| 3 | 2901-001698 | 입금 | 36,000 | | | O | | |
| 4 | 2901-001758 | 입금 | 550,000 | O | | | | |
| 5 | 2901-001787 | 입금 | 24,000 | | | O | | |
| 6 | 2901-001647 | 입금 | 120,000 | | O | | | |
| 7 | 2901-001689 | 출금 | | O | | | | |
| 8 | 1405-001346 | 출금 | | | | | O | |
| 9 | 2901-001689 | 출금 | 76,000 | | | O | | |
| 10 | 2901-001731 | 출금 | 120,000 | | O | | | |
| 11 | 2901-001731 | 출금 | 100,000 | O | | | | |
| 12 | 1405-001346 | 입금 | 930,000 | | | O | | |
| 13 | 2901-001651 | 출금 | 1,120,000 | | | O | | |

❶ 확인
❷ 입력

**11** I2셀에 함수식 『=IFS(E2〈〉"",$E$1,F2〈〉"",$F$1,G2〈〉"",$G$1,H2〈〉"",$H$1)』을 입력하고 Enter를 누르세요.

IF | =IFS(E2<>"",$E$1,F2<>"",$F$1,G2<>"",$G$1,H2<>"",$H$1) ❷ 입력

| | C | D | E | F | G | H | I |
|---|---|---|---|---|---|---|---|
| 1 | 구분 | 금액 | 경기 | 부산 | 목포 | 대전 | 지역 |
| 2 | 출금 | 20,000 | | O | | | =IFS(E2<>"",$E$1,F2<>"",$F$1,G2<>"",$G$1,H2<>"",$H$1) ❶ |
| 3 | 입금 | 36,000 | | | O | | |
| 4 | 입금 | 550,000 | O | | | | |
| 5 | 입금 | 24,000 | | | O | | |
| 6 | 입금 | 120,000 | | O | | | |
| 7 | 출금 | 136,000 | O | | | | |
| 8 | 출금 | 520,000 | | | | O | |
| 9 | 출금 | 76,000 | | | O | | |
| 10 | 출금 | 120,000 | | O | | | |
| 11 | 출금 | 100,000 | O | | | | |
| 12 | 입금 | 930,000 | | | O | | |
| 13 | 출금 | 1,120,000 | | | O | | |
| 14 | 입금 | 8,000 | | O | | | |
| 15 | 입금 | 4,000 | | | | O | |
| 16 | 입금 | 4,000 | O | | | | |

Sheet1 | 편집 | 디스플레이 설정 | 105%

**함수식 설명**

=IFS(E2<>"",$E$1,F2<>"",$F$1,G2<>"",$G$1,H2<>"",$H$1)

E2셀이 비어있지 않다면 E1셀 값을, F2셀이 비어있지 않다면 F1셀 값을, G2셀이 비어있지 않다면 G1셀 값을, H2셀이 비어있지 않다면 H1셀 값을 그대로 표시하는 함수식입니다. 이때 E1셀, F1셀, G1셀, H1셀이 절대 참조되었기 때문에 함수식을 복사해도 항상 같은 셀을 참조합니다. $E$1, $F$1, $G$1, $H$1 대신 원하는 다른 문자를 지정해도 됩니다. IFS 함수는 엑셀 2016 버전에 추가된 함수이므로 하위 버전을 사용한다면 다음과 같이 IF 함수로 바꿔서 사용해야 합니다.

=IF(E2<>"",$E$1,IF(F2<>"",$F$1,IF(G2<>"",$G$1,IF(H2<>"",$H$1,""))))

**12** I2셀에 함수식의 결과값을 확인했으면 I2셀의 자동 채우기 핸들을 더블클릭해서 나머지 행에도 함수식을 복사합니다. I열에 구한 함수식은 E열과 H열을 참조하기 때문에 이것들이 삭제되면 오류가 발생합니다. 따라서 함수식을 값으로 미리 바꾸기 위해 I열 범위를 설정한 상태에서 Ctrl+C를 눌러 복사하세요.

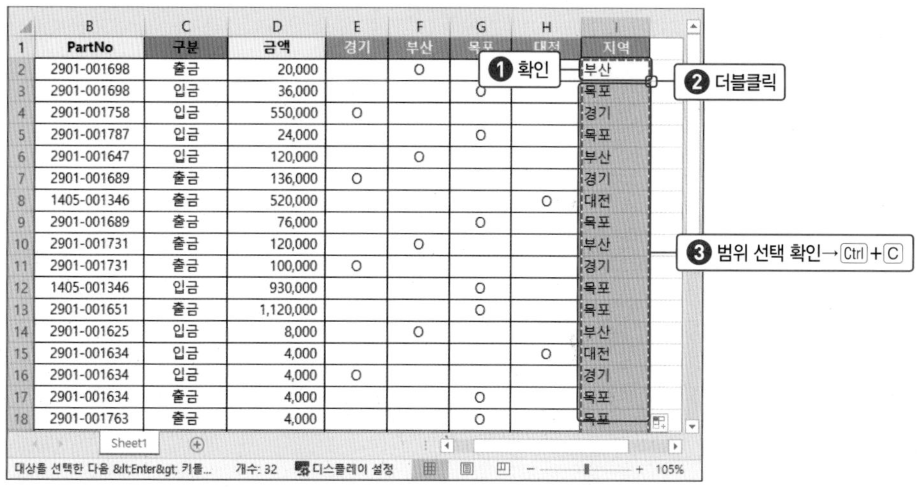

| | B | C | D | E | F | G | H | I |
|---|---|---|---|---|---|---|---|---|
| 1 | PartNo | 구분 | 금액 | 경기 | 부산 | 목포 | 대전 | 지역 |
| 2 | 2901-001698 | 출금 | 20,000 | | O | | | 부산 |
| 3 | 2901-001698 | 입금 | 36,000 | | | O | | 목포 |
| 4 | 2901-001758 | 입금 | 550,000 | O | | | | 경기 |
| 5 | 2901-001787 | 입금 | 24,000 | | | O | | 목포 |
| 6 | 2901-001647 | 입금 | 120,000 | | O | | | 부산 |
| 7 | 2901-001689 | 출금 | 136,000 | O | | | | 경기 |
| 8 | 1405-001346 | 출금 | 520,000 | | | | O | 대전 |
| 9 | 2901-001689 | 출금 | 76,000 | | | O | | 목포 |
| 10 | 2901-001731 | 출금 | 120,000 | | O | | | 부산 |
| 11 | 2901-001731 | 출금 | 100,000 | O | | | | 경기 |
| 12 | 1405-001346 | 입금 | 930,000 | | | O | | 목포 |
| 13 | 2901-001651 | 출금 | 1,120,000 | | | O | | 목포 |
| 14 | 2901-001625 | 입금 | 8,000 | | O | | | 부산 |
| 15 | 2901-001634 | 입금 | 4,000 | | | | O | 대전 |
| 16 | 2901-001634 | 입금 | 4,000 | O | | | | 경기 |
| 17 | 2901-001634 | 출금 | 4,000 | | | O | | 목포 |
| 18 | 2901-001763 | 출금 | 4,000 | | | O | | 목포 |

**13** 복사한 값을 같은 위치에 그대로 붙여넣기 위해 선택 영역에서 마우스 오른쪽 단추를 클릭하고 '붙여넣기 옵션'에서 [값]( )을 클릭합니다.

| | B | C | D | E | F | G | H | I |
|---|---|---|---|---|---|---|---|---|
| 1 | PartNo | 구분 | 금액 | 경기 | 부산 | 목포 | 대전 | |
| 2 | 2901-001698 | 출금 | 20,000 | | O | | | |
| 3 | 2901-001698 | 입금 | 36,000 | | | O | | 목포 |
| 4 | 2901-001758 | 입금 | 550,000 | O | | | | 경기 |
| 5 | 2901-001787 | 입금 | 24,000 | | | O | | 목포 |
| 6 | 2901-001647 | 입금 | 120,000 | | O | | | 부산 |
| 7 | 2901-001689 | 출금 | 136,000 | O | | | | 경기 |
| 8 | 1405-001346 | 출금 | 520,000 | | | | O | 대전 |
| 9 | 2901-001689 | 출금 | 76,000 | | | O | | 목포 |
| 10 | 2901-001731 | 출금 | 120,000 | | O | | | 부산 |
| 11 | 2901-001731 | 출금 | 100,000 | O | | | | 경기 |
| 12 | 1405-001346 | 입금 | 930,000 | | | O | | 목포 |
| 13 | 2901-001651 | 출금 | 1,120,000 | | | O | | 목포 |
| 14 | 2901-001625 | 입금 | 8,000 | | O | | | 부산 |
| 15 | 2901-001634 | 입금 | 4,000 | | | | O | 대전 |
| 16 | 2901-001634 | 입금 | 4,000 | O | | | | 경기 |
| 17 | 2901-001634 | 출금 | 4,000 | | | O | | 목포 |
| 18 | 2901-001763 | 출금 | 4,000 | | | O | | 목포 |
| 19 | 2901-001766 | 입금 | 200,000 | | O | | | 부산 |
| 20 | 2901-001766 | 입금 | 412,000 | O | | | | 경기 |
| 21 | 1405-001296 | 출금 | 10,000 | | | | O | 대전 |
| 22 | 1405-001296 | 입금 | 40,000 | | | O | | 목포 |

내역서

대상을 선택한 다음 <Enter> 키를 누... 개수: 32 디스플레이 설정 105%

❶ 오른쪽 클릭

잘라내기(T)
복사(C)
붙여넣기 옵션:
❷
선택하여 붙여넣기(S)...
스마트 조회(L)
복사한 셀 삽입(E)...
삭제(D)...
내용 지우기(N)
빠른 분석(Q)
필터(E)
정렬(O)
표/범위에서 데이터 가져오기(G)...
메모 삽입(M)
셀 서식(F)...
드롭다운 목록에서 선택(K)...
윗주 필드 표시(S)
이름 정의(A)...
링크(I)

**14** I열에 입력되었던 수식이 값으로 바뀌었으면 I열에 테두리, 글꼴, 색 등의 서식을 H열과 같게 설정해 볼게요. H열 머리글을 클릭해서 범위를 설정하고 [홈] 탭-[클립보드] 그룹에서 [서식 복사]를 클릭하세요.

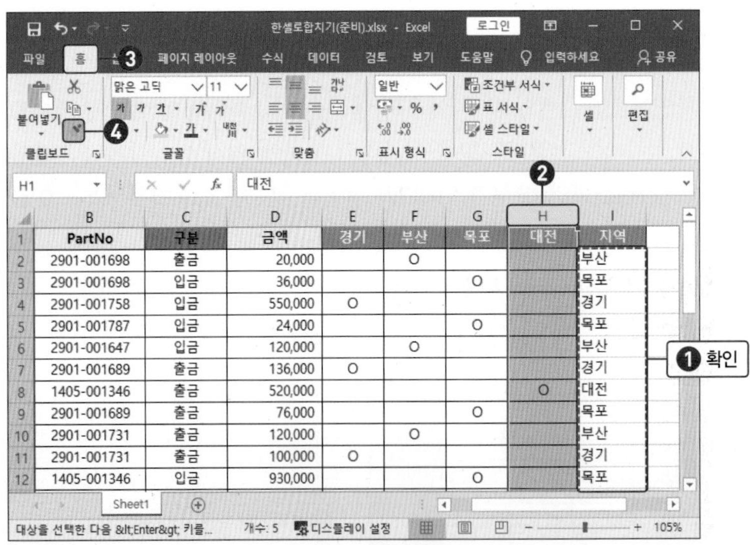

**15** H열에 설정된 서식만 그대로 복사한 상태인데, 이것을 붙여넣기 위해 I열 머리글을 클릭합니다.

| | B | C | D | E | F | G | H | I |
|---|---|---|---|---|---|---|---|---|
| 1 | PartNo | 구분 | 금액 | 경기 | 부산 | 목포 | 대전 | 지역 |
| 2 | 2901-001698 | 출금 | 20,000 | | O | | | 부산 |
| 3 | 2901-001698 | 입금 | 36,000 | | | O | | 목포 |
| 4 | 2901-001758 | 입금 | 550,000 | O | | | | 경기 |
| 5 | 2901-001787 | 입금 | 24,000 | | | O | | 목포 |
| 6 | 2901-001647 | 입금 | 120,000 | | O | | | 부산 |
| 7 | 2901-001689 | 출금 | 136,000 | O | | | | 경기 |
| 8 | 1405-001346 | 출금 | 520,000 | | | | O | 대전 |
| 9 | 2901-001689 | 출금 | 76,000 | | | O | | 목포 |
| 10 | 2901-001731 | 출금 | 120,000 | | O | | | 부산 |
| 11 | 2901-001731 | 출금 | 100,000 | O | | | | 경기 |
| 12 | 1405-001346 | 입금 | 930,000 | | | O | | 목포 |
| 13 | 2901-001651 | 출금 | 1,120,000 | | | O | | 목포 |

클릭

Sheet1

마우스로 복사한 서식을 붙여 넣을 대상... 개수: 5 디스플레이 설정 105%

**16** I열이 H열과 같은 서식으로 모양이 복사되었는지 확인합니다. E열 머리글부터 H열 머리글까지 드래그해서 범위를 설정하고 선택 영역에서 마우스 오른쪽 단추를 클릭한 후 [삭제]를 선택하세요.

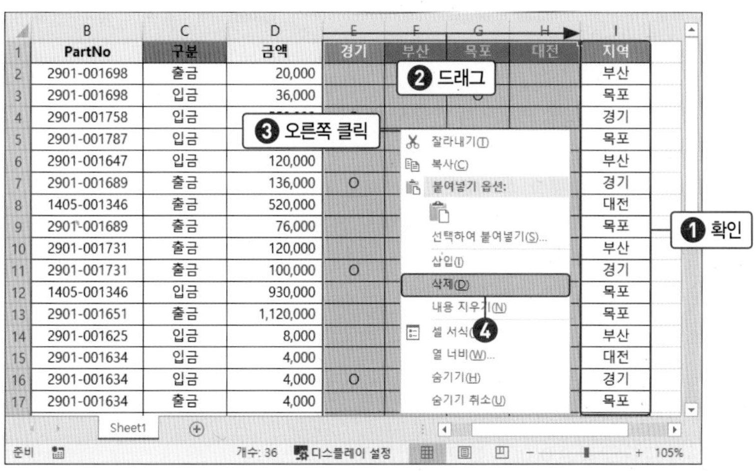


**17** 지역마다 다른 열에 입력되어 있던 데이터가 하나의 셀에 합쳐져서 표시되었는지 확인하세요.

| | B | C | D | E | F | G | H |
|---|---|---|---|---|---|---|---|
| 1 | PartNo | 구분 | 금액 | 지역 | | | |
| 2 | 2901-001698 | 출금 | 20,000 | 부산 | | | |
| 3 | 2901-001698 | 입금 | 36,000 | 목포 | | | |
| 4 | 2901-001758 | 입금 | 550,000 | 경기 | | | |
| 5 | 2901-001787 | 입금 | 24,000 | 목포 | | | |
| 6 | 2901-001647 | 입금 | 120,000 | 부산 | | | |
| 7 | 2901-001689 | 출금 | 136,000 | 경기 | | | |
| 8 | 1405-001346 | 출금 | 520,000 | 대전 | | | |
| 9 | 2901-001689 | 출금 | 76,000 | 목포 | | | |
| 10 | 2901-001731 | 출금 | 120,000 | 부산 | | | |
| 11 | 2901-001731 | 출금 | 100,000 | 경기 | | | |
| 12 | 1405-001346 | 입금 | 930,000 | 목포 | | | |
| 13 | 2901-001651 | 출금 | 1,120,000 | 목포 | | | |
| 14 | 2901-001625 | 입금 | 8,000 | 부산 | | | |
| 15 | 2901-001634 | 입금 | 4,000 | 대전 | | | |
| 16 | 2901-001634 | 입금 | 4,000 | 경기 | | | |
| 17 | 2901-001634 | 출금 | 4,000 | 목포 | | | |

확인

Sheet1

준비 개수: 33 디스플레이 설정 105%

# 05 데이터는 세로 방향으로 입력하자

데이터를 보기 좋게 표시하기 위해서 여러 영역으로 분리하거나 가로 방향으로 입력하면 전체적인 통계 자료를 만들 때 어려운 상황이 발생할 수 있습니다. 그러므로 데이터는 항상 세로(행) 방향으로, 빈 행이 없이 연속해서 입력해야 합니다.

**주요 기능**

/ 셀에 표시된 경고 아이콘 한 번에 없애기

/ 데이터를 세로 방향으로 바꾸기

/ 셀에 표시된 오류 메시지 숨기기

# CASE 01 셀에 표시된 경고 아이콘 한 번에 없애기

◉ **예제파일** : 경고일괄로없애기(준비).xlsx ◉ **완성파일** : 경고일괄로없애기(완성).xlsx



**1** [인구통계] 시트에는 행정안전부(https://www.mois.go.kr)에서 다운로드한 자료가 있는데, 사용하기 편하게 정리해 볼게요. 숫자 데이터의 왼쪽 위에 녹색 경고가 표시된 이유를 확인하기 위해 B5셀을 선택하고 경고 메시지 단추(![])를 클릭하세요.

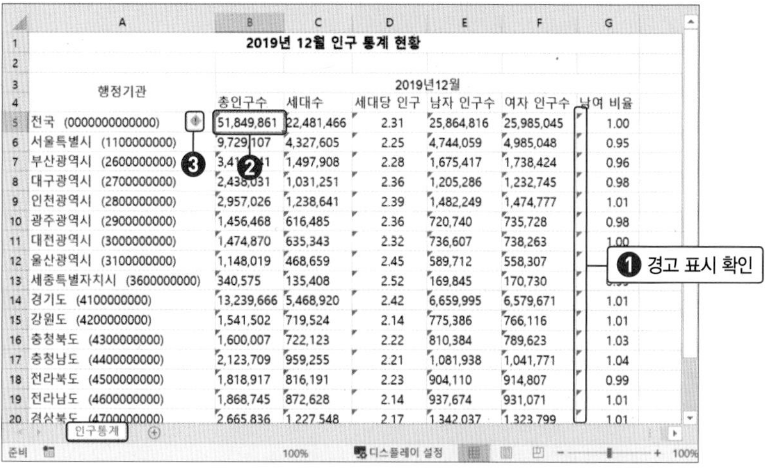

| | A | B | C | D | E | F | G |
|---|---|---|---|---|---|---|---|
| 1 | 2019년 12월 인구 통계 현황 | | | | | | |
| 2 | | | | | | | |
| 3 | 행정기관 | 2019년12월 | | | | | |
| 4 | | 총인구수 | 세대수 | 세대당 인구 | 남자 인구수 | 여자 인구수 | 남여 비율 |
| 5 | 전국 (0000000000000) | 51,849,861 | 22,481,466 | 2.31 | 25,864,816 | 25,985,045 | 1.00 |
| 6 | 서울특별시 (1100000000) | 9,729,107 | 4,327,605 | 2.25 | 4,744,059 | 4,985,048 | 0.95 |
| 7 | 부산광역시 (2600000000) | [illegible] | 1,497,908 | 2.28 | 1,675,417 | 1,738,424 | 0.96 |
| 8 | 대구광역시 (2700000000) | 2,438,031 | 1,031,251 | 2.36 | 1,205,286 | 1,232,745 | 0.98 |
| 9 | 인천광역시 (2800000000) | 2,957,026 | 1,238,641 | 2.39 | 1,482,249 | 1,474,777 | 1.01 |
| 10 | 광주광역시 (2900000000) | 1,456,468 | 616,485 | 2.36 | 720,740 | 735,728 | 0.98 |
| 11 | 대전광역시 (3000000000) | 1,474,870 | 635,343 | 2.32 | 736,607 | 738,263 | 1.00 |
| 12 | 울산광역시 (3100000000) | 1,148,019 | 468,659 | 2.45 | 589,712 | 558,307 | [illegible] |
| 13 | 세종특별자치시 (3600000000) | 340,575 | 135,408 | 2.52 | 169,845 | 170,730 | [illegible] |
| 14 | 경기도 (4100000000) | 13,239,666 | 5,468,920 | 2.42 | 6,659,995 | 6,579,671 | 1.01 |
| 15 | 강원도 (4200000000) | 1,541,502 | 719,524 | 2.14 | 775,386 | 766,116 | 1.01 |
| 16 | 충청북도 (4300000000) | 1,600,007 | 722,123 | 2.22 | 810,384 | 789,623 | 1.03 |
| 17 | 충청남도 (4400000000) | 2,123,709 | 959,255 | 2.21 | 1,081,938 | 1,041,771 | 1.04 |
| 18 | 전라북도 (4500000000) | 1,818,917 | 816,191 | 2.23 | 904,110 | 914,807 | 0.99 |
| 19 | 전라남도 (4600000000) | 1,868,745 | 872,628 | 2.14 | 937,674 | 931,071 | 1.01 |
| 20 | 경상북도 (4700000000) | 2,665,836 | 1,227,548 | 2.17 | 1,342,037 | 1,323,799 | 1.01 |



**2** 셀에 녹색으로 표시된 경고는 엑셀에서는 현재 셀에 설정된 상태를 이렇게 생각하는데 무시하고 그냥 진행해도 되는지 엑셀이 사용자에게 보내는 확인 메시지입니다. 상황에 따라 나타나는 메시지는 다르지만, 여기서는 '텍스트 형식으로 저장된 숫자'라는 표시가 있어서 경고가 표시된 것입니다. 현재 숫자가 아닌 문자로 표시되어 있는 셀(B5셀) 값을 숫자로 변환하려면 [숫자로 변환]을, 그냥 무시하고 유지하려면 [오류 무시]를 선택하세요.

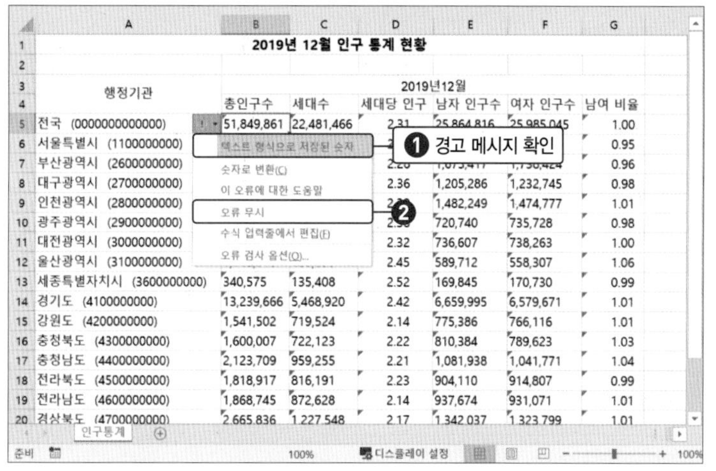

**3** 셀마다 경고 메시지의 적용 여부를 일일이 설정하려면 작업이 복잡하므로 한 번에 일괄적으로 설정해 볼게요. 경고 메시지를 없앨 첫 번째 셀인 B5셀을 선택하고 Ctrl+Shift+End를 눌러 범위를 한 번에 선택하세요.

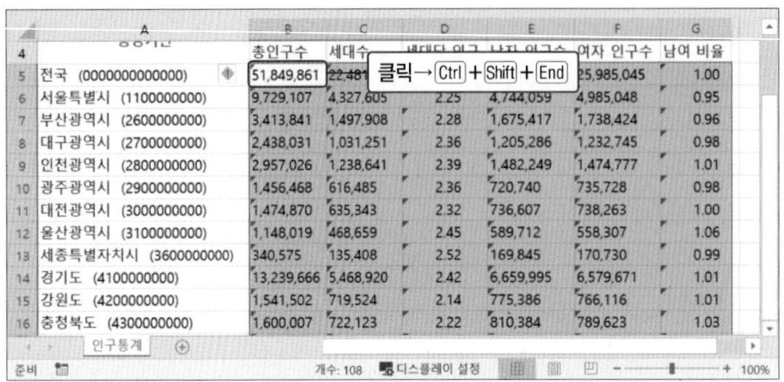


| | A | B | C | D | E | F | G |
|---|---|---|---|---|---|---|---|
| 4 | | 총인구수 | 세대수 | | | 여자 인구수 | 남여 비율 |
| 5 | 전국 (0000000000000) | 51,849,861 | 22,481 | | | 25,985,045 | 1.00 |
| 6 | 서울특별시 (1100000000) | 9,729,107 | 4,327,605 | 2.25 | 4,744,059 | 4,985,048 | 0.95 |
| 7 | 부산광역시 (2600000000) | 3,413,841 | 1,497,908 | 2.28 | 1,675,417 | 1,738,424 | 0.96 |
| 8 | 대구광역시 (2700000000) | 2,438,031 | 1,031,251 | 2.36 | 1,205,286 | 1,232,745 | 0.98 |
| 9 | 인천광역시 (2800000000) | 2,957,026 | 1,238,641 | 2.39 | 1,482,249 | 1,474,777 | 1.01 |
| 10 | 광주광역시 (2900000000) | 1,456,468 | 616,485 | 2.36 | 720,740 | 735,728 | 0.98 |
| 11 | 대전광역시 (3000000000) | 1,474,870 | 635,343 | 2.32 | 736,607 | 738,263 | 1.00 |
| 12 | 울산광역시 (3100000000) | 1,148,019 | 468,659 | 2.45 | 589,712 | 558,307 | 1.06 |
| 13 | 세종특별자치시 (3600000000) | 340,575 | 135,408 | 2.52 | 169,845 | 170,730 | 0.99 |
| 14 | 경기도 (4100000000) | 13,239,666 | 5,468,920 | 2.42 | 6,659,995 | 6,579,671 | 1.01 |
| 15 | 강원도 (4200000000) | 1,541,502 | 719,524 | 2.14 | 775,386 | 766,116 | 1.01 |
| 16 | 충청북도 (4300000000) | 1,600,007 | 722,123 | 2.22 | 810,384 | 789,623 | 1.03 |

**4** B5셀에 표시된 경고 메시지 단추(⚠)를 클릭하고 [숫자로 변환]을 선택하여 현재 텍스트로 입력된 숫자를 계산 가능한 숫자로 변환합니다.

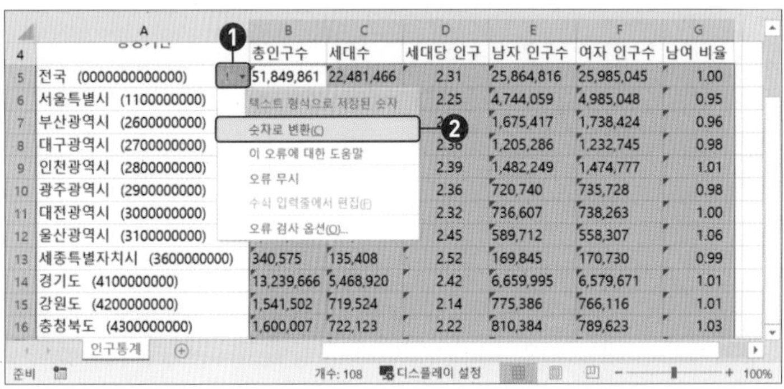


| | A | B | C | D | E | F | G |
|---|---|---|---|---|---|---|---|
| 4 | | 총인구수 | 세대수 | 세대당 인구 | 남자 인구수 | 여자 인구수 | 남여 비율 |
| 5 | 전국 (0000000000000) | 51,849,861 | 22,481,466 | 2.31 | 25,864,816 | 25,985,045 | 1.00 |
| 6 | 서울특별시 (1100000000) | | | 2.25 | 4,744,059 | 4,985,048 | 0.95 |
| 7 | 부산광역시 (2600000000) | | | | 1,675,417 | 1,738,424 | 0.96 |
| 8 | 대구광역시 (2700000000) | | | 2.36 | 1,205,286 | 1,232,745 | 0.98 |
| 9 | 인천광역시 (2800000000) | | | 2.39 | 1,482,249 | 1,474,777 | 1.01 |
| 10 | 광주광역시 (2900000000) | | | 2.36 | 720,740 | 735,728 | 0.98 |
| 11 | 대전광역시 (3000000000) | | | 2.32 | 736,607 | 738,263 | 1.00 |
| 12 | 울산광역시 (3100000000) | | | 2.45 | 589,712 | 558,307 | 1.06 |
| 13 | 세종특별자치시 (3600000000) | 340,575 | 135,408 | 2.52 | 169,845 | 170,730 | 0.99 |
| 14 | 경기도 (4100000000) | 13,239,666 | 5,468,920 | 2.42 | 6,659,995 | 6,579,671 | 1.01 |
| 15 | 강원도 (4200000000) | 1,541,502 | 719,524 | 2.14 | 775,386 | 766,116 | 1.01 |
| 16 | 충청북도 (4300000000) | 1,600,007 | 722,123 | 2.22 | 810,384 | 789,623 | 1.03 |

**5** 셀에 표시된 경고가 없어지고 셀 값도 자동으로 셀에 오른쪽 맞춤 되었습니다.

| | A | B | C | D | E | F | G |
|---|---|---|---|---|---|---|---|
| 1 | | 2019년 12월 인구 통계 현황 | | | | | |
| 2 | | | | | | | |
| 3 | 행정기관 | 2019년12월 | | | | | |
| 4 | | 총인구수 | 세대수 | 세대당 인구 | 남자 인구수 | 여자 인구수 | 남여 비율 |
| 5 | 전국 (0000000000000) | 51,849,861 | 22,481,466 | 2.31 | 25,864,816 | 25,985,045 | 1.00 |
| 6 | 서울특별시 (1100000000) | 9,729,107 | 4,327,605 | 2.25 | 4,744,059 | 4,985,048 | 0.95 |
| 7 | 부산광역시 (2600000000) | 3,413,841 | 1,497,908 | 2.28 | 1,675,417 | 1,738,424 | 0.96 |
| 8 | 대구광역시 (2700000000) | 2,438,031 | 1,031,251 | 2.36 | 1,205,286 | 1,232,745 | 0.98 |
| 9 | 인천광역시 (2800000000) | 2,957,026 | 1,238,641 | 2.39 | 1,482,249 | 1,474,777 | 1.01 |
| 10 | 광주광역시 (2900000000) | 1,456,468 | 616,485 | 2.36 | 720,740 | 735,728 | 0.98 |
| 11 | 대전광역시 (3000000000) | 1,474,870 | 635,343 | 2.32 | 736,607 | 738,263 | 1.00 |
| 12 | 울산광역시 (3100000000) | 1,148,019 | 468,659 | 2.45 | 589,712 | 558,307 | 1.06 |
| 13 | 세종특별자치시 (3600000000) | 340,575 | 135,408 | 2.52 | 169,845 | 170,730 | 0.99 |
| 14 | 경기도 (4100000000) | 13,239,666 | 5,468,920 | 2.42 | 6,659,995 | 6,579,671 | 1.01 |
| 15 | 강원도 (4200000000) | 1,541,502 | 719,524 | 2.14 | 775,386 | 766,116 | 1.01 |
| 16 | 충청북도 (4300000000) | 1,600,007 | 722,123 | 2.22 | 810,384 | 789,623 | 1.03 |
| 17 | 충청남도 (4400000000) | 2,123,709 | 959,255 | 2.21 | 1,081,938 | 1,041,771 | 1.04 |
| 18 | 전라북도 (4500000000) | 1,818,917 | 816,191 | 2.23 | 904,110 | 914,807 | 0.99 |

**6** 셀 값이 숫자인지, 문자인지 확실하게 알아볼게요. I5셀에 함수식 『=ISTEXT(B5)』를 입력하고 Enter를 누르세요.

| | A | B | C | D | E | F | G | H | I |
|---|---|---|---|---|---|---|---|---|---|
| 1 | 2019년 12월 인구 통계 현황 | | | | | | | | |
| 2 | | | | | | | | | |
| 3 | 행정기관 | 2019년12월 | | | | | | | |
| 4 | | 총인구수 | 세대수 | 세대당 인구 | 남자 인구수 | 여자 인구수 | 남여 비율 | | |
| 5 | 전국 (0000000000000) | 51,849,861 | 22,481,466 | 2.31 | 25,864,816 | 25,985,045 | 1.00 | | =ISTEXT(B5) |
| 6 | 서울특별시 (1100000000) | 9,729,107 | 4,327,605 | 2.25 | 4,744,059 | 4,985,048 | 0.95 | | |
| 7 | 부산광역시 (2600000000) | 3,413,841 | 1,497,908 | 2.28 | 1,675,417 | 1,738,424 | 0.96 | | |
| 8 | 대구광역시 (2700000000) | 2,438,031 | 1,031,251 | 2.36 | 1,205,286 | 1,232,745 | 0.98 | | |
| 9 | 인천광역시 (2800000000) | 2,957,026 | 1,238,641 | 2.39 | 1,482,249 | 1,474,777 | 1.01 | | |
| 10 | 광주광역시 (2900000000) | 1,456,468 | 616,485 | 2.36 | 720,740 | 735,728 | 0.98 | | |
| 11 | 대전광역시 (3000000000) | 1,474,870 | 635,343 | 2.32 | 736,607 | 738,263 | 1.00 | | |
| 12 | 울산광역시 (3100000000) | 1,148,019 | 468,659 | 2.45 | 589,712 | 558,307 | 1.06 | | |
| 13 | 세종특별자치시 (3600000000) | 340,575 | 135,408 | 2.52 | 169,845 | 170,730 | 0.99 | | |
| 14 | 경기도 (4100000000) | 13,239,666 | 5,468,920 | 2.42 | 6,659,995 | 6,579,671 | 1.01 | | |
| 15 | 강원도 (4200000000) | 1,541,502 | 719,524 | 2.14 | 775,386 | 766,116 | 1.01 | | |
| 16 | 충청북도 (4300000000) | 1,600,007 | 722,123 | 2.22 | 810,384 | 789,623 | 1.03 | | |
| 17 | 충청남도 (4400000000) | 2,123,709 | 959,255 | 2.21 | 1,081,938 | 1,041,771 | 1.04 | | |
| 18 | 전라북도 (4500000000) | 1,818,917 | 816,191 | 2.23 | 904,110 | 914,807 | 0.99 | | |
| 19 | 전라남도 (4600000000) | 1,868,745 | 872,628 | 2.14 | 937,674 | 931,071 | 1.01 | | |
| 20 | 경상북도 (4700000000) | 2,665,836 | 1,227,548 | 2.17 | 1,342,037 | 1,323,799 | 1.01 | | |
| 21 | 경상남도 (4800000000) | 3,362,553 | 1,450,822 | 2.32 | 1,692,032 | 1,670,521 | 1.01 | | |
| 22 | 제주특별자치도 (5000000000) | 670,989 | 293,155 | 2.29 | 337,345 | 333,644 | 1.01 | | |
| 23 | | | | | | | | | |

**함수식 설명**

**=ISTEXT(B5)**

B5셀의 값이 문자인지 물어보는 함수식으로, 문자이면 TRUE, 그렇지 않으면 FALSE가 표시됩니다. 반대로 셀 값이 숫자인지 확인하려면 ISNUMBER 함수를 이용하세요.

**7** I5셀에 결과값 'FALSE'가 표시되었으면 B5셀에 입력된 값이 문자가 아니라는 의미입니다. 웹에서 데이터를 다운로드하면 이와 같은 경고 표시를 자주 보는데, 이런 상황에는 문자로 표시할지, 숫자로 표시할지 한 번에 변환한 후 사용하세요.

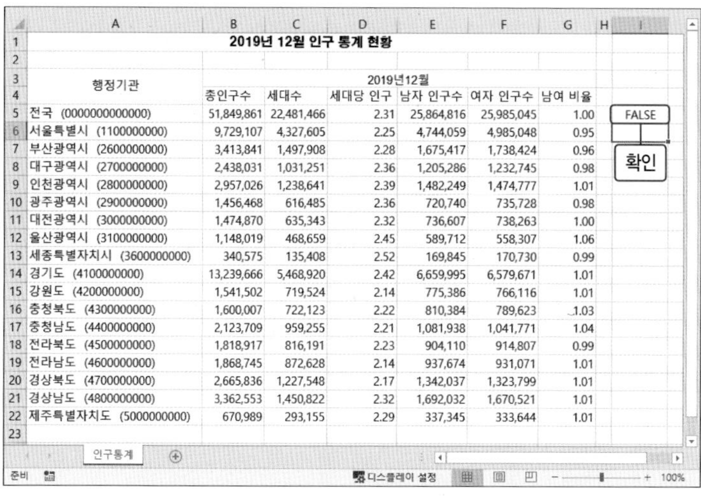


| | A | B | C | D | E | F | G | H | I |
|---|---|---|---|---|---|---|---|---|---|
| 1 | 2019년 12월 인구 통계 현황 | | | | | | | | |
| 2 | | | | | | | | | |
| 3 | 행정기관 | 2019년12월 | | | | | | | |
| 4 | | 총인구수 | 세대수 | 세대당 인구 | 남자 인구수 | 여자 인구수 | 남여 비율 | | |
| 5 | 전국 (0000000000000) | 51,849,861 | 22,481,466 | 2.31 | 25,864,816 | 25,985,045 | 1.00 | | FALSE |
| 6 | 서울특별시 (1100000000) | 9,729,107 | 4,327,605 | 2.25 | 4,744,059 | 4,985,048 | 0.95 | | |
| 7 | 부산광역시 (2600000000) | 3,413,841 | 1,497,908 | 2.28 | 1,675,417 | 1,738,424 | 0.96 | | |
| 8 | 대구광역시 (2700000000) | 2,438,031 | 1,031,251 | 2.36 | 1,205,286 | 1,232,745 | 0.98 | | |
| 9 | 인천광역시 (2800000000) | 2,957,026 | 1,238,641 | 2.39 | 1,482,249 | 1,474,777 | 1.01 | | |
| 10 | 광주광역시 (2900000000) | 1,456,468 | 616,485 | 2.36 | 720,740 | 735,728 | 0.98 | | |
| 11 | 대전광역시 (3000000000) | 1,474,870 | 635,343 | 2.32 | 736,607 | 738,263 | 1.00 | | |
| 12 | 울산광역시 (3100000000) | 1,148,019 | 468,659 | 2.45 | 589,712 | 558,307 | 1.06 | | |
| 13 | 세종특별자치시 (3600000000) | 340,575 | 135,408 | 2.52 | 169,845 | 170,730 | 0.99 | | |
| 14 | 경기도 (4100000000) | 13,239,666 | 5,468,920 | 2.42 | 6,659,995 | 6,579,671 | 1.01 | | |
| 15 | 강원도 (4200000000) | 1,541,502 | 719,524 | 2.14 | 775,386 | 766,116 | 1.01 | | |
| 16 | 충청북도 (4300000000) | 1,600,007 | 722,123 | 2.22 | 810,384 | 789,623 | 1.03 | | |
| 17 | 충청남도 (4400000000) | 2,123,709 | 959,255 | 2.21 | 1,081,938 | 1,041,771 | 1.04 | | |
| 18 | 전라북도 (4500000000) | 1,818,917 | 816,191 | 2.23 | 904,110 | 914,807 | 0.99 | | |
| 19 | 전라남도 (4600000000) | 1,868,745 | 872,628 | 2.14 | 937,674 | 931,071 | 1.01 | | |
| 20 | 경상북도 (4700000000) | 2,665,836 | 1,227,548 | 2.17 | 1,342,037 | 1,323,799 | 1.01 | | |
| 21 | 경상남도 (4800000000) | 3,362,553 | 1,450,822 | 2.32 | 1,692,032 | 1,670,521 | 1.01 | | |
| 22 | 제주특별자치도 (5000000000) | 670,989 | 293,155 | 2.29 | 337,345 | 333,644 | 1.01 | | |
| 23 | | | | | | | | | |

# 데이터를 세로 방향으로 바꾸기

◉ **예제파일** : 세로방향으로바꾸기(준비).xlsx ◉ **완성파일** : 세로방향으로바꾸기(완성).xlsx

**1** [총인구조사] 시트에는 2016년도부터 2019년도까지 연도별로 인구 조사 자료가 정리되어 있는데, 이것을 이용해서 통계 자료를 만들어 볼게요. 데이터가 입력된 특정 셀(G10셀)을 클릭하고 [데이터] 탭-[정렬 및 필터] 그룹에서 [필터]를 클릭하세요.

**2** 셀 포인터가 위치한 셀을 기준으로 데이터가 연속해서 입력된 영역을 대상으로 필터가 설정되었는데, 제목이 입력된 마지막 행인 5행이 아니라 첫 행인 3행을 대상으로 필터가 설정되어 있어요. 이 경우 4~5행은 데이터 값으로 인식하고, 25행 이후에 입력된 다른 연도의 데이터는 통계 대상에서 제외되는 문제가 발생합니다. 따라서 지금처럼 가로 방향이 아니라 세로 방향으로 데이터를 연속해서 입력해야만 쉽게 통계 자료를 만들 수 있습니다.

필터 단추 확인

**3** 데이터를 작업하기 쉽게 정리하기 위해 [데이터] 탭-[정렬 및 필터] 그룹에서 [필터]를 클릭해서 기존에 설정했던 필터를 해제합니다. A4:G23 영역을 선택하고 Ctrl+C를 눌러 복사하세요.

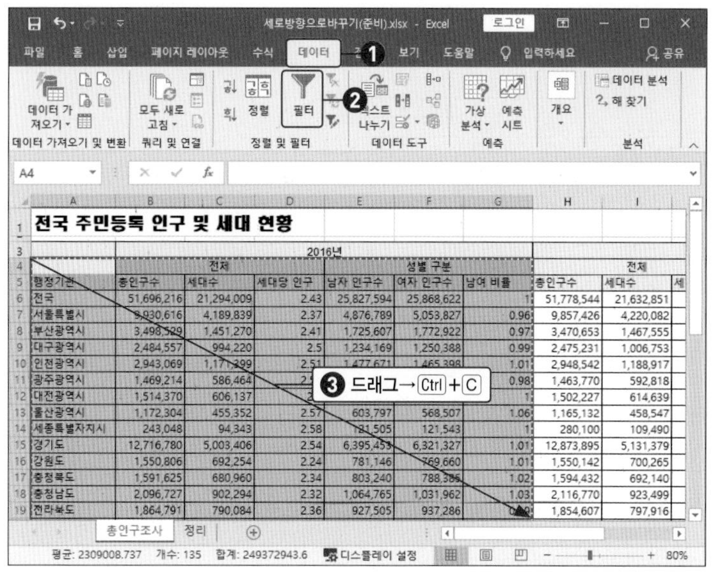


**4** [정리] 시트에서 A3셀을 선택하고 Ctrl+V를 눌러 붙여넣습니다. 붙여넣은 데이터의 끝에 표시된 [붙여넣기 옵션] 단추((Ctrl))를 클릭하고 '붙여넣기'에서 [원본 열 너비 유지]()를 클릭하세요.

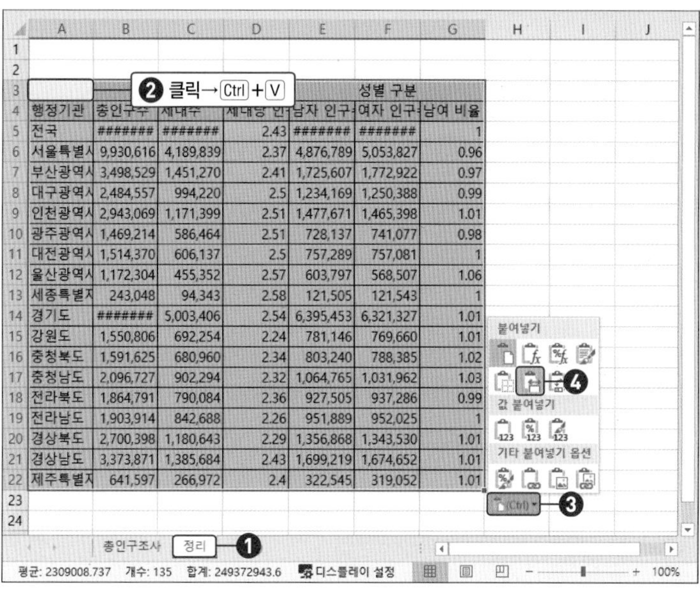

**5** 복사된 데이터가 원본 데이터와 같은 너비로 설정되었는지 확인합니다. B열 머리글을 클릭하여 B열 전체를 선택하고 선택 영역에서 마우스 오른쪽 단추를 클릭한 후 [삽입]을 선택하세요.

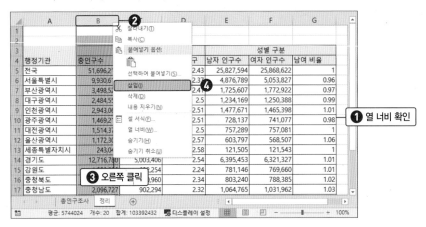

| | A | B | D | E | F | G |
|---|---|---|---|---|---|---|
| 1 | | | | | | |
| 2 | | | | | | |
| 3 | | | | 성별 구분 | | |
| 4 | 행정기관 | 총인구수 | 구 | 남자 인구수 | 여자 인구수 | 남여 비율 |
| 5 | 전국 | 51,696,2 | 2.43 | 25,827,594 | 25,868,622 | 1 |
| 6 | 서울특별시 | 9,930,6 | 2.37 | 4,876,789 | 5,053,827 | 0.96 |
| 7 | 부산광역시 | 3,498,52 | 2.41 | 1,725,607 | 1,772,922 | 0.97 |
| 8 | 대구광역시 | 2,484,5 | 2.5 | 1,234,169 | 1,250,388 | 0.99 |
| 9 | 인천광역시 | 2,943,0 | 2.51 | 1,477,671 | 1,465,398 | 1.01 |
| 10 | 광주광역시 | 1,469,2 | 2.51 | 728,137 | 741,077 | 0.98 |
| 11 | 대전광역시 | 1,514,3 | 2.5 | 757,289 | 757,081 | 1 |
| 12 | 울산광역시 | 1,172,3 | 2.57 | 603,797 | 568,507 | 1.06 |
| 13 | 세종특별자치시 | 243,0 | 2.58 | 121,505 | 121,543 | 1 |
| 14 | 경기도 | 12,716,780 5,003,406 | 2.54 | 6,395,453 | 6,321,327 | 1.01 |
| 15 | 강원도 | ,254 | 2.24 | 781,146 | 769,660 | 1.01 |
| 16 | 충청북도 | ,960 | 2.34 | 803,240 | 788,385 | 1.02 |
| 17 | 충청남도 | 2,096,727 902,294 | 2.32 | 1,064,765 | 1,031,962 | 1.03 |

잘라내기(T)
복사(C)
붙여넣기 옵션:
선택하여 붙여넣기(S)...
삽입(I)
삭제(D)
내용 지우기(N)
셀 서식(F)...
열 너비(W)...
숨기기(H)
숨기기 취소(U)

총인구조사 | 정리

평균: 5744024 개수: 20 합계: 103392432 디스플레이 설정 100%

❶ 열 너비 확인
❷
❸ 오른쪽 클릭
❹

**6** 데이터의 기준은 연도이므로 각 항목마다 연도를 표시해야 합니다. 새로 삽입된 B열에서 B4셀에는 『연도』를, B5셀에는 『2016년』을 입력하고 Enter를 누르세요.

| | A | B | C | D | E | F | G |
|---|---|---|---|---|---|---|---|
| 1 | | | | | | | |
| 2 | | | | | | | |
| 3 | | | | 전체 | | | 성별 구 |
| 4 | 행정기관 | 연도 | 총인구수 | 세대수 | 세대당 인구 | 남자 인구수 | 여자 인구 |
| 5 | 전국 | 2016년 | 51,696,216 | 21,294,009 | 2.43 | 25,827,594 | 25,868 |
| 6 | 서울특별시 | | 9,930,616 | 4,189,839 | 2.37 | 4,876,789 | 5,053 |
| 7 | 부산광역시 | | 3,498,529 | 1,451,270 | 2.41 | 1,725,607 | 1,772 |
| 8 | 대구광역시 | | 2,484,557 | 994,220 | 2.5 | 1,234,169 | 1,250 |
| 9 | 인천광역시 | | 2,943,069 | 1,171,399 | 2.51 | 1,477,671 | 1,465 |
| 10 | 광주광역시 | | 1,469,214 | 586,464 | 2.51 | 728,137 | 741 |
| 11 | 대전광역시 | | 1,514,370 | 606,137 | 2.5 | 757,289 | 757 |
| 12 | 울산광역시 | | 1,172,304 | 455,352 | 2.57 | 603,797 | 568 |
| 13 | 세종특별자치시 | | 243,048 | 94,343 | 2.58 | 121,505 | 121 |
| 14 | 경기도 | | 12,716,780 | 5,003,406 | 2.54 | 6,395,453 | 6,321 |
| 15 | 강원도 | | 1,550,806 | 692,254 | 2.24 | 781,146 | 769 |

입력

총인구조사 | 정리

입력 디스플레이 설정 100%

**7** B5셀의 자동 채우기 핸들을 더블클릭해서 데이터가 입력된 마지막 행까지 자동으로 연도를 복사합니다. 1씩 증가하는 연도가 표시되면 [자동 채우기 옵션] 단추(![icon])를 클릭하고 [셀 복사]를 선택하세요.

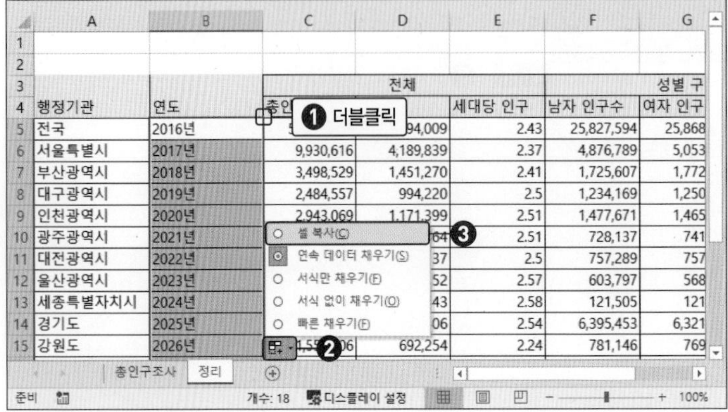

| | A | B | C | D | E | F | G |
|---|---|---|---|---|---|---|---|
| 1 | | | | | | | |
| 2 | | | | | | | |
| 3 | | | | 전체 | | | 성별 구 |
| 4 | 행정기관 | 연도 | 총인 | | 세대당 인구 | 남자 인구수 | 여자 인구 |
| 5 | 전국 | 2016년 | | 94,009 | 2.43 | 25,827,594 | 25,868 |
| 6 | 서울특별시 | 2017년 | 9,930,616 | 4,189,839 | 2.37 | 4,876,789 | 5,053 |
| 7 | 부산광역시 | 2018년 | 3,498,529 | 1,451,270 | 2.41 | 1,725,607 | 1,772 |
| 8 | 대구광역시 | 2019년 | 2,484,557 | 994,220 | 2.5 | 1,234,169 | 1,250 |
| 9 | 인천광역시 | 2020년 | 2,943,069 | 1,171,399 | 2.51 | 1,477,671 | 1,465 |
| 10 | 광주광역시 | 2021년 | | 64 | 2.51 | 728,137 | 741 |
| 11 | 대전광역시 | 2022년 | | 37 | 2.5 | 757,289 | 757 |
| 12 | 울산광역시 | 2023년 | | 52 | 2.57 | 603,797 | 568 |
| 13 | 세종특별자치시 | 2024년 | | 43 | 2.58 | 121,505 | 121 |
| 14 | 경기도 | 2025년 | | 06 | 2.54 | 6,395,453 | 6,321 |
| 15 | 강원도 | 2026년 | 1,55 06 | 692,254 | 2.24 | 781,146 | 769 |

**8** '연도' 항목에 모두 동일하게 『2016년』이 표시되었는지 확인합니다. A5:A22 영역을 선택하고 Ctrl+C를 눌러 복사하세요.

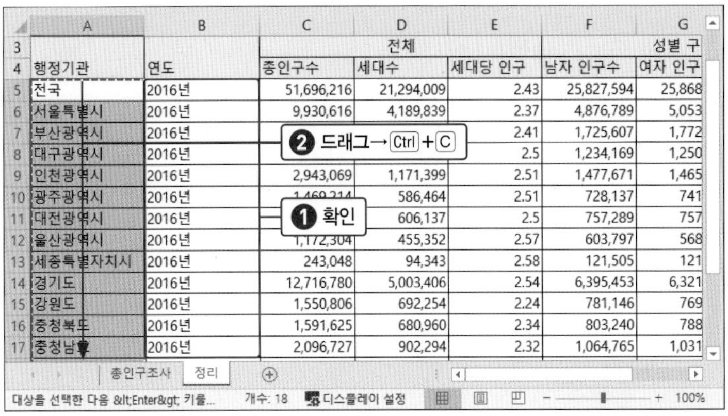

| | A | B | C | D | E | F | G |
|---|---|---|---|---|---|---|---|
| 3 | | | 전체 | | | 성별 구 | |
| 4 | 행정기관 | 연도 | 총인구수 | 세대수 | 세대당 인구 | 남자 인구수 | 여자 인구 |
| 5 | 전국 | 2016년 | 51,696,216 | 21,294,009 | 2.43 | 25,827,594 | 25,868 |
| 6 | 서울특별시 | 2016년 | 9,930,616 | 4,189,839 | 2.37 | 4,876,789 | 5,053 |
| 7 | 부산광역시 | 2016년 | [illegible] | [illegible] | 2.41 | 1,725,607 | 1,772 |
| 8 | 대구광역시 | 2016년 | [illegible] | [illegible] | 2.5 | 1,234,169 | 1,250 |
| 9 | 인천광역시 | 2016년 | 2,943,069 | 1,171,399 | 2.51 | 1,477,671 | 1,465 |
| 10 | 광주광역시 | 2016년 | 1,469,214 | 586,464 | 2.51 | 728,137 | 741 |
| 11 | 대전광역시 | 2016년 | [illegible] | 606,137 | 2.5 | 757,289 | 757 |
| 12 | 울산광역시 | 2016년 | 1,172,304 | 455,352 | 2.57 | 603,797 | 568 |
| 13 | 세종특별자치시 | 2016년 | 243,048 | 94,343 | 2.58 | 121,505 | 121 |
| 14 | 경기도 | 2016년 | 12,716,780 | 5,003,406 | 2.54 | 6,395,453 | 6,321 |
| 15 | 강원도 | 2016년 | 1,550,806 | 692,254 | 2.24 | 781,146 | 769 |
| 16 | 충청북도 | 2016년 | 1,591,625 | 680,960 | 2.34 | 803,240 | 788 |
| 17 | 충청남도 | 2016년 | 2,096,727 | 902,294 | 2.32 | 1,064,765 | 1,031 |

❷ 드래그→Ctrl+C
❶ 확인

**9** A23셀을 선택하고 Ctrl+V를 눌러 붙여넣습니다. B23:B40 영역을 선택하고 『2017년』을 입력한 후 Ctrl+Enter를 누르세요.

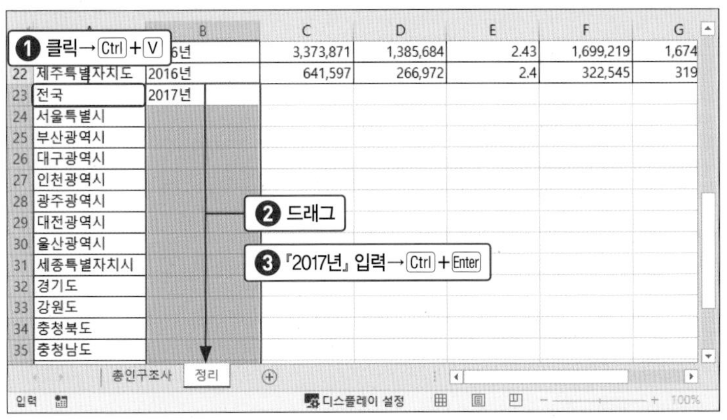


**10** 선택한 B23:B40 영역에 한 번에 똑같이 『2017년』이 입력되었습니다. A열과 같은 서식을 지정하기 위해 A23:A40 영역을 선택하고 [홈] 탭-[클립보드] 그룹에서 [서식 복사]를 클릭하세요.

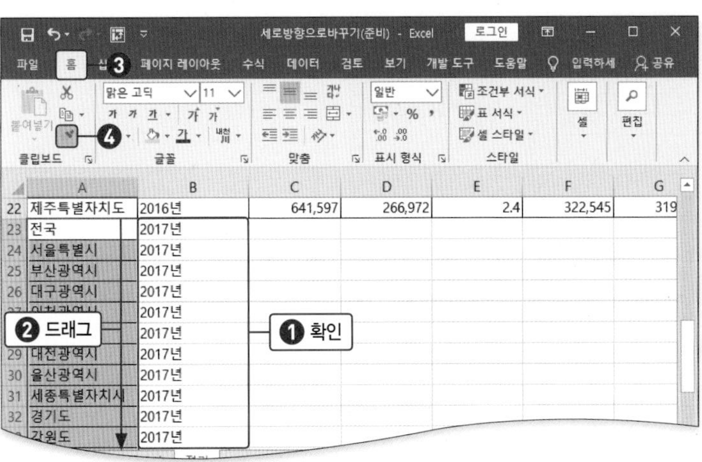

**11** 마우스 포인터가 ✚🖌 모양으로 바뀌면 복사한 영역의 서식을 붙여넣을 대상으로 B23셀을 선택하세요. 그러면 원본 셀에 설정된 값을 제외한 서식만 복사됩니다.

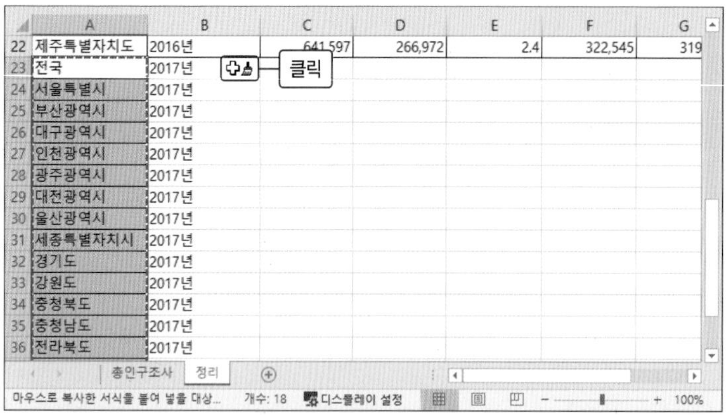


**12** [총인구조사] 시트에 있는 2017년도 데이터만 복사해 볼게요. [총인구조사] 시트에서 H6셀을 선택하고 Ctrl+Shift+↓와 Ctrl+Shift+→를 차례대로 눌러 H6:M23 영역을 선택한 후 Ctrl+C를 누르세요.

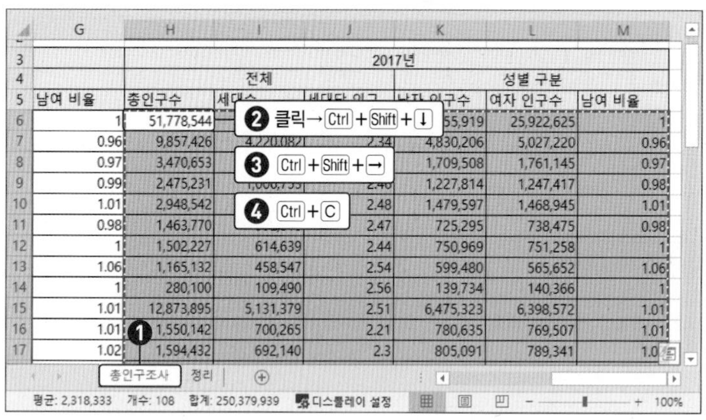


**13** [정리] 시트에서 C23셀을 선택하고 Ctrl+V를 눌러 복사한 데이터를 붙여넣습니다.

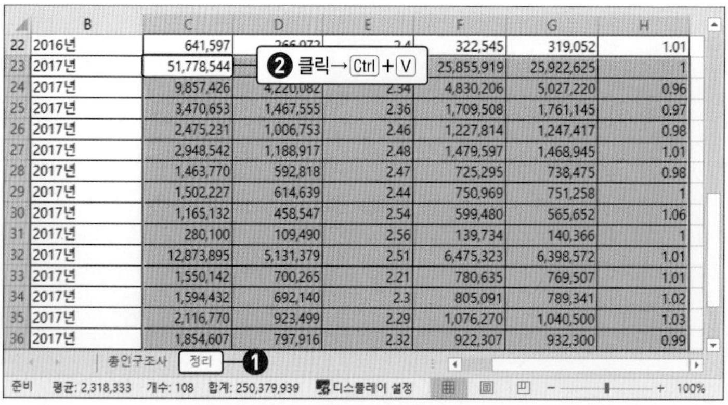

| | B | C | D | E | F | G | H |
|---|---|---|---|---|---|---|---|
| 22 | 2016년 | 641,597 | [illegible] | 2.4 | 322,545 | 319,052 | 1.01 |
| 23 | 2017년 | 51,778,544 | [illegible] | [illegible] | 25,855,919 | 25,922,625 | 1 |
| 24 | 2017년 | 9,857,426 | 4,220,082 | 2.34 | 4,830,206 | 5,027,220 | 0.96 |
| 25 | 2017년 | 3,470,653 | 1,467,555 | 2.36 | 1,709,508 | 1,761,145 | 0.97 |
| 26 | 2017년 | 2,475,231 | 1,006,753 | 2.46 | 1,227,814 | 1,247,417 | 0.98 |
| 27 | 2017년 | 2,948,542 | 1,188,917 | 2.48 | 1,479,597 | 1,468,945 | 1.01 |
| 28 | 2017년 | 1,463,770 | 592,818 | 2.47 | 725,295 | 738,475 | 0.98 |
| 29 | 2017년 | 1,502,227 | 614,639 | 2.44 | 750,969 | 751,258 | 1 |
| 30 | 2017년 | 1,165,132 | 458,547 | 2.54 | 599,480 | 565,652 | 1.06 |
| 31 | 2017년 | 280,100 | 109,490 | 2.56 | 139,734 | 140,366 | 1 |
| 32 | 2017년 | 12,873,895 | 5,131,379 | 2.51 | 6,475,323 | 6,398,572 | 1.01 |
| 33 | 2017년 | 1,550,142 | 700,265 | 2.21 | 780,635 | 769,507 | 1.01 |
| 34 | 2017년 | 1,594,432 | 692,140 | 2.3 | 805,091 | 789,341 | 1.02 |
| 35 | 2017년 | 2,116,770 | 923,499 | 2.29 | 1,076,270 | 1,040,500 | 1.03 |
| 36 | 2017년 | 1,854,607 | 797,916 | 2.32 | 922,307 | 932,300 | 0.99 |

총인구조사 | 정리 ❶

❷ 클릭→Ctrl+V

준비 평균: 2,318,333 개수: 108 합계: 250,379,939 디스플레이 설정 100%

**14** 이와 같은 방법으로 **8~13** 과정을 반복해서 2018년부터 2019년 자료까지 복사하세요.

| | A | B | C | D | E | F | G | H |
|---|---|---|---|---|---|---|---|---|
| 40 | 제주특별자치도 | 2017년 | 657,083 | 278,203 | 2.36 | 330,823 | 326,260 | 1.01 |
| 41 | 전국 | 2018년 | 51,826,059 | 22,042,947 | 2.35 | 25,866,129 | 25,959,930 | 1 |
| 42 | 서울특별시 | 2018년 | 9,765,623 | 4,263,868 | 2.29 | 4,773,899 | 4,991,724 | 0.96 |
| 43 | 부산광역시 | 2018년 | 3,441,453 | 1,480,468 | 2.32 | 1,692,421 | 1,749,032 | 0.97 |
| 44 | 대구광역시 | 2018년 | 2,461,769 | 1,021,266 | 2.41 | 1,219,342 | 1,242,427 | 0.98 |
| 45 | 인천광역시 | 2018년 | 2,954,642 | 1,213,201 | 2.44 | 1,481,844 | 1,472,798 | 1.01 |
| 46 | 광주광역시 | 2018년 | 1,459,336 | 603,107 | 2.42 | 722,581 | 736,755 | 0.98 |
| 47 | 대전광역시 | 2018년 | 1,489,936 | 624,965 | 2.38 | 744,338 | 745,598 | 1 |
| 48 | 울산광역시 | 2018년 | 1,155,623 | 461,756 | 2.5 | 593,819 | 561,804 | 1.06 |
| 49 | 세종특별자치시 | 2018년 | 314,126 | 123,762 | 2.54 | 156,831 | 157,295 | 1 |
| 50 | 경기도 | 2018년 | 13,077,153 | 5,306,214 | 2.46 | 6,577,501 | 6,499,652 | 1.01 |
| 51 | 강원도 | 2018년 | 1,543,052 | 707,245 | 2.18 | 776,456 | 766,596 | 1.01 |
| 52 | 충청북도 | 2018년 | 1,599,252 | 707,220 | 2.26 | 808,971 | 790,281 | 1.02 |
| 53 | 충청남도 | 2018년 | 2,126,282 | 943,611 | 2.25 | 1,082,009 | 1,044,273 | 1.04 |
| 54 | 전라북도 | 2018년 | 1,836,832 | 806,235 | 2.28 | 913,297 | 923,535 | 0.99 |
| 55 | 전라남도 | 2018년 | 1,882,970 | | | | | |
| 56 | 경상북도 | 2018년 | 2,676,831 | | | | | |
| 57 | 경상남도 | 2018년 | 3,373,988 | | | | | |
| 58 | 제주특별자치도 | 2018년 | 667,191 | | | | | |
| 59 | | | | | | | | |

총인구조사 | 정리

준비 평균: 2327686.947 개수: 126 합계: 25139

▲ 2018년

| | A | B | C | D | E | F | G | H |
|---|---|---|---|---|---|---|---|---|
| 58 | 제주특별자치도 | 2018년 | 667,191 | 287,104 | 2.32 | 335,719 | 331,472 | 1.01 |
| 59 | 전국 | 2019년 | 51,849,861 | 22,481,466 | 2.31 | 25,864,816 | 25,985,045 | 1 |
| 60 | 서울특별시 | 2019년 | 9,729,107 | 4,327,605 | 2.25 | 4,744,059 | 4,985,048 | 0.95 |
| 61 | 부산광역시 | 2019년 | 3,413,841 | 1,497,908 | 2.28 | 1,675,417 | 1,738,424 | 0.96 |
| 62 | 대구광역시 | 2019년 | 2,438,031 | 1,031,251 | 2.36 | 1,205,286 | 1,232,745 | 0.98 |
| 63 | 인천광역시 | 2019년 | 2,957,026 | 1,238,641 | 2.39 | 1,482,249 | 1,474,777 | 1.01 |
| 64 | 광주광역시 | 2019년 | 1,456,468 | 616,485 | 2.36 | 720,740 | 735,728 | 0.98 |
| 65 | 대전광역시 | 2019년 | 1,474,870 | 635,343 | 2.32 | 736,607 | 738,263 | 1 |
| 66 | 울산광역시 | 2019년 | 1,148,019 | 468,659 | 2.45 | 589,712 | 558,307 | 1.06 |
| 67 | 세종특별자치시 | 2019년 | 340,575 | 135,408 | 2.52 | 169,845 | 170,730 | 0.99 |
| 68 | 경기도 | 2019년 | 13,239,666 | 5,468,920 | 2.42 | 6,659,995 | 6,579,671 | 1.01 |
| 69 | 강원도 | 2019년 | 1,541,502 | 719,524 | 2.14 | 775,386 | 766,116 | 1.01 |
| 70 | 충청북도 | 2019년 | 1,600,007 | 722,123 | 2.22 | 810,384 | 789,623 | 1.03 |
| 71 | 충청남도 | 2019년 | 2,123,709 | 959,255 | 2.21 | 1,081,938 | 1,041,771 | 1.04 |
| 72 | 전라북도 | 2019년 | 1,818,917 | 816,191 | 2.23 | 904,110 | 914,807 | 0.99 |
| 73 | 전라남도 | 2019년 | 1,868,745 | 872,628 | 2.14 | 937,674 | 931,071 | 1.01 |
| 74 | 경상북도 | 2019년 | 2,665,836 | 1,227,548 | 2.17 | 1,342,037 | 1,323,799 | 1.01 |
| 75 | 경상남도 | 2019년 | 3,362,553 | 1,450,822 | 2.32 | 1,692,032 | 1,670,521 | 1.01 |
| 76 | 제주특별자치도 | 2019년 | 670,989 | 293,155 | 2.29 | 337,345 | 333,644 | 1.01 |
| 77 | | | | | | | | |

총인구조사 | 정리

준비 평균: 2336689.217 개수: 126 합계: 252362435.4 디스플레이 설정 100%

▲ 2019년

**15** 가로 방향으로 나열된 데이터를 세로 방향으로 연속된 데이터로 정리했는데, B열에 연도를 구분해서 넣은 것이 가장 중요합니다. 데이터를 하나로 합쳤지만 각 데이터를 구분할 수 있는 항목을 넣어야만 통계 자료를 만들 수 있어요. 데이터 영역에 있는 하나의 셀을 선택하고 [데이터] 탭-[정렬 및 필터] 그룹에서 [필터]를 클릭하세요.

세로방향으로바꾸기(준비).xlsx - Excel | 로그인

파일 | 홈 | 삽입 | 페이지 레이아웃 | 수식 | 데이터 ② | 보기 | 도움말 | 입력하세요 | 공유

데이터 가져오기 | 모두 새로 고침 | 정렬 | 필터 ③ | 데이터 도구 | 가상 분석 | 예측 시트 | 개요 | 데이터 분석 | 해 찾기

데이터 가져오기 및... | 쿼리 및 연결 | 정렬 및 필터 | 예측 | 분석

D62 | fx | 1031251

| | A | B | C | D | E | F |
|---|---|---|---|---|---|---|
| 58 | 제주특별자치도 | 2018년 | 667,191 | 287,104 | 2.32 | 335,719 |
| 59 | 전국 | 2019년 | 51,849,861 | 22,481,466 | 2.31 | 25,864,816 |
| 60 | 서울특별시 | 2019년 | 9,729,107 | 4,327,605 | 2.25 | 4,744,059 |
| 61 | 부산광역시 | 2019년 | 3,413,841 | 1,497,908 | 2.28 | 1,675,417 |
| 62 | 대구광역시 | 2019년 | 2,438,031 | 1,031,251 ① | 2.36 | 1,205,286 |
| 63 | 인천광역시 | 2019년 | 2,957,026 | 1,238,641 | 2.39 | 1,482,249 |
| 64 | 광주광역시 | 2019년 | 1,456,468 | 616,485 | 2.36 | 720,740 |
| 65 | 대전광역시 | 2019년 | 1,474,870 | 635,343 | 2.32 | 736,607 |
| 66 | 울산광역시 | 2019년 | 1,148,019 | 468,659 | 2.45 | 589,712 |
| 67 | 세종특별자치시 | 2019년 | 340,575 | 135,408 | 2.52 | 169,845 |
| 68 | 경기도 | 2019년 | 13,239,666 | 5,468,920 | 2.42 | 6,659,995 |
| 69 | 강원도 | 2019년 | 1,541,502 | 719,524 | 2.14 | 775,386 |

총인구조사 | 정리

준비 디스플레이 설정 100%

**16** 4행에 입력된 제목에 필터 단추(▼)가 표시되면 '행정기관' 필드의 필터 단추(▼)를 클릭하고 [모두 선택]의 체크를 해제합니다. [경기도]에만 체크하고 [확인]을 클릭하세요.

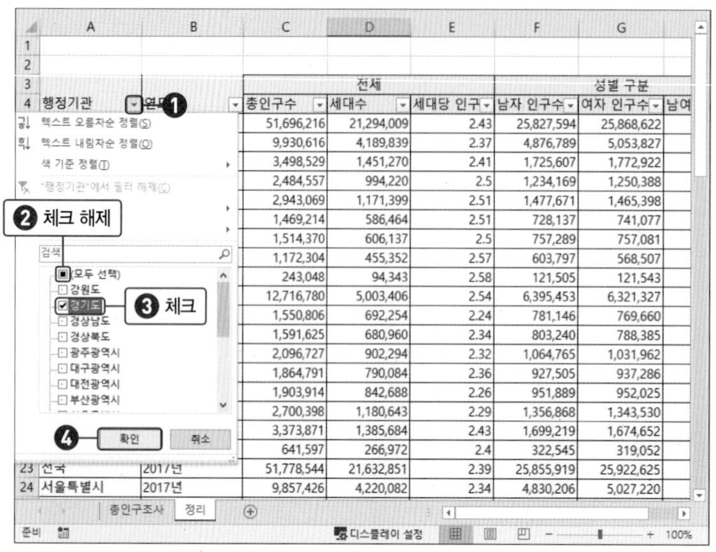


**17** 전체 지역 중에서 '경기도' 지역의 데이터만 필터링되어 표시되었습니다. 이 중에서 '총인구수' 필드의 C14:C68 영역을 선택하고 상태 표시줄을 살펴보면 범위 설정한 데이터만의 평균, 개수, 합계 등이 표시됩니다. 다른 함수를 적용하려면 상태 표시줄에서 마우스 오른쪽 단추를 클릭하고 원하는 함수를 선택해서 추가하세요.

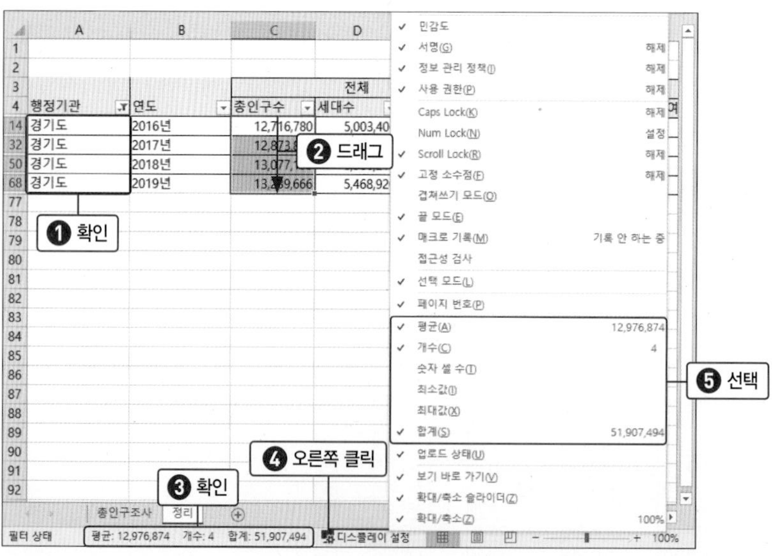

CASE

# 03 셀에 표시된 오류 메시지 숨기기

◉ **예제파일** : 오류메시지숨기기(준비).xlsx ◉ **완성파일** : 오류메시지숨기기(완성).xlsx

**1** [판매내역] 시트에 입력된 주문 정보를 이용해 [통계] 시트에서 B1셀의 목록 단추(▾)를 클릭하면 해당 월에 판매된 매출의 평균이 구해집니다. 이때 선택한 월에 해당하는 매출이 없으면 셀에 '#DIV/0!' 오류가 발생하는데, 이것을 보이지 않게 숨겨볼게요.

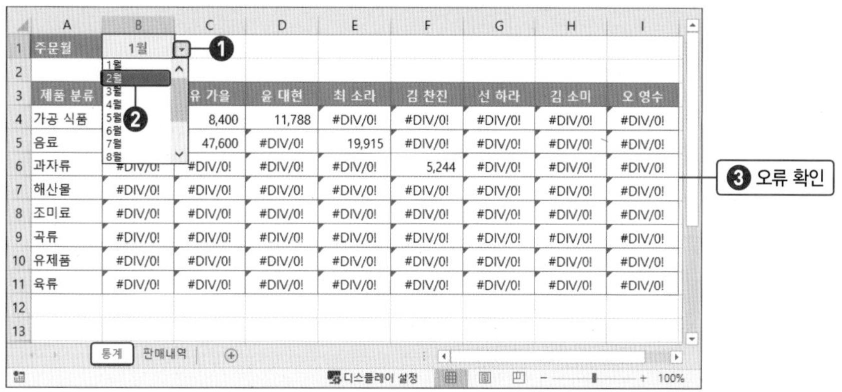


**2** [통계] 시트에서 '주문월'이 [2월]로 선택된 상태에서 B4셀을 선택하고 Ctrl+Shift+End를 누릅니다. 데이터가 입력된 마지막 셀까지 범위를 설정했으면 [홈] 탭-[스타일] 그룹에서 [조건부 서식]을 클릭하고 [셀 강조 규칙]-[기타 규칙]을 선택하세요.

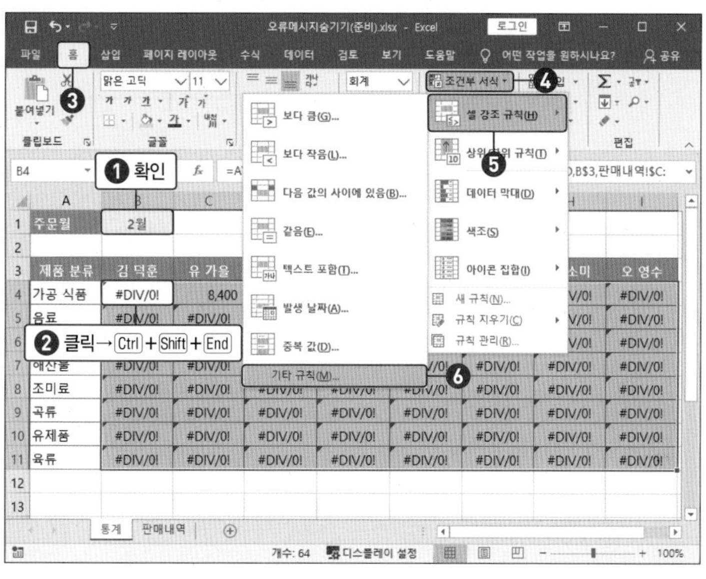

**3** [새 서식 규칙] 대화상자가 열리면 '규칙 유형 선택'에서 [다음을 포함하는 셀만 서식 지정]을 선택합니다. '규칙 설명 편집'의 '다음을 포함하는 셀만 서식 지정'에서 [오류]를 선택하고 [서식]을 클릭하세요. [셀 서식] 대화상자가 열리면 [글꼴] 탭에서 [색]의 목록 단추(▾)를 클릭하고 '테마 색'의 [흰색, 배경 1]을 선택합니다.

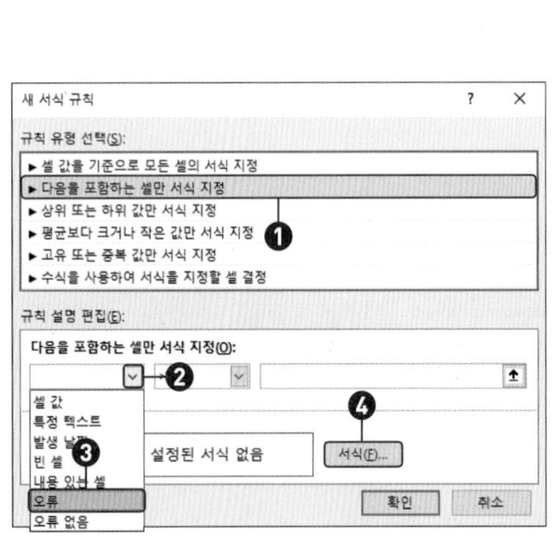

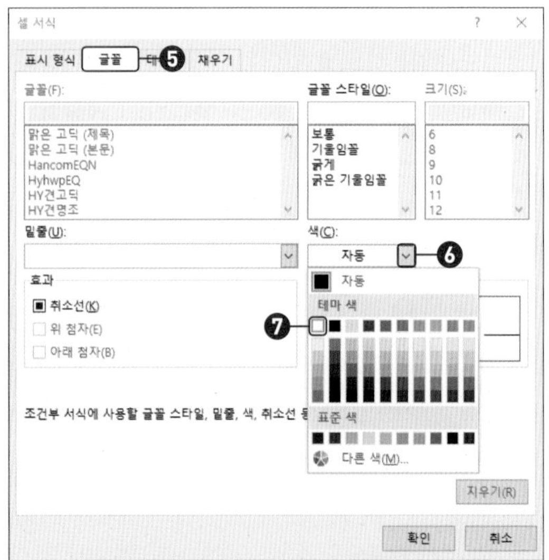

**4** [채우기] 탭을 선택하고 '배경색'에서 [흰색]을 선택한 후 [확인]을 클릭합니다. [새 서식 규칙] 대화상자로 되돌아오면 [확인]을 클릭해서 조건부 서식 지정을 마칩니다.

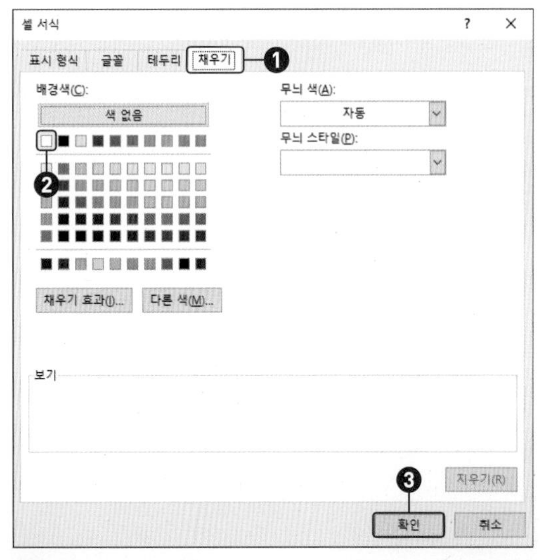

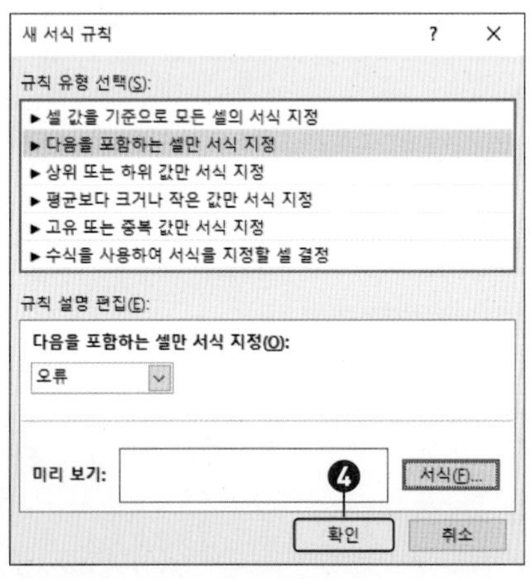

**TIP**

글자색과 배경색을 똑같이 흰색으로 지정해서 오류가 발생한 셀에 표시된 메시지를 화면에서 보이지 않게 숨길 것입니다.

**5** 오류가 발생했던 셀이 빈 셀로 바뀌면서 오류 메시지가 감춰진 것을 확인할 수 있어요. 셀의 왼쪽 위에 표시된 녹색 경고 표시를 없애려면 범위가 선택된 상태에서 경고 메시지 단추(⚠)를 클릭하고 [오류 무시]를 선택합니다.

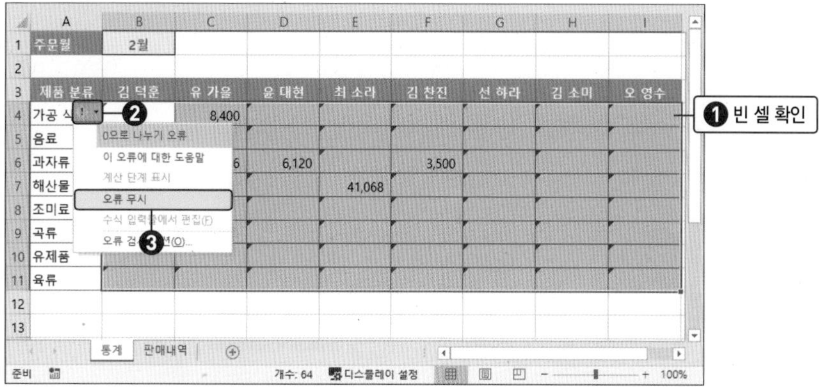


**6** B1셀의 목록 단추(▼)를 클릭하고 매출 평균을 확인하려는 월을 선택합니다. 수식에 의해 자동으로 결과값이 바뀌면서 이전에 표시되었던 오류 메시지가 사라졌는지 확인합니다.

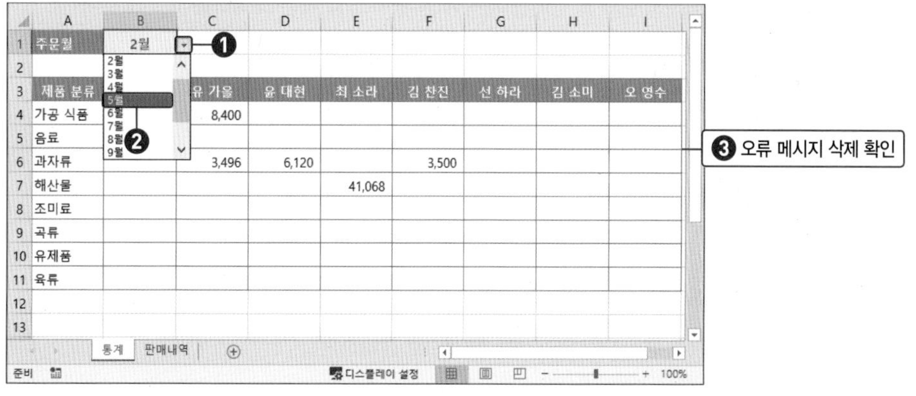


### 잠깐만요 :: 인쇄할 때 셀에 표시된 오류 메시지 숨기기

다음의 과정을 통해 셀에 표시된 오류 메시지를 공백으로 표시해서 숨기고 인쇄할 수 있어요.

1. [페이지 레이아웃] 탭-[페이지 설정] 그룹에서 [페이지 설정] 대화상자 아이콘(⧉)을 클릭합니다.
2. [페이지 설정] 대화상자가 열리면 [시트] 탭의 '셀 오류 표시'에서 [<공백>]을 선택하고 [확인]을 클릭합니다.

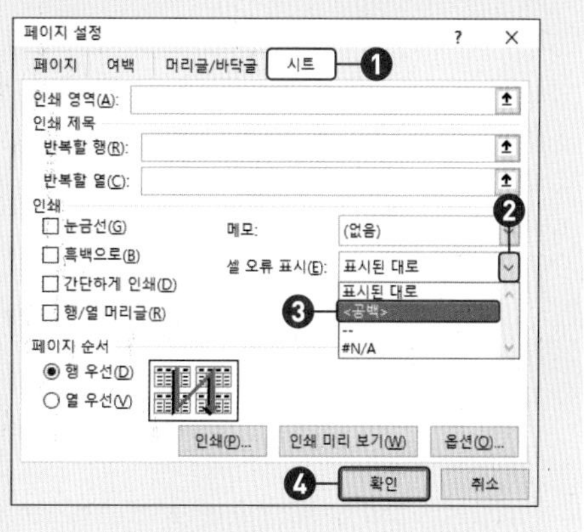

# 06 제목은 한 행으로 정리하자

데이터의 위쪽에 입력한 제목이 한 행 이상일 때는 데이터를 관리할 때 불편한 상황이 발생합니다. 여러 행이 제목이면 첫 행만 제목으로 인식하고 나머지 행은 데이터 값으로 처리되기 때문입니다. 제목이 여러 행으로 구성되어 있다면 이것을 작업하기 편리하게 수정해 볼게요.

**주요 기능**

/ 여러 행에 입력된 제목을 한 행으로 정리하기

/ 중복 데이터 삭제하기

/ 중복 데이터 찾아서 표시하기

CASE

# 01 여러 행에 입력된 제목을 한 행으로 정리하기

◉ **예제파일** : 제목을한행으로정리하기(준비).xlsx ◉ **완성파일** : 제목을한행으로정리하기(완성).xlsx



**1** 데이터를 관리하기 위해 정렬, 필터, 고급 필터, 부분합 등의 메뉴를 자주 사용하게 됩니다. 이번에는 원하는 데이터만 추출하기 위해 [구입현황] 시트에서 데이터가 입력된 특정 셀(여기서는 C8셀)을 클릭하고 [데이터] 탭-[정렬 및 필터] 그룹에서 [필터]를 클릭하세요.

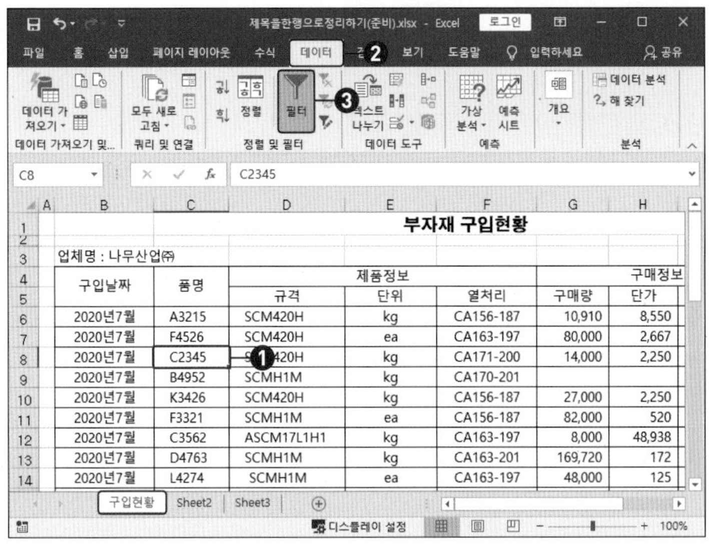


**2** [구입현황] 시트에 입력된 데이터의 제목이 두 행(4~5행)으로 꾸며져 있고 3행에는 데이터와 연속해서 업체명이 입력되어 있어서 3행도 제목으로 인식합니다. 따라서 연속해서 데이터가 입력된 제일 첫 행인 3행을 제목으로 인식해서 필터 단추가 표시되었어요. 이와 같이 제목이 여러 줄이면 첫 행만 제목으로 인식하고 나머지 4~5행을 데이터 값으로 처리해서 문제가 발생합니다. 이렇게 설정된 필터를 해제하기 위해 [데이터] 탭-[정렬 및 필터] 그룹에서 [필터]를 클릭하세요.

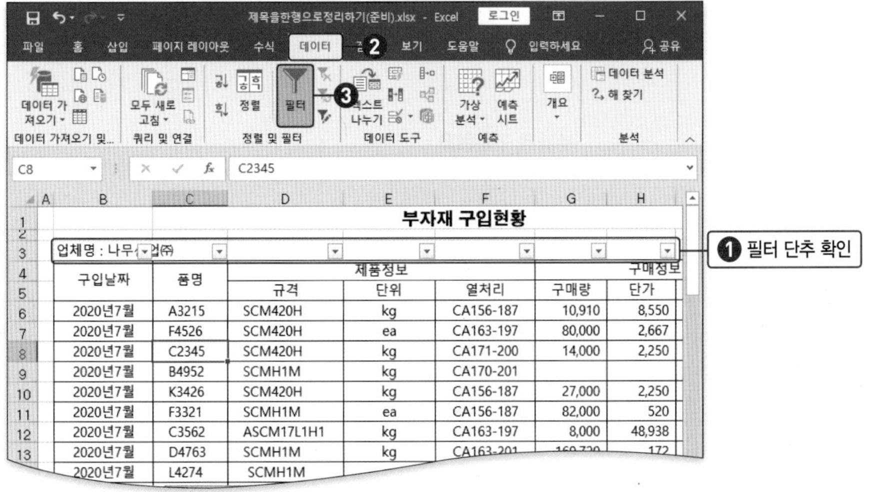

**3** 데이터가 입력된 특정 셀(여기서는 C8셀)을 클릭한 상태에서 Ctrl+A를 눌러 전체 데이터를 선택하세요. [데이터] 탭에서 제공하는 대부분의 기능은 메뉴를 선택하면 셀 포인터가 위치한 곳(C8셀)을 기준으로 자동으로 확장해서 연속된 모든 셀의 범위를 설정합니다. 이 중에서 첫 행(3행)만 제목으로 자동 인식하는데, 5행만 제목으로 인식하도록 변경해 볼게요.

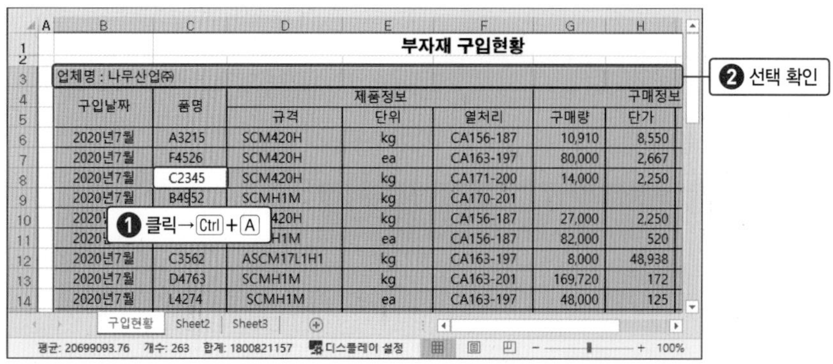


**4** 세로 방향으로 셀이 병합되어 있는 B4:C5 영역을 드래그해서 범위를 선택하고 [홈] 탭-[맞춤] 그룹에서 [병합하고 가운데 맞춤]을 클릭해서 병합을 해제하세요.

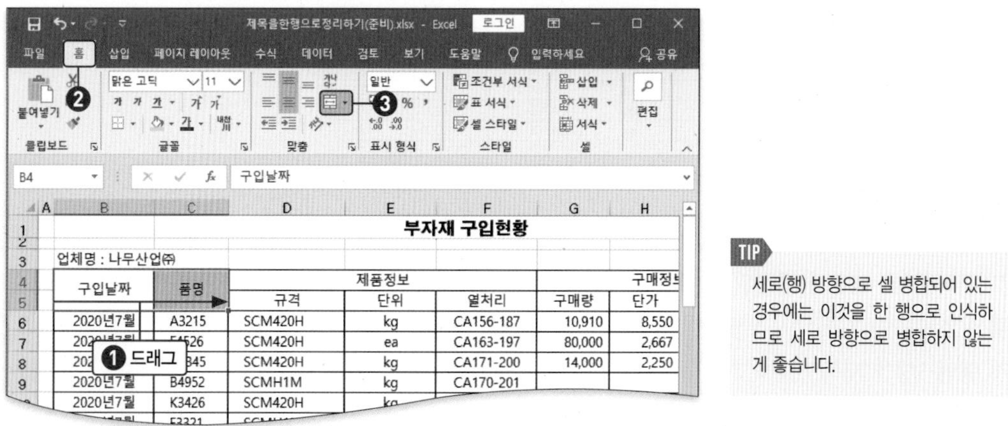


**TIP**

세로(행) 방향으로 셀 병합되어 있는 경우에는 이것을 한 행으로 인식하므로 세로 방향으로 병합하지 않는 게 좋습니다.

**5** 병합이 해제된 B4:C4 영역을 선택하고 Ctrl+C를 눌러 복사한 후 B5셀에서 Ctrl+V를 누릅니다.

| | B | C | D | E | F | G |
|---|---|---|---|---|---|---|
| 1 | | | | | 부자재 구입현황 | |
| 3 | 업체명 : 나무산업㈜ | | | | | |
| 4 | 구입날짜 | 품명 | 제품정보 | | | |
| 5 | | | 규격 | 단위 | 열처리 | 구매량 |
| 6 | 2020년7월 | A3215 | SCM420H | kg | CA156-187 | 10,910 |
| 7 | | F4526 | SCM420H | ea | CA163-197 | 80,000 |
| 8 | | C2345 | SCM420H | kg | CA171-200 | 14,000 |
| 9 | 2020년7월 | B4952 | SCMH1M | kg | CA170-201 | |
| 10 | 2020년7월 | K3426 | SCM420H | kg | CA156-187 | 27,000 |
| 11 | 2020년7월 | F3321 | SCMH1M | ea | CA156-187 | 82,000 |
| 12 | 2020년7월 | C3562 | ASCM17L1H1 | kg | CA163-197 | 8,000 |
| 13 | 2020년7월 | D4763 | SCMH1M | kg | CA163-201 | 169,720 |
| 14 | 2020년7월 | L4274 | SCMH1M | ea | CA163-197 | 48,000 |

❶ 드래그→Ctrl+C
❷ 클릭→Ctrl+V

**6** 붙여넣은 데이터를 확인한 후 원본 데이터에 설정된 테두리 등의 다른 서식을 제외하고 입력된 값만 가져올게요. [붙여넣기 옵션] 단추((Ctrl)▾)를 클릭하고 '값 붙여넣기'에서 [값]( 123 )을 클릭하세요.

| | A | B | C | D | E | F | G |
|---|---|---|---|---|---|---|---|
| 1 | | | | | 부자재 구입현황 | | |
| 2 | | | | | | | |
| 3 | | 업체명 : 나무산업㈜ | | | | | |
| 4 | | 구입날짜 | 품명 | 제품정보 | | | |
| 5 | | 구입날짜 | 품명 | 규격 | 단위 | 열처리 | 구매량 |
| 6 | | 2020년7월 | A3215 | (Ctrl)▾ 0H ❷ | kg | CA156-187 | 10,910 |
| 7 | | 2020 ❶ 확인 | 4526 | | ea | CA163-197 | 80,000 |
| 8 | | 2020 | C2345 | | kg | CA171-200 | 14,000 |
| 9 | | 2020년7월 | B4952 | | kg | CA170-201 | |
| 10 | | 2020년7월 | K3426 | | kg | CA156-187 | 27,000 |
| 11 | | 2020년7월 | F3321 | | ea | CA156-187 | 82,000 |
| 12 | | 2020년7월 | C3562 | | kg | CA163-197 | 8,000 |
| 13 | | 2020년7월 | D4763 | | kg | CA163-201 | 169,720 |
| 14 | | 2020년7월 | L4274 | | ea | CA163-197 | 48,000 |

붙여넣기 / 값 붙여넣기 / 기타 붙여넣기 옵션 ❸

구입현황 | Sheet2

대상을 선택한 다음 <Enter&... 개수: 2 디스플레이 설정 100%

**7** 다시 B4:C4 영역을 선택하고 Delete를 눌러 입력된 데이터를 삭제하세요.

| | A | B | C | D | E | F | G |
|---|---|---|---|---|---|---|---|
| 1 | | | | | 부자재 구입현황 | | |
| 2 | | | | | | | |
| 3 | | 업체명 : 나무산업㈜ | | | | | |
| 4 | | 구입날짜 | 품명 | 제품정보 | | | |
| 5 | | 구입날짜 | 품명 | 규격 | 단위 | 열처리 | 구매량 |
| 6 | | | 215 | (Ctrl)▾ 0H | kg | CA156-187 | 10,910 |
| 7 | | 드래그→Delete | 26 | SCM420H | ea | CA163-197 | 80,000 |
| 8 | | 2020년7월 | C2345 | SCM420H | kg | CA171-200 | 14,000 |
| 9 | | 2020년7월 | B4952 | SCMH1M | kg | CA170-201 | |
| 10 | | 2020년7월 | K3426 | SCM420H | kg | CA156-187 | 27,000 |
| 11 | | 2020년7월 | F3321 | SCMH1M | ea | CA156-187 | 82,000 |
| 12 | | 2020년7월 | C3562 | ASCM17L1H1 | kg | CA163-197 | 8,000 |
| 13 | | 2020년7월 | D4763 | SCMH1M | kg | CA163-201 | 169,720 |
| 14 | | 2020년7월 | L4274 | SCMH1M | ea | CA163-197 | 48,000 |

구입현황 | Sheet2 | Sheet3

대상을 선택한 다음 <Enter&... 개수: 2 디스플레이 설정 100%

**8** 제목으로 사용할 값을 데이터의 바로 윗행인 5행으로 옮겨서 하나의 행에 제목을 표시했으면 5행 머리글에서 마우스 오른쪽 단추를 클릭하고 [삽입]을 선택하세요.

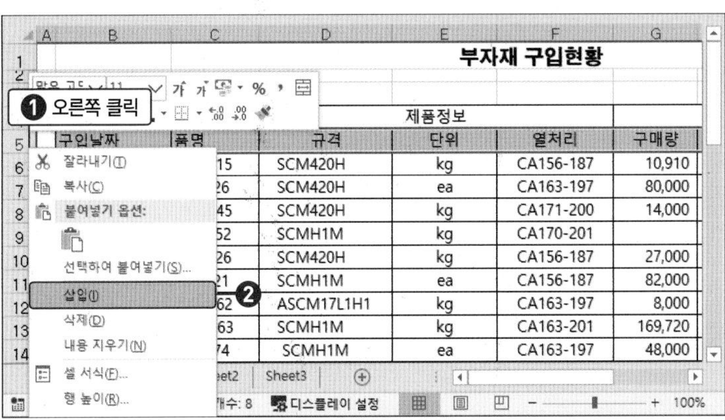

**9** 5행에 빈 행이 삽입되면서 위쪽에 입력된 제목과 분리되어 이제는 연속된 데이터의 제목이 한 행만 인식될 것입니다. 이것을 확인하기 위해 데이터가 입력된 특정 셀(여기서는 D9셀)을 클릭하고 Ctrl+A를 눌러 자동으로 설정되는 영역을 확인하세요.

부자재 구입현황
❶ 삽입 확인
❸ 선택 영역 확인
❷ 클릭→Ctrl+A
TIP
3 과정에서는 3행을 제목으로 인식하여 함께 선택되었지만, 여기서는 데이터 영역이 제목과 분리되어 Ctrl+A를 눌러도 데이터 영역만 자동으로 선택됩니다.


**10** 5행 머리글에서 마우스 오른쪽 단추를 클릭하고 [숨기기]를 선택하세요.

❶ 오른쪽 클릭

❷ 숨기기(H)

**11** 5행이 있지만 화면에서 숨겨져서 제목 행이 4~6행으로 연결된 것처럼 보입니다. 하지만 실제는 5행에 빈 행이 있어서 위쪽과 아래쪽을 구분하는 효과를 얻을 수 있어요.

숨겨진 5행 확인

**12** 실제로 5행이 있는지 확인하기 위해 데이터가 입력된 특정 셀(여기서는 D9셀)을 클릭하고 Ctrl+A를 누릅니다. 자동으로 설정되는 영역을 확인하고 [데이터] 탭-[정렬 및 필터] 그룹에서 [필터]를 클릭하세요.

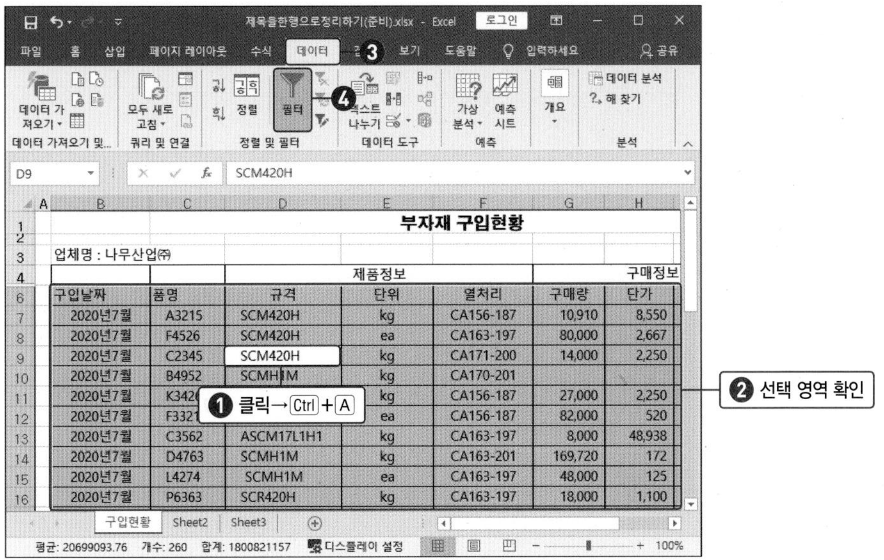


**13** 데이터가 입력된 첫 행인 6행만 제목으로 인식되어 필터 단추(▾)가 표시되었습니다. 이제부터는 [데이터] 탭에 준비된 정렬, 필터, 텍스트 나누기, 데이터 유효성 검사 등의 모든 기능이 자동으로 6행만 제목으로 인식해서 명령을 실행합니다.

부자재 구입현황

업체명 : 나무산업㈜

| | | 제품정보 | | | 구매정보 | | |
|---|---|---|---|---|---|---|---|
| 구입날짜 | 품명 | 규격 | 단위 | 열처리 | 구매량 | 단가 | 가격 |
| 2020년7월 | A3215 | SCM420H | kg | CA156-187 | 10,910 | 8,550 | 93,280,500 |
| 2020년7월 | F4526 | SCM420H | ea | CA163-197 | 80,000 | 2,667 | 213,360,000 |
| 2020년7월 | C2345 | SCM420H | kg | CA171-200 | 14,000 | 2,250 | 31,500,000 |
| 2020년7월 | B4952 | SCMH1M | kg | CA170-201 | | | 0 |
| 2020년7월 | K3426 | SCM420H | kg | CA156-187 | 27,000 | 2,250 | 60,750,000 |
| 2020년7월 | F3321 | SCMH1M | ea | CA156-187 | 82,000 | 520 | 42,640,000 |
| 2020년7월 | C3562 | ASCM17L1H1 | kg | CA163-197 | 8,000 | 48,938 | 391,500,000 |
| 2020년7월 | D4763 | SCMH1M | kg | CA163-201 | 169,720 | 172 | 29,191,840 |
| 2020년7월 | L4274 | SCMH1M | ea | CA163-197 | 48,000 | 125 | 6,000,000 |
| 2020년7월 | P6363 | SCR420H | kg | CA163-197 | 18,000 | 1,100 | 19,800,000 |
| 2020년7월 | O4352 | SCM420H | kg | CA163-201 | 20,380 | 90 | 1,834,200 |
| 2020년8월 | A3215 | SCM420H | kg | CA156-187 | 6,290 | 8,200 | 51,578,000 |
| 2020년8월 | F4526 | SCM420H | ea | CA163-197 | 47,000 | 2,667 | 125,350,000 |
| 2020년8월 | C2345 | SCM420H | kg | CA171-200 | 14,000 | 2,250 | 31,500,000 |
| 2020년8월 | B4952 | SCMH1M | kg | CA170-201 | | | 0 |
| 2020년8월 | K3426 | SCM420H | kg | CA156-187 | | | 0 |
| 2020년8월 | F3321 | SCMH1M | ea | CA156-187 | 68,000 | 600 | 40,800,000 |
| 2020년8월 | C3562 | ASCM17L1H1 | kg | CA163-197 | | | 0 |
| 2020년8월 | D4763 | SCMH1M | kg | CA163-201 | 141,400 | 183 | 25,850,800 |
| 2020년8월 | L4274 | SCMH1M | ea | CA163-197 | 48,000 | 125 | 6,000,000 |

필터 단추 확인

단축키 | 표시 형식 | 기본 구조 | 셀 병합 | **입력 방법** | 빈 행/열 제거 | 데이터 분리 | 데이터 통합 | 저장 형식

# 중복 데이터 삭제하기

◉ **예제파일** : 중복데이터삭제하기(준비).xlsx ◉ **완성파일** : 중복데이터삭제하기(완성).xlsx

**1** [구입현황] 시트에 입력된 데이터의 제목이 여러 행인데, 이것을 구분하기 위해 5행에 빈 행이 삽입되어 숨겨져 있습니다. 이 데이터를 품명 순으로 정렬하기 위해 '품명' 항목의 특정 셀(여기서는 C8 셀)을 클릭하고 [데이터] 탭-[정렬 및 필터] 그룹에서 [텍스트 오름차순 정렬]을 클릭하세요.

부자재 구입현황

업체명 : 나무산업㈜

| 구입날짜 | 품명 | 규격 | 단위 | 열처리 | 구매량 | 단가 |
|---|---|---|---|---|---|---|
| 2020년7월 | A3215 | SCM420H | kg | CA156-187 | 10,910 | 8,550 |
| 2020년7월 | F4526 | SCM420H | ea | CA163-197 | 80,000 | 2,667 |
| 2020년7월 | C2345 | SCM420H | kg | CA171-200 | 14,000 | 2,250 |
| 2020년7월 | B4952 | SCMH1M | kg | CA170-201 | | |
| 2020년7월 | K3426 | SCM420H | kg | CA156-187 | 27,000 | 2,250 |
| 2020년7월 | F3321 | SCMH1M | ea | CA156-187 | 82,000 | 520 |
| 2020년7월 | C3562 | ASCM17L1H1 | kg | CA163-197 | 8,000 | 48,938 |
| 2020년7월 | D4763 | SCMH1M | kg | CA163-201 | 169,720 | 172 |
| 2020년7월 | L4274 | SCMH1M | ea | CA163-197 | 48,000 | 125 |
| 2020년7월 | P6363 | SCR420H | kg | CA163-197 | 18,000 | 1,100 |
| 2020년7월 | O4352 | SCM420H | kg | CA163-201 | 20,380 | 90 |

**2** 오름차순 정렬된 데이터에는 '구입날짜' 항목의 월마다 품명이 입력되어 있는데, 이 데이터를 품명마다 하나씩만 남기고 삭제해 볼게요. 데이터 영역에서 특정 셀(여기서는 C9셀)을 클릭하고 [데이터] 탭-[데이터 도구] 그룹에서 [중복된 항목 제거]를 클릭하세요.

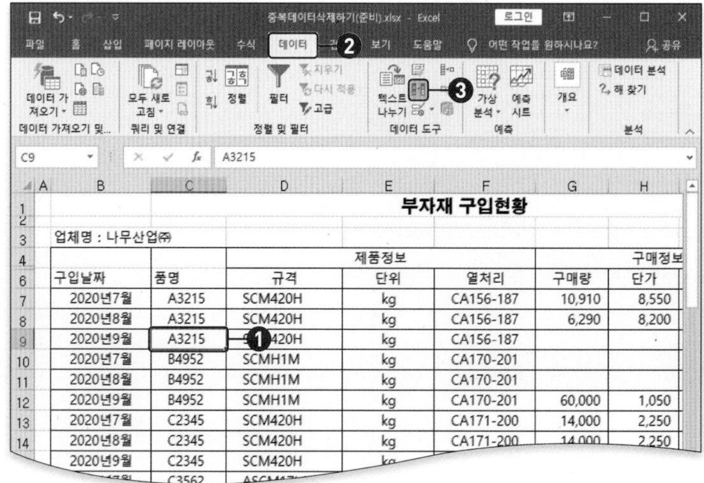

부자재 구입현황

업체명 : 나무산업㈜

| 구입날짜 | 품명 | 규격 | 단위 | 열처리 | 구매량 | 단가 |
|---|---|---|---|---|---|---|
| 2020년7월 | A3215 | SCM420H | kg | CA156-187 | 10,910 | 8,550 |
| 2020년8월 | A3215 | SCM420H | kg | CA156-187 | 6,290 | 8,200 |
| 2020년9월 | A3215 | SCM420H | kg | CA156-187 | | |
| 2020년7월 | B4952 | SCMH1M | kg | CA170-201 | | |
| 2020년8월 | B4952 | SCMH1M | kg | CA170-201 | | |
| 2020년9월 | B4952 | SCMH1M | kg | CA170-201 | 60,000 | 1,050 |
| 2020년7월 | C2345 | SCM420H | kg | CA171-200 | 14,000 | 2,250 |
| 2020년8월 | C2345 | SCM420H | kg | CA171-200 | 14,000 | 2,250 |
| 2020년9월 | C2345 | SCM420H | | | | |

**3** 자동으로 범위가 선택된 데이터를 살펴보면 범위의 첫 행인 6행이 제목으로 인식되어 영역에서 해제되고 7행부터 범위가 설정되었어요. [중복 값 제거] 대화상자의 '열'에 표시된 항목은 제목 행인 6행의 데이터인데, [모두 선택 취소]를 클릭하고 [품명]에만 체크한 후 [확인]을 클릭하세요.

**TIP**

다른 필드는 상관없이 선택한 [품명]이 같으면 모두 삭제하고 하나만 남기라는 의미입니다.

**4** 중복된 데이터 값을 검색해서 제거했고 11개의 고유한 값은 그대로 유지된다고 알려주는 메시지 창이 열리면 [확인]을 클릭하세요.

**5** 2 과정에서 표시되었던 데이터와 비교해 보면 동일한 품명은 하나씩만 남기고 삭제되었어요. 이때 삭제되는 기준은 위쪽에 입력된 데이터만 남기고 아래쪽에 입력된 데이터가 삭제됩니다. Ctrl+Z를 눌러 실행을 취소하고 중복된 항목 제거 기능을 실행하기 이전 상태로 되돌아가세요.

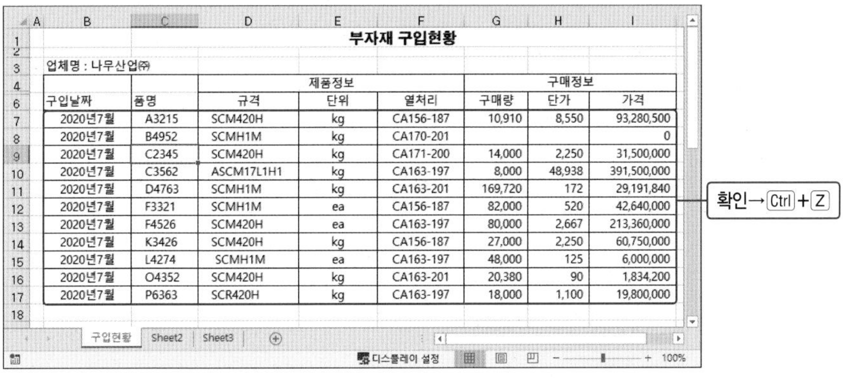

부자재 구입현황

업체명 : 나무산업㈜

| 구입날짜 | 품명 | 제품정보 | | | 구매정보 | | |
|---|---|---|---|---|---|---|---|
| | | 규격 | 단위 | 열처리 | 구매량 | 단가 | 가격 |
| 2020년7월 | A3215 | SCM420H | kg | CA156-187 | 10,910 | 8,550 | 93,280,500 |
| 2020년7월 | B4952 | SCMH1M | kg | CA170-201 | | | 0 |
| 2020년7월 | C2345 | SCM420H | kg | CA171-200 | 14,000 | 2,250 | 31,500,000 |
| 2020년7월 | C3562 | ASCM17L1H1 | kg | CA163-197 | 8,000 | 48,938 | 391,500,000 |
| 2020년7월 | D4763 | SCMH1M | kg | CA163-201 | 169,720 | 172 | 29,191,840 |
| 2020년7월 | F3321 | SCMH1M | ea | CA156-187 | 82,000 | 520 | 42,640,000 |
| 2020년7월 | F4526 | SCM420H | ea | CA163-197 | 80,000 | 2,667 | 213,360,000 |
| 2020년7월 | K3426 | SCM420H | kg | CA156-187 | 27,000 | 2,250 | 60,750,000 |
| 2020년7월 | L4274 | SCMH1M | ea | CA163-197 | 48,000 | 125 | 6,000,000 |
| 2020년7월 | O4352 | SCM420H | kg | CA163-201 | 20,380 | 90 | 1,834,200 |
| 2020년7월 | P6363 | SCR420H | kg | CA163-197 | 18,000 | 1,100 | 19,800,000 |

**6** 이번에는 같은 품명 중에서 가격이 높은 데이터를 남기고 나머지를 삭제해 볼게요. '가격' 항목에서 특정 셀(여기서는 I9셀)을 클릭하고 [데이터] 탭-[정렬 및 필터] 그룹에서 [숫자 내림차순 정렬]을 클릭하세요.

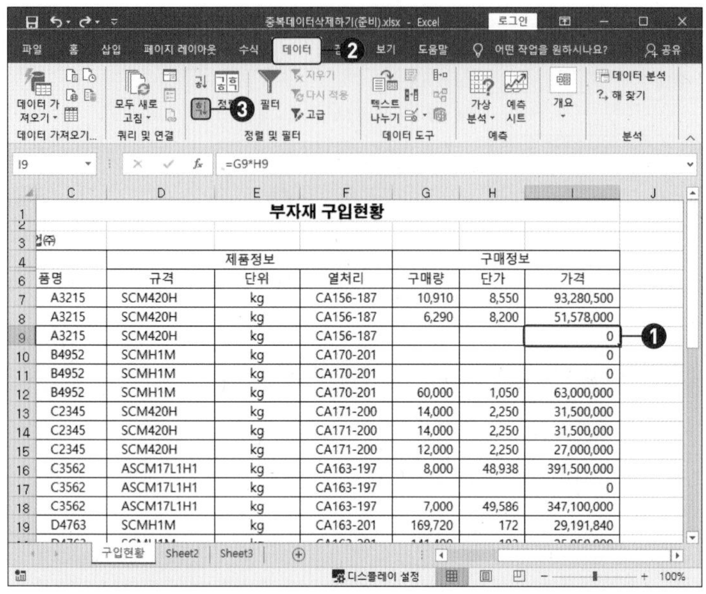

**7** 가격이 제일 큰 품명부터 정렬되어 표시되었으면 [데이터] 탭-[데이터 도구] 그룹에서 [중복된 항목 제거]를 클릭하세요.

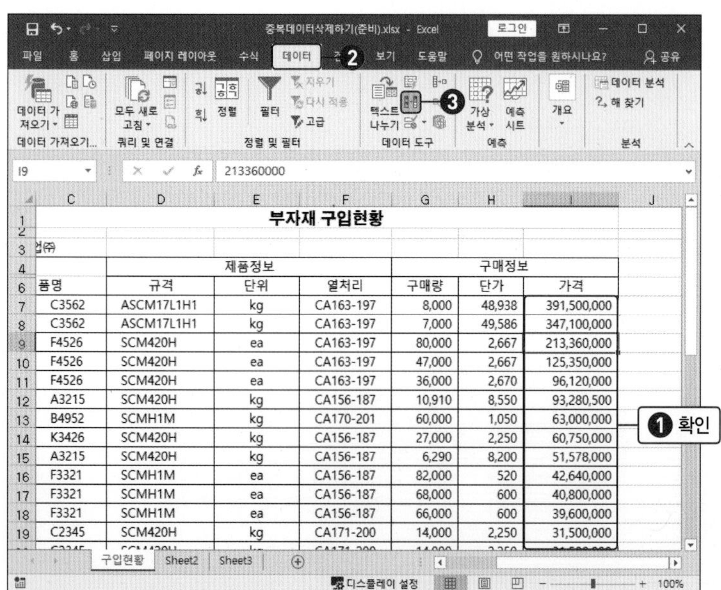

**8** [중복 값 제거] 대화상자가 열리면 [모두 선택 취소]를 클릭해서 '열'에 표시된 필드 목록의 선택을 모두 해제합니다. 중복된 데이터를 찾을 필드인 [품명]에만 체크하고 [확인]을 클릭하세요.

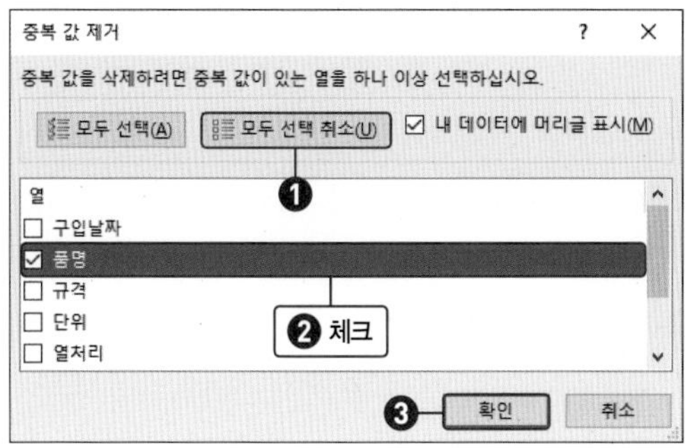


**9** 중복된 데이터를 삭제하겠는지 묻는 메시지 창이 열리면 [확인]을 클릭하세요.

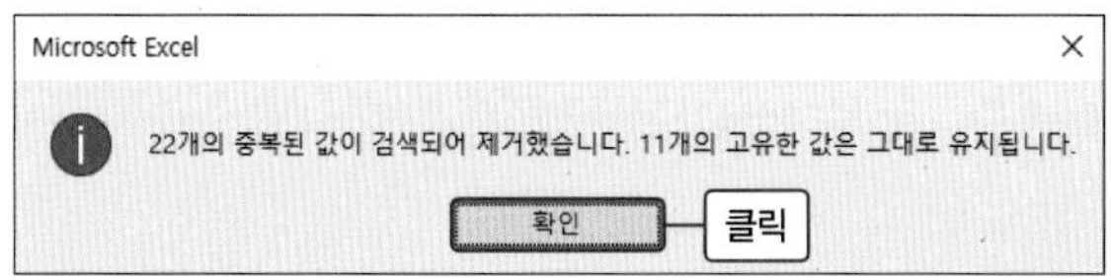


**10** **5** 과정에서 확인했던 데이터와 다르게 각 품명마다 가장 큰 가격만 남겨졌어요. 여러 곳에서 데이터를 받아서 한 곳에 취합한 경우 같은 데이터가 여러 번 반복해서 입력되었으면 특정 조건에 만족하는 데이터만 남기고 나머지 데이터를 삭제할 일이 종종 생기는데, 이런 작업에 이 기능을 적용하면 정확하고 빠르게 데이터를 정리할 수 있답니다.

부자재 구입현황

업체명 : 나무산업㈜

| 구입날짜 | 품명 | 제품정보 | | | 구매정보 | | |
|---|---|---|---|---|---|---|---|
| | | 규격 | 단위 | 열처리 | 구매량 | 단가 | 가격 |
| 2020년7월 | C3562 | ASCM17L1H1 | kg | CA163-197 | 8,000 | 48,938 | 391,500,000 |
| 2020년7월 | F4526 | SCM420H | ea | CA163-197 | 80,000 | 2,667 | 213,360,000 |
| 2020년7월 | A3215 | SCM420H | kg | CA156-187 | 10,910 | 8,550 | 93,280,500 |
| 2020년9월 | B4952 | SCMH1M | kg | CA170-201 | 60,000 | 1,050 | 63,000,000 |
| 2020년7월 | K3426 | SCM420H | kg | CA156-187 | 27,000 | 2,250 | 60,750,000 |
| 2020년7월 | F3321 | SCMH1M | ea | CA156-187 | 82,000 | 520 | 42,640,000 |
| 2020년7월 | C2345 | SCM420H | kg | CA171-200 | 14,000 | 2,250 | 31,500,000 |
| 2020년7월 | D4763 | SCMH1M | kg | CA163-201 | 169,720 | 172 | 29,191,840 |
| 2020년7월 | P6363 | SCR420H | kg | CA163-197 | 18,000 | 1,100 | 19,800,000 |
| 2020년7월 | L4274 | SCMH1M | ea | CA163-197 | 48,000 | 125 | 6,000,000 |
| 2020년8월 | O4352 | SCM420H | kg | CA163-201 | 38,410 | 90 | 3,456,900 |

확인

**TIP**

중복된 데이터를 제거할 때 원하는 조건이 있으면 조건 순으로 먼저 정렬하고 [데이터] 탭-[데이터 도구] 그룹에서 [중복된 항목 제거]를 클릭하세요. 중복된 데이터를 제거할 경우 항목이 같으면 위쪽에 입력된 데이터만 남깁니다.

CASE

# 03 중복 데이터 찾아서 표시하기

◉ **예제파일** : 중복데이터찾기(준비).xlsx ◉ **완성파일** : 중복데이터찾기(완성).xlsx

**1** 데이터의 업체명에 중복된 값이 있으면 해당 데이터에 글자 색이나 배경색을 표시해 볼게요. [거래처] 시트에서 업체명이 입력된 첫 셀인 B2셀을 선택하고 Ctrl+Shift+↓를 눌러 업체명' 항목의 전체 데이터인 B2:B21 영역을 한 번에 선택합니다. [홈] 탭-[스타일] 그룹에서 [조건부 서식]을 클릭하고 [셀 강조 규칙]-[중복 값]을 선택하세요.

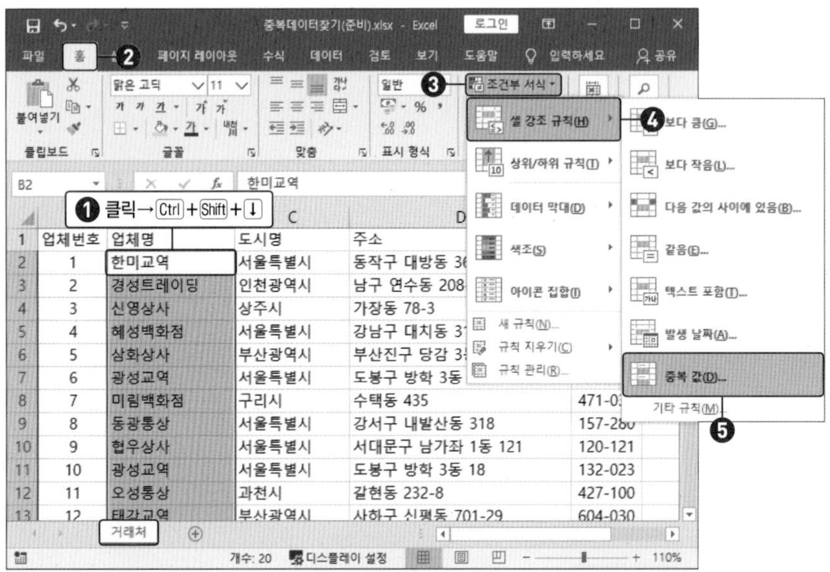


**2** [중복 값] 대화상자가 열리면 '다음 값을 포함하는 셀의 서식 지정'에서 중복된 값을 찾을지, 유일한 값을 찾을지 선택합니다. 여기서는 [중복]이 선택된 상태에서 '적용할 서식'에서 원하는 색상을 선택하고 [확인]을 클릭하세요.

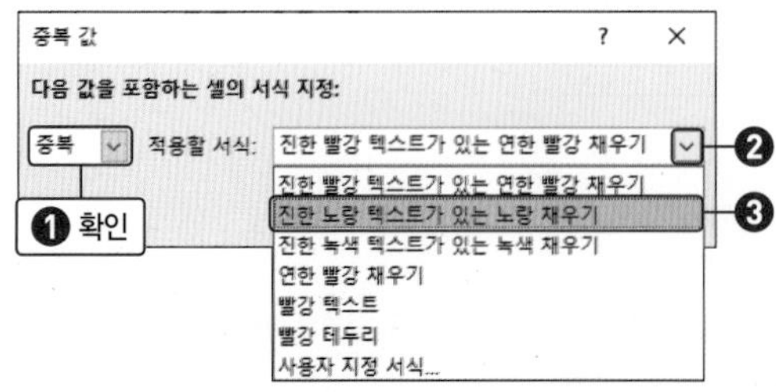

**3** 범위를 지정했던 B2:B21 영역에서 중복된 데이터가 있는 셀에 선택한 색상이 표시되었는지 확인합니다. B16셀의 '신영상사'가 B4셀에도 있으므로 B16셀을 선택하고 Delete를 눌러 셀 값을 삭제하세요.

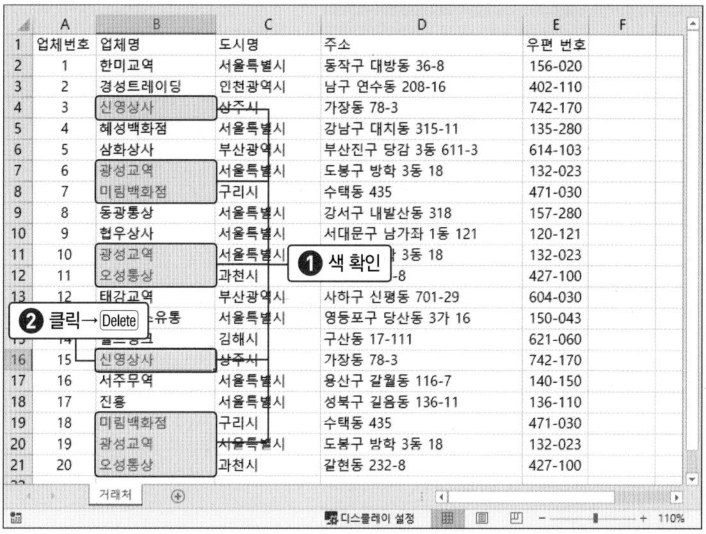

| | A | B | C | D | E | F |
|---|---|---|---|---|---|---|
| 1 | 업체번호 | 업체명 | 도시명 | 주소 | 우편 번호 | |
| 2 | 1 | 한미교역 | 서울특별시 | 동작구 대방동 36-8 | 156-020 | |
| 3 | 2 | 경성트레이딩 | 인천광역시 | 남구 연수동 208-16 | 402-110 | |
| 4 | 3 | 신영상사 | 상주시 | 가장동 78-3 | 742-170 | |
| 5 | 4 | 혜성백화점 | 서울특별시 | 강남구 대치동 315-11 | 135-280 | |
| 6 | 5 | 삼화상사 | 부산광역시 | 부산진구 당감 3동 611-3 | 614-103 | |
| 7 | 6 | 광성교역 | 서울특별시 | 도봉구 방학 3동 18 | 132-023 | |
| 8 | 7 | 미림백화점 | 구리시 | 수택동 435 | 471-030 | |
| 9 | 8 | 동광통상 | 서울특별시 | 강서구 내발산동 318 | 157-280 | |
| 10 | 9 | 협우상사 | 서울특별시 | 서대문구 남가좌 1동 121 | 120-121 | |
| 11 | 10 | 광성교역 | 서울특별시 | 3동 18 | 132-023 | |
| 12 | 11 | 오성통상 | 과천시 | -8 | 427-100 | |
| 13 | 12 | 태강교역 | 부산광역시 | 사하구 신평동 701-29 | 604-030 | |
| 14 | | 유통 | 서울특별시 | 영등포구 당산동 3가 16 | 150-043 | |
| 15 | 14 | | 김해시 | 구산동 17-111 | 621-060 | |
| 16 | 15 | 신영상사 | 상주시 | 가장동 78-3 | 742-170 | |
| 17 | 16 | 서주무역 | 서울특별시 | 용산구 갈월동 116-7 | 140-150 | |
| 18 | 17 | 진흥 | 서울특별시 | 성북구 길음동 136-11 | 136-110 | |
| 19 | 18 | 미림백화점 | 구리시 | 수택동 435 | 471-030 | |
| 20 | 19 | 광성교역 | 서울특별시 | 도봉구 방학 3동 18 | 132-023 | |
| 21 | 20 | 오성통상 | 과천시 | 갈현동 232-8 | 427-100 | |

❶ 색 확인
❷ 클릭→Delete

거래처

디스플레이 설정 110%

**4** 중복된 값을 지웠기 때문에 B4셀의 색상이 다시 원래의 상태로 되돌아오는데, 이와 같은 방법으로 중복된 값을 표시하고 원하는 값을 선택해서 지울 수 있습니다. 중복된 값에 조건부 서식을 지정한 값을 지우기 위해 [홈] 탭-[스타일] 그룹에서 [조건부 서식]을 클릭하고 [규칙 지우기]-[시트 전체에서 규칙 지우기]를 선택합니다.

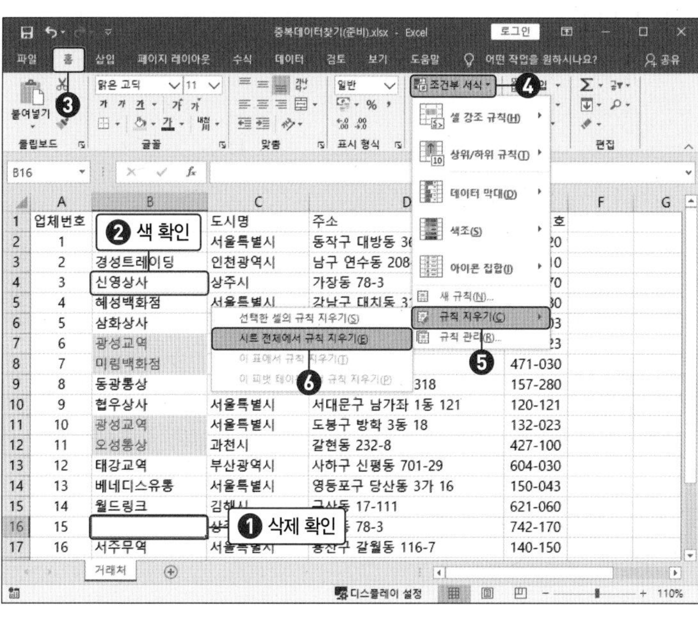


핵심
단축키
표시 형식
기본 구조
셀 병합
입력 방법
빈 행/열 제거
데이터 분리
데이터 통합
저장 형식

**5** 이번에는 B열 머리글을 클릭해서 B열 전체를 선택하고 [데이터] 탭-[데이터 도구] 그룹에서 [데이터 유효성 검사]를 클릭합니다.

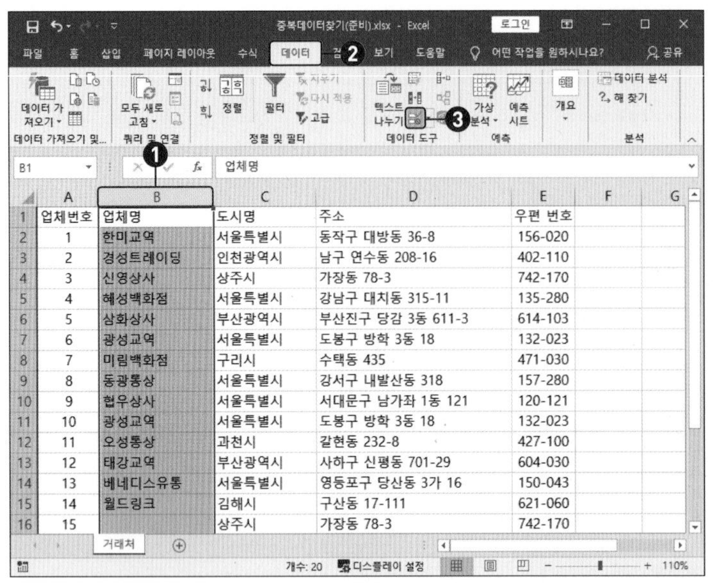

**6** [데이터 유효성] 대화상자의 [설정] 탭이 열리면 '제한 대상'에서 [사용자 지정]을 선택하고 '수식'에 『=COUNTIF($B:$B,B1)=1』을 입력합니다.

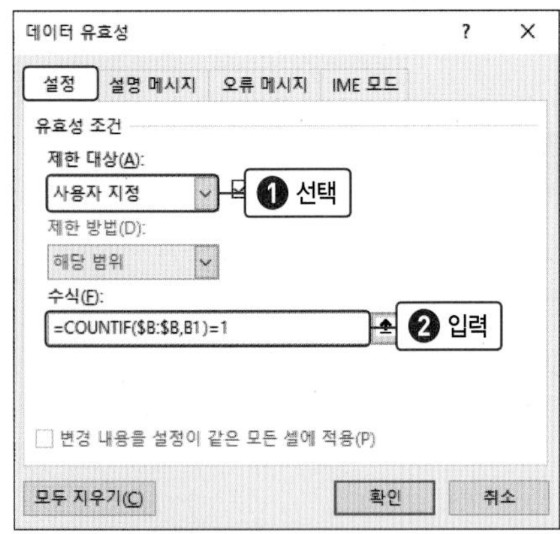


**함수식 설명**

**=COUNTIF($B:$B,B1)=1**

COUNTIF 함수는 조건에 만족하는 개수를 셀 때 사용하는데, $B:$B 영역의 데이터에서 B1셀에 입력된 값과 같은 데이터가 몇 개나 있는지 셉니다. 이때 B1셀은 상대 참조 상태이므로 B2셀, B3셀, B4셀로 찾을 거래처 이름을 바꾸면서 범위를 설정한 셀마다 체크합니다. 동일한 셀 개수가 1이라면 하나만 존재하므로 중복되지 않았다는 뜻입니다. 이와 같이 중복되지 않는 값일 때만 셀에 데이터를 입력할 수 있게 제한합니다.

7 [오류 메시지] 탭을 선택하고 '제목'에 『입력 주의』를 입력합니다. '오류 메시지'에 『동일한 거래처가 이미 존재합니다. 새로운 이름을 입력해 주세요.』와 같이 중복된 데이터가 입력되었을 때 표시할 메시지를 입력하고 [확인]을 클릭하세요.

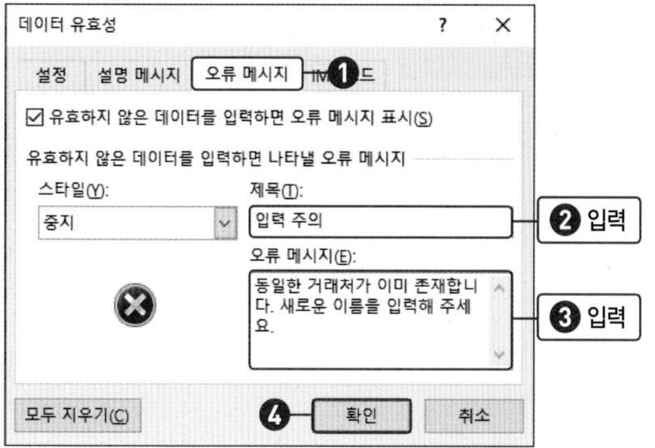


8 B16셀에 『신영상사』를 입력하고 Enter를 누릅니다. '신영상사'는 B3셀에 이미 입력되어 있기 때문에 오류 메시지 창이 열리면 [취소]를 클릭하세요.

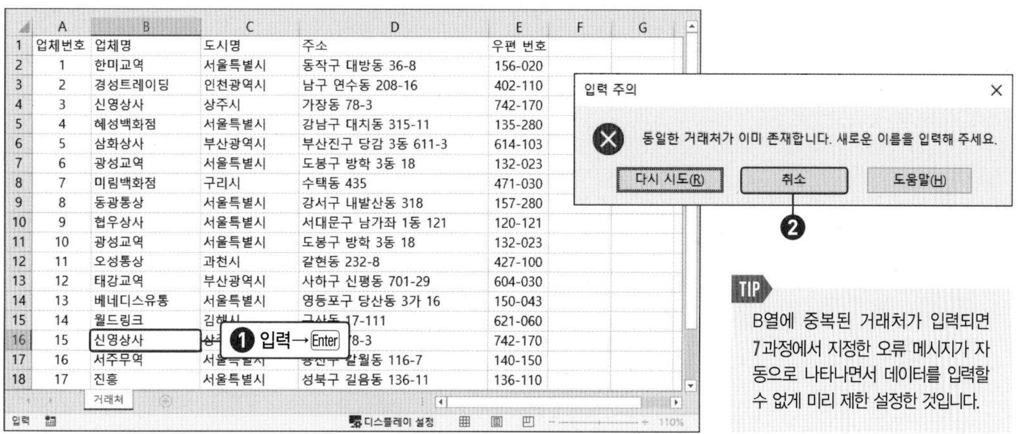

| | A | B | C | D | E |
|---|---|---|---|---|---|
| 1 | 업체번호 | 업체명 | 도시명 | 주소 | 우편 번호 |
| 2 | 1 | 한미교역 | 서울특별시 | 동작구 대방동 36-8 | 156-020 |
| 3 | 2 | 경성트레이딩 | 인천광역시 | 남구 연수동 208-16 | 402-110 |
| 4 | 3 | 신영상사 | 상주시 | 가장동 78-3 | 742-170 |
| 5 | 4 | 혜성백화점 | 서울특별시 | 강남구 대치동 315-11 | 135-280 |
| 6 | 5 | 삼화상사 | 부산광역시 | 부산진구 당감 3동 611-3 | 614-103 |
| 7 | 6 | 광성교역 | 서울특별시 | 도봉구 방학 3동 18 | 132-023 |
| 8 | 7 | 미림백화점 | 구리시 | 수택동 435 | 471-030 |
| 9 | 8 | 동광통상 | 서울특별시 | 강서구 내발산동 318 | 157-280 |
| 10 | 9 | 협우상사 | 서울특별시 | 서대문구 남가좌 1동 121 | 120-121 |
| 11 | 10 | 광성교역 | 서울특별시 | 도봉구 방학 3동 18 | 132-023 |
| 12 | 11 | 오성통상 | 과천시 | 갈현동 232-8 | 427-100 |
| 13 | 12 | 태강교역 | 부산광역시 | 사하구 신평동 701-29 | 604-030 |
| 14 | 13 | 베네디스유통 | 서울특별시 | 영등포구 당산동 3가 16 | 150-043 |
| 15 | 14 | 월드링크 | 김해시 | 구산동 17-111 | 621-060 |
| 16 | 15 | 신영상사 | 상주시 | 가장동 78-3 | 742-170 |
| 17 | 16 | 서주무역 | 서울특별시 | 용산구 갈월동 116-7 | 140-150 |
| 18 | 17 | 진흥 | 서울특별시 | 성북구 길음동 136-11 | 136-110 |



TIP B열에 중복된 거래처가 입력되면 7과정에서 지정한 오류 메시지가 자동으로 나타나면서 데이터를 입력할 수 없게 미리 제한 설정한 것입니다.

9 B22셀에 『삼화상사』를 입력하고 Enter를 누릅니다. B5셀에 같은 거래처 이름이 입력되어 있어서 오류 메시지 창이 열리면 [취소]를 클릭하세요.

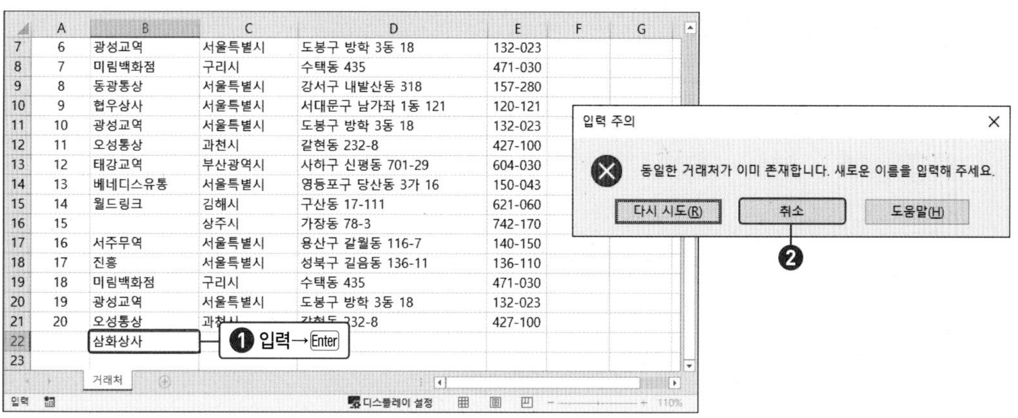

| | A | B | C | D | E |
|---|---|---|---|---|---|
| 7 | 6 | 광성교역 | 서울특별시 | 도봉구 방학 3동 18 | 132-023 |
| 8 | 7 | 미림백화점 | 구리시 | 수택동 435 | 471-030 |
| 9 | 8 | 동광통상 | 서울특별시 | 강서구 내발산동 318 | 157-280 |
| 10 | 9 | 협우상사 | 서울특별시 | 서대문구 남가좌 1동 121 | 120-121 |
| 11 | 10 | 광성교역 | 서울특별시 | 도봉구 방학 3동 18 | 132-023 |
| 12 | 11 | 오성통상 | 과천시 | 갈현동 232-8 | 427-100 |
| 13 | 12 | 태강교역 | 부산광역시 | 사하구 신평동 701-29 | 604-030 |
| 14 | 13 | 베네디스유통 | 서울특별시 | 영등포구 당산동 3가 16 | 150-043 |
| 15 | 14 | 월드링크 | 김해시 | 구산동 17-111 | 621-060 |
| 16 | 15 | | 상주시 | 가장동 78-3 | 742-170 |
| 17 | 16 | 서주무역 | 서울특별시 | 용산구 갈월동 116-7 | 140-150 |
| 18 | 17 | 진흥 | 서울특별시 | 성북구 길음동 136-11 | 136-110 |
| 19 | 18 | 미림백화점 | 구리시 | 수택동 435 | 471-030 |
| 20 | 19 | 광성교역 | 서울특별시 | 도봉구 방학 3동 18 | 132-023 |
| 21 | 20 | 오성통상 | 과천시 | 갈현동 232-8 | 427-100 |
| 22 | | 삼화상사 | | | |
| 23 | | | | | |

**10** 새로 입력하는 값이 아니라 기존에 입력한 거래처에 중복 데이터가 있는지 알아볼게요. 데이터 영역에 있는 하나의 셀을 선택하고 [데이터] 탭-[데이터 도구] 그룹에서 [데이터 유효성 검사]의 목록 단추(▾)를 클릭한 후 [잘못된 데이터]를 선택하세요.

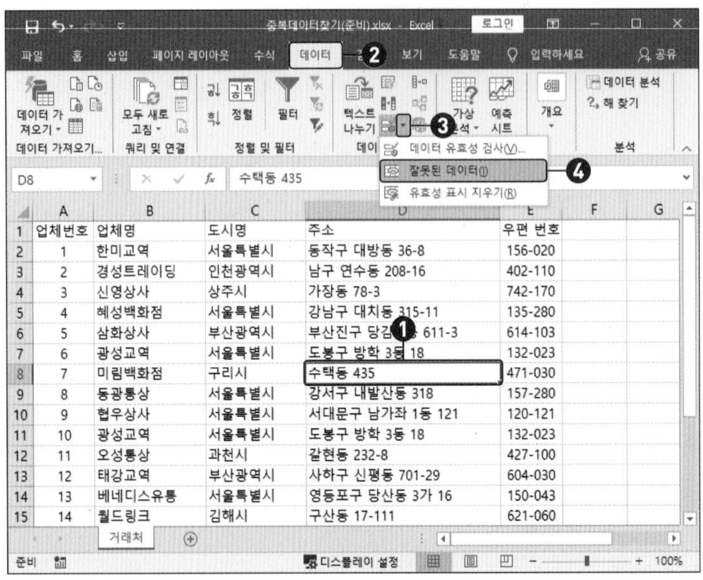


**11** 유효성 검사 규칙에 만족하지 않는 데이터에 자동으로 빨간색 동그라미가 표시되었습니다. 이 표시를 없애려면 [데이터] 탭-[데이터 도구] 그룹에서 [데이터 유효성 검사]의 목록 단추(▾)를 클릭하고 [유효성 표시 지우기]를 선택하세요.

**12** 시트에 지정된 유효성 검사를 해제할게요. 데이터 영역에 있는 하나의 셀을 선택하고 Ctrl+A를 눌러 전체 범위를 설정한 후 [데이터] 탭-[데이터 도구] 그룹에서 [데이터 유효성 검사]를 클릭합니다.

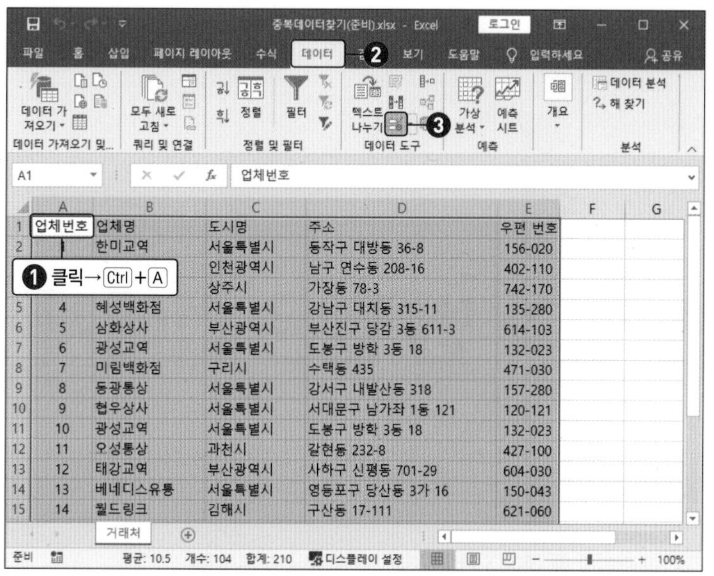


**13** 데이터 유효성이 설정되지 않은 셀이 선택 범위에 있는데, 이 셀에도 데이터 유효성을 적용하는지 묻는 메시지 창이 열리면 [예]를 클릭합니다.

**14** [데이터 유효성] 대화상자에서 [모두 지우기]를 클릭하면 설정된 영역에 있는 모든 유효성 검사를 한 번에 제거할 수 있습니다. 여기서는 [확인]을 클릭하세요.

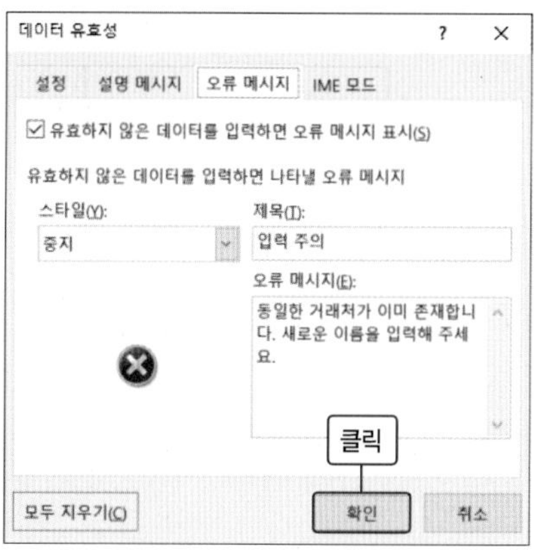

# 07 빈 행과 빈 열은 없애자

데이터를 관리할 때 데이터 사이사이에 빈 행이나 빈 열이 있으면 작업하기 불편한 상황이 종종 발생합니다. 특히 외부나 ERP(Enterprise Resource Planning, 전사적 자원 관리)에서 다운로드한 데이터라면 필요 없는 빈 행이나 빈 열부터 삭제하여 깔끔하게 정리해야 합니다.

**주요 기능**

/ 빈 셀 대신 특정 값 입력하기

/ 필터로 빈 셀 삭제하기

/ 빈 행이나 빈 열 찾아 삭제하기

/ 보이지 않는 특수 문자 삭제하기

# 빈 셀 대신 특정 값 입력하기

◉ **예제파일** : 빈셀대신특정값입력하기(준비).xlsx ◉ **완성파일** : 빈셀대신특정값입력하기(완성).xlsx



**1** [부자재] 시트의 제품별 부자재 구입 내역에서 G3셀에는 전체 구매 평균이, G4셀에는 전체 몇 건인지를 구하는 함수식이 작성되어 있습니다. 하지만 F10:G10 영역처럼 빈 셀은 전체 구매 평균(AVERAGE 함수)과 건수(COUNT 함수)에서 제외되어 계산되는 문제가 발생합니다.

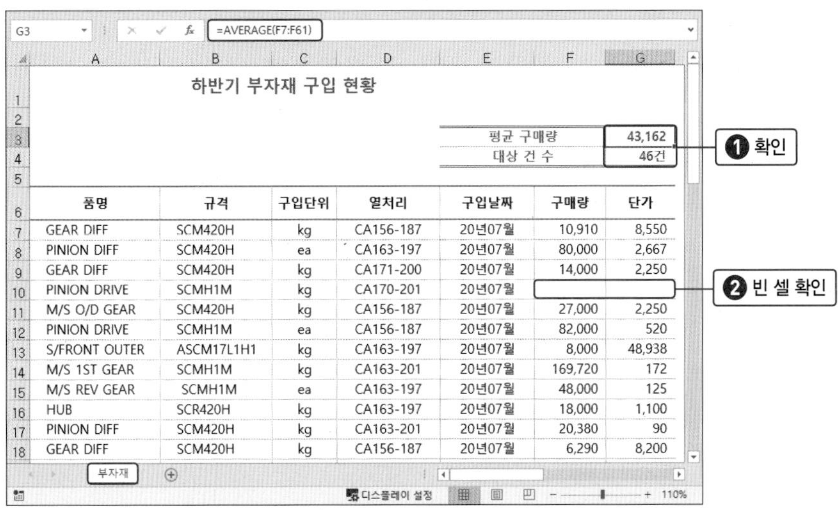


| 품명 | 규격 | 구입단위 | 열처리 | 구입날짜 | 구매량 | 단가 |
|---|---|---|---|---|---|---|
| GEAR DIFF | SCM420H | kg | CA156-187 | 20년07월 | 10,910 | 8,550 |
| PINION DIFF | SCM420H | ea | CA163-197 | 20년07월 | 80,000 | 2,667 |
| GEAR DIFF | SCM420H | kg | CA171-200 | 20년07월 | 14,000 | 2,250 |
| PINION DRIVE | SCMH1M | kg | CA170-201 | 20년07월 | | |
| M/S O/D GEAR | SCM420H | kg | CA156-187 | 20년07월 | 27,000 | 2,250 |
| PINION DRIVE | SCMH1M | ea | CA156-187 | 20년07월 | 82,000 | 520 |
| S/FRONT OUTER | ASCM17L1H1 | kg | CA163-197 | 20년07월 | 8,000 | 48,938 |
| M/S 1ST GEAR | SCMH1M | kg | CA163-201 | 20년07월 | 169,720 | 172 |
| M/S REV GEAR | SCMH1M | ea | CA163-197 | 20년07월 | 48,000 | 125 |
| HUB | SCR420H | kg | CA163-197 | 20년07월 | 18,000 | 1,100 |
| PINION DIFF | SCM420H | kg | CA163-201 | 20년07월 | 20,380 | 90 |
| GEAR DIFF | SCM420H | kg | CA156-187 | 20년07월 | 6,290 | 8,200 |

**2** 전체 데이터 건수를 확인하기 위해 E7셀을 선택하고 Ctrl+Shift+↓를 눌러 연속해서 데이터가 입력된 아래쪽 끝까지 범위를 선택합니다. 상태 표시줄에서 '개수: 55'를 볼 수 있지만, G4셀에는 46건이라고 표시되어 있으므로 나머지는 빈 셀인 것이죠.

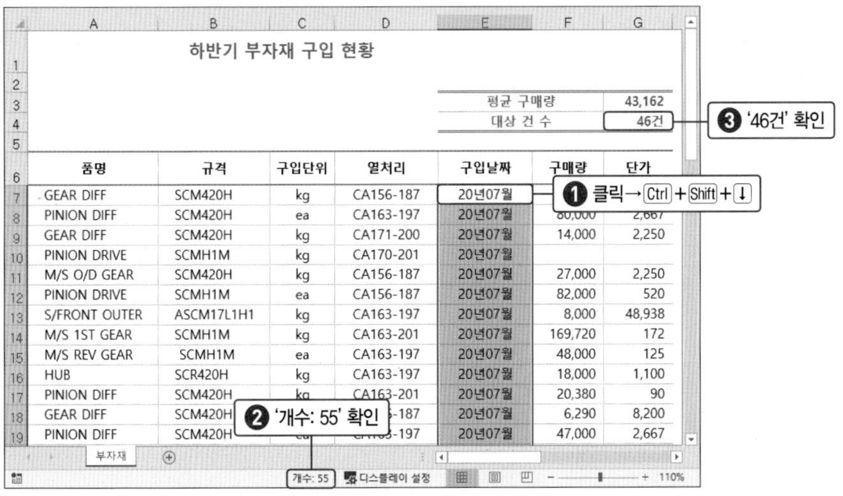


| 품명 | 규격 | 구입단위 | 열처리 | 구입날짜 | 구매량 | 단가 |
|---|---|---|---|---|---|---|
| GEAR DIFF | SCM420H | kg | CA156-187 | 20년07월 | | |
| PINION DIFF | SCM420H | ea | CA163-197 | 20년07월 | | |
| GEAR DIFF | SCM420H | kg | CA171-200 | 20년07월 | 14,000 | 2,250 |
| PINION DRIVE | SCMH1M | kg | CA170-201 | 20년07월 | | |
| M/S O/D GEAR | SCM420H | kg | CA156-187 | 20년07월 | 27,000 | 2,250 |
| PINION DRIVE | SCMH1M | ea | CA156-187 | 20년07월 | 82,000 | 520 |
| S/FRONT OUTER | ASCM17L1H1 | kg | CA163-197 | 20년07월 | 8,000 | 48,938 |
| M/S 1ST GEAR | SCMH1M | kg | CA163-201 | 20년07월 | 169,720 | 172 |
| M/S REV GEAR | SCMH1M | ea | CA163-197 | 20년07월 | 48,000 | 125 |
| HUB | SCR420H | kg | CA163-197 | 20년07월 | 18,000 | 1,100 |
| PINION DIFF | SCM420H | kg | CA163-201 | 20년07월 | 20,380 | 90 |
| GEAR DIFF | SCM420H | | -187 | 20년07월 | 6,290 | 8,200 |
| PINION DIFF | SCM420H | | -197 | 20년07월 | 47,000 | 2,667 |

**3** 빈 셀을 계산할 수 있는 숫자 값인 0으로 바꿔볼게요. F7셀을 선택하고 Ctrl+Shift+↓를 눌러 F9 셀까지만 범위를 선택하세요. 중간에 빈 셀이 있어서 연속된 데이터까지만 범위가 지정된 것이므로 데이터가 입력된 마지막 셀까지 범위를 지정하기 위해 Ctrl+Shift+End를 누르세요.

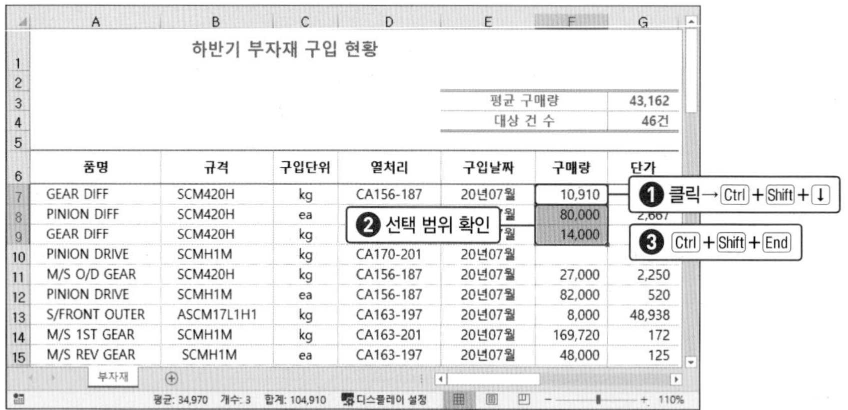


**4** 시트에서 데이터가 입력된 끝 셀까지 한 번에 범위를 선택했으면 [홈] 탭-[편집] 그룹에서 [찾기 및 선택]을 클릭하고 [이동 옵션]을 선택합니다.

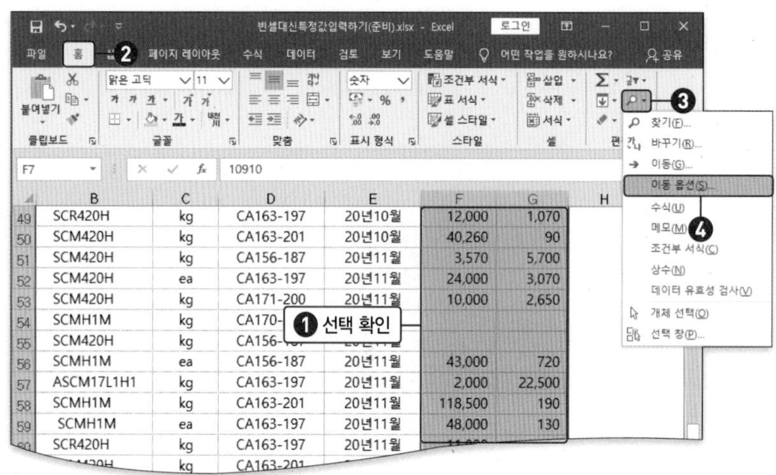


**5** [이동 옵션] 대화상자가 열리면 '종류'에서 [빈 셀]을 선택하고 [확인]을 클릭합니다.

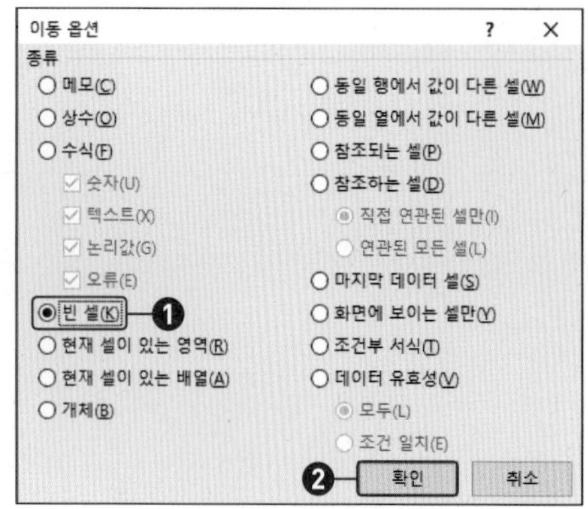

**6** 범위가 지정된 영역에서 빈 셀만 찾아 한 번에 선택되었으면 이 상태에서 『0』을 입력하고 Ctrl+Enter를 누르세요.

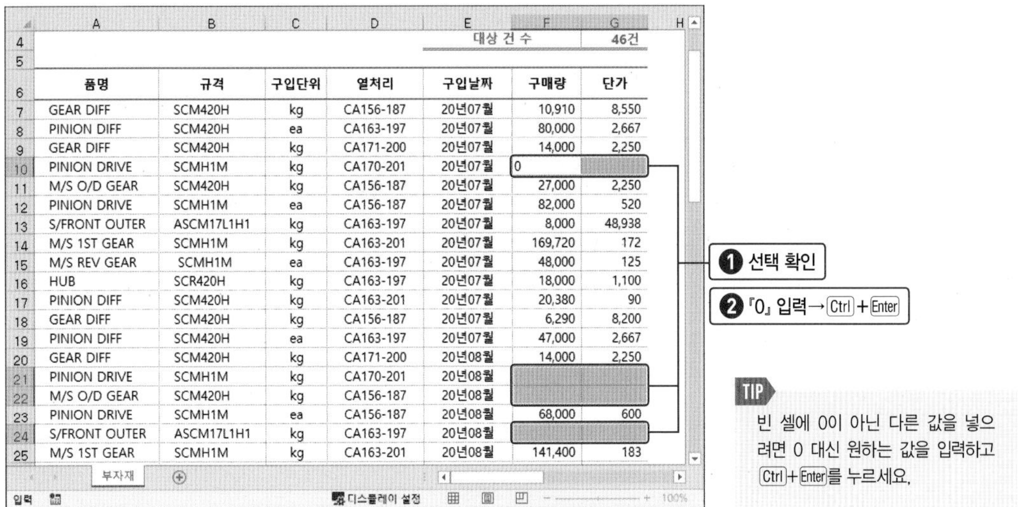

| | A | B | C | D | E | F | G |
|---|---|---|---|---|---|---|---|
| 4 | | | | | 대상 건 수 | | 46건 |
| 5 | | | | | | | |
| 6 | 품명 | 규격 | 구입단위 | 열처리 | 구입날짜 | 구매량 | 단가 |
| 7 | GEAR DIFF | SCM420H | kg | CA156-187 | 20년07월 | 10,910 | 8,550 |
| 8 | PINION DIFF | SCM420H | ea | CA163-197 | 20년07월 | 80,000 | 2,667 |
| 9 | GEAR DIFF | SCM420H | kg | CA171-200 | 20년07월 | 14,000 | 2,250 |
| 10 | PINION DRIVE | SCMH1M | kg | CA170-201 | 20년07월 | 0 | |
| 11 | M/S O/D GEAR | SCM420H | kg | CA156-187 | 20년07월 | 27,000 | 2,250 |
| 12 | PINION DRIVE | SCMH1M | ea | CA156-187 | 20년07월 | 82,000 | 520 |
| 13 | S/FRONT OUTER | ASCM17L1H1 | kg | CA163-197 | 20년07월 | 8,000 | 48,938 |
| 14 | M/S 1ST GEAR | SCMH1M | kg | CA163-201 | 20년07월 | 169,720 | 172 |
| 15 | M/S REV GEAR | SCMH1M | ea | CA163-197 | 20년07월 | 48,000 | 125 |
| 16 | HUB | SCR420H | kg | CA163-197 | 20년07월 | 18,000 | 1,100 |
| 17 | PINION DIFF | SCM420H | kg | CA163-201 | 20년07월 | 20,380 | 90 |
| 18 | GEAR DIFF | SCM420H | kg | CA156-187 | 20년07월 | 6,290 | 8,200 |
| 19 | PINION DIFF | SCM420H | ea | CA163-197 | 20년07월 | 47,000 | 2,667 |
| 20 | GEAR DIFF | SCM420H | kg | CA171-200 | 20년08월 | 14,000 | 2,250 |
| 21 | PINION DRIVE | SCMH1M | kg | CA170-201 | 20년08월 | | |
| 22 | M/S O/D GEAR | SCM420H | kg | CA156-187 | 20년08월 | | |
| 23 | PINION DRIVE | SCMH1M | ea | CA156-187 | 20년08월 | 68,000 | 600 |
| 24 | S/FRONT OUTER | ASCM17L1H1 | kg | CA163-197 | 20년08월 | | |
| 25 | M/S 1ST GEAR | SCMH1M | kg | CA163-201 | 20년08월 | 141,400 | 183 |



**7** 빈 셀에 모두 '0'이 채워지면서 바뀐 숫자 값 0이 반영되어 G3셀의 평균 구매량과 G4셀의 대상 건수가 변경되었습니다.

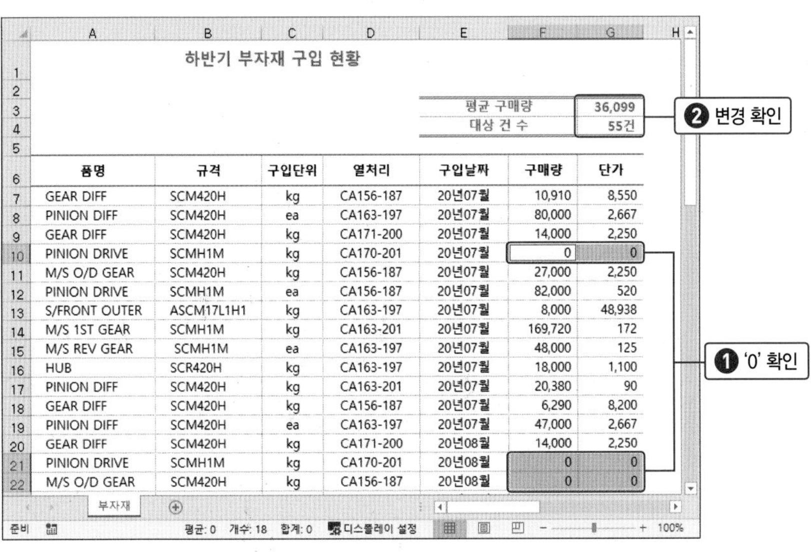

| | A | B | C | D | E | F | G |
|---|---|---|---|---|---|---|---|
| 1 | | 하반기 부자재 구입 현황 | | | | | |
| 2 | | | | | | | |
| 3 | | | | | 평균 구매량 | | 36,099 |
| 4 | | | | | 대상 건 수 | | 55건 |
| 5 | | | | | | | |
| 6 | 품명 | 규격 | 구입단위 | 열처리 | 구입날짜 | 구매량 | 단가 |
| 7 | GEAR DIFF | SCM420H | kg | CA156-187 | 20년07월 | 10,910 | 8,550 |
| 8 | PINION DIFF | SCM420H | ea | CA163-197 | 20년07월 | 80,000 | 2,667 |
| 9 | GEAR DIFF | SCM420H | kg | CA171-200 | 20년07월 | 14,000 | 2,250 |
| 10 | PINION DRIVE | SCMH1M | kg | CA170-201 | 20년07월 | 0 | 0 |
| 11 | M/S O/D GEAR | SCM420H | kg | CA156-187 | 20년07월 | 27,000 | 2,250 |
| 12 | PINION DRIVE | SCMH1M | ea | CA156-187 | 20년07월 | 82,000 | 520 |
| 13 | S/FRONT OUTER | ASCM17L1H1 | kg | CA163-197 | 20년07월 | 8,000 | 48,938 |
| 14 | M/S 1ST GEAR | SCMH1M | kg | CA163-201 | 20년07월 | 169,720 | 172 |
| 15 | M/S REV GEAR | SCMH1M | ea | CA163-197 | 20년07월 | 48,000 | 125 |
| 16 | HUB | SCR420H | kg | CA163-197 | 20년07월 | 18,000 | 1,100 |
| 17 | PINION DIFF | SCM420H | kg | CA163-201 | 20년07월 | 20,380 | 90 |
| 18 | GEAR DIFF | SCM420H | kg | CA156-187 | 20년07월 | 6,290 | 8,200 |
| 19 | PINION DIFF | SCM420H | ea | CA163-197 | 20년07월 | 47,000 | 2,667 |
| 20 | GEAR DIFF | SCM420H | kg | CA171-200 | 20년08월 | 14,000 | 2,250 |
| 21 | PINION DRIVE | SCMH1M | kg | CA170-201 | 20년08월 | 0 | 0 |
| 22 | M/S O/D GEAR | SCM420H | kg | CA156-187 | 20년08월 | 0 | 0 |

# 필터로 빈 셀 삭제하기

◉ **예제파일** : 빈셀필터로삭제하기(준비).xlsx ◉ **완성파일** : 빈셀필터로삭제하기(완성).xlsx

**1** [부자재] 시트에서 10행처럼 빈 셀이 있는 행 전체를 한 번에 삭제해 볼게요. 데이터 영역에서 특정 셀(여기서는 D9셀)을 클릭하고 [데이터] 탭-[정렬 및 필터] 그룹에서 [필터]를 클릭하세요.

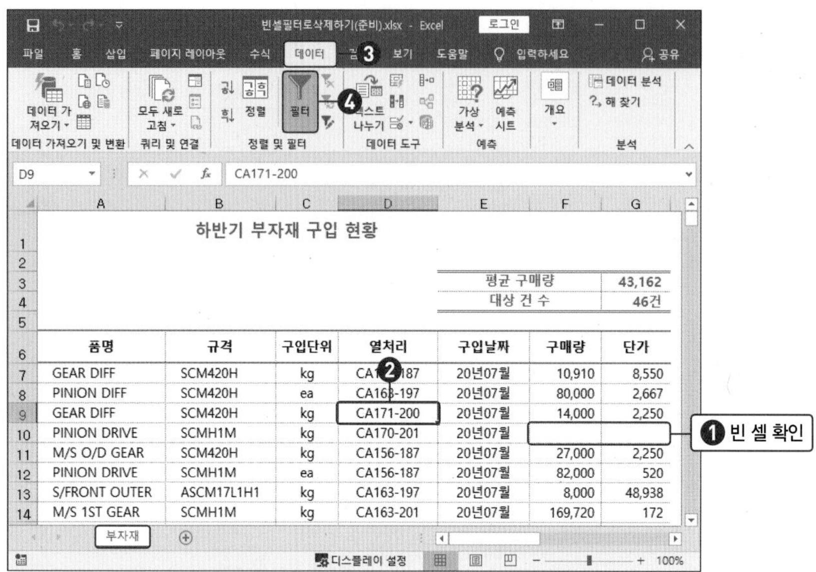


**2** 데이터의 첫 행인 6행이 제목으로 자동 인식되어 필터 단추(▾)가 표시되었으면 빈 셀을 찾을 '구매량' 필드에서 F6셀의 필터 단추(▾)를 클릭합니다. 목록이 표시되면 [(모두 선택)]의 체크를 해제하고 [(필드 값 없음)]에 체크한 후 [확인]을 클릭하세요.

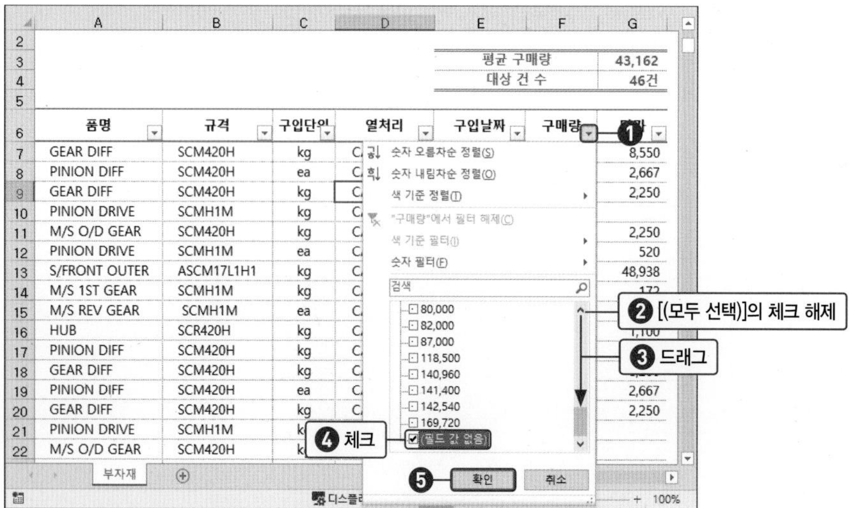

**3** 전체 데이터 중 F열의 '구매량' 필드에서 값이 없는 데이터만 선택되었으면 이것들을 한 번에 삭제해 볼게요. 필터링된 데이터의 첫 행인 10행 머리글을 클릭하고 Ctrl+Shift+↓를 누릅니다. 표시된 데이터의 마지막 행까지 범위가 선택되었으면 선택 영역에서 마우스 오른쪽 단추를 클릭하고 [행 삭제]를 선택하세요.

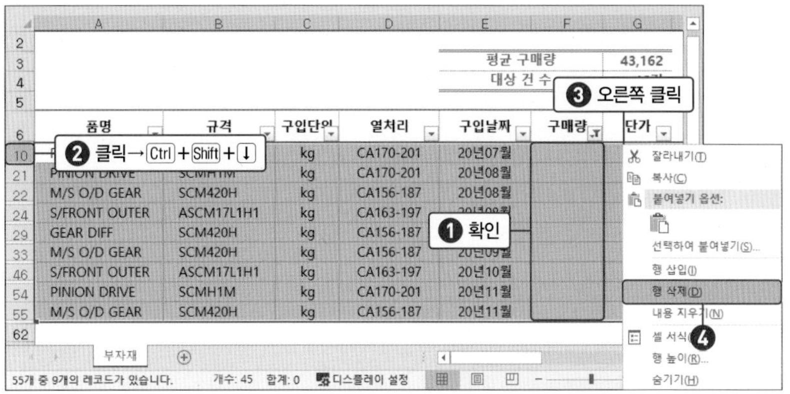


**4** 범위가 설정된 행 데이터가 한 번에 삭제되었으면 [데이터] 탭-[정렬 및 필터] 그룹에서 [필터]를 클릭하여 필터 적용을 해제하세요.

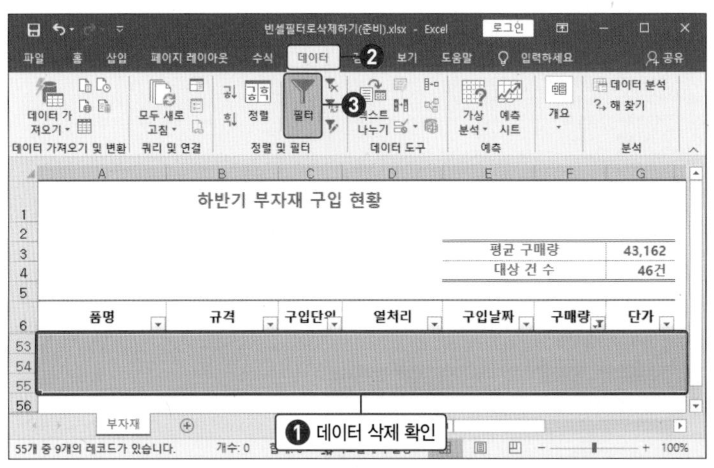


**5** '구매량' 항목에서 값이 없었던 행 전체가 한 번에 삭제되었는지 확인합니다.

하반기 부자재 구입 현황

| | 평균 구매량 | 43,162 |
|---|---|---|
| | 대상 건 수 | 46건 |

| 품명 | 규격 | 구입단위 | 열처리 | 구입날짜 | 구매량 | 단가 |
|---|---|---|---|---|---|---|
| GEAR DIFF | SCM420H | kg | CA156-187 | 20년07월 | 10,910 | 8,550 |
| PINION DIFF | SCM420H | ea | CA163-197 | 20년07월 | 80,000 | 2,667 |
| GEAR DIFF | SCM420H | kg | CA171-200 | 20년07월 | 14,000 | 2,250 |
| M/S O/D GEAR | SCM420H | kg | CA156-187 | 20년07월 | 27,000 | |
| PINION DRIVE | SCMH1M | ea | CA156-187 | 20년07월 | 82,000 | |
| S/FRONT OUTER | ASCM17L1H1 | kg | CA163-197 | 20년07월 | 8,000 | 48,938 |
| M/S 1ST GEAR | SCMH1M | kg | CA163-201 | 20년07월 | 169,720 | 172 |
| M/S REV GEAR | SCMH1M | ea | CA163-197 | 20년07월 | 48,000 | 125 |

확인

평균: 23964.64911 개수: 301 합계: 2060959.823

CASE

# 03 빈 행이나 빈 열 찾아 삭제하기

◉ **예제파일** : 빈행열삭제하기(준비).xlsx ◉ **완성파일** : 빈행열삭제하기(완성).xlsx

**1** 웹에서나 ERP에서 다운로드한 데이터가 깔끔하게 정리되어 있지 않을 때가 있습니다. [주민등록 인구 및 세대현황] 시트에서 A5셀을 선택하고 Ctrl+A를 누르면 연속된 데이터 영역이 확장되어 범위로 선택되지만, 중간에 빈 행이나 빈 열이 있으면 전체가 아닌 일부분만 선택됩니다. 이와 같이 불필요한 빈 행이나 빈 열을 정리해서 사용하기 편리하게 데이터를 만들어 볼게요.

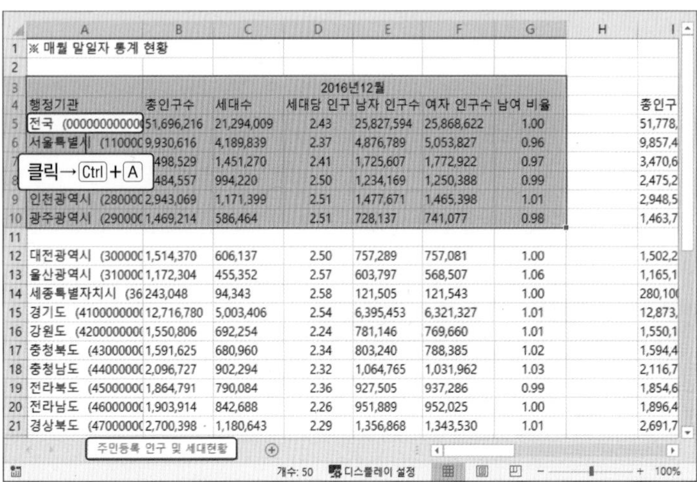


**2** 빈 셀을 찾을 A5:A38 영역을 선택하고 [홈] 탭-[편집] 그룹에서 [찾기 및 선택]을 클릭한 후 [이동 옵션]을 선택하세요.

**3** [이동 옵션] 대화상자가 열리면 '종류'에서 [빈 셀]을 선택하고 [확인]을 클릭하세요.

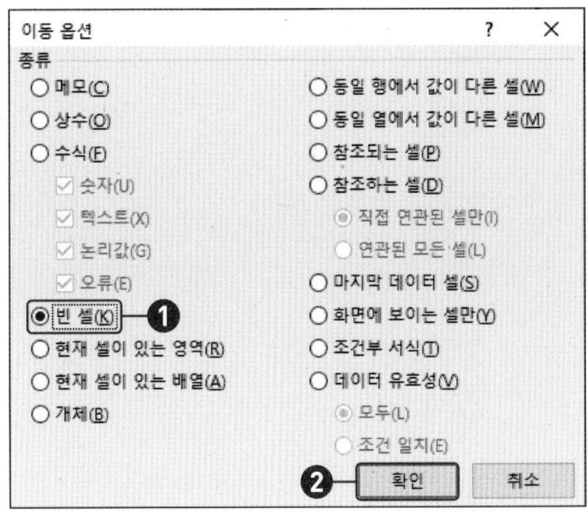


**4** 범위가 지정된 영역에서 빈 셀만 선택되었으면 선택 영역의 특정 셀(여기서는 A11셀)에서 마우스 오른쪽 단추를 클릭하고 [삭제]를 선택하세요.

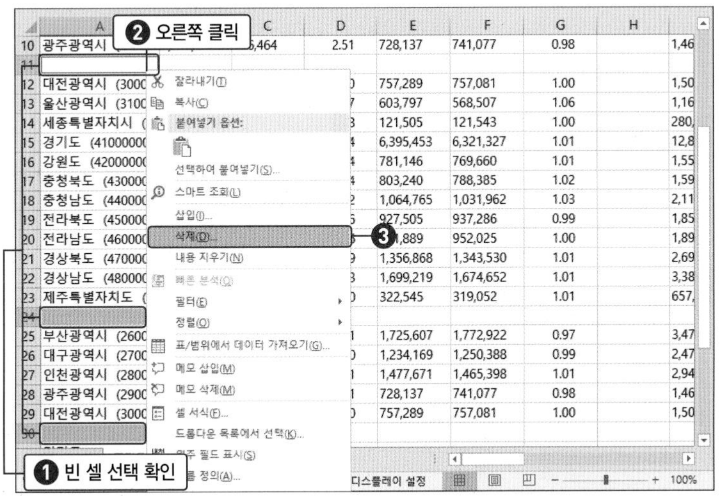


**5** [삭제] 대화상자가 열리면 '삭제'에서 [행 전체]를 선택하고 [확인]을 클릭하세요.

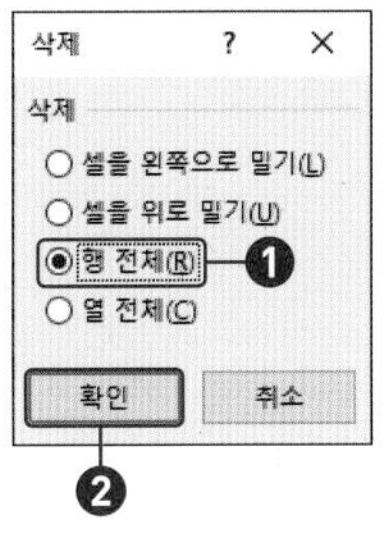

**6** 선택된 빈 셀이 있던 행 전체가 한 번에 삭제되면서 필요 없는 빈 행을 한 번에 삭제했습니다.

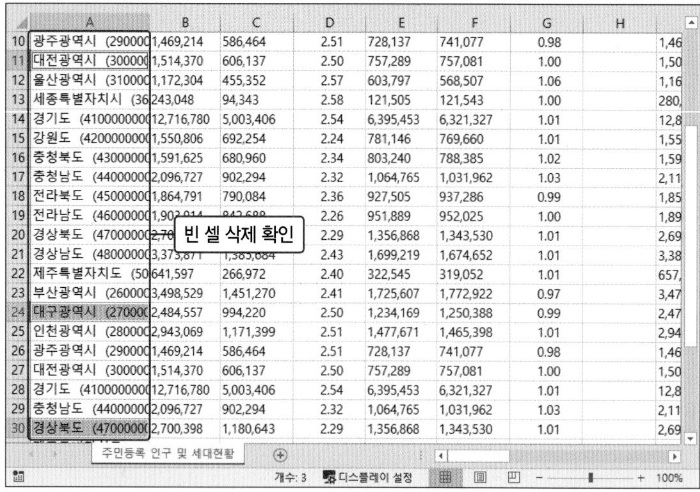


**7** 제목이 입력된 4행에 빈 셀이 있다면 해당 열 전체를 삭제해 볼게요. 4행 머리글을 클릭하여 4행 전체를 선택하고 [홈] 탭-[편집] 그룹에서 [찾기 및 선택]을 클릭한 후 [이동 옵션]을 선택하세요.

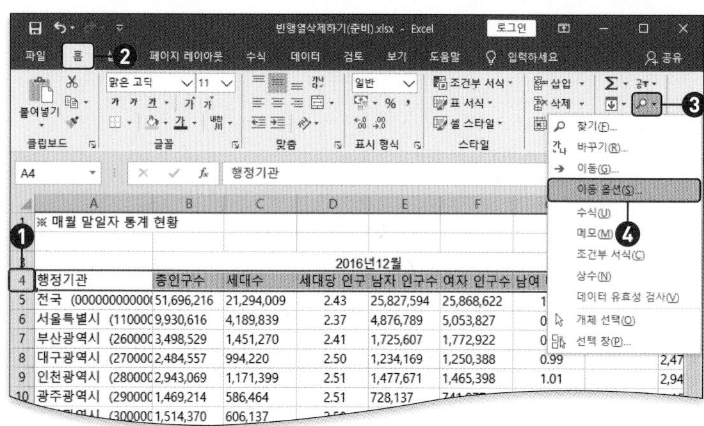


**8** [이동 옵션] 대화상자가 열리면 '종류'에서 [빈 셀]을 선택하고 [확인]을 클릭하세요.

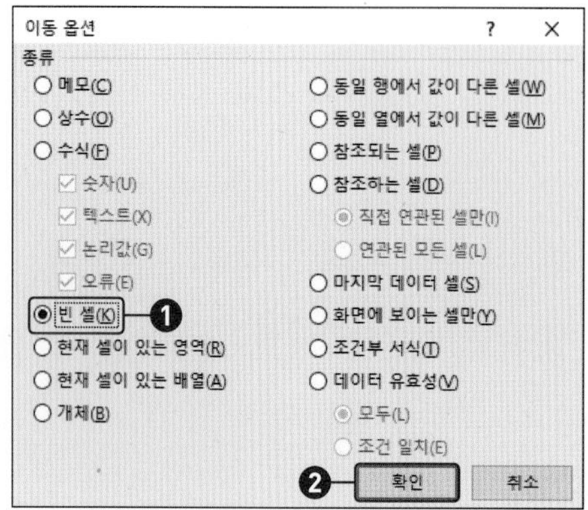

**9** 범위가 설정된 영역에서 빈 셀만 찾아서 선택되었으면 선택 영역의 특정 셀(여기서는 H4셀)에서 마우스 오른쪽 단추를 클릭하고 [삭제]를 선택하세요.

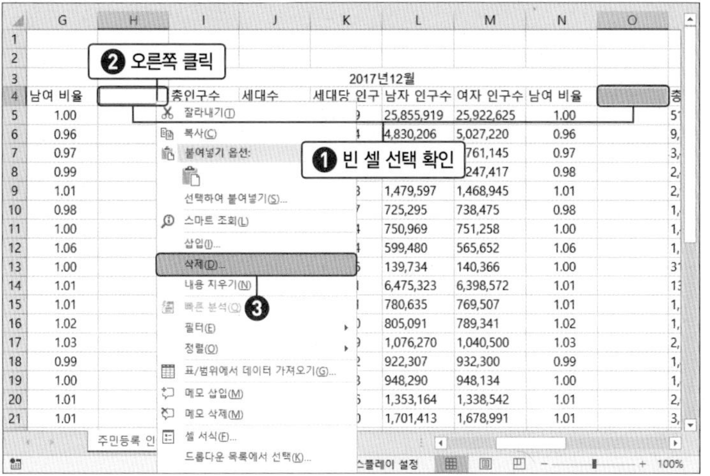


**10** [삭제] 대화상자가 열리면 '삭제'에서 [열 전체]를 선택하고 [확인]을 클릭하세요.

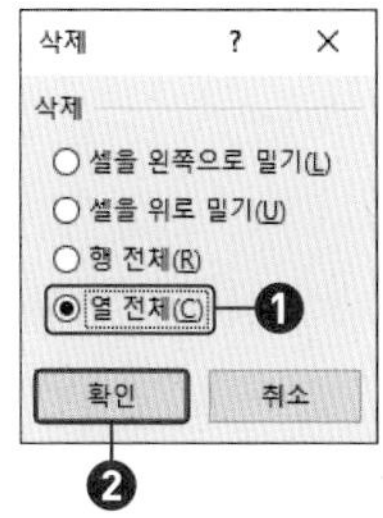


**11** 빈 열이 한 번에 삭제되어 유효한 데이터만 남겨졌어요. 데이터가 입력된 특정 셀(여기서는 C8셀)을 클릭하고 Ctrl+A를 누르면 데이터 전체를 한 번에 선택할 수 있습니다.

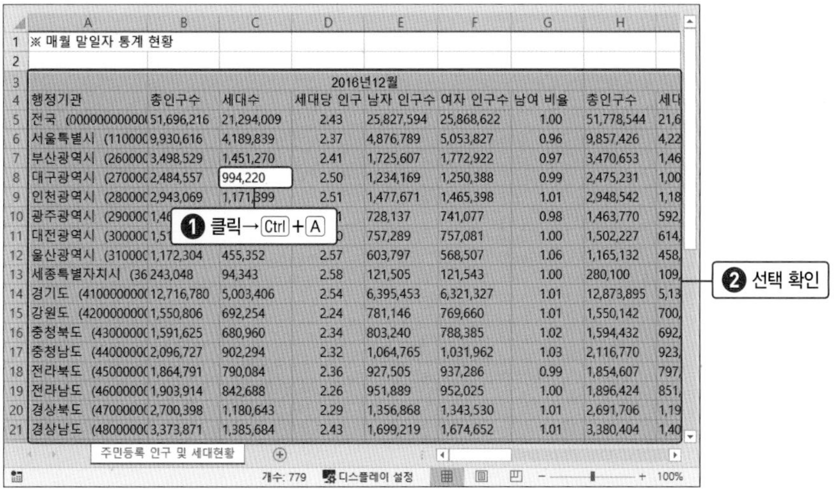

# 보이지 않는 특수 문자 삭제하기

◉ **예제파일** : 특수문자삭제하기(준비).xlsx ◉ **완성파일** : 특수문자삭제하기(완성).xlsx

**1** 셀에 데이터를 입력할 때 Alt+Enter를 누르면 한 셀에 여러 줄로 데이터를 나누어서 입력할 수 있습니다. 이렇게 데이터를 입력한 경우 화면에서는 Alt+Enter가 보이지 않기 때문에 함수를 이용해서 다시 한 줄로 입력해 보겠습니다.

**2** F열에서 데이터를 2줄로 입력하기 위해 Alt+Enter를 누른 효과를 없애볼게요. J2셀을 선택하고 함수식 『=CLEAN(F2)』를 입력한 후 Enter를 누르세요.

**함수식 설명**

**=CLEAN(F2)**

CLEAN 함수는 셀에 입력된 텍스트에서 화면에 보이지도 않고 인쇄할 수도 없는 특수 문자를 모두 제거합니다.

**3** 화면에 보이지 않지만 Alt+Enter를 눌러 설정된 특수 문자가 지워지면서 J2셀에 표시된 값이 한 줄로 변경되었습니다. J2셀의 자동 채우기 핸들을 더블클릭해서 나머지 행에도 함수식을 복사하세요.

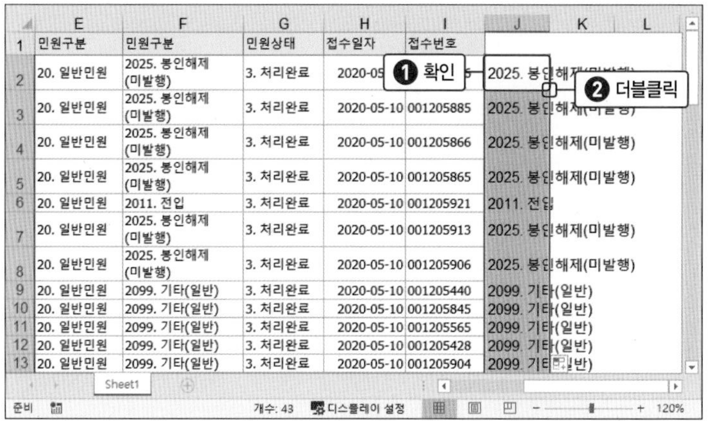


**4** 이번에는 맞춤 기능을 이용해서 같은 효과를 내어볼게요. F열 머리글을 클릭해서 F열 전체를 선택하고 [홈] 탭-[맞춤] 그룹에서 [자동 줄 바꿈]을 클릭하세요.

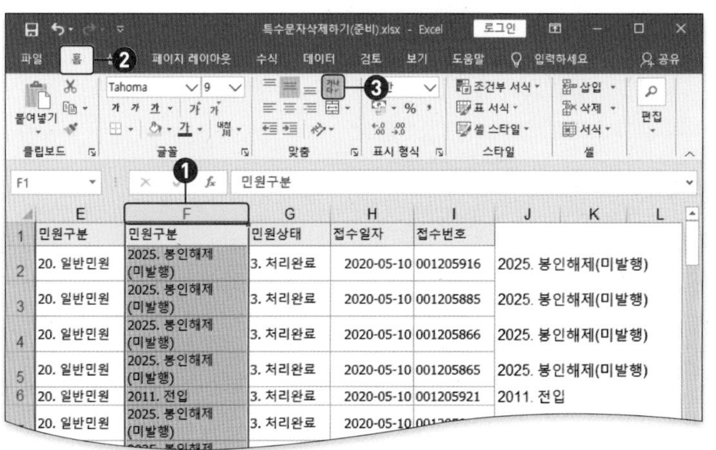


**5** 대상 영역에 입력된 텍스트에서 Alt+Enter를 눌러 설정된 특수 문자가 지워지면서 한 줄로 표시되었는지 확인합니다.

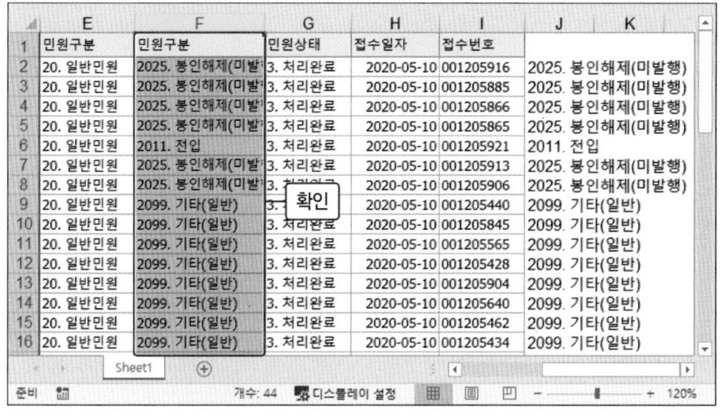


> **TIP**
> CLEAN 함수는 Alt+Enter를 누르면 설정되는 특수 문자뿐만 아니라 화면에 보이지 않는 다른 모든 특수 문자까지 삭제할 수 있어요. 반면 자동 줄 바꿈 기능은 Alt+Enter만 제거할 수 있습니다.

**6** B열에 표시된 확인란은 셀에 입력된 값이 아니라 외부 개체이므로 범위를 설정해서 지울 수 없고 하나씩 클릭한 후 Delete를 눌러서 삭제해야 합니다. 이번에는 이것을 한 번에 삭제해 볼게요.

**7** B열 머리글을 클릭해서 삭제할 개체가 표시된 전체 영역을 선택하고 [홈] 탭-[편집] 그룹에서 [찾기 및 선택]을 클릭한 후 [이동 옵션]을 선택하세요.

**8** [이동 옵션] 대화상자가 열리면 '종류'에서 [개체]를 선택하고 [확인]을 클릭하세요.

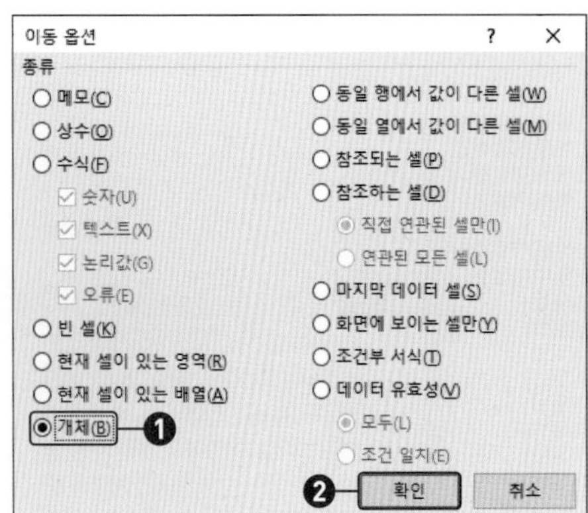

**9** 범위 안에 표시된 모든 개체가 한 번에 선택되었으면 Delete를 눌러 삭제하세요.

| | A | B | C | D | E | F | G | H |
|---|---|---|---|---|---|---|---|---|
| 1 | | CHK | 요청일자 | 요청시간 | 민원구분 | 민원구분 | 민원상태 | 접수일자 |
| 2 | | | 2020-05-10 | 20:00:00 | 20. 일반민원 | 2025. 봉인해제(미발 | 3. 처리완료 | 2020-05-10 |
| 3 | | | 2020-05-10 | 20:00:00 | 20. 일반민원 | 2025. 봉인해제(미발 | 3. 처리완료 | 2020-05-10 |
| 4 | | | 2020-05-10 | 20:00:00 | 20. 일반민원 | 2025. 봉인해제(미발 | 3. 처리완료 | 2020-05-10 |
| 5 | | | 2020-05-10 | 20:00:00 | 20. 일반민원 | 2025. 봉인해제(미발 | 3. 처리완료 | 2020-05-10 |
| 6 | | | 2020-05-10 | 19:27:00 | 20. 일반민원 | 2011. 전입 | 3. 처리완료 | 2020-05-10 |
| 7 | | | 2020-05-10 | 19:00:00 | 20. 일반민원 | 2025. 봉인해제(미발 | 3. 처리완료 | 2020-05-10 |
| 8 | | | 2020-05-10 | 19:00:00 | 20. 일반민원 | 2025. 봉인해제(미발 | 3. 처리완료 | 2020-05-10 |
| 9 | | | 2020-05-10 | 19:00:00 | 20. 일반민원 | 2099. 기타(일반) | 3. 처리완료 | 2020-05-10 |
| 10 | | | | | 20. 일반민원 | 2099. 기타(일반) | 3. 처리완료 | 2020-05-10 |
| 11 | | | | | 20. 일반민원 | 2099. 기타(일반) | 3. 처리완료 | 2020-05-10 |
| 12 | | | 2020-05-10 | 18:40:00 | 20. 일반민원 | 2099. 기타(일반) | 3. 처리완료 | 2020-05-10 |
| 13 | | | 2020-05-10 | 18:30:00 | 20. 일반민원 | 2099. 기타(일반) | 3. 처리완료 | 2020-05-10 |
| 14 | | | 2020-05-10 | 18:30:00 | 20. 일반민원 | 2099. 기타(일반) | 3. 처리완료 | 2020-05-10 |
| 15 | | | 2020-05-10 | 18:30:00 | 20. 일반민원 | 2099. 기타(일반) | 3. 처리완료 | 2020-05-10 |
| 16 | | | 2020-05-10 | 18:30:00 | 20. 일반민원 | 2099. 기타(일반) | 3. 처리완료 | 2020-05-10 |
| 17 | | | 2020-05-10 | 18:20:00 | 20. 일반민원 | 2099. 기타(일반) | 3. 처리완료 | 2020-05-10 |
| 18 | | | 2020-05-10 | 18:20:00 | 20. 일반민원 | 2099. 기타(일반) | 3. 처리완료 | 2020-05-10 |
| 19 | | | 2020-05-10 | 18:00:00 | 20. 일반민원 | 2099. 기타(일반) | 3. 처리완료 | 2020-05-10 |

선택 확인→Delete

Sheet1

준비 디스플레이 설정 120%

**10** 범위 안에 표시된 모든 개체가 한 번에 삭제되었는지 확인합니다.

| | A | B | C | D | E | F | G | H |
|---|---|---|---|---|---|---|---|---|
| 1 | | CHK | 요청일자 | 요청시간 | 민원구분 | 민원구분 | 민원상태 | 접수일자 |
| 2 | | | 2020-05-10 | 20:00:00 | 20. 일반민원 | 2025. 봉인해제(미발 | 3. 처리완료 | 2020-05-10 |
| 3 | | | 2020-05-10 | 20:00:00 | 20. 일반민원 | 2025. 봉인해제(미발 | 3. 처리완료 | 2020-05-10 |
| 4 | | | 2020-05-10 | 20:00:00 | 20. 일반민원 | 2025. 봉인해제(미발 | 3. 처리완료 | 2020-05-10 |
| 5 | | | 2020-05-10 | 20:00:00 | 20. 일반민원 | 2025. 봉인해제(미발 | 3. 처리완료 | 2020-05-10 |
| 6 | | | 2020-05-10 | 19:27:00 | 20. 일반민원 | 2011. 전입 | 3. 처리완료 | 2020-05-10 |
| 7 | | | 2020-05-10 | 19:00:00 | 20. 일반민원 | 2025. 봉인해제(미발 | 3. 처리완료 | 2020-05-10 |
| 8 | | | 2020-05-10 | 19:00:00 | 20. 일반민원 | 2025. 봉인해제(미발 | 3. 처리완료 | 2020-05-10 |
| 9 | | | 2020-05-10 | 19:00:00 | 20. 일반민원 | 2099. 기타(일반) | 3. 처리완료 | 2020-05-10 |
| 10 | | | | :00:00 | 20. 일반민원 | 2099. 기타(일반) | 3. 처리완료 | 2020-05-10 |
| 11 | | | | :00:00 | 20. 일반민원 | 2099. 기타(일반) | 3. 처리완료 | 2020-05-10 |
| 12 | | | 2020-05-10 | 18:40:00 | 20. 일반민원 | 2099. 기타(일반) | 3. 처리완료 | 2020-05-10 |
| 13 | | | 2020-05-10 | 18:30:00 | 20. 일반민원 | 2099. 기타(일반) | 3. 처리완료 | 2020-05-10 |
| 14 | | | 2020-05-10 | 18:30:00 | 20. 일반민원 | 2099. 기타(일반) | 3. 처리완료 | 2020-05-10 |
| 15 | | | 2020-05-10 | 18:30:00 | 20. 일반민원 | 2099. 기타(일반) | 3. 처리완료 | 2020-05-10 |
| 16 | | | 2020-05-10 | 18:30:00 | 20. 일반민원 | 2099. 기타(일반) | 3. 처리완료 | 2020-05-10 |
| 17 | | | 2020-05-10 | 18:20:00 | 20. 일반민원 | 2099. 기타(일반) | 3. 처리완료 | 2020-05-10 |
| 18 | | | 2020-05-10 | 18:20:00 | 20. 일반민원 | 2099. 기타(일반) | 3. 처리완료 | 2020-05-10 |
| 19 | | | 2020-05-10 | 18:00:00 | 20. 일반민원 | 2099. 기타(일반) | 3. 처리완료 | 2020-05-10 |

삭제 확인

Sheet1

준비 디스플레이 설정 120%

# 08 한 셀에 입력된 데이터를 여러 셀로 분리하자

매일 또는 매주 생성되는 새로운 데이터를 받아서 사용하기 편리한 형태의 기초 자료로 변환하는 작업을 많이 합니다. 이때 하나의 셀에 합쳐져서 입력된 데이터 중 필요한 부분만 뽑아내거나 각각 분리해서 다른 열에 표시하는 작업을 훨씬 편리하게 진행할 수 있어요.

**주요 기능**

/ 빠른 채우기로 데이터 분리하기

/ 날짜 데이터를 연, 월, 일로 분리하기

/ 문자 데이터 분리하기

/ 텍스트 나누기로 날짜와 상품명 분리하기

/ 바꾸기 이용해 지역명 분리하기

# 빠른 채우기로 데이터 분리하기

◉ **예제파일** : 빠른채우기로분리하기(준비).xlsx ◉ **완성파일** : 빠른채우기로분리하기(완성).xlsx

**1** [발주내역] 시트에서 B열의 상품명 중 괄호 안에 입력된 값만 분리해서 C열에 표시해 볼게요. C2 셀에 『6X1』을 입력하고 Enter를 누르세요.

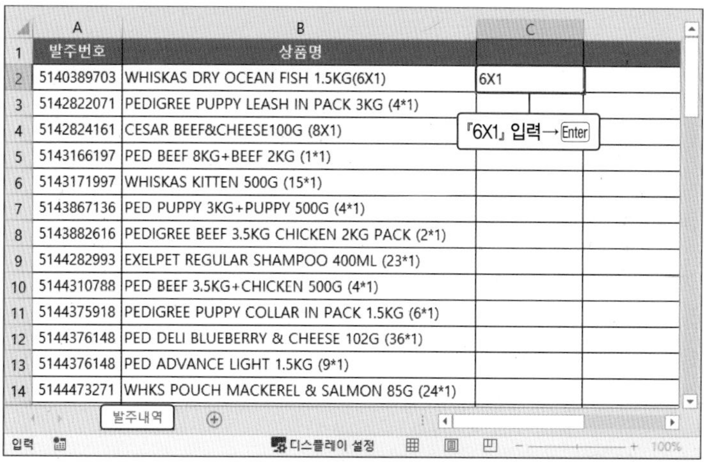

| | A | B | C |
|---|---|---|---|
| 1 | 발주번호 | 상품명 | |
| 2 | 5140389703 | WHISKAS DRY OCEAN FISH 1.5KG(6X1) | 6X1 |
| 3 | 5142822071 | PEDIGREE PUPPY LEASH IN PACK 3KG (4*1) | |
| 4 | 5142824161 | CESAR BEEF&CHEESE100G (8X1) | |
| 5 | 5143166197 | PED BEEF 8KG+BEEF 2KG (1*1) | |
| 6 | 5143171997 | WHISKAS KITTEN 500G (15*1) | |
| 7 | 5143867136 | PED PUPPY 3KG+PUPPY 500G (4*1) | |
| 8 | 5143882616 | PEDIGREE BEEF 3.5KG CHICKEN 2KG PACK (2*1) | |
| 9 | 5144282993 | EXELPET REGULAR SHAMPOO 400ML (23*1) | |
| 10 | 5144310788 | PED BEEF 3.5KG+CHICKEN 500G (4*1) | |
| 11 | 5144375918 | PEDIGREE PUPPY COLLAR IN PACK 1.5KG (6*1) | |
| 12 | 5144376148 | PED DELI BLUEBERRY & CHEESE 102G (36*1) | |
| 13 | 5144376148 | PED ADVANCE LIGHT 1.5KG (9*1) | |
| 14 | 5144473271 | WHKS POUCH MACKEREL & SALMON 85G (24*1) | |



**TIP**
빠른 채우기는 다른 셀에 입력된 데이터를 참조해서 특정 부분만 분리하거나 여러 셀의 값을 하나로 합치는 등의 작업 패턴을 인식해서 자동으로 값을 채워주는 기능입니다. 이 기능은 엑셀 2013 버전부터 제공하므로 엑셀 2013 이전 버전을 사용한다면 사용할 수 없어요.

**2** C3셀의 상품명에서 괄호 안에 입력된 텍스트의 첫 글자인 『4』를 입력하면 자동으로 패턴을 인식해서 예시가 표시됩니다. 이 패턴을 그대로 적용하기 위해 Enter를 누르세요.

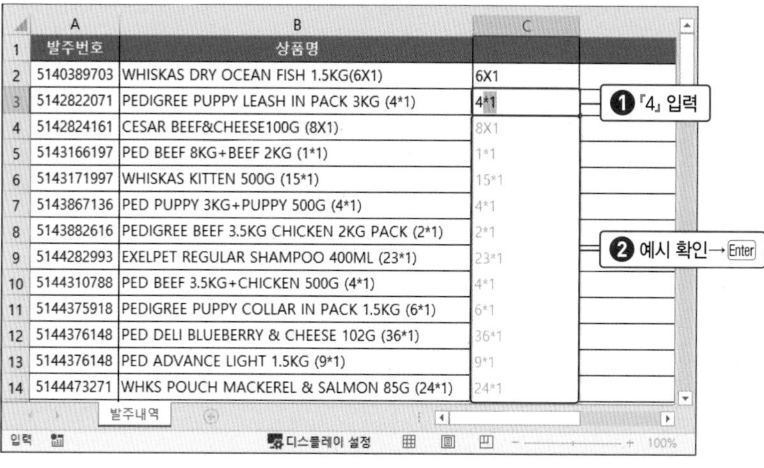

| | A | B | C |
|---|---|---|---|
| 1 | 발주번호 | 상품명 | |
| 2 | 5140389703 | WHISKAS DRY OCEAN FISH 1.5KG(6X1) | 6X1 |
| 3 | 5142822071 | PEDIGREE PUPPY LEASH IN PACK 3KG (4*1) | 4*1 |
| 4 | 5142824161 | CESAR BEEF&CHEESE100G (8X1) | 8X1 |
| 5 | 5143166197 | PED BEEF 8KG+BEEF 2KG (1*1) | 1*1 |
| 6 | 5143171997 | WHISKAS KITTEN 500G (15*1) | 15*1 |
| 7 | 5143867136 | PED PUPPY 3KG+PUPPY 500G (4*1) | 4*1 |
| 8 | 5143882616 | PEDIGREE BEEF 3.5KG CHICKEN 2KG PACK (2*1) | 2*1 |
| 9 | 5144282993 | EXELPET REGULAR SHAMPOO 400ML (23*1) | 23*1 |
| 10 | 5144310788 | PED BEEF 3.5KG+CHICKEN 500G (4*1) | 4*1 |
| 11 | 5144375918 | PEDIGREE PUPPY COLLAR IN PACK 1.5KG (6*1) | 6*1 |
| 12 | 5144376148 | PED DELI BLUEBERRY & CHEESE 102G (36*1) | 36*1 |
| 13 | 5144376148 | PED ADVANCE LIGHT 1.5KG (9*1) | 9*1 |
| 14 | 5144473271 | WHKS POUCH MACKEREL & SALMON 85G (24*1) | 24*1 |

**3** 연속해서 데이터가 입력된 마지막 셀까지 자동으로 B열의 상품명에서 괄호 안에 표시된 문자열만 분리되어 표시되었는지 확인하세요.

| | A | B | C |
|---|---|---|---|
| 1 | 발주번호 | 상품명 | |
| 2 | 5140389703 | WHISKAS DRY OCEAN FISH 1.5KG(6X1) | 6X1 |
| 3 | 5142822071 | PEDIGREE PUPPY LEASH IN PACK 3KG (4*1) | 4*1 |
| 4 | 5142824161 | CESAR BEEF&CHEESE100G (8X1) | 8X1 |
| 5 | 5143166197 | PED BEEF 8KG+BEEF 2KG (1*1) | 1*1 |
| 6 | 5143171997 | WHISKAS KITTEN 500G (15*1) | 15*1 |
| 7 | 5143867136 | PED PUPPY 3KG+PUPPY 500G (4*1) | 4*1 |
| 8 | 5143882616 | PEDIGREE BEEF 3.5KG CHICKEN 2KG PACK (2*1) | 2*1 |
| 9 | 5144282993 | EXELPET REGULAR SHAMPOO 400ML (23*1) | 23*1 |
| 10 | 5144310788 | PED BEEF 3.5KG+CHICKEN 500G (4*1) | 4*1 |
| 11 | 5144375918 | PEDIGREE PUPPY COLLAR IN PACK 1.5KG (6*1) | 6*1 |
| 12 | 5144376148 | PED DELI BLUEBERRY & CHEESE 102G (36*1) | 36*1 |

확인

발주내역

준비 변경된 셀 빠른 채우기: 59 디스플레이 설정 100%

**4** 이번에는 상품명에서 괄호의 왼쪽에 입력된 텍스트만 분리해서 표시해 볼게요. B2셀을 더블클릭해서 편집 상태로 전환하고 괄호 앞까지인 'WHISKAS DRY OCEAN FISH 1.5KG'만 드래그하여 선택한 후 Ctrl+C를 눌러 복사하세요.

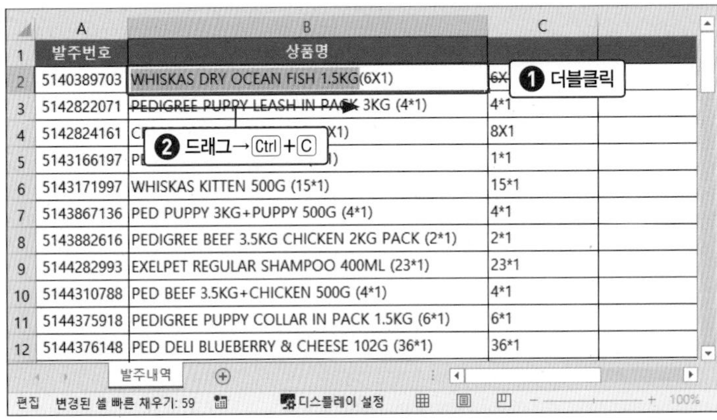


| | A | B | C |
|---|---|---|---|
| 1 | 발주번호 | 상품명 | |
| 2 | 5140389703 | WHISKAS DRY OCEAN FISH 1.5KG(6X1) | 6X |
| 3 | 5142822071 | PEDIGREE PUPPY LEASH IN PACK 3KG (4*1) | 4*1 |
| 4 | 5142824161 | C... X1) | 8X1 |
| 5 | 5143166197 | P... ) | 1*1 |
| 6 | 5143171997 | WHISKAS KITTEN 500G (15*1) | 15*1 |
| 7 | 5143867136 | PED PUPPY 3KG+PUPPY 500G (4*1) | 4*1 |
| 8 | 5143882616 | PEDIGREE BEEF 3.5KG CHICKEN 2KG PACK (2*1) | 2*1 |
| 9 | 5144282993 | EXELPET REGULAR SHAMPOO 400ML (23*1) | 23*1 |
| 10 | 5144310788 | PED BEEF 3.5KG+CHICKEN 500G (4*1) | 4*1 |
| 11 | 5144375918 | PEDIGREE PUPPY COLLAR IN PACK 1.5KG (6*1) | 6*1 |
| 12 | 5144376148 | PED DELI BLUEBERRY & CHEESE 102G (36*1) | 36*1 |

**5** D2셀을 선택하고 Ctrl+V를 눌러 붙여넣습니다.

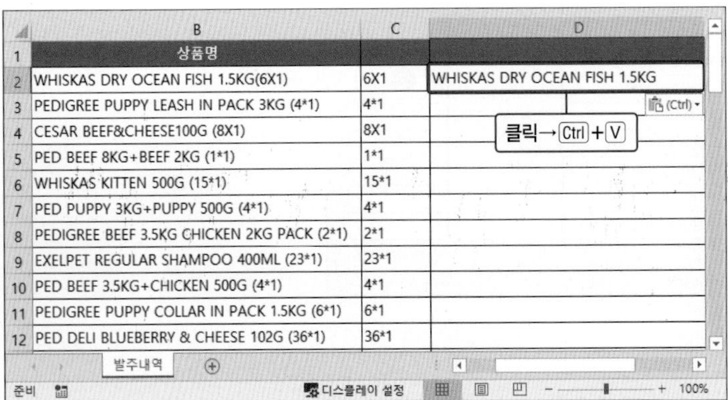


| | B | C | D |
|---|---|---|---|
| 1 | 상품명 | | |
| 2 | WHISKAS DRY OCEAN FISH 1.5KG(6X1) | 6X1 | WHISKAS DRY OCEAN FISH 1.5KG |
| 3 | PEDIGREE PUPPY LEASH IN PACK 3KG (4*1) | 4*1 | |
| 4 | CESAR BEEF&CHEESE100G (8X1) | 8X1 | |
| 5 | PED BEEF 8KG+BEEF 2KG (1*1) | 1*1 | |
| 6 | WHISKAS KITTEN 500G (15*1) | 15*1 | |
| 7 | PED PUPPY 3KG+PUPPY 500G (4*1) | 4*1 | |
| 8 | PEDIGREE BEEF 3.5KG CHICKEN 2KG PACK (2*1) | 2*1 | |
| 9 | EXELPET REGULAR SHAMPOO 400ML (23*1) | 23*1 | |
| 10 | PED BEEF 3.5KG+CHICKEN 500G (4*1) | 4*1 | |
| 11 | PEDIGREE PUPPY COLLAR IN PACK 1.5KG (6*1) | 6*1 | |
| 12 | PED DELI BLUEBERRY & CHEESE 102G (36*1) | 36*1 | |

**6** 이와 같은 방법으로 D3셀과 D4셀에도 괄호의 앞까지 복사합니다. 2~3개 항목을 입력해도 자동 패턴이 나타나지 않으면 직접 메뉴를 선택해서 지정해야 합니다.

| | B | C | D |
|---|---|---|---|
| 1 | 상품명 | | |
| 2 | WHISKAS DRY OCEAN FISH 1.5KG(6X1) | 6X1 | WHISKAS DRY OCEAN FISH 1.5KG |
| 3 | PEDIGREE PUPPY LEASH IN PACK 3KG (4*1) | 4*1 | PEDIGREE PUPPY LEASH IN PACK 3KG |
| 4 | CESAR BEEF&CHEESE100G (8X1) | 8X1 | CESAR BEEF&CHEESE100G |
| 5 | PED BEEF 8KG+BEEF 2KG (1*1) | 1*1 | |
| 6 | WHISKAS KITTEN 500G (15*1) | 15*1 | |
| 7 | PED PUPPY 3KG+PUPPY 500G (4*1) | 4*1 | |
| 8 | PEDIGREE BEEF 3.5KG CHICKEN 2KG PACK (2*1) | 2*1 | |
| 9 | EXELPET REGULAR SHAMPOO 400ML (23*1) | 23*1 | |
| 10 | PED BEEF 3.5KG+CHICKEN 500G (4*1) | 4*1 | |
| 11 | PEDIGREE PUPPY COLLAR IN PACK 1.5KG (6*1) | 6*1 | |
| 12 | PED DELI BLUEBERRY & CHEESE 102G (36*1) | 36*1 | |

복사

**7** D2:D61 영역을 선택하고 [데이터] 탭-[데이터 도구] 그룹에서 [빠른 채우기]를 클릭하세요.

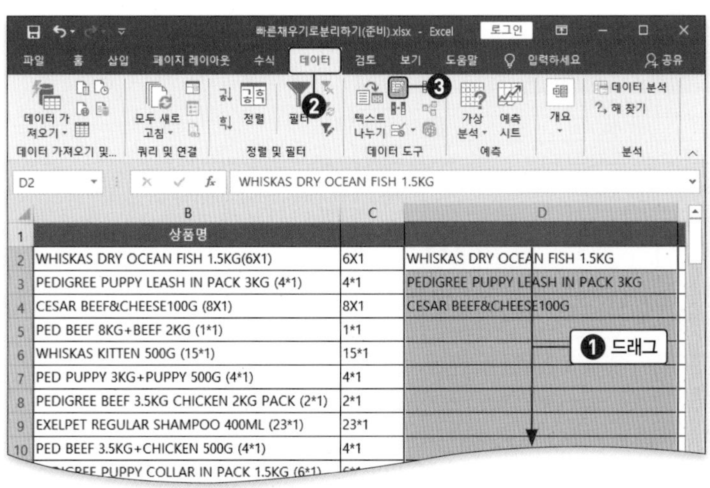


**8** D2:D4 영역에 입력한 패턴을 분석한 후 자동으로 괄호 앞쪽의 데이터를 분리해서 결과가 표시되었는지 확인하세요.

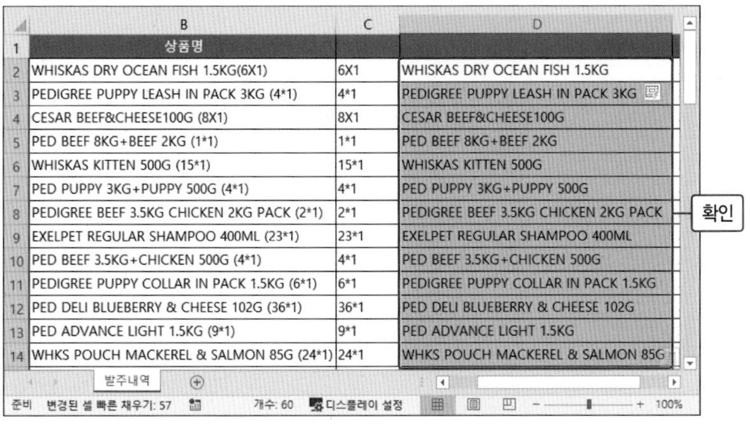

| | B | C | D |
|---|---|---|---|
| 1 | 상품명 | | |
| 2 | WHISKAS DRY OCEAN FISH 1.5KG(6X1) | 6X1 | WHISKAS DRY OCEAN FISH 1.5KG |
| 3 | PEDIGREE PUPPY LEASH IN PACK 3KG (4*1) | 4*1 | PEDIGREE PUPPY LEASH IN PACK 3KG |
| 4 | CESAR BEEF&CHEESE100G (8X1) | 8X1 | CESAR BEEF&CHEESE100G |
| 5 | PED BEEF 8KG+BEEF 2KG (1*1) | 1*1 | PED BEEF 8KG+BEEF 2KG |
| 6 | WHISKAS KITTEN 500G (15*1) | 15*1 | WHISKAS KITTEN 500G |
| 7 | PED PUPPY 3KG+PUPPY 500G (4*1) | 4*1 | PED PUPPY 3KG+PUPPY 500G |
| 8 | PEDIGREE BEEF 3.5KG CHICKEN 2KG PACK (2*1) | 2*1 | PEDIGREE BEEF 3.5KG CHICKEN 2KG PACK |
| 9 | EXELPET REGULAR SHAMPOO 400ML (23*1) | 23*1 | EXELPET REGULAR SHAMPOO 400ML |
| 10 | PED BEEF 3.5KG+CHICKEN 500G (4*1) | 4*1 | PED BEEF 3.5KG+CHICKEN 500G |
| 11 | PEDIGREE PUPPY COLLAR IN PACK 1.5KG (6*1) | 6*1 | PEDIGREE PUPPY COLLAR IN PACK 1.5KG |
| 12 | PED DELI BLUEBERRY & CHEESE 102G (36*1) | 36*1 | PED DELI BLUEBERRY & CHEESE 102G |
| 13 | PED ADVANCE LIGHT 1.5KG (9*1) | 9*1 | PED ADVANCE LIGHT 1.5KG |
| 14 | WHKS POUCH MACKEREL & SALMON 85G (24*1) | 24*1 | WHKS POUCH MACKEREL & SALMON 85G |

**9** E열에 입력된 'User No' 항목에서 뒤쪽의 네 글자만 분리해서 F열에 표시해 볼게요. F2셀에 『1758』을 입력하고 Enter를 누르세요.

| | C | D | E | F | G | H |
|---|---|---|---|---|---|---|
| 1 | | | User No | | 박스 수 | 납품수량 |
| 2 | 6X1 | WHISKAS DRY OCEAN FISH 1.5KG | 2901-001758 | 1758 | | |
| 3 | 4*1 | PEDIGREE PUPPY LEASH IN PACK 3KG | 2901-001743 | | 52 | 2,640 |
| 4 | 8X1 | CESAR BEEF&CHEESE100G | 2901-001756 | | 50 | 2,500 |
| 5 | 1*1 | PED BEEF 8KG+BEEF 2KG | 2901-001731 | | 24 | 1,200 |
| 6 | 15*1 | WHISKAS KITTEN 500G | 2901-001758 | | 110 | 5,500 |
| 7 | 4*1 | PED PUPPY 3KG+PUPPY 500G | 2901-001731 | | 20 | 1,000 |
| 8 | 2*1 | PEDIGREE BEEF 3.5KG CHICKEN 2KG PACK | 2901-001732 | | 15 | 760 |
| 9 | 23*1 | EXELPET REGULAR SHAMPOO 400ML | 2901-001758 | | 40 | 2,000 |
| 10 | 4*1 | PED BEEF 3.5KG+CHICKEN 500G | 2901-001731 | | 66 | 3,300 |
| 11 | 6*1 | PEDIGREE PUPPY COLLAR IN PACK 1.5KG | 2901-001732 | | 44 | 2,200 |
| 12 | 36*1 | PED DELI BLUEBERRY & CHEESE 102G | 2901-001647 | | 69 | 3,480 |

『1758』 입력→Enter

발주내역

입력 변경된 셀 빠른 채우기: 57 디스플레이 설정 100%

**10** F3셀에 『1』을 입력하면 자동으로 패턴을 인식해서 예시가 나타나는데, 이 상태에서 Enter를 눌러 데이터를 완성하세요.

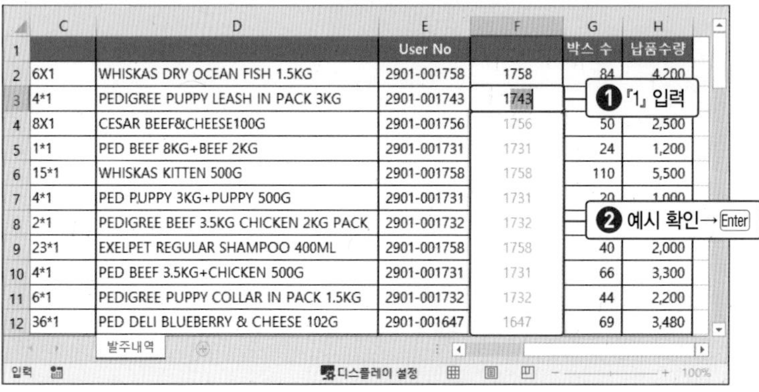

| | C | D | E | F | G | H |
|---|---|---|---|---|---|---|
| 1 | | | User No | | 박스 수 | 납품수량 |
| 2 | 6X1 | WHISKAS DRY OCEAN FISH 1.5KG | 2901-001758 | 1758 | 84 | 4,200 |
| 3 | 4*1 | PEDIGREE PUPPY LEASH IN PACK 3KG | 2901-001743 | 1743 | | |
| 4 | 8X1 | CESAR BEEF&CHEESE100G | 2901-001756 | 1756 | 50 | 2,500 |
| 5 | 1*1 | PED BEEF 8KG+BEEF 2KG | 2901-001731 | 1731 | 24 | 1,200 |
| 6 | 15*1 | WHISKAS KITTEN 500G | 2901-001758 | 1758 | 110 | 5,500 |
| 7 | 4*1 | PED PUPPY 3KG+PUPPY 500G | 2901-001731 | 1731 | 20 | 1,000 |
| 8 | 2*1 | PEDIGREE BEEF 3.5KG CHICKEN 2KG PACK | 2901-001732 | 1732 | | |
| 9 | 23*1 | EXELPET REGULAR SHAMPOO 400ML | 2901-001758 | 1758 | 40 | 2,000 |
| 10 | 4*1 | PED BEEF 3.5KG+CHICKEN 500G | 2901-001731 | 1731 | 66 | 3,300 |
| 11 | 6*1 | PEDIGREE PUPPY COLLAR IN PACK 1.5KG | 2901-001732 | 1732 | 44 | 2,200 |
| 12 | 36*1 | PED DELI BLUEBERRY & CHEESE 102G | 2901-001647 | 1647 | 69 | 3,480 |



**TIP**

자동으로 나타난 예시를 무시하고 다른 값을 입력하면 이후부터 이 항목에는 빠른 채우기가 자동으로 나타나지 않습니다. 이 경우 다시 빠른 채우기를 적용하려면 [데이터] 탭-[도구] 그룹에서 [빠른 채우기]를 클릭해야 합니다.

**11** 연속해서 데이터가 입력된 마지막 셀까지 자동으로 데이터가 채워졌는지 확인하세요.

| | C | D | E | F | G | H |
|---|---|---|---|---|---|---|
| 1 | | | User No | | 박스 수 | 납품수량 |
| 2 | 6X1 | WHISKAS DRY OCEAN FISH 1.5KG | 2901-001758 | 1758 | 84 | 4,200 |
| 3 | 4*1 | PEDIGREE PUPPY LEASH IN PACK 3KG | 2901-001743 | 1743 | 52 | 2,640 |
| 4 | 8X1 | CESAR BEEF&CHEESE100G | 2901-001756 | 1756 | 50 | 2,500 |
| 5 | 1*1 | PED BEEF 8KG+BEEF 2KG | 2901-001731 | 1731 | 24 | 1,200 |
| 6 | 15*1 | WHISKAS KITTEN 500G | 2901-001758 | 1758 | 110 | 5,500 |
| 7 | 4*1 | PED PUPPY 3KG+PUPPY 500G | 2901-001731 | 1731 | | 1,000 |
| 8 | 2*1 | PEDIGREE BEEF 3.5KG CHICKEN 2KG PACK | 2901-001732 | 1732 | | 760 |
| 9 | 23*1 | EXELPET REGULAR SHAMPOO 400ML | 2901-001758 | 1758 | 40 | 2,000 |
| 10 | 4*1 | PED BEEF 3.5KG+CHICKEN 500G | 2901-001731 | 1731 | 66 | 3,300 |
| 11 | 6*1 | PEDIGREE PUPPY COLLAR IN PACK 1.5KG | 2901-001732 | 1732 | 44 | 2,200 |
| 12 | 36*1 | PED DELI BLUEBERRY & CHEESE 102G | 2901-001647 | 1647 | 69 | 3,480 |

확인

발주내역

준비 변경된 셀 빠른 채우기: 59 디스플레이 설정 100%

# CASE 02 날짜 데이터를 연, 월, 일로 분리하기

◉ **예제파일** : 날짜데이터분리하기(준비).xlsx ◉ **완성파일** : 날짜데이터분리하기(완성).xlsx

**1** [발주내역] 시트에서 B열의 '접수일' 항목에 입력된 날짜를 분리하기 위해 C열 머리글부터 E열 머리글까지 드래그해 선택하고 선택 영역에서 마우스 오른쪽 단추를 클릭한 후 [삽입]을 선택하세요.

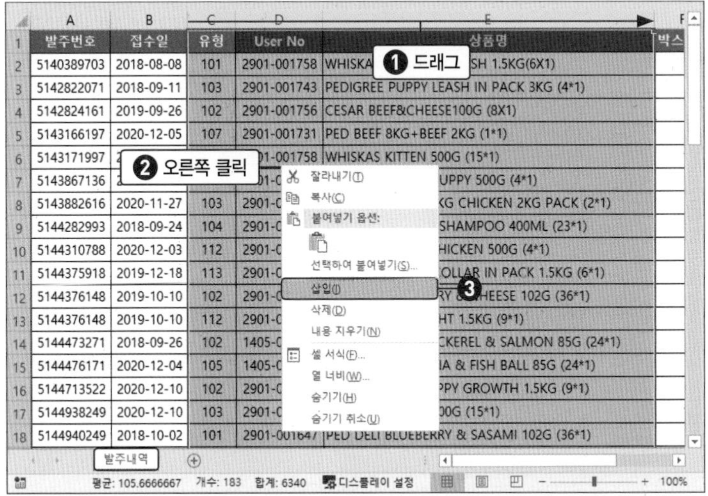


**2** 세 개의 열이 삽입되면 C2셀을 선택하고 함수식 『=YEAR(B2)』를 입력한 후 Enter를 누릅니다.

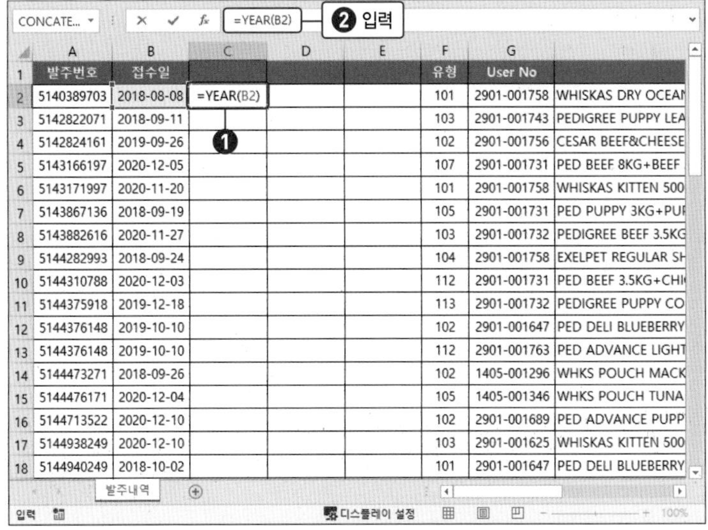

**3** C2셀에 접수일에서 연도만 뺀 결과로 '2018'이 아니라 '1905-07-10'과 같이 날짜가 표시되었습니다. 이러한 날짜 서식을 없애고 단순한 숫자 값으로 표시하기 위해 C2셀을 선택하고 [홈] 탭-[표시 형식] 그룹에서 [표시 형식]의 목록 단추(⌵)를 클릭한 후 [일반]을 선택하세요.

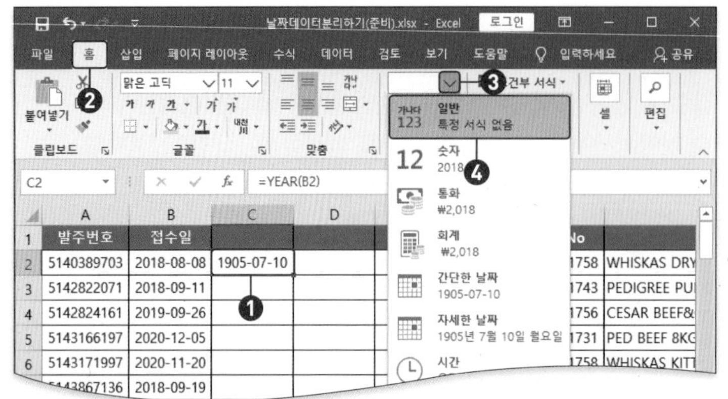

**TIP** 셀에 숫자가 나타나지 않고 날짜가 표시되는 것은 셀 값에 자동으로 날짜 서식이 설정되어 1900-1-1일을 기준으로 2018번째에 해당하는 날짜로 표시되기 때문입니다. 날짜에 셀 서식을 없애면 숫자가 표시되고, 숫자에 날짜 서식을 지정하면 날짜 값으로 표시됩니다.

**4** C2셀에 날짜 대신 '2018'과 같이 숫자가 표시되었어요. D2셀을 선택하고 함수식 『=MONTH(B2)』를 입력한 후 Enter를 누르세요.

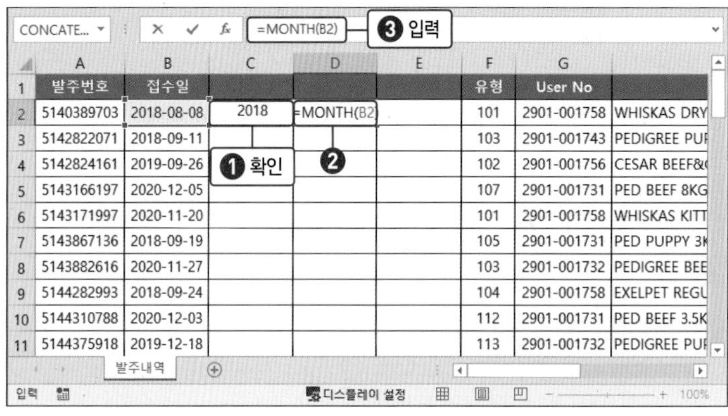


**5** D2셀에 날짜가 표시되었으면 숫자로 변환해 볼게요. D2셀에서 마우스 오른쪽 단추를 클릭하고 [셀 서식]을 선택하세요.

**6** [셀 서식] 대화상자의 [표시 형식] 탭이 열리면 '범주'에서 [일반]을 선택하고 [확인]을 클릭하세요.

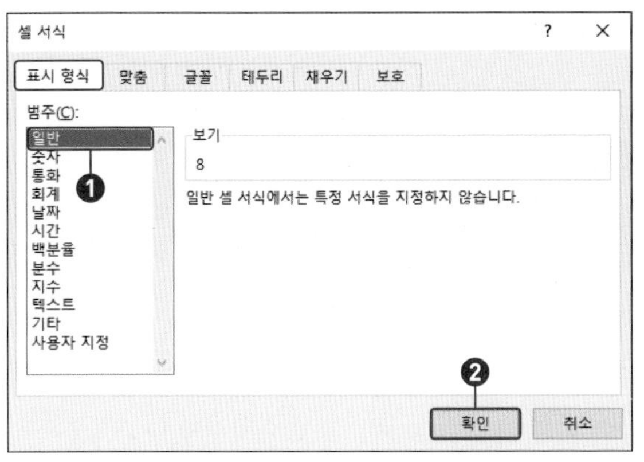


> **TIP**
> [홈] 탭-[표시 형식] 그룹에서 [표시 형식]의 목록 단추(⌵)를 클릭하고 [일반]을 선택하는 것과 결과가 같습니다.

**7** D2셀에 B2셀의 날짜에서 월 값만 추출되었는지 확인합니다. E2셀에 접수일에서 일만 추출하기 위해 함수식 『=DAY(B2)』를 입력하고 Enter를 누르세요.

**8** E2셀에 표시된 날짜를 숫자로 변경하기 위해 E2셀을 선택하고 [홈] 탭-[표시 형식] 그룹에서 [표시 형식]의 목록 단추(⌵)를 클릭한 후 [일반]을 선택하세요.

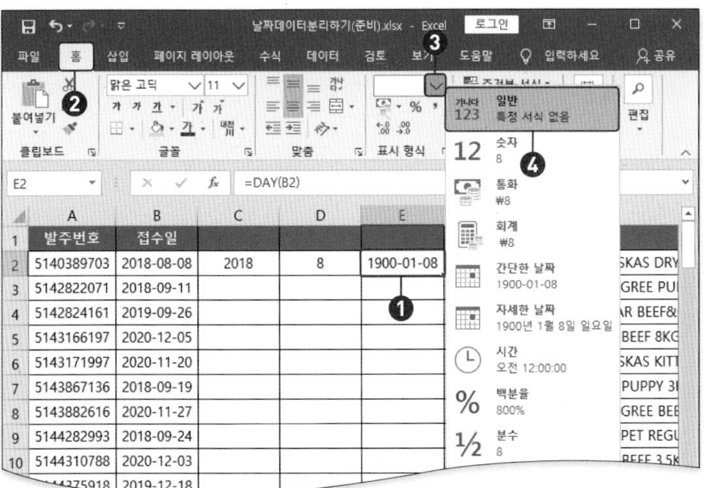

**9** C2셀에는 연도만, D2셀에는 월만, E2셀에는 일만 분리되어 추출되었습니다. 이 함수식을 나머지 셀에도 똑같이 적용하기 위해 C2:E2 영역을 선택하고 E2셀의 자동 채우기 핸들을 더블클릭하세요.

**10** 연속해서 데이터가 입력된 마지막 셀까지 자동으로 함수식이 복사되었는지 확인하세요. 이렇게 분리하면 특정 연도나 월에 해당하는 데이터만 쉽게 검색해서 볼 수 있어요.

CASE

# 03 문자 데이터 분리하기

◉ **예제파일** : 문자데이터분리하기(준비).xlsx ◉ **완성파일** : 문자데이터분리하기(완성).xlsx



**1** C열의 세 글자로 입력된 유형(101, 113, 102 등)에서 마지막 세 번째 위치한 값만 추출한 후 1이면 '서울', 2이면 '대구', 3이면 '대전', 4이면 '부산', 5이면 '광주'를 표시하려고 합니다. [발주내역] 시트에서 D열 머리글부터 F열 머리글까지 드래그해서 선택하고 선택 영역에서 마우스 오른쪽 단추를 클릭한 후 [삽입]을 선택하세요.

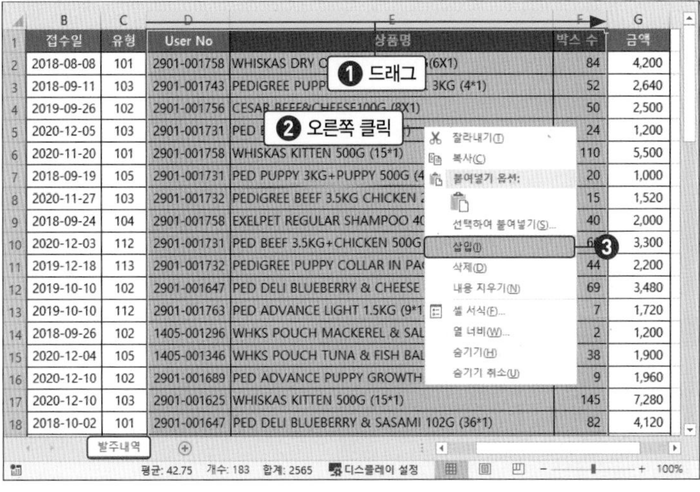


**2** D열, E열, F열이 새로 추가되었으면 D2셀에 함수식 『=RIGHT(C2,1)』을 입력하고 Enter를 누르세요.

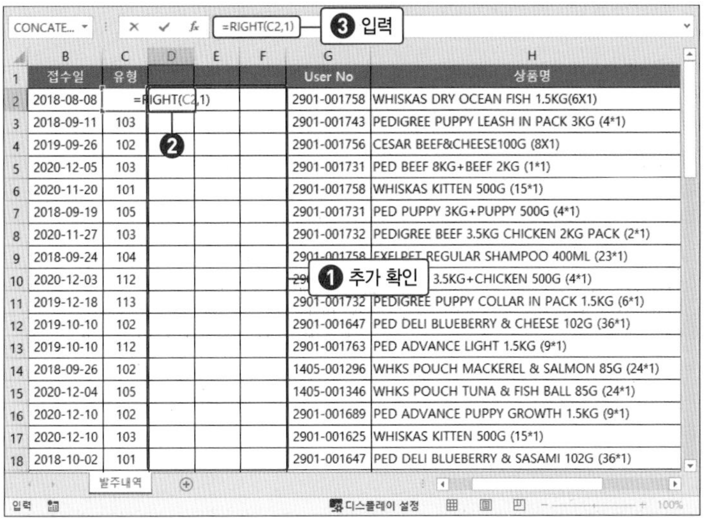

**3** C2셀에 입력된 값에서 마지막 한 글자가 D2셀에 추출되었는지 확인합니다. D2셀의 자동 채우기 핸들을 더블클릭해서 나머지 행에도 함수식을 복사하세요.

| | A | B | C | D | E | F | G | H |
|---|---|---|---|---|---|---|---|---|
| 1 | 발주번호 | 접수일 | 유형 | | | | User No | 상품 |
| 2 | 5140389703 | 2018-08-08 | 101 | 1 | ❶ 확인 | | 2901-001758 | WHISKAS DRY OCEAN FISH |
| 3 | 5142822071 | 2018-09-11 | 103 | 3 | | | 2901-001743 | PEDIGREE PUPPY LEASH IN |
| 4 | 5142824161 | 2019-09-26 | 102 | ❷ 더블클릭 | | | 2901-001756 | CESAR BEEF&CHEESE100G ( |
| 5 | 5143166197 | 2020-12-05 | 103 | 3 | | | 2901-001731 | PED BEEF 8KG+BEEF 2KG (1* |
| 6 | 5143171997 | 2020-11-20 | 101 | 1 | | | 2901-001758 | WHISKAS KITTEN 500G (15* |
| 7 | 5143867136 | 2018-09-19 | 105 | 5 | | | 2901-001731 | PED PUPPY 3KG+PUPPY 500 |
| 8 | 5143882616 | 2020-11-27 | 103 | 3 | | | 2901-001732 | PEDIGREE BEEF 3.5KG CHICK |
| 9 | 5144282993 | 2018-09-24 | 104 | 4 | | | 2901-001758 | EXELPET REGULAR SHAMPO |
| 10 | 5144310788 | 2020-12-03 | 112 | 2 | | | 2901-001731 | PED BEEF 3.5KG+CHICKEN 5 |
| 11 | 5144375918 | 2019-12-18 | 113 | 3 | | | 2901-001732 | PEDIGREE PUPPY COLLAR IN |
| 12 | 5144376148 | 2019-10-10 | 102 | 2 | | | 2901-001647 | PED DELI BLUEBERRY & CHE |
| 13 | 5144376148 | 2019-10-10 | 112 | 2 | | | 2901-001763 | PED ADVANCE LIGHT 1.5KG |
| 14 | 5144473271 | 2018-09-26 | 102 | 2 | | | 1405-001296 | WHKS POUCH MACKEREL & |
| 15 | 5144476171 | 2020-12-04 | 105 | 5 | | | 1405-001346 | WHKS POUCH TUNA & FISH |

발주내역 개수: 60 디스플레이 설정 110%

**4** D열에 표시된 1~5 사이의 값에 따라 지역명을 표시해 볼게요. E2셀에 『=IF(D2="1","서울",IF(D2="2","대구",IF(D2="3","대전",IF(D2="4","부산","광주"))))』를 입력하고 Enter를 누르세요.

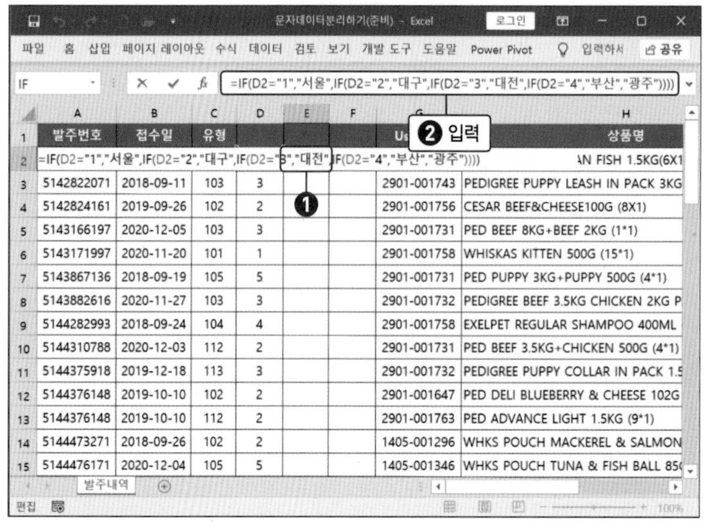


**함수식 설명**

**=IF(D2="1","서울",IF(D2="2","대구",IF(D2="3","대전",IF(D2="4","부산","광주"))))**

**← 형식 =IF(D2="1","서울",조건이 거짓일 때 할 일)**

D1셀이 '1'이면 '서울'을 표시하고, 조건이 거짓이면 다시 IF 함수를 이용해서 다음 조건으로 D2셀이 '2'인지 확인해서 '대구'를 표시합니다. 이와 같은 방법으로 '3'이면 '대전'을, '4'이면 '부산'를, 그렇지 않는 다른 값이면 '광주'를 표시하는 함수식으로, IF 함수를 중첩해서 사용했습니다.

**5** D2셀 값이 '1'과 같은지 물어봅니다. 이때 숫자 1이 아니라 "1"로 비교한 것은 앞에서 C2셀에 LEFT 함수, RIGHT 함수, MID 함수 등을 이용해서 구한 결과는 문자 값으로 표시되므로 비교할 때도 같은 데이터 형식으로 맞춰서 비교해야 하기 때문입니다. D2셀 값이 '1'이어서 E2셀에 '서울'이 표시되었으면 E2셀의 자동 채우기 핸들을 더블클릭해서 나머지 행에도 함수식을 복사하세요.

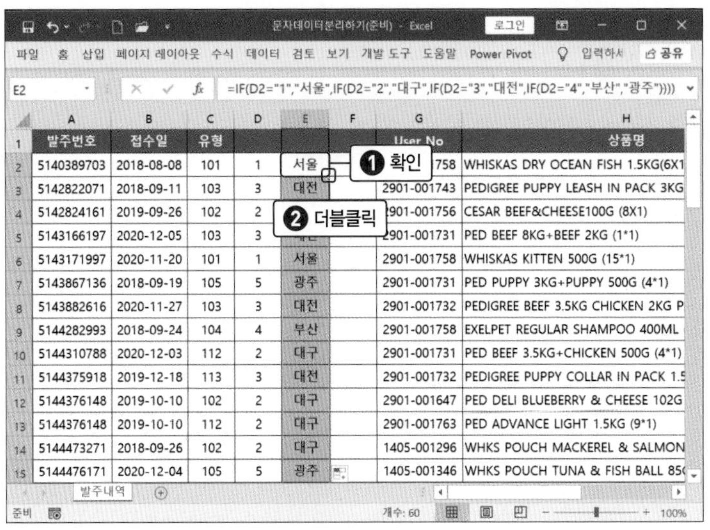


**6** IF 함수를 중첩해서 사용하는 것이 번거롭다면 CHOOSE 함수를 이용해 볼게요. F2셀에 함수식 『=CHOOSE(D2,"서울","대구","대전","부산","광주")』를 입력하고 Enter를 누르세요.

**함수식 설명**

**=CHOOSE(D2,"서울","대구","대전","부산","광주")**

**← 형식 =CHOOSE(대상,1일 때 할 일,2일 때 할 일,3일 때 할 일,…)**

CHOOSE 함수는 지정한 대상(D2셀) 값이 1일 때, 2일 때, 3일 때 등과 같이 차례대로 지정한 값을 실행해서 값을 표시합니다. 따라서 D2셀 값이 '1'이면 '서울'을, '2'이면 '대구'를, '3'이면 '대전'을, '4'이면 '부산'을, '5'이면 '광주'를 표시하라는 의미입니다. 이 함수식은 IF 함수를 중첩해서 사용하는 것보다 편하지만, 항상 1일 때부터 1씩 증가하는 값만 체크할 수 있다는 것이 단점입니다.

**7** F2셀에 '서울'이 표시되었으면 F2셀의 자동 채우기 핸들을 더블클릭해서 나머지 행에도 함수식을 복사합니다. 이와 같이 중첩 IF 함수나 CHOOSE 함수를 이용한 결과는 같습니다.

**8** H열에 입력된 상품명을 '(' 기호를 기준으로 앞쪽과 뒤쪽을 분리해 볼게요. 먼저 H열의 상품명에서 '('가 몇 번째에 위치하는지 알아보기 위해 K2셀에 함수식 『=SEARCH("(",H2)』를 입력하고 Enter를 누르세요.

**함수식 설명**

**=SEARCH("(",H2) ← 형식 =SEARCH(찾을 문자,찾을 대상)**

H2셀의 값인 'WHISKAS DRY OCEAN FISH 1.5KG(6X1)'에서 '('가 몇 번째에 위치하고 있는지 알아냅니다. 결과값 『29』가 표시되면 문자열에서 '('가 29번째에 위치한 것입니다.

**9** K2셀에 H열의 상품명에서 '('의 위치 값으로 '29'가 표시되었으면 K2셀의 자동 채우기 핸들을 더블클릭해서 나머지 행에도 함수식을 복사하세요.

| | H | I | J | K | L |
|---|---|---|---|---|---|
| 1 | 상품명 | 박스 수 | 금액 | | |
| 2 | WHISKAS DRY OCEAN FISH 1.5KG(6X1) | 84 | 4,200 | 29 | ❶ 확인 |
| 3 | PEDIGREE PUPPY LEASH IN PACK 3KG (4*1) | 52 | 2,640 | 34 | |
| 4 | CESAR BEEF&CHEESE100G (8X1) | 50 | 2,500 | ❷ 더블클릭 | |
| 5 | PED BEEF 8KG+BEEF 2KG (1*1) | 24 | 1,200 | 23 | |
| 6 | WHISKAS KITTEN 500G (15*1) | 110 | 5,500 | 21 | |
| 7 | PED PUPPY 3KG+PUPPY 500G (4*1) | 20 | 1,000 | 26 | |
| 8 | PEDIGREE BEEF 3.5KG CHICKEN 2KG PACK (2*1) | 15 | 1,520 | 38 | |
| 9 | EXELPET REGULAR SHAMPOO 400ML (23*1) | 40 | 2,000 | 31 | |
| 10 | PED BEEF 3.5KG+CHICKEN 500G (4*1) | 66 | 3,300 | 29 | |
| 11 | PEDIGREE PUPPY COLLAR IN PACK 1.5KG (6*1) | 44 | 2,200 | 37 | |
| 12 | PED DELI BLUEBERRY & CHEESE 102G (36*1) | 69 | 3,480 | 34 | |
| 13 | PED ADVANCE LIGHT 1.5KG (9*1) | 7 | 1,720 | 25 | |
| 14 | WHKS POUCH MACKEREL & SALMON 85G (24*1) | 2 | 1,200 | 34 | |
| 15 | WHKS POUCH TUNA & FISH BALL 85G (24*1) | 38 | 1,900 | 33 | |

발주내역 　 개수: 60 　 디스플레이 설정 　 110%

**10** 이번에는 상품명에서 '(' 앞쪽까지만 가져와 볼게요. K2셀을 더블클릭해서 함수식을 표시하고 『=LEFT(H2,SEARCH("(",H2)-1)』로 수정하고 Enter를 누르세요.

**함수식 설명**

**=LEFT(H2,SEARCH("(",H2)-1)**

LEFT 함수는 지정한 문자열에서 왼쪽부터 원하는 개수만큼 추출할 때 사용합니다. 여기서는 H2셀에 입력된 상품명에서 왼쪽부터 '(' 위치에서 1을 뺀 '(' 위치의 바로 앞쪽까지만 추출합니다.

**11** K2셀에 결과값을 구했으면 K2셀의 자동 채우기 핸들을 더블클릭해서 수정된 함수식을 다시 복사한 후 상품명에서 '(' 전까지만 표시된 결과를 확인합니다. K열 머리글과 L열 머리글 사이의 경계선에 마우스 포인터를 올려놓고 ✚ 모양으로 바뀌면 더블클릭하세요.

**12** 표시된 데이터의 너비에 맞게 K열의 너비가 자동으로 조정되었는지 확인하세요.

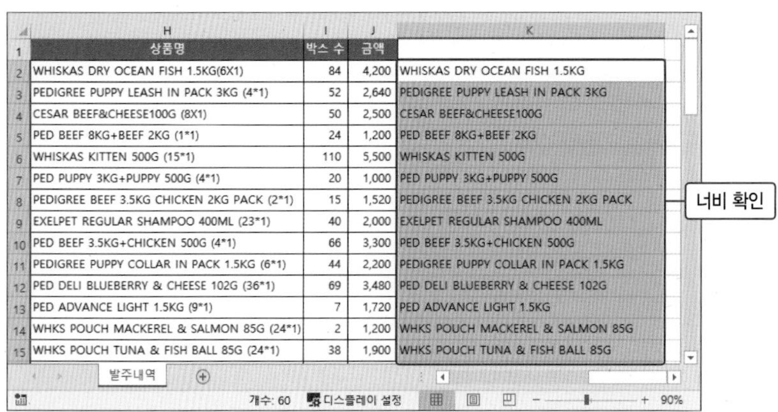


**13** 이번에는 H열의 '상품명' 항목에서 괄호 사이에 입력된 값만 추출해 볼게요. 먼저 상품명의 글자 수를 알아보기 위해 L2셀에 함수식 『=LEN(H2)』를 입력하고 Enter를 누르세요.

**14** L2셀에 결괏값 '33'이 나왔다면 H2셀에 입력된 상품명이 33개의 문자로 구성되어 있다는 의미입니다.

| | H | I | J | K | L |
|---|---|---|---|---|---|
| 1 | 상품명 | 박스 수 | 금액 | | |
| 2 | WHISKAS DRY OCEAN FISH 1.5KG(6X1) | 84 | 4,200 | WHISKAS DRY OCEAN FISH 1.5KG | 33 |
| 3 | PEDIGREE PUPPY LEASH IN PACK 3KG (4*1) | 52 | 2,640 | PEDIGREE PUPPY LEASH IN PACK 3KG | |
| 4 | CESAR BEEF&CHEESE100G (8X1) | 50 | 2,500 | CESAR BEEF&CHEESE100G | |
| 5 | PED BEEF 8KG+BEEF 2KG (1*1) | 24 | 1,200 | PED BEEF 8KG+BEEF 2KG | |
| 6 | WHISKAS KITTEN 500G (15*1) | 110 | 5,500 | WHISKAS KITTEN 500G | |
| 7 | PED PUPPY 3KG+PUPPY 500G (4*1) | 20 | 1,000 | PED PUPPY 3KG+PUPPY 500G | |
| 8 | PEDIGREE BEEF 3.5KG CHICKEN 2KG PACK (2*1) | 15 | 1,520 | PEDIGREE BEEF 3.5KG CHICKEN 2KG PACK | |
| 9 | EXELPET REGULAR SHAMPOO 400ML (23*1) | 40 | 2,000 | EXELPET REGULAR SHAMPOO 400ML | |
| 10 | PED BEEF 3.5KG+CHICKEN 500G (4*1) | 66 | 3,300 | PED BEEF 3.5KG+CHICKEN 500G | |
| 11 | PEDIGREE PUPPY COLLAR IN PACK 1.5KG (6*1) | 44 | 2,200 | PEDIGREE PUPPY COLLAR IN PACK 1.5KG | |
| 12 | PED DELI BLUEBERRY & CHEESE 102G (36*1) | 69 | 3,480 | PED DELI BLUEBERRY & CHEESE 102G | |
| 13 | PED ADVANCE LIGHT 1.5KG (9*1) | 7 | 1,720 | PED ADVANCE LIGHT 1.5KG | |
| 14 | WHKS POUCH MACKEREL & SALMON 85G (24*1) | 2 | 1,200 | WHKS POUCH MACKEREL & SALMON 85G | |
| 15 | WHKS POUCH TUNA & FISH BALL 85G (24*1) | 38 | 1,900 | WHKS POUCH TUNA & FISH BALL 85G | |
| 16 | PED ADVANCE PUPPY GROWTH 1.5KG (9*1) | 9 | 1,960 | PED ADVANCE PUPPY GROWTH 1.5KG | |
| 17 | WHISKAS KITTEN 500G (15*1) | 145 | 7,280 | WHISKAS KITTEN 500G | |

확인

발주내역

준비 디스플레이 설정 90%

**15** 이제 '('의 시작 위치 다음 문자부터 ')' 바로 앞까지만 추출해 볼게요. L2셀을 더블클릭해서 함수식을 표시하고 『=MID(H2,SEARCH("(",H2)+1,LEN(H2)-SEARCH("(",H2)-1)』로 수정한 후 Enter를 누르세요.

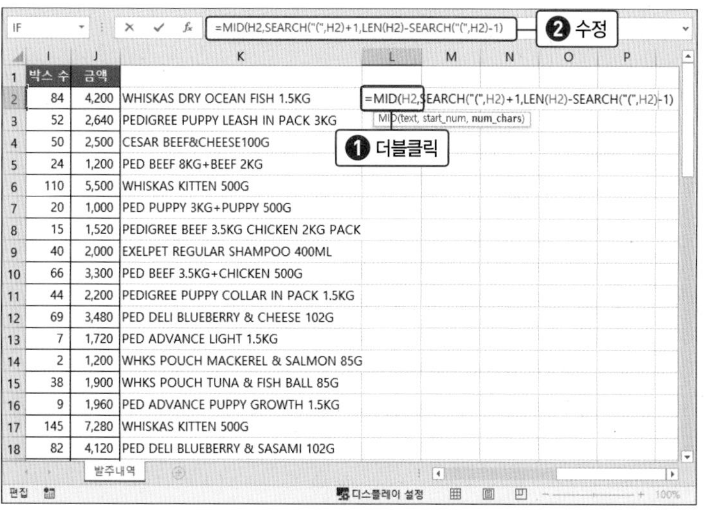


| | I | J | K | L |
|---|---|---|---|---|
| 1 | 박스 수 | 금액 | | |
| 2 | 84 | 4,200 | WHISKAS DRY OCEAN FISH 1.5KG | =MID(H2,SEARCH("(",H2)+1,LEN(H2)-SEARCH("(",H2)-1) |
| 3 | 52 | 2,640 | PEDIGREE PUPPY LEASH IN PACK 3KG | |
| 4 | 50 | 2,500 | CESAR BEEF&CHEESE100G | |
| 5 | 24 | 1,200 | PED BEEF 8KG+BEEF 2KG | |
| 6 | 110 | 5,500 | WHISKAS KITTEN 500G | |
| 7 | 20 | 1,000 | PED PUPPY 3KG+PUPPY 500G | |
| 8 | 15 | 1,520 | PEDIGREE BEEF 3.5KG CHICKEN 2KG PACK | |
| 9 | 40 | 2,000 | EXELPET REGULAR SHAMPOO 400ML | |
| 10 | 66 | 3,300 | PED BEEF 3.5KG+CHICKEN 500G | |
| 11 | 44 | 2,200 | PEDIGREE PUPPY COLLAR IN PACK 1.5KG | |
| 12 | 69 | 3,480 | PED DELI BLUEBERRY & CHEESE 102G | |
| 13 | 7 | 1,720 | PED ADVANCE LIGHT 1.5KG | |
| 14 | 2 | 1,200 | WHKS POUCH MACKEREL & SALMON 85G | |
| 15 | 38 | 1,900 | WHKS POUCH TUNA & FISH BALL 85G | |
| 16 | 9 | 1,960 | PED ADVANCE PUPPY GROWTH 1.5KG | |
| 17 | 145 | 7,280 | WHISKAS KITTEN 500G | |
| 18 | 82 | 4,120 | PED DELI BLUEBERRY & SASAMI 102G | |

**함수식 설명**

**=MID(H2,SEARCH("(",H2)+1,LEN(H2)-SEARCH("(",H2)-1)**

**← 형식 =MID(대상,가져올 시작 위치,필요 문자 개수)**

MID 함수는 지정한 문자열에서 몇 번째부터 몇 개의 문자를 추출할 때 사용합니다. 여기서는 H2셀의 문자열에서 '('의 시작 위치 다음 문자부터 지정하기 위해 SEARCH("(",H2)+1을 사용합니다. 몇 개를 추출할 것인지 지정하기 위해 LEN(H2)-SEARCH("(",H2)-1을 이용해서 전체 문자의 개수에서 ')' 괄호를 뺀 앞 문자까지 지정합니다.

**16** L2셀에 H2셀의 상품명에서 '('의 다음 문자인 '6X1'을 구했으면 L2셀의 자동 채우기 핸들을 더블클릭해서 나머지 행에도 함수식을 복사합니다. K열에는 상품명에서 '(' 앞쪽의 이름만, L열에는 '(' 안에 표시한 포장 단위만 분리해서 표시했어요.

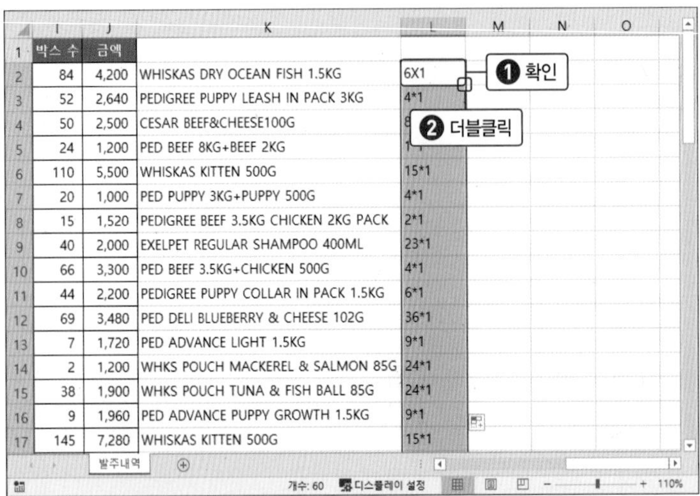


| | I | J | K | L | M | N | O |
|---|---|---|---|---|---|---|---|
| 1 | 박스 수 | 금액 | | | | | |
| 2 | 84 | 4,200 | WHISKAS DRY OCEAN FISH 1.5KG | 6X1 | | | |
| 3 | 52 | 2,640 | PEDIGREE PUPPY LEASH IN PACK 3KG | 4*1 | | | |
| 4 | 50 | 2,500 | CESAR BEEF&CHEESE100G | 8 | | | |
| 5 | 24 | 1,200 | PED BEEF 8KG+BEEF 2KG | 1 | | | |
| 6 | 110 | 5,500 | WHISKAS KITTEN 500G | 15*1 | | | |
| 7 | 20 | 1,000 | PED PUPPY 3KG+PUPPY 500G | 4*1 | | | |
| 8 | 15 | 1,520 | PEDIGREE BEEF 3.5KG CHICKEN 2KG PACK | 2*1 | | | |
| 9 | 40 | 2,000 | EXELPET REGULAR SHAMPOO 400ML | 23*1 | | | |
| 10 | 66 | 3,300 | PED BEEF 3.5KG+CHICKEN 500G | 4*1 | | | |
| 11 | 44 | 2,200 | PEDIGREE PUPPY COLLAR IN PACK 1.5KG | 6*1 | | | |
| 12 | 69 | 3,480 | PED DELI BLUEBERRY & CHEESE 102G | 36*1 | | | |
| 13 | 7 | 1,720 | PED ADVANCE LIGHT 1.5KG | 9*1 | | | |
| 14 | 2 | 1,200 | WHKS POUCH MACKEREL & SALMON 85G | 24*1 | | | |
| 15 | 38 | 1,900 | WHKS POUCH TUNA & FISH BALL 85G | 24*1 | | | |
| 16 | 9 | 1,960 | PED ADVANCE PUPPY GROWTH 1.5KG | 9*1 | | | |
| 17 | 145 | 7,280 | WHISKAS KITTEN 500G | 15*1 | | | |

**17** 24행과 34행 등에는 H2셀의 상품명에 '('가 없어서 오류가 발생합니다. 상품명에 '('가 없으면 K열에는 해당 상품명을 그대로 표시하고 L열에는 아무것도 표시하지 않아야 합니다.

| | H | I | J | K | L |
|---|---|---|---|---|---|
| 21 | PED TASTYBONE STATER PACK 110G (12*1) | 64 | 3,200 | PED TASTYBONE STATER PACK 110G | 12*1 |
| 22 | WHKS POUCH KITTEN TUNA 85G (24*1) | 104 | 5,200 | WHKS POUCH KITTEN TUNA 85G | 24*1 |
| 23 | PED BEEF 3.5KG+CHICKEN 500G (4*1) | 40 | 2,000 | PED BEEF 3.5KG+CHICKEN 500G | 4*1 |
| 24 | PED ADVANCE PUPPY 15KG | 22 | | #VALUE! | #VALUE! |
| 25 | WHISKAS KITTEN 1.5KG (6*1) | 28 | 1,440 | WHISKAS KITTEN 1.5KG | 6*1 |
| 26 | PEDIGREE DENTA-X 96G (36*1) | 13 | 1,360 | PEDIGREE DENTA-X 96G | 36*1 |
| 27 | WHKS KITTEN + CONTAINER 1.5KG (6*1) | 22 | 1,100 | WHKS KITTEN + CONTAINER 1.5KG | 6*1 |
| 28 | PED ADVANCE PUPPY 20KG (1*1) | 4 | 1,400 | PED ADVANCE PUPPY 20KG | 1*1 |
| 29 | EXELPET REGULAR SHAMPOO 40 | | 5,920 | EXELPET REGULAR SHAMPOO 400ML | 23*1 |
| 30 | WHISKAS CHICKEN & TUNA 190G (12*1) | 40 | 3,040 | WHISKAS CHICKEN & TUNA 190G | 12*1 |
| 31 | PED ADVANCE ENERGY 20KG (1*1) | 16 | 1,680 | PED ADVANCE ENERGY 20KG | 1*1 |
| 32 | EXELPET TEATREE SHAMPOO 400ML (23*1) | 20 | 50,210 | EXELPET TEATREE SHAMPOO 400ML | 23*1 |
| 33 | EXELPET PET DEODORANT SPRAY 225ML (24*1) | 49 | 39,200 | EXELPET PET DEODORANT SPRAY 225ML | 24*1 |
| 34 | PED ADVANCE PUPPY 1.5KG | 4 | 3,000 | #VALUE! | #VALUE! |
| 35 | PEDIGREE PUPPY COLLAR IN PACK 1.5KG (6*1) | 4 | 1,480 | PEDIGREE PUPPY COLLAR IN PACK 1.5KG | 6*1 |
| 36 | PED ADVANCE PUPPY GRWOTH 20KG (1*1) | 15 | 1,520 | PED ADVANCE PUPPY GRWOTH 20KG | 1*1 |
| 37 | EXELPET ENZ STAIN & ODOR 250ML (24*1) | 1 | 1,600 | EXELPET ENZ STAIN & ODOR 250ML | 24*1 |
| 38 | EXELPET MEDICATED SHAMPOO 250ML (24*1) | 8 | 1,800 | EXELPET MEDICATED SHAMPOO 250ML | 24*1 |
| 39 | PED DENTABONE 35G (9*1) | 4 | 7,200 | PED DENTABONE 35G | 9*1 |

**18** K2셀을 더블클릭해서 함수식을 표시하고 『=IFERROR(LEFT(H2,SEARCH("(",H2)-1),H2)』로 수정한 후 Enter를 누르세요. K2셀에 H2셀의 상품명에서 '('의 앞쪽의 이름만 표시했으면 K2셀의 자동 채우기 핸들을 더블클릭해서 나머지 행에도 수정된 함수식을 다시 복사하세요.

**함수식 설명**

**=IFERROR(LEFT(H2,SEARCH("(",H2)-1),H2) ← 형식 =IFERROR(대상,오류 대신 표시할 값)**

LEFT(H2,SEARCH("(",H2)-1)로 지정한 함수식이 오류이면 H2셀의 값을 그대로 표시하고, 오류가 아니면 함수식 LEFT(H2,SEARCH("(",H2)-1)의 결과값을 표시합니다.

**19** 17 과정과 다르게 K24셀과 K34셀에 오류가 발생하지 않고 해당 상품명이 그대로 표시되었는지 확인합니다.

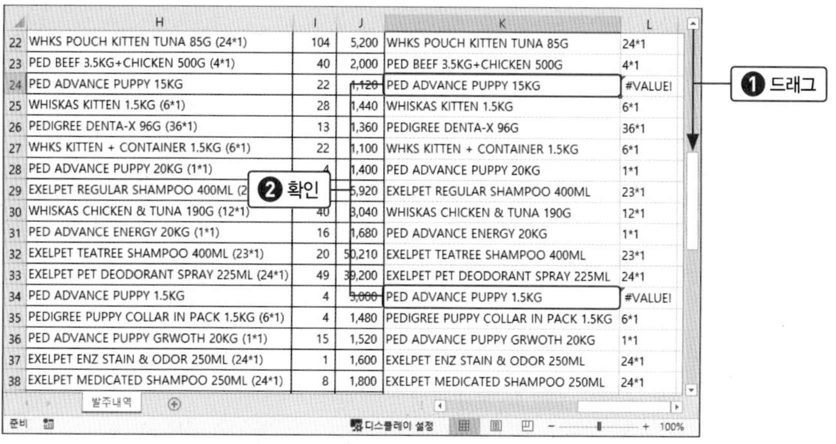


단축키
표시 형식
기본 구조
셀 병합
입력 방법
빈 행/열 제거
데이터 분리
데이터 통합
저장 형식

**20** 이번에는 L2셀을 더블클릭해서 함수식을 표시하고 『=IFERROR(MID(H2,SEARCH("(",H2)+1,LEN(H2)-SEARCH("(",H2)-1),"")』로 수정하고 Enter를 누르세요.

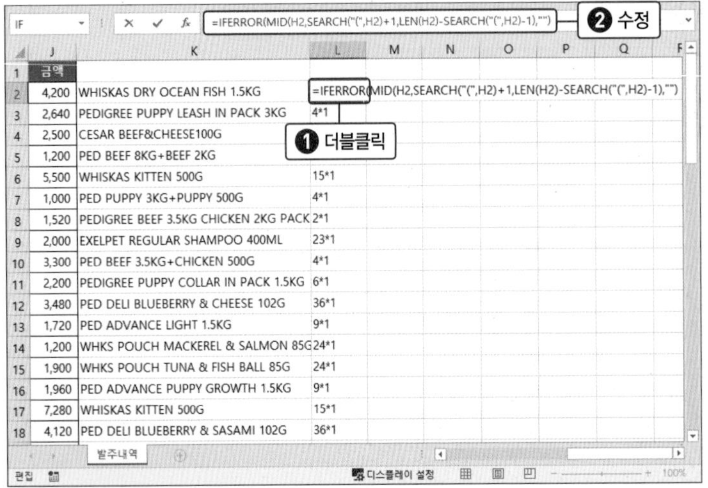


**함수식 설명**

**=IFERROR(MID(H2,SEARCH("(",H2)+1,LEN(H2)-SEARCH("(",H2)-1),"")**

지정한 함수식이 오류이면 아무것도 입력하지 않는다는 의미로 공백인 ""을 표시하고, 오류가 아니면 함수식의 결과를 표시합니다.

**21** L2셀에 H2셀의 상품명에서 '(' 안에 표시한 포장 단위만 분리해서 표시했으면 L2셀의 자동 채우기 핸들을 더블클릭해서 나머지 행에도 수정된 함수식을 다시 복사하세요.

**22** L24셀과 L34셀에 아무것도 표시되지 않고 빈 칸으로 되어 있는지 확인합니다.

**23** K열부터 L열에도 A열부터 J열에 설정된 서식(글꼴, 문단, 테두리, 열 너비 등)과 같게 꾸며볼게요. 원본으로 사용할 H열 머리글부터 I열 머리글까지 드래그해서 선택하고 [홈] 탭-[클립보드] 그룹에서 [서식 복사]를 클릭하세요.

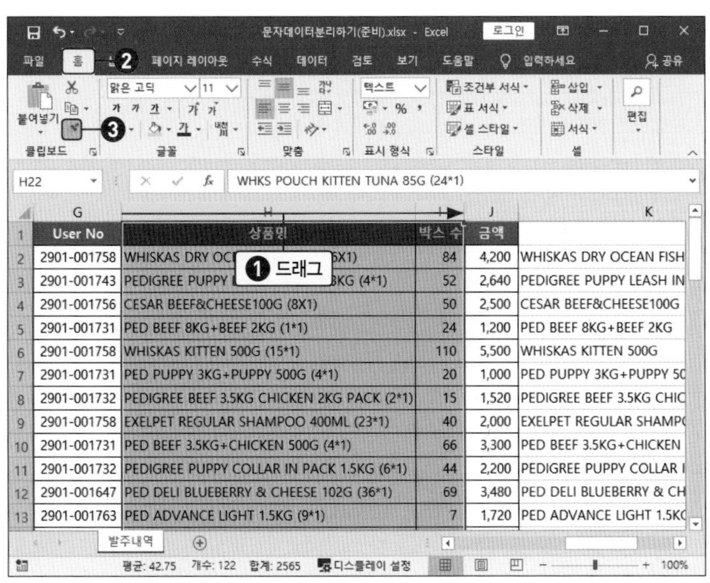

**24** 마우스 포인터가 ✥🖌 모양으로 변경되면 복사한 서식을 붙여넣기 위해 K열 머리글부터 L열 머리글까지 드래그하여 선택하세요.

**25** H열부터 I열의 서식과 같은 모양으로 K열부터 L열까지 서식이 복사되었는지 확인하세요.

# CASE 04 텍스트 나누기로 날짜와 상품명 분리하기

◉ **예제파일** : 텍스트나누기로분리하기(준비).xlsx ◉ **완성파일** : 텍스트나누기로분리하기(완성).xlsx

**1** [발주내역] 시트에서 B열에 입력된 접수일을 연도, 월, 일로 분리해 볼게요. B열의 접수일을 연도, 월, 일, 이렇게 3개로 분리해야 하므로 2개의 열이 더 필요합니다. C열 머리글부터 D열 머리글까지 드래그해서 선택하고 선택 영역에서 마우스 오른쪽 단추를 클릭한 후 [삽입]을 선택하세요.

**2** 2개의 열이 삽입되었으면 B열 머리글을 클릭하여 '접수일' 항목을 모두 선택하고 [데이터] 탭-[데이터 도구] 그룹에서 [텍스트 나누기]를 클릭하세요.

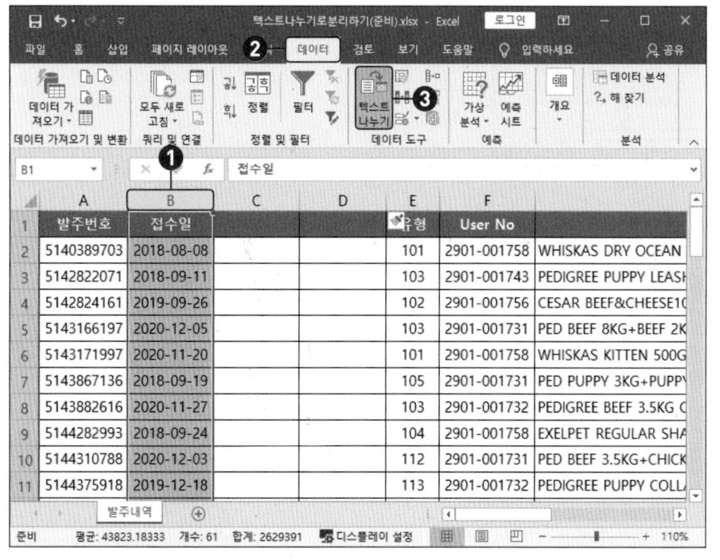

**3** [텍스트 마법사 - 3단계 중 1단계] 대화상자가 열리면 '원본 데이터 형식'에서 [너비가 일정함]을 선택하고 [다음]을 클릭하세요.

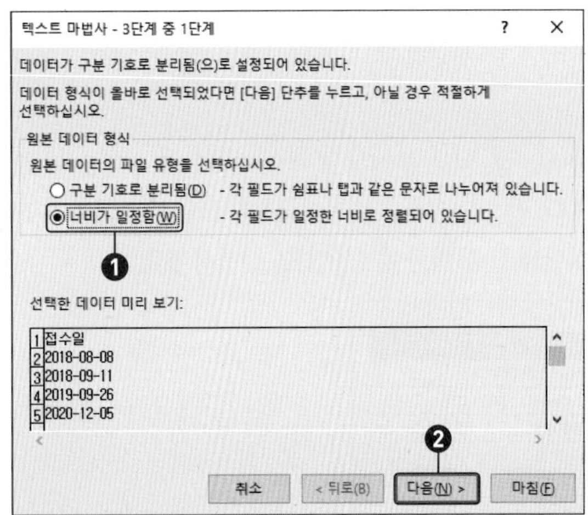


TIP
현재 날짜 데이터가 연월일 사이에 '-'로 구분되어 있어서 [구분 기호로 분리됨] 방식을 선택해도 됩니다.

**4** [텍스트 마법사 - 3단계 중 2단계] 대화상자에서는 데이터를 구분할 위치를 지정하는데, '데이터 미리 보기'에 표시된 값에서 구분하고 싶은 부분을 클릭하면 세로선이 나타납니다. 여기서는 '-'를 기준으로 앞뒤를 클릭해서 구분선을 표시하고 [다음]을 클릭하세요.

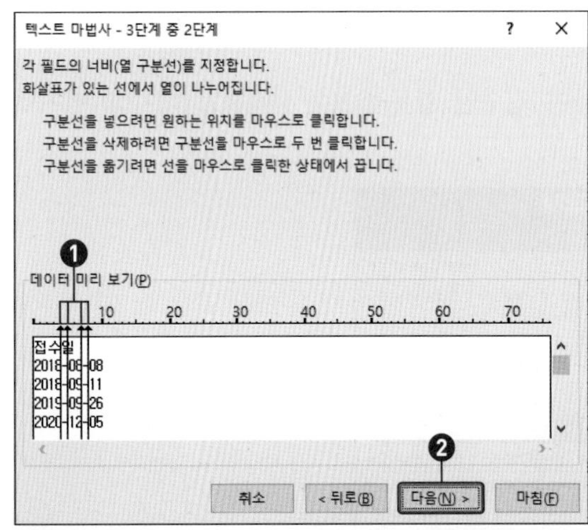


TIP
'데이터 미리 보기'에 표시된 세로선을 드래그하면 표시된 위치를 조정할 수 있어요.

**5** [텍스트 마법사 - 3단계 중 3단계] 대화상자가 열리면 '데이터 미리 보기'에 표시된 첫 번째 '–' 부분을 클릭하고 '열 데이터 서식'에서 [열 가져오지 않음(건너뜀)]을 선택하세요.

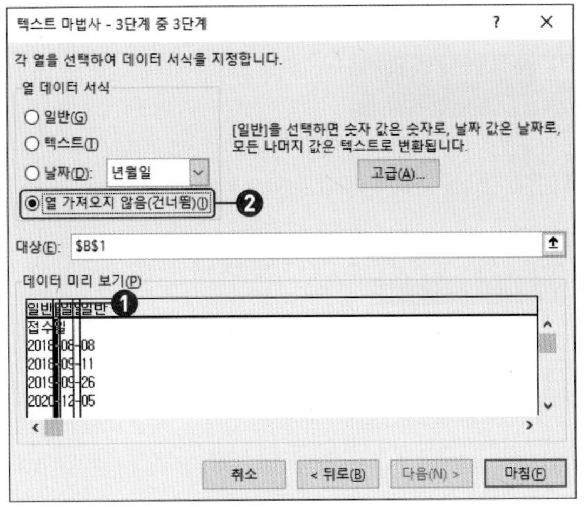


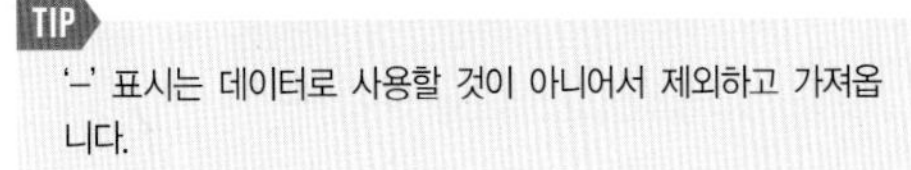
TIP
'–' 표시는 데이터로 사용할 것이 아니어서 제외하고 가져옵니다.

**6** '데이터 미리 보기'에서 두 번째 '–'가 표시된 부분을 클릭하고 '열 데이터 서식'에서 [열 가져오지 않음(건너뜀)]을 선택한 후 [마침]을 클릭하세요.

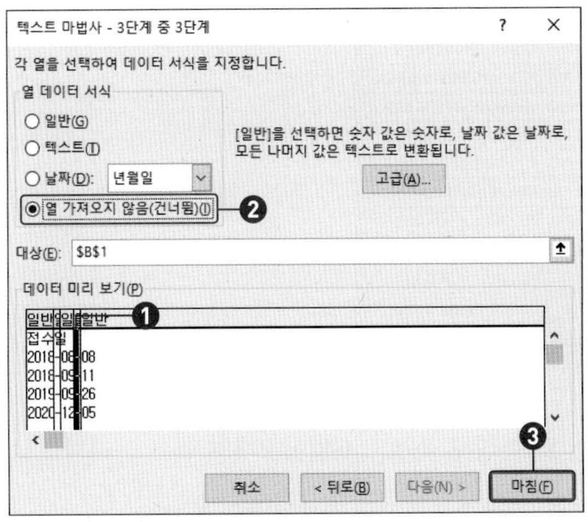


**7** 해당 영역에 이미 데이터가 있으니 기존 데이터를 바꾸겠는지 묻는 메시지 창이 열리면 [확인]을 클릭하세요.

**8** B열의 데이터가 3개의 열로 분리되어 표시되지만, 숫자 값이 아니라 날짜 서식이 자동으로 설정되어 있어서 이 문제를 해결해야 합니다. B열 머리글부터 D열 머리글까지 드래그해서 선택하고 [홈] 탭-[표시 형식] 그룹에서 [표시 형식]의 목록 단추(⌵)를 클릭한 후 [일반]을 선택하세요.

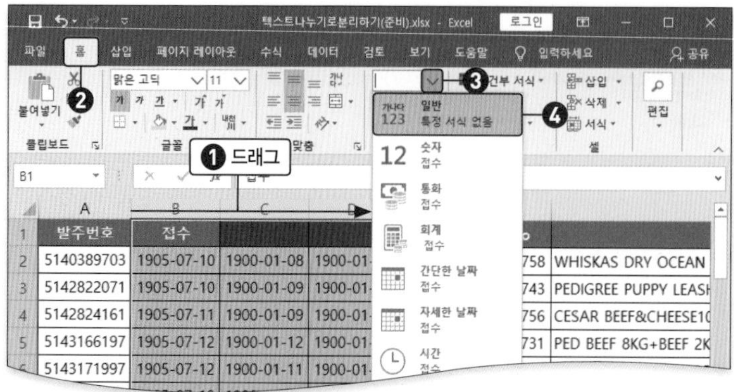


**9** B열부터 D열의 셀에 설정된 날짜 서식이 해제되면서 순수한 숫자를 확인할 수 있습니다.

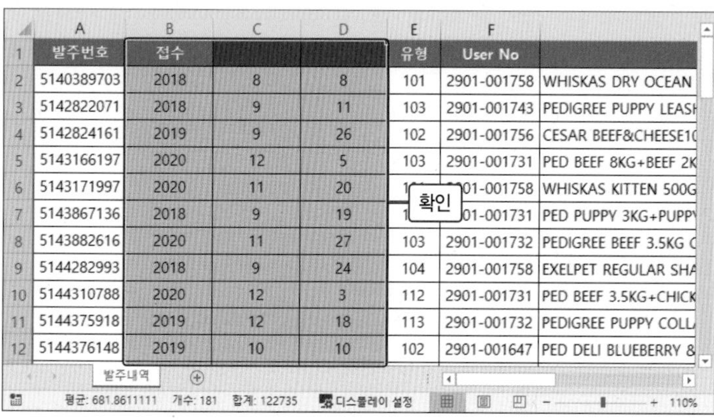


**10** 이번에는 G열의 상품명을 '('를 기준으로 앞뒤로 분리해 볼게요. G열이 2개의 열로 분리되므로 추가될 영역을 미리 확보해야 하므로 H열 머리글을 클릭하여 '박스 수' 항목 전체를 선택하고 선택 영역에서 마우스 오른쪽 단추를 클릭한 후 [삽입]을 선택하세요.

**11** 새로운 열이 삽입되었으면 G열 머리글을 클릭하여 '상품평' 항목 전체를 선택하고 [데이터] 탭-[데이터 도구] 그룹에서 [텍스트 나누기]를 클릭하세요.

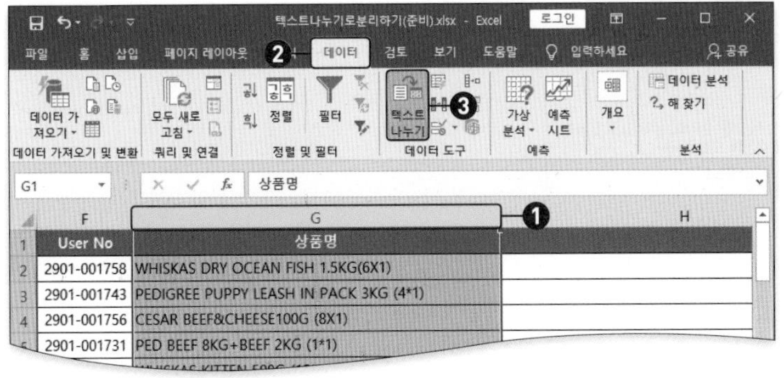


**12** [텍스트 마법사 - 3단계 중 1단계] 대화상자가 열리면 '원본 데이터 형식'에서 [구분 기호로 분리됨]을 선택하고 [다음]을 클릭하세요.

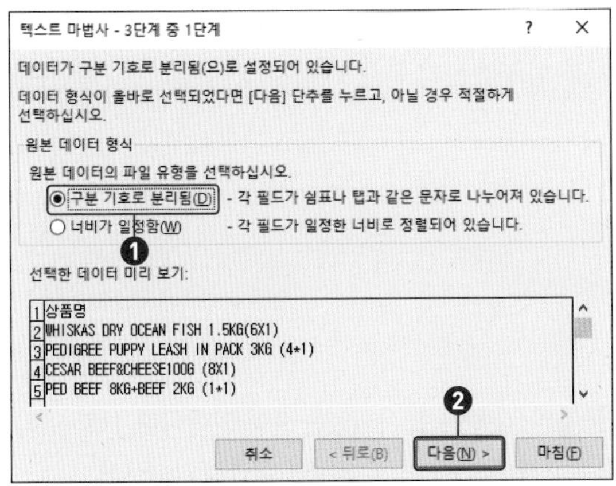


**13** [텍스트 마법사 - 3단계 중 2단계] 대화상자가 열리면 '구분 기호'에서 [기타]에 체크하고 『(』를 입력합니다. '데이터 미리 보기'에서 데이터가 '('를 기준으로 분리되었는지 확인하고 [다음]을 클릭하세요.

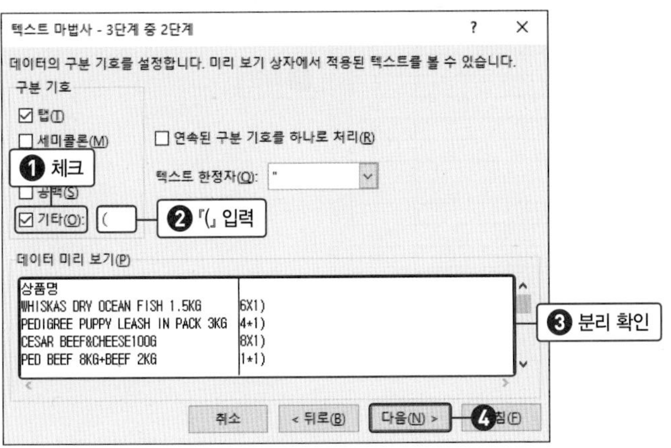

**14** [텍스트 마법사 - 3단계 중 3단계] 대화상자에서는 별도로 지정할 서식이 없으므로 [마침]을 클릭하세요.

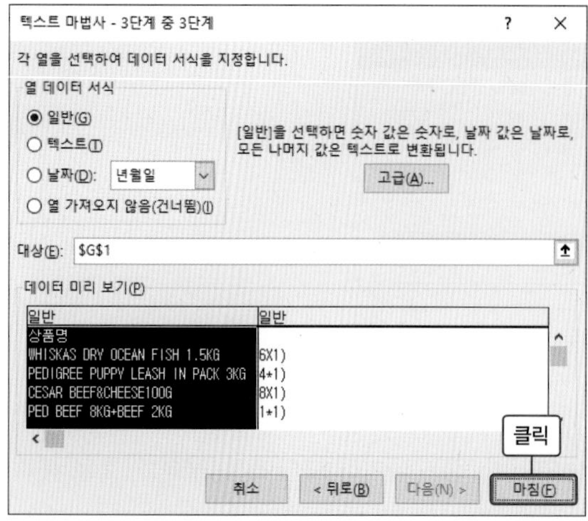


**15** 해당 영역에 이미 데이터가 있으니 기존 데이터를 바꾸겠는지 묻는 메시지 창이 열리면 [확인]을 클릭하세요.

**16** G열에는 '(' 문자의 앞쪽까지만, H열에는 '(' 문자의 뒤쪽이 표시되었는지 확인합니다. H열 머리글과 I열 머리글의 경계선에 마우스 포인터를 올려놓고 ✚ 모양으로 변경되면 더블클릭하세요.

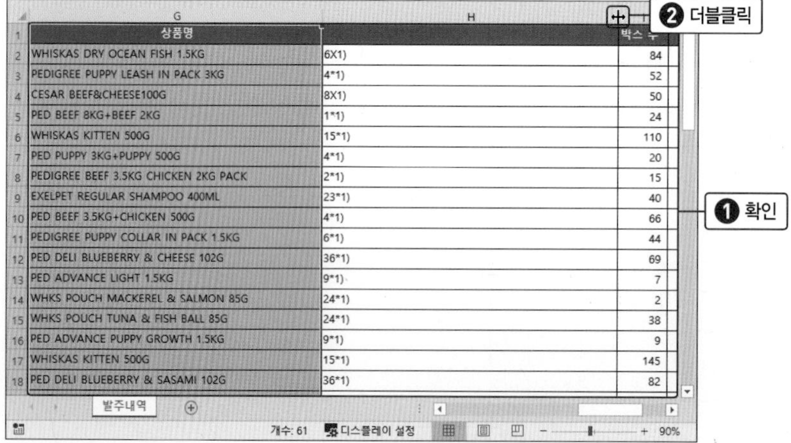

| | G | H | I |
|---|---|---|---|
| 1 | 상품명 | | 박스 수 |
| 2 | WHISKAS DRY OCEAN FISH 1.5KG | 6X1) | 84 |
| 3 | PEDIGREE PUPPY LEASH IN PACK 3KG | 4*1) | 52 |
| 4 | CESAR BEEF&CHEESE100G | 8X1) | 50 |
| 5 | PED BEEF 8KG+BEEF 2KG | 1*1) | 24 |
| 6 | WHISKAS KITTEN 500G | 15*1) | 110 |
| 7 | PED PUPPY 3KG+PUPPY 500G | 4*1) | 20 |
| 8 | PEDIGREE BEEF 3.5KG CHICKEN 2KG PACK | 2*1) | 15 |
| 9 | EXELPET REGULAR SHAMPOO 400ML | 23*1) | 40 |
| 10 | PED BEEF 3.5KG+CHICKEN 500G | 4*1) | 66 |
| 11 | PEDIGREE PUPPY COLLAR IN PACK 1.5KG | 6*1) | 44 |
| 12 | PED DELI BLUEBERRY & CHEESE 102G | 36*1) | 69 |
| 13 | PED ADVANCE LIGHT 1.5KG | 9*1) | 7 |
| 14 | WHKS POUCH MACKEREL & SALMON 85G | 24*1) | 2 |
| 15 | WHKS POUCH TUNA & FISH BALL 85G | 24*1) | 38 |
| 16 | PED ADVANCE PUPPY GROWTH 1.5KG | 9*1) | 9 |
| 17 | WHISKAS KITTEN 500G | 15*1) | 145 |
| 18 | PED DELI BLUEBERRY & SASAMI 102G | 36*1) | 82 |

**17** H열의 너비가 입력된 데이터의 너비만큼 자동으로 조정되었습니다. H열에 표시된 값에서 ')' 문자를 없애기 위해 K2셀에 함수식 『=IFERROR(LEFT(H2,LEN(H2)-1),"")』을 입력하고 Enter를 누르세요.

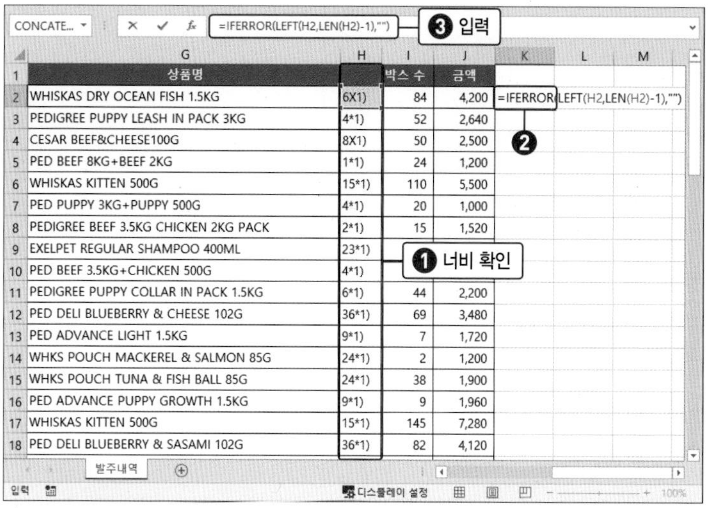

| | G | H | I | J | K | L | M |
|---|---|---|---|---|---|---|---|
| 1 | 상품명 | | 박스 수 | 금액 | | | |
| 2 | WHISKAS DRY OCEAN FISH 1.5KG | 6X1) | 84 | 4,200 | =IFERROR(LEFT(H2,LEN(H2)-1),"") | | |
| 3 | PEDIGREE PUPPY LEASH IN PACK 3KG | 4*1) | 52 | 2,640 | | | |
| 4 | CESAR BEEF&CHEESE100G | 8X1) | 50 | 2,500 | | | |
| 5 | PED BEEF 8KG+BEEF 2KG | 1*1) | 24 | 1,200 | | | |
| 6 | WHISKAS KITTEN 500G | 15*1) | 110 | 5,500 | | | |
| 7 | PED PUPPY 3KG+PUPPY 500G | 4*1) | 20 | 1,000 | | | |
| 8 | PEDIGREE BEEF 3.5KG CHICKEN 2KG PACK | 2*1) | 15 | 1,520 | | | |
| 9 | EXELPET REGULAR SHAMPOO 400ML | 23*1) | | | | | |
| 10 | PED BEEF 3.5KG+CHICKEN 500G | 4*1) | | | | | |
| 11 | PEDIGREE PUPPY COLLAR IN PACK 1.5KG | 6*1) | 44 | 2,200 | | | |
| 12 | PED DELI BLUEBERRY & CHEESE 102G | 36*1) | 69 | 3,480 | | | |
| 13 | PED ADVANCE LIGHT 1.5KG | 9*1) | 7 | 1,720 | | | |
| 14 | WHKS POUCH MACKEREL & SALMON 85G | 24*1) | 2 | 1,200 | | | |
| 15 | WHKS POUCH TUNA & FISH BALL 85G | 24*1) | 38 | 1,900 | | | |
| 16 | PED ADVANCE PUPPY GROWTH 1.5KG | 9*1) | 9 | 1,960 | | | |
| 17 | WHISKAS KITTEN 500G | 15*1) | 145 | 7,280 | | | |
| 18 | PED DELI BLUEBERRY & SASAMI 102G | 36*1) | 82 | 4,120 | | | |

**함수식 설명**

**=IFERROR(LEFT(H2,LEN(H2)-1)," ")**

함수식 'LEFT(H2,LEN(H2)-1)'로 H2셀의 값에서 왼쪽부터 'LEN(H2)-1'만큼의 문자만 추출해서 표시합니다. LEN(H2)-1은 H2셀에 입력된 문자의 개수를 센 후 1을 빼서 ')' 앞까지 표시합니다. 이때 H2셀에 값이 없을 때 오류가 발생하므로 IFERROR 함수를 이용해서 오류일 때 아무것도 표시하지 않도록 설정했습니다.

**18** K2셀에 '6X1'을 표시했으면 K2셀을 다시 클릭하고 K2셀의 자동 채우기 핸들을 더블클릭해서 나머지 행에도 함수식을 복사한 후 Ctrl+C를 눌러 복사하세요.

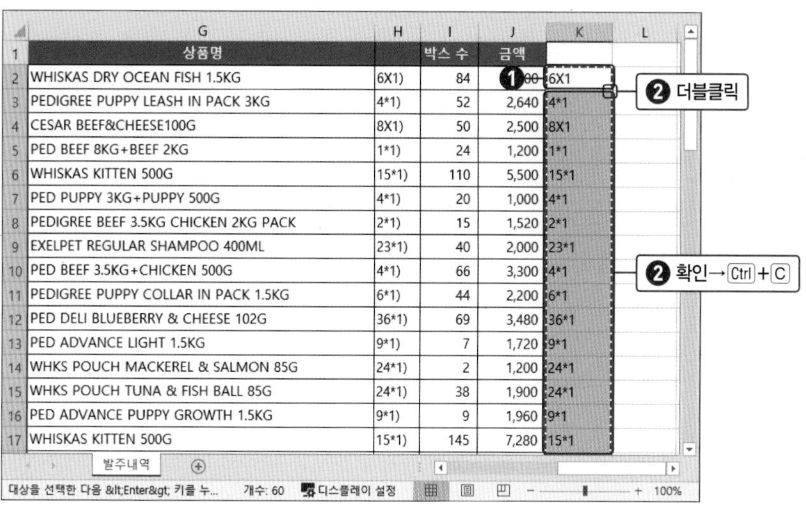


| | G | H | I | J | K | L |
|---|---|---|---|---|---|---|
| 1 | 상품명 | | 박스 수 | 금액 | | |
| 2 | WHISKAS DRY OCEAN FISH 1.5KG | 6X1) | 84 | 00 | 6X1 | |
| 3 | PEDIGREE PUPPY LEASH IN PACK 3KG | 4*1) | 52 | 2,640 | 4*1 | |
| 4 | CESAR BEEF&CHEESE100G | 8X1) | 50 | 2,500 | 8X1 | |
| 5 | PED BEEF 8KG+BEEF 2KG | 1*1) | 24 | 1,200 | 1*1 | |
| 6 | WHISKAS KITTEN 500G | 15*1) | 110 | 5,500 | 15*1 | |
| 7 | PED PUPPY 3KG+PUPPY 500G | 4*1) | 20 | 1,000 | 4*1 | |
| 8 | PEDIGREE BEEF 3.5KG CHICKEN 2KG PACK | 2*1) | 15 | 1,520 | 2*1 | |
| 9 | EXELPET REGULAR SHAMPOO 400ML | 23*1) | 40 | 2,000 | 23*1 | |
| 10 | PED BEEF 3.5KG+CHICKEN 500G | 4*1) | 66 | 3,300 | 4*1 | |
| 11 | PEDIGREE PUPPY COLLAR IN PACK 1.5KG | 6*1) | 44 | 2,200 | 6*1 | |
| 12 | PED DELI BLUEBERRY & CHEESE 102G | 36*1) | 69 | 3,480 | 36*1 | |
| 13 | PED ADVANCE LIGHT 1.5KG | 9*1) | 7 | 1,720 | 9*1 | |
| 14 | WHKS POUCH MACKEREL & SALMON 85G | 24*1) | 2 | 1,200 | 24*1 | |
| 15 | WHKS POUCH TUNA & FISH BALL 85G | 24*1) | 38 | 1,900 | 24*1 | |
| 16 | PED ADVANCE PUPPY GROWTH 1.5KG | 9*1) | 9 | 1,960 | 9*1 | |
| 17 | WHISKAS KITTEN 500G | 15*1) | 145 | 7,280 | 15*1 | |

**19** K열에 구한 함수식을 결과값으로 변환해서 넣어볼게요. H2셀에서 마우스 오른쪽 단추를 클릭하고 '붙여넣기 옵션'에서 [값]( )을 클릭하세요.

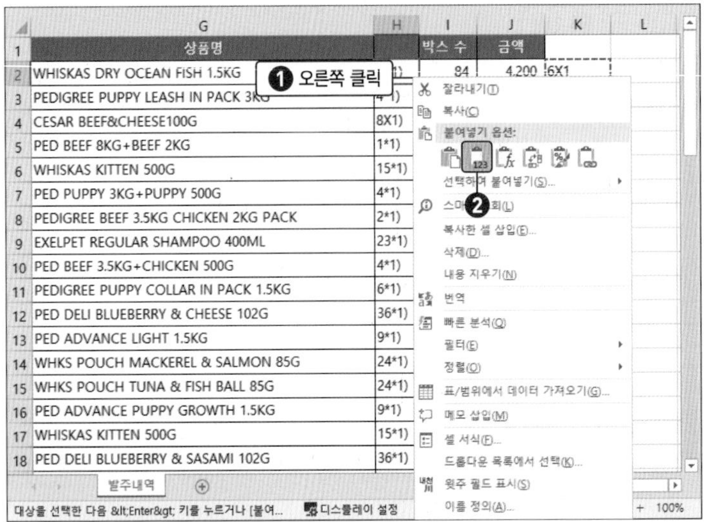


**20** H열에 완성된 결과값을 확인하고 K열 머리글에서 마우스 오른쪽 단추를 클릭한 후 [삭제]를 선택하여 G열의 상품명과 H열의 포장 단위를 깔끔하게 정리하세요.

CASE

# 05 바꾸기 이용해 지역명 분리하기

◉ **예제파일** : 바꾸기로분리하기(준비).xlsx ◉ **완성파일** : 바꾸기로분리하기(완성).xlsx

**1** [발주내역] 시트에서 C열의 세 글자로 입력된 유형(101, 113, 102 등)에서 마지막 세 번째 위치한 값이 1이면 '서울', 2이면 '대구', 3이면 '대전', 4이면 '부산', 5이면 '광주'를 표시하려고 합니다. C열 머리글을 클릭하여 '유형' 항목을 모두 선택하고 Ctrl+C를 눌러 복사합니다. D열 머리글에서 마우스 오른쪽 단추를 클릭하고 [복사한 셀 삽입]을 선택하세요.

**2** D열에 C열과 동일한 '유형' 값이 삽입되었으면 D열을 선택한 상태에서 [홈] 탭-[편집] 그룹의 [찾기 및 선택]을 클릭한 후 [바꾸기]를 선택하세요.

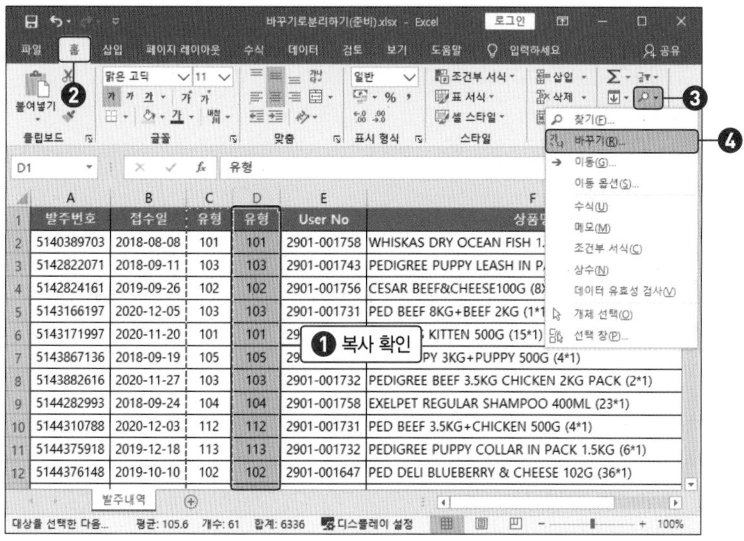

**3** [찾기 및 바꾸기] 대화상자의 [바꾸기] 탭이 열리면 '찾을 내용'에는 『??1』을, '바꿀 내용'에는 『서울』을 입력하고 [모두 바꾸기]를 클릭하세요. 18개 항목이 바뀌었다는 메시지 창이 열리면 [확인]을 클릭합니다.

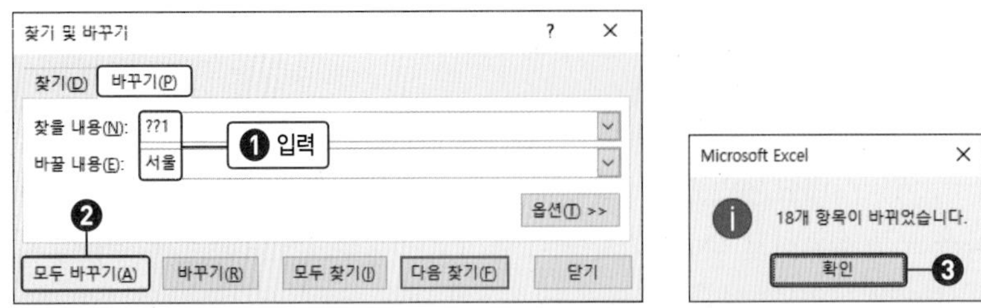


**TIP**

'찾을 내용'에 『??1』을 입력한 것은 앞에 두 글자(??)가 있으면서 끝 글자가 '1'인 문자열을 찾아서 '바꿀 내용'에 입력한 '서울'로 바꾸겠다는 의미입니다. 이때 '찾을 내용'에 『*1』을 입력하면 '1' 앞에 오는 문자가 몇 글자이든 상관없이 무조건 '1'로 끝나는 모든 문자열을 찾습니다. 따라서 '001'은 '서울'로, '010'은 '서울0'으로, '0100'은 '서울00'으로, '0012'는 '서울2'로, '0101'은 '서울서울'로 바뀝니다.

**4** D열의 '유형' 항목에서 끝자리가 '1'로 끝나는 항목이 모두 '서울'로 바뀌었는지 확인하세요. 이번에는 [찾기 및 바꾸기] 대화상자의 [바꾸기] 탭에서 [찾을 내용]에는 『??2』를, [바꿀 내용]에는 『대구』를 입력하고 [모두 바꾸기]를 클릭합니다.

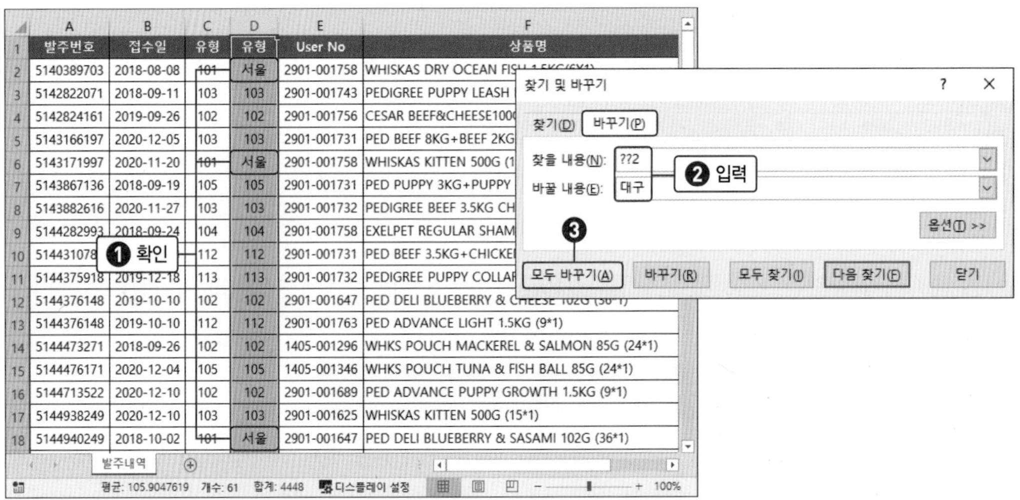


**5** 18개 항목이 바뀌었다는 메시지 창이 열리면 [확인]을 클릭하세요.

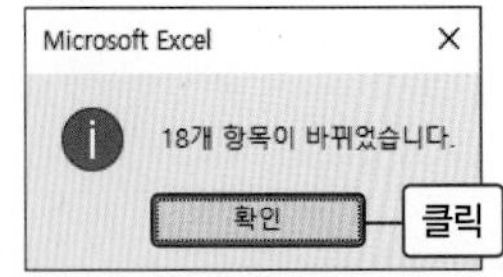

**6** D열의 '유형' 항목에서 끝자리가 '2'인 데이터가 '대구'로 바뀌었는지 확인합니다.

| | A | B | C | D | E | F |
|---|---|---|---|---|---|---|
| 1 | 발주번호 | 접수일 | 유형 | 유형 | User No | 상품명 |
| 2 | 5140389703 | 2018-08-08 | 101 | 서울 | 2901-001758 | WHISKAS DRY OCEAN FISH 1.5KG(6X1) |
| 3 | 5142822071 | 2018-09-11 | 103 | 103 | 2901-001743 | PEDIGREE PUPPY LEASH IN PACK 3KG (4 |
| 4 | 5142824161 | 2019-09-26 | 102 | 대구 | 2901-001756 | CESAR BEEF&CHEESE100G (8X1) |
| 5 | 5143166197 | 2020-12-05 | 103 | 103 | 2901-001731 | PED BEEF 8KG+BEEF 2KG (1*1) |
| 6 | 5143171997 | 2020-11-20 | 101 | 서울 | 2901-001758 | WHISKAS KITTEN 500G (15*1) |
| 7 | 5143867136 | 2018-09-19 | 105 | 105 | 2901-001731 | PED PUPPY 3KG+PUPPY 500G (4*1) |
| 8 | 5143882616 | 2020-11-27 | 103 | 103 | 2901-00 | EDIGREE BEEF 3.5KG CHICKEN 2KG PAC |
| 9 | 5144282993 | 2018-09-24 | 104 | 104 | 2901-00 | KELPET REGULAR SHAMPOO 400ML (23 |
| 10 | 5144310788 | 2020-12-03 | 112 | 대구 | 2901-001731 | PED BEEF 3.5KG+CHICKEN 500G (4*1) |
| 11 | 5144375918 | 2019-12-18 | 113 | 113 | 2901-001732 | PEDIGREE PUPPY COLLAR IN PACK 1.5KG |
| 12 | 5144376148 | 2019-10-10 | 102 | 대구 | 2901-001647 | PED DELI BLUEBERRY & CHEESE 102G (36 |
| 13 | 5144376148 | 2019-10-10 | 112 | 대구 | 2901-001763 | PED ADVANCE LIGHT 1.5KG (9*1) |
| 14 | 5144473271 | 2018-09-26 | 102 | 대구 | 1405-001296 | WHKS POUCH MACKEREL & SALMON 85 |
| 15 | 5144476171 | 2020-12-04 | 105 | 105 | 1405-001346 | WHKS POUCH TUNA & FISH BALL 85G (2 |
| 16 | 5144713522 | 2020-12-10 | 102 | 대구 | 2901-001689 | PED ADVANCE PUPPY GROWTH 1.5KG (9 |
| 17 | 5144938249 | 2020-12-10 | 103 | 103 | 2901-001625 | WHISKAS KITTEN 500G (15*1) |



**7** 이와 같은 방법으로 [찾기 및 바꾸기] 대화상자의 [바꾸기] 탭을 이용해 D열의 '유형' 항목에서 끝자리가 '3'은 '대전'으로, '4'는 '부산'으로, '5'는 '광주'로 변경하고 [닫기]를 클릭합니다.

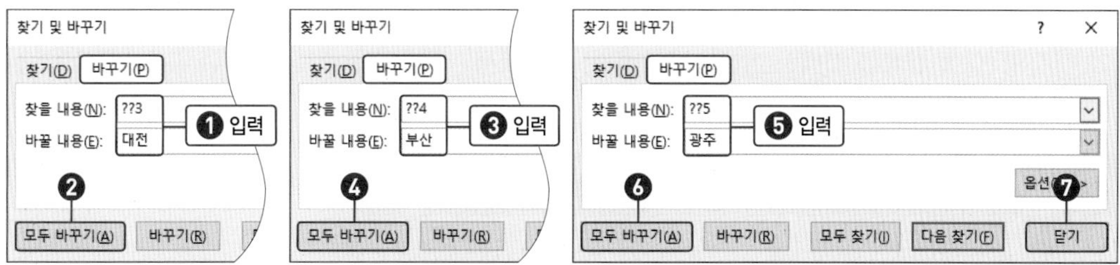


**8** C열의 '유형' 항목에 입력된 끝자리 값에 맞게 D열의 '유형' 항목에 지역을 표시했습니다.

| | A | B | C | D | E | F |
|---|---|---|---|---|---|---|
| 1 | 발주번호 | 접수일 | 유형 | 유형 | User No | 상품명 |
| 2 | 5140389703 | 2018-08-08 | 101 | 서울 | 2901-001758 | WHISKAS DRY OCEAN FISH 1.5KG(6X1) |
| 3 | 5142822071 | 2018-09-11 | 103 | 대전 | 2901-001743 | PEDIGREE PUPPY LEASH IN PACK 3KG (4*1) |
| 4 | 5142824161 | 2019-09-26 | 102 | 대구 | 2901-001756 | CESAR BEEF&CHEESE100G (8X1) |
| 5 | 5143166197 | 2020-12-05 | 103 | 대전 | 2901-001731 | PED BEEF 8KG+BEEF 2KG (1*1) |
| 6 | 5143171997 | 2020-11-20 | 101 | 서울 | 2901-001758 | WHISKAS KITTEN 500G (15*1) |
| 7 | 5143867136 | 2018-09-19 | 105 | 광주 | 2901-001731 | PED PUPPY 3KG+PUPPY 500G (4*1) |
| 8 | 5143882616 | 2020-11-27 | 103 | 대전 | 2901-001732 | PEDIGREE BEEF 3.5KG CHICKEN 2KG PACK (2*1) |
| 9 | 5144282993 | 2018-09-24 | 104 | 부산 | 2901-001758 | EXELPET REGULAR SHAMPOO 400ML (23*1) |
| 10 | 5144310788 | 2020-12-03 | 112 | 대구 | 29 확인 1 | PED BEEF 3.5KG+CHICKEN 500G (4*1) |
| 11 | 5144375918 | 2019-12-18 | 113 | 대전 | 2901-001732 | PEDIGREE PUPPY COLLAR IN PACK 1.5KG (6*1) |
| 12 | 5144376148 | 2019-10-10 | 102 | 대구 | 2901-001647 | PED DELI BLUEBERRY & CHEESE 102G (36*1) |
| 13 | 5144376148 | 2019-10-10 | 112 | 대구 | 2901-001763 | PED ADVANCE LIGHT 1.5KG (9*1) |
| 14 | 5144473271 | 2018-09-26 | 102 | 대구 | 1405-001296 | WHKS POUCH MACKEREL & SALMON 85G (24*1) |
| 15 | 5144476171 | 2020-12-04 | 105 | 광주 | 1405-001346 | WHKS POUCH TUNA & FISH BALL 85G (24*1) |
| 16 | 5144713522 | 2020-12-10 | 102 | 대구 | 2901-001689 | PED ADVANCE PUPPY GROWTH 1.5KG (9*1) |
| 17 | 5144938249 | 2020-12-10 | 103 | 대전 | 2901-001625 | WHISKAS KITTEN 500G (15*1) |
| 18 | 5144940249 | 2018-10-02 | 101 | 서울 | 2901-001647 | PED DELI BLUEBERRY & SASAMI 102G (36*1) |

발주내역

개수: 61 디스플레이 설정 100%

**9** F열에 입력된 상품명을 분리하기 위해 F열 머리글을 클릭하여 '상품명' 항목 전체를 선택하고 Ctrl+C를 눌러 복사합니다. G열 머리글을 클릭하고 선택 영역에서 마우스 오른쪽 단추를 클릭한 후 [복사한 셀 삽입]을 선택하세요.

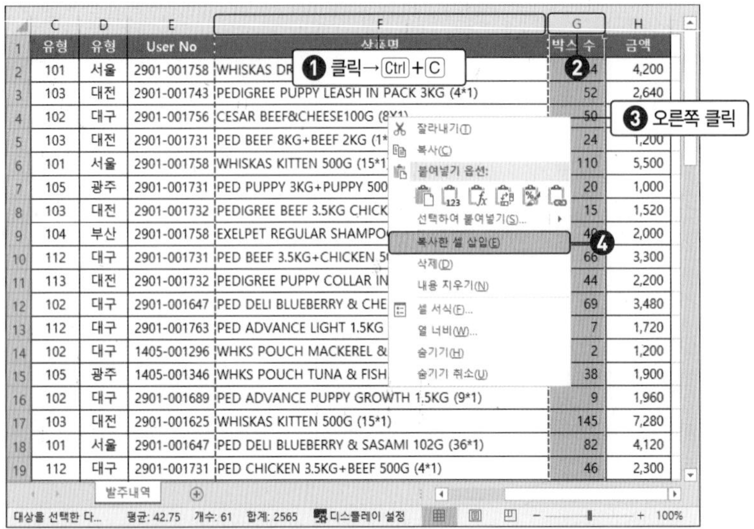


**10** G열에 F열의 '상품명' 항목이 복사되면서 삽입되었는지 확인합니다. F열 머리글을 클릭하여 F열의 '상품명' 항목 전체를 선택하고 [홈] 탭-[편집] 그룹에서 [찾기 및 선택]을 클릭한 후 [바꾸기]를 선택하세요.

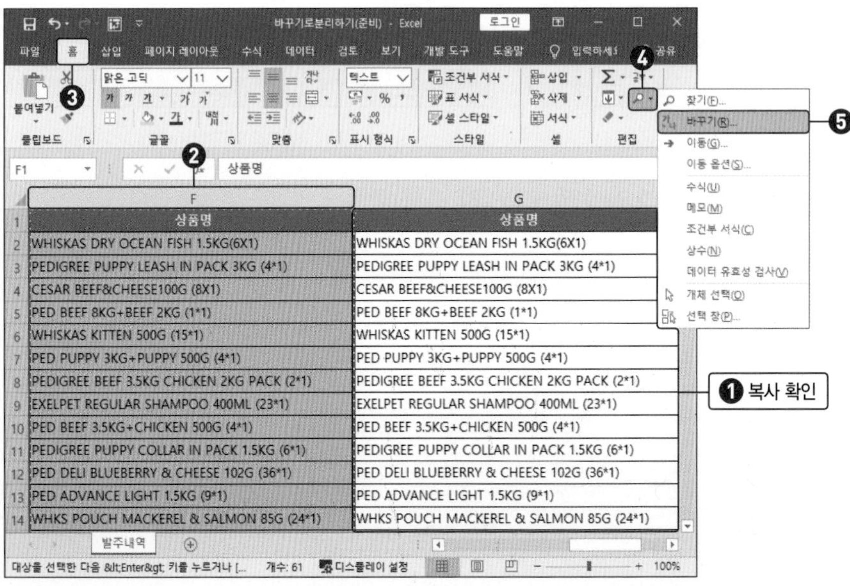

**11** [찾기 및 바꾸기] 대화상자의 [바꾸기] 탭이 열리면 '찾을 내용'에는 『(*』을 입력하고 '바꿀 내용'에는 아무것도 입력하지 않은 상태에서 [모두 바꾸기]를 클릭하세요. 56개 항목이 바뀌었다는 메시지 창이 열리면 [확인]을 클릭하고 [찾기 및 바꾸기] 대화상자에서 [닫기]를 클릭하세요.

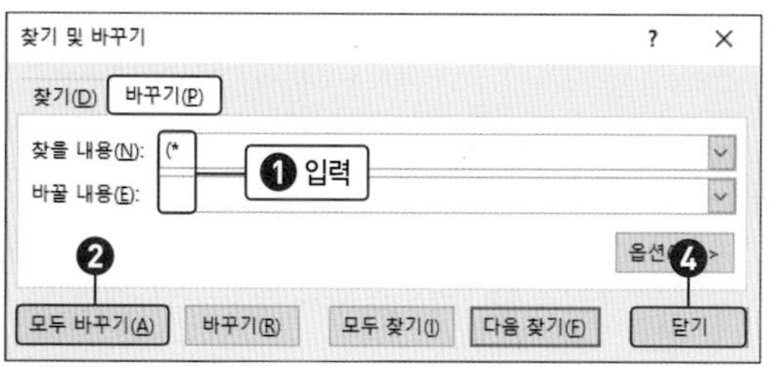

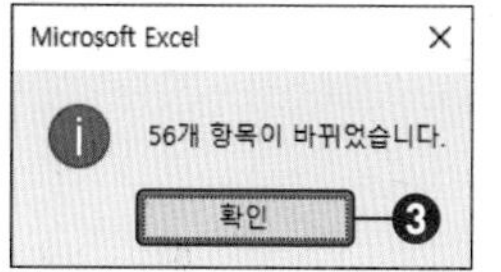


**TIP**

'찾을 내용'에 『(*』을 입력한 것은 '(' 뒤에 어떤 문자든지, 몇 글자든지 상관없이 모두 찾겠다는 의미입니다. '바꿀 내용'에 아무것도 입력하지 않았기 때문에 '('를 찾아서 뒤쪽에 어떤 문자가 오든지 모두 지웁니다.

**12** F열의 '상품명' 항목에서 '(' 문자부터 뒤쪽 문자열이 모두 사라졌는지 확인합니다. 이번에는 G열 머리글을 클릭하여 G열의 '상품명' 항목 전체를 선택하고 [홈] 탭-[편집] 그룹에서 [찾기 및 선택]을 클릭한 후 [바꾸기]를 선택하세요.

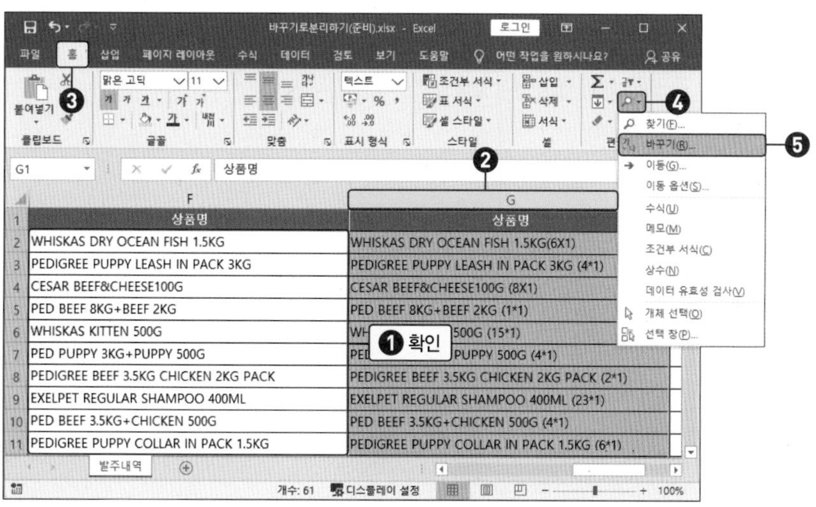


**13** [찾기 및 바꾸기] 대화상자의 [바꾸기] 탭이 열리면 '찾을 내용'에는 『*(』를 입력하고 '바꿀 내용'에는 아무것도 입력하지 않은 상태에서 [모두 바꾸기]를 클릭하세요. 56개 항목이 바뀌었다는 메시지 창이 열리면 [확인]을 클릭하세요.

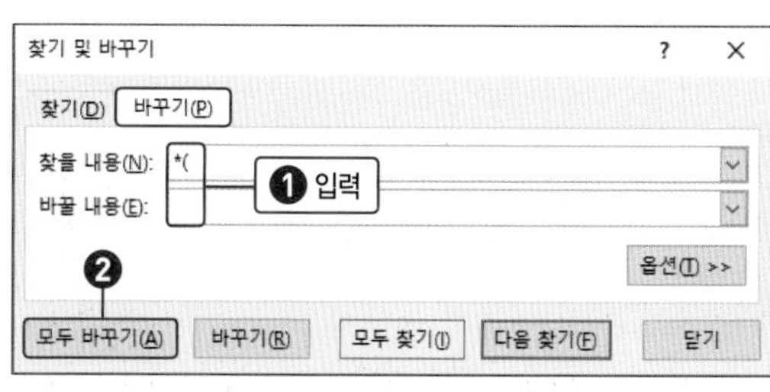

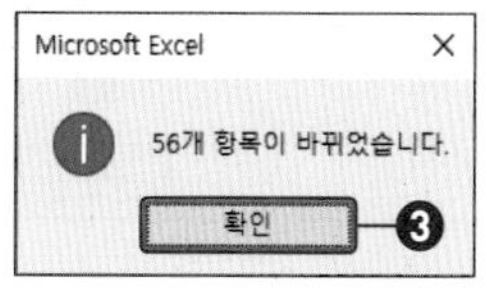

**14** G열의 '상품명' 항목에서 '(' 문자의 앞쪽 문자열이 모두 사라졌는지 확인합니다. 이번에는 [찾기 및 바꾸기] 대화상자의 [바꾸기] 탭에서 '찾을 내용'에는 『)』를 입력하고 '바꿀 내용'에는 아무것도 입력하지 않은 상태에서 [옵션]을 클릭하세요.

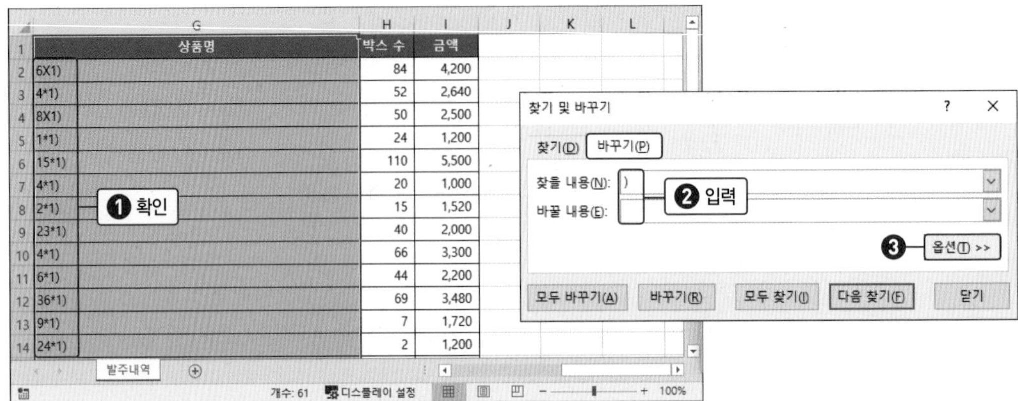


**15** [찾기 및 바꾸기] 대화상자가 확장되어 세부 옵션이 나타나면 '바꿀 내용'의 [서식]을 클릭하세요.

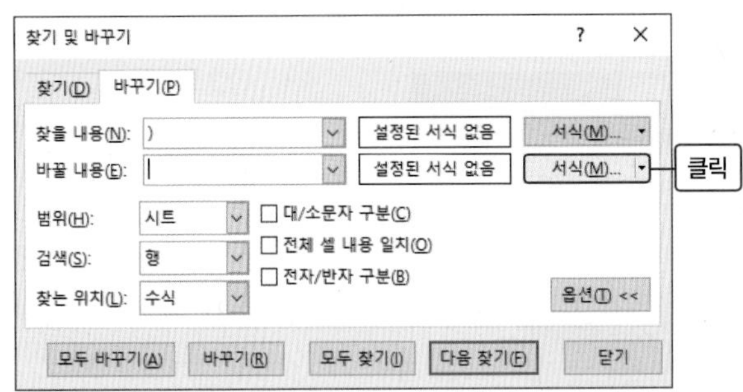


**16** [서식 바꾸기] 대화상자가 열리면 [채우기] 탭에서 ')'가 포함된 셀에 설정한 배경색을 선택하고 [확인]을 클릭하세요.

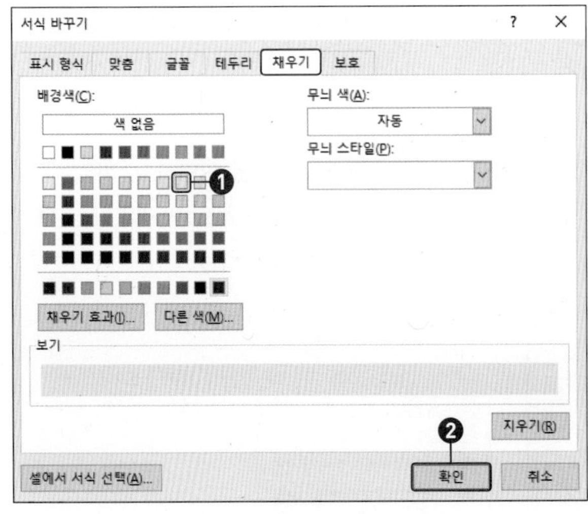

**TIP**

셀에 입력된 데이터 중에서 ')'가 포함된 셀과 포함되지 않은 셀을 구분해서 표시하기 위해 ')'가 포함된 셀을 찾아 배경색을 변경하는 것입니다.

**17** [찾기 및 바꾸기] 대화상자로 되돌아오면 [모두 바꾸기]를 클릭하세요.

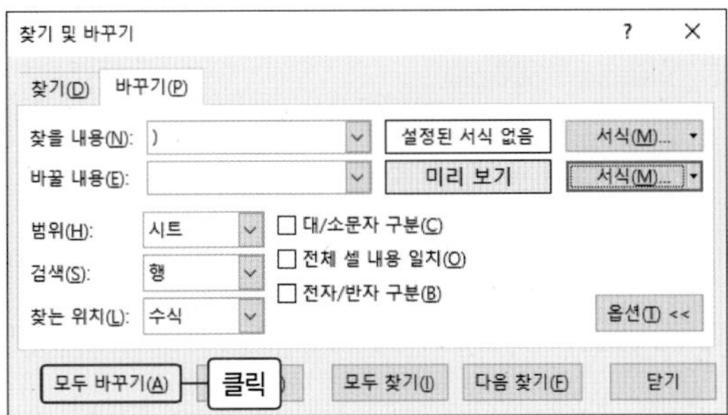


**18** 선택한 범위에서 ')'가 포함된 셀의 배경색이 바뀌면서 56개 항목이 바뀌었다는 메시지 창이 열리면 [확인]을 클릭합니다.

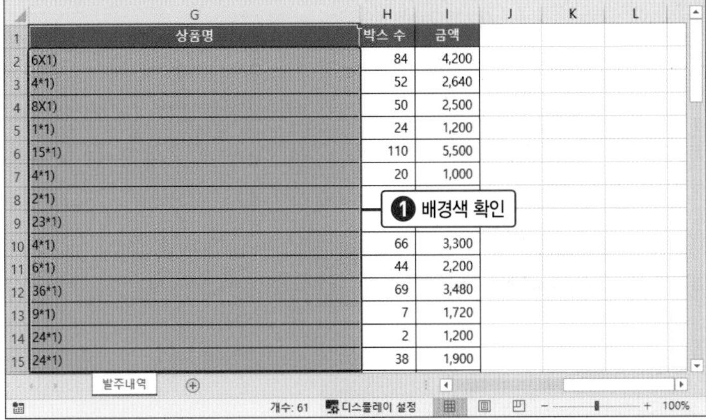


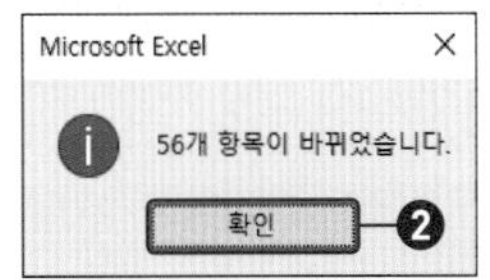


**19** 이번에는 [찾기 및 바꾸기] 대화상자의 [바꾸기] 탭에서 '찾을 내용'에 ')'가 입력된 상태에서 '바꿀 내용'의 [서식]의 목록 단추(▾)를 클릭하고 [서식 바꾸기 지우기]를 선택한 후 [모두 바꾸기]를 클릭하세요.

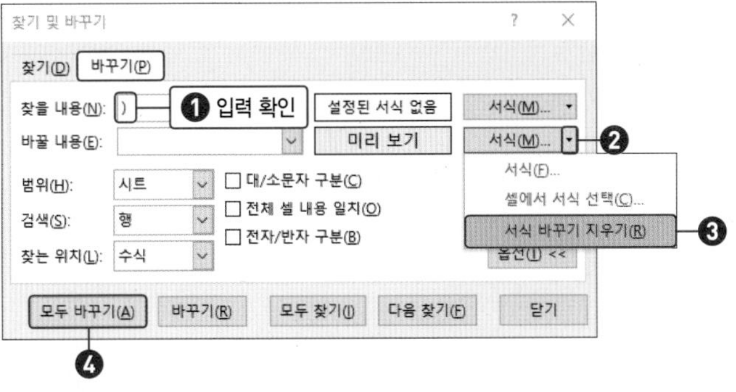

**20** 범위 설정한 영역에서 ')'가 모두 없어지면서 56개의 항목이 바뀌었다는 메시지 창이 열리면 [확인]을 클릭합니다. [찾기 및 바꾸기] 대화상자로 되돌아오면 [닫기]를 클릭하세요.

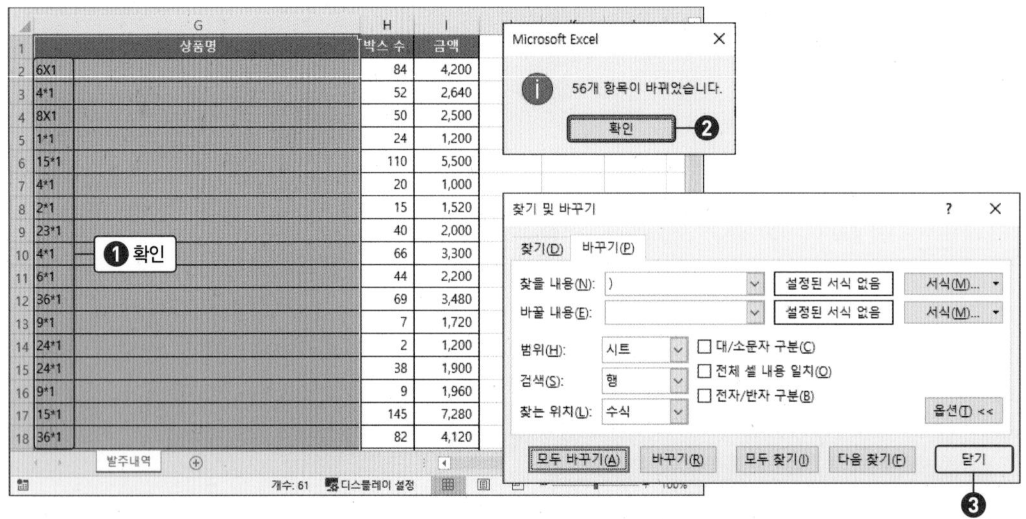


**21** G열의 셀 값에서 '(' 문자의 앞쪽으로 지우고 ')'를 삭제한 결과를 확인할 수 있는데, 24행과 34행, 50행, 56행과 같이 '()' 문자 없이 입력된 상품명에는 바꾸기가 실행되지 않아서 상품명이 그대로 남아 있습니다. 이 값만 따로 확인하기 위해 **16** 과정에서 ')'가 포함된 셀만 배경색을 바꾸었던 것입니다. 배경색이 없는 셀만 찾아서 한 번에 값을 삭제하기 위해 [데이터] 탭-[정렬 및 필터] 그룹에서 [필터]를 클릭하세요.

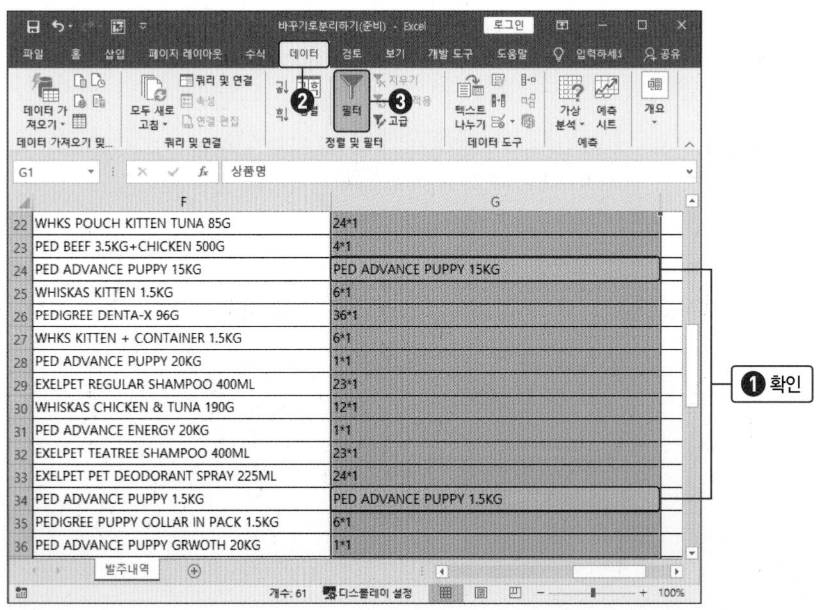

**22** G1셀의 '상품명' 항목에 필터 단추(▾)가 표시되면 클릭하고 [색 기준 필터]-[채우기 없음]을 선택합니다.

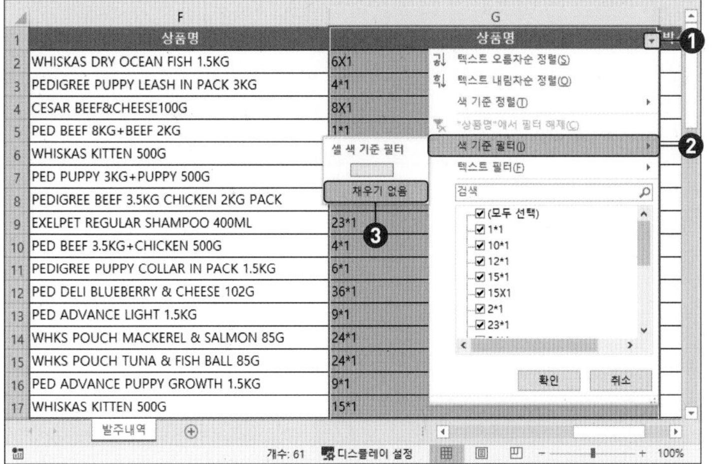


**23** 배경색이 없는 셀만 선택되었으면 상품명 부분을 드래그해서 범위를 설정하고 Delete를 누릅니다.

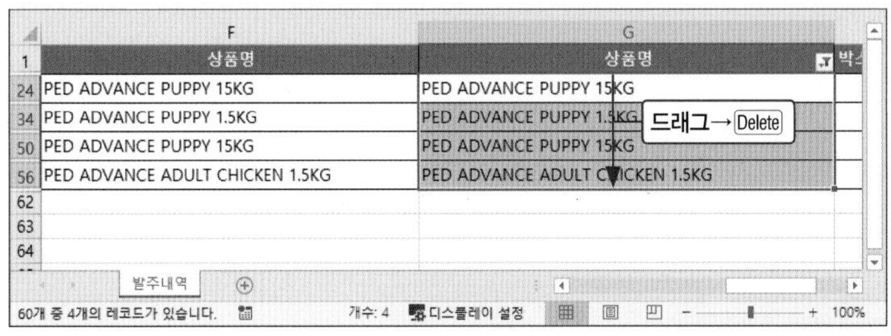


**24** '()' 문자 없이 상품명만 입력된 셀만 찾아 데이터를 삭제했으면 [데이터] 탭-[정렬 및 필터] 그룹에서 [필터]를 클릭하여 필터 적용을 해제하세요.

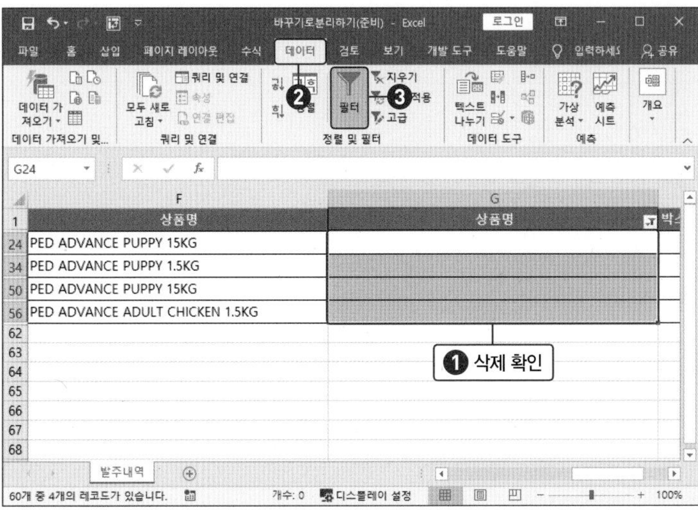

**25** G열의 '상품명' 항목에서 ')' 문자가 모두 사라졌는지 확인하세요. 이와 같이 수식을 사용하지 않고 하나의 셀에 입력된 값을 두 개의 셀로 분리할 수 있습니다. G열 머리글과 H열 머리글 사이의 경계선에 마우스 포인터를 올려놓고 ✣ 모양으로 변경되면 더블클릭하세요.

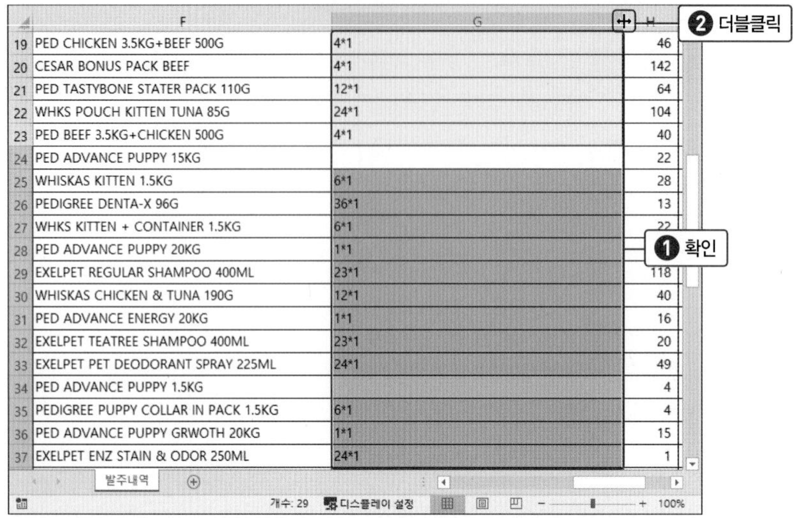


**TIP**

열 머리글 사이의 경계선을 드래그하면 원하는 만큼 너비를 조정할 수 있고, 더블클릭하면 해당 열에 입력된 데이터의 길이에 맞게 자동으로 너비가 조정됩니다.

**26** G열의 너비가 자동으로 조정되었는지 확인하세요.

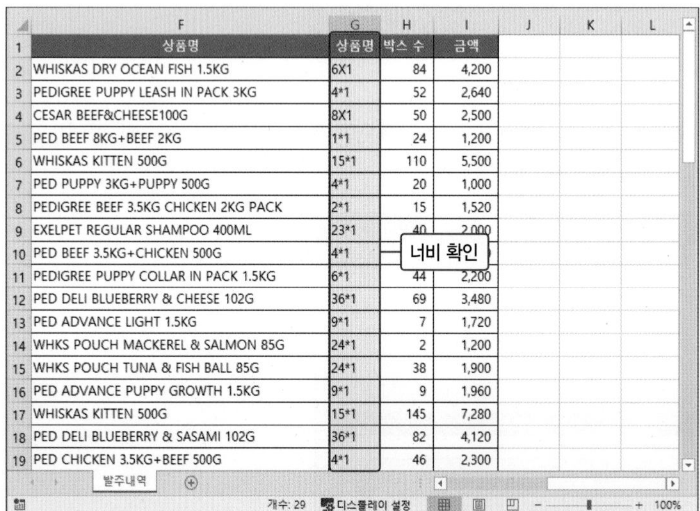

## 잠깐만요 :: 데이터를 이용해 셀에 간단하게 차트 그리기

다음과 같은 방법을 이용해서 엑셀 데이터로 셀에 간단하게 차트를 그릴 수 있습니다.

### 방법 1 조건부 서식 활용하기

1. 값의 크기에 비례하게 막대 그래프 효과를 표시해 볼게요. [매출] 시트에서 '합계' 항목인 H2:H18 영역을 선택하고 [홈] 탭-[스타일] 그룹에서 [조건부 서식]을 클릭한 후 [데이터 막대]를 선택합니다. 데이터 막대 스타일이 목록으로 표시되면 원하는 항목을 선택하세요.
2. 데이터 값에 따라 막대 크기가 자동으로 바뀌는 효과를 연출할 수 있습니다.

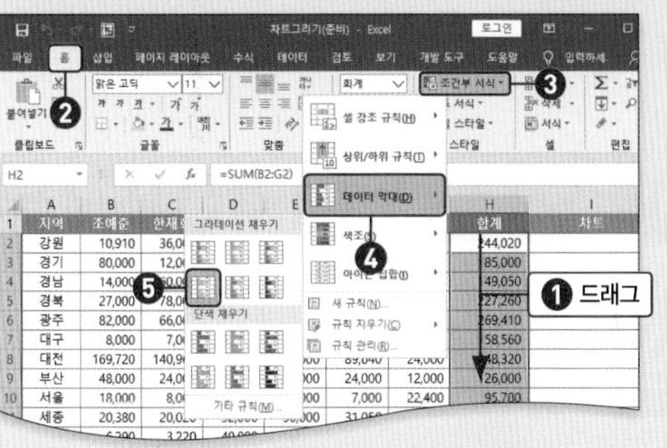


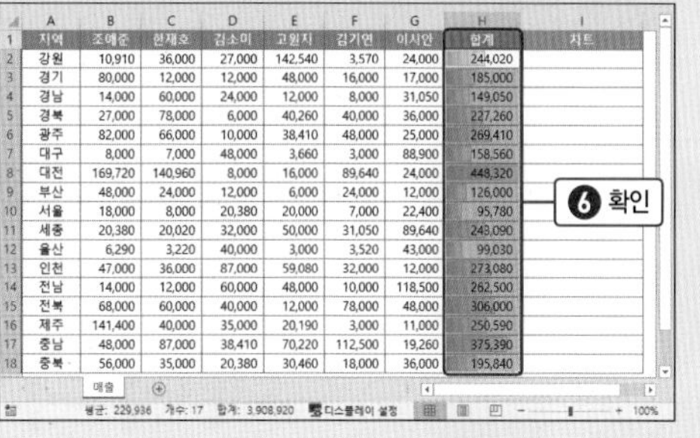


3. 막대만 표시되고 숫자 값은 보이지 않게 숨기려면 H2:H18 영역을 선택한 상태에서 Ctrl + 1을 누르세요. [셀 서식] 대화상자의 [표시 형식] 탭이 열리면 '범주'에서 [사용자 지정]을 선택하고 '형식'에 『;;;』를 입력한 후 [확인]을 클릭합니다.
4. 셀 값이 사라지고 막대 그래프만 남은 효과를 연출할 수 있어요.

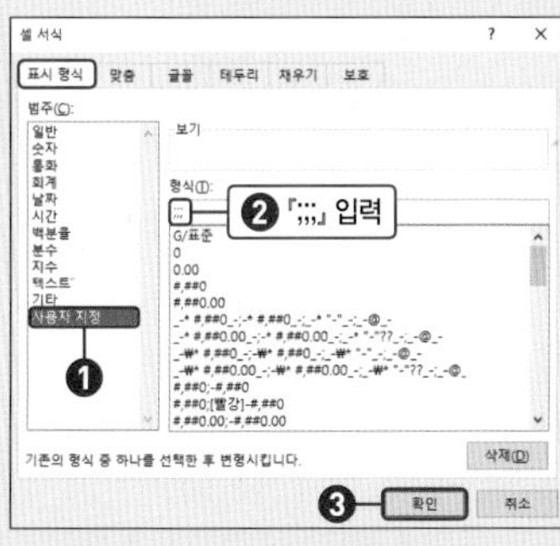


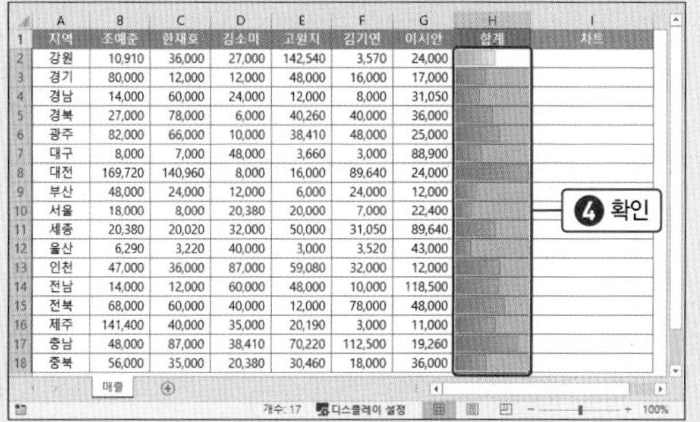


### 방법 2 스파크라인 활용하기

1. 여러 셀들을 대상으로 값의 흐름을 차트로 간단하게 표시해 볼게요. '차트' 항목인 I2:I18 영역을 선택하고 [삽입] 탭-[스파크라인] 그룹에서 [열]을 클릭합니다.
2. [스파크라인 만들기] 대화상자가 열리면 '데이터 범위'에 'B2:G18'을 지정하고 [확인]을 클릭합니다.
3. '차트' 항목에 표시된 막대 차트를 확인하세요. 하나의 셀 안에서 값의 흐름을 막대나 꺾은선형 차트로 표시할 때 편리한 막대 차트입니다.

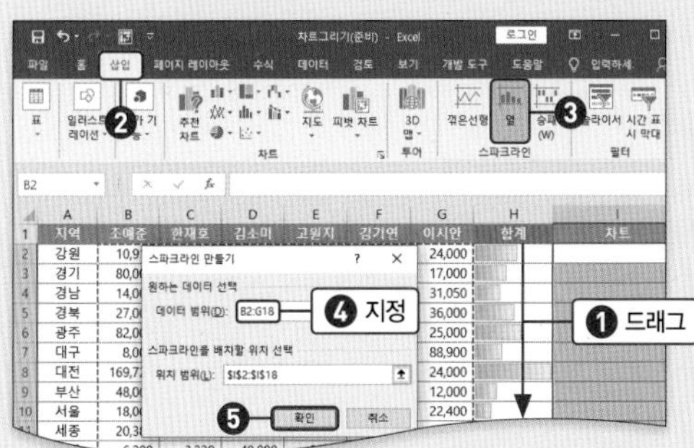


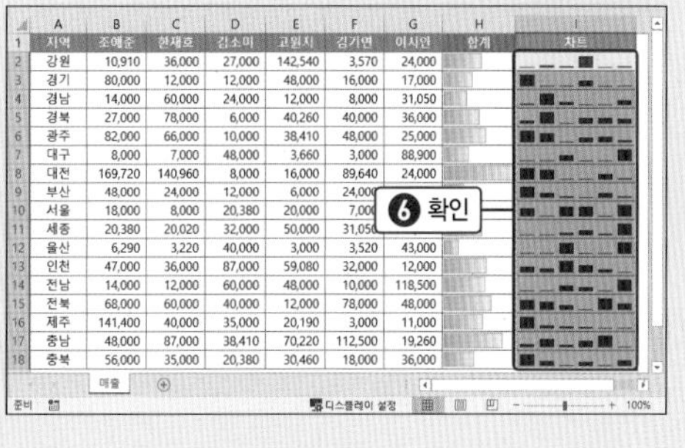

# 09 여러 셀에 입력된 데이터를 하나의 셀에 합치자

ERP(Enterprise Resource Planning, 전사적 자원 관리) 또는 외부에서 받은 자료를 자신에게 사용하기 편리한 형태로 정리하는 경우가 많습니다. 이번에는 날짜가 문자 형태로 입력되어 있거나 여러 셀로 데이터가 분리되어 있을 때 하나의 셀로 합칠 수 있는 방법을 살펴보겠습니다.

**주요 기능**

/ 빠른 채우기로 데이터 합치기

/ 날짜 합쳐서 문자 값으로 입력하기

/ 문자 합쳐서 날짜 값으로 입력하기

# CASE 01 빠른 채우기로 데이터 합치기

◉ **예제파일** : 빠른채우기로합치기(준비).xlsx ◉ **완성파일** : 빠른채우기로합치기(완성).xlsx

**1** [Sheet1] 시트에서 C열의 성과 D열의 이름을 붙여서 B열에 표시해 볼게요. C5셀 값인 '박'과 D5셀 값 '병철'을 나란히 붙여서 B5셀에 『박병철』을 입력하고 Enter를 누르세요. B5셀을 선택하고 [데이터] 탭-[데이터 도구] 그룹에서 [빠른 채우기]를 클릭합니다.

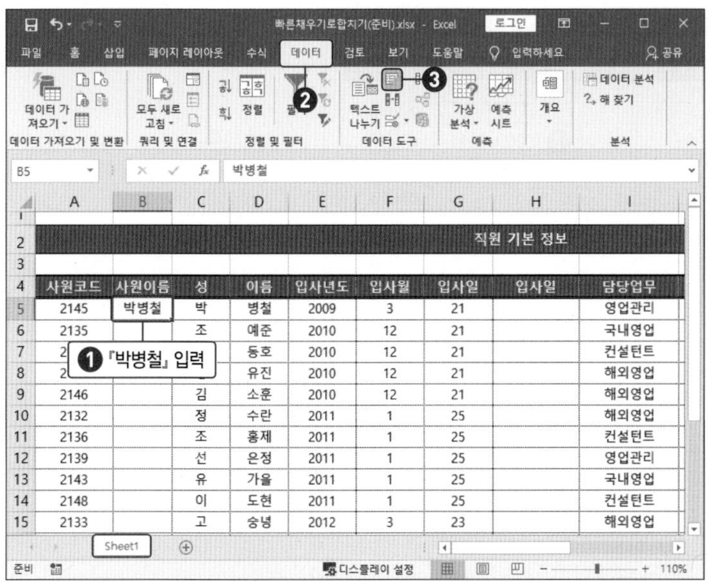


**TIP**

빠른 채우기는 다른 셀에 입력된 데이터를 참조해서 특정 부분만 분리하거나 여러 셀의 값을 하나로 합치는 등의 작업 패턴을 인식해서 자동으로 값을 채워주는 기능입니다. 이 기능은 엑셀 2013 버전부터 제공하므로 엑셀 2013 이전 버전을 사용한다면 사용할 수 없어요.

**2** B5셀에 입력된 데이터를 다른 열에 입력된 데이터와 비교 분석한 후 입력 패턴을 찾아 자동으로 나머지 데이터가 채워졌는지 확인하세요.

직원 기본 정보

| 사원코드 | 사원이름 | 성 | 이름 | 입사년도 | 입사월 | 입사일 | 입사일 | 담당업무 |
|---|---|---|---|---|---|---|---|---|
| 2145 | 박병철 | 박 | 병철 | 2009 | 3 | 21 | | 영업관리 |
| 2135 | 조예준 | 조 | 예준 | 2010 | 12 | 21 | | 국내영업 |
| 2137 | 김동호 | 김 | 동호 | 2010 | 12 | 21 | | 컨설턴트 |
| 2141 | 정유진 | 정 | 유진 | 2010 | 12 | 21 | | 해외영업 |
| 2146 | 김소훈 | 김 | 소훈 | 2010 | 12 | 21 | | 해외영업 |
| 2132 | 정수란 | 정 | 수란 | 2011 | 1 | 25 | | 해외영업 |
| 2136 | 조홍제 | 조 | 홍제 | 2011 | 1 | 25 | | 컨설턴트 |
| 2139 | 선은정 | 선 | 은정 | 2011 | 1 | 25 | | 영업관리 |
| 2143 | 유가을 | 유 | 가을 | 2011 | 1 | 25 | | 국내영업 |
| 2148 | 이도현 | 이 | 도현 | 2011 | 1 | 25 | | 컨설턴트 |
| 2133 | 고숭녕 | 고 | 숭녕 | 2012 | 3 | 23 | | 해외영업 |
| 2138 | 김기연 | 김 | 기연 | 2012 | 3 | 25 | | 영업관리 |
| 2140 | 이한구 | 이 | 한구 | 2012 | 3 | 25 | | 컨설턴트 |
| 2144 | 윤대현 | 윤 | 대현 | 2012 | 3 | 25 | | 영업관리 |

확인

준비 변경된 셀 빠른 채우기: 17

**3** H열에는 E열(입사년도)과 F열(입사월)과 G열(입사일)을 하나의 셀에 합쳐서 표시해 볼게요. H5셀에 『2009-3-21』을 입력하고 Enter를 누르세요. 다시 H5셀을 선택하고 [데이터] 탭-[데이터 도구] 그룹에서 [빠른 채우기]를 클릭합니다.

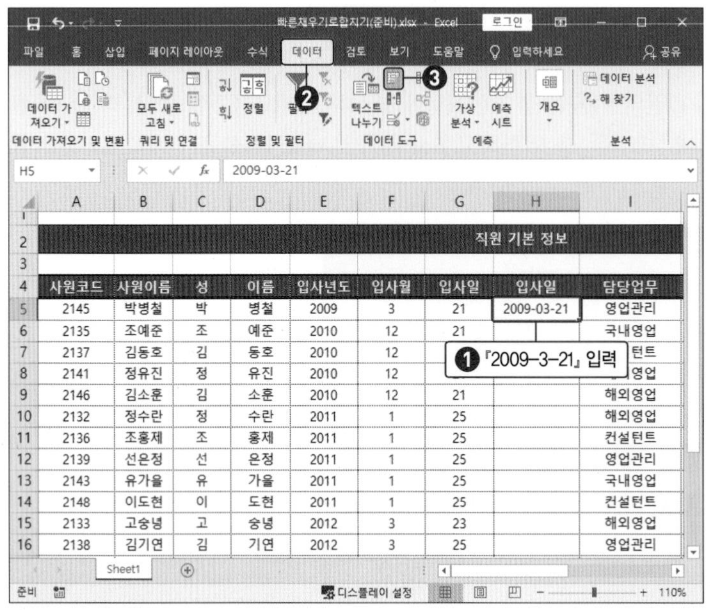


**TIP**

'2009-3-21' 대신 '2009년3월21일'로 입력하면 한글 방식으로 표시됩니다.

**4** 각 셀에 입력된 값을 하나로 합쳐서 H열의 '입사일' 항목에 '년-월-일' 형식으로 표시된 날짜를 확인하세요. 이때 H5셀에는 '2009-3-21'을 입력했지만, 데이터에 자동으로 셀 서식이 설정되어 월 값에 '0'이 붙어서 '2009-03-21'로 표시되었기 때문에 H6셀 값이 '2010-12-21'이 아니라 '2010-012-21'로 표시되었습니다. 이 문제를 해결하기 위해 H5셀을 선택하고 Ctrl+1을 누르세요.

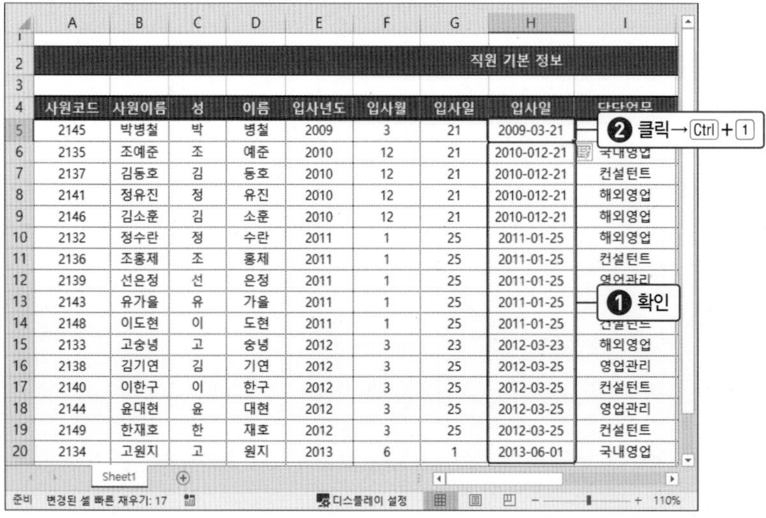

**5** [셀 서식] 대화상자의 [표시 형식] 탭이 열리면 '범주'에서 [사용자 지정]을 선택하고 '형식'에 『yyyy-m-d』를 입력한 후 [확인]을 클릭하세요.

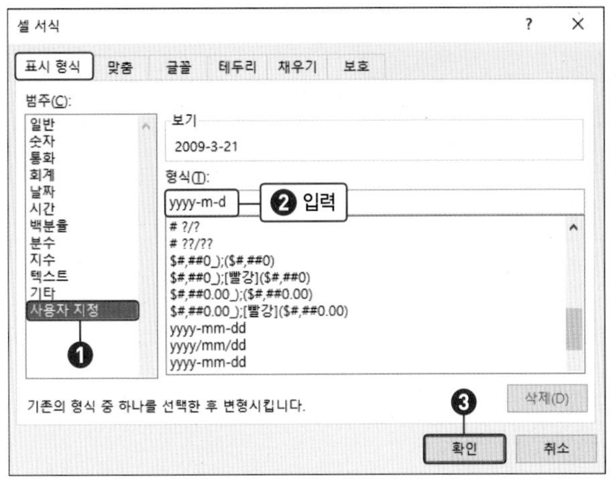


**TIP** 날짜 데이터에 지정하는 표시 형식에 대해서는 44쪽을 참고하세요.

**6** H5셀 값이 기존에 표시된 '2009-03-21' 대신 '2009-3-21'로 바뀌었는지 확인합니다. H6셀을 선택하고 Ctrl+Shift+↓를 눌러 범위를 선택한 후 Delete를 눌러 삭제하세요.

**7** H5셀을 선택하고 [데이터] 탭-[데이터 도구] 그룹에서 [빠른 채우기]를 클릭하세요.

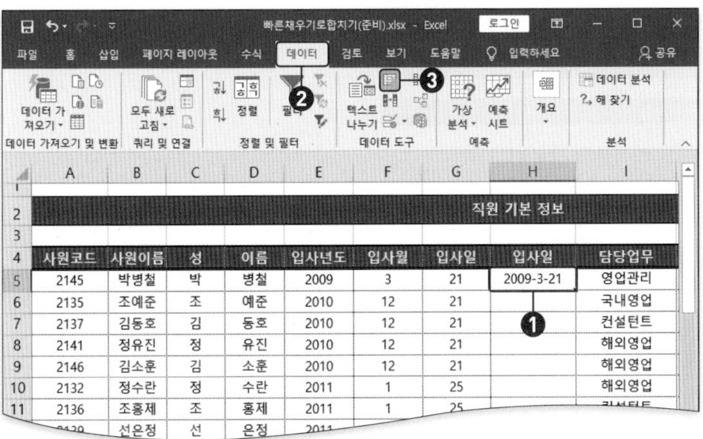

**8** H6:H9 영역에 표시된 날짜의 월이 '012'가 아닌 '12'로 표시되었고 나머지 셀들도 제대로 표시되었는지 확인합니다.

| | A | B | C | D | E | F | G | H | I |
|---|---|---|---|---|---|---|---|---|---|
| 2 | 직원 기본 정보 | | | | | | | | |
| 4 | 사원코드 | 사원이름 | 성 | 이름 | 입사년도 | 입사월 | 입사일 | 입사일 | 담당업무 |
| 5 | 2145 | 박병철 | 박 | 병철 | 2009 | 3 | 21 | 2009-3-21 | 영업관리 |
| 6 | 2135 | 조예준 | 조 | 예준 | 2010 | 12 | 21 | 2010-12-21 | 국내영업 |
| 7 | 2137 | 김동호 | 김 | 동호 | 2010 | 12 | 21 | 2010-12-21 | 컨설턴트 |
| 8 | 2141 | 정유진 | 정 | 유진 | 2010 | 12 | 21 | 2010-12-21 | 해외영업 |
| 9 | 2146 | 김소훈 | 김 | 소훈 | 2010 | 12 | 21 | 2010-12-21 | 해외영업 |
| 10 | 2132 | 정수란 | 정 | 수란 | 2011 | 1 | 25 | 2011-1-25 | [illegible] |
| 11 | 2136 | 조홍제 | 조 | 홍제 | 2011 | 1 | 25 | 2011-1-25 | [illegible] |
| 12 | 2139 | 선은정 | 선 | 은정 | 2011 | 1 | 25 | 2011-1-25 | 영업관리 |
| 13 | 2143 | 유가을 | 유 | 가을 | 2011 | 1 | 25 | 2011-1-25 | 국내영업 |
| 14 | 2148 | 이도현 | 이 | 도현 | 2011 | 1 | 25 | 2011-1-25 | 컨설턴트 |
| 15 | 2133 | 고승녕 | 고 | 승녕 | 2012 | 3 | 23 | 2012-3-23 | 해외영업 |

확인

**9** J열에 지역과 구분을 합쳐서 표시하기 위해 J5셀에 『이천(지점)』을 입력하고 Enter를 누릅니다. 다시 J5셀을 선택하고 [데이터] 탭-[데이터 도구] 그룹에서 [빠른 채우기]를 클릭하세요.

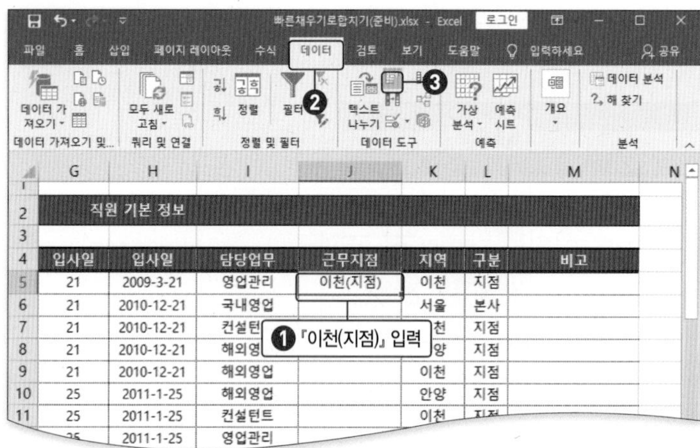


**10** K열의 '지역' 데이터와 L열의 '구분' 데이터가 하나로 합쳐져서 J열에 표시되었는지 확인하세요.

| | G | H | I | J | K | L | M |
|---|---|---|---|---|---|---|---|
| 2 | 직원 기본 정보 | | | | | | |
| 4 | 입사일 | 입사일 | 담당업무 | 근무지점 | 지역 | 구분 | 비고 |
| 5 | 21 | 2009-3-21 | 영업관리 | 이천(지점) | 이천 | 지점 | |
| 6 | 21 | 2010-12-21 | 국내영업 | 서울(본사) | 서울 | 본사 | |
| 7 | 21 | 2010-12-21 | 컨설턴트 | 이천(지점) | 이천 | 지점 | |
| 8 | 21 | 2010-12-21 | 해외영업 | 안양(지점) | 안양 | 지점 | |
| 9 | 21 | 2010-12-21 | 해외영업 | 이천(지점) | 이천 | 지점 | |
| 10 | 25 | 2011-1-25 | 해외영업 | 안양(지점) | [illegible] | 지점 | |
| 11 | 25 | 2011-1-25 | 컨설턴트 | 이천(지점) | 이천 | 지점 | |
| 12 | 25 | 2011-1-25 | 영업관리 | 서울(본사) | 서울 | 본사 | |
| 13 | 25 | 2011-1-25 | 국내영업 | 안양(지점) | 안양 | 지점 | |
| 14 | 25 | 2011-1-25 | 컨설턴트 | 안양(지점) | 안양 | 지점 | |
| 15 | 23 | 2012-3-23 | 해외영업 | 안양(지점) | 안양 | 지점 | |

**11** C열 머리글부터 G열 머리글까지 드래그해서 선택하고 Ctrl을 누른 상태에서 K열 머리글부터 L열 머리글까지 추가로 선택합니다. 선택 영역에서 마우스 오른쪽 단추를 클릭하고 [삭제]를 선택하세요.

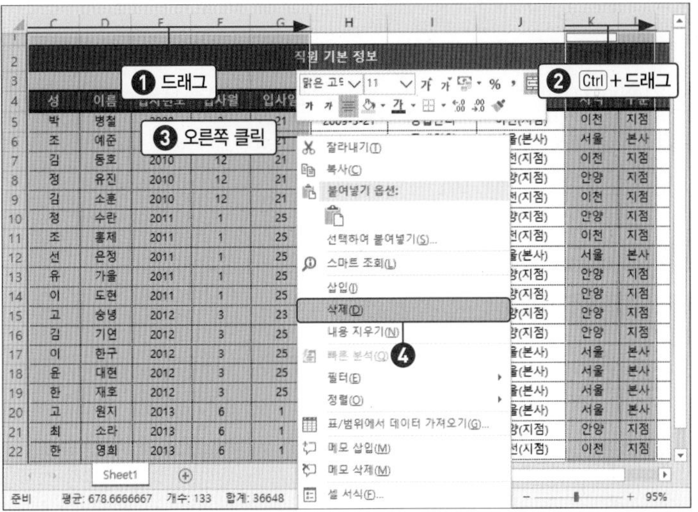


**12** 기존에 입력된 데이터가 삭제되면서 원하는 결과만 표시되었는지 확인합니다. 빠른 채우기를 이용한 결과값은 수식이 아닌 값 자체이므로 참조한 원본 셀이 삭제되어도 결과에 오류가 발생하지 않습니다.

# 날짜 합쳐서 문자 값으로 입력하기

◉ **예제파일** : 합쳐서문자값으로입력하기(준비).xlsx ◉ **완성파일** : 합쳐서문자값으로입력하기(완성).xlsx

**1** [Sheet1] 시트에서 입사년도, 입사월, 입사일로 분리된 날짜를 하나의 셀로 합쳐볼게요. F5셀에 수식 『=C5&"-"&D5&"-"&E5』를 입력하고 Enter를 누르세요.

| | B | C | D | E | F | G | H | I |
|---|---|---|---|---|---|---|---|---|
| 2 | 직원 기본 정보 | | | | | | | |
| 3 | | | | | | | | |
| 4 | 성명 | 입사년도 | 입사월 | 입사일 | 입사일 | 입사일 | 담당업무 | 근무지점 |
| 5 | 박병철 | 2009 | 3 | =C5&"-"&D5&"-"&E5 | | | 영업관리 | |
| 6 | 조예준 | 2010 | 12 | 21 | | | 국내영업 | |
| 7 | 김동호 | 2010 | 12 | 21 | | | 컨설턴트 | |
| 8 | 정유진 | 2010 | 12 | 21 | | | 해외영업 | |
| 9 | 김소훈 | 2010 | 12 | 21 | | | 해외영업 | |
| 10 | 정수란 | 2011 | 1 | 25 | | | 해외영업 | |
| 11 | 조홍제 | 2011 | 1 | 25 | | | 컨설턴트 | |
| 12 | 선은정 | 2011 | 1 | 25 | | | 영업관리 | |
| 13 | 유가율 | 2011 | 1 | 25 | | | 국내영업 | |
| 14 | 이도현 | 2011 | 1 | 25 | | | 컨설턴트 | |
| 15 | 고숭녕 | 2012 | 3 | 23 | | | 해외영업 | |

**함수식 설명**

**=C5&"-"&D5&"-"&E5**

각 셀에 입력된 값을 나란히 옆으로 붙여서 표시하기 위해 '&'를 사용합니다. 원하는 텍스트나 셀 값 사이에 '&'를 이용하면 값을 붙여서 표시할 수 있어요.

**2** F5셀에 표시된 값을 확인하고 F5셀의 자동 채우기 핸들을 더블클릭해서 나머지 행에도 수식을 복사합니다. 이렇게 구한 결과값은 날짜처럼 보이지만, 실제는 문자 값으로 저장되므로 날짜를 이용해서 계산할 수 없습니다.

| | B | C | D | E | F | G | H | I |
|---|---|---|---|---|---|---|---|---|
| 2 | 직원 기본 정보 | | | | | | | |
| 3 | | | | | | | | |
| 4 | 성명 | 입사년도 | 입사월 | 입사일 | 입사일 | 입사일 | 담당업무 | 근무지점 |
| 5 | 박병철 | 2009 | 3 | 21 | 2009-3-21 | | 영업관리 | |
| 6 | 조예준 | 2010 | 12 | 21 | 2010-12-21 | | 국내영업 | |
| 7 | 김동호 | 2010 | 12 | 21 | 201 | | 컨설턴트 | |
| 8 | 정유진 | 2010 | 12 | 21 | 201 | | 해외영업 | |
| 9 | 김소훈 | 2010 | 12 | 21 | 2010-12-21 | | 해외영업 | |
| 10 | 정수란 | 2011 | 1 | 25 | 2011-1-25 | | 해외영업 | |
| 11 | 조홍제 | 2011 | 1 | 25 | 2011-1-25 | | 컨설턴트 | |
| 12 | 선은정 | 2011 | 1 | 25 | 2011-1-25 | | 영업관리 | |
| 13 | 유가율 | 2011 | 1 | 25 | 2011-1-25 | | 국내영업 | |
| 14 | 이도현 | 2011 | 1 | 25 | 2011-1-25 | | 컨설턴트 | |
| 15 | 고숭녕 | 2012 | 3 | 23 | 2012-3-23 | | 해외영업 | |

**3** '입사년도', '입사월', '입사일' 항목으로 분리된 셀을 하나로 합치는 두 번째 방법은 CONCATENATE 함수를 이용하는 것입니다. G5셀을 선택하고 [수식] 탭-[함수 라이브러리] 그룹에서 [텍스트]를 클릭한 후 [CONCATENATE]를 선택하세요.

TIP

[수식] 탭-[함수 라이브러리] 그룹에서 [텍스트]를 클릭했는데 함수 목록에 [CONCATENATE]가 없을 수 있습니다. 사용하는 엑셀 버전에 따라 함수 종류가 다르게 나타나는데, 엑셀 2016과 엑셀 모바일(Excel Mobile) 및 웹용 엑셀에서는 CONCATENATE 함수 대신 CONCAT 함수로 대체되었습니다. 두 함수 모두 사용법은 동일하므로 어떤 함수를 선택해도 상관없습니다.

**4** [함수 인수] 대화상자가 열리면 다음과 같이 각 항목에 연결해서 표시할 값이나 셀을 지정하고 [확인]을 클릭하세요.

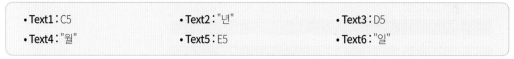

- **Text1** : C5
- **Text2** : "년"
- **Text3** : D5
- **Text4** : "월"
- **Text5** : E5
- **Text6** : "일"

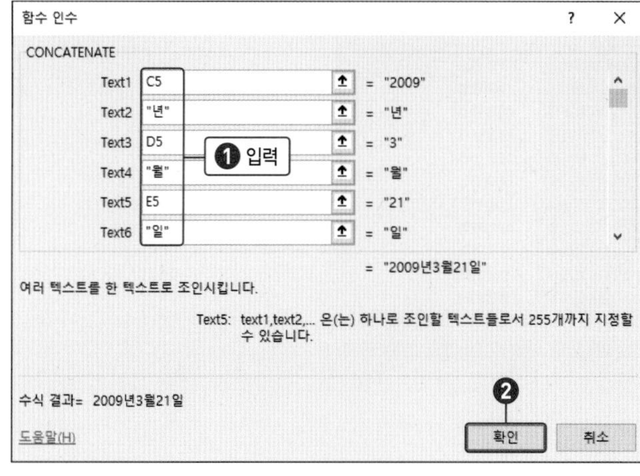


TIP

각 항목에 한글을 입력하면 한글에 자동으로 큰따옴표가 입력되므로 따로 큰따옴표를 입력하지 않아도 됩니다.

**5** 수식 입력줄에 표시된 함수식 '=CONCATENATE(C5,"년",D5,"월",E5,"일")'을 확인하고 G5셀에 표시된 '박병철'의 입사일을 확인합니다. G5셀의 자동 채우기 핸들을 더블클릭해서 나머지 행에도 함수식을 복사하세요.

**함수식 설명**

**=CONCATENATE(C5,"년",D5,"월",E5,"일")**

CONCATENATE 함수의 인수로 연속해서 표시할 값 또는 셀을 지정하면 '&'를 이용한 방법과 결과가 같습니다. CONCATENATE 함수를 이용해서 얻은 결과는 문자 값이므로 날짜처럼 연산을 할 수는 없습니다.

**6** F5셀을 선택하고 Ctrl+Shift+↓를 눌러 연속해서 데이터가 입력된 마지막 셀까지 범위를 설정합니다. 연속해서 Shift+→를 눌러 G열까지 추가로 범위를 설정하고 Ctrl+C를 눌러 복사하세요.

**7** 선택 범위에서 마우스 오른쪽 단추를 클릭하고 '붙여넣기 옵션'에서 [값]( )을 클릭합니다. 함수식이 입력된 F열부터 G열 영역의 데이터를 값으로 변경하면 C열부터 E열 영역의 데이터가 없어져도 함수식에 오류가 발생하지 않습니다.

**8** C열 머리글부터 E열 머리글을 드래그해서 선택하고 선택 영역에서 마우스 오른쪽 단추를 클릭한 후 [삭제]를 선택하세요.

**9** F열부터 G열 영역에 작성된 함수식을 값으로 변경한 후 C열부터 E열 영역을 삭제했기 때문에 C열과 D열에 오류 없이 입사일이 그대로 표시되었어요. F열의 '근무지점' 항목에 지역과 구분을 합쳐서 표시하기 위해 F5셀에 수식 『=G5&H5』를 입력하고 Enter를 누르세요.

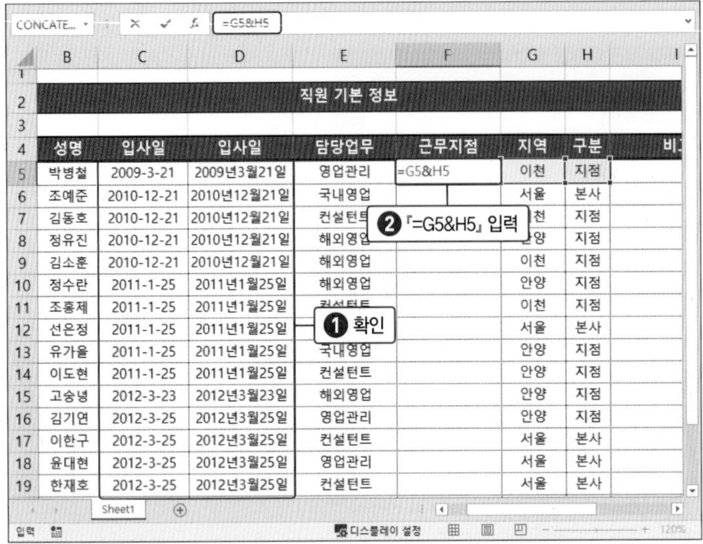


**함수식 설명**

**=G5&H5**

G5셀 값과 H5셀 값을 나란히 붙여서 표시하는 수식으로, CONCATENATE 함수를 이용해 '=CONCATENATE(G5,H5)'로 작성해도 됩니다.

**10** F5셀에 '박병철'의 근무지점을 구했으면 F5셀의 자동 채우기 핸들을 더블클릭해서 다른 사원들의 근무지점도 구합니다.

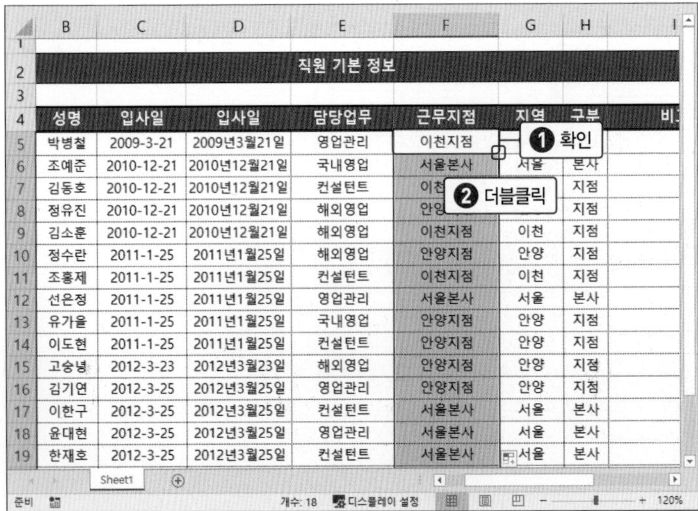

# CASE 03 문자 합쳐서 날짜 값으로 입력하기

◉ **예제파일** : 합쳐서날짜값으로입력하기(준비).xlsx ◉ **완성파일** : 합쳐서날짜값으로입력하기(완성).xlsx

**1** &나 CONCATENATE 함수를 이용해서 데이터를 붙여넣으면 결과값은 무조건 문자로 입력되므로 수식이나 날짜 함수를 적용할 수 없어요. [Sheet1] 시트에서 F열의 '입사일' 항목에는 '&'를 이용해서 연월일을 붙여 표시한 결과가 나타나 있습니다. K열의 '비고' 항목에는 F열의 '입사일' 날짜에 3일을 더한 날짜를 표시하기 위해 K5셀에 『=F5+3』을 입력하고 Enter를 누르세요.

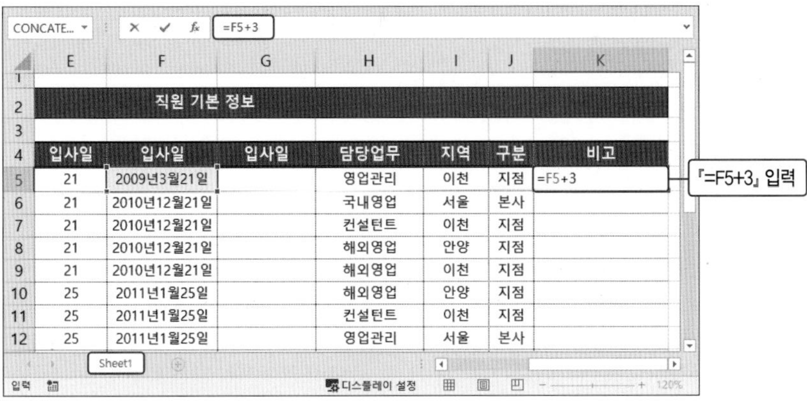


**2** F열에 표시된 값은 문자이므로 연산할 수 없어서 오류가 표시되므로 날짜를 계산하려면 날짜 형식에 맞게 입력해야 합니다. 연월일을 붙여서 표시하는데, 날짜 형식으로 변환해서 넣기 위해 G5셀에 함수식 『=DATE(C5,D5,E5)』를 입력하고 Enter를 누르세요.

**함수식 설명**

**=DATE(C5,D5,E5)**

DATE 함수는 DATE(연도 값,월 값,일 값)을 지정하고 결과를 날짜 형식으로 변환해서 셀에 표시할 때 사용합니다.

**3** G5셀에 표시된 날짜를 클릭하고 G5셀의 자동 채우기 핸들을 더블클릭해서 나머지 행에도 함수식을 복사하세요. G열의 '입사일' 항목에 표시된 값이 날짜인지 확인하기 위해 K5셀에 『=G5+3』을 입력하고 Enter를 누릅니다.

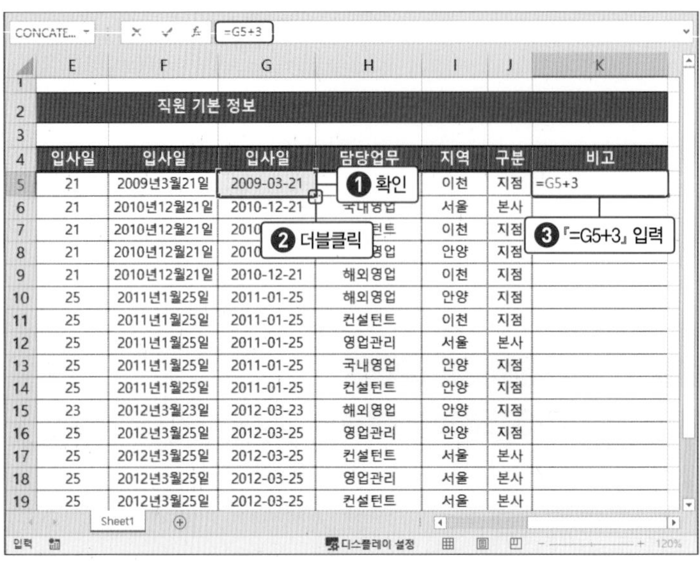


**4** K5셀에 G5셀의 날짜에 3을 더한 날짜인 '2009-03-24'가 표시되면 G5셀을 선택하고 Ctrl+Shift+↓를 누릅니다. 데이터가 입력된 마지막 행까지 자동으로 범위가 선택되면 날짜 서식을 변경하기 위해 Ctrl+1을 누르세요.

**5** [셀 서식] 대화상자의 [표시 형식] 탭이 열리면 '범주'에서 [사용자 지정]을 선택하고 '형식'에 『yyyy년mm월dd일』을 입력한 후 [확인]을 클릭하세요.

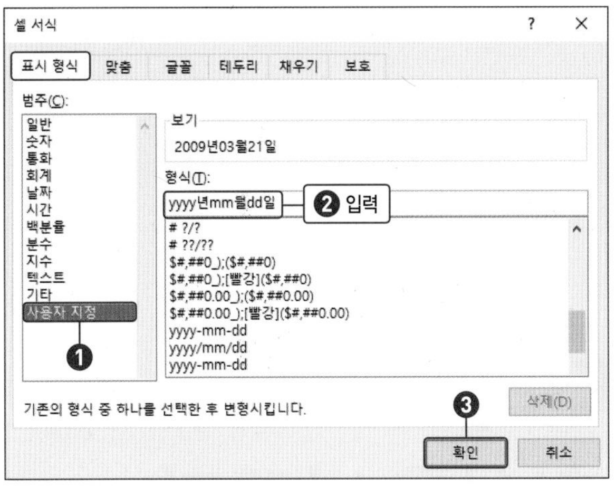


**6** G열에 '#'이 표시된 것은 셀 너비가 좁다는 의미예요. G열 머리글과 H열 머리글 사이의 경계선에 마우스 포인터를 올려놓고 ✚ 모양으로 변경되면 더블클릭하세요.

**7** 자동으로 셀 값에 맞게 셀의 너비가 조정되면서 날짜 형식이 바뀌었는지 확인하세요.

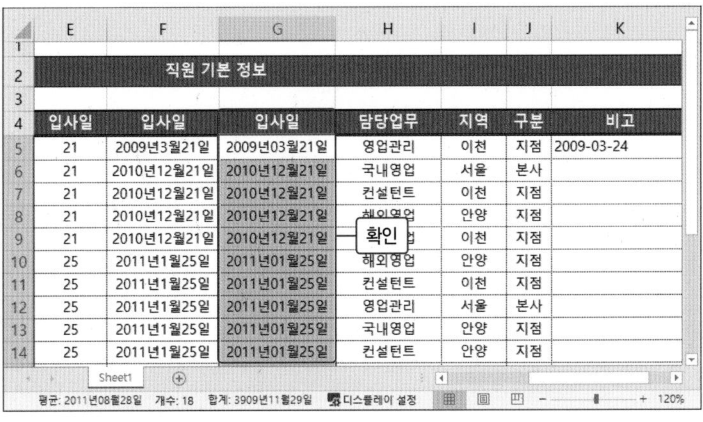

# 10 데이터의 저장 형식을 바꾸자

셀 값이 숫자나 날짜처럼 보이지만, 실제로는 문자여서 수식이나 함수를 사용할 수 없는 경우가 있습니다. 반대로 숫자나 날짜를 보기 좋게 표시하기 위해 문자로 변환해야 하는 경우도 있는데, 이러한 다양한 상황에 대처할 수 있는 방법을 살펴보겠습니다.

**주요 기능**

/ 문자로 표시된 숫자를 실제 숫자로 바꾸기

/ 문자로 표시된 날짜를 실제 날짜로 바꾸기

/ 설정한 서식을 그대로 표시하기

# CASE 01 문자로 표시된 숫자를 실제 숫자로 바꾸기

◉ **예제파일** : 문자를숫자로바꾸기(준비).xlsx ◉ **완성파일** : 문자를숫자로바꾸기(완성).xlsx

**1** G열의 '처리비용' 항목에는 각종 민원 처리에 발생하는 처리 비용이 입력되어 있고, G2셀에는 해당 비용의 합계를 구한 결과가 '0'으로 표시되어 있어요. G2셀의 함수식을 확인하기 위해 G2셀을 더블클릭하세요.

| | E | F | G | H | I | J | K | L |
|---|---|---|---|---|---|---|---|---|
| 1 | | | 비용합계 | | 비용합계 | | 비용합계 | |
| 2 | | | 0 | | 0 | | 0 | |
| 3 | 요청시간 | 민원상태 | 처리비용 | | 처리비용 | | 처리비용 | |
| 4 | 20:00:00 | 3. 처리완료 | 930000 | | 930000 | | 930000 | |
| 5 | 20:00:00 | 3. 처리완료 | 112000 | | 112000 | | 112000 | |
| 6 | 20:00:00 | 3. 처리완료 | 80000 | | 80000 | | 80000 | |
| 7 | 20:00:00 | 3. 처리완료 | 40000 | | 40000 | | 40000 | |
| 8 | 19:27:00 | 3. 처리완료 | 592000 | | 592000 | | 592000 | |
| 9 | 19:00:00 | 3. 처리완료 | 120000 | | 120000 | | 120000 | |
| 10 | 19:00:00 | 3. 처리완료 | 136000 | | 136000 | | 136000 | |
| 11 | 19:00:00 | 3. 서리완료 | 28000 | | 28000 | | 28000 | |
| 12 | 19:00:00 | 3. 처리완료 | 84000 | | 84000 | | 84000 | |
| 13 | 19:00:00 | 3. 처리완료 | 20000 | | 20000 | | 20000 | |
| 14 | 18:40:00 | 3. 처리완료 | 36000 | | 36000 | | 36000 | |
| 15 | 18:30:00 | 3. 처리완료 | 330000 | | 330000 | | 330000 | |
| 16 | 18:30:00 | 3. 처리완료 | 820000 | | 820000 | | 820000 | |
| 17 | 18:30:00 | 3. 처리완료 | 770000 | | 770000 | | 770000 | |
| 18 | 18:30:00 | 3. 처리완료 | 40000 | | 40000 | | 40000 | |
| 19 | 18:20:00 | 3. 처리완료 | 200000 | | 200000 | | 200000 | |
| 20 | 18:20:00 | 3. 처리완료 | 412000 | | 412000 | | 412000 | |

더블클릭

Sheet1 | 디스플레이 설정 | 110%

**2** G열에 입력된 처리 비용이 숫자처럼 보이지만, 실제로는 문자로 입력되어 있어서 G2셀에 SUM 함수로 합계를 구해도 결과값이 '0'으로 나오는 것입니다. I2셀과 K2셀도 마찬가지로 SUM 함수로 합계를 구했어도 결과값은 '0'입니다.

G2 | =SUM(G4:G217)

| | E | F | G | H | I | J | K | L |
|---|---|---|---|---|---|---|---|---|
| 1 | | | 비용합계 | | 비용합계 | | 비용합계 | |
| 2 | | | =SUM(G4:G217) | | 0 | | 0 | |
| 3 | 요청시간 | 민원상태 | 처리비용 | | 처리비용 | | 처리비용 | |
| 4 | 20:00:00 | 3. 처리완 | | | 930000 | | 930000 | |
| 5 | 20:00:00 | 3. 처리완 | | | 1120 | | 112000 | |
| 6 | 20:00:00 | 3. 처리완료 | 80000 | | 800 | | 80000 | |
| 7 | 20:00:00 | 3. 처리완료 | 40000 | | 40000 | | 40000 | |
| 8 | 19:27:00 | 3. 처리완료 | 592000 | | 592000 | | 592000 | |
| 9 | 19:00:00 | 3. 처리완료 | 120000 | | 120000 | | 120000 | |
| 10 | 19:00:00 | 3. 처리완료 | 136000 | | 136000 | | 136000 | |
| 11 | 19:00:00 | 3. 처리완료 | 28000 | | 28000 | | 28000 | |
| 12 | 19:00:00 | 3. 처리완료 | 84000 | | 84000 | | 84000 | |
| 13 | 19:00:00 | 3. 처리완료 | 20000 | | 20000 | | 20000 | |
| 14 | 18:40:00 | 3. 처리완료 | 36000 | | 36000 | | 36000 | |
| 15 | 18:30:00 | 3. 처리완료 | 330000 | | 330000 | | 330000 | |
| 16 | 18:30:00 | 3. 처리완료 | 820000 | | 820000 | | 820000 | |
| 17 | 18:30:00 | 3. 처리완료 | 770000 | | 770000 | | 770000 | |
| 18 | 18:30:00 | 3. 처리완료 | 40000 | | 40000 | | 40000 | |
| 19 | 18:20:00 | 3. 처리완료 | 200000 | | 200000 | | 200000 | |
| 20 | 18:20:00 | 3. 처리완료 | 412000 | | 412000 | | 412000 | |

❶ 함수식 확인

❷ '0' 확인

준비 | Sheet1 | 디스플레이 설정 | 110%

**3** G열에 입력된 값이 숫자인지, 문자인지 확인하기 위해 H4셀에 함수식 『=ISTEXT(G4)』를 입력하고 Enter를 누르세요.

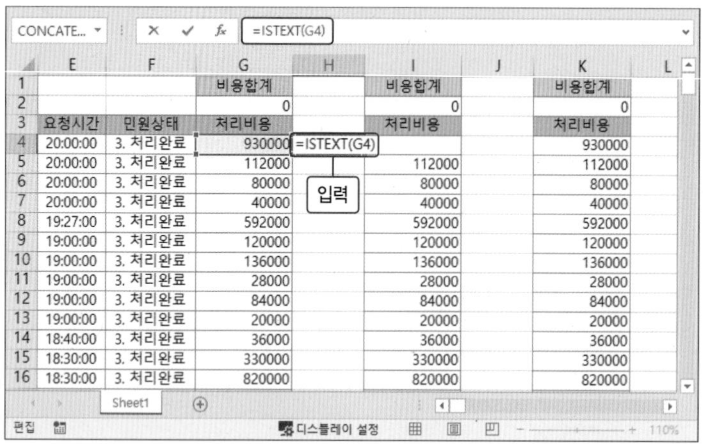


| | E | F | G | H | I | J | K |
|---|---|---|---|---|---|---|---|
| 1 | | | 비용합계 | | 비용합계 | | 비용합계 |
| 2 | | | 0 | | 0 | | 0 |
| 3 | 요청시간 | 민원상태 | 처리비용 | | 처리비용 | | 처리비용 |
| 4 | 20:00:00 | 3. 처리완료 | 930000 | =ISTEXT(G4) | | | 930000 |
| 5 | 20:00:00 | 3. 처리완료 | 112000 | | 112000 | | 112000 |
| 6 | 20:00:00 | 3. 처리완료 | 80000 | | 80000 | | 80000 |
| 7 | 20:00:00 | 3. 처리완료 | 40000 | | 40000 | | 40000 |
| 8 | 19:27:00 | 3. 처리완료 | 592000 | | 592000 | | 592000 |
| 9 | 19:00:00 | 3. 처리완료 | 120000 | | 120000 | | 120000 |
| 10 | 19:00:00 | 3. 처리완료 | 136000 | | 136000 | | 136000 |
| 11 | 19:00:00 | 3. 처리완료 | 28000 | | 28000 | | 28000 |
| 12 | 19:00:00 | 3. 처리완료 | 84000 | | 84000 | | 84000 |
| 13 | 19:00:00 | 3. 처리완료 | 20000 | | 20000 | | 20000 |
| 14 | 18:40:00 | 3. 처리완료 | 36000 | | 36000 | | 36000 |
| 15 | 18:30:00 | 3. 처리완료 | 330000 | | 330000 | | 330000 |
| 16 | 18:30:00 | 3. 처리완료 | 820000 | | 820000 | | 820000 |

**TIP**

특정 셀에 입력된 값이 어떤 형식으로 저장되어 있는지 확인할 때 IS로 시작하는 정보 함수를 활용할 수 있습니다. 특정 셀 값이 문자인지 알아보려면 함수식 '=ISTEXT(G4)'를 사용하고, 특정 셀 값이 숫자인지 알아보려면 함수식 '=ISNUMBER(G4)'를 사용하세요. 이때 결과는 'TRUE'나 'FALSE'와 같은 논리값으로 나타납니다.

**4** G4셀에 입력된 값이 문자인지 물었는데 'TRUE'가 표시되었으면 셀에 입력된 값은 숫자가 아닌 문자로 입력된 것입니다.

| | E | F | G | H | I | J | K |
|---|---|---|---|---|---|---|---|
| 1 | | | 비용합계 | | 비용합계 | | 비용합계 |
| 2 | | | 0 | | 0 | | 0 |
| 3 | 요청시간 | 민원상태 | 처리비용 | | 처리비용 | | 처리비용 |
| 4 | 20:00:00 | 3. 처리완료 | 930000 | TRUE | 930000 | | 930000 |
| 5 | 20:00:00 | 3. 처리완료 | 112000 | | 112000 | | 112000 |
| 6 | 20:00:00 | 3. 처리완료 | 80000 | | 80000 | | 80000 |
| 7 | 20:00:00 | 3. 처리완료 | 40000 | | 40000 | | 40000 |
| 8 | 19:27:00 | 3. 처리완료 | 592000 | | 592000 | | 592000 |
| 9 | 19:00:00 | 3. 처리완료 | 120000 | | 120000 | | 120000 |
| 10 | 19:00:00 | 3. 처리완료 | 136000 | | 136000 | | 136000 |
| 11 | 19:00:00 | 3. 처리완료 | 28000 | | 28000 | | 28000 |
| 12 | 19:00:00 | 3. 처리완료 | 84000 | | 84000 | | 84000 |
| 13 | 19:00:00 | 3. 처리완료 | 20000 | | 20000 | | 20000 |
| 14 | 18:40:00 | 3. 처리완료 | 36000 | | 36000 | | 36000 |
| 15 | 18:30:00 | 3. 처리완료 | 330000 | | 330000 | | 330000 |
| 16 | 18:30:00 | 3. 처리완료 | 820000 | | 820000 | | 820000 |

확인

**5** 문자로 입력된 값을 숫자로 변환하기 위해 H4셀에 함수식 『=VALUE(G4)』를 입력하고 Enter를 누릅니다.

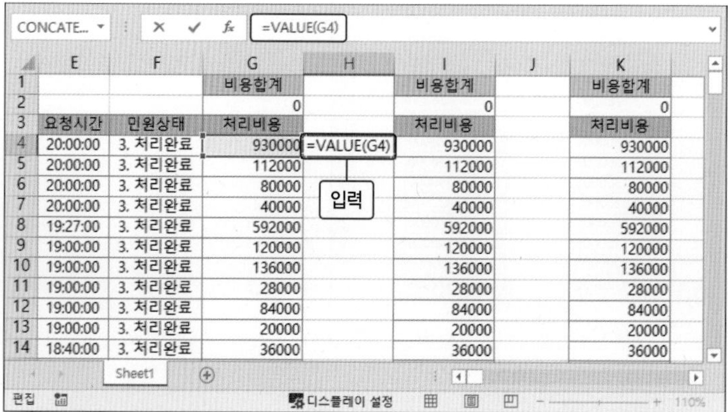


| | E | F | G | H | I | J | K |
|---|---|---|---|---|---|---|---|
| 1 | | | 비용합계 | | 비용합계 | | 비용합계 |
| 2 | | | 0 | | 0 | | 0 |
| 3 | 요청시간 | 민원상태 | 처리비용 | | 처리비용 | | 처리비용 |
| 4 | 20:00:00 | 3. 처리완료 | 930000 | =VALUE(G4) | 930000 | | 930000 |
| 5 | 20:00:00 | 3. 처리완료 | 112000 | | 112000 | | 112000 |
| 6 | 20:00:00 | 3. 처리완료 | 80000 | | 80000 | | 80000 |
| 7 | 20:00:00 | 3. 처리완료 | 40000 | | 40000 | | 40000 |
| 8 | 19:27:00 | 3. 처리완료 | 592000 | | 592000 | | 592000 |
| 9 | 19:00:00 | 3. 처리완료 | 120000 | | 120000 | | 120000 |
| 10 | 19:00:00 | 3. 처리완료 | 136000 | | 136000 | | 136000 |
| 11 | 19:00:00 | 3. 처리완료 | 28000 | | 28000 | | 28000 |
| 12 | 19:00:00 | 3. 처리완료 | 84000 | | 84000 | | 84000 |
| 13 | 19:00:00 | 3. 처리완료 | 20000 | | 20000 | | 20000 |
| 14 | 18:40:00 | 3. 처리완료 | 36000 | | 36000 | | 36000 |

**6** H4셀에 G4셀 값을 숫자로 변환해서 표시했으면 H4셀의 자동 채우기 핸들을 더블클릭해서 나머지 행에도 함수식을 복사하세요. 함수식이 복사되어 H4:H217 영역을 선택한 상태에서 Ctrl+C를 눌러 결과를 복사하세요.

| | E | F | G | H | I | J | K |
|---|---|---|---|---|---|---|---|
| 1 | | | 비용합계 | | 비용합계 | | 비용합계 |
| 2 | | | 0 | | 0 | | 0 |
| 3 | 요청시간 | 민원상태 | 처리비용 | | 처리비용 | | 처리비용 |
| 4 | 20:00:00 | 3. 처리완료 | 930000 | 930000 | | | 930000 |
| 5 | 20:00:00 | 3. 처리완료 | 112000 | 112000 | | | 112000 |
| 6 | 20:00:00 | 3. 처리완료 | 80000 | 80000 | 80000 | | 80000 |
| 7 | 20:00:00 | 3. 처리완료 | 40000 | 40000 | 40000 | | 40000 |
| 8 | 19:27:00 | 3. 처리완료 | 592000 | 592000 | 592000 | | 592000 |
| 9 | 19:00:00 | 3. 처리완료 | 120000 | 120000 | 120000 | | 120000 |
| 10 | 19:00:00 | 3. 처리완료 | 136000 | 136000 | | | 136000 |
| 11 | 19:00:00 | 3. 처리완료 | 28000 | 28000 | | | 28000 |
| 12 | 19:00:00 | 3. 처리완료 | 84000 | 84000 | 84000 | | 84000 |
| 13 | 19:00:00 | 3. 처리완료 | 20000 | 20000 | 20000 | | 20000 |
| 14 | 18:40:00 | 3. 처리완료 | 36000 | 36000 | 36000 | | 36000 |
| 15 | 18:30:00 | 3. 처리완료 | 330000 | 330000 | 330000 | | 330000 |
| 16 | 18:30:00 | 3. 처리완료 | 820000 | 820000 | 820000 | | 820000 |

Sheet1

평균: 233789.7196 개수: 214 합계: 50031000 디스플레이 설정

❶ 확인 ❷ 더블클릭 ❸ 확인→Ctrl+C

**7** G4셀에서 마우스 오른쪽 단추를 클릭하고 '붙여넣기 옵션'에서 [값]( )을 클릭하세요.

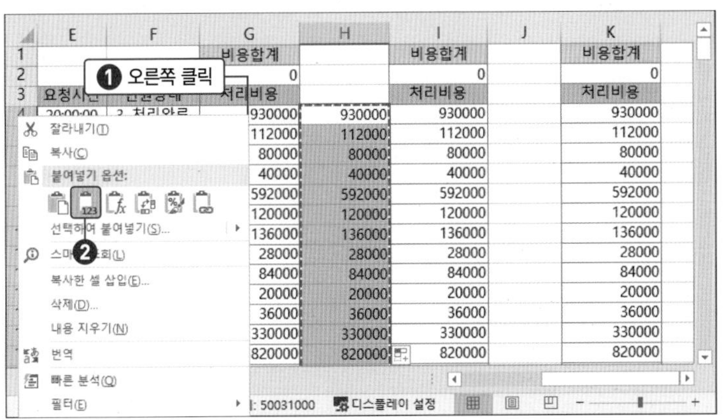


**TIP** H열에 수식이 작성되어 있어서 그냥 붙여넣으면 식으로 복사됩니다. 따라서 셀에 입력된 수식을 화면에 보이는 결과값 자체로 변환해서 붙여넣기 위해 '붙여넣기 옵션'에서 [값]( )을 클릭하세요.

**8** G열에 문자로 입력되었던 값이 숫자 값으로 바뀌었습니다. G2셀에 합계를 구한 결과가 1~2 과정에서는 '0'이었지만, 숫자 값 '50031000'으로 계산되었어요.

| | E | F | G | H | I | J | K |
|---|---|---|---|---|---|---|---|
| 1 | | | 비용합계 | | 비용합계 | | 비용합계 |
| 2 | | | 50031000 | | 0 | | 0 |
| 3 | 요청시간 | 민원상태 | 처리비용 | | 처리비용 | | 처리비용 |
| 4 | 20:00:00 | 3. 처리완료 | 930000 | 930000 | 930000 | | 930000 |
| 5 | 20:00:00 | 3. 처리완료 | 112000 | 112000 | 112000 | | 112000 |
| 6 | 20:00:00 | 3. 처리완료 | 80000 | 80000 | 80000 | | 80000 |
| 7 | 20:00:00 | 3. 처리완료 | 40000 | 40000 | 40000 | | 40000 |
| 8 | 19:27:00 | 3. 처리완료 | 592000 | 592000 | 592000 | | 592000 |
| 9 | 19:00:00 | 3. 처리완료 | 120000 | | 120000 | | 120000 |
| 10 | 19:00:00 | 3. 처리완료 | 136000 | | 136000 | | 136000 |
| 11 | 19:00:00 | 3. 처리완료 | 28000 | | 28000 | | 28000 |
| 12 | 19:00:00 | 3. 처리완료 | 84000 | 84000 | 84000 | | 84000 |
| 13 | 19:00:00 | 3. 처리완료 | 20000 | 20000 | 20000 | | 20000 |
| 14 | 18:40:00 | 3. 처리완료 | 36000 | 36000 | 36000 | | 36000 |
| 15 | 18:30:00 | 3. 처리완료 | 330000 | 330000 | 330000 | | 330000 |
| 16 | 18:30:00 | 3. 처리완료 | 820000 | 820000 | 820000 | | 820000 |

Sheet1

평균: 233789.7196 개수: 214 합계: 50031000 디스플레이 설정

❶ 확인 ❷ 확인

**9** 문자를 숫자로 변환하는 두 번째 방법으로 셀 값에 1을 곱해 볼게요. I2셀의 비용 합계가 '0'인 것을 확인하고 J4셀에 수식 『=I4*1』을 입력한 후 Enter를 누르세요.

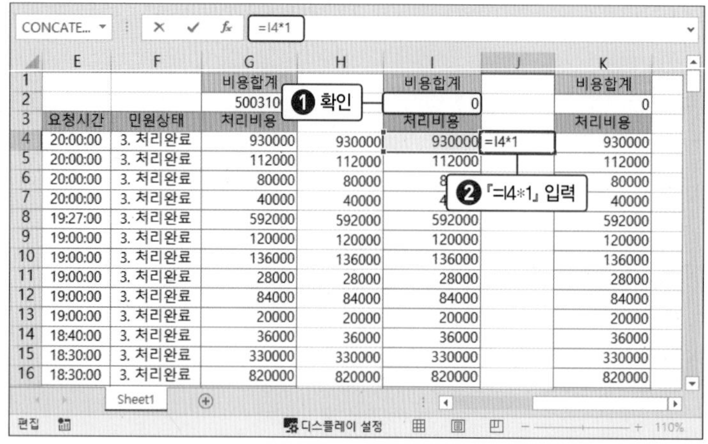


**TIP**

문자로 입력된 숫자에 1을 곱하면 자동으로 데이터 형식이 변환되어 숫자 값으로 바뀝니다.

**10** J4셀에 I4셀 값을 숫자 값으로 표시했으면 J4셀의 자동 채우기 핸들을 더블클릭해서 나머지 행에도 수식을 복사합니다. J4:J217 영역을 선택한 상태에서 Ctrl+C를 눌러 결괏값을 복사하세요.

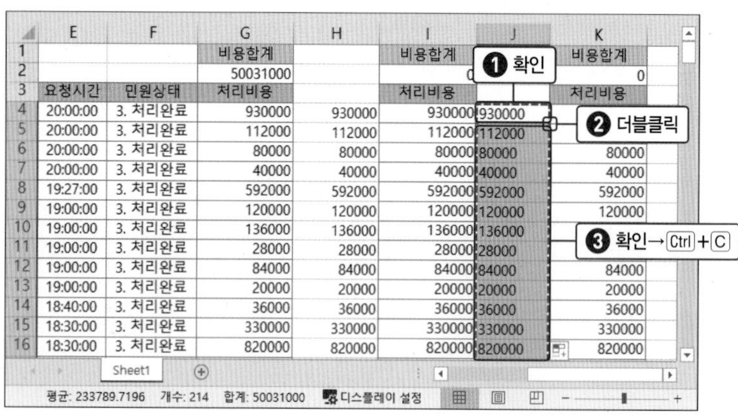


**11** I4셀에서 마우스 오른쪽 단추를 클릭하고 '붙여넣기 옵션'에서 [값]( )을 클릭하세요.

**12** I열에 문자로 입력되었던 값이 숫자 값으로 바뀌면서 I2셀의 비용 합계도 계산된 값으로 바뀌었는지 확인하세요.

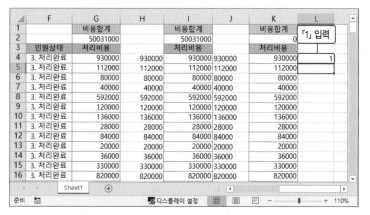

| | E | F | G | H | I | J | K |
|---|---|---|---|---|---|---|---|
| 1 | | | 비용합계 | | 비용합계 | | 비용합계 |
| 2 | | | 50031000 | | 50031000 | | 0 |
| 3 | 요청시간 | 민원상태 | 처리비용 | | 처리비용 | | 처리비용 |
| 4 | 20:00:00 | 3. 처리완료 | 930000 | 930000 | 930000 | 930000 | 930000 |
| 5 | 20:00:00 | 3. 처리완료 | 112000 | 112000 | 112000 | 112000 | 112000 |
| 6 | 20:00:00 | 3. 처리완료 | 80000 | 80000 | 80000 | 80000 | 80000 |
| 7 | 20:00:00 | 3. 처리완료 | 40000 | 40000 | 40000 | 40000 | 40000 |
| 8 | 19:27:00 | 3. 처리완료 | 592000 | 592000 | 592000 | 592000 | 592000 |
| 9 | 19:00:00 | 3. 처리완료 | 120000 | 120000 | 120000 | 120000 | 120000 |
| 10 | 19:00:00 | 3. 처리완료 | 136000 | 136000 | 136000 | 136000 | 136000 |
| 11 | 19:00:00 | 3. 처리완료 | 28000 | 28000 | 28000 | 28000 | 28000 |
| 12 | 19:00:00 | 3. 처리완료 | 84000 | 84000 | 84000 | 84000 | 84000 |
| 13 | 19:00:00 | 3. 처리완료 | 20000 | 20000 | 20000 | 20000 | 20000 |
| 14 | 18:40:00 | 3. 처리완료 | 36000 | 36000 | 36000 | 36000 | 36000 |
| 15 | 18:30:00 | 3. 처리완료 | 330000 | 330000 | 330000 | 330000 | 330000 |
| 16 | 18:30:00 | 3. 처리완료 | 820000 | 820000 | 820000 | 820000 | 820000 |

❷ 확인

❶ 확인

Sheet1

평균: 233789.7196 개수: 214 합계: 50031000 디스플레이 설정

**13** 문자로 입력된 값을 숫자 값으로 변환하는 세 번째 방법은 '선택하여 붙여넣기' 기능을 활용하는 방법입니다. 여기서는 기존 셀 값에 일괄적으로 1을 곱하면 되므로 빈 셀(여기서는 L4셀)에 사용할 대상 값인 『1』을 입력하고 Enter를 누르세요.

| | F | G | H | I | J | K | L |
|---|---|---|---|---|---|---|---|
| 1 | | 비용합계 | | 비용합계 | | 비용합계 | |
| 2 | | 50031000 | | 50031000 | | 0 | |
| 3 | 민원상태 | 처리비용 | | 처리비용 | | 처리비용 | |
| 4 | 3. 처리완료 | 930000 | 930000 | 930000 | 930000 | 930000 | 1 |
| 5 | 3. 처리완료 | 112000 | 112000 | 112000 | 112000 | 112000 | |
| 6 | 3. 처리완료 | 80000 | 80000 | 80000 | 80000 | 80000 | |
| 7 | 3. 처리완료 | 40000 | 40000 | 40000 | 40000 | 40000 | |
| 8 | 3. 처리완료 | 592000 | 592000 | 592000 | 592000 | 592000 | |
| 9 | 3. 처리완료 | 120000 | 120000 | 120000 | 120000 | 120000 | |
| 10 | 3. 처리완료 | 136000 | 136000 | 136000 | 136000 | 136000 | |
| 11 | 3. 처리완료 | 28000 | 28000 | 28000 | 28000 | 28000 | |
| 12 | 3. 처리완료 | 84000 | 84000 | 84000 | 84000 | 84000 | |
| 13 | 3. 처리완료 | 20000 | 20000 | 20000 | 20000 | 20000 | |
| 14 | 3. 처리완료 | 36000 | 36000 | 36000 | 36000 | 36000 | |
| 15 | 3. 처리완료 | 330000 | 330000 | 330000 | 330000 | 330000 | |
| 16 | 3. 처리완료 | 820000 | 820000 | 820000 | 820000 | 820000 | |

『1』 입력

Sheet1

준비 디스플레이 설정 110%

**TIP**

9과정에서는 문자로 입력된 값을 숫자로 변환하기 위해 1을 곱하는 수식을 사용했는데, 이 경우 수식으로 작성되어 다시 값을 복사해서 붙여넣어야 하기 때문에 불편합니다. 이번에는 '선택하여 붙여넣기'를 활용해서 1을 곱하는 작업을 통해 문자로 입력된 값을 숫자 값으로 변환하는 것입니다.

**14** L4셀에서 Ctrl+C를 눌러 '1'을 복사합니다. K4셀을 선택하고 Ctrl+Shift+↓를 눌러 K4:K217 영역을 한 번에 선택하세요.

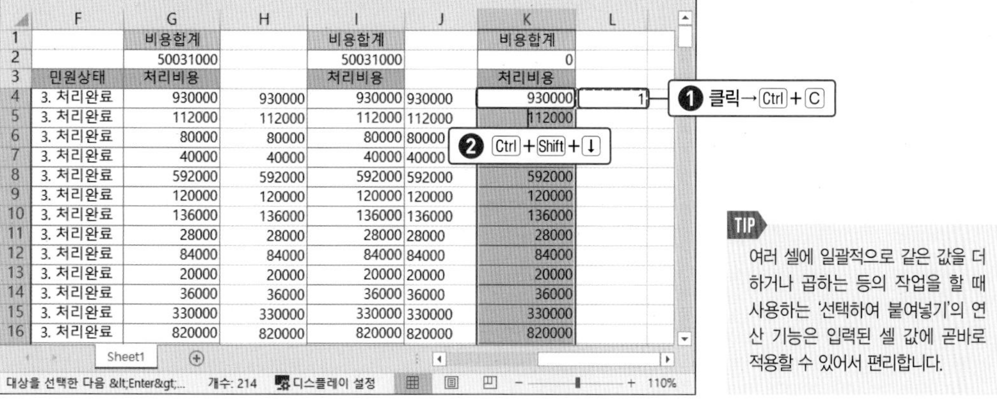

| | F | G | H | I | J | K | L |
|---|---|---|---|---|---|---|---|
| 1 | | 비용합계 | | 비용합계 | | 비용합계 | |
| 2 | | 50031000 | | 50031000 | | 0 | |
| 3 | 민원상태 | 처리비용 | | 처리비용 | | 처리비용 | |
| 4 | 3. 처리완료 | 930000 | 930000 | 930000 | 930000 | 930000 | 1 |
| 5 | 3. 처리완료 | 112000 | 112000 | 112000 | 112000 | 112000 | |
| 6 | 3. 처리완료 | 80000 | 80000 | 80000 | 80000 | | |
| 7 | 3. 처리완료 | 40000 | 40000 | 40000 | 40000 | | |
| 8 | 3. 처리완료 | 592000 | 592000 | 592000 | 592000 | 592000 | |
| 9 | 3. 처리완료 | 120000 | 120000 | 120000 | 120000 | 120000 | |
| 10 | 3. 처리완료 | 136000 | 136000 | 136000 | 136000 | 136000 | |
| 11 | 3. 처리완료 | 28000 | 28000 | 28000 | 28000 | 28000 | |
| 12 | 3. 처리완료 | 84000 | 84000 | 84000 | 84000 | 84000 | |
| 13 | 3. 처리완료 | 20000 | 20000 | 20000 | 20000 | 20000 | |
| 14 | 3. 처리완료 | 36000 | 36000 | 36000 | 36000 | 36000 | |
| 15 | 3. 처리완료 | 330000 | 330000 | 330000 | 330000 | 330000 | |
| 16 | 3. 처리완료 | 820000 | 820000 | 820000 | 820000 | 820000 | |



**TIP**

여러 셀에 일괄적으로 같은 값을 더하거나 곱하는 등의 작업을 할 때 사용하는 '선택하여 붙여넣기'의 연산 기능은 입력된 셀 값에 곧바로 적용할 수 있어서 편리합니다.

**15** 선택 범위에서 마우스 오른쪽 단추를 클릭하고 [선택하여 붙여넣기]를 클릭하세요.

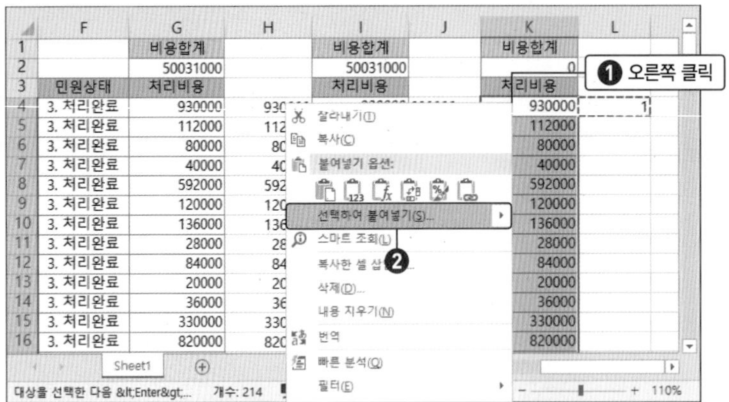


**16** [선택하여 붙여넣기] 대화상자가 열리면 '붙여넣기'에서는 [값]을, '연산'에서는 [곱하기]를 선택하고 [확인]을 클릭하세요.

**TIP**

'연산'에서는 대상 영역에서 붙여넣을 때 복사한 '1'을 더해서 넣을지, 곱해서 넣을지 등의 옵션을 선택할 수 있어요. '붙여넣기'에서는 복사한 셀 값의 수식만, 값만, 서식만 등의 세부 옵션을 지정하는데, 여기서는 [값]을 지정해서 서식을 제외하고 붙여넣어야 합니다.

**17** K의 값에 '1'이 곱해지면서 문자였던 값이 숫자 값으로 바뀌었습니다. 동시에 K2셀의 비용 합계도 재계산되었는지 확인하세요.

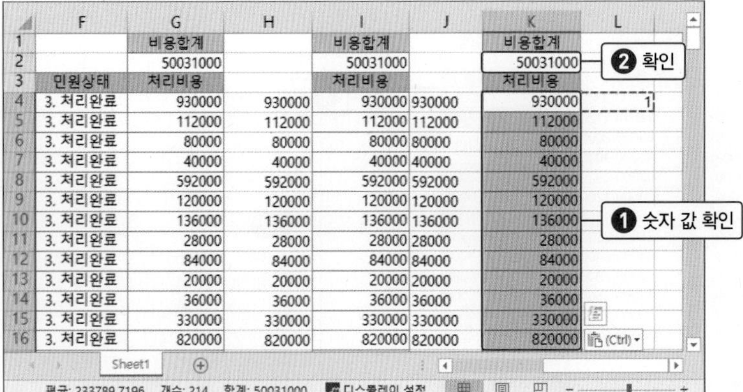

**18** H열 머리글을 클릭하고 Ctrl을 누른 상태에서 J열 머리글과 L열 머리글을 차례대로 클릭해서 모두 선택합니다. 선택 영역에서 마우스 오른쪽 단추를 클릭하고 [삭제]를 선택하세요.

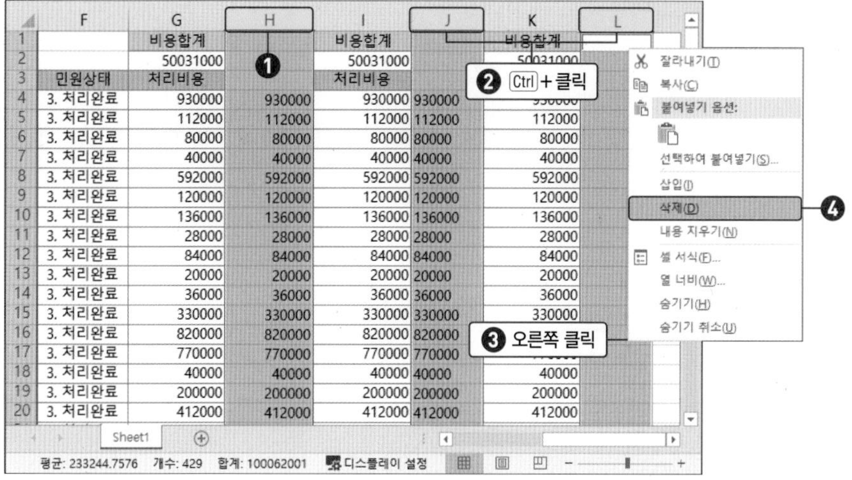


**19** 선택한 열들이 모두 삭제되었으면, 서로 다른 방법으로 구했지만 G2셀, H2셀, I2셀의 비용 합계가 모두 동일하게 표시되었는지 확인합니다.

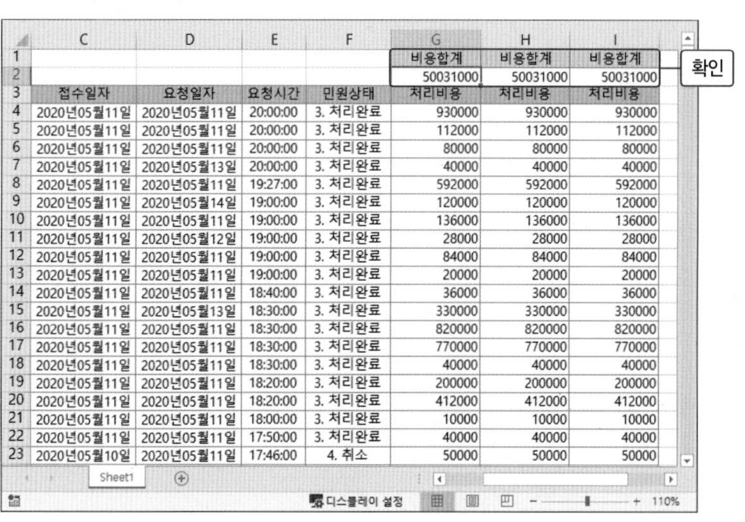

# 02 문자로 표시된 날짜를 실제 날짜로 바꾸기

◉ **예제파일** : 문자를날짜로바꾸기(준비).xlsx ◉ **완성파일** : 문자를날짜로바꾸기(완성).xlsx

**1** [Sheet1] 시트에서 D열의 '처리기간(일)' 항목에 처리 기간을 구해볼게요. D2셀에 수식 『=C2-B2』를 입력하고 Enter를 누르세요.

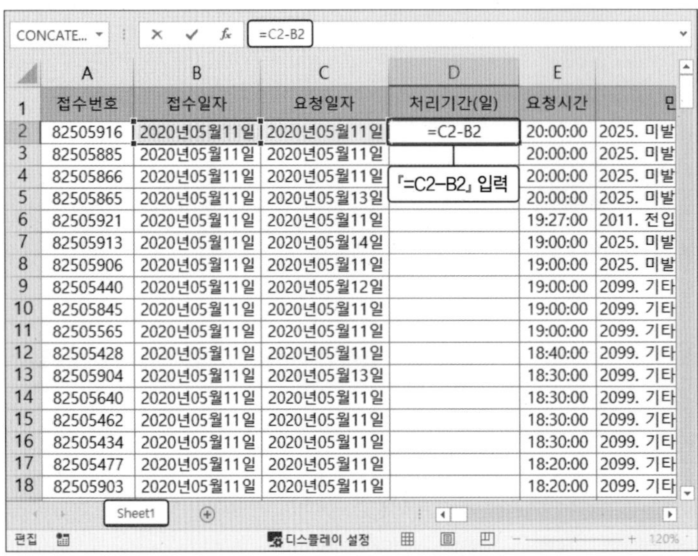


| | A | B | C | D | E | |
|---|---|---|---|---|---|---|
| 1 | 접수번호 | 접수일자 | 요청일자 | 처리기간(일) | 요청시간 | 민 |
| 2 | 82505916 | 2020년05월11일 | 2020년05월11일 | =C2-B2 | 20:00:00 | 2025. 미발 |
| 3 | 82505885 | 2020년05월11일 | 2020년05월11일 | | 20:00:00 | 2025. 미발 |
| 4 | 82505866 | 2020년05월11일 | 2020년05월11일 | | 20:00:00 | 2025. 미발 |
| 5 | 82505865 | 2020년05월11일 | 2020년05월13일 | | 20:00:00 | 2025. 미발 |
| 6 | 82505921 | 2020년05월11일 | 2020년05월11일 | | 19:27:00 | 2011. 전입 |
| 7 | 82505913 | 2020년05월11일 | 2020년05월14일 | | 19:00:00 | 2025. 미발 |
| 8 | 82505906 | 2020년05월11일 | 2020년05월11일 | | 19:00:00 | 2025. 미발 |
| 9 | 82505440 | 2020년05월11일 | 2020년05월12일 | | 19:00:00 | 2099. 기타 |
| 10 | 82505845 | 2020년05월11일 | 2020년05월11일 | | 19:00:00 | 2099. 기타 |
| 11 | 82505565 | 2020년05월11일 | 2020년05월11일 | | 19:00:00 | 2099. 기타 |
| 12 | 82505428 | 2020년05월11일 | 2020년05월11일 | | 18:40:00 | 2099. 기타 |
| 13 | 82505904 | 2020년05월11일 | 2020년05월13일 | | 18:30:00 | 2099. 기타 |
| 14 | 82505640 | 2020년05월11일 | 2020년05월11일 | | 18:30:00 | 2099. 기타 |
| 15 | 82505462 | 2020년05월11일 | 2020년05월11일 | | 18:30:00 | 2099. 기타 |
| 16 | 82505434 | 2020년05월11일 | 2020년05월11일 | | 18:30:00 | 2099. 기타 |
| 17 | 82505477 | 2020년05월11일 | 2020년05월11일 | | 18:20:00 | 2099. 기타 |
| 18 | 82505903 | 2020년05월11일 | 2020년05월11일 | | 18:20:00 | 2099. 기타 |

**2** 참조한 C2셀과 B2셀의 값이 날짜가 아닌 문자로 저장되어 있기 때문에 D2셀에 '#VALUE!' 오류가 표시되었습니다. 이와 같이 문자로 저장된 값은 연산을 할 수 없기 때문에 문자를 날짜 형태로 바꿔야 해요.

| | A | B | C | D | E | |
|---|---|---|---|---|---|---|
| 1 | 접수번호 | 접수일자 | 요청일자 | 처리기간(일) | 요청시간 | 민 |
| 2 | 82505916 | 2020년05월11일 | 2020년05월11일 | #VALUE! | 20:00:00 | 2025. 미발 |
| 3 | 82505885 | 2020년05월11일 | 2020년05월11일 | | 20:00:00 | 2025. 미발 |
| 4 | 82505866 | 2020년05월11일 | 2020년05월11일 | | 20:00:00 | 2025. 미발 |
| 5 | 82505865 | 2020년05월11일 | 2020년05월13일 | | 20:00:00 | 2025. 미발 |
| 6 | 82505921 | 2020년05월11일 | 2020년05월11일 | | 19:27:00 | 2011. 전입 |
| 7 | 82505913 | 2020년05월11일 | 2020년05월14일 | | 19:00:00 | 2025. 미발 |
| 8 | 82505906 | 2020년05월11일 | 2020년05월11일 | | 19:00:00 | 2025. 미발 |
| 9 | 82505440 | 2020년05월11일 | 2020년05월12일 | | 19:00:00 | 2099. 기타 |
| 10 | 82505845 | 2020년05월11일 | 2020년05월11일 | | 19:00:00 | 2099. 기타 |
| 11 | 82505565 | 2020년05월11일 | 2020년05월11일 | | 19:00:00 | 2099. 기타 |
| 12 | 82505428 | 2020년05월11일 | 2020년05월11일 | | 18:40:00 | 2099. 기타 |
| 13 | 82505904 | 2020년05월11일 | 2020년05월13일 | | 18:30:00 | 2099. 기타 |
| 14 | 82505640 | 2020년05월11일 | 2020년05월11일 | | 18:30:00 | 2099. 기타 |
| 15 | 82505462 | 2020년05월11일 | 2020년05월11일 | | 18:30:00 | 2099. 기타 |
| 16 | 82505434 | 2020년05월11일 | 2020년05월11일 | | 18:30:00 | 2099. 기타 |
| 17 | 82505477 | 2020년05월11일 | 2020년05월11일 | | 18:20:00 | 2099. 기타 |
| 18 | 82505903 | 2020년05월11일 | 2020년05월11일 | | 18:20:00 | 2099. 기타 |

**3** 접수일자를 문자가 아닌 날짜로 변환해 볼게요. B2셀을 선택하고 Ctrl+Shift+↓를 눌러 연속된 데이터의 마지막 행까지 자동으로 범위를 선택한 후 [홈] 탭-[편집] 그룹에서 [찾기 및 선택]을 클릭하고 [바꾸기]를 선택하세요.

**4** [찾기 및 바꾸기] 대화상자의 [바꾸기] 탭이 열리면 '찾을 내용'에는 『년』을, '바꿀 내용'에는 『/』를 입력하고 [모두 바꾸기]를 클릭하세요. 범위로 설정했던 B열에 입력된 데이터에서 '년'이라는 문자가 모두 '/'로 바뀌면서 214개의 항목이 바뀌었다고 알려주는 메시지 창이 열리면 [확인]을 클릭하세요.

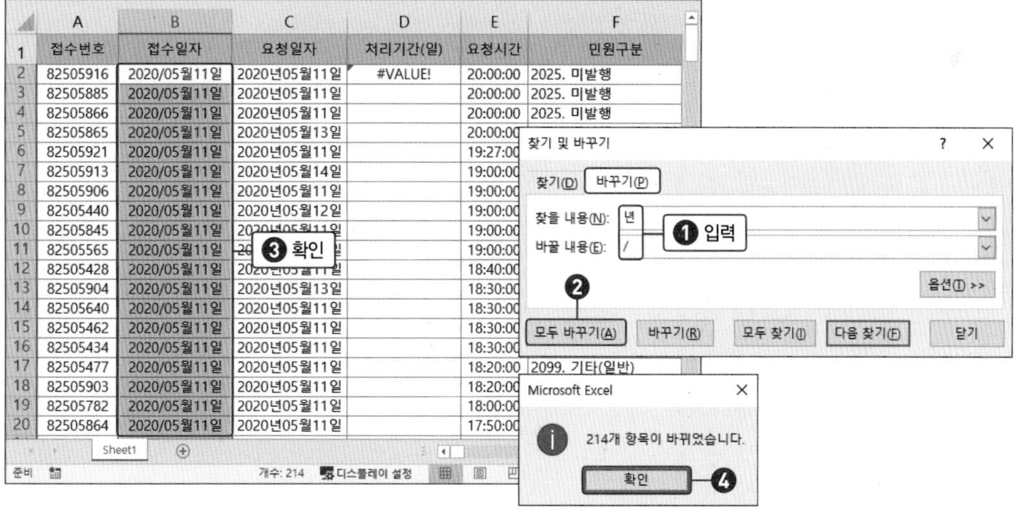


**TIP**

셀에 값을 넣을 때 날짜는 연월일 사이에 '/'나 '-'를 구분자로 지정해야 날짜 데이터로 인식합니다. 이미 입력된 문자 값을 날짜로 변환하기 위해 '연월일' 대신 하나씩 '/' 기호로 바꾸는 것입니다. 이때 '바꿀 내용'에 '-'로 바꿔서 입력해도 됩니다.

**5** 이번에는 [찾기 및 바꾸기] 대화상자의 [바꾸기] 탭에서 '찾을 내용'에는 『월』을, '바꿀 내용'에는 『/』를 입력하고 [모두 바꾸기]를 클릭하세요. 범위로 설정했던 B열에 입력된 데이터에서 '월'이라는 문자가 모두 '/'로 바뀌면서 214개의 항목이 바뀌었다고 알려주는 메시지 창이 열리면 [확인]을 클릭하세요.

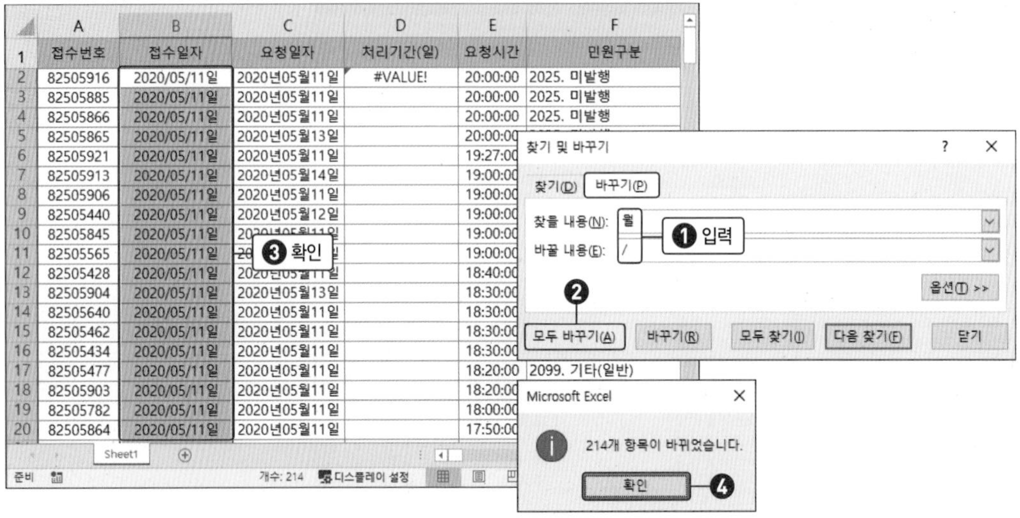


**6** 계속해서 [찾기 및 바꾸기] 대화상자의 [바꾸기] 탭에서 '찾을 내용'에는 『일』을, '바꿀 내용'에는 입력된 내용을 삭제하고 빈 칸으로 둔 상태에서 [모두 바꾸기]를 클릭하세요. 범위로 설정했던 B열에 입력된 데이터에서 '일'이라는 문자가 빈 값으로 삭제되면서 214개의 항목이 삭제되었다고 알려주는 메시지 창이 열리면 [확인]을 클릭하세요. [찾기 및 바꾸기] 대화상자로 되돌아오면 [닫기]를 클릭하여 B열의 '접수일자' 항목의 데이터를 문자에서 날짜 형식으로 변경하세요.

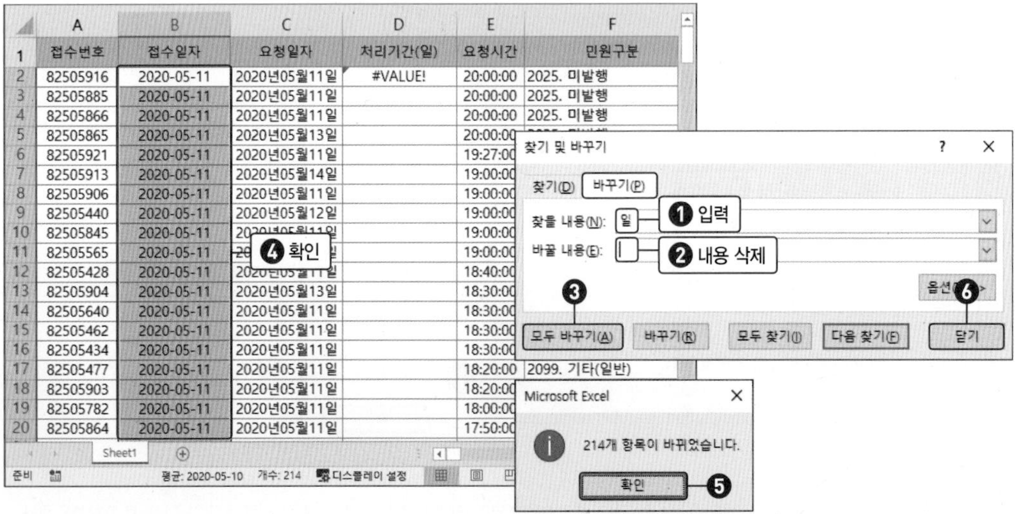

**7** C열의 '요청일자' 항목도 문자로 입력된 값이어서 날짜로 바꿔볼게요. D열 머리글을 클릭하고 선택 영역에서 마우스 오른쪽 단추를 클릭한 후 [삽입]을 선택하세요.

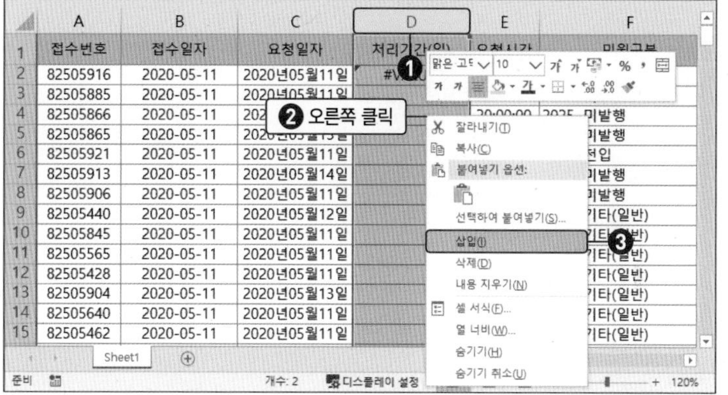


**8** D열이 새로 삽입되면 D2셀에 함수식 『=DATE(LEFT(C2,4),MID(C2,6,2),MID(C2,9,2))』를 입력하고 Enter를 누르세요.

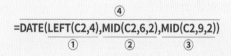

**함수식 설명**

=DATE(LEFT(C2,4),MID(C2,6,2),MID(C2,9,2))

(④ = 전체 DATE 함수, ① = LEFT(C2,4), ② = MID(C2,6,2), ③ = MID(C2,9,2))

① C2셀에 입력된 값인 '2020년05월11일'에서 왼쪽부터 4개만 떼어내어 표시하라는 뜻으로, 결과값은 '2020'입니다.
② C2셀에 입력된 값인 '2020년05월11일'에서 여섯 번째부터 2개만 떼어내어 표시하라는 뜻으로, 결과값은 '05'입니다.
③ C2셀에 입력된 값인 '2020년05월11일'에서 아홉 번째부터 2개만 떼어내어 표시하라는 뜻으로, 결과값은 '11'입니다.
④ 첫 번째 인수에 입력된 값은 연도로, 두 번째 인수에 입력된 값은 월로, 세 번째 인수에 입력된 값은 일로 사용해서 날짜 형태로 셀에 값을 넣어줍니다.

**9** D2셀에 날짜가 표시되었으면 D2셀의 자동 채우기 핸들을 더블클릭해서 연속된 마지막 행까지 함수식을 복사하세요. 범위를 선택한 상태에서 Ctrl+C를 눌러 복사하세요.

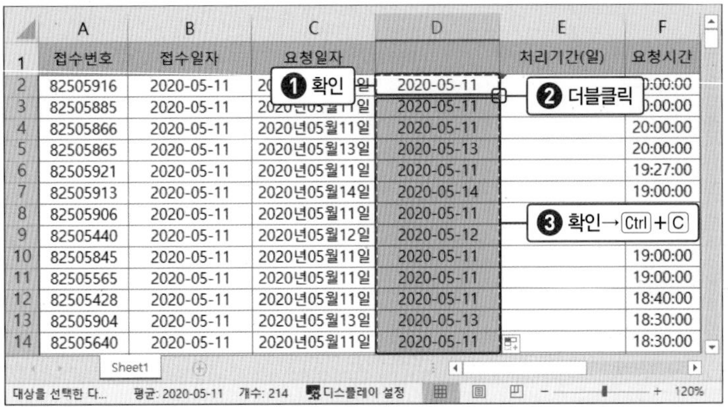


**10** C2셀에서 마우스 오른쪽 단추를 클릭하고 '붙여넣기 옵션'에서 [값]을 클릭하세요.

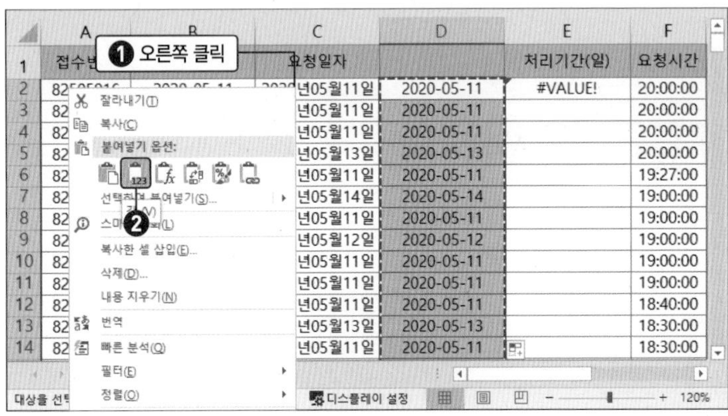


**11** C2셀부터 기존에 입력된 문자가 날짜 형식으로 변경되었습니다. D열 머리글을 클릭하고 마우스 오른쪽 단추를 클릭한 후 [삭제]를 선택하세요.

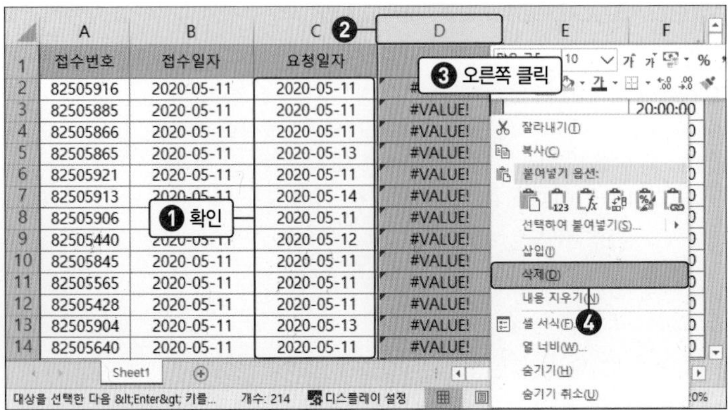

**12** B열의 '접수일자'와 C열의 '요청일자'가 날짜 형식으로 바뀌었기 때문에 D2셀에 오류 대신 값이 표시되었어요. 하지만 이 값은 날짜가 아닌 숫자로 나타나야 하므로 D2셀을 선택하고 [홈] 탭-[표시 형식] 그룹에서 목록 단추(▽)를 클릭한 후 [일반]을 선택하세요.

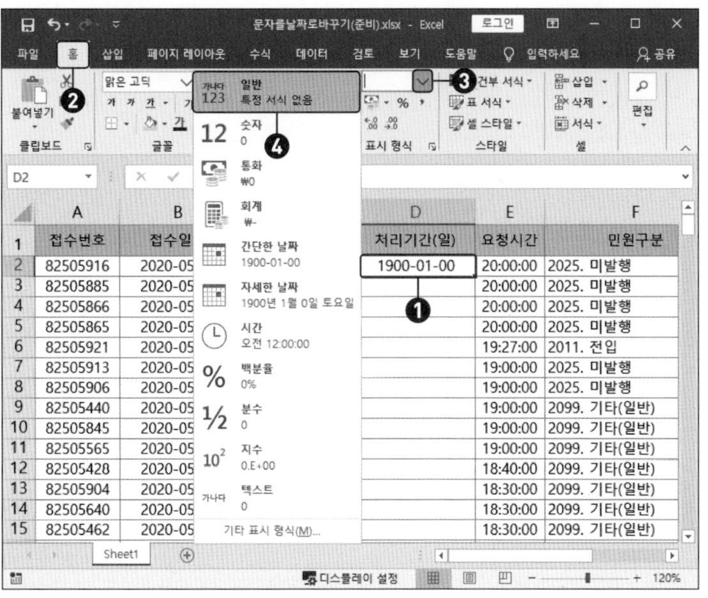


TIP

셀에 날짜가 표시된 것을 숫자로 바꾸려면 [일반] 표시 형식을, 반대로 숫자를 날짜로 바꾸려면 [간단한 날짜]나 [자세한 날짜] 표시 형식을 선택하세요.

**13** D2셀의 처리 기간이 숫자 값 '0'으로 표시되었으면 D2셀의 자동 채우기 핸들을 더블클릭해서 나머지 행에도 값을 복사합니다. 처리 기간이 표시되었으면 숫자의 뒤에 '일'을 표시하기 위해 Ctrl+1을 누르세요.

| | A | B | C | D | E | F |
|---|---|---|---|---|---|---|
| 1 | 접수번호 | 접수일자 | 요청일자 | 처리기간(일) | 요청시간 | 민원구분 |
| 2 | 82505916 | 2020-05-11 | ❶ 확인 | 0 | 20: ❷ 더블클릭 | 행 |
| 3 | 82505885 | 2020-05-11 | 2020-05-11 | 0 | 20: | 행 |
| 4 | 82505866 | 2020-05-11 | 2020-05-11 | 0 | 20:00:00 | 2025. 미발행 |
| 5 | 82505865 | 2020-05-11 | 2020-05-13 | 2 | 20:00:00 | 2025. 미발행 |
| 6 | 82505921 | 2020-05-11 | 2020-05-11 | 0 | 19:27:00 | 2011. 전입 |
| 7 | 82505913 | 2020-05-11 | 2020-05-14 | 3 | 19:00:00 | 2025. 미발행 |
| 8 | 82505906 | 2020-05-11 | 2020-05-11 | 0 | 19:00:00 | 2025. 미발행 |
| 9 | 82505440 | 2020-05-11 | 2020-05-12 | 1 | 19:00:00 | 2099. 기타(일반) |
| 10 | 82505845 | 2020-05-11 | 2020-05-11 | 0 | 19:00:00 | 2099. 기타(일반) |
| 11 | 82505565 | 2020-05-11 | 2020-05-11 | 0 | 19: ❸ 확인→Ctrl+1 | |
| 12 | 82505428 | 2020-05-11 | 2020-05-11 | 0 | 18: | |
| 13 | 82505904 | 2020-05-11 | 2020-05-13 | 2 | 18:30:00 | 2099. 기타(일반) |
| 14 | 82505640 | 2020-05-11 | 2020-05-11 | 0 | 18:30:00 | 2099. 기타(일반) |
| 15 | 82505462 | 2020-05-11 | 2020-05-11 | 0 | 18:30:00 | 2099. 기타(일반) |
| 16 | 82505434 | 2020-05-11 | 2020-05-11 | 0 | 18:30:00 | 2099. 기타(일반) |
| 17 | 82505477 | 2020-05-11 | 2020-05-11 | 0 | 18:20:00 | 2099. 기타(일반) |
| 18 | 82505903 | 2020-05-11 | 2020-05-11 | 0 | 18:20:00 | 2099. 기타(일반) |
| 19 | 82505782 | 2020-05-11 | 2020-05-11 | 0 | 18:00:00 | 2099. 기타(일반) |

평균: 0.252336449 개수: 214 합계: 54

**14** [셀 서식] 대화상자의 [표시 형식] 탭이 열리면 '범주'에서 [사용자 지정]을 선택하고 '형식'에 『0일』을 입력한 후 [확인]을 클릭하세요.

> **TIP**
> 셀에 입력된 숫자 형식을 그대로 유지하면서 화면에 표시할 때만 '일'을 추가하기 위해 표시 형식을 설정하는 것입니다. 숫자 표시 형식에 대해서는 31쪽을 참고하세요.

**15** D열의 '처리기간(일)' 항목에 '0일', '2일'과 같이 숫자의 뒤에 '일'이 표시되었는지 확인합니다. '접수일자' 항목과 '요청일자' 항목에 표시 형식을 지정하기 위해 B열 머리글과 C열 머리글을 드래그해서 선택하고 Ctrl+1을 누르세요.

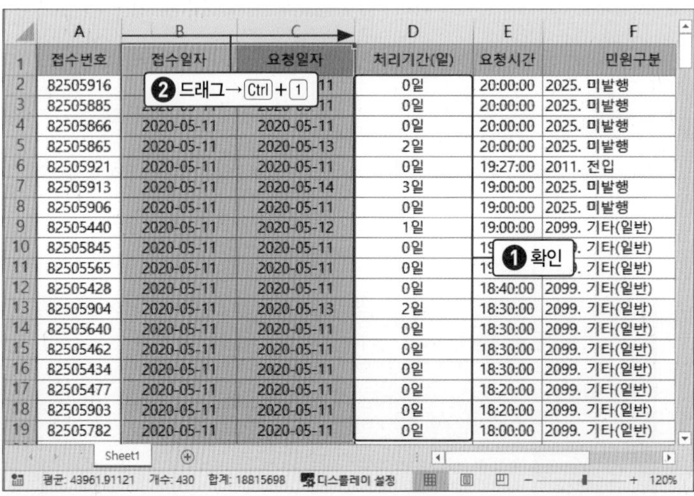


| | A | B | C | D | E | F |
|---|---|---|---|---|---|---|
| 1 | 접수번호 | 접수일자 | 요청일자 | 처리기간(일) | 요청시간 | 민원구분 |
| 2 | 82505916 | | 11 | 0일 | 20:00:00 | 2025. 미발행 |
| 3 | 82505885 | | 11 | 0일 | 20:00:00 | 2025. 미발행 |
| 4 | 82505866 | 2020-05-11 | 2020-05-11 | 0일 | 20:00:00 | 2025. 미발행 |
| 5 | 82505865 | 2020-05-11 | 2020-05-13 | 2일 | 20:00:00 | 2025. 미발행 |
| 6 | 82505921 | 2020-05-11 | 2020-05-11 | 0일 | 19:27:00 | 2011. 전입 |
| 7 | 82505913 | 2020-05-11 | 2020-05-14 | 3일 | 19:00:00 | 2025. 미발행 |
| 8 | 82505906 | 2020-05-11 | 2020-05-11 | 0일 | 19:00:00 | 2025. 미발행 |
| 9 | 82505440 | 2020-05-11 | 2020-05-12 | 1일 | 19:00:00 | 2099. 기타(일반) |
| 10 | 82505845 | 2020-05-11 | 2020-05-11 | 0일 | 19 | . 기타(일반) |
| 11 | 82505565 | 2020-05-11 | 2020-05-11 | 0일 | 19 | . 기타(일반) |
| 12 | 82505428 | 2020-05-11 | 2020-05-11 | 0일 | 18:40:00 | 2099. 기타(일반) |
| 13 | 82505904 | 2020-05-11 | 2020-05-13 | 2일 | 18:30:00 | 2099. 기타(일반) |
| 14 | 82505640 | 2020-05-11 | 2020-05-11 | 0일 | 18:30:00 | 2099. 기타(일반) |
| 15 | 82505462 | 2020-05-11 | 2020-05-11 | 0일 | 18:30:00 | 2099. 기타(일반) |
| 16 | 82505434 | 2020-05-11 | 2020-05-11 | 0일 | 18:30:00 | 2099. 기타(일반) |
| 17 | 82505477 | 2020-05-11 | 2020-05-11 | 0일 | 18:20:00 | 2099. 기타(일반) |
| 18 | 82505903 | 2020-05-11 | 2020-05-11 | 0일 | 18:20:00 | 2099. 기타(일반) |
| 19 | 82505782 | 2020-05-11 | 2020-05-11 | 0일 | 18:00:00 | 2099. 기타(일반) |

**16** [셀 서식] 대화상자의 [표시 형식] 탭이 열리면 '범주'에서 [사용자 지정]을 선택하고 '형식'에 『yyyy년mm월dd일』을 입력한 후 [확인]을 클릭하세요.

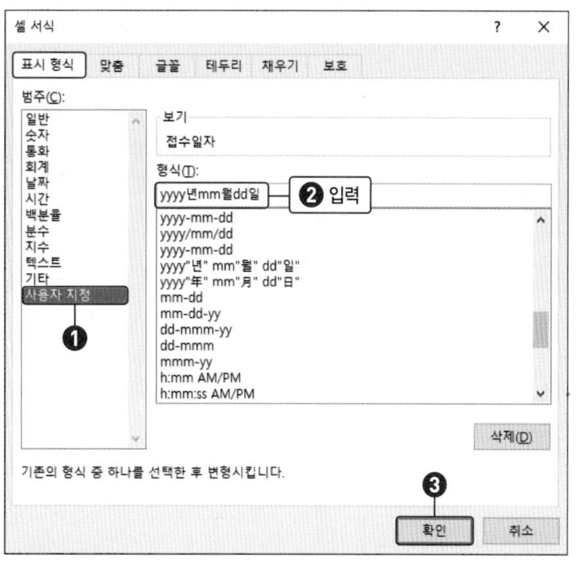


**TIP**

셀에 날짜를 입력할 때는 연월일 사이에 '–'이나 '/'를 지정해서 입력해야 합니다. 이렇게 입력한 날짜를 어떻게 화면에 표시할지 형태를 바꾸려면 표시 형식을 이용해야 하는데, 날짜 표시 형식에 대해서는 44쪽을 참고하세요.

**17** '2020년05월11일'과 같이 날짜의 표시 형식이 바뀌었는지 확인하세요.

| | A | B | C | D | E | F |
|---|---|---|---|---|---|---|
| 1 | 접수번호 | 접수일자 | 요청일자 | 처리기간(일) | 요청시간 | 민원구분 |
| 2 | 82505916 | 2020년05월11일 | 2020년05월11일 | 0일 | 20:00:00 | 2025. 미발행 |
| 3 | 82505885 | 2020년05월11일 | 2020년05월11일 | 0일 | 20:00:00 | 2025. 미발행 |
| 4 | 82505866 | 2020년05월11일 | 2020년05월11일 | 0일 | 20:00:00 | 2025. 미발행 |
| 5 | 82505865 | 2020년05월11일 | 2020년05월13일 | 2일 | 20:00:00 | 2025. 미발행 |
| 6 | 82505921 | 2020년05월11일 | 2020년05월11일 | 0일 | 19:27:00 | 2011. 전입 |
| 7 | 82505913 | 2020년05월11일 | 2020년05월14일 | 3일 | 19:00:00 | 2025. 미발행 |
| 8 | 82505906 | 2020년05월11일 | 2020년05월11일 | 0일 | 19:00:00 | 2025. 미발행 |
| 9 | 82505440 | 2020년05월11일 | 2020년05월12일 | 1일 | 19:00:00 | 2099. 기타(일반) |
| 10 | 82505845 | 2020년05월11일 | 2020년05월11일 | 확인 | 19:00:00 | 2099. 기타(일반) |
| 11 | 82505565 | 2020년05월11일 | 2020년05월11일 | | 19:00:00 | 2099. 기타(일반) |
| 12 | 82505428 | 2020년05월11일 | 2020년05월11일 | 0일 | 18:40:00 | 2099. 기타(일반) |
| 13 | 82505904 | 2020년05월11일 | 2020년05월13일 | 2일 | 18:30:00 | 2099. 기타(일반) |
| 14 | 82505640 | 2020년05월11일 | 2020년05월11일 | 0일 | 18:30:00 | 2099. 기타(일반) |
| 15 | 82505462 | 2020년05월11일 | 2020년05월11일 | 0일 | 18:30:00 | 2099. 기타(일반) |
| 16 | 82505434 | 2020년05월11일 | 2020년05월11일 | 0일 | 18:30:00 | 2099. 기타(일반) |
| 17 | 82505477 | 2020년05월11일 | 2020년05월11일 | 0일 | 18:20:00 | 2099. 기타(일반) |
| 18 | 82505903 | 2020년05월11일 | 2020년05월11일 | 0일 | 18:20:00 | 2099. 기타(일반) |
| 19 | 82505782 | 2020년05월11일 | 2020년05월11일 | 0일 | 18:00:00 | 2099. 기타(일반) |

Sheet1

평균: 2020년05월10일 개수: 430 디스플레이 설정 120%

# CASE 03 설정한 서식을 그대로 표시하기

◉ **예제파일** : 서식을그대로표시하기(준비).xlsx ◉ **완성파일** : 서식을그대로표시하기(완성).xlsx

**1** [발주서] 시트에서 B6셀에 발주일을 표시해 볼게요. B6셀을 선택하고 함수식 『=TODAY( )』를 입력한 후 Enter를 누르세요.

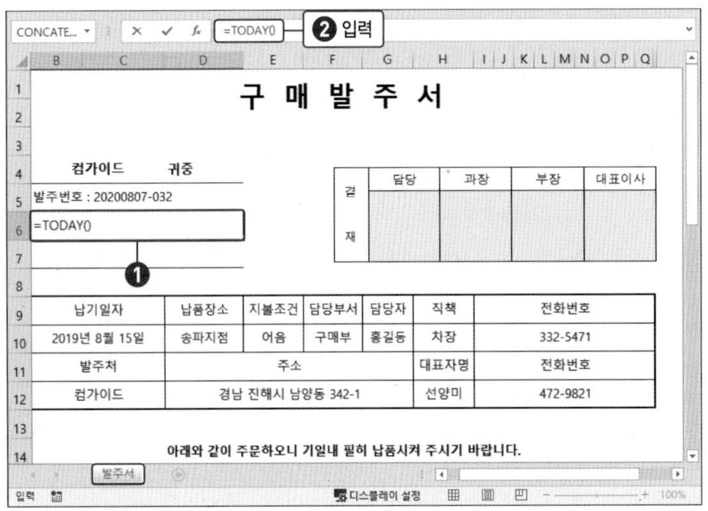


**함수식 설명**

**=TODAY( )**

파일을 열었을 때 작업하는 당일 날짜로 자동으로 바뀌어서 표시되는 함수식입니다. NOW 함수를 이용하면 날짜와 시간을 함께 표시할 수 있습니다.

**2** B6셀에 작업하는 당일 날짜가 자동으로 표시되었는지 확인합니다.

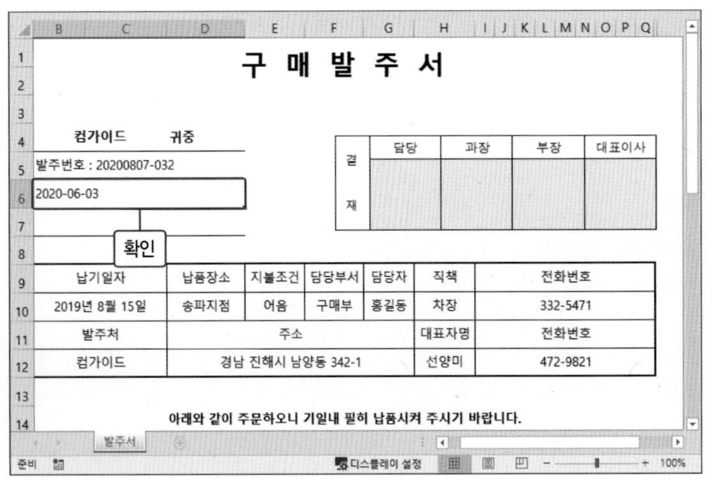


**TIP**
파일을 열어서 사용하는 당일 날짜가 나타나므로 표시되는 날짜가 다를 수 있어요.

**3** B6셀에 표시된 날짜의 앞에 '발주일 : '을 함께 표시해 볼게요. B6셀을 더블클릭해서 함수식을 표시하고 『="발주일 : "&TODAY( )』로 수정한 후 Enter를 누르세요.

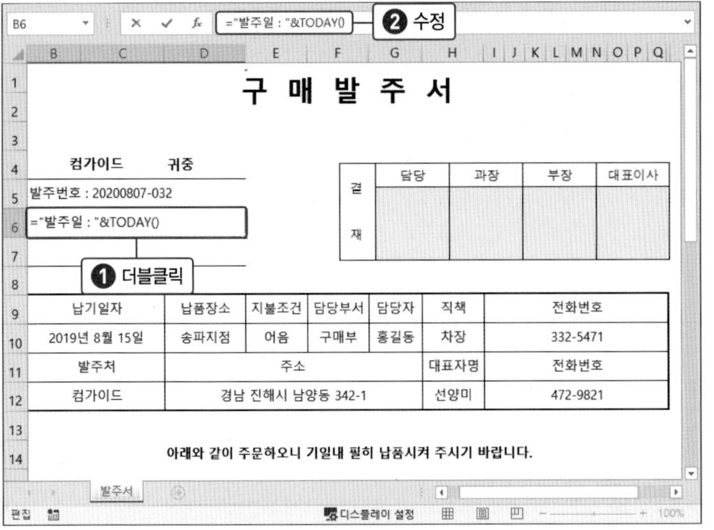


**4** B6셀에 '발주일 : 43985'와 같이 날짜가 숫자로 바뀌어서 나타나는지 확인하세요. 파일을 열 때마다 현재의 날짜가 다르게 표시되어 B6셀에 나타나는 숫자도 이 화면과는 다르게 나타납니다.

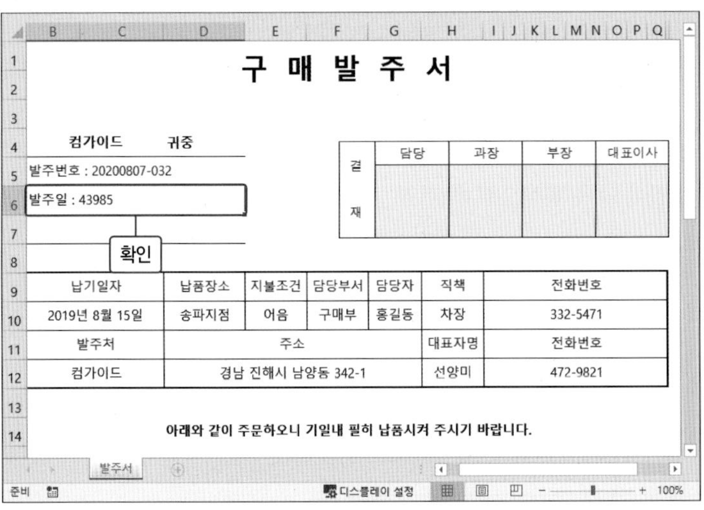


**TIP**

날짜는 1900-1-1을 1로 저장하므로 B6셀의 43985는 1900-1-1로부터 43985번째 해당하는 날이라는 뜻입니다.

**5** 발주일에 표시된 '43985'를 실제 날짜로 환산한 결과로 표시해 볼게요. B6셀을 더블클릭하여 함수식을 표시하고 『="발주일 : "&TEXT(TODAY( ),"yy년mm월dd일(aaa)")』로 수정한 후 Enter를 누르세요.

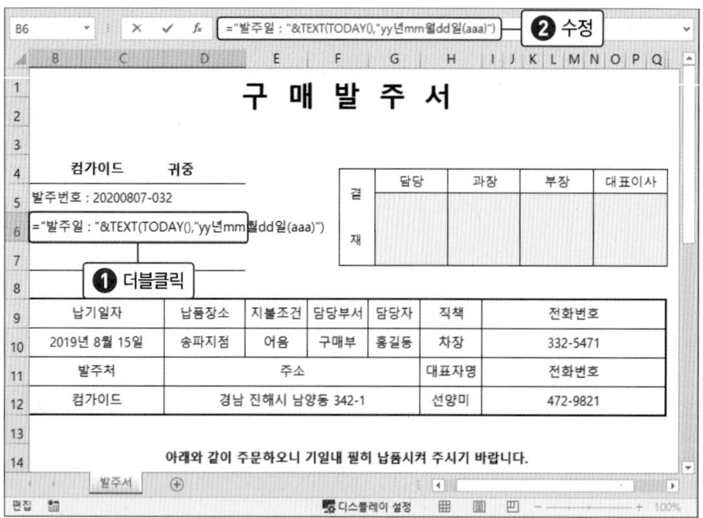


**함수식 설명**

**="발주일 : "&TEXT(TODAY( ),"yy년mm월dd일(aaa)")**

TEXT 함수는 첫 번째 인수에 지정한 값을 두 번째 인수에 지정한 서식으로 바꿔서 문자로 표시합니다. 따라서 TODAY( )로 얻은 날짜를 'yy년mm월dd일(aaa)' 표시 형식에 맞게 설정해서 '20년02월16일(일)'과 같이 표시합니다. TEXT 함수를 이용한 결과는 문자 값으로 변환되므로 이 값을 이용해서 계산할 수 없습니다. 날짜 표시 형식에 대해서는 44쪽을 참고하세요.

**6** B6셀에 숫자로 표시되었던 발주일이 날짜 형식으로 바뀌었는지 확인하세요.

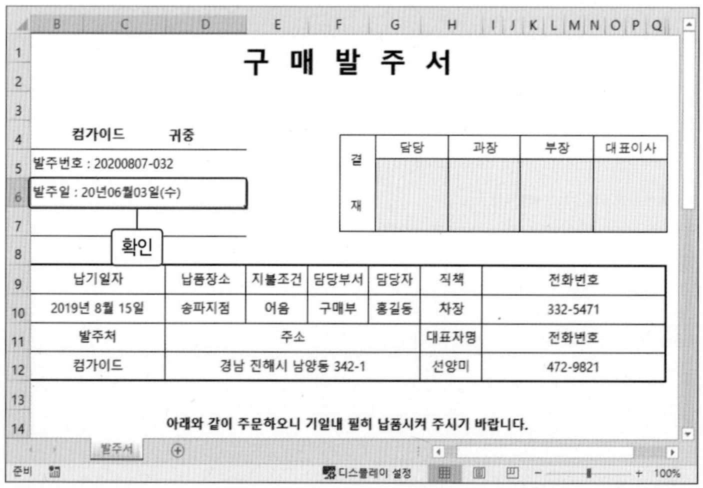

**7** B7셀에 발주금액을 구해볼게요. B7셀을 선택하고 함수식 『=SUMPRODUCT(F17:F31,H17:H31)』을 입력한 후 Enter를 누르세요.

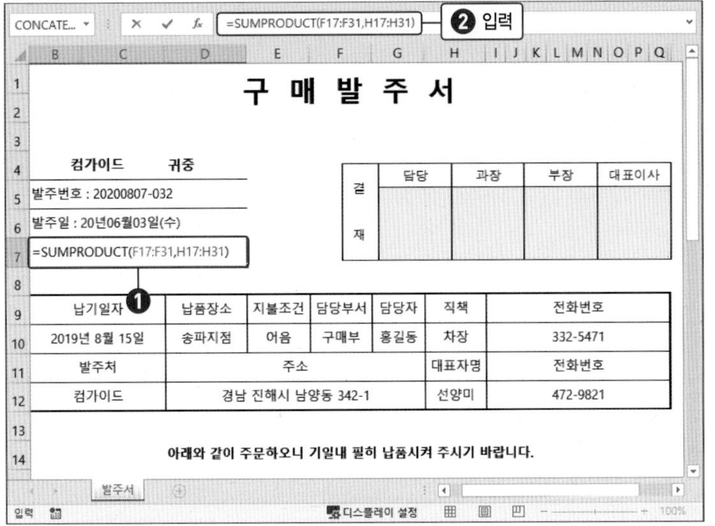


**함수식 설명**

**=SUMPRODUCT(F17:F31,H17:H31)**

SUMPRODUCT 함수는 F17셀×H17셀, F18셀×H18셀, F19셀×H19셀과 같이 지정한 각 영역에서 하나씩 셀을 곱하고 곱한 값을 더하는 함수입니다.

**8** B7셀에 수량이 입력된 F17:F31 영역과 단가가 입력된 H17:H31 영역에서 서로 대응하는 셀 하나씩을 곱하고 곱한 값을 모두 더한 결과값이 표시되었는지 확인합니다.

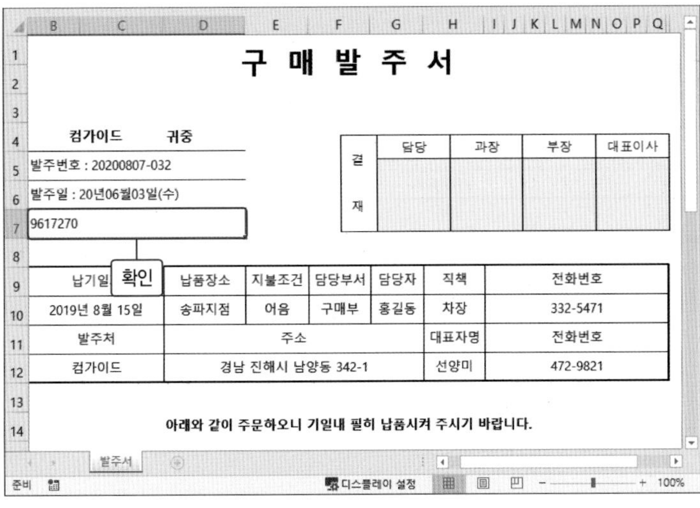

**9** B7셀을 더블클릭하여 함수식을 표시하고 『="발주금액 : " & SUMPRODUCT(F17:F31,H17:H31)』로 수정한 후 Enter를 누릅니다.

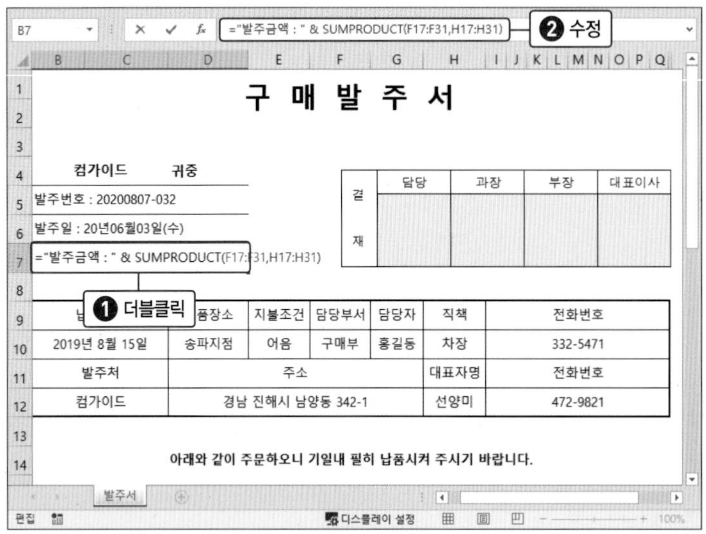


**10** SUMPRODUCT 함수로 구한 결과값의 앞에 '발주금액 : '을 함께 표시했어요. 이 상태에서 표시된 숫자에 서식을 지정해 볼게요.

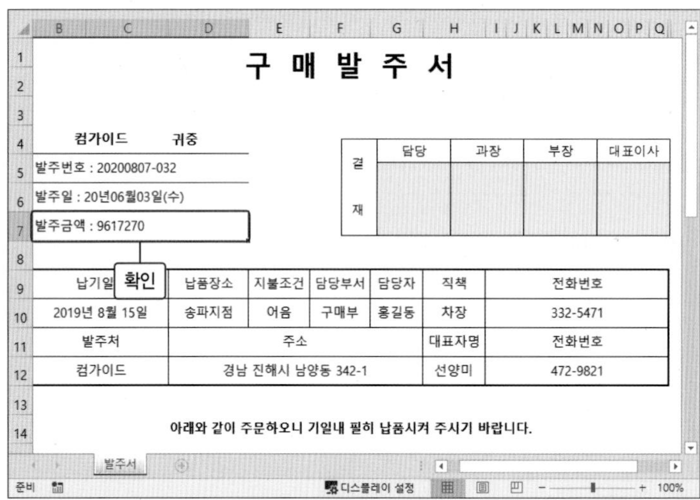

**11** B7셀을 더블클릭하여 함수식을 표시하고 『="발주금액 : " & TEXT(SUMPRODUCT(F17:F31,H17:H31), "₩#,##0원")』으로 수정한 후 Enter를 누릅니다.

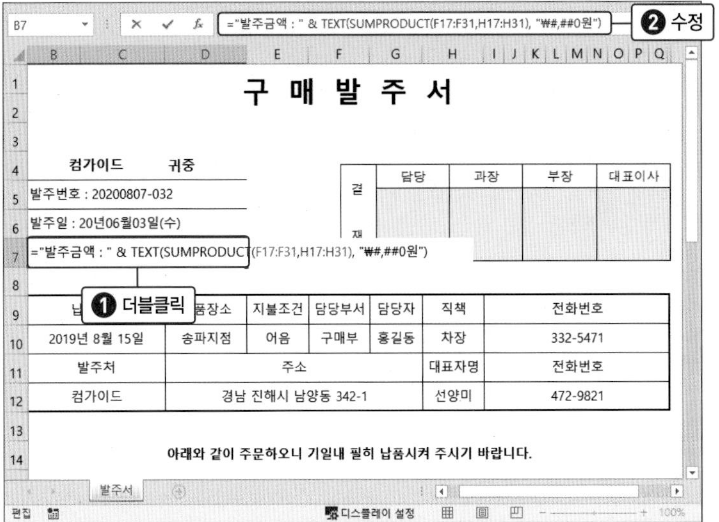


**함수식 설명**

**="발주금액 : " & TEXT(SUMPRODUCT(F17:F31,H17:H31), "₩#,##0원")**

TEXT 함수를 이용해서 숫자에 지정할 표시 형식("₩#,##0원")을 설정하고 결과값을 문자로 변환해서 표시합니다. 숫자 데이터에 설정할 수 있는 표시 형식에 대해서는 31쪽을 참고하세요.

**12** B7셀에 지정한 표시 형식이 그대로 적용되어 발주금액이 표시되었는지 확인합니다.

구 매 발 주 서

컴가이드 귀중

발주번호 : 20200807-032

발주일 : 20년06월03일(수)

발주금액 : ₩9,617,270원

확인

| 결재 | 담당 | 과장 | 부장 | 대표이사 |
|---|---|---|---|---|
| | | | | |

| 납기일 | 납품장소 | 지불조건 | 담당부서 | 담당자 | 직책 | 전화번호 |
|---|---|---|---|---|---|---|
| 2019년 8월 15일 | 송파지점 | 어음 | 구매부 | 홍길동 | 차장 | 332-5471 |
| 발주처 | 주소 | | | | 대표자명 | 전화번호 |
| 컴가이드 | 경남 진해시 남양동 342-1 | | | | 선양미 | 472-9821 |

아래와 같이 주문하오니 기일내 필히 납품시켜 주시기 바랍니다.

# PART 02

# 다양한 요구에 맞게 데이터 분석하기

준비된 정보를 작업하기 편하게 정리했다면 이제 이 데이터를 어떻게 활용할 것인지 고민해야 합니다. 데이터를 분석하고 통계를 구한 후 해당 데이터를 통해 영업, 마케팅, 기획 등의 다양한 업무에 필요한 자료를 자유롭게 만들 수 있습니다. 이번 파트에서는 데이터를 관리하기 위해 필요한 다양한 기능과 실제 업무에 바로 활용할 수 있는 노하우를 살펴보겠습니다.

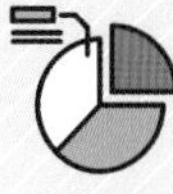

# 01 두 개의 시트 비교해서 같은 값을 찾아내자

두 개의 데이터 목록이나 다른 시트의 데이터와 서로 비교해서 양쪽에 모두 있는지 또는 한쪽에만 있는지에 따라 다르게 작업해야 하는 경우가 많습니다. 이런 상황에서 자료를 비교하여 값이 있는지 확인하거나 비교해서 특정 값을 가져오는 등의 작업을 살펴보겠습니다.

**주요 기능**

/ 다른 시트에서 동일한 값 찾기

/ 목록 비교할 때의 주의 사항 살펴보기

/ 동일한 값 찾아 필요한 값만 가져오기

/ 워크시트에 없는 값만 모아서 가져오기

CASE

# 01 다른 시트에서 동일한 값 찾기

◉ **예제파일** : 다른시트에서동일한값찾기(준비).xlsx ◉ **완성파일** : 다른시트에서동일한값찾기(완성).xlsx



**1** [주문] 시트에 입력된 상품명을 이용해서 [제품마스터] 시트에 주문된 상품이 무엇인지 또는 주문 상품이 있으면 몇 번씩 주문했는지 알아볼게요. [제품마스터] 시트에서 D2셀에 『=COU』를 입력하고 함수 목록이 표시되면 [COUNTIF]를 더블클릭합니다.

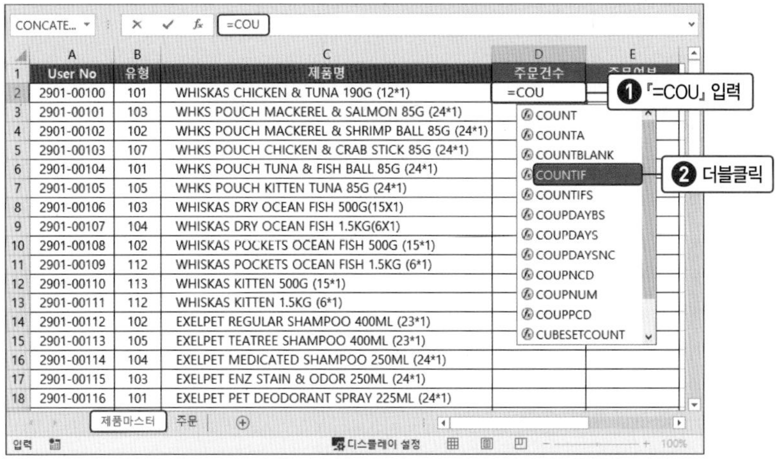


TIP

[주문] 시트에 이름이 같은 제품명이 몇 건 있는지 세기 위해 조건에 만족하는 개수를 세는 COUNTIF 함수를 선택합니다. 이때 조건이 여러 개이면 COUNTIFS 함수를 사용하세요.

**2** D2셀에 '=COUNTIF('가 표시되면 첫 번째 인수로 조건에 만족하는 값을 찾을 비교 대상을 지정하기 위해 [주문] 시트를 클릭합니다.

| | A | B | C | D |
|---|---|---|---|---|
| 1 | User No | 유형 | 제품명 | 주문건수 |
| 2 | 2901-00100 | 101 | WHISKAS CHICKEN & TUNA 190G (12*1) | =COUNTIF( |
| 3 | 2901-00101 | 103 | WHKS POUCH MACKEREL & SALMON 85G (24*1) | |
| 4 | 2901-00102 | 102 | WHKS POUCH MACKEREL & SHRIMP BALL 85G (24*1) | |
| 5 | 2901-00103 | 107 | WHKS POUCH CHICKEN & CRAB STICK 85G (24*1) | |
| 6 | 2901-00104 | 101 | WHKS POUCH TUNA & FISH BALL 85G (24*1) | |
| 7 | 2901-00105 | 105 | WHKS POUCH KITTEN TUNA 85G (24*1) | |
| 8 | 2901-00106 | 103 | WHISKAS DRY OCEAN FISH 500G(15X1) | |
| 9 | 2901-00107 | 104 | WHISKAS DRY OCEAN FISH 1.5KG(6X1) | |
| 10 | 2901-00108 | 102 | WHISKAS POCKETS OCEAN FISH 500G (15*1) | |
| 11 | 2901-00109 | 112 | WHISKAS POCKETS OCEAN FISH 1.5KG (6*1) | |
| 12 | 2901-00110 | 113 | WHISKAS KITTEN 500G (15*1) | |
| 13 | 2901-00111 | 112 | WHISKAS KITTEN 1.5KG (6*1) | |
| 14 | 2901-00112 | 102 | EXELPET REGULAR SHAMPOO 400ML (23*1) | |
| 15 | 2901-00113 | 105 | EXELPET TEATREE SHAMPOO 400ML (23*1) | |
| 16 | 2901-00114 | 104 | EXELPET MEDICATED SHAMPOO 250ML (24*1) | |
| 17 | 2901-00115 | 103 | EXELPET ENZ STAIN & ODOR 250ML (24*1) | |
| 18 | 2901-00116 | 101 | EXELPET PET DEODORANT SPRAY 225ML (24*1) | |

① 확인 ② 제품마스터 | 주문

3 [주문] 시트에서 C2셀을 선택하고 Ctrl+Shift+↓를 눌러 '제품명' 영역의 전체 범위를 지정합니다. 이 상태에서 F4를 눌러 '=COUNTIF(주문!$C$2:$C$53'과 같이 셀 주소를 절대 참조로 변경하세요.

4 계속 이어서 『,』를 입력하여 첫 번째 인수에 대한 설정을 마무리합니다. 두 번째 인수의 찾을 조건을 지정하기 위해 [제품마스터] 시트를 클릭하세요.

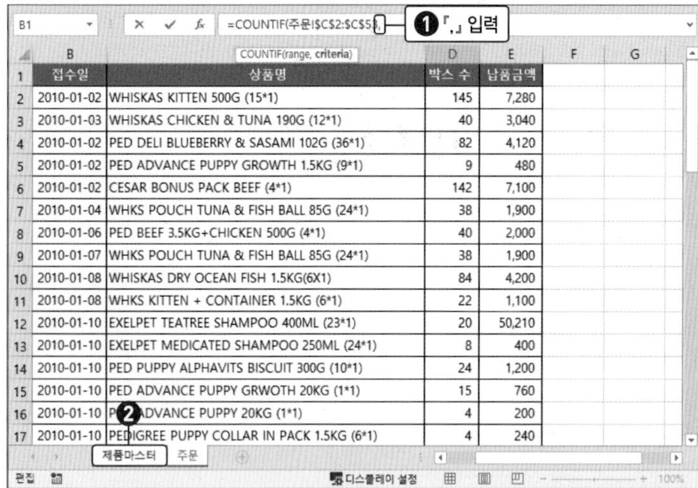

**5** 계속 이어서 찾을 값으로 C2셀을 선택하고 『)』를 입력해서 함수식 '=COUNTIF(주문!$C$2:$C$53, 제품마스터!C2)'를 완성하고 Enter를 누릅니다.

**함수식 설명**

**=COUNTIF(주문!$C$2:$C$53,제품마스터!C2) ← 형식 =CONNTIF(비교 대상,조건)**
①　②

첫 번째 인수에 지정된 비교 대상 영역(주문!$C$2:$C$53)에서 두 번째 인수에 지정된 값(제품마스터!C2)과 동일한 값이 몇 개인지 개수를 셀 수 있습니다.

① 어떤 상품을 찾든지 항상 찾을 대상이 같아야 하므로 절대 참조를 지정한 것입니다.

② 수식을 복사해서 대상 행이 바뀌면 C2셀이 C3셀, C4셀, C5셀로 차례대로 바뀌면서 찾을 상품 이름이 바뀌어야 하므로 상대 참조로 표시합니다.

**6** D2셀에서 함수식의 결과를 확인했으면 다시 D2셀을 선택하고 D2셀의 자동 채우기 핸들을 더블클릭해서 나머지 행에도 함수식을 복사합니다.

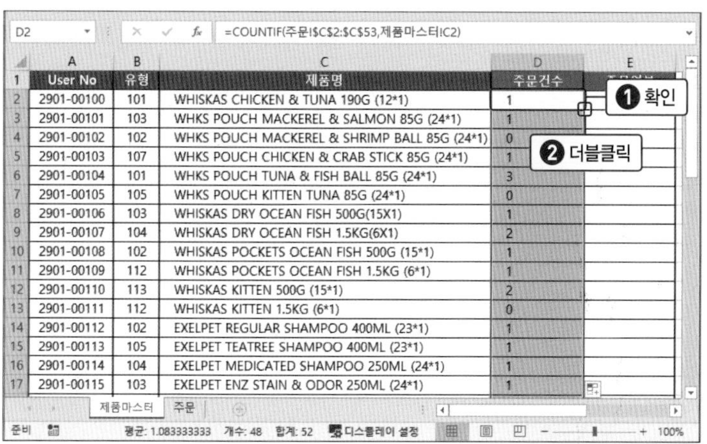

**7** E열의 '주문여부' 항목에서는 주문건수가 1건 이상이면 'O'를, 그렇지 않으면 'X'를 표시할 것인데, D열의 주문건수를 구한 함수식을 그대로 가져와서 함수식을 추가해 볼게요. D2셀을 선택하고 수식 입력줄에 표시된 함수식을 드래그해서 범위를 선택한 후 Ctrl+C를 누르세요. 함수식을 그대로 복사했으면 Esc를 눌러 함수식의 편집을 취소하세요.

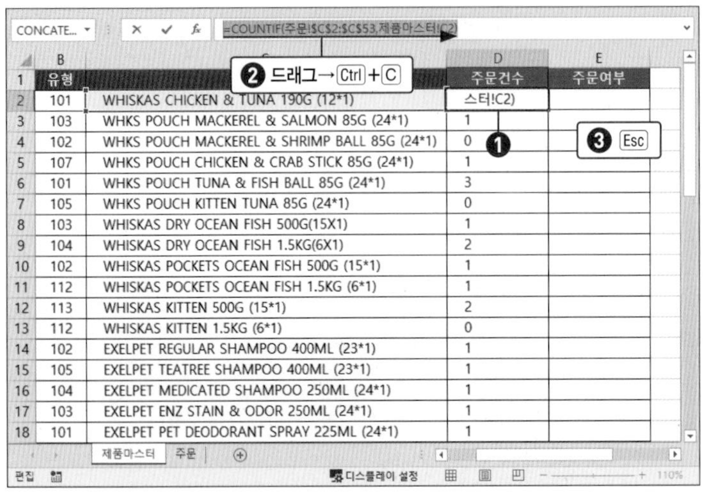


| | B | C | D | E |
|---|---|---|---|---|
| 1 | 유형 | | 주문건수 | 주문여부 |
| 2 | 101 | WHISKAS CHICKEN & TUNA 190G (12*1) | 스터!C2) | |
| 3 | 103 | WHKS POUCH MACKEREL & SALMON 85G (24*1) | 1 | |
| 4 | 102 | WHKS POUCH MACKEREL & SHRIMP BALL 85G (24*1) | 0 | |
| 5 | 107 | WHKS POUCH CHICKEN & CRAB STICK 85G (24*1) | 1 | |
| 6 | 101 | WHKS POUCH TUNA & FISH BALL 85G (24*1) | 3 | |
| 7 | 105 | WHKS POUCH KITTEN TUNA 85G (24*1) | 0 | |
| 8 | 103 | WHISKAS DRY OCEAN FISH 500G(15X1) | 1 | |
| 9 | 104 | WHISKAS DRY OCEAN FISH 1.5KG(6X1) | 2 | |
| 10 | 102 | WHISKAS POCKETS OCEAN FISH 500G (15*1) | 1 | |
| 11 | 112 | WHISKAS POCKETS OCEAN FISH 1.5KG (6*1) | 1 | |
| 12 | 113 | WHISKAS KITTEN 500G (15*1) | 2 | |
| 13 | 112 | WHISKAS KITTEN 1.5KG (6*1) | 0 | |
| 14 | 102 | EXELPET REGULAR SHAMPOO 400ML (23*1) | 1 | |
| 15 | 105 | EXELPET TEATREE SHAMPOO 400ML (23*1) | 1 | |
| 16 | 104 | EXELPET MEDICATED SHAMPOO 250ML (24*1) | 1 | |
| 17 | 103 | EXELPET ENZ STAIN & ODOR 250ML (24*1) | 1 | |
| 18 | 101 | EXELPET PET DEODORANT SPRAY 225ML (24*1) | 1 | |

**8** E2셀을 더블클릭하여 커서를 올려놓고 Ctrl+V를 눌러 복사한 함수식을 붙여넣으세요. 그러면 원래 함수식에 사용한 셀 주소가 변하지 않고 그대로 붙여집니다.

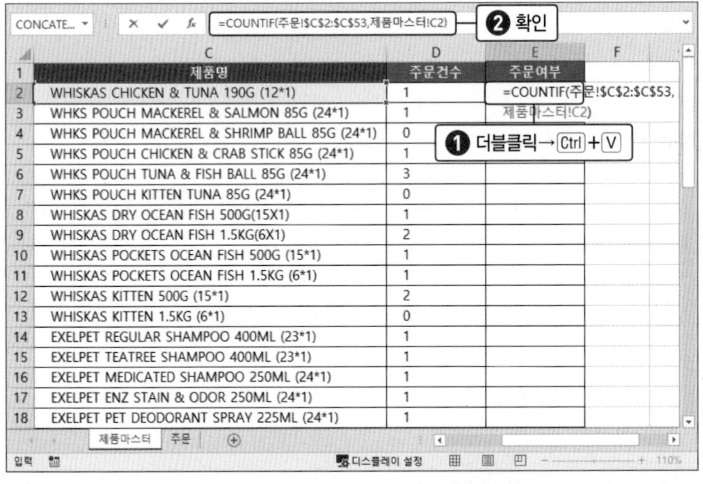


| | C | D | E |
|---|---|---|---|
| 1 | 제품명 | 주문건수 | 주문여부 |
| 2 | WHISKAS CHICKEN & TUNA 190G (12*1) | 1 | =COUNTIF(주문!$C$2:$C$53,제품마스터!C2) |
| 3 | WHKS POUCH MACKEREL & SALMON 85G (24*1) | 1 | |
| 4 | WHKS POUCH MACKEREL & SHRIMP BALL 85G (24*1) | 0 | |
| 5 | WHKS POUCH CHICKEN & CRAB STICK 85G (24*1) | 1 | |
| 6 | WHKS POUCH TUNA & FISH BALL 85G (24*1) | 3 | |
| 7 | WHKS POUCH KITTEN TUNA 85G (24*1) | 0 | |
| 8 | WHISKAS DRY OCEAN FISH 500G(15X1) | 1 | |
| 9 | WHISKAS DRY OCEAN FISH 1.5KG(6X1) | 2 | |
| 10 | WHISKAS POCKETS OCEAN FISH 500G (15*1) | 1 | |
| 11 | WHISKAS POCKETS OCEAN FISH 1.5KG (6*1) | 1 | |
| 12 | WHISKAS KITTEN 500G (15*1) | 2 | |
| 13 | WHISKAS KITTEN 1.5KG (6*1) | 0 | |
| 14 | EXELPET REGULAR SHAMPOO 400ML (23*1) | 1 | |
| 15 | EXELPET TEATREE SHAMPOO 400ML (23*1) | 1 | |
| 16 | EXELPET MEDICATED SHAMPOO 250ML (24*1) | 1 | |
| 17 | EXELPET ENZ STAIN & ODOR 250ML (24*1) | 1 | |
| 18 | EXELPET PET DEODORANT SPRAY 225ML (24*1) | 1 | |

**TIP**

자동 채우기 핸들을 드래그해서 함수식을 복사하면 함수식에 사용했던 셀 주소가 바뀌어서 함수식에 오류가 발생합니다. 이때 함수식에 입력한 셀 주소를 그대로 사용하려면 수식 입력줄에 입력된 함수식을 드래그해서 복사해야 합니다.

**9** E2셀에 붙여넣은 함수식을 『=IF(COUNTIF(주문!$C$2:$C$53,제품마스터!C2)>=1,"O","X")』로 수정하고 Enter를 눌러 함수식을 완성합니다.

CONCATE... | =IF(COUNTIF(주문!$C$2:$C$53,제품마스터!C2)>=1,"O","X") — 수정

| | C | D | E |
|---|---|---|---|
| 1 | 제품명 | 주문건수 | 주문여부 |
| 2 | WHISKAS CHICKEN & TUNA 190G (12*1) | 1 | =IF(COUNTIF(주문!$C$2:$C$53,제품마스터!C2)>=1,"O","X") |
| 3 | WHKS POUCH MACKEREL & SALMON 85G (24*1) | 1 | |
| 4 | WHKS POUCH MACKEREL & SHRIMP BALL 85G (24*1) | 0 | |
| 5 | WHKS POUCH CHICKEN & CRAB STICK 85G (24*1) | 1 | |
| 6 | WHKS POUCH TUNA & FISH BALL 85G (24*1) | 3 | |
| 7 | WHKS POUCH KITTEN TUNA 85G (24*1) | 0 | |
| 8 | WHISKAS DRY OCEAN FISH 500G(15X1) | 1 | |
| 9 | WHISKAS DRY OCEAN FISH 1.5KG(6X1) | 2 | |
| 10 | WHISKAS POCKETS OCEAN FISH 500G (15*1) | 1 | |
| 11 | WHISKAS POCKETS OCEAN FISH 1.5KG (6*1) | 1 | |
| 12 | WHISKAS KITTEN 500G (15*1) | 2 | |
| 13 | WHISKAS KITTEN 1.5KG (6*1) | 0 | |
| 14 | EXELPET REGULAR SHAMPOO 400ML (23*1) | 1 | |
| 15 | EXELPET TEATREE SHAMPOO 400ML (23*1) | 1 | |
| 16 | EXELPET MEDICATED SHAMPOO 250ML (24*1) | 1 | |
| 17 | EXELPET ENZ STAIN & ODOR 250ML (24*1) | 1 | |
| 18 | EXELPET PET DEODORANT SPRAY 225ML (24*1) | 1 | |

제품마스터 | 주문

**함수식 설명**

**=IF(COUNTIF(주문!$C$2:$C$53,제품마스터!C2)>=1,"O","X")**

기존에 구한 제품명과 같은 개수를 구한 함수식의 결과가 1보다 큰지 IF 함수를 이용해서 비교합니다. 같은 제품이 1개 이상이면 주문이 있다는 의미이므로 'O'를, 그렇지 않으면 'X'를 표시하는 함수식입니다.

**10** E2셀에 주문 여부를 구했으면 E2셀의 자동 채우기 핸들을 더블클릭해서 나머지 행에도 함수식을 복사합니다.

E2 | =IF(COUNTIF(주문!$C$2:$C$53,제품마스터!C2)>=1,"O","X")

| | C | D | E |
|---|---|---|---|
| 1 | 제품명 | 주문건수 | 주문여부 |
| 2 | WHISKAS CHICKEN & TUNA 190G (12*1) | 1 | O |
| 3 | WHKS POUCH MACKEREL & SALMON 85G (24*1) | 1 | O |
| 4 | WHKS POUCH MACKEREL & SHRIMP BALL 85G (24*1) | 0 | X |
| 5 | WHKS POUCH CHICKEN & CRAB STICK 85G (24*1) | 1 | O |
| 6 | WHKS POUCH TUNA & FISH BALL 85G (24*1) | 3 | O |
| 7 | WHKS POUCH KITTEN TUNA 85G (24*1) | 0 | X |
| 8 | WHISKAS DRY OCEAN FISH 500G(15X1) | 1 | O |
| 9 | WHISKAS DRY OCEAN FISH 1.5KG(6X1) | 2 | O |
| 10 | WHISKAS POCKETS OCEAN FISH 500G (15*1) | 1 | O |
| 11 | WHISKAS POCKETS OCEAN FISH 1.5KG (6*1) | 1 | O |
| 12 | WHISKAS KITTEN 500G (15*1) | 2 | O |
| 13 | WHISKAS KITTEN 1.5KG (6*1) | 0 | X |
| 14 | EXELPET REGULAR SHAMPOO 400ML (23*1) | 1 | O |
| 15 | EXELPET TEATREE SHAMPOO 400ML (23*1) | 1 | O |
| 16 | EXELPET MEDICATED SHAMPOO 250ML (24*1) | 1 | O |
| 17 | EXELPET ENZ STAIN & ODOR 250ML (24*1) | 1 | O |
| 18 | EXELPET PET DEODORANT SPRAY 225ML (24*1) | 1 | O |

# 목록 비교할 때의 주의 사항 살펴보기

◉ **예제파일** : 목록비교주의사항(준비).xlsx ◉ **완성파일** : 목록비교주의사항(완성).xlsx

**1** 목록을 비교할 때는 셀에 입력된 값의 앞이나 뒤에 빈 공백이 입력된 경우가 많으므로 셀에 입력된 데이터를 비교하기 전에 반드시 공백을 삭제한 후에 작업하는 것이 좋습니다. [제품마스터] 시트에서 D2셀을 살펴보면 '주문건수'가 0이어서 C2셀에 입력된 제품명과 같은 제품의 주문건수가 없다는 것을 알 수 있어요. 이 값이 정확한지 확인하기 위해 C2셀을 선택하여 수식 입력줄에 함수식을 표시한 후 드래그해서 선택하고 Ctrl+C를 눌러 복사합니다.

C2 | WHISKAS CHICKEN & TUNA 190G (12*1)

③ 드래그→Ctrl+C

① '0' 확인

②

| | B | C | D | E |
|---|---|---|---|---|
| 1 | 유형 | | 주문건수 | 주문건수 |
| 2 | 101 | WHISKAS CHICKEN & TUNA 190G (12*1) | 0 | |
| 3 | 103 | WHKS POUCH MACKEREL & SALMON 85G (24*1) | 0 | |
| 4 | 102 | WHKS POUCH MACKEREL & SHRIMP BALL 85G (24*1) | 0 | |
| 5 | 107 | WHKS POUCH CHICKEN & CRAB STICK 85G (24*1) | 1 | |
| 6 | 101 | WHKS POUCH TUNA & FISH BALL 85G (24*1) | 3 | |
| 7 | 105 | WHKS POUCH KITTEN TUNA 85G (24*1) | 0 | |
| 8 | 103 | WHISKAS DRY OCEAN FISH 500G(15X1) | 1 | |
| 9 | 104 | WHISKAS DRY OCEAN FISH 1.5KG(6X1) | 2 | |
| 10 | 102 | WHISKAS POCKETS OCEAN FISH 500G (15*1) | 1 | |
| 11 | 112 | WHISKAS POCKETS OCEAN FISH 1.5KG (6*1) | 1 | |
| 12 | 113 | WHISKAS KITTEN 500G (15*1) | 2 | |
| 13 | 112 | WHISKAS KITTEN 1.5KG (6*1) | 0 | |
| 14 | 102 | EXELPET REGULAR SHAMPOO 400ML (23*1) | 1 | |
| 15 | 105 | EXELPET TEATREE SHAMPOO 400ML (23*1) | 1 | |
| 16 | 104 | EXELPET MEDICATED SHAMPOO 250ML (24*1) | 1 | |
| 17 | 103 | EXELPET ENZ STAIN & ODOR 250ML (24*1) | 1 | |

제품마스터 | 주문

**TIP**

화면으로 확인할 수는 없지만 공백이 함께 입력된 값은 공백 없이 입력된 값과 서로 다르다고 인식합니다. 이 상태에서는 비교해서 개수를 세거나 특정 값을 가져올 때 문제가 발생할 수 있습니다.

**2** Esc를 눌러 셀 편집을 취소합니다. 같은 상품인 'WHISKAS CHICKEN & TUNA 190G (12*1)'이 주문 내역에 있는지 확인하기 위해 [주문] 시트를 클릭합니다.

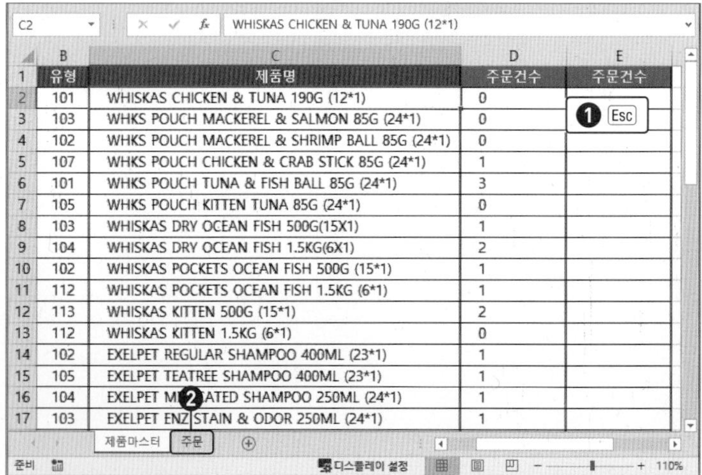


C2 | WHISKAS CHICKEN & TUNA 190G (12*1)

| | B | C | D | E |
|---|---|---|---|---|
| 1 | 유형 | 제품명 | 주문건수 | 주문건수 |
| 2 | 101 | WHISKAS CHICKEN & TUNA 190G (12*1) | 0 | |
| 3 | 103 | WHKS POUCH MACKEREL & SALMON 85G (24*1) | 0 | |
| 4 | 102 | WHKS POUCH MACKEREL & SHRIMP BALL 85G (24*1) | 0 | |
| 5 | 107 | WHKS POUCH CHICKEN & CRAB STICK 85G (24*1) | 1 | |
| 6 | 101 | WHKS POUCH TUNA & FISH BALL 85G (24*1) | 3 | |
| 7 | 105 | WHKS POUCH KITTEN TUNA 85G (24*1) | 0 | |
| 8 | 103 | WHISKAS DRY OCEAN FISH 500G(15X1) | 1 | |
| 9 | 104 | WHISKAS DRY OCEAN FISH 1.5KG(6X1) | 2 | |
| 10 | 102 | WHISKAS POCKETS OCEAN FISH 500G (15*1) | 1 | |
| 11 | 112 | WHISKAS POCKETS OCEAN FISH 1.5KG (6*1) | 1 | |
| 12 | 113 | WHISKAS KITTEN 500G (15*1) | 2 | |
| 13 | 112 | WHISKAS KITTEN 1.5KG (6*1) | 0 | |
| 14 | 102 | EXELPET REGULAR SHAMPOO 400ML (23*1) | 1 | |
| 15 | 105 | EXELPET TEATREE SHAMPOO 400ML (23*1) | 1 | |
| 16 | 104 | EXELPET MEDICATED SHAMPOO 250ML (24*1) | 1 | |
| 17 | 103 | EXELPET ENZ STAIN & ODOR 250ML (24*1) | 1 | |

제품마스터 | 주문

3 C열 머리글을 클릭해서 찾을 상품명이 입력된 영역을 모두 선택하고 [홈] 탭-[편집] 그룹에서 [찾기 및 선택]을 클릭한 후 [찾기]를 클릭합니다. [찾기 및 바꾸기] 대화상자의 [찾기] 탭이 열리면 '찾을 내용'에서 Ctrl+V를 눌러 1 과정에서 복사했던 상품명을 붙여넣고 [다음 찾기]를 클릭합니다.

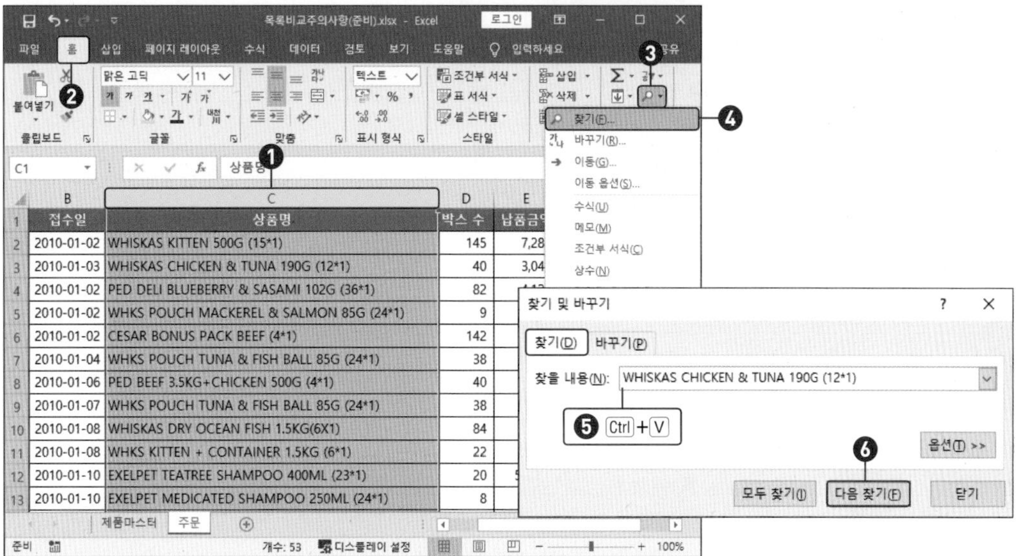


4 범위를 지정한 영역에서 같은 상품명을 찾은 결과, C3셀이 선택된 것을 확인합니다. [제품마스터] 시트에서는 이 상품명이 없다는 수식 결과가 나타났지만 실제 데이터는 있는 것입니다. [찾기 및 바꾸기] 대화상자에서 [닫기]를 클릭하세요.

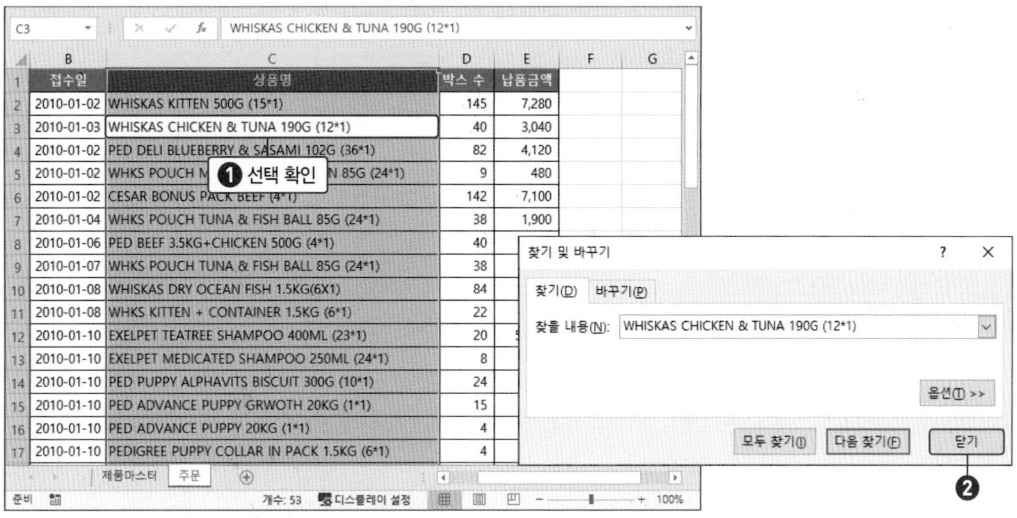

**5** C3셀을 더블클릭해서 커서를 표시한 후 Enter를 누르면 입력된 텍스트의 뒤쪽에 빈 공백이 입력된 것을 확인할 수 있어요. 이 공백 때문에 서로 다른 값으로 인식되었던 것입니다.

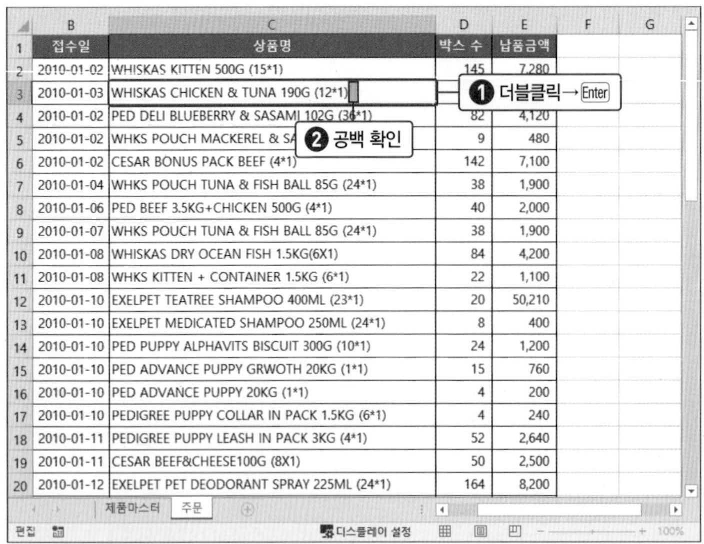

| | B | C | D | E |
|---|---|---|---|---|
| 1 | 접수일 | 상품명 | 박스 수 | 납품금액 |
| 2 | 2010-01-02 | WHISKAS KITTEN 500G (15*1) | 145 | 7,280 |
| 3 | 2010-01-03 | WHISKAS CHICKEN & TUNA 190G (12*1) | | |
| 4 | 2010-01-02 | PED DELI BLUEBERRY & SASAMI 102G (36*1) | 82 | 4,120 |
| 5 | 2010-01-02 | WHKS POUCH MACKEREL & SA | 9 | 480 |
| 6 | 2010-01-02 | CESAR BONUS PACK BEEF (4*1) | 142 | 7,100 |
| 7 | 2010-01-04 | WHKS POUCH TUNA & FISH BALL 85G (24*1) | 38 | 1,900 |
| 8 | 2010-01-06 | PED BEEF 3.5KG+CHICKEN 500G (4*1) | 40 | 2,000 |
| 9 | 2010-01-07 | WHKS POUCH TUNA & FISH BALL 85G (24*1) | 38 | 1,900 |
| 10 | 2010-01-08 | WHISKAS DRY OCEAN FISH 1.5KG(6X1) | 84 | 4,200 |
| 11 | 2010-01-08 | WHKS KITTEN + CONTAINER 1.5KG (6*1) | 22 | 1,100 |
| 12 | 2010-01-10 | EXELPET TEATREE SHAMPOO 400ML (23*1) | 20 | 50,210 |
| 13 | 2010-01-10 | EXELPET MEDICATED SHAMPOO 250ML (24*1) | 8 | 400 |
| 14 | 2010-01-10 | PED PUPPY ALPHAVITS BISCUIT 300G (10*1) | 24 | 1,200 |
| 15 | 2010-01-10 | PED ADVANCE PUPPY GRWOTH 20KG (1*1) | 15 | 760 |
| 16 | 2010-01-10 | PED ADVANCE PUPPY 20KG (1*1) | 4 | 200 |
| 17 | 2010-01-10 | PEDIGREE PUPPY COLLAR IN PACK 1.5KG (6*1) | 4 | 240 |
| 18 | 2010-01-11 | PEDIGREE PUPPY LEASH IN PACK 3KG (4*1) | 52 | 2,640 |
| 19 | 2010-01-11 | CESAR BEEF&CHEESE100G (8X1) | 50 | 2,500 |
| 20 | 2010-01-12 | EXELPET PET DEODORANT SPRAY 225ML (24*1) | 164 | 8,200 |



**6** 상품명이 입력된 텍스트의 앞이나 뒤에 추가된 공백을 일괄적으로 삭제해 볼게요. F2셀에 『=TR』을 입력하고 함수 목록이 표시되면 [TRIM]을 더블클릭합니다.

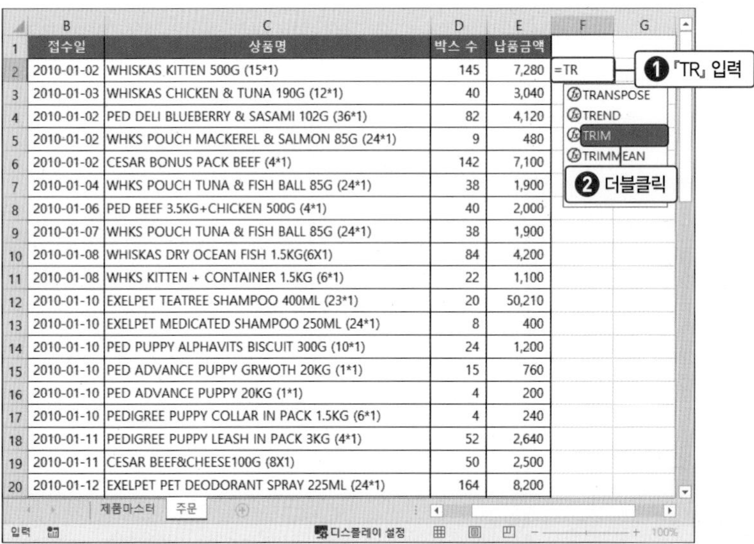

| | B | C | D | E | F |
|---|---|---|---|---|---|
| 1 | 접수일 | 상품명 | 박스 수 | 납품금액 | |
| 2 | 2010-01-02 | WHISKAS KITTEN 500G (15*1) | 145 | 7,280 | =TR |
| 3 | 2010-01-03 | WHISKAS CHICKEN & TUNA 190G (12*1) | 40 | 3,040 | |
| 4 | 2010-01-02 | PED DELI BLUEBERRY & SASAMI 102G (36*1) | 82 | 4,120 | |
| 5 | 2010-01-02 | WHKS POUCH MACKEREL & SALMON 85G (24*1) | 9 | 480 | |
| 6 | 2010-01-02 | CESAR BONUS PACK BEEF (4*1) | 142 | 7,100 | |
| 7 | 2010-01-04 | WHKS POUCH TUNA & FISH BALL 85G (24*1) | 38 | 1,900 | |
| 8 | 2010-01-06 | PED BEEF 3.5KG+CHICKEN 500G (4*1) | 40 | 2,000 | |
| 9 | 2010-01-07 | WHKS POUCH TUNA & FISH BALL 85G (24*1) | 38 | 1,900 | |
| 10 | 2010-01-08 | WHISKAS DRY OCEAN FISH 1.5KG(6X1) | 84 | 4,200 | |
| 11 | 2010-01-08 | WHKS KITTEN + CONTAINER 1.5KG (6*1) | 22 | 1,100 | |
| 12 | 2010-01-10 | EXELPET TEATREE SHAMPOO 400ML (23*1) | 20 | 50,210 | |
| 13 | 2010-01-10 | EXELPET MEDICATED SHAMPOO 250ML (24*1) | 8 | 400 | |
| 14 | 2010-01-10 | PED PUPPY ALPHAVITS BISCUIT 300G (10*1) | 24 | 1,200 | |
| 15 | 2010-01-10 | PED ADVANCE PUPPY GRWOTH 20KG (1*1) | 15 | 760 | |
| 16 | 2010-01-10 | PED ADVANCE PUPPY 20KG (1*1) | 4 | 200 | |
| 17 | 2010-01-10 | PEDIGREE PUPPY COLLAR IN PACK 1.5KG (6*1) | 4 | 240 | |
| 18 | 2010-01-11 | PEDIGREE PUPPY LEASH IN PACK 3KG (4*1) | 52 | 2,640 | |
| 19 | 2010-01-11 | CESAR BEEF&CHEESE100G (8X1) | 50 | 2,500 | |
| 20 | 2010-01-12 | EXELPET PET DEODORANT SPRAY 225ML (24*1) | 164 | 8,200 | |

**7** F2셀에 '=TRIM('이 표시되면 계속 이어서 공백을 제거할 대상 셀인 C2셀을 선택하여 함수식 『=TRIM(C2』를 작성하고 Enter를 누릅니다.

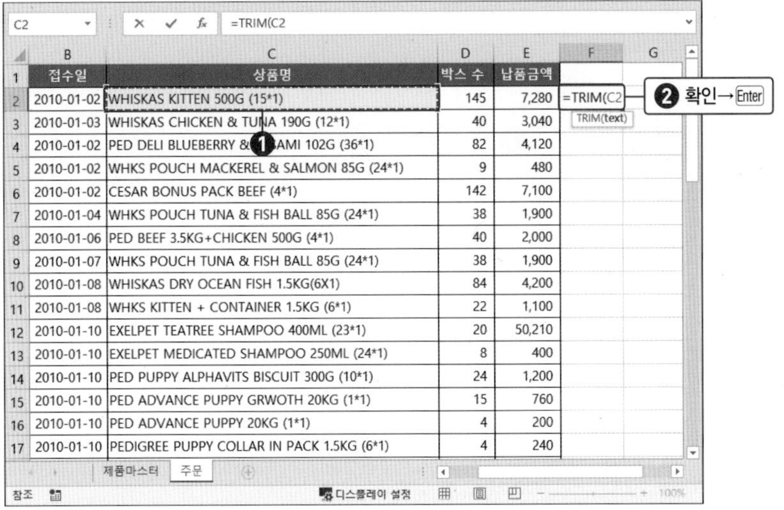


| | B | C | D | E | F |
|---|---|---|---|---|---|
| 1 | 접수일 | 상품명 | 박스 수 | 납품금액 | |
| 2 | 2010-01-02 | WHISKAS KITTEN 500G (15*1) | 145 | 7,280 | =TRIM(C2 |
| 3 | 2010-01-03 | WHISKAS CHICKEN & TUNA 190G (12*1) | 40 | 3,040 | |
| 4 | 2010-01-02 | PED DELI BLUEBERRY & SASAMI 102G (36*1) | 82 | 4,120 | |
| 5 | 2010-01-02 | WHKS POUCH MACKEREL & SALMON 85G (24*1) | 9 | 480 | |
| 6 | 2010-01-02 | CESAR BONUS PACK BEEF (4*1) | 142 | 7,100 | |
| 7 | 2010-01-04 | WHKS POUCH TUNA & FISH BALL 85G (24*1) | 38 | 1,900 | |
| 8 | 2010-01-06 | PED BEEF 3.5KG+CHICKEN 500G (4*1) | 40 | 2,000 | |
| 9 | 2010-01-07 | WHKS POUCH TUNA & FISH BALL 85G (24*1) | 38 | 1,900 | |
| 10 | 2010-01-08 | WHISKAS DRY OCEAN FISH 1.5KG(6X1) | 84 | 4,200 | |
| 11 | 2010-01-08 | WHKS KITTEN + CONTAINER 1.5KG (6*1) | 22 | 1,100 | |
| 12 | 2010-01-10 | EXELPET TEATREE SHAMPOO 400ML (23*1) | 20 | 50,210 | |
| 13 | 2010-01-10 | EXELPET MEDICATED SHAMPOO 250ML (24*1) | 8 | 400 | |
| 14 | 2010-01-10 | PED PUPPY ALPHAVITS BISCUIT 300G (10*1) | 24 | 1,200 | |
| 15 | 2010-01-10 | PED ADVANCE PUPPY GRWOTH 20KG (1*1) | 15 | 760 | |
| 16 | 2010-01-10 | PED ADVANCE PUPPY 20KG (1*1) | 4 | 200 | |
| 17 | 2010-01-10 | PEDIGREE PUPPY COLLAR IN PACK 1.5KG (6*1) | 4 | 240 | |

**함수식 설명**

**=TRIM(C2)**

TRIM 함수는 지정한 C2셀에 입력된 텍스트에서 앞이나 뒤쪽에 입력된 빈 공백을 일괄적으로 삭제하는 함수입니다.

**8** F2셀에서 함수식의 결과를 확인했으면 F2셀의 자동 채우기 핸들을 더블클릭해서 나머지 행에도 함수식을 복사합니다.

| | C | D | E | F |
|---|---|---|---|---|
| 1 | 상품명 | 박스 수 | 납품금액 | |
| 2 | WHISKAS KITTEN 500G (15*1) | 145 | 7,280 | WHISKAS KITTEN 500G (15*1) |
| 3 | WHISKAS CHICKEN & TUNA 190G (12*1) | 40 | 3,040 | WHISKAS CHICKEN & TUNA 190G (12*1) |
| 4 | PED DELI BLUEBERRY & SASAMI 102G (36*1) | 82 | 4,120 | Y & SASAMI 102G (36*1) |
| 5 | WHKS POUCH MACKEREL & SALMON 85G (24*1) | 9 | 480 | KEREL & SALMON 85G (24*1) |
| 6 | CESAR BONUS PACK BEEF (4*1) | 142 | 7,100 | CESAR BONUS PACK BEEF (4*1) |
| 7 | WHKS POUCH TUNA & FISH BALL 85G (24*1) | 38 | 1,900 | WHKS POUCH TUNA & FISH BALL 85G (24*1) |
| 8 | PED BEEF 3.5KG+CHICKEN 500G (4*1) | 40 | 2,000 | PED BEEF 3.5KG+CHICKEN 500G (4*1) |
| 9 | WHKS POUCH TUNA & FISH BALL 85G (24*1) | 38 | 1,900 | WHKS POUCH TUNA & FISH BALL 85G (24*1) |
| 10 | WHISKAS DRY OCEAN FISH 1.5KG(6X1) | 84 | 4,200 | WHISKAS DRY OCEAN FISH 1.5KG(6X1) |
| 11 | WHKS KITTEN + CONTAINER 1.5KG (6*1) | 22 | 1,100 | WHKS KITTEN + CONTAINER 1.5KG (6*1) |
| 12 | EXELPET TEATREE SHAMPOO 400ML (23*1) | 20 | 50,210 | EXELPET TEATREE SHAMPOO 400ML (23*1) |
| 13 | EXELPET MEDICATED SHAMPOO 250ML (24*1) | 8 | 400 | EXELPET MEDICATED SHAMPOO 250ML (24*1) |
| 14 | PED PUPPY ALPHAVITS BISCUIT 300G (10*1) | 24 | 1,200 | PED PUPPY ALPHAVITS BISCUIT 300G (10*1) |
| 15 | PED ADVANCE PUPPY GRWOTH 20KG (1*1) | 15 | 760 | PED ADVANCE PUPPY GRWOTH 20KG (1*1) |
| 16 | PED ADVANCE PUPPY 20KG (1*1) | 4 | 200 | PED ADVANCE PUPPY 20KG (1*1) |
| 17 | PEDIGREE PUPPY COLLAR IN PACK 1.5KG (6*1) | 4 | 240 | PEDIGREE PUPPY COLLAR IN PACK 1.5KG (6*1) |
| 18 | PEDIGREE PUPPY LEASH IN PACK 3KG (4*1) | 52 | 2,640 | PEDIGREE PUPPY LEASH IN PACK 3KG (4*1) |

**9** [제품마스터] 시트를 클릭하고 D2셀을 선택해서 수식 입력줄에 함수식을 표시합니다. 함수식을 드래그해서 선택하고 Ctrl+C를 눌러 복사한 후 Esc를 눌러 함수식의 편집을 종료하세요.

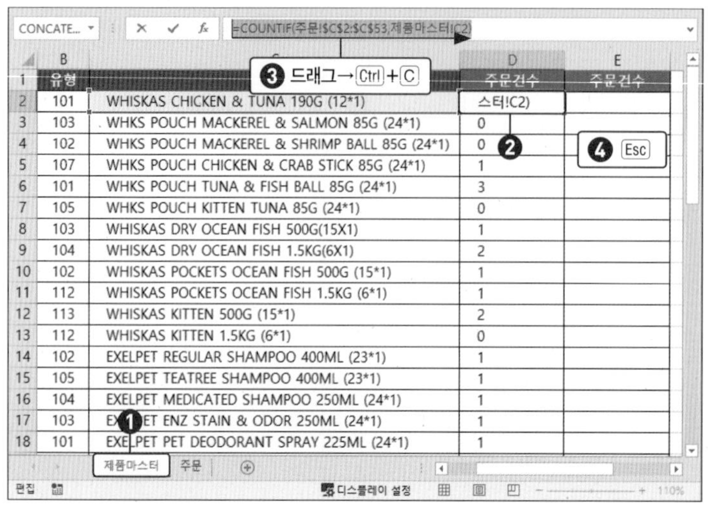


| | B | C | D | E |
|---|---|---|---|---|
| 1 | 유형 | | 주문건수 | 주문건수 |
| 2 | 101 | WHISKAS CHICKEN & TUNA 190G (12*1) | 스터!C2) | |
| 3 | 103 | WHKS POUCH MACKEREL & SALMON 85G (24*1) | 0 | |
| 4 | 102 | WHKS POUCH MACKEREL & SHRIMP BALL 85G (24*1) | 0 | |
| 5 | 107 | WHKS POUCH CHICKEN & CRAB STICK 85G (24*1) | 1 | |
| 6 | 101 | WHKS POUCH TUNA & FISH BALL 85G (24*1) | 3 | |
| 7 | 105 | WHKS POUCH KITTEN TUNA 85G (24*1) | 0 | |
| 8 | 103 | WHISKAS DRY OCEAN FISH 500G(15X1) | 1 | |
| 9 | 104 | WHISKAS DRY OCEAN FISH 1.5KG(6X1) | 2 | |
| 10 | 102 | WHISKAS POCKETS OCEAN FISH 500G (15*1) | 1 | |
| 11 | 112 | WHISKAS POCKETS OCEAN FISH 1.5KG (6*1) | 1 | |
| 12 | 113 | WHISKAS KITTEN 500G (15*1) | 2 | |
| 13 | 112 | WHISKAS KITTEN 1.5KG (6*1) | 0 | |
| 14 | 102 | EXELPET REGULAR SHAMPOO 400ML (23*1) | 1 | |
| 15 | 105 | EXELPET TEATREE SHAMPOO 400ML (23*1) | 1 | |
| 16 | 104 | EXELPET MEDICATED SHAMPOO 250ML (24*1) | 1 | |
| 17 | 103 | EXELPET ENZ STAIN & ODOR 250ML (24*1) | 1 | |
| 18 | 101 | EXELPET PET DEODORANT SPRAY 225ML (24*1) | 1 | |

**10** E2셀을 더블클릭하며 커서를 올려놓고 Ctrl+V를 눌러 복사한 함수식을 붙여넣습니다. 함수식을 『=COUNTIF(주문!$F$2:$F$53,제품마스터!C2)』와 같이 수정하고 Enter를 누르세요.

| | C | D | E | F |
|---|---|---|---|---|
| 1 | 제품명 | 주문건수 | 주문건수 | |
| 2 | WHISKAS CHICKEN & TUNA 190G (12*1) | 0 | =COUNTIF(주문!$F$2:$F$53,제품마스터!C2) | |
| 3 | WHKS POUCH MACKEREL & SALMON 85G (24*1) | 0 | | |
| 4 | WHKS POUCH MACKEREL & SHRIMP BALL 85G (24*1) | 0 | | |
| 5 | WHKS POUCH CHICKEN & CRAB STICK 85G (24*1) | 1 | | |
| 6 | WHKS POUCH TUNA & FISH BALL 85G (24*1) | 3 | | |
| 7 | WHKS POUCH KITTEN TUNA 85G (24*1) | 0 | | |
| 8 | WHISKAS DRY OCEAN FISH 500G(15X1) | 1 | | |
| 9 | WHISKAS DRY OCEAN FISH 1.5KG(6X1) | 2 | | |
| 10 | WHISKAS POCKETS OCEAN FISH 500G (15*1) | 1 | | |
| 11 | WHISKAS POCKETS OCEAN FISH 1.5KG (6*1) | 1 | | |
| 12 | WHISKAS KITTEN 500G (15*1) | 2 | | |
| 13 | WHISKAS KITTEN 1.5KG (6*1) | 0 | | |
| 14 | EXELPET REGULAR SHAMPOO 400ML (23*1) | 1 | | |
| 15 | EXELPET TEATREE SHAMPOO 400ML (23*1) | 1 | | |
| 16 | EXELPET MEDICATED SHAMPOO 250ML (24*1) | 1 | | |
| 17 | EXELPET ENZ STAIN & ODOR 250ML (24*1) | 1 | | |
| 18 | EXELPET PET DEODORANT SPRAY 225ML (24*1) | 1 | | |

**TIP**

기존에 공백과 함께 입력된 상품명 대신 공백을 없앤 F열을 대상으로 바꿔서 동일한 개수를 센 것입니다.

**11** E2셀에 주문건수를 구했으면 E2셀의 자동 채우기 핸들을 더블클릭해서 나머지 행에도 함수식을 복사합니다. D열은 상품명에 공백이 포함된 데이터이므로 D2셀, D3셀에 상품이 없다는 의미에서 '0'이 나타났어요. 하지만 공백을 삭제한 F열을 대상으로 함수식을 실행했더니 E2셀, E3셀에 개수가 나타난 것을 확인할 수 있습니다.

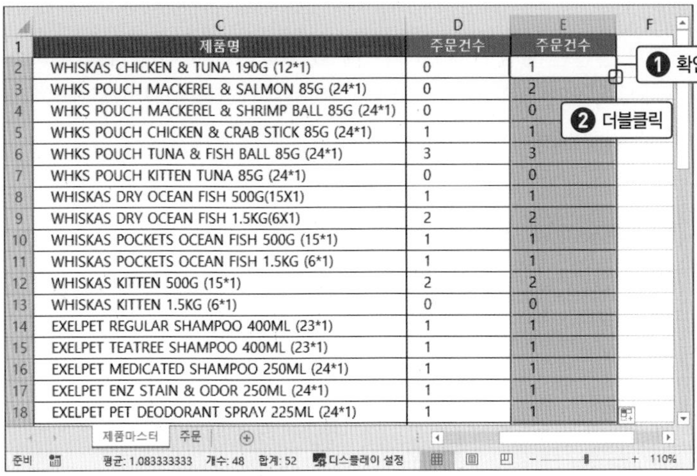

| | C | D | E | F |
|---|---|---|---|---|
| 1 | 제품명 | 주문건수 | 주문건수 | |
| 2 | WHISKAS CHICKEN & TUNA 190G (12*1) | 0 | 1 | |
| 3 | WHKS POUCH MACKEREL & SALMON 85G (24*1) | 0 | 2 | |
| 4 | WHKS POUCH MACKEREL & SHRIMP BALL 85G (24*1) | 0 | 0 | |
| 5 | WHKS POUCH CHICKEN & CRAB STICK 85G (24*1) | 1 | 1 | |
| 6 | WHKS POUCH TUNA & FISH BALL 85G (24*1) | 3 | 3 | |
| 7 | WHKS POUCH KITTEN TUNA 85G (24*1) | 0 | 0 | |
| 8 | WHISKAS DRY OCEAN FISH 500G(15X1) | 1 | 1 | |
| 9 | WHISKAS DRY OCEAN FISH 1.5KG(6X1) | 2 | 2 | |
| 10 | WHISKAS POCKETS OCEAN FISH 500G (15*1) | 1 | 1 | |
| 11 | WHISKAS POCKETS OCEAN FISH 1.5KG (6*1) | 1 | 1 | |
| 12 | WHISKAS KITTEN 500G (15*1) | 2 | 2 | |
| 13 | WHISKAS KITTEN 1.5KG (6*1) | 0 | 0 | |
| 14 | EXELPET REGULAR SHAMPOO 400ML (23*1) | 1 | 1 | |
| 15 | EXELPET TEATREE SHAMPOO 400ML (23*1) | 1 | 1 | |
| 16 | EXELPET MEDICATED SHAMPOO 250ML (24*1) | 1 | 1 | |
| 17 | EXELPET ENZ STAIN & ODOR 250ML (24*1) | 1 | 1 | |
| 18 | EXELPET PET DEODORANT SPRAY 225ML (24*1) | 1 | 1 | |

❶ 확인
❷ 더블클릭

제품마스터 주문

준비 평균: 1.083333333 개수: 48 합계: 52 디스플레이 설정 110%

TIP

상품명과 같이 텍스트로 입력된 데이터를 대상으로 값을 검색 및 비교하거나 피벗 테이블을 이용한 통계를 작성할 때는 항상 먼저 공백을 제거한 후 사용해야 오류를 줄일 수 있어요. 이러한 문제 때문에 텍스트로 입력된 셀 대신 코드 값(제품번호, 모델번호, 차량번호, 주민등록번호 등)을 이용해서 비교하는 것이 좋습니다.

# 동일한 값 찾아 필요한 값만 가져오기

◉ **예제파일** : 동일한값찾아가져오기(준비).xlsx ◉ **완성파일** : 동일한값찾아가져오기(완성).xlsx

**1** [제품마스터] 시트에서 각 제품명과 동일한 상품이 [1월] 시트에 있는지 찾아서 해당 제품의 박스 수와 납품 금액을 가져와 볼게요. [제품마스터] 시트에서 D4셀을 선택하고 『=V』를 입력한 후 함수 목록이 표시되면 [VLOOKUP]을 더블클릭합니다.

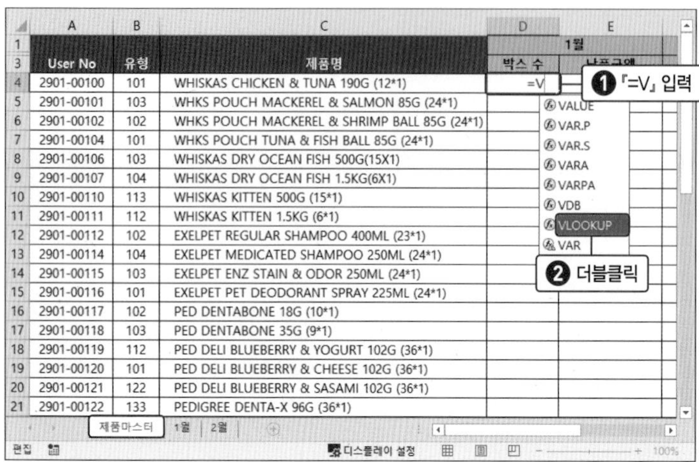

| | A | B | C | D | E |
|---|---|---|---|---|---|
| 1 | | | | 1월 | |
| 3 | User No | 유형 | 제품명 | 박스 수 | 납품금액 |
| 4 | 2901-00100 | 101 | WHISKAS CHICKEN & TUNA 190G (12*1) | =V | |
| 5 | 2901-00101 | 103 | WHKS POUCH MACKEREL & SALMON 85G (24*1) | | |
| 6 | 2901-00102 | 102 | WHKS POUCH MACKEREL & SHRIMP BALL 85G (24*1) | | |
| 7 | 2901-00104 | 101 | WHKS POUCH TUNA & FISH BALL 85G (24*1) | | |
| 8 | 2901-00106 | 103 | WHISKAS DRY OCEAN FISH 500G(15X1) | | |
| 9 | 2901-00107 | 104 | WHISKAS DRY OCEAN FISH 1.5KG(6X1) | | |
| 10 | 2901-00110 | 113 | WHISKAS KITTEN 500G (15*1) | | |
| 11 | 2901-00111 | 112 | WHISKAS KITTEN 1.5KG (6*1) | | |
| 12 | 2901-00112 | 102 | EXELPET REGULAR SHAMPOO 400ML (23*1) | | |
| 13 | 2901-00114 | 104 | EXELPET MEDICATED SHAMPOO 250ML (24*1) | | |
| 14 | 2901-00115 | 103 | EXELPET ENZ STAIN & ODOR 250ML (24*1) | | |
| 15 | 2901-00116 | 101 | EXELPET PET DEODORANT SPRAY 225ML (24*1) | | |
| 16 | 2901-00117 | 102 | PED DENTABONE 18G (10*1) | | |
| 17 | 2901-00118 | 103 | PED DENTABONE 35G (9*1) | | |
| 18 | 2901-00119 | 112 | PED DELI BLUEBERRY & YOGURT 102G (36*1) | | |
| 19 | 2901-00120 | 101 | PED DELI BLUEBERRY & CHEESE 102G (36*1) | | |
| 20 | 2901-00121 | 122 | PED DELI BLUEBERRY & SASAMI 102G (36*1) | | |
| 21 | 2901-00122 | 133 | PEDIGREE DENTA-X 96G (36*1) | | |



**TIP**

찾을 데이터가 입력된 [1월] 시트에 제품명이 세로 방향으로 입력되어 있으면 VLOOKUP 함수를, 가로 방향으로 입력되어 있으면 HLOOKUP 함수를 선택하세요.

**2** D4셀에 '=VLOOKUP('이 표시되면 찾을 값이 입력된 C4셀을 선택해서 첫 번째 인수로 지정하고 『,』를 입력합니다. 함수식이 '=VLOOKUP(C4,'까지 완성되었으면 계속 이어서 두 번째 인수를 지정하기 위해 [1월] 시트를 클릭하세요.

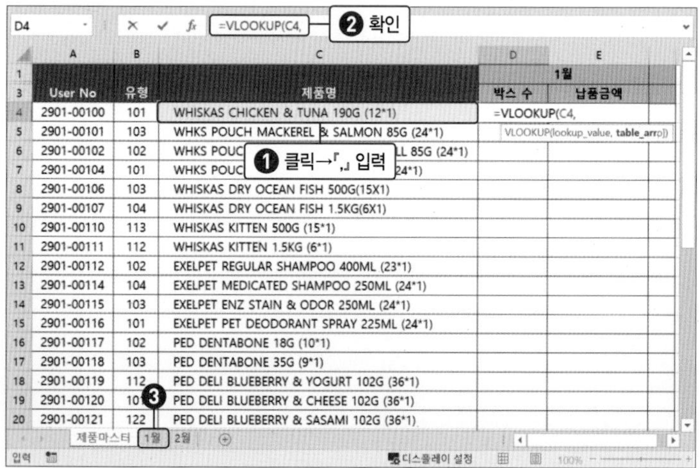

| | A | B | C | D | E |
|---|---|---|---|---|---|
| 1 | | | | 1월 | |
| 3 | User No | 유형 | 제품명 | 박스 수 | 납품금액 |
| 4 | 2901-00100 | 101 | WHISKAS CHICKEN & TUNA 190G (12*1) | =VLOOKUP(C4, | |
| 5 | 2901-00101 | 103 | WHKS POUCH MACKEREL & SALMON 85G (24*1) | | |
| 6 | 2901-00102 | 102 | WHKS POUC... LL 85G (24*1) | | |
| 7 | 2901-00104 | 101 | WHKS POUC... 24*1) | | |
| 8 | 2901-00106 | 103 | WHISKAS DRY OCEAN FISH 500G(15X1) | | |
| 9 | 2901-00107 | 104 | WHISKAS DRY OCEAN FISH 1.5KG(6X1) | | |
| 10 | 2901-00110 | 113 | WHISKAS KITTEN 500G (15*1) | | |
| 11 | 2901-00111 | 112 | WHISKAS KITTEN 1.5KG (6*1) | | |
| 12 | 2901-00112 | 102 | EXELPET REGULAR SHAMPOO 400ML (23*1) | | |
| 13 | 2901-00114 | 104 | EXELPET MEDICATED SHAMPOO 250ML (24*1) | | |
| 14 | 2901-00115 | 103 | EXELPET ENZ STAIN & ODOR 250ML (24*1) | | |
| 15 | 2901-00116 | 101 | EXELPET PET DEODORANT SPRAY 225ML (24*1) | | |
| 16 | 2901-00117 | 102 | PED DENTABONE 18G (10*1) | | |
| 17 | 2901-00118 | 103 | PED DENTABONE 35G (9*1) | | |
| 18 | 2901-00119 | 112 | PED DELI BLUEBERRY & YOGURT 102G (36*1) | | |
| 19 | 2901-00120 | 10 | PED DELI BLUEBERRY & CHEESE 102G (36*1) | | |
| 20 | 2901-00121 | 122 | PED DELI BLUEBERRY & SASAMI 102G (36*1) | | |

**3** VLOOKUP 함수의 두 번째 인수는 원하는 상품을 찾을 비교 대상을 지정하면 됩니다. 여기서는 [1월] 시트의 B열 머리글에서 D열 머리글까지 드래그해서 선택한 후 F4를 눌러 셀 주소를 절대 참조로 변경하여 함수식 '=VLOOKUP(C4,'1월'!$B:$D'를 완성합니다.

**TIP**

정확하게 B2:D44 영역처럼 범위를 지정하지 않고 B:D열과 같이 열 전체를 대상으로 지정한 이유는, 44행 이후에 데이터가 더 추가되었을 때 영역을 다시 수정해야 하는 번거로움을 해결하기 위해서입니다. 열 전체가 대상이므로 44행 이후에는 아래쪽에 다른 데이터가 추가되어도 자동으로 반영됩니다.

**4** 계속 이어서 VLOOKUP 함수의 세 번째 인수를 지정하기 위해 『2,』를 입력하고 목록이 표시되면 네 번째 인수를 [FALSE – 정확히 일치]를 더블클릭합니다. 함수식 '=VLOOKUP(C4,'1월'!$B:$D,2,FALSE'가 작성되었으면 Enter를 누르세요.

**함수식 설명**

**=VLOOKUP(C4,'1월'!$B:$D,2,FALSE)** ← **형식** **=VLOOKUP(찾을 값,비교 대상,가져올 열 위치,찾을 방식)**

① ② ③ ④

① C4셀에 입력된 제품명과 동일한 값을 찾겠다는 의미입니다. 이 식을 복사하면 'C4'가 'C5', 'C6', 'C7'로 바뀌면서 찾을 제품명이 변경되어 함수식이 실행됩니다.

② 찾을 비교 대상으로, 범위 영역의 첫 번째 열인 [1월] 시트의 B열에서 원하는 제품명을 찾습니다. 절대 참조로 지정되어 있어서 함수식을 복사해도 항상 같은 영역에서 찾습니다.

③ 세 번째 인수에는 두 번째 인수에 지정한 영역에서 몇 번째 항목을 가져갈 것인지 가져갈 열 위치를 지정합니다. 여기서는 '2'를 지정했으므로 B:D 영역에서 두 번째 위치한 C열의 박스의 수를 가져가겠다는 의미입니다.

④ 'FALSE'를 지정한 것은 데이터가 정확히 일치한 경우에만 값을 가져가고, 일부만 일치하는 경우에는 오류를 표시하겠다는 의미입니다.

**5** D4셀에 1월의 박스 수를 구했으면 D4셀의 자동 채우기 핸들을 더블클릭해서 나머지 행에도 함수식을 복사하세요. 해당 제품이 [1월] 시트에 있으면 해당 박스 수를 가져오고, 없으면 '#N/A' 오류 메시지가 표시됩니다.

| | C | D | E | F |
|---|---|---|---|---|
| 3 | 제품명 | 박스 수 | 납품금액 | 박스 |
| 4 | WHISKAS CHICKEN & TUNA 190G (12*1) | 40 | | |
| 5 | WHKS POUCH MACKEREL & SALMON 85G (24*1) | 2 | | |
| 6 | WHKS POUCH MACKEREL & SHRIMP BALL 85G (24*1) | #N/A | | |
| 7 | WHKS POUCH TUNA & FISH BALL 85G (24*1) | 38 | | |
| 8 | WHISKAS DRY OCEAN FISH 500G(15X1) | 186 | | |
| 9 | WHISKAS DRY OCEAN FISH 1.5KG(6X1) | 84 | | |
| 10 | WHISKAS KITTEN 500G (15*1) | 145 | | |
| 11 | WHISKAS KITTEN 1.5KG (6*1) | #N/A | | |
| 12 | EXELPET REGULAR SHAMPOO 400ML (23*1) | 40 | | |
| 13 | EXELPET MEDICATED SHAMPOO 250ML (24*1) | 8 | | |
| 14 | EXELPET ENZ STAIN & ODOR 250ML (24*1) | 1 | | |
| 15 | EXELPET PET DEODORANT SPRAY 225ML (24*1) | 164 | | |
| 16 | PED DENTABONE 18G (10*1) | #N/A | | |
| 17 | PED DENTABONE 35G (9*1) | 4 | | |
| 18 | PED DELI BLUEBERRY & YOGURT 102G (36*1) | 19 | | |

❶ 확인
❷ 더블클릭
❸ 오류 확인

제품마스터 | 1월 | 2월
준비 개수: 43 디스플레이 설정 110%

**6** 오류 메시지를 '0'으로 바꿔볼게요. D4셀을 더블클릭해서 함수식을 표시하고 『=IFNA(VLOOKUP(C4,'1월'!$B:$D,2,FALSE),0)』으로 수정한 후 Enter를 누릅니다.

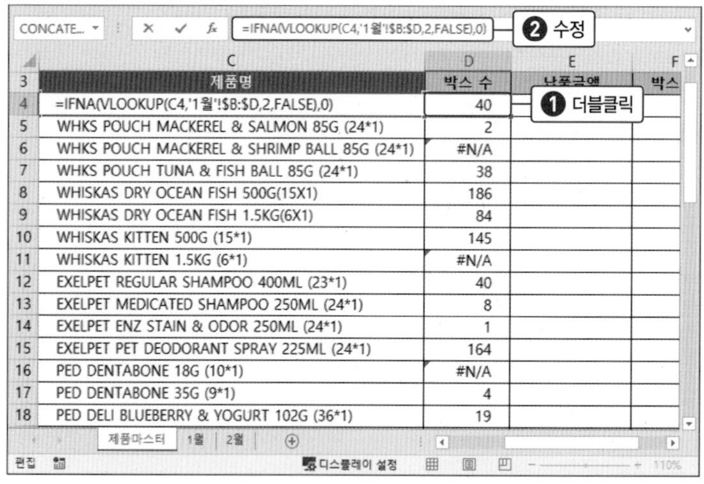


| | C | D | E | F |
|---|---|---|---|---|
| 3 | 제품명 | 박스 수 | 납품금액 | 박스 |
| 4 | =IFNA(VLOOKUP(C4,'1월'!$B:$D,2,FALSE),0) | 40 | | |
| 5 | WHKS POUCH MACKEREL & SALMON 85G (24*1) | 2 | | |
| 6 | WHKS POUCH MACKEREL & SHRIMP BALL 85G (24*1) | #N/A | | |
| 7 | WHKS POUCH TUNA & FISH BALL 85G (24*1) | 38 | | |
| 8 | WHISKAS DRY OCEAN FISH 500G(15X1) | 186 | | |
| 9 | WHISKAS DRY OCEAN FISH 1.5KG(6X1) | 84 | | |
| 10 | WHISKAS KITTEN 500G (15*1) | 145 | | |
| 11 | WHISKAS KITTEN 1.5KG (6*1) | #N/A | | |
| 12 | EXELPET REGULAR SHAMPOO 400ML (23*1) | 40 | | |
| 13 | EXELPET MEDICATED SHAMPOO 250ML (24*1) | 8 | | |
| 14 | EXELPET ENZ STAIN & ODOR 250ML (24*1) | 1 | | |
| 15 | EXELPET PET DEODORANT SPRAY 225ML (24*1) | 164 | | |
| 16 | PED DENTABONE 18G (10*1) | #N/A | | |
| 17 | PED DENTABONE 35G (9*1) | 4 | | |
| 18 | PED DELI BLUEBERRY & YOGURT 102G (36*1) | 19 | | |

**함수식 설명**

**=IFNA(VLOOKUP(C4,'1월'!$B:$D,2,FALSE),0) ← 형식 =IFNA(오류인지 체크할 대상,오류 대신 표시할 값)**

함수식의 결과가 '#N/A' 오류 메시지인 경우에 오류 메시지 대신 다른 원하는 값으로 대체해서 표시할 때 IFNA 함수를 사용합니다. 여기서는 VLOOKUP 함수를 실행한 결과가 '#N/A' 오류인 경우 '0'으로 대신 표시합니다. IFNA 함수는 엑셀 2013 버전부터 제공하므로 이전 버전을 사용한다면 IFERROR 함수로 바꿔서 사용하세요. IFERROR 함수는 오류의 종류에 상관없이 모든 오류를 다른 값으로 바꿀 수 있습니다.

**7** D4셀에 결과값을 구했으면 D4셀의 자동 채우기 핸들을 더블클릭해서 나머지 행에도 함수식을 복사합니다. 해당 제품이 [1월] 시트에 없으면 '#N/A' 오류 메시지 대신 '0'으로 결과값이 바뀌었는지 확인하세요.

| | C | D | E | F |
|---|---|---|---|---|
| 3 | 제품명 | 박스 수 | 납품금액 | 박스 |
| 4 | WHISKAS CHICKEN & TUNA 190G (12*1) | 40 | | |
| 5 | WHKS POUCH MACKEREL & SALMON 85G (24*1) | 2 | | |
| 6 | WHKS POUCH MACKEREL & SHRIMP BALL 85G (24*1) | 0 | | |
| 7 | WHKS POUCH TUNA & FISH BALL 85G (24*1) | 38 | | |
| 8 | WHISKAS DRY OCEAN FISH 500G(15X1) | 186 | | |
| 9 | WHISKAS DRY OCEAN FISH 1.5KG(6X1) | 84 | | |
| 10 | WHISKAS KITTEN 500G (15*1) | 145 | | |
| 11 | WHISKAS KITTEN 1.5KG (6*1) | 0 | | |
| 12 | EXELPET REGULAR SHAMPOO 400ML (23*1) | 40 | | |
| 13 | EXELPET MEDICATED SHAMPOO 250ML (24*1) | 8 | | |
| 14 | EXELPET ENZ STAIN & ODOR 250ML (24*1) | 1 | | |
| 15 | EXELPET PET DEODORANT SPRAY 225ML (24*1) | 164 | | |
| 16 | PED DENTABONE 18G (10*1) | 0 | | |
| 17 | PED DENTABONE 35G (9*1) | 4 | | |
| 18 | PED DELI BLUEBERRY & YOGURT 102G (36*1) | 19 | | |
| 19 | PED DELI BLUEBERRY & CHEESE 102G (36*1) | 69 | | |
| 20 | PED DELI BLUEBERRY & SASAMI 102G (36*1) | 82 | | |
| 21 | PEDIGREE DENTA-X 96G (36*1) | 0 | | |

❶ 확인 ❷ 더블클릭 ❸ 확인

제품마스터 | 1월 | 2월

준비 평균: 33.44186047 개수: 43 합계: 1438 디스플레이 설정 110%

**8** E4셀에 해당 제품마다 납품 금액이 얼마인지 가져오기 위한 함수식은 D4셀에 구한 함수식과 비슷합니다. D4셀을 선택하고 수식 입력줄에서 함수식을 드래그하여 선택한 후 Ctrl+C를 눌러 복사하고 Esc를 눌러 셀 편집을 취소하세요.

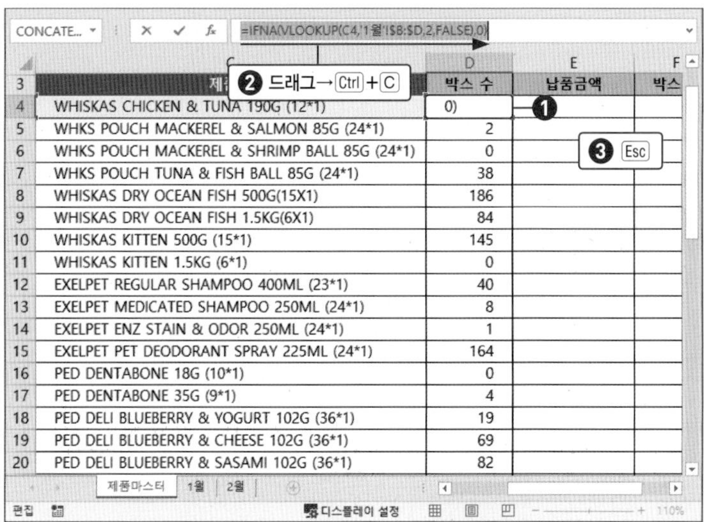


| | C | D | E | F |
|---|---|---|---|---|
| 3 | 제품명 | 박스 수 | 납품금액 | 박스 |
| 4 | WHISKAS CHICKEN & TUNA 190G (12*1) | 0) | | |
| 5 | WHKS POUCH MACKEREL & SALMON 85G (24*1) | 2 | | |
| 6 | WHKS POUCH MACKEREL & SHRIMP BALL 85G (24*1) | 0 | | |
| 7 | WHKS POUCH TUNA & FISH BALL 85G (24*1) | 38 | | |
| 8 | WHISKAS DRY OCEAN FISH 500G(15X1) | 186 | | |
| 9 | WHISKAS DRY OCEAN FISH 1.5KG(6X1) | 84 | | |
| 10 | WHISKAS KITTEN 500G (15*1) | 145 | | |
| 11 | WHISKAS KITTEN 1.5KG (6*1) | 0 | | |
| 12 | EXELPET REGULAR SHAMPOO 400ML (23*1) | 40 | | |
| 13 | EXELPET MEDICATED SHAMPOO 250ML (24*1) | 8 | | |
| 14 | EXELPET ENZ STAIN & ODOR 250ML (24*1) | 1 | | |
| 15 | EXELPET PET DEODORANT SPRAY 225ML (24*1) | 164 | | |
| 16 | PED DENTABONE 18G (10*1) | 0 | | |
| 17 | PED DENTABONE 35G (9*1) | 4 | | |
| 18 | PED DELI BLUEBERRY & YOGURT 102G (36*1) | 19 | | |
| 19 | PED DELI BLUEBERRY & CHEESE 102G (36*1) | 69 | | |
| 20 | PED DELI BLUEBERRY & SASAMI 102G (36*1) | 82 | | |

**9** E4셀을 더블클릭하여 커서를 올려놓고 Ctrl+V를 눌러 복사한 함수식을 붙여넣습니다. 함수식에서 두 번째 인수를 '2'에서 '3'으로 수정하여 함수식 '=IFNA(VLOOKUP(C4,'1월'!$B:$D,3,FALSE),0)'을 완성한 후 Enter를 누르세요.

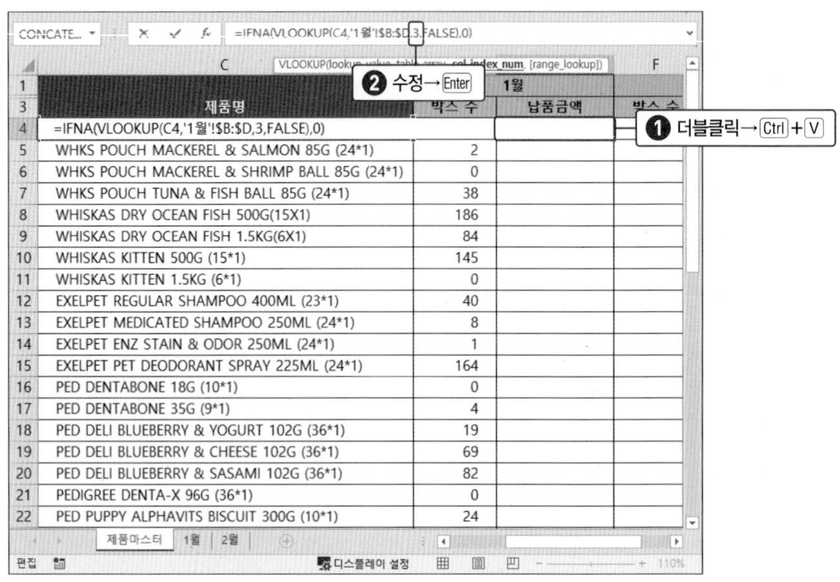


| | C | D | E | F |
|---|---|---|---|---|
| 1 | | | 1월 | |
| 3 | 제품명 | 박스 수 | 납품금액 | 박스 수 |
| 4 | =IFNA(VLOOKUP(C4,'1월'!$B:$D,3,FALSE),0) | | | |
| 5 | WHKS POUCH MACKEREL & SALMON 85G (24*1) | 2 | | |
| 6 | WHKS POUCH MACKEREL & SHRIMP BALL 85G (24*1) | 0 | | |
| 7 | WHKS POUCH TUNA & FISH BALL 85G (24*1) | 38 | | |
| 8 | WHISKAS DRY OCEAN FISH 500G(15X1) | 186 | | |
| 9 | WHISKAS DRY OCEAN FISH 1.5KG(6X1) | 84 | | |
| 10 | WHISKAS KITTEN 500G (15*1) | 145 | | |
| 11 | WHISKAS KITTEN 1.5KG (6*1) | 0 | | |
| 12 | EXELPET REGULAR SHAMPOO 400ML (23*1) | 40 | | |
| 13 | EXELPET MEDICATED SHAMPOO 250ML (24*1) | 8 | | |
| 14 | EXELPET ENZ STAIN & ODOR 250ML (24*1) | 1 | | |
| 15 | EXELPET PET DEODORANT SPRAY 225ML (24*1) | 164 | | |
| 16 | PED DENTABONE 18G (10*1) | 0 | | |
| 17 | PED DENTABONE 35G (9*1) | 4 | | |
| 18 | PED DELI BLUEBERRY & YOGURT 102G (36*1) | 19 | | |
| 19 | PED DELI BLUEBERRY & CHEESE 102G (36*1) | 69 | | |
| 20 | PED DELI BLUEBERRY & SASAMI 102G (36*1) | 82 | | |
| 21 | PEDIGREE DENTA-X 96G (36*1) | 0 | | |
| 22 | PED PUPPY ALPHAVITS BISCUIT 300G (10*1) | 24 | | |

**TIP**

같은 함수식을 셀 주소를 변경하지 않고 그대로 복사하기 위해서 자동 채우기 핸들을 드래그해서 복사하지 않고 수식 입력줄에 입력된 내용을 복사했습니다. 이때 함수식은 모두 같지만, 가져올 값이 '박스 수'에서 '납품금액'으로 바뀌어야 하므로 두 번째 인수 값을 '2'에서 '3'으로 수정한 것입니다.

**10** E4셀에 1월의 납품 금액을 구했으면 E4셀의 자동 채우기 핸들을 더블클릭해서 나머지 행에도 함수식을 복사합니다.

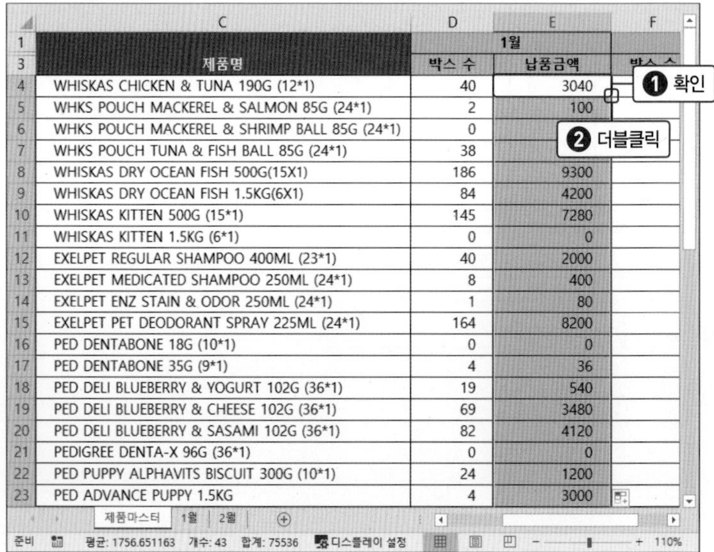


| | C | D | E | F |
|---|---|---|---|---|
| 1 | | | 1월 | |
| 3 | 제품명 | 박스 수 | 납품금액 | 박스 수 |
| 4 | WHISKAS CHICKEN & TUNA 190G (12*1) | 40 | 3040 | |
| 5 | WHKS POUCH MACKEREL & SALMON 85G (24*1) | 2 | 100 | |
| 6 | WHKS POUCH MACKEREL & SHRIMP BALL 85G (24*1) | 0 | | |
| 7 | WHKS POUCH TUNA & FISH BALL 85G (24*1) | 38 | | |
| 8 | WHISKAS DRY OCEAN FISH 500G(15X1) | 186 | 9300 | |
| 9 | WHISKAS DRY OCEAN FISH 1.5KG(6X1) | 84 | 4200 | |
| 10 | WHISKAS KITTEN 500G (15*1) | 145 | 7280 | |
| 11 | WHISKAS KITTEN 1.5KG (6*1) | 0 | 0 | |
| 12 | EXELPET REGULAR SHAMPOO 400ML (23*1) | 40 | 2000 | |
| 13 | EXELPET MEDICATED SHAMPOO 250ML (24*1) | 8 | 400 | |
| 14 | EXELPET ENZ STAIN & ODOR 250ML (24*1) | 1 | 80 | |
| 15 | EXELPET PET DEODORANT SPRAY 225ML (24*1) | 164 | 8200 | |
| 16 | PED DENTABONE 18G (10*1) | 0 | 0 | |
| 17 | PED DENTABONE 35G (9*1) | 4 | 36 | |
| 18 | PED DELI BLUEBERRY & YOGURT 102G (36*1) | 19 | 540 | |
| 19 | PED DELI BLUEBERRY & CHEESE 102G (36*1) | 69 | 3480 | |
| 20 | PED DELI BLUEBERRY & SASAMI 102G (36*1) | 82 | 4120 | |
| 21 | PEDIGREE DENTA-X 96G (36*1) | 0 | 0 | |
| 22 | PED PUPPY ALPHAVITS BISCUIT 300G (10*1) | 24 | 1200 | |
| 23 | PED ADVANCE PUPPY 1.5KG | 4 | 3000 | |

**11** [1월] 시트와 [2월] 시트에 입력된 데이터를 살펴보면 입력된 데이터 값은 다를 수 있지만 열의 위치는 동일합니다. 따라서 2월 주문 내역에 대한 값을 찾을 때도 1월에 대한 함수식과 시트 이름만 다르고 모두 같다는 것을 알 수 있습니다. 1월 박스 수를 구한 함수식을 그대로 가져오기 위해 D4셀을 선택하고 수식 입력줄의 함수식을 드래그하여 선택한 후 Ctrl+C를 눌러 복사하고 Esc를 눌러 셀 편집을 취소하세요.

CONCATE... | =IFNA(VLOOKUP(C4,'1월'!$B:$D,2,FALSE),0)

❶ ❷ 드래그→Ctrl+C ❸ Esc

| | C | D | E | F | G |
|---|---|---|---|---|---|
| 1 | | 1월 | | 2월 | |
| 3 | 제품명 | 박스 수 | 납품금액 | 박스 수 | 접수일 |
| 4 | WHISKAS CHICKEN & TUNA 190G (12*1) | ),0) | 3040 | | |
| 5 | WHKS POUCH MACKEREL & SALMON 85G (24*1) | 2 | 100 | | |
| 6 | WHKS POUCH MACKEREL & SHRIMP BALL 85G (24*1) | 0 | 0 | | |
| 7 | WHKS POUCH TUNA & FISH BALL 85G (24*1) | 38 | 1900 | | |
| 8 | WHISKAS DRY OCEAN FISH 500G(15X1) | 186 | 9300 | | |
| 9 | WHISKAS DRY OCEAN FISH 1.5KG(6X1) | 84 | 4200 | | |
| 10 | WHISKAS KITTEN 500G (15*1) | 145 | 7280 | | |
| 11 | WHISKAS KITTEN 1.5KG (6*1) | 0 | 0 | | |
| 12 | EXELPET REGULAR SHAMPOO 400ML (23*1) | 40 | 2000 | | |
| 13 | EXELPET MEDICATED SHAMPOO 250ML (24*1) | 8 | 400 | | |
| 14 | EXELPET ENZ STAIN & ODOR 250ML (24*1) | 1 | 80 | | |
| 15 | EXELPET PET DEODORANT SPRAY 225ML (24*1) | 164 | 8200 | | |
| 16 | PED DENTABONE 18G (10*1) | 0 | 0 | | |
| 17 | PED DENTABONE 35G (9*1) | 4 | 36 | | |
| 18 | PED DELI BLUEBERRY & YOGURT 102G (36*1) | 19 | 540 | | |
| 19 | PED DELI BLUEBERRY & CHEESE 102G (36*1) | 69 | 3480 | | |
| 20 | PED DELI BLUEBERRY & SASAMI 102G (36*1) | 82 | 4120 | | |
| 21 | PEDIGREE DENTA-X 96G (36*1) | 0 | 0 | | |
| 22 | PED PUPPY ALPHAVITS BISCUIT 300G (10*1) | 24 | 1200 | | |
| 23 | PED ADVANCE PUPPY 1.5KG | 4 | 3000 | | |

제품마스터 | 1월 | 2월

**12** F4셀을 더블클릭하여 커서를 올려놓고 Ctrl+V를 눌러 함수식을 붙여넣습니다. 『=IFNA(VLOOKUP(C4,'2월'!$B:$D,2,FALSE),0)』과 같이 비교 대상을 [1월] 시트 대신 [2월] 시트 이름으로 수정하고 Enter를 누르세요.

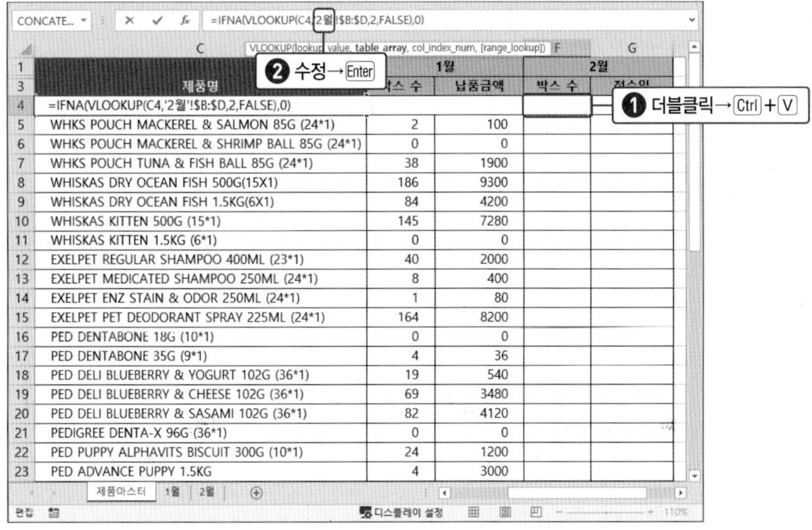

CONCATE... | =IFNA(VLOOKUP(C4,'2월'!$B:$D,2,FALSE),0)

VLOOKUP(lookup_value, table_array, col_index_num, [range_lookup])

❶ 더블클릭→Ctrl+V ❷ 수정→Enter

| | C | D | E | F | G |
|---|---|---|---|---|---|
| 1 | | 1월 | | 2월 | |
| 3 | 제품명 | 박스 수 | 납품금액 | 박스 수 | 접수일 |
| 4 | =IFNA(VLOOKUP(C4,'2월'!$B:$D,2,FALSE),0) | | | | |
| 5 | WHKS POUCH MACKEREL & SALMON 85G (24*1) | 2 | 100 | | |
| 6 | WHKS POUCH MACKEREL & SHRIMP BALL 85G (24*1) | 0 | 0 | | |
| 7 | WHKS POUCH TUNA & FISH BALL 85G (24*1) | 38 | 1900 | | |
| 8 | WHISKAS DRY OCEAN FISH 500G(15X1) | 186 | 9300 | | |
| 9 | WHISKAS DRY OCEAN FISH 1.5KG(6X1) | 84 | 4200 | | |
| 10 | WHISKAS KITTEN 500G (15*1) | 145 | 7280 | | |
| 11 | WHISKAS KITTEN 1.5KG (6*1) | 0 | 0 | | |
| 12 | EXELPET REGULAR SHAMPOO 400ML (23*1) | 40 | 2000 | | |
| 13 | EXELPET MEDICATED SHAMPOO 250ML (24*1) | 8 | 400 | | |
| 14 | EXELPET ENZ STAIN & ODOR 250ML (24*1) | 1 | 80 | | |
| 15 | EXELPET PET DEODORANT SPRAY 225ML (24*1) | 164 | 8200 | | |
| 16 | PED DENTABONE 18G (10*1) | 0 | 0 | | |
| 17 | PED DENTABONE 35G (9*1) | 4 | 36 | | |
| 18 | PED DELI BLUEBERRY & YOGURT 102G (36*1) | 19 | 540 | | |
| 19 | PED DELI BLUEBERRY & CHEESE 102G (36*1) | 69 | 3480 | | |
| 20 | PED DELI BLUEBERRY & SASAMI 102G (36*1) | 82 | 4120 | | |
| 21 | PEDIGREE DENTA-X 96G (36*1) | 0 | 0 | | |
| 22 | PED PUPPY ALPHAVITS BISCUIT 300G (10*1) | 24 | 1200 | | |
| 23 | PED ADVANCE PUPPY 1.5KG | 4 | 3000 | | |

제품마스터 | 1월 | 2월

**13** F4셀에 2월의 박스 수를 구했으면 F4셀의 자동 채우기 핸들을 더블클릭해서 나머지 행에도 함수식을 복사합니다. G4셀에는 납품 금액 대신 접수일을 가져오는 준비를 하기 위해 [2월] 시트를 클릭하세요.

| | C | D | E | F | G |
|---|---|---|---|---|---|
| 1 | | 1월 | | 2월 | |
| 3 | 제품명 | 박스 수 | 납품금액 | 박스 수 | 접수일 |
| 4 | WHISKAS CHICKEN & TUNA 190G (12*1) | 40 | | 15 | |
| 5 | WHKS POUCH MACKEREL & SALMON 85G (24*1) | 2 | 100 | 36 | |
| 6 | WHKS POUCH MACKEREL & SHRIMP BALL 85G (24*1) | 0 | 0 | | |
| 7 | WHKS POUCH TUNA & FISH BALL 85G (24*1) | 38 | 1900 | | |
| 8 | WHISKAS DRY OCEAN FISH 500G(15X1) | 186 | 9300 | 0 | |
| 9 | WHISKAS DRY OCEAN FISH 1.5KG(6X1) | 84 | 4200 | 15 | |
| 10 | WHISKAS KITTEN 500G (15*1) | 145 | 7280 | 21 | |
| 11 | WHISKAS KITTEN 1.5KG (6*1) | 0 | 0 | 0 | |
| 12 | EXELPET REGULAR SHAMPOO 400ML (23*1) | 40 | 2000 | 17 | |
| 13 | EXELPET MEDICATED SHAMPOO 250ML (24*1) | 8 | 400 | 0 | |
| 14 | EXELPET ENZ STAIN & ODOR 250ML (24*1) | 1 | 80 | 36 | |
| 15 | EXELPET PET DEODORANT SPRAY 225ML (24*1) | 164 | 8200 | 21 | |
| 16 | PED DENTABONE 18G (10*1) | 0 | 0 | 0 | |
| 17 | PED DENTABONE 35G (9*1) | 4 | 36 | 15 | |
| 18 | PED DELI BLUEBERRY & YOGURT 102G (36*1) | 19 | 540 | 0 | |
| 19 | PED DELI BLUEBERRY & CHEESE 102G (36*1) | 69 | 3480 | 21 | |
| 20 | PED DELI BLUEBERRY & SASAMI 102G (36*1) | 82 | 4120 | 0 | |
| 21 | PEDIGREE DENTA-X 96G (36*1) | 0 | 0 | 0 | |
| 22 | PED PUPPY ALPHAVITS BISCUIT 300G (10*1) | 24 | 1200 | 0 | |
| 23 | PED ADVANCE PUPPY 1.5KG | 4 | 3000 | 42 | |
| 24 | PED ADVANCE PUPPY 15KG | 22 | 1120 | 0 | |

❶ 확인
❷ 더블클릭
제품마스터 1월 2월 ❸

**14** VLOOKUP 함수에 두 번째 인수로 비교 대상을 지정하는데, 이때 비교 대상의 첫 번째 열에 찾을 값이 있어야 합니다. 만약 접수일을 가져오기 위해 찾을 비교 대상으로 A:D열을 지정하면 첫 번째 열인 '접수일' 항목에서 제품을 찾는 문제가 발생합니다. 이것을 해결하기 위해 찾을 제품명이 입력된 B열의 오른쪽으로 가져올 '접수일' 열을 옮기기 위해 A열 머리글을 클릭해서 '접수일' 항목의 전체 범위를 선택하고 Ctrl+C를 눌러 복사하세요.

클릭→Ctrl+C

| | A | B | C | D |
|---|---|---|---|---|
| 1 | 접수일 | 제품명 | 박스 수 | 납품금액 |
| 2 | 2010-02-03 | WHISKAS KITTEN 500G (15*1) | 21 | 1,531 |
| 3 | 2010-02-04 | WHISKAS CHICKEN & TUNA 190G (12*1) | 15 | 875 |
| 4 | 2010-02-05 | WHKS POUCH TUNA & FISH BALL 85G (24*1) | 42 | 1,875 |
| 5 | 2010-02-05 | WHKS POUCH KITTEN TUNA 85G (24*1) | 19 | 1,867 |
| 6 | 2010-02-06 | WHISKAS POCKETS OCEAN FISH 1.5KG (6*1) | 27 | 753 |
| 7 | 2010-02-07 | PED BEEF 3.5KG+CHICKEN 500G (4*1) | 21 | 1,667 |
| 8 | 2010-02-09 | WHISKAS DRY OCEAN FISH 1.5KG(6X1) | 15 | 1,867 |
| 9 | 2010-02-11 | EXELPET TEATREE SHAMPOO 400ML (23*1) | 21 | 1,745 |
| 10 | 2010-02-12 | PEDIGREE PUPPY LEASH IN PACK 3KG (4*1) | 42 | 1,700 |
| 11 | 2010-02-13 | EXELPET PET DEODORANT SPRAY 225ML (24*1) | 21 | 1,125 |
| 12 | 2010-02-14 | EXELPET ENZ STAIN & ODOR 250ML (24*1) | 36 | 1,333 |
| 13 | 2010-02-16 | PED DENTABONE 35G (9*1) | 15 | 1,542 |
| 14 | 2010-02-19 | PED ADVANCE PUPPY 1.5KG | 42 | 753 |
| 15 | 2010-02-20 | PED PUPPY 3KG+PUPPY 500G (4*1) | 126 | 1,417 |
| 16 | 2010-02-21 | PED ADVANCE ENERGY 20KG (1*1) | 21 | 1,206 |
| 17 | 2010-02-23 | WHKS POUCH CHICKEN & CRAB STICK 85G (24*1) | 36 | 1,630 |
| 18 | 2010-02-25 | EXELPET REGULAR SHAMPOO 400ML (23*1) | 17 | 792 |

**15** E열 머리글을 클릭하고 Enter를 눌러 복사한 접수일을 붙여넣습니다.

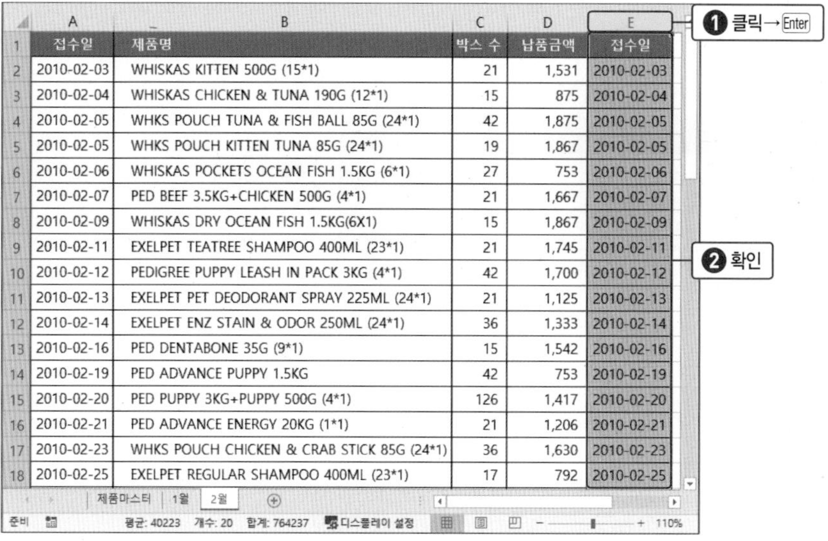

| | A | B | C | D | E |
|---|---|---|---|---|---|
| 1 | 접수일 | 제품명 | 박스 수 | 납품금액 | 접수일 |
| 2 | 2010-02-03 | WHISKAS KITTEN 500G (15*1) | 21 | 1,531 | 2010-02-03 |
| 3 | 2010-02-04 | WHISKAS CHICKEN & TUNA 190G (12*1) | 15 | 875 | 2010-02-04 |
| 4 | 2010-02-05 | WHKS POUCH TUNA & FISH BALL 85G (24*1) | 42 | 1,875 | 2010-02-05 |
| 5 | 2010-02-05 | WHKS POUCH KITTEN TUNA 85G (24*1) | 19 | 1,867 | 2010-02-05 |
| 6 | 2010-02-06 | WHISKAS POCKETS OCEAN FISH 1.5KG (6*1) | 27 | 753 | 2010-02-06 |
| 7 | 2010-02-07 | PED BEEF 3.5KG+CHICKEN 500G (4*1) | 21 | 1,667 | 2010-02-07 |
| 8 | 2010-02-09 | WHISKAS DRY OCEAN FISH 1.5KG(6X1) | 15 | 1,867 | 2010-02-09 |
| 9 | 2010-02-11 | EXELPET TEATREE SHAMPOO 400ML (23*1) | 21 | 1,745 | 2010-02-11 |
| 10 | 2010-02-12 | PEDIGREE PUPPY LEASH IN PACK 3KG (4*1) | 42 | 1,700 | 2010-02-12 |
| 11 | 2010-02-13 | EXELPET PET DEODORANT SPRAY 225ML (24*1) | 21 | 1,125 | 2010-02-13 |
| 12 | 2010-02-14 | EXELPET ENZ STAIN & ODOR 250ML (24*1) | 36 | 1,333 | 2010-02-14 |
| 13 | 2010-02-16 | PED DENTABONE 35G (9*1) | 15 | 1,542 | 2010-02-16 |
| 14 | 2010-02-19 | PED ADVANCE PUPPY 1.5KG | 42 | 753 | 2010-02-19 |
| 15 | 2010-02-20 | PED PUPPY 3KG+PUPPY 500G (4*1) | 126 | 1,417 | 2010-02-20 |
| 16 | 2010-02-21 | PED ADVANCE ENERGY 20KG (1*1) | 21 | 1,206 | 2010-02-21 |
| 17 | 2010-02-23 | WHKS POUCH CHICKEN & CRAB STICK 85G (24*1) | 36 | 1,630 | 2010-02-23 |
| 18 | 2010-02-25 | EXELPET REGULAR SHAMPOO 400ML (23*1) | 17 | 792 | 2010-02-25 |



**16** [제품마스터] 시트에서 G4셀에 함수식 『=VLOOKUP(C4,'2월'!$B:$E,4,FALSE)』를 입력하고 Enter를 눌러 함수식을 완성합니다.

| | C | D | E | F | G |
|---|---|---|---|---|---|
| 1 | | 1월 | | 2월 | |
| 3 | 제품명 | 박스 수 | 납품금액 | 박스 수 | 접수일 |
| 4 | WHISKAS CHICKEN & TUNA 190G (12*1) | 40 | =VLOOKUP(C4,'2월'!$B:$E,4,FALSE) | | |
| 5 | WHKS POUCH MACKEREL & SALMON 85G (24*1) | 2 | 100 | 36 | |
| 6 | WHKS POUCH MACKEREL & SHRIMP BALL 85G (24*1) | 0 | 0 | 0 | |
| 7 | WHKS POUCH TUNA & FISH BALL 85G (24*1) | 38 | 1900 | 42 | |
| 8 | WHISKAS DRY OCEAN FISH 500G(15X1) | 186 | 9300 | 0 | |
| 9 | WHISKAS DRY OCEAN FISH 1.5KG(6X1) | 84 | 4200 | 15 | |
| 10 | WHISKAS KITTEN 500G (15*1) | 145 | 7280 | 21 | |
| 11 | WHISKAS KITTEN 1.5KG (6*1) | 0 | 0 | 0 | |
| 12 | EXELPET REGULAR SHAMPOO 400ML (23*1) | 40 | 2000 | 17 | |
| 13 | EXELPET MEDICATED SHAMPOO 250ML (24*1) | 8 | 400 | 0 | |
| 14 | EXELPET ENZ STAIN & ODOR 250ML (24*1) | 1 | 80 | 36 | |
| 15 | EXELPET PET DEODORANT SPRAY 225ML (24*1) | 164 | 8200 | 21 | |
| 16 | PED DENTABONE 18G (10*1) | 0 | 0 | 0 | |
| 17 | PED DENTABONE 35G (9*1) | 4 | 36 | 15 | |
| 18 | PED DELI BLUEBERRY & YOGURT 102G (36*1) | 19 | 540 | 0 | |
| 19 | PED DELI BLUEBERRY & CHEESE 102G (36*1) | 69 | 3480 | 21 | |
| 20 | PED DELI BLUEBERRY & SASAMI 102G (36*1) | 82 | 4120 | 0 | |
| 21 | PEDIGREE DENTA-X 96G (36*1) | 0 | 0 | 0 | |
| 22 | PED PUPPY PHAVITS BISCUIT 300G (10*1) | 24 | 1200 | 0 | |
| 23 | PED ADVANCE PUPPY 1.5KG | 4 | 3000 | 42 | |



**함수식 설명**

**=VLOOKUP(C4,'2월'!$B:$E,4,FALSE)**

C4셀에 입력된 제품명과 같은 값을 두 번째 인수로 지정한 영역('2월'!$B:$E)의 첫 번째 열인 B열에서 찾습니다. 같은 제품명을 찾았으면 두 번째 인수로 지정한 영역('2월'!$B:$E)에서 네 번째 열인 E열(접수일) 값을 가져옵니다. 이때 마지막 인수에 『FALSE』를 입력했기 때문에 100% 정확히 일치하는 제품명일 때만 E열(접수일) 값을 가져옵니다.

**17** G4셀의 결과값을 확인하고 자동 채우기 핸들을 더블클릭해서 나머지 행에도 함수식을 복사합니다. 그러면 접수일인 날짜가 아니라 숫자가 표시되는데, 이 값을 해당하는 날짜로 표시하기 위해 Ctrl+1을 누릅니다.

| | C | D | E | F | G |
|---|---|---|---|---|---|
| 1 | | 1월 | | | |
| 3 | 제품명 | 박스 수 | 납품금액 | 박스 수 | 접수일 |
| 4 | WHISKAS CHICKEN & TUNA 190G (12*1) | 40 | 3040 | 15 | 40213 |
| 5 | WHKS POUCH MACKEREL & SALMON 85G (24*1) | 2 | 100 | 36 | 40236 |
| 6 | WHKS POUCH MACKEREL & SHRIMP BALL 85G (24*1) | 0 | 0 | 0 | #N/A |
| 7 | WHKS POUCH TUNA & FISH BALL 85G (24*1) | 38 | 1900 | 42 | 40214 |
| 8 | WHISKAS DRY OCEAN FISH 500G(15X1) | 186 | 9300 | 0 | #N/A |
| 9 | WHISKAS DRY OCEAN FISH 1.5KG(6X1) | 84 | 4200 | 15 | 40218 |
| 10 | WHISKAS KITTEN 500G (15*1) | 145 | 7280 | 21 | 40212 |
| 11 | WHISKAS KITTEN 1.5KG (6*1) | 0 | 0 | 0 | #N/A |
| 12 | EXELPET REGULAR SHAMPOO 400ML (23*1) | 40 | 2000 | 17 | 40234 |
| 13 | EXELPET MEDICATED SHAMPOO 250ML (24*1) | 8 | 400 | 0 | #N/A |
| 14 | EXELPET ENZ STAIN & ODOR 250ML (24*1) | 1 | 80 | 36 | 40223 |
| 15 | EXELPET PET DEODORANT SPRAY 225ML (24*1) | 164 | 8200 | 21 | 40222 |
| 16 | PED DENTABONE 18G (10*1) | 0 | 0 | 0 | #N/A |
| 17 | PED DENTABONE 35G (9*1) | 4 | 36 | 15 | 40225 |
| 18 | PED DELI BLUEBERRY & YOGURT 102G (36*1) | 19 | 540 | 0 | #N/A |
| 19 | PED DELI BLUEBERRY & CHEESE 102G (36*1) | 69 | 3480 | 21 | 40235 |
| 20 | PED DELI BLUEBERRY & SASAMI 102G (36*1) | 82 | 4120 | 0 | #N/A |
| 21 | PEDIGREE DENTA-X 96G (36*1) | 0 | 0 | 0 | #N/A |
| 22 | PED PUPPY ALPHAVITS BISCUIT 300G (10*1) | 24 | 1200 | 0 | #N/A |
| 23 | PED ADVANCE PUPPY 1.5KG | 4 | 3000 | 4 | 40228 |

❶ 확인
❷ 더블클릭
❸ 확인→Ctrl+1

제품마스터 | 1월 | 2월
준비 개수: 43 디스플레이 설정 110%

**TIP**

날짜는 실제 셀에 저장될 때 1900-1-1은 1로, 1900-1-2는 2와 같이 숫자로 환산되어 저장됩니다. 따라서 '40213'이라고 표시된 값은 1900-1-1을 기준으로 40213번째 해당하는 날짜입니다. 이와 같이 날짜 대신 숫자가 나타나면 날짜 서식을 지정하고, 숫자 대신 날짜가 표시되면 [일반] 서식을 지정해야 합니다. 이것에 대해서는 197쪽과 204쪽을 참고하세요.

**18** [셀 서식] 대화상자가 열리면 [표시 형식] 탭의 '범주'에서 [사용자 지정]을 선택하고 '형식'에 『mm월 dd일』을 입력한 후 [확인]을 클릭하세요.

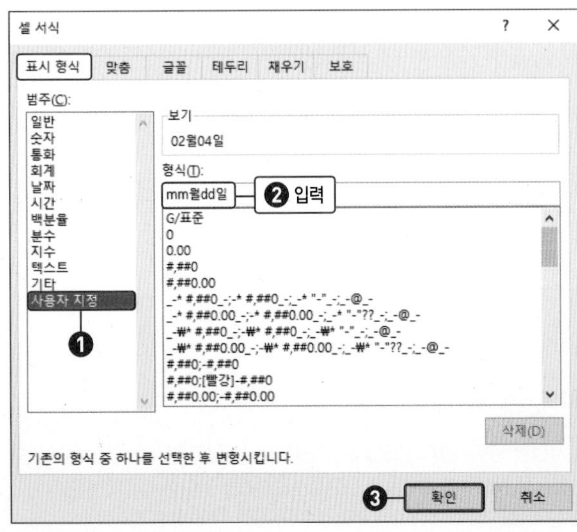

**19** G열에 숫자로 표시되었던 값이 날짜로 바뀌었으면 D4셀을 선택하고 Ctrl+Shift+↓를 눌러 아래쪽 끝까지 범위를 지정합니다.

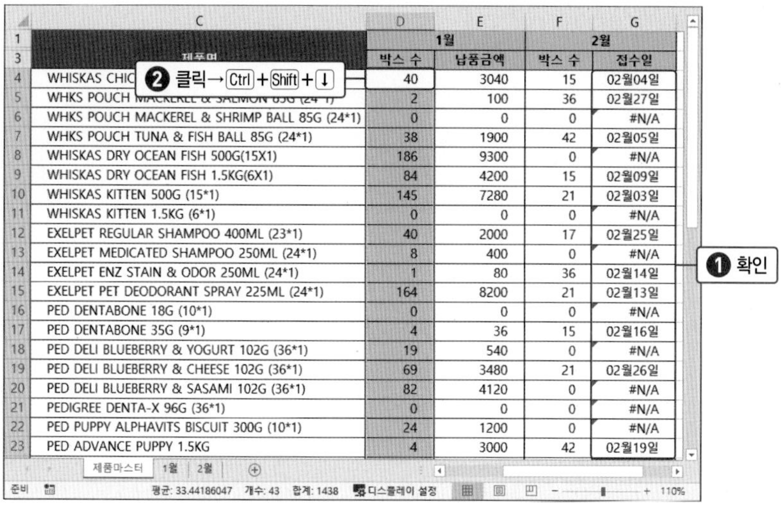

| | C | D | E | F | G |
|---|---|---|---|---|---|
| 1 | 제품명 | 1월 | | 2월 | |
| 3 | | 박스 수 | 납품금액 | 박스 수 | 접수일 |
| 4 | WHISKAS CHIC | 40 | 3040 | 15 | 02월04일 |
| 5 | WHKS POUCH MACKEREL & SALMON 85G (24*1) | 2 | 100 | 36 | 02월27일 |
| 6 | WHKS POUCH MACKEREL & SHRIMP BALL 85G (24*1) | 0 | 0 | 0 | #N/A |
| 7 | WHKS POUCH TUNA & FISH BALL 85G (24*1) | 38 | 1900 | 42 | 02월05일 |
| 8 | WHISKAS DRY OCEAN FISH 500G(15X1) | 186 | 9300 | 0 | #N/A |
| 9 | WHISKAS DRY OCEAN FISH 1.5KG(6X1) | 84 | 4200 | 15 | 02월09일 |
| 10 | WHISKAS KITTEN 500G (15*1) | 145 | 7280 | 21 | 02월03일 |
| 11 | WHISKAS KITTEN 1.5KG (6*1) | 0 | 0 | 0 | #N/A |
| 12 | EXELPET REGULAR SHAMPOO 400ML (23*1) | 40 | 2000 | 17 | 02월25일 |
| 13 | EXELPET MEDICATED SHAMPOO 250ML (24*1) | 8 | 400 | 0 | #N/A |
| 14 | EXELPET ENZ STAIN & ODOR 250ML (24*1) | 1 | 80 | 36 | 02월14일 |
| 15 | EXELPET PET DEODORANT SPRAY 225ML (24*1) | 164 | 8200 | 21 | 02월13일 |
| 16 | PED DENTABONE 18G (10*1) | 0 | 0 | 0 | #N/A |
| 17 | PED DENTABONE 35G (9*1) | 4 | 36 | 15 | 02월16일 |
| 18 | PED DELI BLUEBERRY & YOGURT 102G (36*1) | 19 | 540 | 0 | #N/A |
| 19 | PED DELI BLUEBERRY & CHEESE 102G (36*1) | 69 | 3480 | 21 | 02월26일 |
| 20 | PED DELI BLUEBERRY & SASAMI 102G (36*1) | 82 | 4120 | 0 | #N/A |
| 21 | PEDIGREE DENTA-X 96G (36*1) | 0 | 0 | 0 | #N/A |
| 22 | PED PUPPY ALPHAVITS BISCUIT 300G (10*1) | 24 | 1200 | 0 | #N/A |
| 23 | PED ADVANCE PUPPY 1.5KG | 4 | 3000 | 42 | 02월19일 |

제품마스터 | 1월 | 2월

준비 평균: 33.44186047 개수: 43 합계: 1438 디스플레이 설정 110%

❶ 확인

❷ 클릭→Ctrl+Shift+↓

**20** Ctrl을 누른 상태에서 F4셀을 선택하고 다시 한 번 Ctrl+Shift+↓를 눌러 아래쪽 끝까지 범위를 지정합니다. 두 영역의 범위를 설정했으면 Ctrl+1을 누르세요.

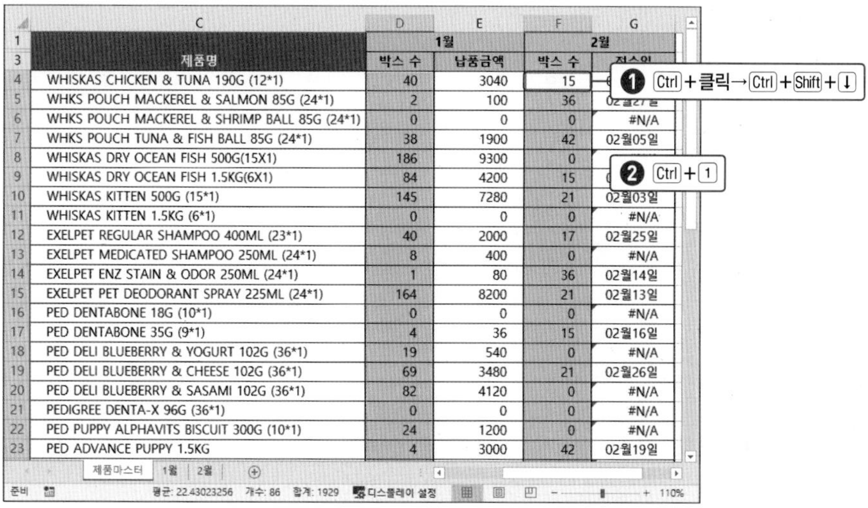

| | C | D | E | F | G |
|---|---|---|---|---|---|
| 1 | 제품명 | 1월 | | 2월 | |
| 3 | | 박스 수 | 납품금액 | 박스 수 | 접수일 |
| 4 | WHISKAS CHICKEN & TUNA 190G (12*1) | 40 | 3040 | 15 | |
| 5 | WHKS POUCH MACKEREL & SALMON 85G (24*1) | 2 | 100 | 36 | 02월27일 |
| 6 | WHKS POUCH MACKEREL & SHRIMP BALL 85G (24*1) | 0 | 0 | 0 | #N/A |
| 7 | WHKS POUCH TUNA & FISH BALL 85G (24*1) | 38 | 1900 | 42 | 02월05일 |
| 8 | WHISKAS DRY OCEAN FISH 500G(15X1) | 186 | 9300 | 0 | |
| 9 | WHISKAS DRY OCEAN FISH 1.5KG(6X1) | 84 | 4200 | 15 | |
| 10 | WHISKAS KITTEN 500G (15*1) | 145 | 7280 | 21 | 02월03일 |
| 11 | WHISKAS KITTEN 1.5KG (6*1) | 0 | 0 | 0 | #N/A |
| 12 | EXELPET REGULAR SHAMPOO 400ML (23*1) | 40 | 2000 | 17 | 02월25일 |
| 13 | EXELPET MEDICATED SHAMPOO 250ML (24*1) | 8 | 400 | 0 | #N/A |
| 14 | EXELPET ENZ STAIN & ODOR 250ML (24*1) | 1 | 80 | 36 | 02월14일 |
| 15 | EXELPET PET DEODORANT SPRAY 225ML (24*1) | 164 | 8200 | 21 | 02월13일 |
| 16 | PED DENTABONE 18G (10*1) | 0 | 0 | 0 | #N/A |
| 17 | PED DENTABONE 35G (9*1) | 4 | 36 | 15 | 02월16일 |
| 18 | PED DELI BLUEBERRY & YOGURT 102G (36*1) | 19 | 540 | 0 | #N/A |
| 19 | PED DELI BLUEBERRY & CHEESE 102G (36*1) | 69 | 3480 | 21 | 02월26일 |
| 20 | PED DELI BLUEBERRY & SASAMI 102G (36*1) | 82 | 4120 | 0 | #N/A |
| 21 | PEDIGREE DENTA-X 96G (36*1) | 0 | 0 | 0 | #N/A |
| 22 | PED PUPPY ALPHAVITS BISCUIT 300G (10*1) | 24 | 1200 | 0 | #N/A |
| 23 | PED ADVANCE PUPPY 1.5KG | 4 | 3000 | 42 | 02월19일 |

제품마스터 | 1월 | 2월

준비 평균: 22.43023256 개수: 86 합계: 1929 디스플레이 설정 110%

❶ Ctrl+클릭→Ctrl+Shift+↓

❷ Ctrl+1

**21** [셀 서식] 대화상자의 [표시 형식] 탭이 열리면 '범주'에서 [사용자 지정]을 선택하고 '형식'에 『0"Box"』를 입력한 후 [확인]을 클릭합니다.

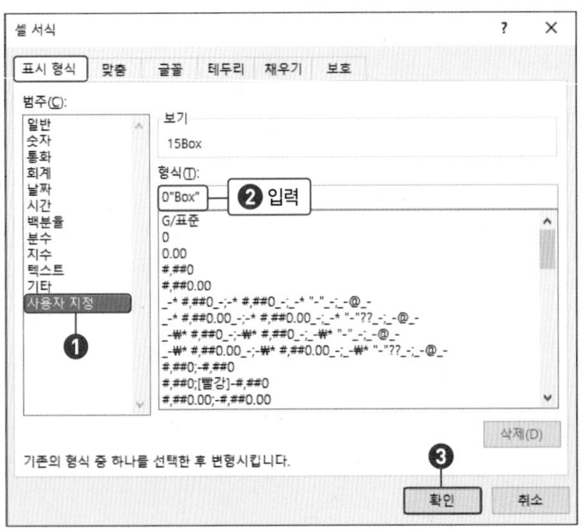


> **TIP**
> '0"Box"'를 지정하면 0 위치에 셀에 입력된 숫자 값이 표시되는데, 0일 때는 0을 그대로 표시하라는 뜻입니다. 해당 숫자의 뒤에 'Box'라는 문자를 붙여서 표시하므로 셀 값이 40이면 '40Box', 0이면 '0Box'와 같이 표시됩니다. 이것에 대해서는 210쪽을 참고하세요.

**22** D열의 '박스 수' 항목과 F열의 '박스 수' 항목에서 숫자 뒤에 'Box'가 표시되었는지 확인합니다. 이와 같이 셀에 직접 값을 입력하지 않고 순수한 숫자나 날짜 등의 값을 입력한 후 표시 형식을 지정해서 원하는 셀 값을 표현할 수 있습니다.

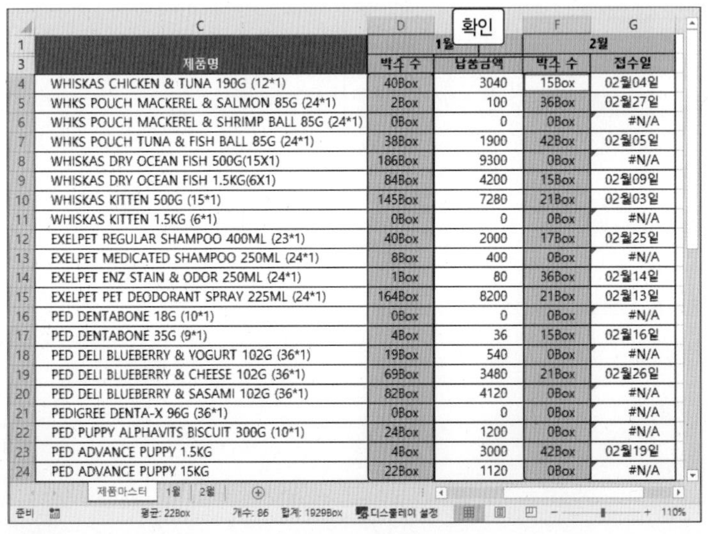

| | C | D | E | F | G |
|---|---|---|---|---|---|
| 1 | 제품명 | 1월 | | 2월 | |
| 3 | | 박스 수 | 납품금액 | 박스 수 | 접수일 |
| 4 | WHISKAS CHICKEN & TUNA 190G (12*1) | 40Box | 3040 | 15Box | 02월04일 |
| 5 | WHKS POUCH MACKEREL & SALMON 85G (24*1) | 2Box | 100 | 36Box | 02월27일 |
| 6 | WHKS POUCH MACKEREL & SHRIMP BALL 85G (24*1) | 0Box | 0 | 0Box | #N/A |
| 7 | WHKS POUCH TUNA & FISH BALL 85G (24*1) | 38Box | 1900 | 42Box | 02월05일 |
| 8 | WHISKAS DRY OCEAN FISH 500G(15X1) | 186Box | 9300 | 0Box | #N/A |
| 9 | WHISKAS DRY OCEAN FISH 1.5KG(6X1) | 84Box | 4200 | 15Box | 02월09일 |
| 10 | WHISKAS KITTEN 500G (15*1) | 145Box | 7280 | 21Box | 02월03일 |
| 11 | WHISKAS KITTEN 1.5KG (6*1) | 0Box | 0 | 0Box | #N/A |
| 12 | EXELPET REGULAR SHAMPOO 400ML (23*1) | 40Box | 2000 | 17Box | 02월25일 |
| 13 | EXELPET MEDICATED SHAMPOO 250ML (24*1) | 8Box | 400 | 0Box | #N/A |
| 14 | EXELPET ENZ STAIN & ODOR 250ML (24*1) | 1Box | 80 | 36Box | 02월14일 |
| 15 | EXELPET PET DEODORANT SPRAY 225ML (24*1) | 164Box | 8200 | 21Box | 02월13일 |
| 16 | PED DENTABONE 18G (10*1) | 0Box | 0 | 0Box | #N/A |
| 17 | PED DENTABONE 35G (9*1) | 4Box | 36 | 15Box | 02월16일 |
| 18 | PED DELI BLUEBERRY & YOGURT 102G (36*1) | 19Box | 540 | 0Box | #N/A |
| 19 | PED DELI BLUEBERRY & CHEESE 102G (36*1) | 69Box | 3480 | 21Box | 02월26일 |
| 20 | PED DELI BLUEBERRY & SASAMI 102G (36*1) | 82Box | 4120 | 0Box | #N/A |
| 21 | PEDIGREE DENTA-X 96G (36*1) | 0Box | 0 | 0Box | #N/A |
| 22 | PED PUPPY ALPHAVITS BISCUIT 300G (10*1) | 24Box | 1200 | 0Box | #N/A |
| 23 | PED ADVANCE PUPPY 1.5KG | 4Box | 3000 | 42Box | 02월19일 |
| 24 | PED ADVANCE PUPPY 15KG | 22Box | 1120 | 0Box | #N/A |



> **TIP**
> 이번 실습은 [1월] 시트에 중복된 상품이 없다는 전제하에 작업했습니다. 만약 중복된 상품 데이터가 있으면 상품별로 주문한 값을 합산한 후 이 작업을 처리해야 합니다. 현재 중복된 상품이 있으면 동일한 상품 중에서 가장 위에 입력된 상품만 반영됩니다.

# CASE 04 워크시트에 없는 값만 모아서 가져오기

◉ **예제파일** : 워크시트에없는값가져오기(준비).xlsx ◉ **완성파일** : 워크시트에없는값가져오기(완성).xlsx

**1** [제품마스터] 시트에서 D열 머리글을 클릭하여 열 전체를 선택하고 상태 표시줄을 살펴보면 평균, 합계, 개수 등의 간단한 통계 값을 확인할 수 있습니다. 범위를 설정한 1월에 주문한 박스 수의 합계가 '1438'인 것을 기억하세요.

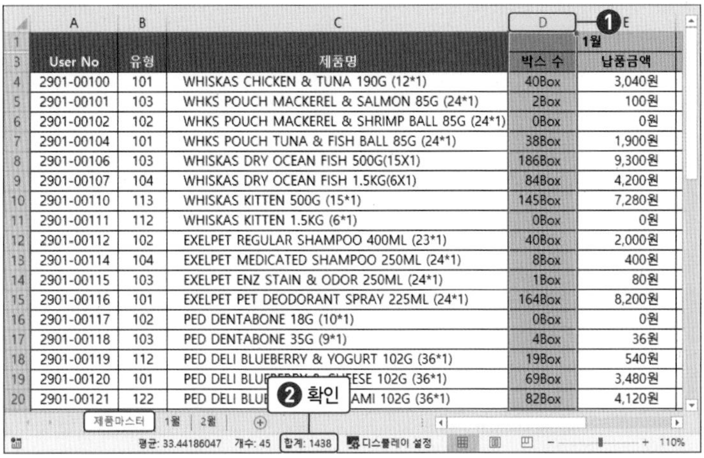

| | A | B | C | D | E |
|---|---|---|---|---|---|
| 1 | | | | | 1월 |
| 3 | User No | 유형 | 제품명 | 박스 수 | 납품금액 |
| 4 | 2901-00100 | 101 | WHISKAS CHICKEN & TUNA 190G (12*1) | 40Box | 3,040원 |
| 5 | 2901-00101 | 103 | WHKS POUCH MACKEREL & SALMON 85G (24*1) | 2Box | 100원 |
| 6 | 2901-00102 | 102 | WHKS POUCH MACKEREL & SHRIMP BALL 85G (24*1) | 0Box | 0원 |
| 7 | 2901-00104 | 101 | WHKS POUCH TUNA & FISH BALL 85G (24*1) | 38Box | 1,900원 |
| 8 | 2901-00106 | 103 | WHISKAS DRY OCEAN FISH 500G(15X1) | 186Box | 9,300원 |
| 9 | 2901-00107 | 104 | WHISKAS DRY OCEAN FISH 1.5KG(6X1) | 84Box | 4,200원 |
| 10 | 2901-00110 | 113 | WHISKAS KITTEN 500G (15*1) | 145Box | 7,280원 |
| 11 | 2901-00111 | 112 | WHISKAS KITTEN 1.5KG (6*1) | 0Box | 0원 |
| 12 | 2901-00112 | 102 | EXELPET REGULAR SHAMPOO 400ML (23*1) | 40Box | 2,000원 |
| 13 | 2901-00114 | 104 | EXELPET MEDICATED SHAMPOO 250ML (24*1) | 8Box | 400원 |
| 14 | 2901-00115 | 103 | EXELPET ENZ STAIN & ODOR 250ML (24*1) | 1Box | 80원 |
| 15 | 2901-00116 | 101 | EXELPET PET DEODORANT SPRAY 225ML (24*1) | 164Box | 8,200원 |
| 16 | 2901-00117 | 102 | PED DENTABONE 18G (10*1) | 0Box | 0원 |
| 17 | 2901-00118 | 103 | PED DENTABONE 35G (9*1) | 4Box | 36원 |
| 18 | 2901-00119 | 112 | PED DELI BLUEBERRY & YOGURT 102G (36*1) | 19Box | 540원 |
| 19 | 2901-00120 | 101 | PED DELI BLU... ESE 102G (36*1) | 69Box | 3,480원 |
| 20 | 2901-00121 | 122 | PED DELI BLU... AMI 102G (36*1) | 82Box | 4,120원 |


1
2 확인
제품마스터
1월
2월
평균: 33.44186047 개수: 45 합계: 1438 디스플레이 설정 110%


> **TIP**
> 상태 표시줄에서 마우스 오른쪽 단추를 클릭하고 원하는 함수를 선택해서 표시할 수 있습니다.

**2** [1월] 시트를 클릭하고 C열 머리글을 클릭한 후 상태 표시줄에서 합계가 '1544'인지 확인합니다. [제품마스터] 시트에 입력된 제품의 개수와 [1월] 시트에 입력된 개수가 다르네요. 이것은 [제품마스터] 시트에는 없고 [1월] 시트에만 새로 등록한 제품이 있는 것입니다.

| | A | B | C | D |
|---|---|---|---|---|
| 1 | 접수일 | 제품명 | 박스 수 | 납품금액 |
| 2 | 2010-01-02 | PED ADVANCE PUPPY GROWTH 1.5KG (9*1) | 9 | 480 |
| 3 | 2010-01-02 | WHISKAS KITTEN 500G (15*1) | 145 | 7,280 |
| 4 | 2010-01-02 | PED DELI BLUEBERRY & SASAMI 102G (36*1) | 82 | 4,120 |
| 5 | 2010-01-02 | CESAR BONUS PACK BEEF (4*1) | 142 | 7,100 |
| 6 | 2010-01-02 | WHKS POUCH CHICKEN & CRAB STICK 85G (24*1) | 7 | 540 |
| 7 | 2010-01-03 | WHISKAS CHICKEN & TUNA 190G (12*1) | 40 | 3,040 |
| 8 | 2010-01-04 | WHKS POUCH TUNA & FISH BALL 85G (24*1) | 38 | 1,900 |
| 9 | 2010-01-04 | WHISKAS POCKETS OCEAN FISH 500G (15*1) | 15 | 3,000 |
| 10 | 2010-01-06 | PED BEEF 3.5KG+CHICKEN 500G (4*1) | 40 | 2,000 |
| 11 | 2010-01-08 | WHISKAS DRY OCEAN FISH 1.5KG(6X1) | 84 | 4,200 |
| 12 | 2010-01-08 | WHKS KITTEN + CONTAINER 1.5KG (6*1) | 22 | 1,100 |
| 13 | 2010-01-08 | EXELPET TEATREE SHAMPOO 400ML (23*1) | 42 | 280 |
| 14 | 2010-01-10 | PED A...NCE PUPPY 20KG (1*1) | 4 | 200 |
| 15 | 2010-01-10 | PEDIGREE PUPPY C... CK 1.5KG (6*1) | 4 | 240 |


2
1
3 확인
제품마스터
1월
2월
평균: 38.6 개수: 41 합계: 1544 디스플레이 설정 110%

**3** [1월] 시트에서 새로 등록한 제품이 무엇인지 확인하기 위해 E2셀에 함수식 『=COUNTIF(제품마스터!$C$4:$C$46,'1월'!B2)』를 입력하고 Enter를 누릅니다.

**함수식 설명**

**=COUNTIF(제품마스터!$C$4:$C$46,'1월'!B2) ← 형식 =COUNTIF(비교 대상,조건)**

첫 번째 인수에 지정한 영역(제품마스터!$C$4:$C$46)에서 두 번째 인수에 지정한 [1월] 시트의 B2셀과 같은 값이 몇 개인지 셉니다. 어떤 상품을 찾든지 찾을 영역은 변하지 않고 항상 동일해야 하므로 '제품마스터!$C$4:$C$46'과 같이 절대 참조하는 것이고, 찾을 상품은 각 행마다 달라져야 하므로 "1월'!B2'와 같이 상대 참조로 지정한 것입니다.

**4** E2셀에 '1'이 나타나면 E2셀의 자동 채우기 핸들을 더블클릭해서 나머지 행에도 함수식을 복사합니다. E열에 구한 상품별 개수가 0보다 큰 값이면 [제품마스터] 시트에 해당 상품명이 있다는 뜻이고, 0이면 [제품마스터]에 해당 상품이 없다는 뜻이에요. 개수가 0인 값만 모으기 위해 E1셀을 선택하고 [데이터] 탭-[정렬 및 필터] 그룹에서 [필터]를 클릭하세요.

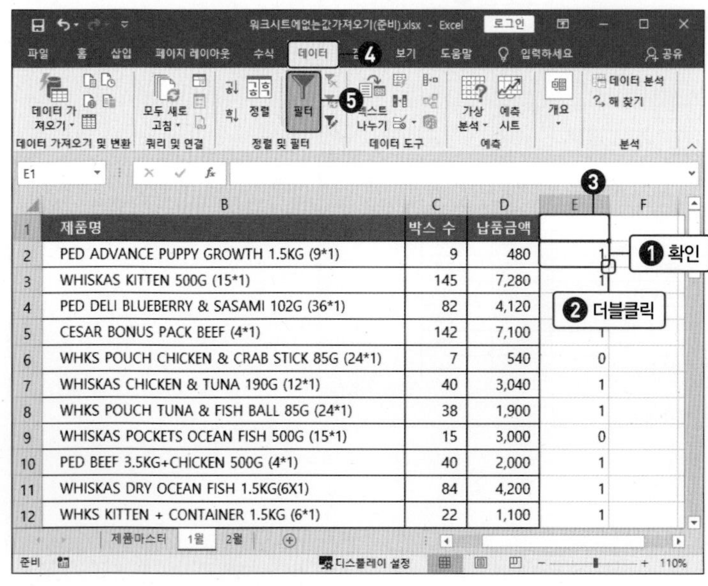

**5** 입력된 데이터의 제목 행에 필터 단추가 표시되면 E1셀의 필터 단추(▾)를 클릭하고 [(모두 선택)]의 체크를 해제합니다. [0]에만 체크하고 [확인]을 클릭하세요.

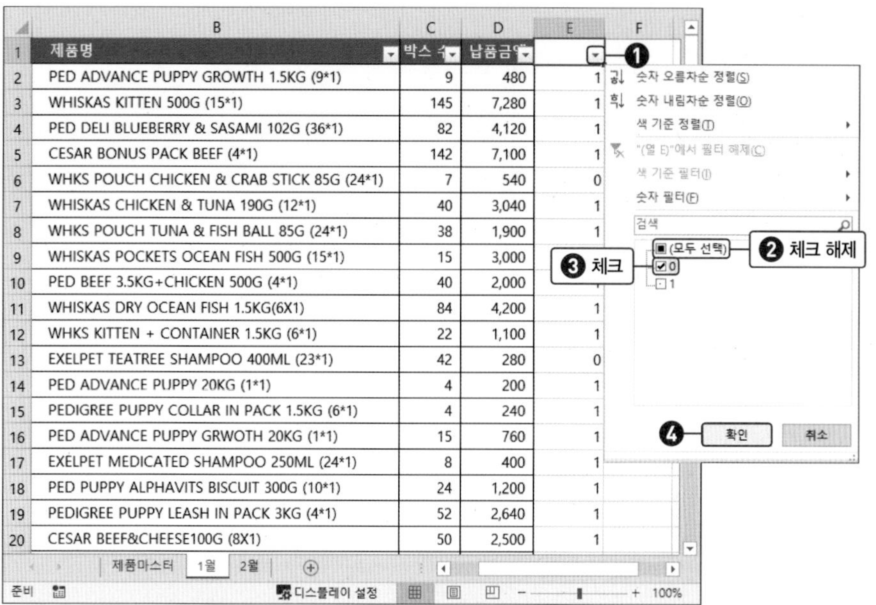


| | B | C | D | E |
|---|---|---|---|---|
| 1 | 제품명 | 박스 수 | 납품금액 | |
| 2 | PED ADVANCE PUPPY GROWTH 1.5KG (9*1) | 9 | 480 | 1 |
| 3 | WHISKAS KITTEN 500G (15*1) | 145 | 7,280 | 1 |
| 4 | PED DELI BLUEBERRY & SASAMI 102G (36*1) | 82 | 4,120 | 1 |
| 5 | CESAR BONUS PACK BEEF (4*1) | 142 | 7,100 | 1 |
| 6 | WHKS POUCH CHICKEN & CRAB STICK 85G (24*1) | 7 | 540 | 0 |
| 7 | WHISKAS CHICKEN & TUNA 190G (12*1) | 40 | 3,040 | 1 |
| 8 | WHKS POUCH TUNA & FISH BALL 85G (24*1) | 38 | 1,900 | 1 |
| 9 | WHISKAS POCKETS OCEAN FISH 500G (15*1) | 15 | 3,000 | |
| 10 | PED BEEF 3.5KG+CHICKEN 500G (4*1) | 40 | 2,000 | |
| 11 | WHISKAS DRY OCEAN FISH 1.5KG(6X1) | 84 | 4,200 | 1 |
| 12 | WHKS KITTEN + CONTAINER 1.5KG (6*1) | 22 | 1,100 | 1 |
| 13 | EXELPET TEATREE SHAMPOO 400ML (23*1) | 42 | 280 | 0 |
| 14 | PED ADVANCE PUPPY 20KG (1*1) | 4 | 200 | 1 |
| 15 | PEDIGREE PUPPY COLLAR IN PACK 1.5KG (6*1) | 4 | 240 | 1 |
| 16 | PED ADVANCE PUPPY GRWOTH 20KG (1*1) | 15 | 760 | 1 |
| 17 | EXELPET MEDICATED SHAMPOO 250ML (24*1) | 8 | 400 | 1 |
| 18 | PED PUPPY ALPHAVITS BISCUIT 300G (10*1) | 24 | 1,200 | 1 |
| 19 | PEDIGREE PUPPY LEASH IN PACK 3KG (4*1) | 52 | 2,640 | 1 |
| 20 | CESAR BEEF&CHEESE100G (8X1) | 50 | 2,500 | 1 |

**6** 전체 상품 중에서 개수가 '0'인 제품만 필터링되었으면 '제품명' 항목인 B6:B38 영역을 선택하고 Ctrl+C를 눌러 복사하세요.

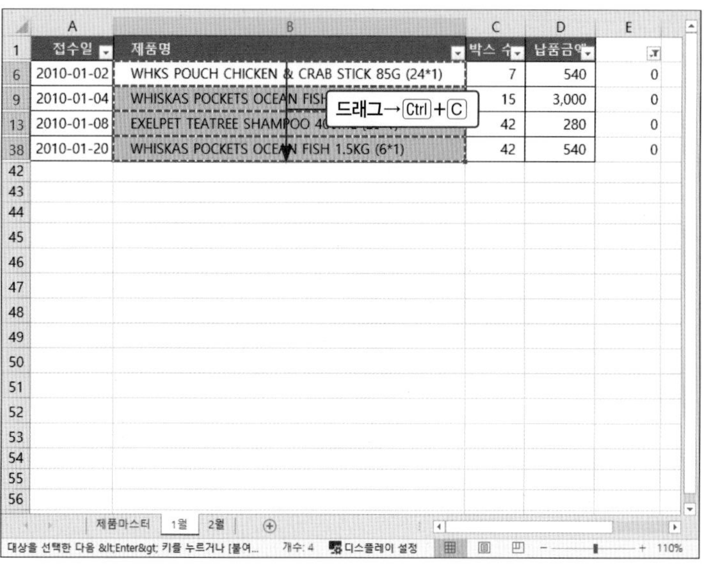


| | A | B | C | D | E |
|---|---|---|---|---|---|
| 1 | 접수일 | 제품명 | 박스 수 | 납품금액 | |
| 6 | 2010-01-02 | WHKS POUCH CHICKEN & CRAB STICK 85G (24*1) | 7 | 540 | 0 |
| 9 | 2010-01-04 | WHISKAS POCKETS OCEAN FISH | 15 | 3,000 | 0 |
| 13 | 2010-01-08 | EXELPET TEATREE SHAMPOO 4 | 42 | 280 | 0 |
| 38 | 2010-01-20 | WHISKAS POCKETS OCEAN FISH 1.5KG (6*1) | 42 | 540 | 0 |

**7** [제품마스터] 시트를 클릭하고 데이터 영역에 있는 하나의 셀(여기서는 C8셀)을 선택한 후 Ctrl+↓를 눌러 데이터가 입력된 마지막 행으로 이동합니다.

| | A | B | C | D | E |
|---|---|---|---|---|---|
| 1 | | | | 1월 | |
| 3 | User No | 유형 | 제품명 | 박스 수 | 납품금액 |
| 4 | 2901-00100 | 101 | WHISKAS CHICKEN & TUNA 190G (12*1) | 40Box | 3,040원 |
| 5 | 2901-00101 | 103 | WHKS POUCH MACKEREL & SALMON 85G (24*1) | 2Box | 100원 |
| 6 | 2901-00102 | 102 | WHKS POUCH MACKEREL & SHRIMP BALL 85G (24*1) | 0Box | 0원 |
| 7 | 2901-00104 | 101 | WHKS POUCH TUNA & FISH BALL 85G (24*1) | 38Box | 1,900원 |
| 8 | 2901-00106 | 103 | WHISKAS DRY OCEAN FISH 500G(15X1) | 186Box | 9,300원 |
| 9 | 2901-00107 | 104 | WHISKAS DRY OCEAN FISH 1.5KG(6X1) | 84Box | 4,200원 |
| 10 | 2901-00110 | 113 | WHISKAS KIT | 145Box | 7,280원 |
| 11 | 2901-00111 | 112 | WHISKAS KIT | 0Box | 0원 |
| 12 | 2901-00112 | 102 | EXELPET REGULAR SHAMPOO 400ML (23*1) | 40Box | 2,000원 |
| 13 | 2901-00114 | 104 | EXELPET MEDICATED SHAMPOO 250ML (24*1) | 8Box | 400원 |
| 14 | 2901-00115 | 103 | EXELPET ENZ STAIN & ODOR 250ML (24*1) | 1Box | 80원 |
| 15 | 2901-00116 | 101 | EXELPET PET DEODORANT SPRAY 225ML (24*1) | 164Box | 8,200원 |
| 16 | 2901-00117 | 102 | PED DENTABONE 18G (10*1) | 0Box | 0원 |
| 17 | 2901-00118 | 103 | PED DENTABONE 35G (9*1) | 4Box | 36원 |
| 18 | 2901-00119 | 112 | PED DELI BLUEBERRY & YOGURT 102G (36*1) | 19Box | 540원 |
| 19 | 2901-00120 | 101 | PED DELI BLUEBERRY & CHEESE 102G (36*1) | 69Box | 3,480원 |
| 20 | 2901-00121 | 122 | PED DELI BLUEBERRY & SASAMI 102G (36*1) | 82Box | 4,120원 |
| 21 | 2901-00122 | 133 | PEDIGREE DENTA-X 96G (36*1) | 0Box | 0원 |
| 22 | 2901-00123 | 102 | PED PUPPY ALPHAVITS BISCUIT 300G (10*1) | 24Box | 1,200원 |
| 23 | 2901-00124 | 105 | PED ADVANCE PUPPY 1.5KG | 4Box | 3,000원 |
| 24 | 2901-00125 | 101 | PED ADVANCE PUPPY 15KG | 22Box | 1,120원 |
| 25 | 2901-00126 | 102 | PED ADVANCE ADULT CHICKEN 1.5KG | 16Box | 800원 |
| 26 | 2901-00127 | 103 | PED ADVANCE PUPPY GROWTH 1.5KG (9*1) | 9Box | 480원 |

❶ 제품마스터 1월 2월

❷ 클릭→Ctrl+↓

디스플레이 설정 110%

**8** C47셀을 선택하고 Enter를 눌러 **6** 과정에서 복사한 내용을 붙여넣습니다.

| | C | D | E | F | G |
|---|---|---|---|---|---|
| 28 | PED ADVANCE LIGHT 1.5KG (9*1) | 27Box | 1,360원 | 0Box | 0원 |
| 29 | PED ADVANCE ENERGY 1.5KG (9*1) | 5Box | 280원 | 0Box | 0원 |
| 30 | PED ADVANCE ENERGY 20KG (1*1) | 16Box | 840원 | 21Box | 1,206원 |
| 31 | PED ADVANCE PUPPY 20KG (1*1) | 4Box | 200원 | 0Box | 0원 |
| 32 | PED PUPPY 8KG+PUPPY 2KG (1*1) | 7Box | 360원 | 0Box | 0원 |
| 33 | PED BEEF 8KG+BEEF 2KG (1*1) | 0Box | 0원 | 0Box | 0원 |
| 34 | PED PUPPY 3KG+PUPPY 500G (4*1) | 20Box | 1,000원 | 126Box | 1,417원 |
| 35 | PED BEEF 3.5KG+CHICKEN 500G (4*1) | 40Box | 2,000원 | 21Box | 1,667원 |
| 36 | PED CHICKEN 3.5KG+BEEF 500G (4*1) | 0Box | 0원 | 0Box | 0원 |
| 37 | PED TASTYBONE STATER PACK 110G (12*1) | 0Box | 0원 | 0Box | 0원 |
| 38 | WHKS KITTEN + CONTAINER 1.5KG (6*1) | 22Box | 1,100원 | 0Box | 0원 |
| 39 | WHKS POCKETS + CONTAINER 1.5KG (6*1) | 14Box | 700원 | 0Box | 0원 |
| 40 | PEDIGREE CHICKEN 3.5KG BEEF 2KG PACK (2*1) | 6Box | 300원 | 0Box | 0원 |
| 41 | PEDIGREE BEEF 3.5KG CHICKEN 2KG PACK (2*1) | 15Box | 760원 | 0Box | 0원 |
| 42 | PEDIGREE PUPPY COLLAR IN PACK 1.5KG (6*1) | 4Box | 240원 | 0Box | 0원 |
| 43 | PEDIGREE PUPPY LEASH IN PACK 3KG (4*1) | 52Box | 2,640원 | 42Box | 1,700원 |
| 44 | PED SENIOR ... G CAN (4*1) | 42Box | 2,120원 | 0Box | 0원 |
| 45 | CESAR BEEF& | 50Box | 2,500원 | 0Box | 0원 |
| 46 | CESAR BONUS PACK BEEF (4*1) | 142Box | 7,100원 | 0Box | 0원 |
| 47 | WHKS POUCH CHICKEN & CRAB STICK 85G (24*1) | | | | |
| 48 | WHISKAS POCKETS OCEAN FISH 500G (15*1) | | | | |
| 49 | EXELPET TEATREE SHAMPOO 400ML (23*1) | | | | |
| 50 | WHISKAS POCKETS OCEAN FISH 1.5KG (6*1) | | | | |
| 51 | | | | | |
| 52 | | | | | |

❶ 클릭→Enter

❷ 복사 확인

제품마스 개수: 4 디스플레이 설정 110%

**9** D46:G46 영역을 선택하고 G46셀의 자동 채우기 핸들을 더블클릭해서 나머지 행에도 함수식을 복사하세요.

| | C | D | E | F | G |
|---|---|---|---|---|---|
| 28 | PED ADVANCE LIGHT 1.5KG (9*1) | 27Box | 1,360원 | 0Box | 0원 |
| 29 | PED ADVANCE ENERGY 1.5KG (9*1) | 5Box | 280원 | 0Box | 0원 |
| 30 | PED ADVANCE ENERGY 20KG (1*1) | 16Box | 840원 | 21Box | 1,206원 |
| 31 | PED ADVANCE PUPPY 20KG (1*1) | 4Box | 200원 | 0Box | 0원 |
| 32 | PED PUPPY 8KG+PUPPY 2KG (1*1) | 7Box | 360원 | 0Box | 0원 |
| 33 | PED BEEF 8KG+BEEF 2KG (1*1) | 0Box | 0원 | 0Box | 0원 |
| 34 | PED PUPPY 3KG+PUPPY 500G (4*1) | 20Box | 1,000원 | 126Box | 1,417원 |
| 35 | PED BEEF 3.5KG+CHICKEN 500G (4*1) | 40Box | 2,000원 | 21Box | 1,667원 |
| 36 | PED CHICKEN 3.5KG+BEEF 500G (4*1) | 0Box | 0원 | 0Box | 0원 |
| 37 | PED TASTYBONE STATER PACK 110G (12*1) | 0Box | 0원 | 0Box | 0원 |
| 38 | WHKS KITTEN + CONTAINER 1.5KG (6*1) | 22Box | 1,100원 | 0Box | 0원 |
| 39 | WHKS POCKETS + CONTAINER 1.5KG (6*1) | 14Box | 700원 | 0Box | 0원 |
| 40 | PEDIGREE CHICKEN 3.5KG BEEF 2KG PACK (2*1) | 6Box | 300원 | 0Box | 0원 |
| 41 | PEDIGREE BEEF 3.5KG CHICKEN 2KG PACK (2*1) | 15Box | 760원 | 0Box | 0원 |
| 42 | PEDIGREE PUPPY COLLAR IN PACK 1.5KG (6*1) | 4Box | 240원 | 0Box | 0원 |
| 43 | PEDIGREE PUPPY LEASH IN PACK 3KG (4*1) | 52Box | 2[illegible] | [illegible]x | 1,700원 |
| 44 | PED SENIOR BF&CHEESE 3.5KG+400G CAN (4*1) | 42Box | 2[illegible] | [illegible]x | 0원 |
| 45 | CESAR BEEF&CHEESE100G (8X1) | 50Box | 2,500원 | 0Box | 0원 |
| 46 | CESAR BONUS PACK BEEF (4*1) | 142Box | 7,100원 | 0Box | 0원 |
| 47 | WHKS POUCH CHICKEN & CRAB STICK 85G (24*1) | 7Box | 540원 | 36Box | 1,630원 |
| 48 | WHISKAS POCKETS OCEAN FISH 500G (15*1) | 15Box | 3,000원 | 0Box | 0원 |
| 49 | EXELPET TEATREE SHAMPOO 400ML (23*1) | 42Box | 280원 | 21Box | 1,745원 |
| 50 | WHISKAS POCKETS OCEAN FISH 1.5KG (6*1) | 42Box | 540원 | 27Box | 753원 |
| 51 | | | | | |
| 52 | | | | | |

❶ 드래그 ❷ 더블클릭

제품마스터 | 1월 | 2월

평균: 796Box 개수: 20 합계: 15920Box 디스플레이 설정 110%

**10** 새로 추가해서 넣은 상품명에도 함수식을 복사했으면 D열 머리글을 클릭합니다. 상태 표시줄에서 2 과정에서 확인했던 [1월] 시트의 박스 수와 똑같이 합계가 '1544'로 바뀌었는지 확인하세요.

| | C | D | E | F | G |
|---|---|---|---|---|---|
| 28 | PED ADVANCE LIGHT 1.5KG (9*1) | 27Box | 1,360원 | 0Box | 0원 |
| 29 | PED ADVANCE ENERGY 1.5KG (9*1) | 5Box | 280원 | 0Box | 0원 |
| 30 | PED ADVANCE ENERGY 20KG (1*1) | 16Box | 840원 | 21Box | 1,206원 |
| 31 | PED ADVANCE PUPPY 20KG (1*1) | 4Box | 200원 | 0Box | 0원 |
| 32 | PED PUPPY 8KG+PUPPY 2KG (1*1) | 7Box | 360원 | 0Box | 0원 |
| 33 | PED BEEF 8KG+BEEF 2KG (1*1) | 0Box | 0원 | 0Box | 0원 |
| 34 | PED PUPPY 3KG+PUPPY 500G (4*1) | 20Box | 1,000원 | 126Box | 1,417원 |
| 35 | PED BEEF 3.5KG+CHICKEN 500G (4*1) | 40Box | 2,000원 | 21Box | 1,667원 |
| 36 | PED CHICKEN 3.5KG+BEEF 500G (4*1) | 0Box | 0원 | 0Box | 0원 |
| 37 | PED TASTYBONE STATER PACK 110G (12*1) | 0Box | 0원 | 0Box | 0원 |
| 38 | WHKS KITTEN + CONTAINER 1.5KG (6*1) | 22Box | 1,100원 | 0Box | 0원 |
| 39 | WHKS POCKETS + CONTAINER 1.5KG (6*1) | 14Box | 700원 | 0Box | 0원 |
| 40 | PEDIGREE CHICKEN 3.5KG BEEF 2KG PACK (2*1) | 6Box | 300원 | 0Box | 0원 |
| 41 | PEDIGREE BEEF 3.5KG CHICKEN 2KG PACK (2*1) | 15Box | 760원 | 0Box | 0원 |
| 42 | PEDIGREE PUPPY COLLAR IN PACK 1.5KG (6*1) | 4Box | 240원 | 0Box | 0원 |
| 43 | PEDIGREE PUPPY LEASH IN PACK 3KG (4*1) | 52Box | 2,640원 | 42Box | 1,700원 |
| 44 | PED SENIOR BF&CHEESE 3.5KG+400G CAN (4*1) | 42Box | 2,120원 | 0Box | 0원 |
| 45 | CESAR BEEF&CHEESE100G (8X1) | 50Box | 2,500원 | 0Box | 0원 |
| 46 | CESAR BONUS PACK BEEF (4*1) | 142Box | 7,100원 | 0Box | 0원 |
| 47 | WHKS POUCH CHICKEN & CRAB STICK 85G (24*1) | 7Box | 540원 | 36Box | 1,630원 |
| 48 | WHISKAS POCKETS OCEAN FISH 500G (15*1) | 15Box | 3,000원 | 0Box | 0원 |
| 49 | EXELPET TEATREE SHAMPOO 400ML (23*1) | 42Box | 280원 | 21Box | 1,745원 |
| 50 | WHISKAS POCKETS OCEAN FISH 1.5KG (6*1) | 42Box | 540원 | 27Box | 753원 |
| 51 | | | | | |
| 52 | | | | | |

❶ ❷ 확인

제품마스터 | 1월 | 2월

평균: 33Box 개수: 49 합계: 1544Box 디스플레이 설정 110%

**TIP**

데이터를 작업할 때 결과가 제대로 잘 나왔는지 항상 검토해야 합니다. 몇 개의 항목을 지정해서 결과를 직접 확인하고 지금처럼 두 개의 시트를 비교해서 작업한다면 양쪽을 따로 체크해서 확인해야 오류를 줄일 수 있습니다.

# 02 함수로 항목별 집계 자료를 만들자

많은 양의 자료가 입력된 데이터를 이용해서 건수, 합계, 평균 등의 통계 자료를 만들 때가 많습니다. 이런 경우에 COUNTIF, SUMIF, AVERAGEIF 등의 함수를 이용해서 주문 수량의 합과 평균 금액을 구하고 조건부 서식을 지정해 보겠습니다.

**주요 기능**

/ 중복된 항목 제거해 통계 자료 준비하기

/ 데이터 유효성 검사로 조건 데이터 준비하기

/ 함수로 주문과 관련된 집계 자료 만들기

/ 집계 자료에 서식 지정하기

CASE

# 01 중복된 항목 제거해 통계 자료 준비하기

◉ **예제파일** : 집계목록준비하기(준비).xlsx ◉ **완성파일** : 집계목록준비하기(완성).xlsx

**1** [판매내역] 시트에 입력된 수주 데이터를 이용해서 통계 자료를 만들기 위한 목록을 만들어 볼게요. E열 머리글을 클릭하여 E열 전체를 선택하고 Ctrl+C를 눌러 복사한 후 K열 머리글을 클릭하고 Enter를 눌러 붙여넣습니다.

| | D | E | F | G | H | I | J | K |
|---|---|---|---|---|---|---|---|---|
| 1 | 거래처 | 제품 분류 | 제품 이름 | 수량 | 단가 | 금액 | | |
| 2 | 협우 상사 ㈜ | | …과 통조림 | 51 | 1,590 | 81,090 | | |
| 3 | 협우 상사 ㈜ | | …선 건과(배) | 7 | 900 | 6,300 | | |
| 4 | 협우 상사 ㈜ | 가공 식품 | 유림 사과 통조림 | 42 | 1,320 | 55,440 | | |
| 5 | 한미 교역 ㈜ | 음료 | 태일 라이트 맥주 | 34 | 1,400 | 47,600 | | |
| 6 | 한미 교역 ㈜ | 가공 식품 | 대양 특선 건과(사두) | 80 | 105 | 8,400 | | |
| 7 | 경성 트레이딩 ㈜ | 가공 식품 | 대양 특선 건과(배) | 9 | 300 | 2,700 | | |
| 8 | 경성 트레이딩 ㈜ | 가공 식품 | 유림 사과 통조림 | 48 | 530 | 25,440 | | |
| 9 | 경성 트레이딩 ㈜ | 가공 식품 | 대양 특선 건과(자두) | 80 | 35 | 2,800 | | |
| 10 | 한미 교역 ㈜ | 음료 | 태일 라이트 맥주 | 34 | 1,400 | 47,600 | | |
| 11 | 한미 교역 ㈜ | 가공 식품 | 대양 특선 건과(자두) | 80 | 105 | 8,400 | | |
| 12 | 혜성 백화점 ㈜ | 음료 | 태양 100% 오렌지 주스 | 1 | 270 | 270 | | |
| 13 | 혜성 백화점 ㈜ | 음료 | 콜롬비아산 원두커피 | 43 | 920 | 39,560 | | |
| 14 | 경성 트레이딩 ㈜ | 가공 식품 | 대양 특선 건과(배) | 12 | 300 | 3,600 | | |
| 15 | 경성 트레이딩 ㈜ | 가공 식품 | 유림 사과 통조림 | 63 | 530 | 33,390 | | |
| 16 | 경성 트레이딩 ㈜ | 가공 식품 | 대양 특선 건과(자두) | 80 | 35 | 2,800 | | |
| 17 | 혜성 백화점 ㈜ | 음료 | 태양 100% 오렌지 주스 | 1 | 270 | 270 | | |
| 18 | 혜성 백화점 ㈜ | 음료 | 콜롬비아산 원두커피 | 43 | 920 | 39,560 | | |
| 19 | 삼화 상사 ㈜ | 과자류 | 신한 초콜릿 소스 | 19 | 276 | 5,244 | | |
| 20 | 삼화 상사 ㈜ | 과자류 | 신한 초콜릿 소스 | 10 | 350 | 3,500 | | |
| 21 | 경성 트레이딩 ㈜ | 과자류 | 신한 초콜릿 소스 | 19 | 184 | 3,496 | | |
| 22 | 광성 교역 ㈜ | 과자류 | 진미 트로피컬 캔디 | 48 | 128 | 6,120 | | |

❶ 클릭→Ctrl+C

❷ 클릭→Enter

**2** K열에 복사한 데이터에서 중복된 데이터를 제거하고 유일한 값만 남겨볼게요. K열 범위를 선택한 상태에서 [데이터] 탭-[데이터 도구] 그룹의 [중복된 항목 제거]를 클릭합니다.

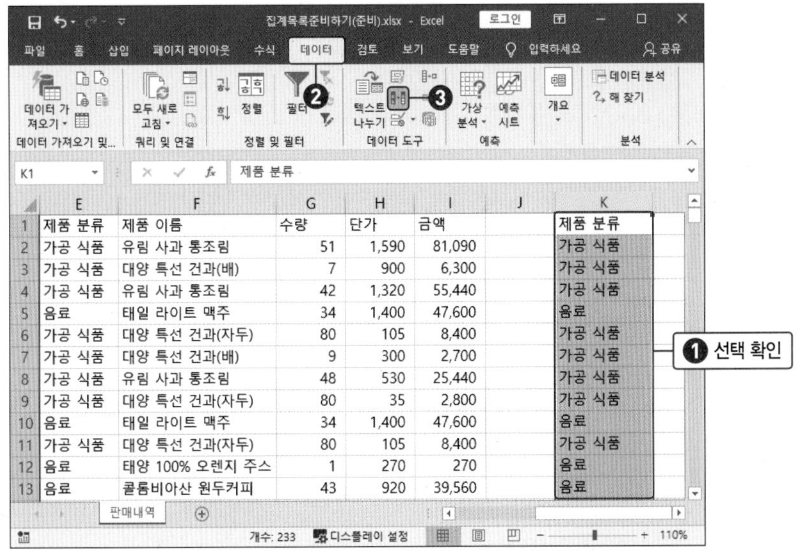

3 [중복 값 제거] 대화상자가 열리면 [모두 선택]과 '열' 목록에서 [열 K]가 선택되었는지 확인하고 [확인]을 클릭하세요.

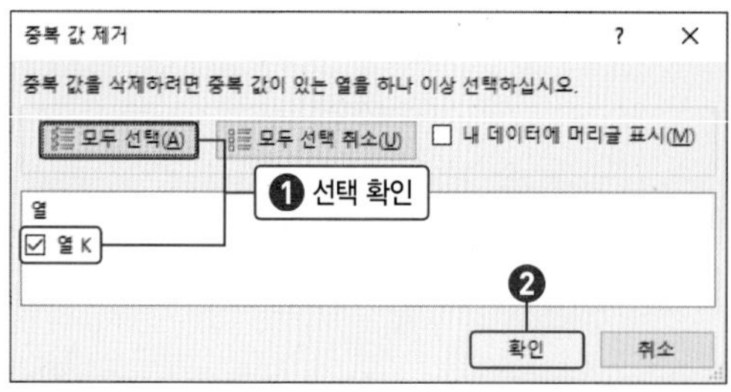


TIP
'열' 목록에서 선택된 K열을 기준으로 중복된 데이터가 있으면 모두 삭제하고 유일한 항목만 남깁니다.

4 전체 데이터 중에서 224개의 중복된 값을 제거하고 9개의 고유한 값만 남겼다는 메시지 창이 열리면 [확인]을 클릭합니다.

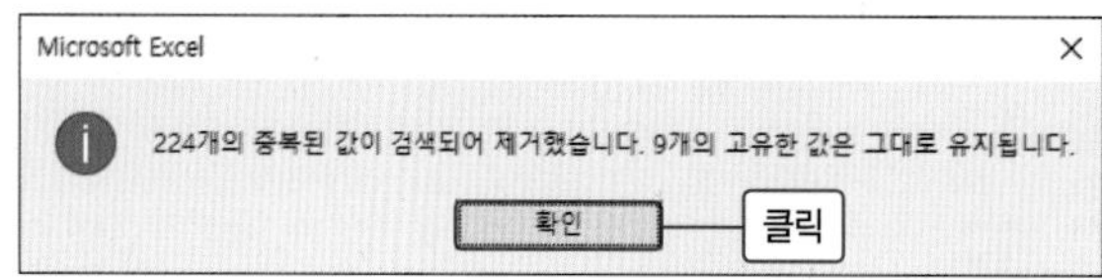


5 K열에 복사했던 '제품 분류' 항목에서 유일한 항목만 남고 중복된 값이 한 번에 제거되었는지 확인합니다. 이번에는 사원 목록을 이용하기 위해 C열 머리글을 클릭하고 Ctrl+C를 눌러 복사하세요.

**6** N열 머리글을 클릭하고 Enter를 눌러 복사한 데이터를 붙여넣은 후 [데이터] 탭-[데이터 도구] 그룹에서 [중복된 항목 제거]를 클릭합니다.

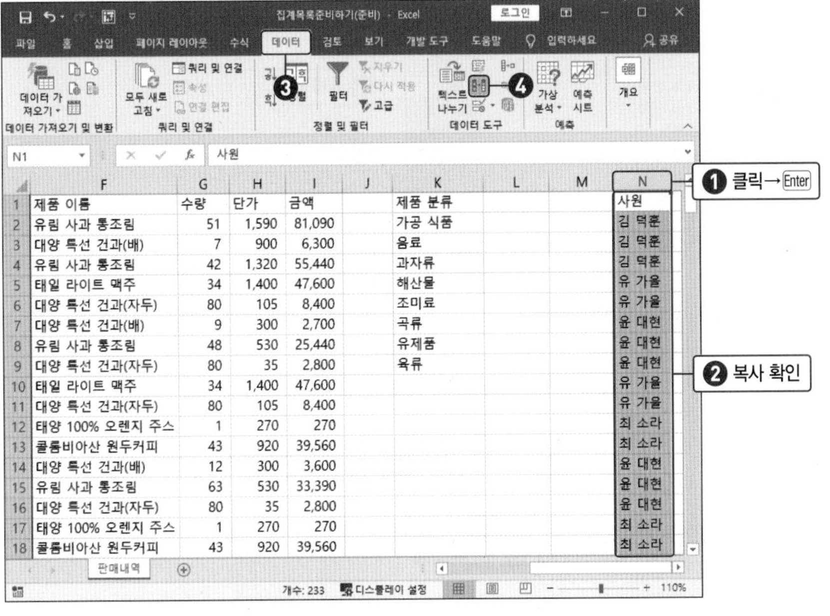


**TIP**
붙여넣을 데이터 영역을 L열로 지정하면 연속된 K열에 입력된 데이터까지 함께 중복 제거 영역으로 자동 인식합니다. 따라서 좌우 열에 데이터가 입력되지 않은 빈 열을 대상으로 선택하는 것이 좋습니다.

**7** [중복 값 제거] 대화상자가 열리면 [모두 선택]과 '열' 목록에서 [열 N]이 선택되었는지 확인하고 [확인]을 클릭하세요.

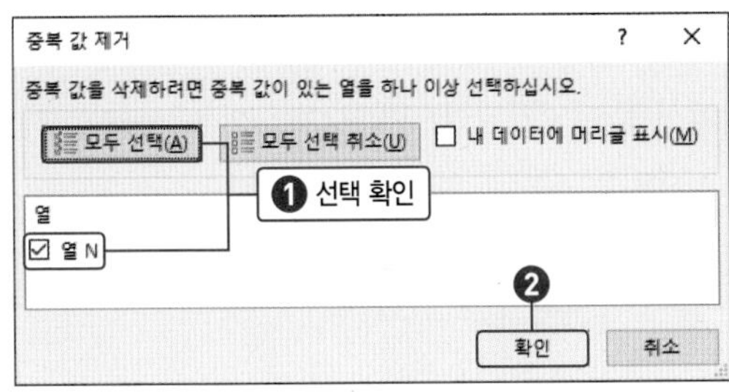


**8** 전체 데이터 중에서 224개의 중복된 값을 제거하고 9개의 고유한 값만 남겼다는 메시지 창이 열리면 [확인]을 클릭합니다.

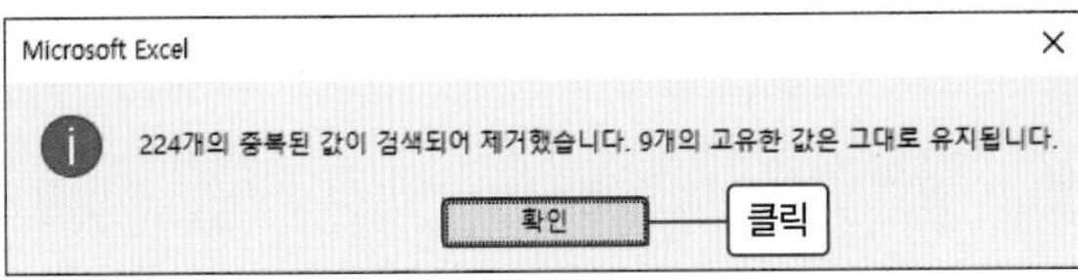

**9** 중복 데이터가 제거된 '사원' 항목에서 N1셀을 선택하고 Delete를 눌러 삭제합니다. N열에 있는 하나의 데이터 셀(여기서는 N4셀)을 클릭하고 Ctrl+A를 눌러 선택한 셀을 기준으로 N열에서 연속된 전체 범위를 선택한 후 Ctrl+C를 누르세요.

**10** L1셀에서 마우스 오른쪽 단추를 클릭하고 '붙여넣기 옵션'에서 [행/열 바꿈]()을 클릭합니다.

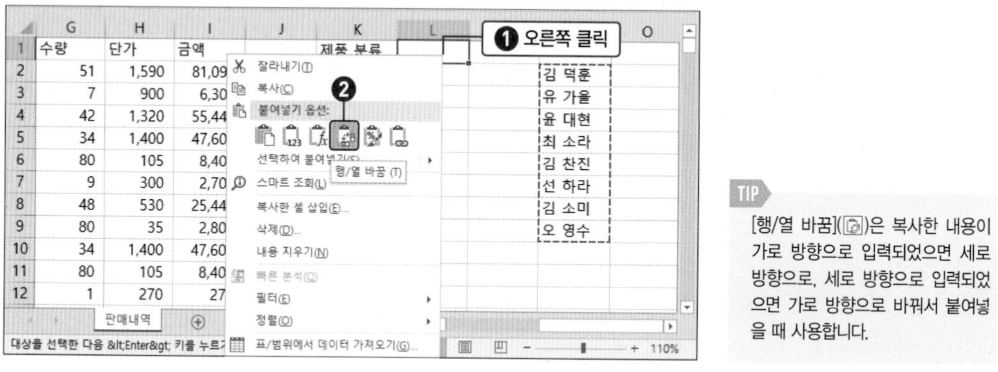


> **TIP**
> [행/열 바꿈]()은 복사한 내용이 가로 방향으로 입력되었으면 세로 방향으로, 세로 방향으로 입력되었으면 가로 방향으로 바꿔서 붙여넣을 때 사용합니다.

**11** 범위로 선택한 사원 목록이 가로 방향으로 바뀌어서 붙여넣기되었으면 N2:N9 영역을 드래그해서 범위를 선택하고 Delete를 눌러 삭제합니다.

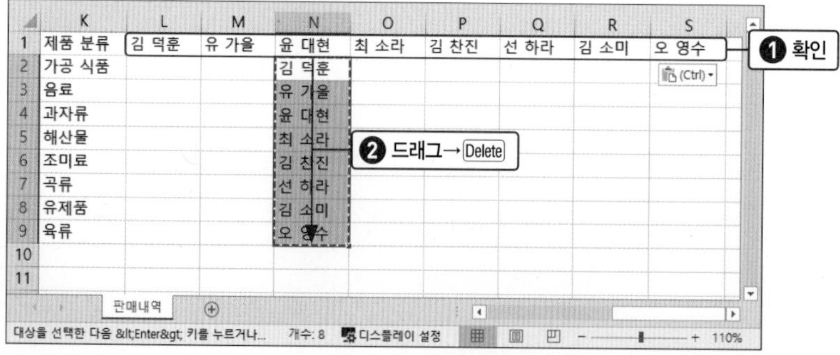

**12** 입력된 데이터 영역에 있는 하나의 셀(여기서는 N1셀)을 클릭하고 Ctrl+A를 눌러 선택한 셀을 기준으로 연속된 전체 범위를 선택한 후 Ctrl+X를 누릅니다.

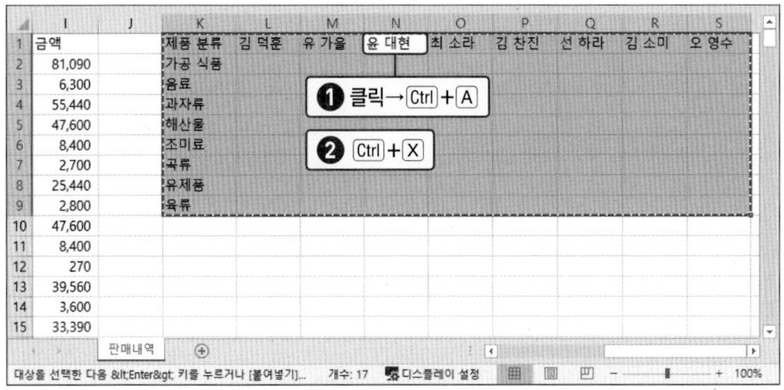


**13** K3셀을 선택하고 Enter를 눌러 이전 단계에서 잘라낸 데이터를 붙여넣습니다.

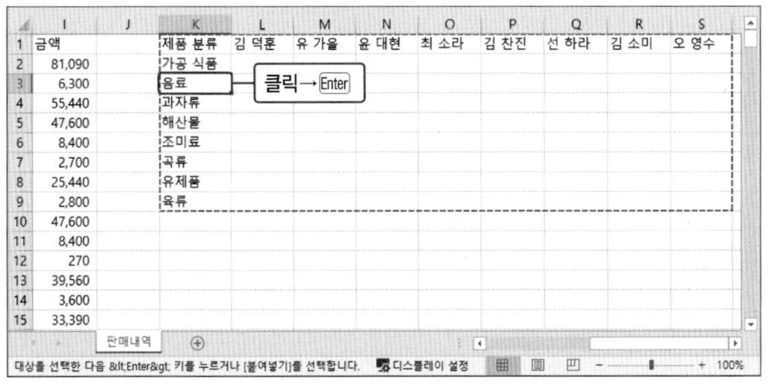


**14** K1셀에 『주문월』을 입력하고 Enter를 누릅니다. 전체 주문 내역에서 L1셀에 원하는 월을 입력하면 해당 월에 주문한 제품 분류별로 각 사원의 합계, 개수, 평균 등의 통계 자료를 만들기 위한 준비 작업을 마친 것입니다.

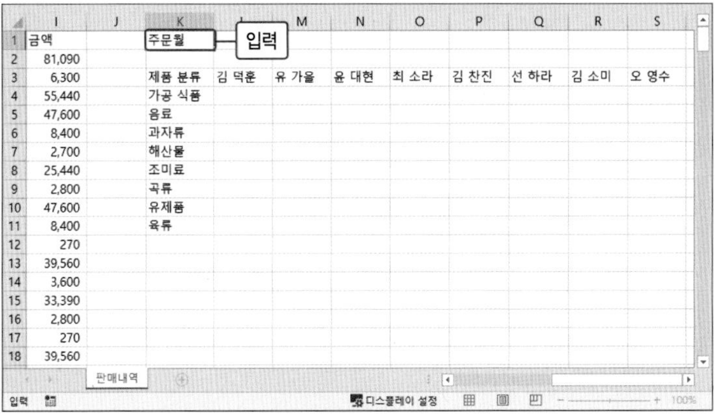

# 데이터 유효성 검사로 조건 데이터 준비하기

◉ **예제파일** : 조건데이터준비하기(준비).xlsx ◉ **완성파일** : 조건데이터준비하기(완성).xlsx

**1** 집계 자료를 만들 데이터 영역에 사용할 조건을 쉽게 처리하도록 데이터를 수정해 볼게요. [판매내역] 시트에서 L1셀에 원하는 월을 매번 입력하기가 불편하므로 목록을 자동으로 표시할 것입니다. U1셀에 『1월』을 입력하고 U1셀의 자동 채우기 핸들을 U12셀까지 드래그해서 연속된 데이터를 입력합니다.

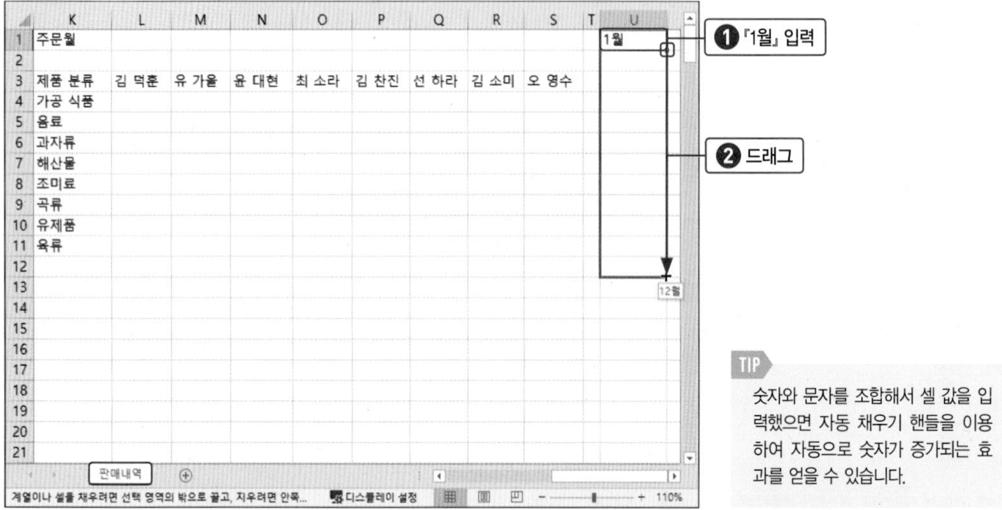


TIP

숫자와 문자를 조합해서 셀 값을 입력했으면 자동 채우기 핸들을 이용하여 자동으로 숫자가 증가되는 효과를 얻을 수 있습니다.

**2** L1셀을 선택하고 [데이터] 탭-[데이터 도구] 그룹에서 [데이터 유효성 검사]를 클릭합니다.

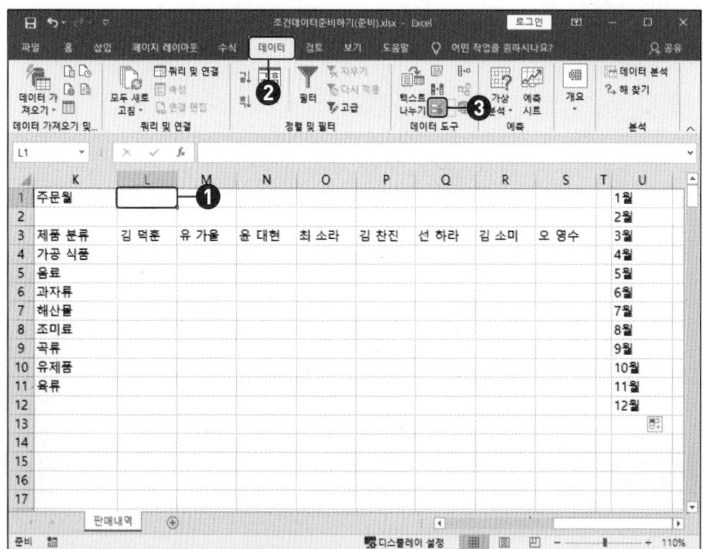

**3** [데이터 유효성] 대화상자의 [설정] 탭이 열리면 '제한 대상'에서 [목록]을 선택합니다. '원본'의 입력 상자를 클릭하여 커서를 올려놓고 U1:U12 영역을 드래그해서 '=$U$1:$U$12'를 지정한 후 [확인]을 클릭합니다.

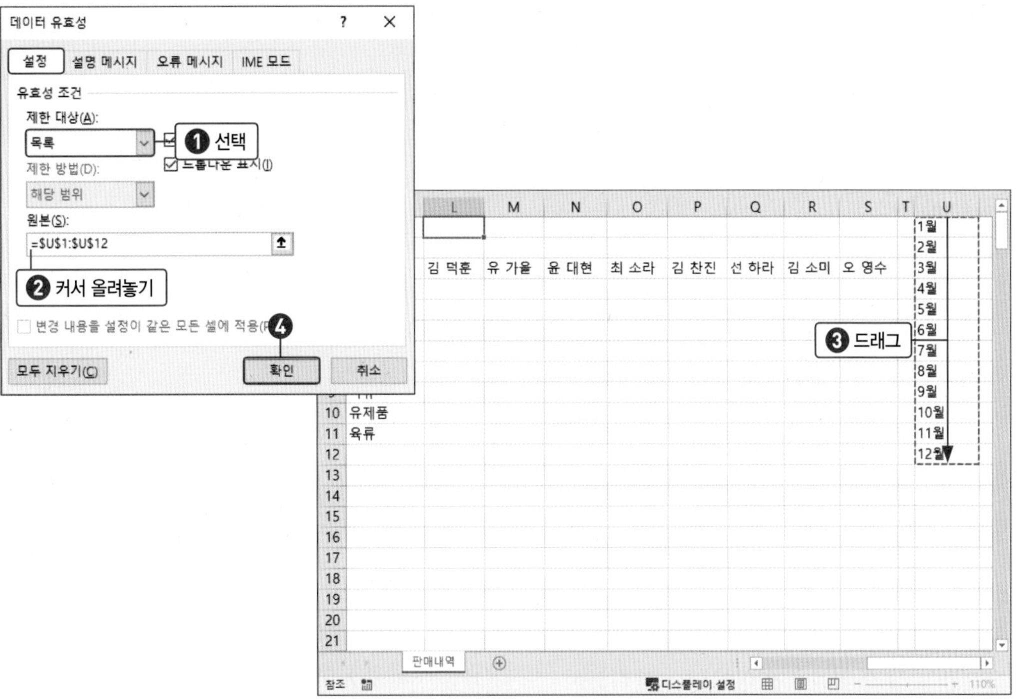


**4** L1셀의 목록 단추(▾)를 클릭하고 U1:U12 영역에 입력된 데이터가 목록으로 표시되는지 확인합니다. U열 머리글을 클릭하여 U열 전체를 선택하고 선택 영역에서 마우스 오른쪽 단추를 클릭한 후 [숨기기]를 선택합니다.

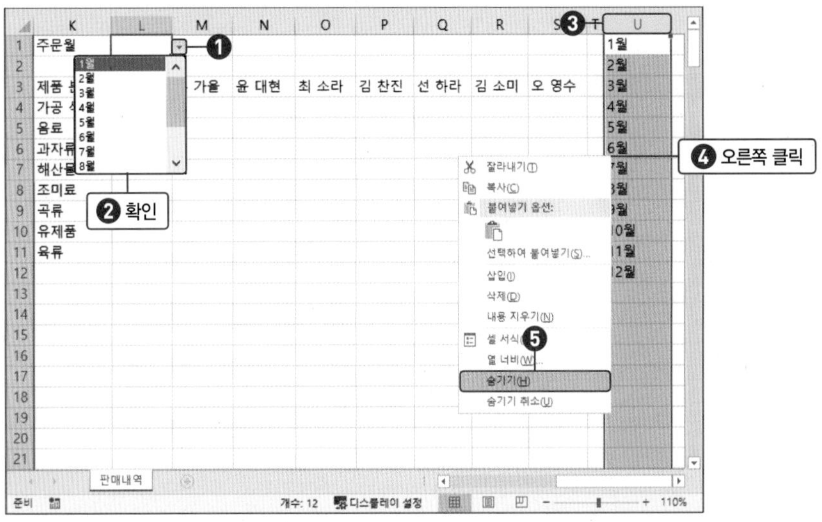

**5** L1셀의 목록 단추(▾)를 클릭하면 U1:U12 영역에 입력된 내용이 목록에는 표시되지만, 화면에는 보이지 않게 숨겨진 것을 확인할 수 있습니다.

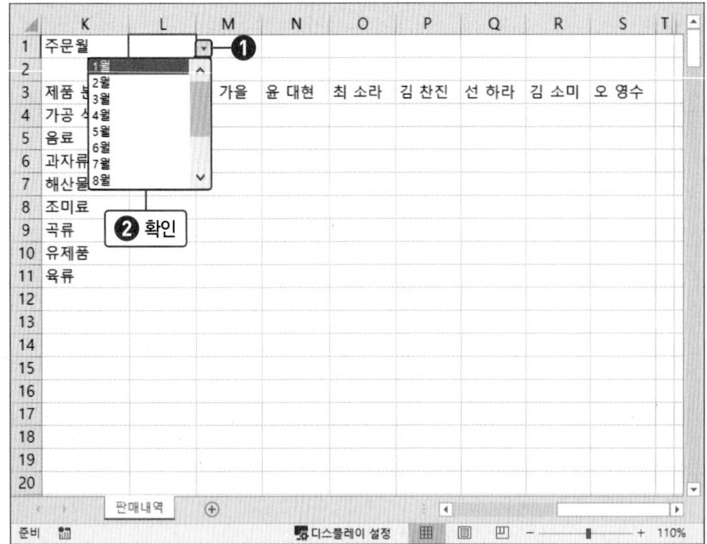


**TIP** L1셀을 선택해야 L1셀의 목록 단추(▾)가 표시됩니다.

**6** L1셀에서 조회할 월을 선택하면 B열에 입력된 주문일과 같은지 비교해야 하는데, B열에는 날짜 전체가 입력되어 있고 L1셀에는 월만 표시되어 있어서 서로 비교할 수가 없습니다. 서로 비교 가능한 상태를 만들기 위해 C열 머리글을 클릭하여 C열 전체를 선택하고 선택 영역에서 마우스 오른쪽 단추를 클릭한 후 [삽입]을 선택하세요.

**7** 새로 삽입한 열에서 C2셀에 함수식 『=MONTH(B2)&"월"』을 입력하고 Enter를 눌러 함수식을 완성합니다.

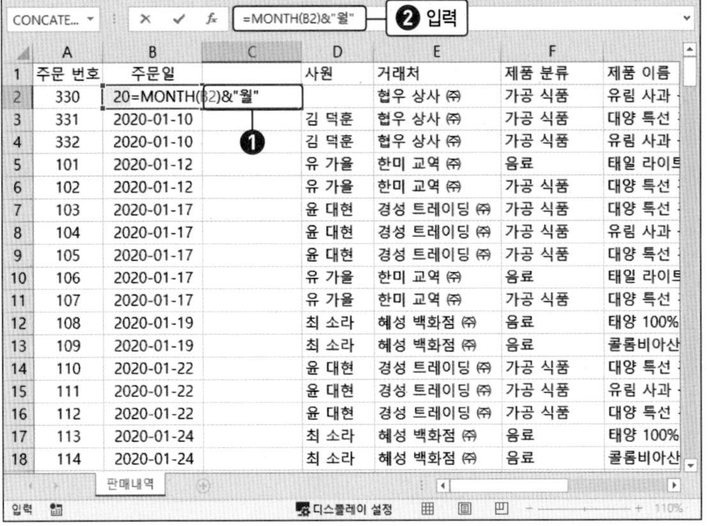


**함수식 설명**

**=MONTH(B2)&"월"**

MONTH 함수는 지정한 B2셀의 날짜에서 월만 빼서 사용하는 함수입니다. 이때 '1', '2' 등의 값이 나타나면 '&'를 이용해서 해당 값의 뒤에 '월'을 추가하여 같은 형태로 비교할 수 있게 '1월', '2월'과 같이 표시합니다.

**8** C2셀에 주문월을 구했으면 C2셀의 자동 채우기 핸들을 더블클릭해서 나머지 행에도 함수식을 복사합니다. 이렇게 B열에 입력된 주문일과 비교하는 게 아니라 월만 뺀 C열과 비교해야 원하는 결과를 얻을 수 있어요.

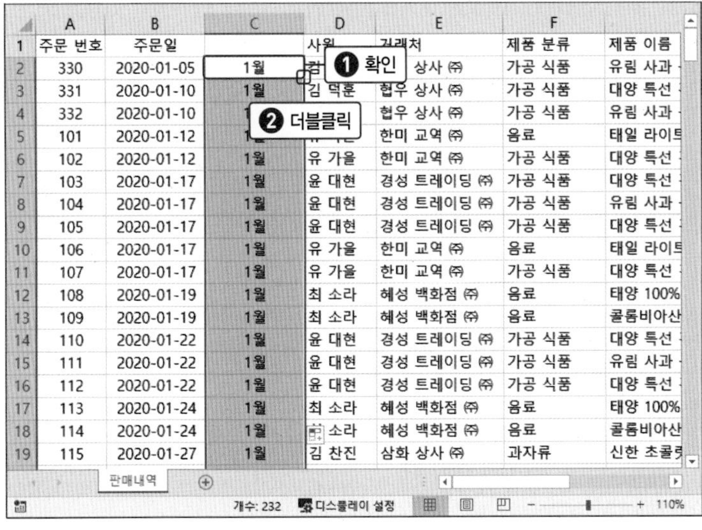

CASE

# 03 함수로 주문과 관련된 집계 자료 만들기

◉ **예제파일** : 집계자료만들기(준비).xlsx ◉ **완성파일** : 집계자료만들기(완성).xlsx

**1** [판매내역] 시트에서 M1셀의 목록 단추(▾)를 클릭하여 1월부터 12월까지의 목록을 표시한 후 원하는 월을 선택하면 선택한 월에 주문한 제품 분류별, 사원별 주문건수가 몇 개인지 알아볼게요. 여기서는 [2월]을 선택하세요.

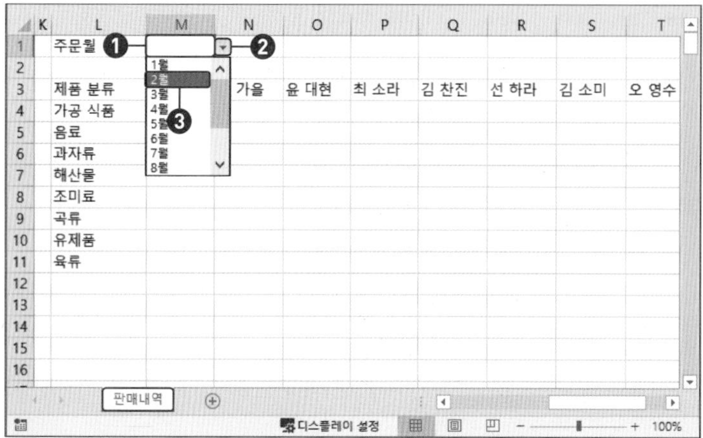

**2** 함수식을 작성할 M4셀을 선택하고 『=COU』를 입력한 후 함수 목록에서 [COUNTIFS]를 더블클릭합니다.

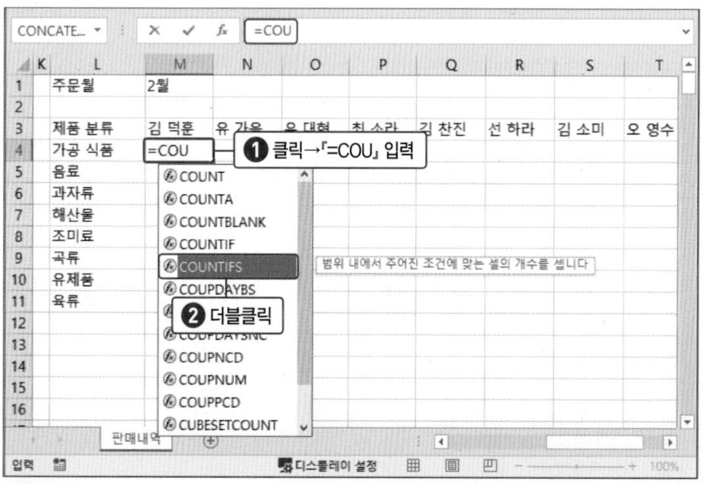


TIP

조건에 만족하는 개수를 셀 경우에는 COUNTIF 함수를 이용합니다. 하지만 여기서는 분류 항목과 사원 이름, 주문월까지 모두 세 가지 조건을 만족해야 하므로 하나 이상의 조건을 처리하는 COUNTIFS 함수를 사용해야 합니다.

**3** COUNTIFS 함수의 첫 번째 인수로 제품 분류가 같은 값을 찾아볼게요. 조건을 비교할 대상으로 F열 머리글을 클릭하고 F4를 눌러 절대 참조로 바꾼 후 『,』를 입력해서 함수식 '=COUNTIFS($F:$F,'를 작성합니다.

M4 =COUNTIFS($F:$F,

| | F | G | H | I | J | K | L | M | N |
|---|---|---|---|---|---|---|---|---|---|
| 1 | 제품 분류 | 제품 이름 | 수량 | 단가 | 금액 | | 주문월 | 2월 | |
| 2 | | …림 사과 통조림 | 51 | 1,590 | 81,090 | | | | |
| 3 | | …양 특선 건과(배) | 7 | 900 | 6,300 | | 제품 분류 | 김 덕훈 | 유 가을 |
| 4 | 가공 식품 | 유림 사과 통조림 | 42 | 1,320 | 55,440 | | 가공 식품 | =COUNTIFS($F:$F, | |
| 5 | 음료 | 태일 라이트 맥주 | 34 | 1,400 | 47,600 | | 음료 | | |
| 6 | 가공 식품 | 대양 특선 건과(자두) | 80 | 105 | 8,400 | | 과자류 | | |
| 7 | 가공 식품 | 대양 특선 건과(배) | 9 | 300 | 2,700 | | 해산물 | | |
| 8 | 가공 식품 | 유림 사과 통조림 | 48 | 530 | 25,440 | | 조미료 | | |
| 9 | 가공 식품 | 대양 특선 건과(자두) | 80 | 35 | 2,800 | | 곡류 | | |
| 10 | 음료 | 태일 라이트 맥주 | 34 | 1,400 | 47,600 | | 유제품 | | |
| 11 | 가공 식품 | 대양 특선 건과(자두) | 80 | 105 | 8,400 | | 육류 | | |
| 12 | 음료 | 태양 100% 오렌지 주스 | 1 | 270 | 270 | | | | |
| 13 | 음료 | 콜롬비아산 원두커피 | 43 | 920 | 39,560 | | | | |
| 14 | 가공 식품 | 대양 특선 건과(배) | 12 | 300 | 3,600 | | | | |
| 15 | 가공 식품 | 유림 사과 통조림 | 63 | 530 | 33,390 | | | | |
| 16 | 가공 식품 | 대양 특선 건과(자두) | 80 | 35 | 2,800 | | | | |
| 17 | 음료 | 태양 100% 오렌지 주스 | 1 | 270 | 270 | | | | |
| 18 | 음료 | 콜롬비아산 원두커피 | 43 | 920 | 39,560 | | | | |
| 19 | 과자류 | 신한 초콜릿 소스 | 19 | 276 | 5,244 | | | | |

❶ 클릭→F4
❷ 『,』 입력

TIP
조건을 비교할 데이터가 1행부터 입력되어 있고 데이터의 위쪽에 다른 값이 없어서 조건에 영향을 미치지 않기 때문에 열 전체를 대상으로 지정했습니다. 하지만 상황에 따라 데이터의 위쪽에 숫자나 다른 값이 있어서 조건에 문제가 발생할 수 있으면 실제 데이터 영역을 직접 드래그해서 지정해야 합니다.

**4** 두 번째 인수를 지정하기 위해 조건 값으로 찾을 제품이 입력된 L4셀을 선택하고 F4를 세 번 누릅니다. '=COUNTIFS($F:$F,$L4'와 같이 표시되었으면 『,』를 입력해서 함수식 '=COUNTIFS($F:$F,$L4,'를 작성합니다.

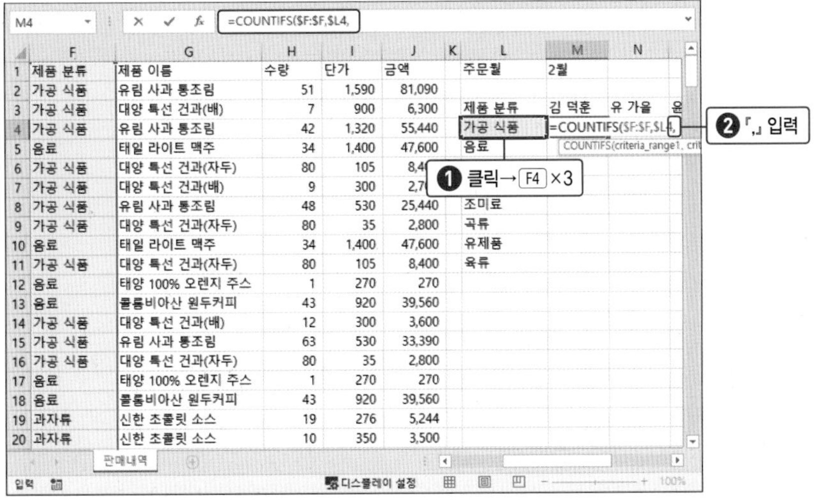
M4 =COUNTIFS($F:$F,$L4,

| | F | G | H | I | J | K | L | M | N |
|---|---|---|---|---|---|---|---|---|---|
| 1 | 제품 분류 | 제품 이름 | 수량 | 단가 | 금액 | | 주문월 | 2월 | |
| 2 | 가공 식품 | 유림 사과 통조림 | 51 | 1,590 | 81,090 | | | | |
| 3 | 가공 식품 | 대양 특선 건과(배) | 7 | 900 | 6,300 | | 제품 분류 | 김 덕훈 | 유 가을 |
| 4 | 가공 식품 | 유림 사과 통조림 | 42 | 1,320 | 55,440 | | 가공 식품 | =COUNTIFS($F:$F,$L4, | |
| 5 | 음료 | 태일 라이트 맥주 | 34 | 1,400 | 47,600 | | 음료 | | |
| 6 | 가공 식품 | 대양 특선 건과(자두) | 80 | 105 | 8,4… | | | | |
| 7 | 가공 식품 | 대양 특선 건과(배) | 9 | 300 | 2,7… | | | | |
| 8 | 가공 식품 | 유림 사과 통조림 | 48 | 530 | 25,440 | | 조미료 | | |
| 9 | 가공 식품 | 대양 특선 건과(자두) | 80 | 35 | 2,800 | | 곡류 | | |
| 10 | 음료 | 태일 라이트 맥주 | 34 | 1,400 | 47,600 | | 유제품 | | |
| 11 | 가공 식품 | 대양 특선 건과(자두) | 80 | 105 | 8,400 | | 육류 | | |
| 12 | 음료 | 태양 100% 오렌지 주스 | 1 | 270 | 270 | | | | |
| 13 | 음료 | 콜롬비아산 원두커피 | 43 | 920 | 39,560 | | | | |
| 14 | 가공 식품 | 대양 특선 건과(배) | 12 | 300 | 3,600 | | | | |
| 15 | 가공 식품 | 유림 사과 통조림 | 63 | 530 | 33,390 | | | | |
| 16 | 가공 식품 | 대양 특선 건과(자두) | 80 | 35 | 2,800 | | | | |
| 17 | 음료 | 태양 100% 오렌지 주스 | 1 | 270 | 270 | | | | |
| 18 | 음료 | 콜롬비아산 원두커피 | 43 | 920 | 39,560 | | | | |
| 19 | 과자류 | 신한 초콜릿 소스 | 19 | 276 | 5,244 | | | | |
| 20 | 과자류 | 신한 초콜릿 소스 | 10 | 350 | 3,500 | | | | |



TIP
함수식을 아래쪽 방향으로 복사했을 때 가공 식품이 '음료'로, '과자류'로 바뀌어야 합니다. 하지만 행 방향으로는 셀 주소가 바뀌어야 하지만, 함수식을 오른쪽으로 복사했을 때는 항상 L열로 고정되어 있어야 하므로 '$L4'로 열 고정 방식을 지정한 것입니다.

**5** 세 번째 인수로 사원 이름을 비교해 볼게요. 비교 대상으로 D열 머리글을 클릭하고 F4를 눌러 절대 참조로 바꾼 후 『,』를 입력해서 함수식 '=COUNTIFS($F:$F,$L4,$D:$D,'를 작성합니다.

TIP

어떤 사원을 찾더라도 찾을 비교 영역은 항상 같아야 하므로 절대 참조로 변경한 것입니다.

**6** 찾을 사원 이름이 지정된 M3셀을 선택하고 F4를 두 번 눌러 'M$3'으로 바꾼 후 『,』를 입력해서 함수식 '=COUNTIFS($F:$F,$L4,$D:$D,M$3,'를 작성합니다.

TIP

이번에는 반대로 작성한 함수식을 오른쪽 방향으로 복사했을 때 '김덕훈'이 '유가을'로, '윤대현'으로, '최소라'로 바뀌어야 합니다. 이 경우 열 방향으로는 셀 주소가 바뀌어야 하지만, 수식을 아래쪽 방향으로 복사했을 때는 항상 M열로 고정되어 있어야 하므로 3행으로 행 고정 방식을 지정한 것입니다.

**7** 다섯 번째 인수로 주문월을 비교해 볼게요. C열 머리글을 클릭하고 F4를 눌러 절대 참조로 바꾼 후 『,』를 입력해서 함수식 '=COUNTIFS($F:$F,$L4,$D:$D,M$3,$C:$C,'를 작성합니다.

> **TIP**
> 몇 월에 주문한 데이터를 찾더라도 찾을 비교 영역은 항상 같아야 하므로 절대 참조한 것입니다.

**8** 찾을 월이 지정된 M1셀을 선택하고 F4를 눌러 함수식 '=COUNTIFS($F:$F,$L4,$D:$D,M$3,$C:$C,$M$1'을 작성한 후 Enter를 눌러 함수식을 완성합니다.

**함수식 설명**

**=COUNTIFS($F:$F,$L4,$D:$D,M$3,$C:$C,$M$1)**

**← 형식 COUNTIFS(첫 번째 비교 대상,조건,두 번째 비교 대상,조건,세 번째 비교 대상,조건,…)**

COUNTIFS 함수는 조건에 만족하는 개수를 셀 때 사용 함수로, 첫 번째 조건으로 F열이 L4셀과 같고, 두 번째 조건은 D열이 M3셀과 같습니다. 그리고 세 번째 조건은 C열이 M1셀과 같아야 하는 세 가지 조건을 모두 만족하는 개수를 세는 것입니다.

**9** M4셀에 김덕훈의 2월 가공식품 주문건수를 구했으면 M4셀의 자동 채우기 핸들을 더블클릭해서 나머지 제품에도 함수식을 복사합니다. 범위가 설정된 상태에서 그대로 M11셀의 자동 채우기 핸들을 T11셀까지 드래그해서 함수식을 복사합니다.

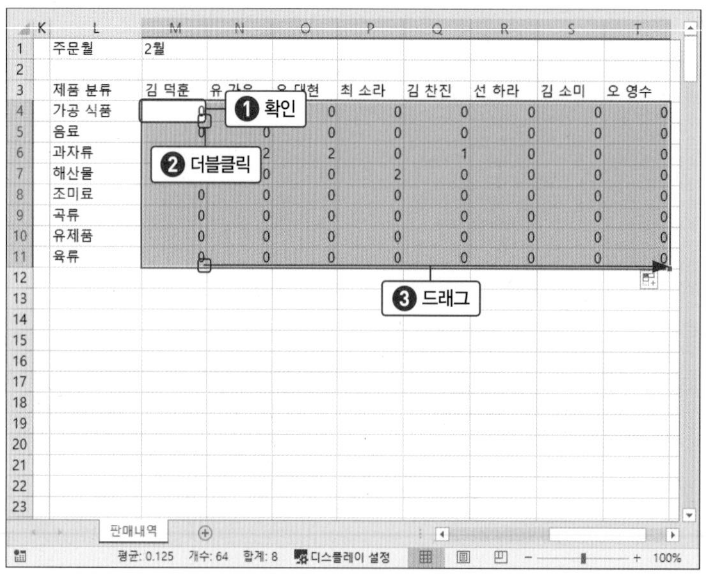


**10** M1셀을 선택하고 목록 단추(▾)를 클릭한 후 원하는 다른 월을 선택하면 해당 월에 주문한 내역으로 데이터 주문건수가 표시되는 것을 확인할 수 있어요.

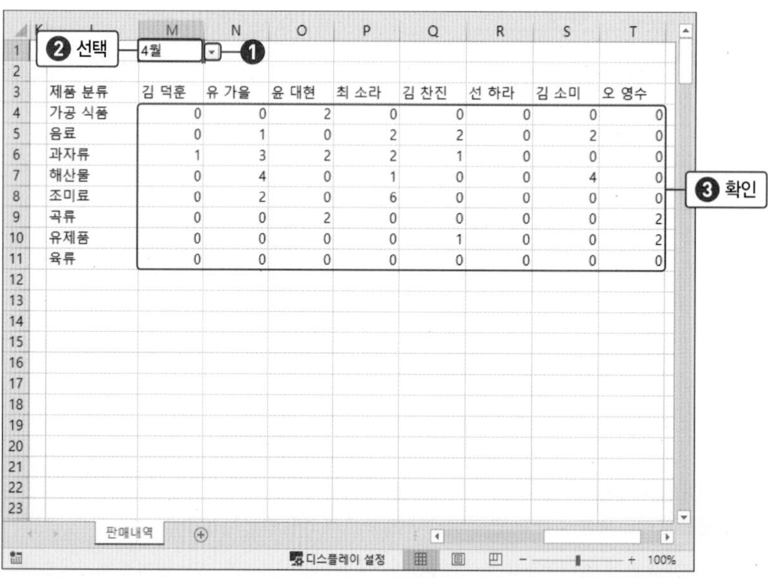

**11** 주문건수가 아닌 주문 수량의 합을 구해볼게요. M4셀을 더블클릭하여 함수식을 표시하고 『=SUMIFS($H:$H,$F:$F,$L4,$D:$D,M$3,$C:$C,$M$1)』로 수정한 후 Enter를 누릅니다.

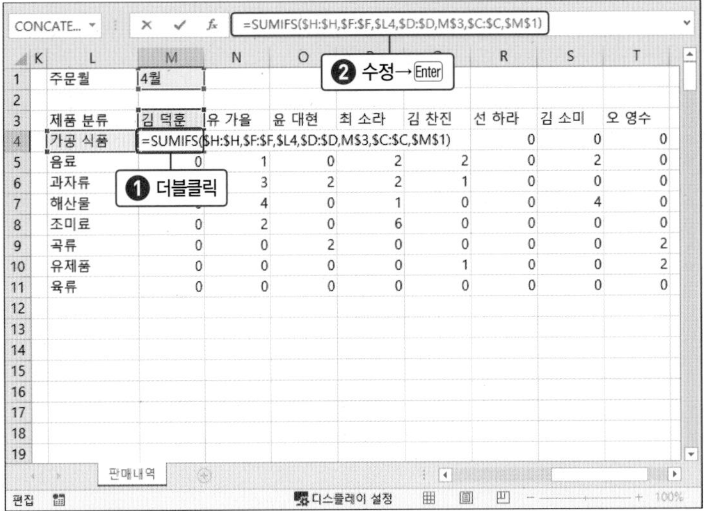


**함수식 설명**

**=SUMIFS($H:$H,$F:$F,$L4,$D:$D,M$3,$C:$C,$M$1)**

**← 형식 =SUMIFS(합을 구할 대상,첫 번째 비교 대상,조건,두 번째 비교 대상,조건,세 번째 비교 대상, 조건,…)**

SUMIFS 함수는 여러 조건을 만족하는 값만의 합을 구할 때 사용하는 함수로, COUNTIF 함수와 동일하고 맨 앞에 합계를 구할 대상 영역이 하나 추가되는 것만 다릅니다. 따라서 함수식 '=SUMIFS($H:$H,$F:$F,$L4,$D:$D,M$3,$C:$C,$M$1)'은 이전 COUNTIFS 함수와 조건은 같지만, H열인 '수량' 항목의 합계를 구합니다.

**12** M4셀에 김덕훈의 4월 가공식품의 주문 수량 합계를 구했으면 M4셀의 자동 채우기 핸들을 더블클릭해서 나머지 제품에도 함수식을 복사합니다. 범위가 설정된 상태에서 그대로 M11셀의 자동 채우기 핸들을 T11셀까지 드래그해서 함수식을 복사합니다.

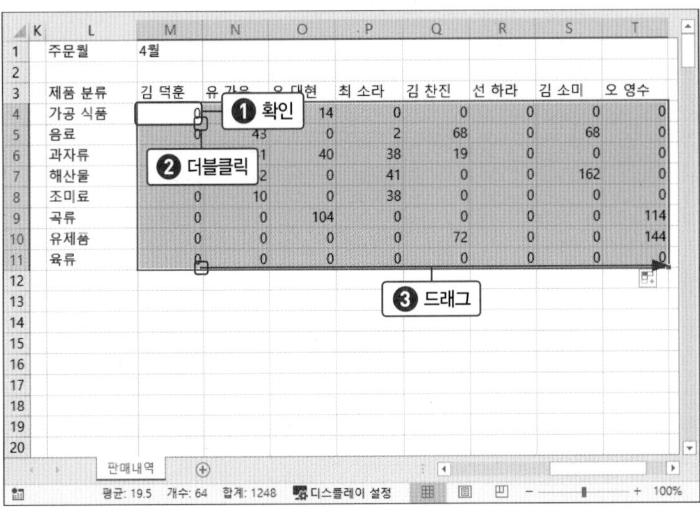

**13** 이번에는 주문건수가 아닌 주문 수량의 평균을 구해볼게요. M4셀의 함수식을 『=AVERAGEIFS($H:$H,$F:$F,$L4,$D:$D,M$3,$C:$C,$M$1)』로 수정하고 Enter를 누릅니다.

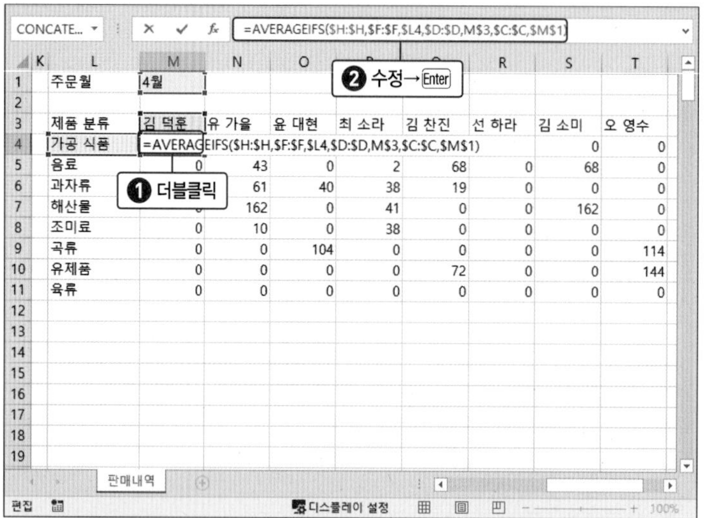

CONCATE... | =AVERAGEIFS($H:$H,$F:$F,$L4,$D:$D,M$3,$C:$C,$M$1)

| | K | L | M | N | O | P | Q | R | S | T |
|---|---|---|---|---|---|---|---|---|---|---|
| 1 | | 주문월 | 4월 | | | | | | | |
| 2 | | | | | | | | | | |
| 3 | | 제품 분류 | 김 덕훈 | 유 가을 | 윤 대현 | 최 소라 | 김 찬진 | 선 하라 | 김 소미 | 오 영수 |
| 4 | | 가공 식품 | =AVERAGEIFS($H:$H,$F:$F,$L4,$D:$D,M$3,$C:$C,$M$1) | | | | | | 0 | 0 |
| 5 | | 음료 | 0 | 43 | 0 | 2 | 68 | 0 | 68 | 0 |
| 6 | | 과자류 | | 61 | 40 | 38 | 19 | 0 | 0 | 0 |
| 7 | | 해산물 | | 162 | 0 | 41 | 0 | 0 | 162 | 0 |
| 8 | | 조미료 | 0 | 10 | 0 | 38 | 0 | 0 | 0 | 0 |
| 9 | | 곡류 | 0 | 0 | 104 | 0 | 0 | 0 | 0 | 114 |
| 10 | | 유제품 | 0 | 0 | 0 | 0 | 72 | 0 | 0 | 144 |
| 11 | | 육류 | 0 | 0 | 0 | 0 | 0 | 0 | 0 | 0 |



**함수식 설명**

**=AVERAGEIFS($H:$H,$F:$F,$L4,$D:$D,M$3,$C:$C,$M$1)**

**← 형식 =AVERAGEIFS(평균을 구할 대상,첫 번째 비교 대상,조건,두 번째 비교 대상,조건,세 번째 비교 대상,조건,…)**

AVERAGEIFS 함수는 여러 조건을 만족하는 값만의 평균을 구할 때 사용하는 함수로, SUMIFS 함수처럼 맨 앞에 평균을 구할 대상 영역이 하나 추가됩니다. 따라서 이 함수식은 COUNTIFS 함수와 조건은 같지만, H열인 '수량' 항목의 평균을 구합니다.

**14** 평균을 구했지만, 대상이 없어서 결과 값을 나눌 수 없기 때문에 M4셀에 '#DIV/0!' 오류가 표시되었습니다.

| | K | L | M | N | O | P | Q | R | S | T |
|---|---|---|---|---|---|---|---|---|---|---|
| 1 | | 주문월 | 4월 | | | | | | | |
| 2 | | | | | | | | | | |
| 3 | | 제품 분류 | 김 덕훈 | 유 가을 | 윤 대현 | 최 소라 | 김 찬진 | 선 하라 | 김 소미 | 오 영수 |
| 4 | | 가공 식품 | #DIV/0! | 0 | 14 | 0 | 0 | 0 | 0 | 0 |
| 5 | | 음료 | 0 | 43 | 0 | 2 | 68 | 0 | 68 | 0 |
| 6 | | 과자류 | 48 | 61 | 40 | 38 | 19 | 0 | 0 | 0 |
| 7 | | 해산물 | | 162 | 0 | 41 | 0 | 0 | 162 | 0 |
| 8 | | 조미료 | | 10 | 0 | 38 | 0 | 0 | 0 | 0 |
| 9 | | 곡류 | 0 | 0 | 104 | 0 | 0 | 0 | 0 | 114 |
| 10 | | 유제품 | 0 | 0 | 0 | 0 | 72 | 0 | 0 | 144 |
| 11 | | 육류 | 0 | 0 | 0 | 0 | 0 | 0 | 0 | 0 |

**15** M4셀을 더블클릭하여 함수식을 표시하고 『=IFERROR(AVERAGEIFS($H:$H,$F:$F,$L4,$D:$D,M$3,$C:$C,$M$1),0)』으로 수정한 후 Enter를 누르세요. 그러면 M4셀의 '#DIV/0!' 오류 표시가 '0'으로 바뀐 것을 확인할 수 있습니다.

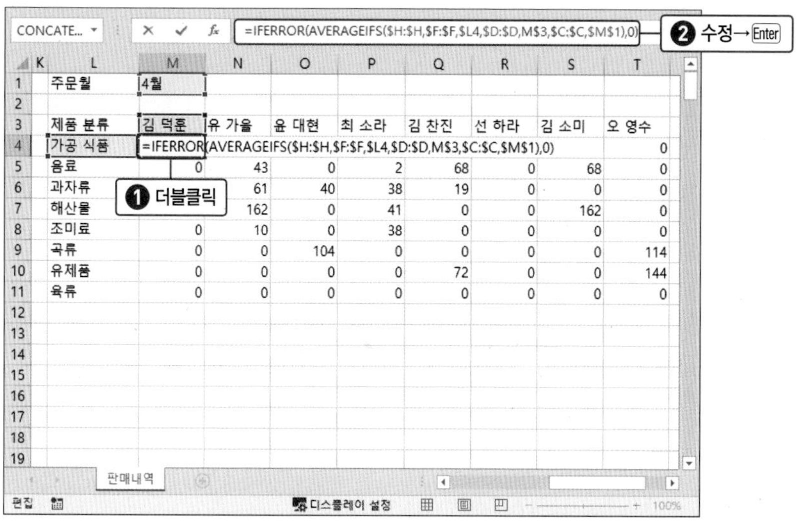


**함수식 설명**

**=IFERROR(AVERAGEIFS($H:$H,$F:$F,$L4,$D:$D,M$3,$C:$C,$M$1),0)**

**← 형식 =IFERROR(오류인지 확인할 대상,오류 대신 표시할 값)**

함수식을 실행한 결과값으로 셀에 '#DIV/0!' 오류 메시지가 표시되었으면 나누기를 했을 때 나눌 대상이 없어서 문제가 발생했다는 뜻입니다. 해당 조건에 만족하는 대상이 하나도 없을 수 있어서 오류 발생이 당연하지만, 보기에는 좋지 않기 때문에 오류 메시지 대신 다른 값으로 대체하기 위해 IFERROR 함수를 사용합니다. 대상이 오류이면 원하는 다른 값을 대신해서 표시할 수 있는데, 여기서는 AVERAGEIFS 함수를 실행한 결과가 오류이면 '0'으로 대체해서 표시합니다.

**16** M4셀에 김덕훈의 4월 가공식품의 주문 수량 평균을 구했으면 M4셀의 자동 채우기 핸들을 더블클릭해서 나머지 제품에도 함수식을 복사합니다. 범위가 설정된 상태에서 그대로 M11셀의 자동 채우기 핸들을 T11셀까지 드래그해서 함수식을 복사합니다.

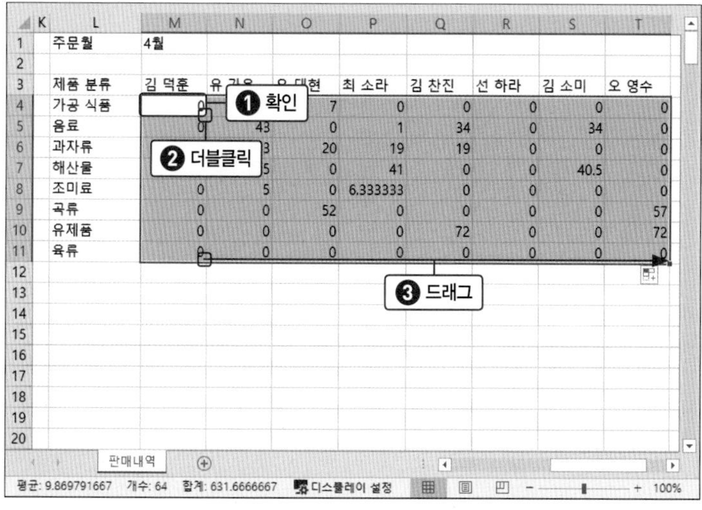

# 집계 자료에 서식 지정하기

◉ **예제파일** : 서식지정하기(준비).xlsx ◉ **완성파일** : 서식지정하기(완성).xlsx

**1** [판매내역] 시트에 작성한 집계 자료를 별도의 다른 시트에 옮겨볼게요. L1:T11 영역을 선택하고 Ctrl+X를 눌러 잘라낸 후 [새 시트] 단추(⊕)를 클릭합니다.

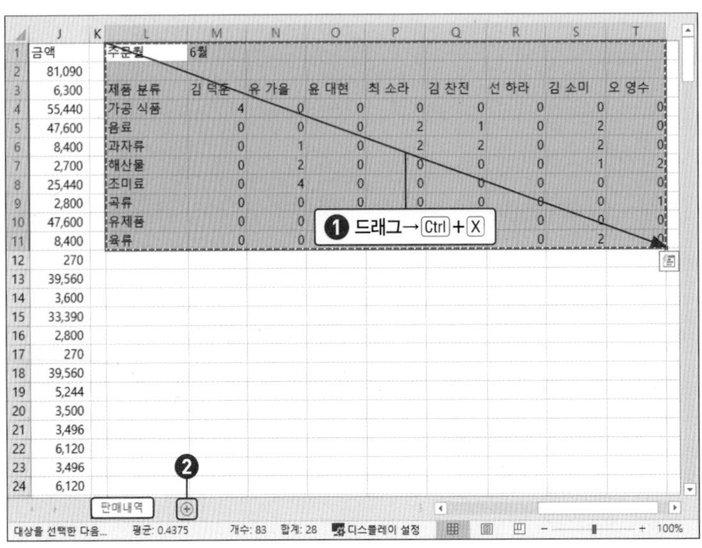


**2** 새로운 [Sheet1] 시트가 추가되면 [Sheet1] 시트 탭을 더블클릭해서 시트 이름을 '집계자료'로 변경합니다. A1셀을 선택하고 Enter를 눌러 잘라낸 데이터를 붙여넣습니다.

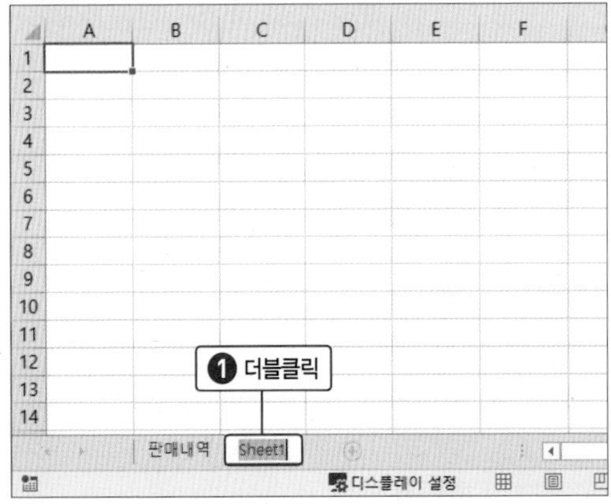

**3** 붙여넣은 데이터 중에서 수식이 작성된 특정 셀(여기서는 B4셀)을 더블클릭하여 함수식을 표시합니다. '=COUNTIFS(판매내역!$F:$F,$A4,판매내역!$D:$D,B$3,판매내역!$C:$C,$B$1)'과 같이 기존에 작성한 함수식의 셀 주소 앞에 참조하는 시트 이름이 자동으로 표시된 것을 확인하고 Esc를 누르세요.

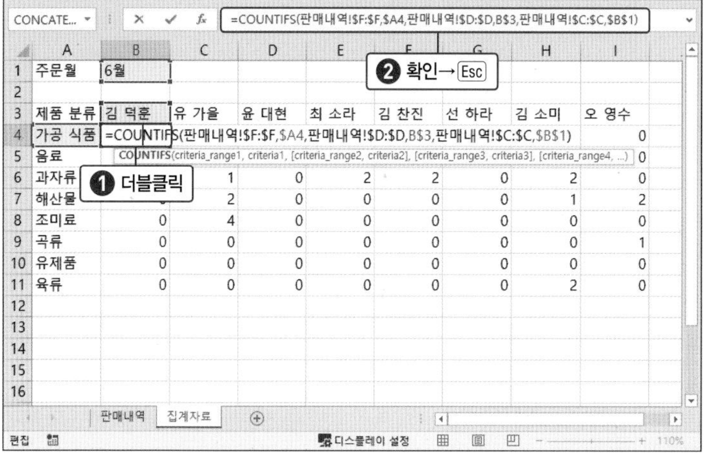


**TIP**

처음부터 다른 시트에서 함수식을 작성하면 매번 시트 이름을 지정해서 함수식을 만들어야 합니다. 함수식 작성이 익숙하지 않으면 지금처럼 같은 시트에서 함수식을 작성한 후 완성된 결과를 잘라내서 다른 시트로 옮기세요. 그러면 조금 쉽게 함수식을 작성할 수 있어요.

**4** 이번에는 주문월을 지정하는 B1셀을 선택하고 목록 단추(▾)를 클릭해도 목록이 나타나지 않습니다. 처음 B1셀에 데이터 유효성 검사를 지정할 때 연결했던 데이터는 [판매내역] 시트에 있는 데이터이기 때문에 새로 연결하려면 [데이터] 탭-[데이터 도구] 그룹에서 [데이터 유효성 검사]를 클릭하세요.

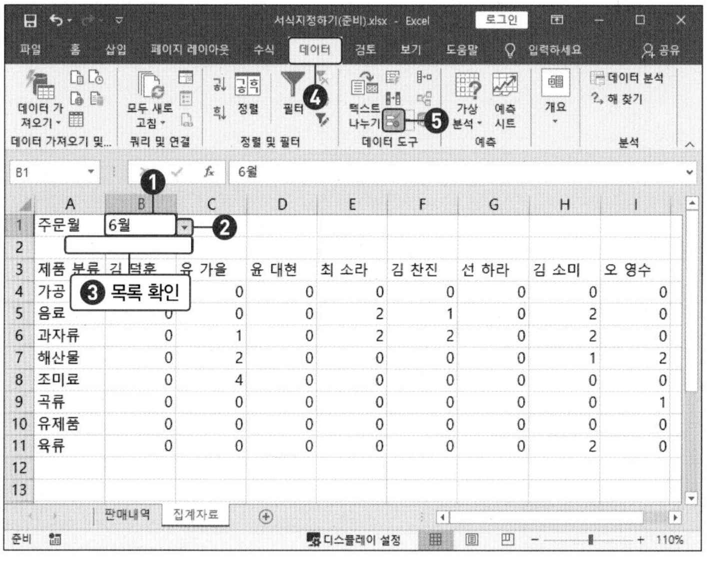

**5** [데이터 유효성] 대화상자가 열리면 [설정] 탭의 '원본'에 지정된 데이터 영역 '=$V$1:$V$12'에 『=판매내역!$V$1:$V$12』와 같이 참조할 데이터가 입력된 시트 이름 '판매내역!'를 추가한 후 [확인]을 클릭합니다.

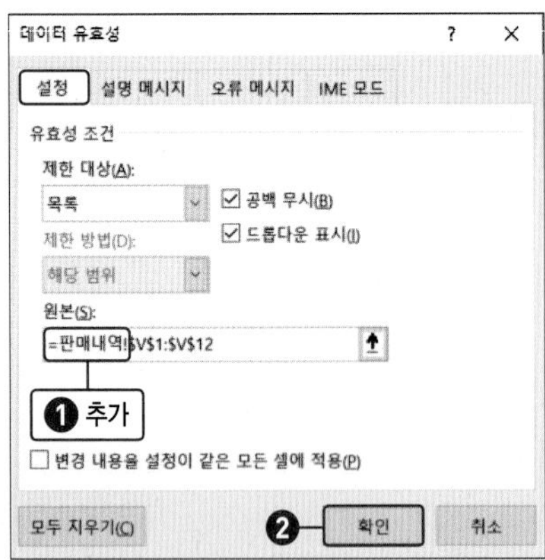


TIP

참조할 데이터가 작업하는 시트가 아니라 다른 시트인 경우에는 셀 주소의 앞에 '=시트명!'를 지정해야 합니다. 이때 같은 파일이 아니라 다른 파일의 시트라면 '=[파일명.확장자]시트명!셀 주소'와 같이 표시하세요.

- **동일 시트의 셀 참조 →** =A4
- **다른 시트의 셀 참조 →** =판매내역!A4
- **다른 파일의 셀 참조 →** =[D:\DATA\매출.XLSX]판매내역!A4

**6** B1셀의 목록 단추(▾)를 클릭하면 월 목록이 표시됩니다. 이 데이터는 [판매내역] 시트의 V1:V12 영역의 데이터가 연결되어 있는 것입니다.

**7** 표시된 데이터건수에 표시 형식을 지정해 볼게요. B4셀을 선택하고 Ctrl+Shift+End를 눌러 숫자 데이터의 범위를 설정한 후 Ctrl+1을 누릅니다.

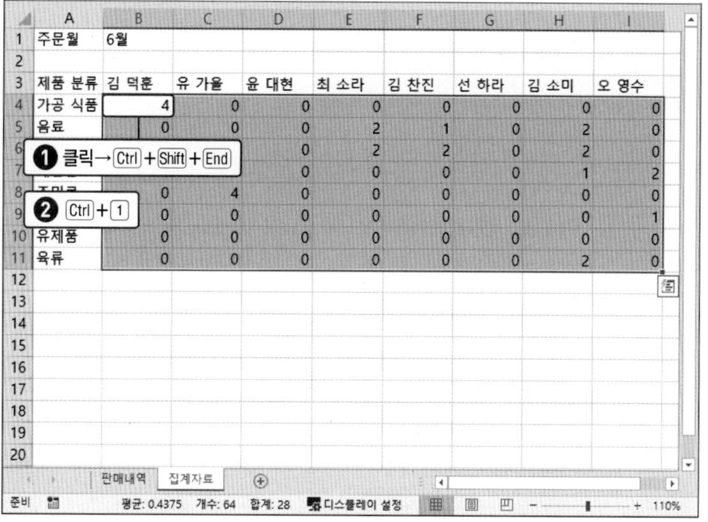


**TIP**

Ctrl+Shift+End는 현재 선택된 셀부터 데이터가 입력된 마지막 셀까지 자동으로 범위를 설정할 때 사용합니다. Ctrl+End는 셀 포인터만 끝 셀로 이동하고 범위를 설정하지 않습니다.

**8** [셀 서식] 대화상자의 [표시 형식] 탭이 열리면 [사용자 지정] 범주를 선택하고 '형식'에 『0건_-』를 입력한 후 [확인]을 클릭합니다.

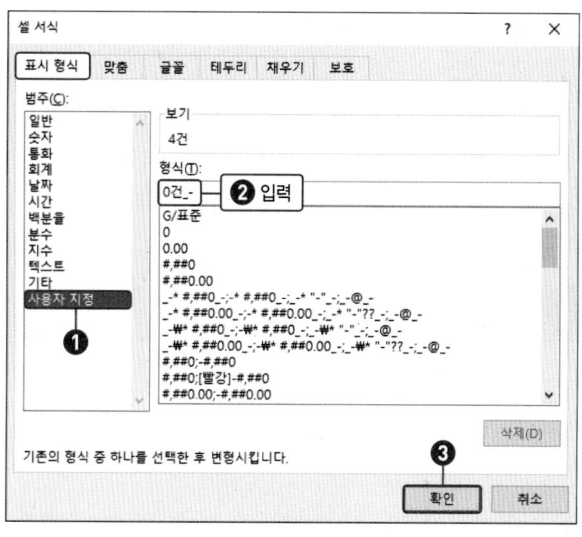


**TIP**

'0건_-'은 0의 위치에 셀에 입력된 숫자를 표시하는데, 0일 경우에는 0을 그대로 표시합니다. 해당 숫자의 뒤에 '건'을 표시하고 '_-'를 표기하여 값의 뒤에 공백을 한 칸 표시합니다.

**9** 숫자의 뒤에 '건'이 표시되었으면 데이터 영역에 있는 하나의 셀을 선택하고 [홈] 탭-[스타일] 그룹에서 [표 서식]을 클릭합니다. 다양한 표 서식 목록이 표시되면 '밝게'에서 [빨강, 표 스타일 밝게 10]을 선택하세요.

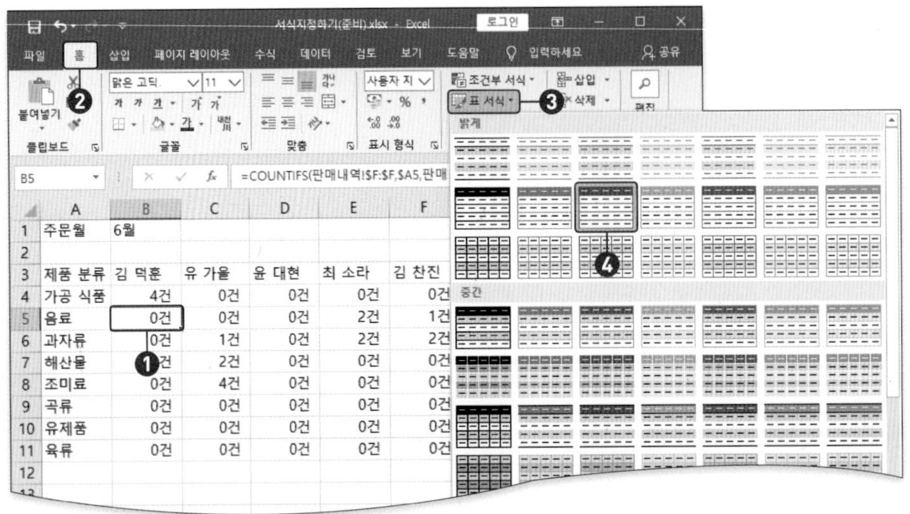


**10** [표 서식] 대화상자의 '표에 사용할 데이터를 지정하십시오.'에 설정된 데이터 영역으로 자동 확장되어 지정됩니다. [머리글 포함]에 체크되었는지 확인하고 [확인]을 클릭하세요.

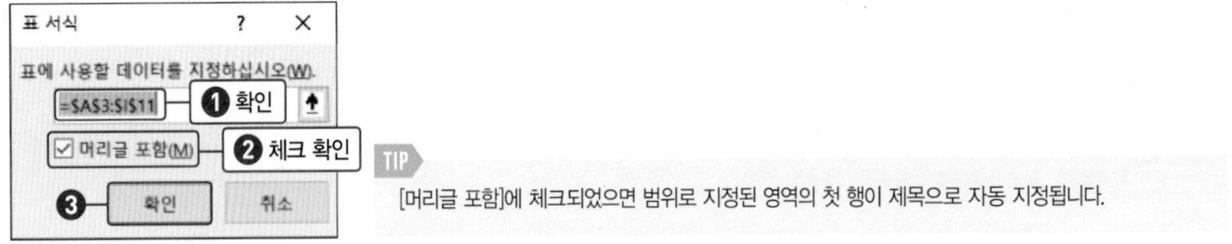


TIP
[머리글 포함]에 체크되었으면 범위로 지정된 영역의 첫 행이 제목으로 자동 지정됩니다.

**11** 데이터 영역에 테두리, 글꼴, 색상 등의 표 서식이 자동으로 설정되었으면 [표 도구]의 [디자인] 탭-[도구] 그룹에서 [범위로 변환]을 클릭합니다.

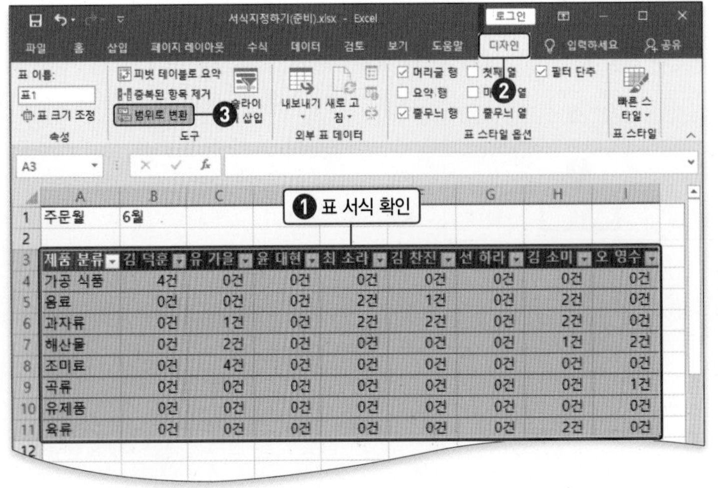


TIP
[표 도구]의 [디자인] 탭-[표 스타일] 그룹을 이용하면 선택한 디자인을 다른 디자인으로 바꿀 수 있습니다.

## 12 '표를 정상 범위로 변환하시겠습니까?'라는 메시지 창이 열리면 [예]를 클릭합니다.

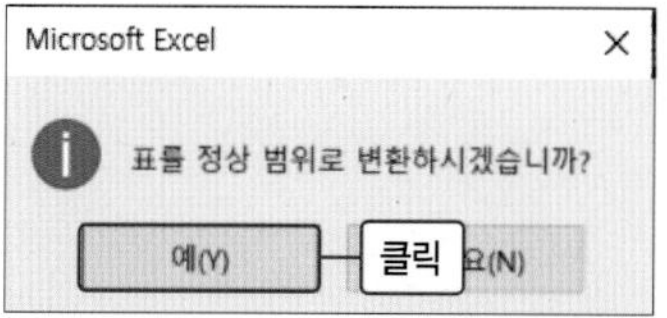


**TIP**

'표 서식' 기능을 지정하면 데이터는 단순히 테두리와 글꼴 같은 디자인만 설정되는 것이 아니라 자동 필터 등의 다양한 기능이 함께 적용됩니다.

## 13 표 서식이 해제되면서 표 디자인만 남았는지 확인합니다.

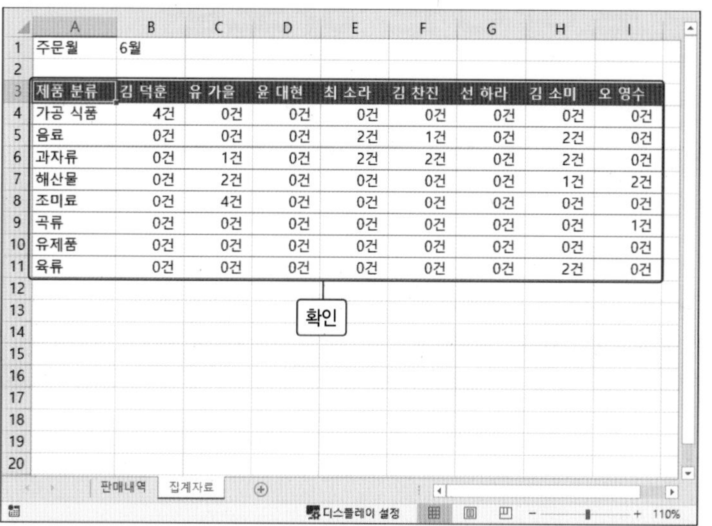

| | A | B | C | D | E | F | G | H | I |
|---|---|---|---|---|---|---|---|---|---|
| 1 | 주문월 | 6월 | | | | | | | |
| 2 | | | | | | | | | |
| 3 | 제품 분류 | 김 덕훈 | 유 가을 | 윤 대현 | 최 소라 | 김 찬진 | 선 하라 | 김 소미 | 오 영수 |
| 4 | 가공 식품 | 4건 | 0건 | 0건 | 0건 | 0건 | 0건 | 0건 | 0건 |
| 5 | 음료 | 0건 | 0건 | 0건 | 2건 | 1건 | 0건 | 2건 | 0건 |
| 6 | 과자류 | 0건 | 1건 | 0건 | 2건 | 2건 | 0건 | 2건 | 0건 |
| 7 | 해산물 | 0건 | 2건 | 0건 | 0건 | 0건 | 0건 | 1건 | 2건 |
| 8 | 조미료 | 0건 | 4건 | 0건 | 0건 | 0건 | 0건 | 0건 | 0건 |
| 9 | 곡류 | 0건 | 0건 | 0건 | 0건 | 0건 | 0건 | 0건 | 1건 |
| 10 | 유제품 | 0건 | 0건 | 0건 | 0건 | 0건 | 0건 | 0건 | 0건 |
| 11 | 육류 | 0건 | 0건 | 0건 | 0건 | 0건 | 0건 | 2건 | 0건 |



**TIP**

입력된 데이터에 글꼴, 크기, 테두리, 색상 등의 디자인을 일일이 지정하는 것보다 [표 서식]을 활용하면 디자인을 간단하고 깔끔하게 한 번에 설정할 수 있어서 편리합니다. 이때 단순히 디자인만 적용하려면 [표 도구]의 [디자인] 탭-[도구] 그룹에서 [범위로 변환]을 클릭하여 [표 서식]을 해제하여 일반 데이터로 변환하는 게 핵심입니다.

# 03 부분합으로 항목별 집계 자료를 만들자

특정 항목을 기준으로 그룹을 설정한 후 합계, 개수, 평균 등의 통계 자료를 만들 때 부분합 기능을 활용할 수 있습니다. 이번에는 부분합 기능을 이용하는 여러 가지 방법과 서식을 쉽게 지정하는 작업을 살펴보겠습니다.

**주요 기능**

/ 부분합으로 월별 주문건수 표시하기

/ 다중 항목으로 평균 수량과 단가 구하기

/ 부분합 결과만 가져가기

/ 집계 자료에 조건부 서식 지정하기

# CASE 01 부분합으로 월별 주문건수 표시하기

◉ **예제파일** : 부분합으로집계하기(준비).xlsx ◉ **완성파일** : 부분합으로집계하기(완성).xlsx



**1** 부분합을 이용해서 통계 자료를 만들 때는 반드시 그룹으로 설정할 항목 순으로 정렬한 후 사용해야 합니다. 여기서는 주문월별로 몇 건씩 주문 내역이 있는지 알아볼게요. [판매내역] 시트에서 C열의 '주문월' 항목에 있는 하나의 셀을 선택하고 [데이터] 탭-[정렬 및 필터] 그룹에서 [텍스트 오름차순 정렬]을 클릭하세요.

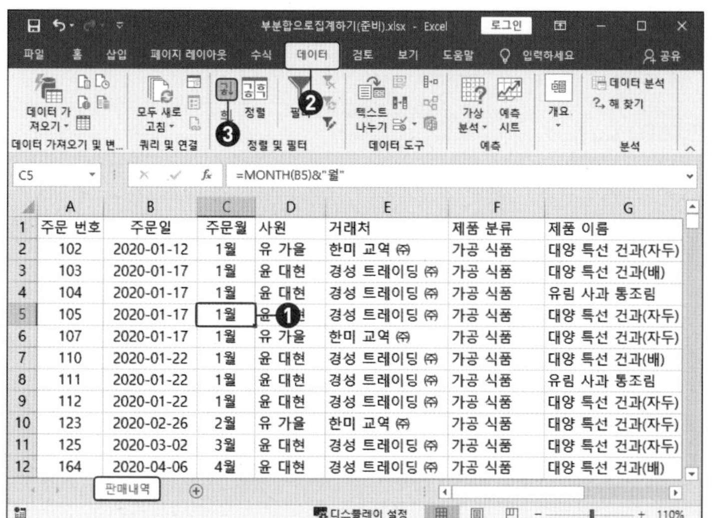


| | A | B | C | D | E | F | G |
|---|---|---|---|---|---|---|---|
| 1 | 주문 번호 | 주문일 | 주문월 | 사원 | 거래처 | 제품 분류 | 제품 이름 |
| 2 | 102 | 2020-01-12 | 1월 | 유 가을 | 한미 교역 ㈜ | 가공 식품 | 대양 특선 건과(자두) |
| 3 | 103 | 2020-01-17 | 1월 | 윤 대현 | 경성 트레이딩 ㈜ | 가공 식품 | 대양 특선 건과(배) |
| 4 | 104 | 2020-01-17 | 1월 | 윤 대현 | 경성 트레이딩 ㈜ | 가공 식품 | 유림 사과 통조림 |
| 5 | 105 | 2020-01-17 | 1월 | 윤 대현 | 경성 트레이딩 ㈜ | 가공 식품 | 대양 특선 건과(자두) |
| 6 | 107 | 2020-01-17 | 1월 | 유 가을 | 한미 교역 ㈜ | 가공 식품 | 대양 특선 건과(자두) |
| 7 | 110 | 2020-01-22 | 1월 | 윤 대현 | 경성 트레이딩 ㈜ | 가공 식품 | 대양 특선 건과(배) |
| 8 | 111 | 2020-01-22 | 1월 | 윤 대현 | 경성 트레이딩 ㈜ | 가공 식품 | 유림 사과 통조림 |
| 9 | 112 | 2020-01-22 | 1월 | 윤 대현 | 경성 트레이딩 ㈜ | 가공 식품 | 대양 특선 건과(자두) |
| 10 | 123 | 2020-02-26 | 2월 | 유 가을 | 한미 교역 ㈜ | 가공 식품 | 대양 특선 건과(자두) |
| 11 | 125 | 2020-03-02 | 3월 | 윤 대현 | 경성 트레이딩 ㈜ | 가공 식품 | 대양 특선 건과(자두) |
| 12 | 164 | 2020-04-06 | 4월 | 윤 대현 | 경성 트레이딩 ㈜ | 가공 식품 | 대양 특선 건과(배) |

**TIP**

부분합을 실행하기 위해 정렬할 때는 오름차순이나 내림차순 중 어떤 방식을 사용해도 상관없습니다. 하지만 정렬하지 않고 곧바로 부분합을 실행하면 같은 항목이 여러 번 반복해서 나타날 수 있기 때문에 통계 자료가 유용하지 않습니다.

**2** 주문월이 '10월', '11월', '12월', '1월', '2월'과 같이 정렬된 것을 확인할 수 있습니다. 문자 데이터인 경우에는 자릿수의 위치에 맞게(첫째 자리, 둘째 자리, …) 정렬되기 때문에 '1월', '2월'이 먼저 나오게 하려면 '01월', '02월'과 같이 값을 수정한 후 정렬해야 합니다.

| | A | B | C | D | E | F |
|---|---|---|---|---|---|---|
| 1 | 주문 번호 | 주문일 | 주문월 | 사원 | 거래처 | 제품 분류 |
| 2 | 272 | 2020-10-18 | 10월 | 오 영수 | 서주 무역 ㈜ | 곡류 |
| 3 | 285 | 2020-10-23 | 10월 | 오 영수 | 서주 무역 ㈜ | 곡류 |
| 4 | 261 | 2020-10-04 | 10월 | 윤 대현 | 삼화 상사 ㈜ | 과자류 |
| 5 | 265 | 2020-10-06 | 10월 | 김 소미 | 태강 교역 ㈜ | 과자류 |
| 6 | 266 | 2020-10-09 | 10월 | 윤 대현 | 삼화 상사 ㈜ | 과자류 |
| 7 | 270 | 2020-10-11 | 10월 | 김 소미 | 태강 교역 ㈜ | 과자류 |
| 8 | 271 | 2020-10-16 | 10월 | 김 덕훈 | 협우 상사 ㈜ | 과자류 |
| 9 | 275 | 2020-10-18 | 10월 | 최 소라 | 삼화 상사 ㈜ | 과자류 |
| 10 | 276 | 2020-10-18 | 10월 | 유 가을 | 진흥 ㈜ | 과자류 |
| 11 | 284 | 2020-10-21 | 10월 | 김 덕훈 | 협우 상사 ㈜ | 과자류 |
| 12 | 288 | 2020-10-23 | 10월 | 최 소라 | 삼화 상사 ㈜ | 과자류 |
| 13 | 289 | 2020-10-23 | 10월 | 유 가을 | 진흥 ㈜ | 과자류 |
| 14 | 273 | 2020-10-18 | 10월 | 오 영수 | 서주 무역 ㈜ | 유제품 |
| 15 | 286 | 2020-10-23 | 10월 | 오 영수 | 서주 무역 ㈜ | 유제품 |
| 16 | 262 | 2020-10-06 | 10월 | 최 소라 | 태강 교역 ㈜ | 음료 |
| 17 | 267 | 2020-10-11 | 10월 | 최 소라 | 태강 교역 ㈜ | 음료 |
| 18 | 280 | 2020-10-18 | 10월 | 김 소미 | 광성 교역 ㈜ | 음료 |
| 19 | 283 | 2020-10-21 | 10월 | 김 찬진 | 협우 상사 ㈜ | 음료 |
| 20 | 293 | 2020-10-23 | 10월 | 김 소미 | 광성 교역 ㈜ | 음료 |
| 21 | 296 | 2020-10-26 | 10월 | 김 찬진 | 협우 상사 ㈜ | 음료 |

| | A | B | C | D | E | F |
|---|---|---|---|---|---|---|
| 69 | 326 | 2020-12-23 | 12월 | 오 영수 | 서주 무역 ㈜ | 해산물 |
| 70 | 102 | 2020-01-12 | 1월 | 유 가을 | 한미 교역 ㈜ | 가공 식품 |
| 71 | 103 | 2020-01-17 | 1월 | 윤 대현 | 경성 트레이딩 ㈜ | 가공 식품 |
| 72 | 104 | 2020-01-17 | 1월 | 윤 대현 | 경성 트레이딩 ㈜ | 가공 식품 |
| 73 | 105 | 2020-01-17 | 1월 | 윤 대현 | 경성 트레이딩 ㈜ | 가공 식품 |
| 74 | 107 | 2020-01-17 | 1월 | 유 가을 | 한미 교역 ㈜ | 가공 식품 |
| 75 | 110 | 2020-01-22 | 1월 | 윤 대현 | 경성 트레이딩 ㈜ | 가공 식품 |
| 76 | 111 | 2020-01-22 | 1월 | 윤 대현 | 경성 트레이딩 ㈜ | 가공 식품 |
| 77 | 112 | 2020-01-22 | 1월 | 윤 대현 | 경성 트레이딩 ㈜ | 가공 식품 |
| 78 | 329 | 2021-01-05 | 1월 | 김 덕훈 | 협우 상사 ㈜ | 가공 식품 |
| 79 | 330 | 2020-01-05 | 1월 | 김 덕훈 | 협우 상사 ㈜ | 가공 식품 |
| 80 | 331 | 2020-01-10 | 1월 | 김 덕훈 | 협우 상사 ㈜ | 가공 식품 |
| 81 | 332 | 2020-01-10 | 1월 | 김 덕훈 | 협우 상사 ㈜ | 가공 식품 |
| 82 | 115 | 2020-01-27 | 1월 | 김 찬진 | 삼화 상사 ㈜ | 과자류 |
| 83 | 101 | 2020-01-12 | 1월 | 유 가을 | 한미 교역 ㈜ | 음료 |
| 84 | 106 | 2020-01-17 | 1월 | 유 가을 | 한미 교역 ㈜ | 음료 |
| 85 | 108 | 2020-01-19 | 1월 | 최 소라 | 혜성 백화점 ㈜ | 음료 |
| 86 | 109 | 2020-01-19 | 1월 | 최 소라 | 혜성 백화점 ㈜ | 음료 |
| 87 | 113 | 2020-01-24 | 1월 | 최 소라 | 혜성 백화점 ㈜ | 음료 |
| 88 | 114 | 2020-01-24 | 1월 | 최 소라 | 혜성 백화점 ㈜ | 음료 |
| 89 | 123 | 2020-02-26 | 2월 | 유 가을 | 한미 교역 ㈜ | 가공 식품 |

판매내역

정렬 확인

**3** C2셀을 더블클릭하여 커서를 올려놓고 함수식을 『=IF(LEN(MONTH(B2))=2, MONTH(B2)&"월", "0"&MONTH(B2)&"월")』로 수정한 후 Enter를 누릅니다.

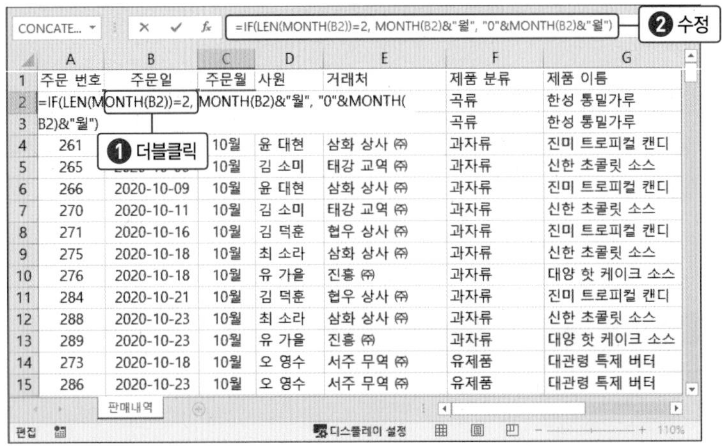


| | A | B | C | D | E | F | G |
|---|---|---|---|---|---|---|---|
| 1 | 주문 번호 | 주문일 | 주문월 | 사원 | 거래처 | 제품 분류 | 제품 이름 |
| 2 | =IF(LEN(MONTH(B2))=2, MONTH(B2)&"월", "0"&MONTH( | | | | | 곡류 | 한성 통밀가루 |
| 3 | B2)&"월") | | | | | 곡류 | 한성 통밀가루 |
| 4 | 261 | | 10월 | 윤 대현 | 삼화 상사 ㈜ | 과자류 | 진미 트로피컬 캔디 |
| 5 | 265 | | 10월 | 김 소미 | 태강 교역 ㈜ | 과자류 | 신한 초콜릿 소스 |
| 6 | 266 | 2020-10-09 | 10월 | 윤 대현 | 삼화 상사 ㈜ | 과자류 | 진미 트로피컬 캔디 |
| 7 | 270 | 2020-10-11 | 10월 | 김 소미 | 태강 교역 ㈜ | 과자류 | 신한 초콜릿 소스 |
| 8 | 271 | 2020-10-16 | 10월 | 김 덕훈 | 협우 상사 ㈜ | 과자류 | 진미 트로피컬 캔디 |
| 9 | 275 | 2020-10-18 | 10월 | 최 소라 | 삼화 상사 ㈜ | 과자류 | 신한 초콜릿 소스 |
| 10 | 276 | 2020-10-18 | 10월 | 유 가을 | 진흥 ㈜ | 과자류 | 대양 핫 케이크 소스 |
| 11 | 284 | 2020-10-21 | 10월 | 김 덕훈 | 협우 상사 ㈜ | 과자류 | 진미 트로피컬 캔디 |
| 12 | 288 | 2020-10-23 | 10월 | 최 소라 | 삼화 상사 ㈜ | 과자류 | 신한 초콜릿 소스 |
| 13 | 289 | 2020-10-23 | 10월 | 유 가을 | 진흥 ㈜ | 과자류 | 대양 핫 케이크 소스 |
| 14 | 273 | 2020-10-18 | 10월 | 오 영수 | 서주 무역 ㈜ | 유제품 | 대관령 특제 버터 |
| 15 | 286 | 2020-10-23 | 10월 | 오 영수 | 서주 무역 ㈜ | 유제품 | 대관령 특제 버터 |

**함수식 설명**

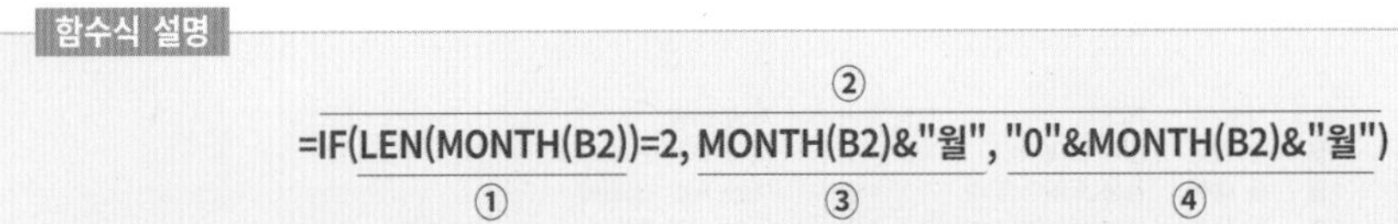


① LEN 함수는 지정한 값의 길이가 몇 글자인지 셀 수 있습니다. LEN(MONTH(B2)) 함수에 의해서 B2셀의 날짜에서 월만 뺀 후 그 값이 몇 글자인지 알아냅니다. 따라서 1월~9월까지는 결과값 '1'을 얻고, 10월~12월인 경우에는 '2'를 얻을 수 있습니다.

② '=IF(LEN(MONTH(B2))=2, 참일 때 할 일, 거짓일 때 할 일)'에 의해서 월이 1~9이면 01~09로 표시해야 하므로 IF 함수를 이용해서 월의 길이가 2인지(11월~12월) 알아냅니다.

③ 월 값이 10~12와 같이 결과가 두 글자이면(IF 함수의 조건 결과가 참이면) 주문일에서 월을 뺀 값에 '월'자만 추가합니다.

④ 그렇지 않고 월 값이 1~9와 같이 결과가 한 글자이면(IF 함수의 조건 결과가 거짓이면) 앞에 '0'을 붙여서 표시합니다.

**4** C2셀에 주문월을 구했으면 C2셀의 자동 채우기 핸들을 더블클릭해서 나머지 행에도 함수식을 복사합니다.

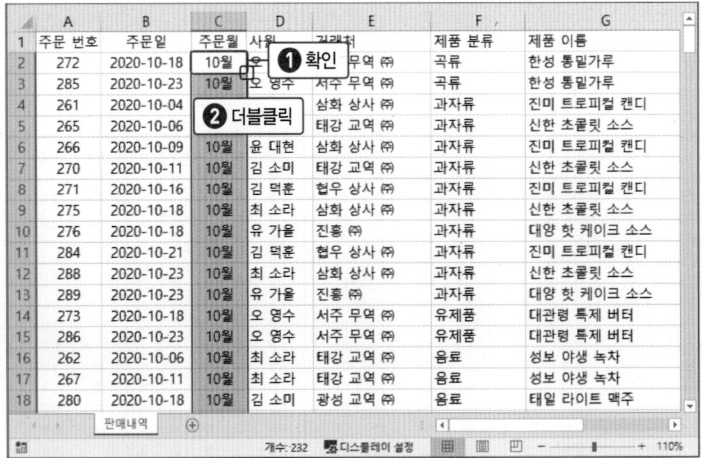


| | A | B | C | D | E | F | G |
|---|---|---|---|---|---|---|---|
| 1 | 주문 번호 | 주문일 | 주문월 | 사원 | 거래처 | 제품 분류 | 제품 이름 |
| 2 | 272 | 2020-10-18 | 10월 | | 무역 ㈜ | 곡류 | 한성 통밀가루 |
| 3 | 285 | 2020-10-23 | 10월 | 오 영수 | 서주 무역 ㈜ | 곡류 | 한성 통밀가루 |
| 4 | 261 | 2020-10-04 | | | 삼화 상사 ㈜ | 과자류 | 진미 트로피컬 캔디 |
| 5 | 265 | 2020-10-06 | | | 태강 교역 ㈜ | 과자류 | 신한 초콜릿 소스 |
| 6 | 266 | 2020-10-09 | 10월 | 윤 대현 | 삼화 상사 ㈜ | 과자류 | 진미 트로피컬 캔디 |
| 7 | 270 | 2020-10-11 | 10월 | 김 소미 | 태강 교역 ㈜ | 과자류 | 신한 초콜릿 소스 |
| 8 | 271 | 2020-10-16 | 10월 | 김 덕훈 | 협우 상사 ㈜ | 과자류 | 진미 트로피컬 캔디 |
| 9 | 275 | 2020-10-18 | 10월 | 최 소라 | 삼화 상사 ㈜ | 과자류 | 신한 초콜릿 소스 |
| 10 | 276 | 2020-10-18 | 10월 | 유 가을 | 진흥 ㈜ | 과자류 | 대양 핫 케이크 소스 |
| 11 | 284 | 2020-10-21 | 10월 | 김 덕훈 | 협우 상사 ㈜ | 과자류 | 진미 트로피컬 캔디 |
| 12 | 288 | 2020-10-23 | 10월 | 최 소라 | 삼화 상사 ㈜ | 과자류 | 신한 초콜릿 소스 |
| 13 | 289 | 2020-10-23 | 10월 | 유 가을 | 진흥 ㈜ | 과자류 | 대양 핫 케이크 소스 |
| 14 | 273 | 2020-10-18 | 10월 | 오 영수 | 서주 무역 ㈜ | 유제품 | 대관령 특제 버터 |
| 15 | 286 | 2020-10-23 | 10월 | 오 영수 | 서주 무역 ㈜ | 유제품 | 대관령 특제 버터 |
| 16 | 262 | 2020-10-06 | 10월 | 최 소라 | 태강 교역 ㈜ | 음료 | 성보 야생 녹차 |
| 17 | 267 | 2020-10-11 | 10월 | 최 소라 | 태강 교역 ㈜ | 음료 | 성보 야생 녹차 |
| 18 | 280 | 2020-10-18 | 10월 | 김 소미 | 광성 교역 ㈜ | 음료 | 태일 라이트 맥주 |

**5** '1월'이 '01월'로 표시되었는지 확인합니다. C열의 '주문월' 항목에 있는 하나의 셀을 선택하고 [데이터] 탭-[정렬 및 필터] 그룹에서 [텍스트 오름차순 정렬]을 클릭합니다.

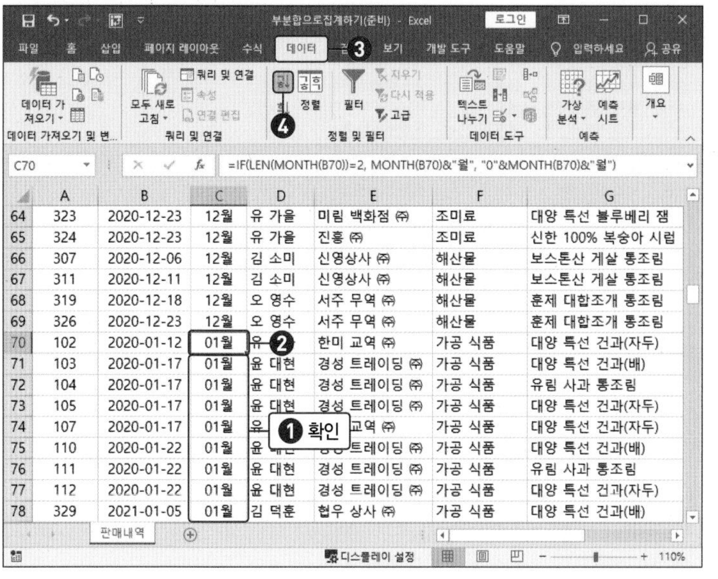


**6** 주문월을 오름차순으로 정렬했으면 월별로 그룹을 설정해서 주문건수를 구해볼게요. 데이터 영역에 있는 하나의 셀을 선택하고 [데이터] 탭-[개요] 그룹에서 [부분합]을 클릭합니다. [부분합] 대화상자가 열리면 '그룹화할 항목'에서는 [주문월]을, '사용할 함수'에서는 [개수]를 선택하고 '부분합 계산 항목'의 [금액]에 체크한 상태에서 [확인]을 클릭합니다.

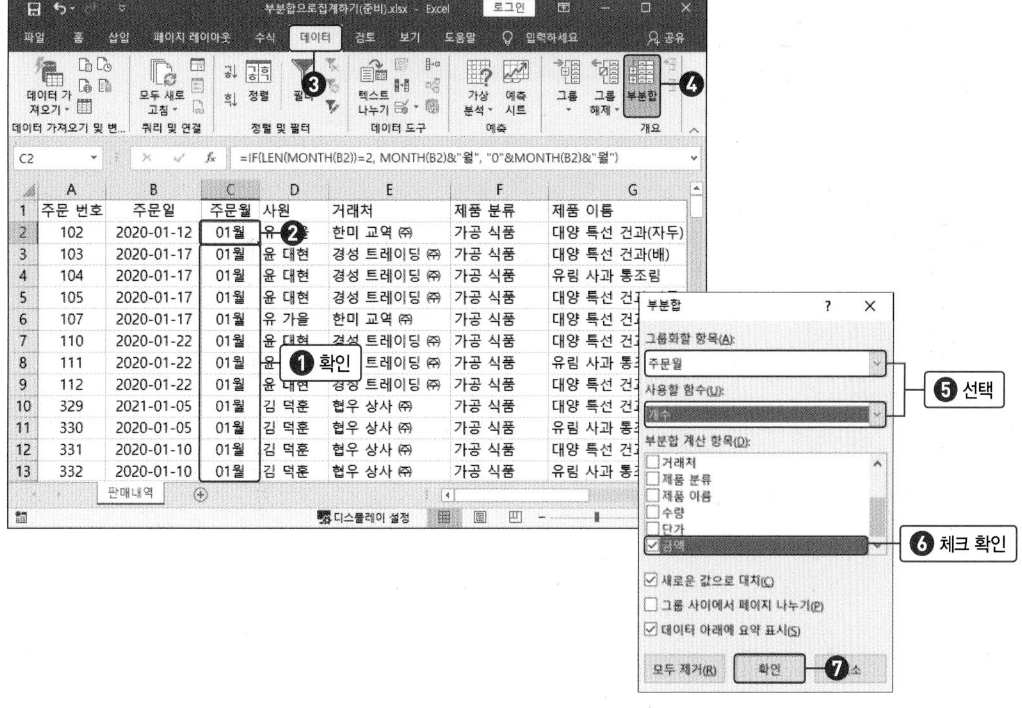

**7** 주문월의 값이 바뀔 때마다 통계 자료가 표시됩니다. 한눈에 보기 좋게 표현하기 위해 시트의 왼쪽에 있는 [2] 그룹 윤곽 단추를 클릭합니다.

**TIP**

그룹 윤곽 단추에서 [1]을 클릭하면 전체 개수만, [2]를 클릭하면 소계와 총계가 표시되고, [3]을 클릭하면 데이터와 소계와 총계가 모두 펼쳐집니다.

**8** 전체 데이터가 월별로 묶여서 개수(주문건수)가 구해졌는지 확인합니다. 부분합을 해제하고 초기 데이터로 되돌아가기 위해 데이터 영역에 있는 하나의 셀을 선택하고 [데이터] 탭-[개요] 그룹에서 [부분합]을 클릭하세요.

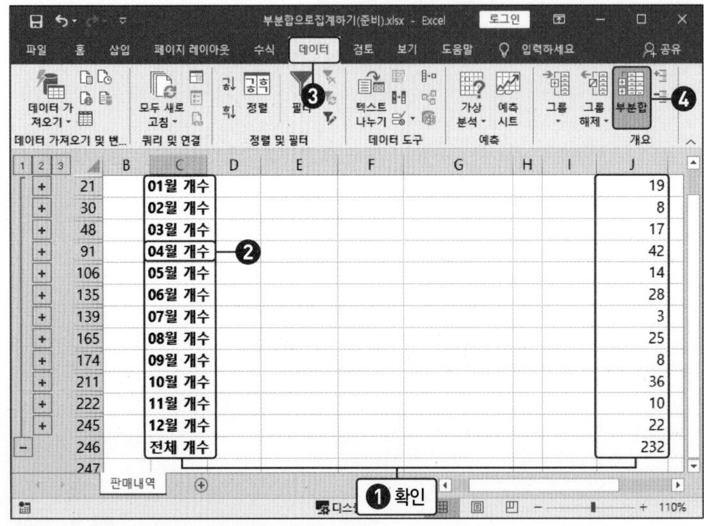

**9** [부분합] 대화상자가 열리면 [모두 제거]를 클릭합니다.

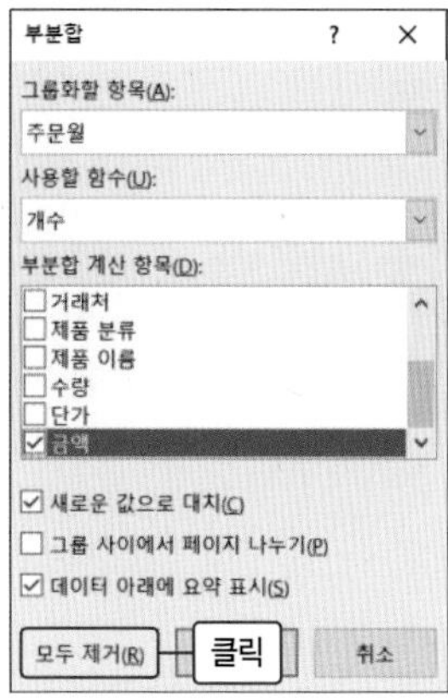


**10** 부분합을 적용했던 데이터가 다시 원래 데이터로 되돌아온 것을 볼 수 있습니다. 이와 같이 그룹으로 묶을 항목부터 먼저 정렬하고 부분합 기능을 실행하면 개수, 합계, 평균, 최대, 최소 등의 다양한 함수를 적용해서 집계 자료를 쉽게 만들 수 있어요.

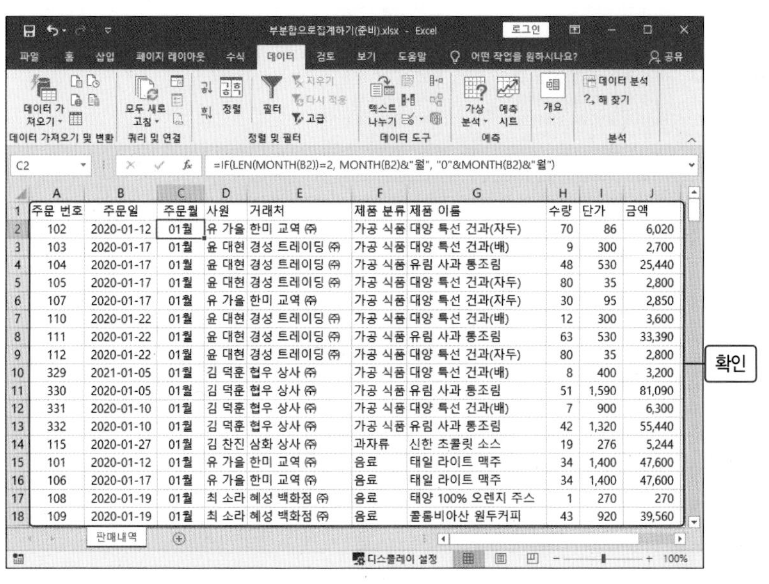


| 주문 번호 | 주문일 | 주문월 | 사원 | 거래처 | 제품 분류 | 제품 이름 | 수량 | 단가 | 금액 |
|---|---|---|---|---|---|---|---|---|---|
| 102 | 2020-01-12 | 01월 | 유 가을 | 한미 교역 ㈜ | 가공 식품 | 대양 특선 건과(자두) | 70 | 86 | 6,020 |
| 103 | 2020-01-17 | 01월 | 윤 대현 | 경성 트레이딩 ㈜ | 가공 식품 | 대양 특선 건과(배) | 9 | 300 | 2,700 |
| 104 | 2020-01-17 | 01월 | 윤 대현 | 경성 트레이딩 ㈜ | 가공 식품 | 유림 사과 통조림 | 48 | 530 | 25,440 |
| 105 | 2020-01-17 | 01월 | 윤 대현 | 경성 트레이딩 ㈜ | 가공 식품 | 대양 특선 건과(자두) | 80 | 35 | 2,800 |
| 107 | 2020-01-17 | 01월 | 유 가을 | 한미 교역 ㈜ | 가공 식품 | 대양 특선 건과(자두) | 30 | 95 | 2,850 |
| 110 | 2020-01-22 | 01월 | 윤 대현 | 경성 트레이딩 ㈜ | 가공 식품 | 대양 특선 건과(배) | 12 | 300 | 3,600 |
| 111 | 2020-01-22 | 01월 | 윤 대현 | 경성 트레이딩 ㈜ | 가공 식품 | 유림 사과 통조림 | 63 | 530 | 33,390 |
| 112 | 2020-01-22 | 01월 | 윤 대현 | 경성 트레이딩 ㈜ | 가공 식품 | 대양 특선 건과(자두) | 80 | 35 | 2,800 |
| 329 | 2021-01-05 | 01월 | 김 덕훈 | 협우 상사 ㈜ | 가공 식품 | 대양 특선 건과(배) | 8 | 400 | 3,200 |
| 330 | 2020-01-05 | 01월 | 김 덕훈 | 협우 상사 ㈜ | 가공 식품 | 유림 사과 통조림 | 51 | 1,590 | 81,090 |
| 331 | 2020-01-10 | 01월 | 김 덕훈 | 협우 상사 ㈜ | 가공 식품 | 대양 특선 건과(배) | 7 | 900 | 6,300 |
| 332 | 2020-01-10 | 01월 | 김 덕훈 | 협우 상사 ㈜ | 가공 식품 | 유림 사과 통조림 | 42 | 1,320 | 55,440 |
| 115 | 2020-01-27 | 01월 | 김 찬진 | 삼화 상사 ㈜ | 과자류 | 신한 초콜릿 소스 | 19 | 276 | 5,244 |
| 101 | 2020-01-12 | 01월 | 유 가을 | 한미 교역 ㈜ | 음료 | 태일 라이트 맥주 | 34 | 1,400 | 47,600 |
| 106 | 2020-01-17 | 01월 | 유 가을 | 한미 교역 ㈜ | 음료 | 태일 라이트 맥주 | 34 | 1,400 | 47,600 |
| 108 | 2020-01-19 | 01월 | 최 소라 | 혜성 백화점 ㈜ | 음료 | 태양 100% 오렌지 주스 | 1 | 270 | 270 |
| 109 | 2020-01-19 | 01월 | 최 소라 | 혜성 백화점 ㈜ | 음료 | 콜롬비아산 원두커피 | 43 | 920 | 39,560 |

# 02 다중 항목으로 평균 수량과 단가 구하기

◉ **예제파일** : 다중항목으로집계하기(준비).xlsx ◉ **완성파일** : 다중항목으로집계하기(완성).xlsx

**1** 부분합을 이용해서 그룹으로 묶을 때는 하나의 항목으로만 설정할 수 있기 때문에 주문월에 따른 사원별로 집계하려면 원하는 형태에 맞게 하나로 합친 항목이 필요합니다. [판매내역] 시트의 E열 머리글에서 마우스 오른쪽 단추를 클릭하고 [삽입]을 선택하세요.

**2** 새로운 빈 열이 삽입되면 E1셀에는 『구분』을, E2셀에는 수식 『=C2&D2』를 입력하고 Enter를 누르세요.

> **TIP**
> 그룹 설정할 항목을 사원 이름에 따른 주문월별로 설정하려면 '=D2&C2'와 같이 반대로 수식을 지정해야 합니다.

**3** E열 머리글과 F열 머리글 사이의 경계선에 마우스 포인터를 올려놓고 ✛ 모양으로 바뀌면 더블클릭합니다. 셀 너비가 자동으로 변경되면서 E2셀 데이터가 모두 표시되었으면 E2셀의 자동 채우기 핸들을 더블클릭하세요.

**4** 연속해서 데이터가 입력된 마지막 행까지 수식이 복사되었으면 그룹으로 설정하기 위해 데이터부터 정렬해 볼게요. E열의 '구분' 항목에서 데이터가 입력된 하나의 셀을 선택하고 [데이터] 탭-[정렬 및 필터] 그룹에서 [텍스트 오름차순 정렬]을 클릭하세요.

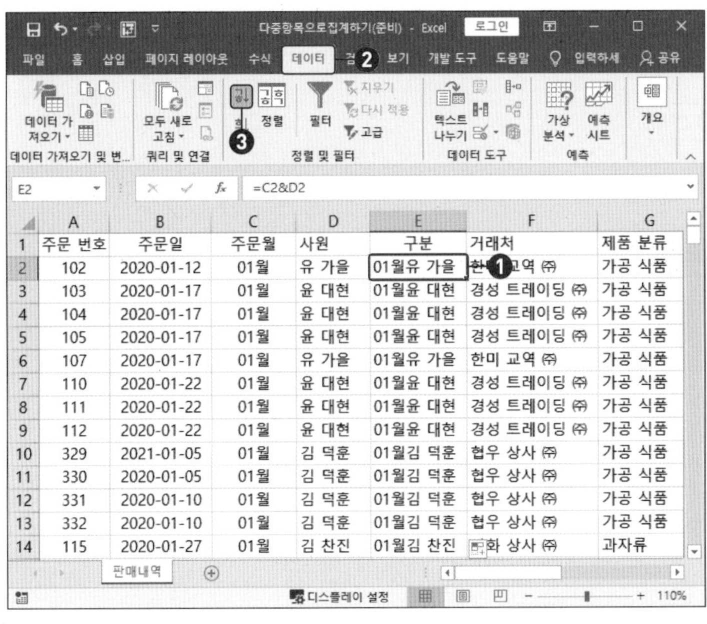

**5** 그룹으로 묶을 항목 순으로 데이터가 오름차순 정렬되었으면 [데이터] 탭-[개요] 그룹에서 [부분합]을 클릭합니다.

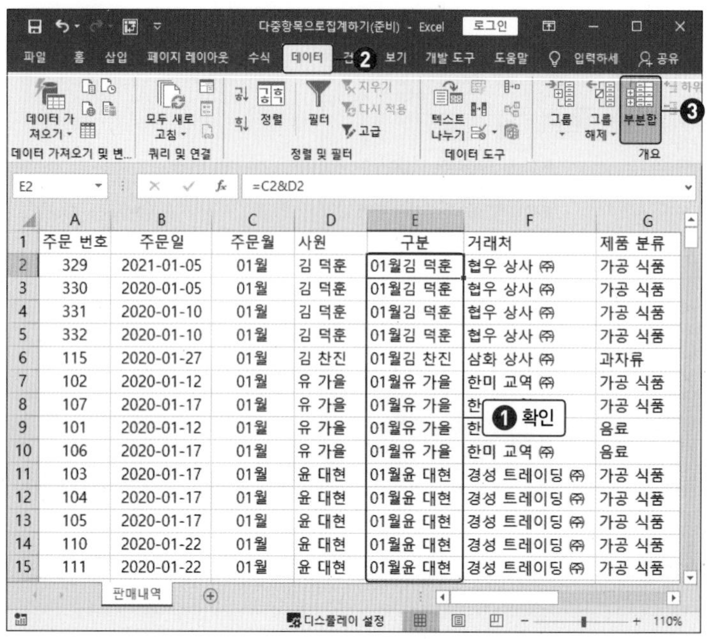


**6** [부분합] 대화상자가 열리면 '그룹화할 항목'에서는 [구분]을, '사용할 함수'에서는 [평균]을 선택합니다. '부분합 계산 항목'에서 [수량]과 [금액]에만 체크하고 [확인]을 클릭하세요.

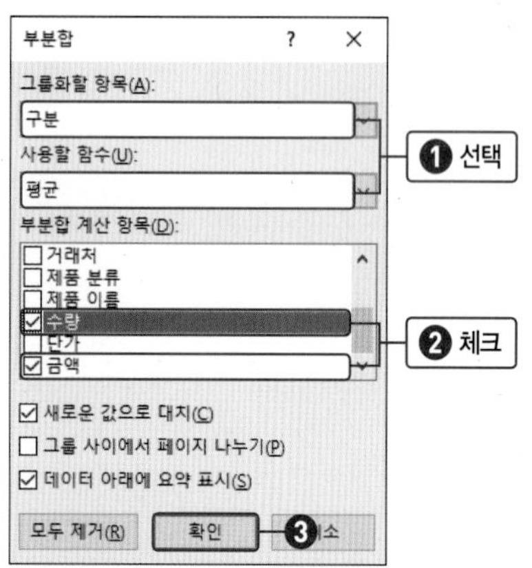

7 주문월에 따른 사원 이름이 바뀔 때마다 항목별 평균이 표시되었으면 시트 왼쪽에서 2 그룹 윤곽 단추를 클릭합니다.

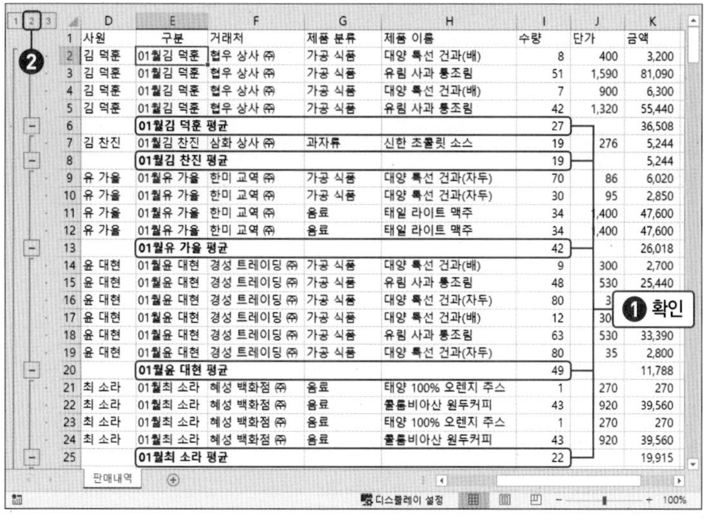


8 세부 데이터는 숨겨지고 전체적으로 소계와 총계만 한눈에 보기 좋게 표시되었는지 확인합니다.

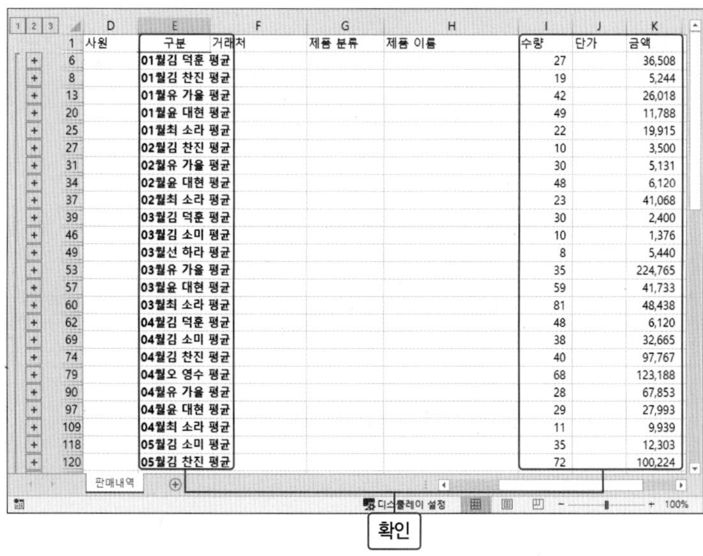

# 부분합 결과만 가져가기

◉ **예제파일** : 부분합결과만가져가기(준비).xlsx ◉ **완성파일** : 부분합결과만가져가기(완성).xlsx

**1** [판매내역] 시트에서 부분합 실행 결과를 다른 시트로 복사하기 위해 E열 머리글을 클릭하고 Ctrl을 누른 상태에서 J열 머리글과 L열 머리글을 차례대로 클릭해서 선택합니다. Ctrl+C를 눌러 복사하고 [새 시트] 단추(⊕)를 클릭하세요.

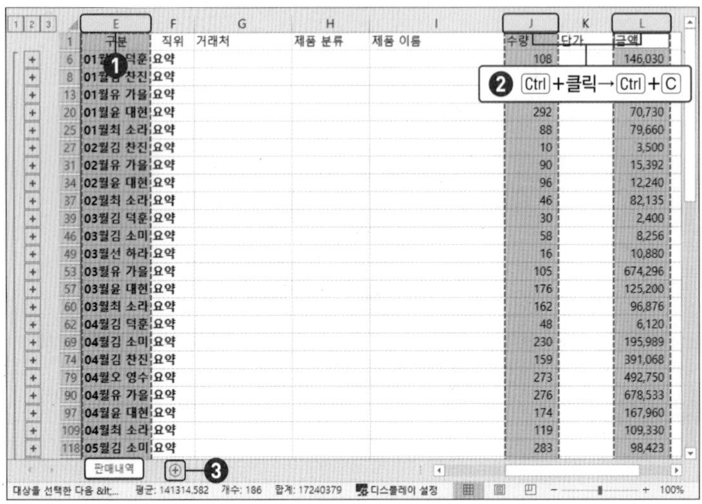


**2** 새로운 [Sheet1] 시트가 추가되면 [Sheet1] 시트 탭을 더블클릭해서 시트 이름을 '통계'로 변경합니다. A1셀을 선택하고 Enter를 눌러 복사한 내용을 붙여넣으세요.

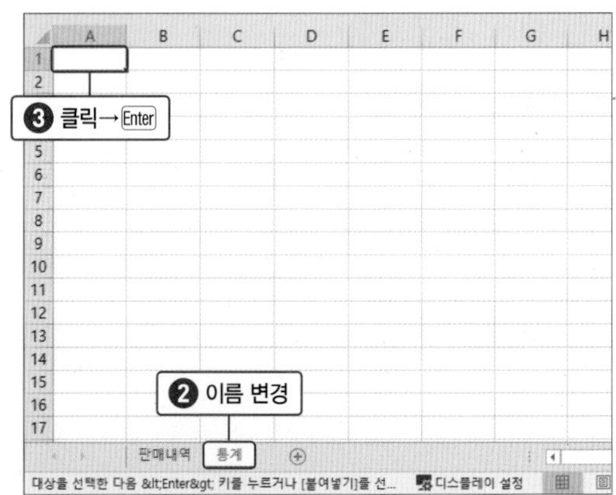

**3** 붙여넣은 결과를 살펴보면 범위로 설정했던 소계와 총계뿐만 아니라 사이에 숨겨졌던 데이터까지 복사되었습니다. Delete를 눌러 붙여넣은 데이터를 모두 삭제합니다.

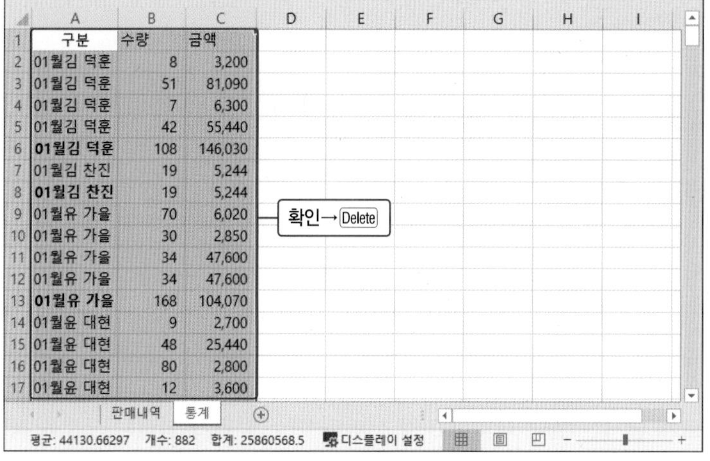


**4** [판매내역] 시트를 클릭해서 살펴보면 1행, 6행, 8행, 13행과 같이 숨겨진 행이 있는데, 이 데이터까지 함께 복사된 것입니다. 숨겨진 행을 제외하고 화면에 보이는 데이터 값만 복사하기 위해 범위를 선택한 상태에서 [홈] 탭-[편집] 그룹의 [찾기 및 선택]을 클릭하고 [이동 옵션]을 선택하세요.

**5** [이동 옵션] 대화상자가 열리면 '종류'에서 [화면에 보이는 셀만]을 선택하고 [확인]을 클릭합니다.

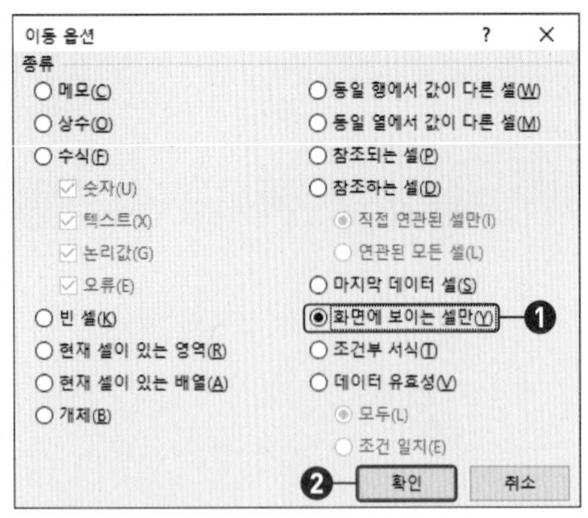


TIP

숨겨진 행이나 열을 제외하고 화면에 보이는 셀만 선택하려면 Ctrl을 누른 상태에서 하나씩 드래그해서 범위를 설정해야 합니다. 하지만 [이동 옵션] 대화상자에서 [화면에 보이는 셀만]을 선택하면 이 작업을 한 번에 설정할 수 있어요.

**6** Ctrl+C를 누르면 이전과 다르게 숨겨진 셀을 제외하고 각 셀마다 따로 범위가 선택되는 것을 확인할 수 있습니다.

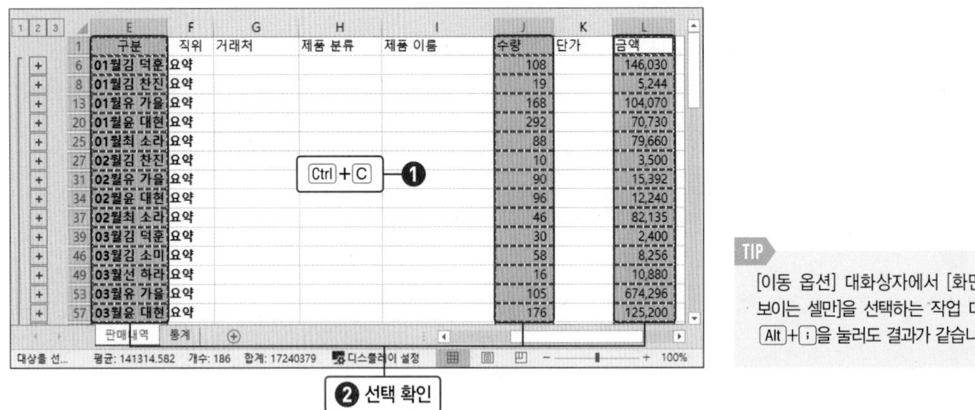


TIP

[이동 옵션] 대화상자에서 [화면에 보이는 셀만]을 선택하는 작업 대신 Alt+;을 눌러도 결과가 같습니다.

**7** [통계] 시트를 클릭하고 A1셀을 선택한 후 Enter를 눌러 복사한 데이터를 붙여넣습니다. 세부 데이터를 제외하고 범위로 지정했던 소계와 총계만 붙여진 결과를 확인할 수 있어요.

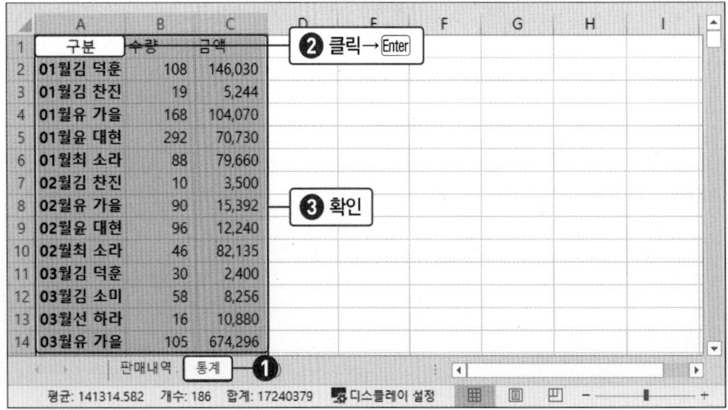

**8** A열에 표시된 데이터를 월과 사원 이름을 분리해서 표시해 볼게요. A열 머리글에서 마우스 오른쪽 단추를 클릭하고 [삽입]을 선택합니다.

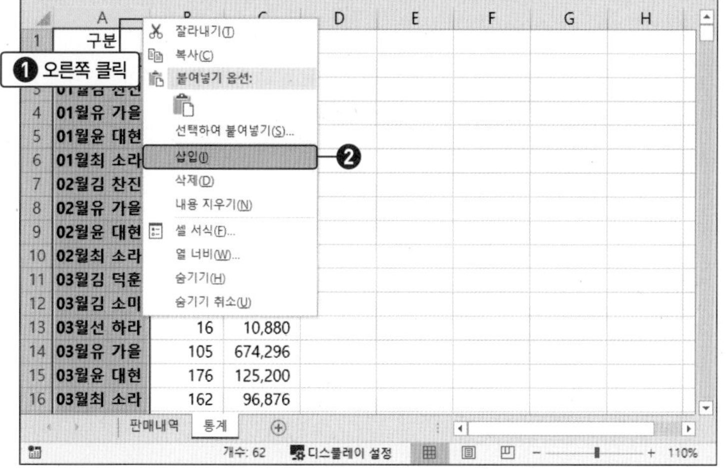


**9** 빈 열이 삽입되었으면 A1셀에는 『주문월』을, A2셀에는 함수식 『=LEFT(B2,3)』을 입력하고 Enter를 누릅니다.

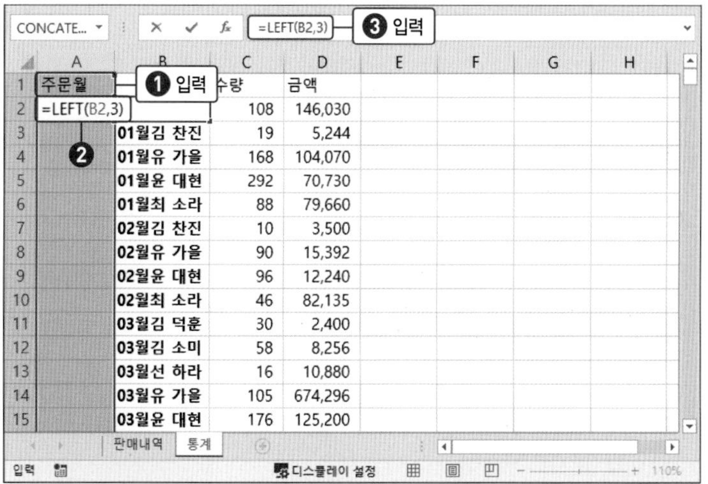


**함수식 설명**

**=LEFT(B2,3)**

B2셀에 입력된 데이터를 왼쪽부터 세 글자만 추출해서 표시하는 함수식입니다. '01월김 덕훈'이 입력된 데이터이면 왼쪽부터 세 글자인 '01월'만 추출해서 결과값을 표시합니다.

**10** A2셀에 '01월'이 표시되었으면 A2셀의 자동 채우기 핸들을 더블클릭해서 나머지 행에도 함수식을 복사합니다.

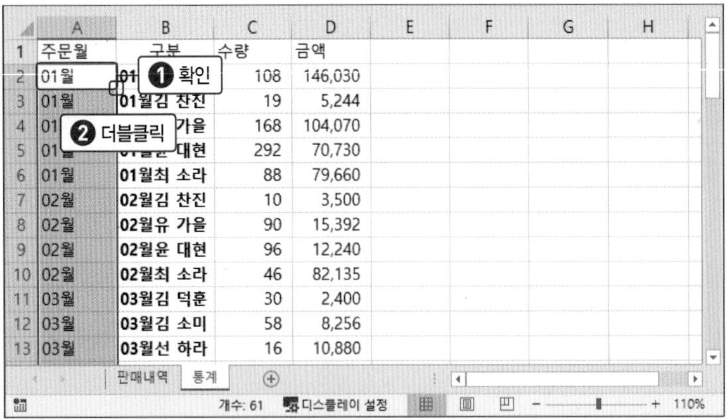


**11** 범위가 설정된 상태에서 Ctrl+C를 눌러 복사합니다. A2셀에서 마우스 오른쪽 단추를 클릭하고 '붙여넣기 옵션'에서 [값]()을 클릭하세요.

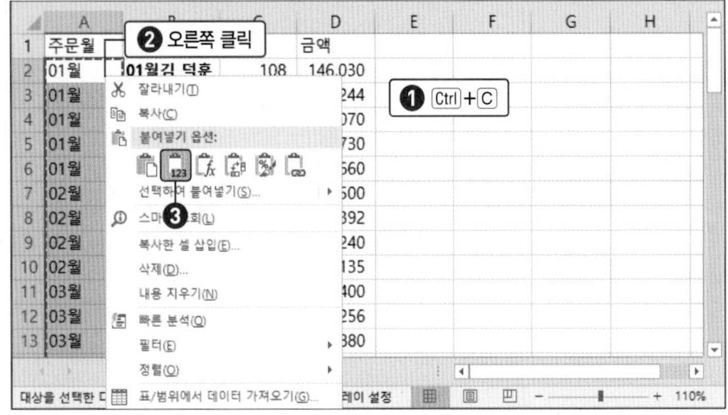


> **TIP**
> A열에 함수식으로 작성되어 있으면 항상 B열을 참조하므로 B열의 값이 바뀌면 A열에도 영향을 미칩니다. 함수식이 입력된 셀을 복사해서 결과값으로 붙여넣으면 이제부터 함수식이 없는 값만 남습니다.

**12** A2셀을 선택하고 수식 입력줄을 확인해 보세요. **9** 과정에서는 '=LEFT(B2,3)'과 같은 함수식이 표시되었지만, 이제는 '01월'과 같이 값으로 표시되었습니다.

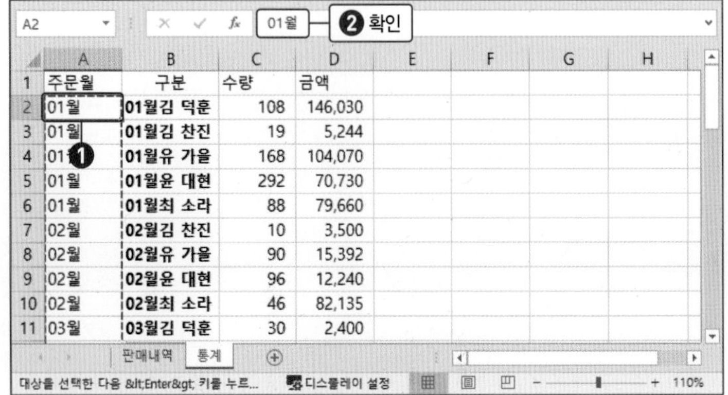

**13** B열에 표시된 값에서 이름만 남기고 다른 값을 지워볼게요. B열 머리글을 클릭하여 '구분' 항목 전체를 선택하고 [홈] 탭-[편집] 그룹에서 [찾기 및 선택]을 클릭한 후 [바꾸기]를 선택하세요.

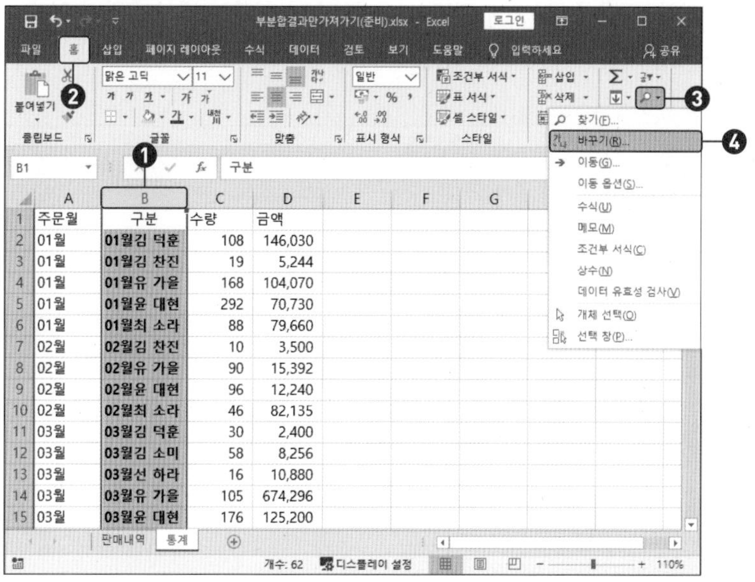


**14** [찾기 및 바꾸기] 대화상자의 [바꾸기] 탭이 열리면 '찾을 내용'에는 『*월』을 입력하고 '바꿀 내용'에는 아무것도 입력하지 않은 상태에서 [모두 바꾸기]를 클릭합니다. 범위가 설정된 데이터에서 모든 월이 삭제된 것을 확인할 수 있어요. '60개 항목이 바뀌었습니다.'라는 메시지 창이 열리면 [확인]을 클릭합니다.

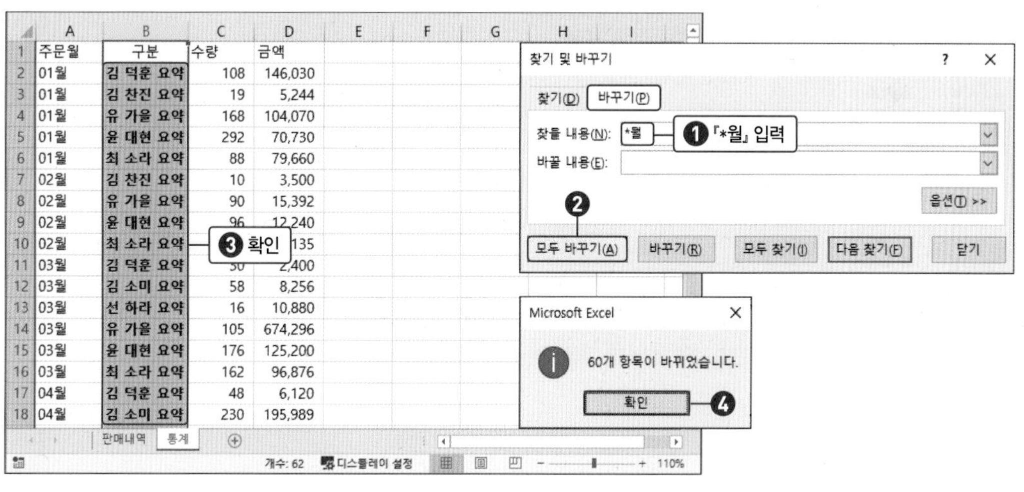


TIP

'찾을 내용'에 『*월』을 입력하면 '월' 앞에 어떤 문자이든, 몇 글자이든 상관없이 '월'로 끝나는 모든 값을 찾습니다. 이때 바꿀 문자에 아무것도 지정하지 않았으므로 '월'자로 끝나는 모든 값을 없앨 수 있어요.

**15** 계속해서 이름 뒤의 '요약'을 지우기 위해 '찾을 문자'에는 『요약』을 입력하고 '바꿀 문자'에는 아무것도 입력하지 않은 상태에서 [모두 바꾸기]를 선택합니다. 범위가 설정된 데이터에서 이름의 뒤에 표시된 '요약'이 삭제된 것을 확인할 수 있어요. '60개 항목이 바뀌었습니다.'라는 메시지 창이 열리면 [확인]을 클릭하고 [찾기 및 바꾸기] 대화상자에서 [닫기]를 클릭하세요.

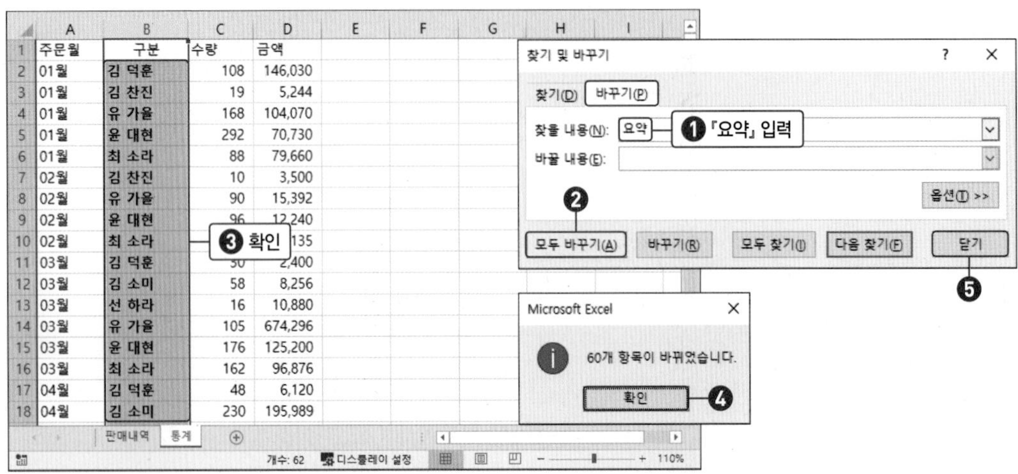


**16** 이번에는 사원 이름에 직위를 함께 표시하기 위해 C열 머리글에서 마우스 오른쪽 단추를 클릭하고 [삽입]을 선택합니다.

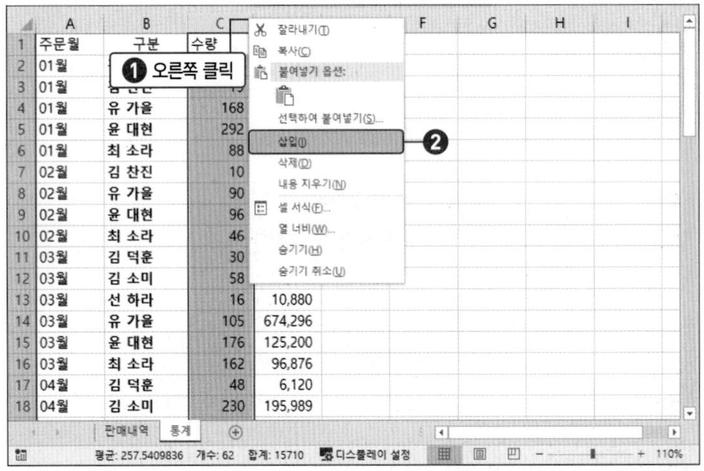

17 빈 열이 삽입되었으면 C1셀에 『직위』를 입력하고 Enter를 누른 후 [판매내역] 시트를 클릭합니다.

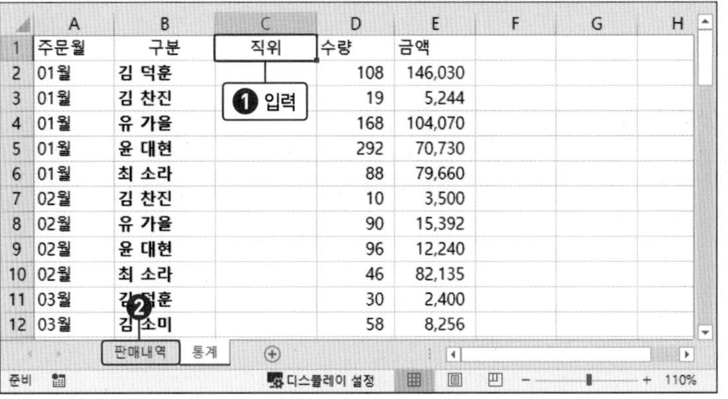


18 [판매내역] 시트에서 이전에 작업했던 부분합을 해제해 볼게요. 데이터 영역에 있는 하나의 셀을 선택하고 [데이터] 탭-[개요] 그룹에서 [부분합]을 클릭합니다.

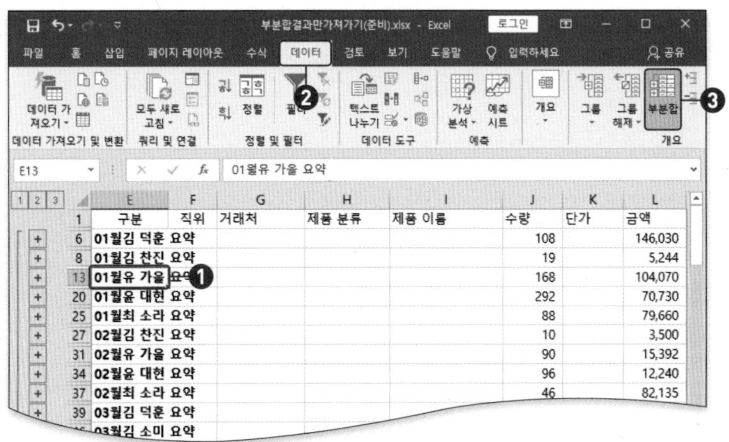


19 [부분합] 대화상자가 열리면 [모두 제거]를 클릭합니다.

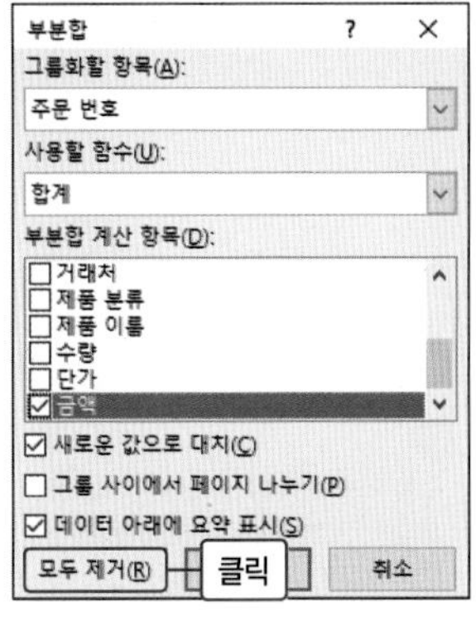

**20** 부분합을 실행했던 데이터가 해제되면서 원래의 데이터로 되돌아왔는지 확인합니다. D열의 담당자에 맞게 F열에 입력된 직위를 찾아오도록 함수를 지정해 볼게요.

| | A | B | C | D | E | F | G | H |
|---|---|---|---|---|---|---|---|---|
| 1 | 주문 번호 | 주문일 | 주문월 | 담당자 | 구분 | 직위 | 거래처 | 제품 분류 |
| 2 | 329 | 2021-01-05 | 01월 | 김 덕훈 | 01월김 덕훈 | 과장 | 협우 상사 ㈜ | 가공 식품 |
| 3 | 330 | 2020-01-05 | 01월 | 김 덕훈 | 01월김 덕훈 | 과장 | 협우 상사 ㈜ | 가공 식품 |
| 4 | 331 | 2020-01-10 | 01월 | 김 덕훈 | 01월김 덕훈 | 과장 | 협우 상사 ㈜ | 가공 식품 |
| 5 | 332 | 2020-01-10 | 01월 | 김 덕훈 | 01월김 덕훈 | 과장 | 협우 상사 ㈜ | 가공 식품 |
| 6 | 115 | 2020-01-27 | 01월 | 김 찬진 | 01월김 찬진 | 과장 | 삼화 상사 ㈜ | 과자류 |
| 7 | 102 | 2020-01-12 | 01월 | 유 가을 | 01월유 가을 | 사원 | 한미 교역 ㈜ | 가공 식품 |
| 8 | 107 | 2020-01-17 | 01월 | 유 가을 | 01월유 가을 | 사원 | 한미 교역 ㈜ | 가공 식품 |
| 9 | 101 | 2020-01-12 | 01월 | 유 가을 | 01월유 가을 | 사원 | 한미 교역 ㈜ | 음료 |
| 10 | 106 | 2020-01-17 | 01월 | 유 가을 | 01월유 가을 | 사원 | 한미 교역 ㈜ | 음료 |
| 11 | 103 | 2020-01-17 | 01월 | 윤 대현 | 01월윤 대현 | 사원 | 경성 트레이딩 | 가공 식품 |
| 12 | 104 | 2020-01-17 | 01월 | 윤 대현 | 01월윤 대현 | 사원 | 경성 트레이딩 | 가공 식품 |
| 13 | 105 | 2020-01-17 | 01월 | 윤 대현 | 01월윤 대현 | 사원 | 경성 트레이딩 | 가공 식품 |
| 14 | 110 | 2020-01-22 | 01월 | 윤 대현 | 01월윤 대현 | 사원 | 경성 트레이딩 | 가공 식품 |



**21** [통계] 시트를 클릭하고 C2셀에 『=V』를 입력한 후 함수 목록에서 [VLOOKUP]을 더블클릭합니다.

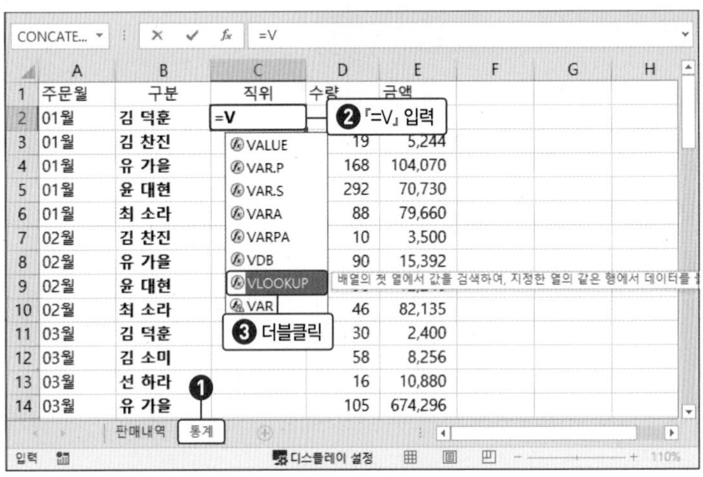

| | A | B | C | D | E |
|---|---|---|---|---|---|
| 1 | 주문월 | 구분 | 직위 | 수량 | 금액 |
| 2 | 01월 | 김 덕훈 | =V | | |
| 3 | 01월 | 김 찬진 | | 19 | 5,244 |
| 4 | 01월 | 유 가을 | | 168 | 104,070 |
| 5 | 01월 | 윤 대현 | | 292 | 70,730 |
| 6 | 01월 | 최 소라 | | 88 | 79,660 |
| 7 | 02월 | 김 찬진 | | 10 | 3,500 |
| 8 | 02월 | 유 가을 | | 90 | 15,392 |
| 9 | 02월 | 윤 대현 | | | |
| 10 | 02월 | 최 소라 | | 46 | 82,135 |
| 11 | 03월 | 김 덕훈 | | 30 | 2,400 |
| 12 | 03월 | 김 소미 | | 58 | 8,256 |
| 13 | 03월 | 선 하라 | | 16 | 10,880 |
| 14 | 03월 | 유 가을 | | 105 | 674,296 |



**22** C2셀에 함수식 '=VLOOKUP('이 표시되면 첫 번째 인수로 B2셀을 선택하고 『,』를 입력해서 '=VLOOKUP(B2,'로 작성합니다.

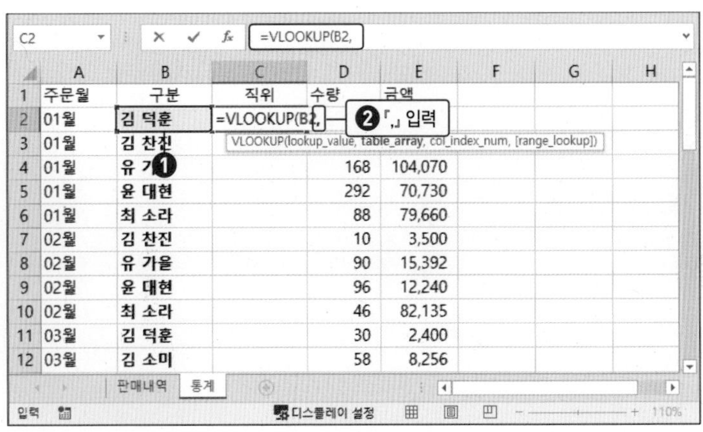

| | A | B | C | D | E |
|---|---|---|---|---|---|
| 1 | 주문월 | 구분 | 직위 | 수량 | 금액 |
| 2 | 01월 | 김 덕훈 | =VLOOKUP(B2, | | |
| 3 | 01월 | 김 찬진 | | | |
| 4 | 01월 | 유 가을 | | 168 | 104,070 |
| 5 | 01월 | 윤 대현 | | 292 | 70,730 |
| 6 | 01월 | 최 소라 | | 88 | 79,660 |
| 7 | 02월 | 김 찬진 | | 10 | 3,500 |
| 8 | 02월 | 유 가을 | | 90 | 15,392 |
| 9 | 02월 | 윤 대현 | | 96 | 12,240 |
| 10 | 02월 | 최 소라 | | 46 | 82,135 |
| 11 | 03월 | 김 덕훈 | | 30 | 2,400 |
| 12 | 03월 | 김 소미 | | 58 | 8,256 |



**TIP**

찾을 사원 이름이 [판매내역] 시트에 세로(행) 방향으로 입력되어 있기 때문에 VLOOKUP 함수를 지정한 것입니다. VLOOKUP 함수의 첫 번째 인수에는 찾을 값을 지정하는데, B2셀에 입력된 '김 덕훈'과 같은 값을 찾겠다는 뜻입니다.

**23** 두 번째 인수로 '김 덕훈'을 찾을 비교 대상 영역을 지정해 볼게요. [판매내역] 시트에서 D2셀을 선택하고 Ctrl+Shift+↓를 누른 후 Shift+→를 두 번 눌러 F열의 '직위' 항목까지 범위를 지정합니다.

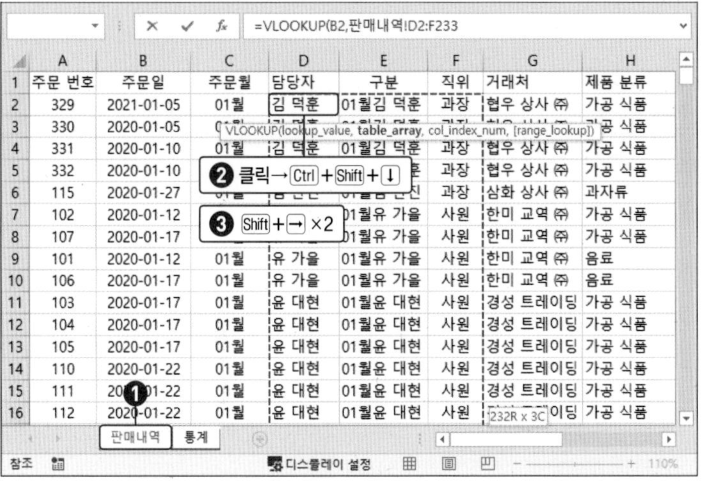


**24** '=VLOOKUP(B2,판매내역!D2:F233'과 같이 범위가 지정되면 F4를 눌러 절대 참조로 바꾸고 『3,』를 입력한 후 [FALSE]를 더블클릭합니다. 함수식 '=VLOOKUP(B2,판매내역!$D$2:$F$233,3,FALSE'가 완성되면 Enter를 누르세요.

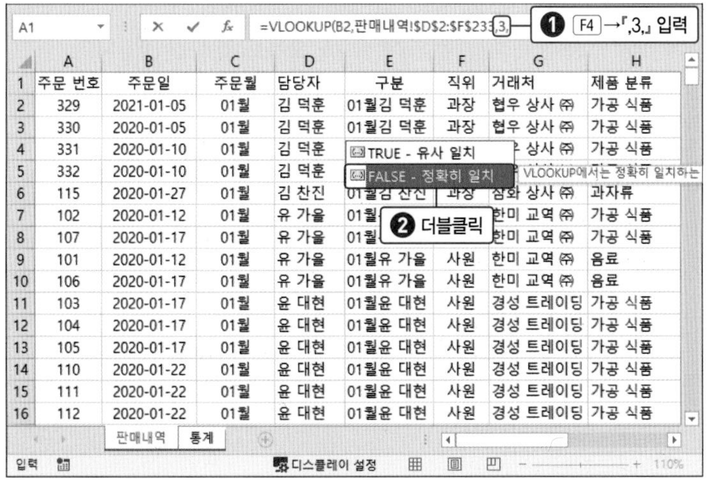


**함수식 설명**

**=VLOOKUP(B2,판매내역!$D$2:$F$233,3,FALSE)**

**← 형식 =VLOOKUP(찾을 값,비교 대상,가져올 열 위치,찾을 방식)**

B2셀에 입력된 '김 덕훈'과 같은 이름을 [판매내역] 시트의 D2:F233 영역 중 첫 번째 열인 D열에서 찾아 세 번째 열인 직위를 가져옵니다. 이때 마지막 인수에 'FALSE'를 지정했기 때문에 정확히 일치하는 값만 가져오고, 그렇지 않은 경우에는 오류 메시지가 표시됩니다.

**25** [통계] 시트의 C2셀에 함수식을 실행한 결과가 '#N/A'로 표시되었으면 '김 덕훈'이라는 이름을 찾지 못했다는 뜻입니다. C2셀의 자동 채우기 핸들을 더블클릭해서 나머지 행에도 함수식을 복사하세요.

| | A | B | C | D | E |
|---|---|---|---|---|---|
| 1 | 주문월 | 구분 | 직위 | 수량 | 금액 |
| 2 | 01월 | 김 덕훈 | #N/A | | 6,030 |
| 3 | 01월 | 김 찬진 | #N/A | 19 | 5,244 |
| 4 | 01월 | 유 가을 | # | 8 | 104,070 |
| 5 | 01월 | 윤 대현 | # | 2 | 70,730 |
| 6 | 01월 | 최 소라 | #N/A | 88 | 79,660 |
| 7 | 02월 | 김 찬진 | #N/A | 10 | 3,500 |
| 8 | 02월 | 유 가을 | #N/A | 90 | 15,392 |
| 9 | 02월 | 윤 대현 | #N/A | 96 | 12,240 |
| 10 | 02월 | 최 소라 | #N/A | 46 | 82,135 |
| 11 | 03월 | 김 덕훈 | #N/A | 30 | 2,400 |
| 12 | 03월 | 김 소미 | #N/A | 58 | 8,256 |
| 13 | 03월 | 선 하라 | #N/A | 16 | 10,880 |
| 14 | 03월 | 유 가을 | #N/A | 105 | 674,296 |
| 15 | 03월 | 윤 대현 | #N/A | 176 | 125,200 |
| 16 | 03월 | 최 소라 | #N/A | 162 | 96,876 |



**26** [판매내역] 시트에 '김 덕훈'이라는 이름이 있는데 '#N/A' 오류로 찾지 못했다고 표시된 것은 텍스트의 앞이나 뒤에 빈 공백이 있기 때문입니다. B2셀을 더블클릭하여 커서를 올려놓고 입력된 값의 뒤쪽을 클릭하면 공백이 한 칸 있는 것을 확인할 수 있어요. [판매내역] 시트에는 담당자가 '김 덕훈'은 있지만 '김 덕훈 '은 없기 때문에 찾지 못했다고 함수 결과가 '#N/A' 오류로 표시된 것입니다.

| | A | B | C | D | E |
|---|---|---|---|---|---|
| 1 | 주문월 | 구분 | 직위 | 수량 | 금액 |
| 2 | 01월 | 김 덕훈 | | | 46,030 |
| 3 | 01월 | 김 찬진 | #N/A | 19 | 5,244 |
| 4 | 01월 | 유 가을 | #N/A | 168 | 104,070 |
| 5 | 01월 | 윤 대현 | #N/A | 292 | 70,730 |
| 6 | 01월 | 최 소라 | #N/A | 88 | 79,660 |
| 7 | 02월 | 김 찬진 | #N/A | 10 | 3,500 |
| 8 | 02월 | 유 가을 | #N/A | 90 | 15,392 |
| 9 | 02월 | 윤 대현 | #N/A | 96 | 12,240 |
| 10 | 02월 | 최 소라 | #N/A | 46 | 82,135 |
| 11 | 03월 | 김 덕훈 | #N/A | 30 | 2,400 |
| 12 | 03월 | 김 소미 | #N/A | 58 | 8,256 |
| 13 | 03월 | 선 하라 | #N/A | 16 | 10,880 |
| 14 | 03월 | 유 가을 | #N/A | 105 | 674,296 |
| 15 | 03월 | 윤 대현 | #N/A | 176 | 125,200 |
| 16 | 03월 | 최 소라 | #N/A | 162 | 96,876 |



**TIP**

288쪽의 15 과정에서 '김 덕훈 요약'과 같이 입력된 데이터에서 이름의 뒤에 '요약'을 삭제했기 때문에 '김 덕훈 '이 남아있었던 것입니다. 만약 ' 요약'을 찾아서 지웠으면 '김 덕훈'만 남아 있기 때문에 이 단계에서 오류가 발생하지 않았을 것입니다. 이와 같이 텍스트를 대상으로 작업할 때는 입력한 텍스트의 앞이나 뒤에 빈 공백이 있는지 꼭 확인해야 합니다.

**27** 이름 뒤에 있는 공백을 한 번에 삭제해 볼게요. F2셀에 함수식 『=TRIM(B2)』를 입력하고 Enter를 누릅니다.

CONCATE... | =TRIM(B2)

| | A | B | C | D | E | F | G | H |
|---|---|---|---|---|---|---|---|---|
| 1 | 주문월 | 구분 | 직위 | 수량 | 금액 | | | |
| 2 | 01월 | 김 덕훈 | #N/A | 108 | 146,030 | =TRIM(B2) | 입력→Enter | |
| 3 | 01월 | 김 찬진 | #N/A | 19 | 5,244 | | | |
| 4 | 01월 | 유 가을 | #N/A | 168 | 104,070 | | | |
| 5 | 01월 | 윤 대현 | #N/A | 292 | 70,730 | | | |
| 6 | 01월 | 최 소라 | #N/A | 88 | 79,660 | | | |
| 7 | 02월 | 김 찬진 | #N/A | 10 | 3,500 | | | |
| 8 | 02월 | 유 가을 | #N/A | 90 | 15,392 | | | |
| 9 | 02월 | 윤 대현 | #N/A | 96 | 12,240 | | | |
| 10 | 02월 | 최 소라 | #N/A | 46 | 82,135 | | | |
| 11 | 03월 | 김 덕훈 | #N/A | 30 | 2,400 | | | |
| 12 | 03월 | 김 소미 | #N/A | 58 | 8,256 | | | |
| 13 | 03월 | 선 하라 | #N/A | 16 | 10,880 | | | |
| 14 | 03월 | 유 가을 | #N/A | 105 | 674,296 | | | |
| 15 | 03월 | 윤 대현 | #N/A | 176 | 125,200 | | | |
| 16 | 03월 | 최 소라 | #N/A | 162 | 96,876 | | | |

판매내역 | 통계

입력 | 디스플레이 설정 | 110%

**28** F2셀에 이름의 앞이나 뒤에 입력된 공백이 삭제되었으면 F2셀의 자동 채우기 핸들을 더블클릭해서 나머지 행에도 함수식을 복사합니다. 범위가 설정된 상태에서 Ctrl+C를 눌러 복사하고 B2셀에서 마우스 오른쪽 단추를 클릭한 후 '붙여넣기 옵션'에서 [값]( )을 클릭하세요.

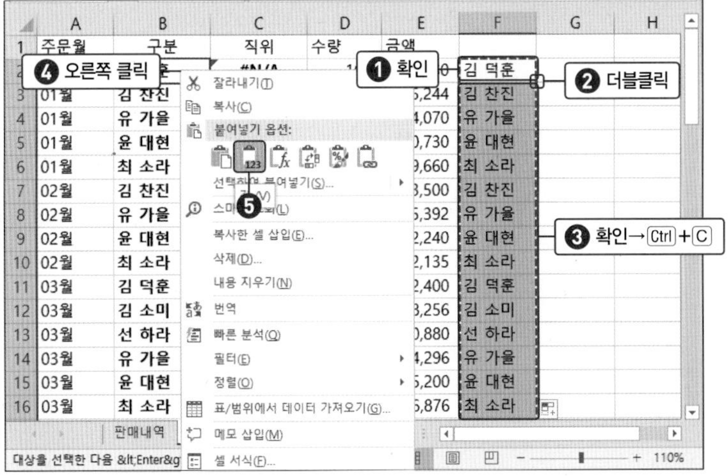


**TIP**

함수식을 그대로 붙여넣으면 항상 F열을 참조하므로 F열에 값이 바뀌거나 사라져도 오류가 발생하지 않도록 함수식을 값으로 변환해서 붙여넣는 것입니다.

**29** F열의 함수식을 결과값으로 변환해서 B열에 덮어쓰기했더니 B열의 이름에서 공백이 삭제되면서 C열의 직위가 제대로 표시되었습니다.

| | A | B | C | D | E | F |
|---|---|---|---|---|---|---|
| 1 | 주문월 | 구분 | 직위 | 수량 | 금액 | |
| 2 | 01월 | 김 덕훈 | 과장 | 108 | 146,030 | 김 덕훈 |
| 3 | 01월 | 김 찬진 | 과장 | 19 | 5,244 | 김 찬진 |
| 4 | 01월 | 유 가을 | 사원 | 168 | 104,070 | 유 가을 |
| 5 | 01월 | 윤 대현 | 사원 | 292 | 70,730 | 윤 대현 |
| 6 | 01월 | 최 소라 | 대리 | 88 | 79,660 | 최 소라 |
| 7 | 02월 | 김 찬진 | 과장 | 10 | 3,500 | 김 찬진 |
| 8 | 02월 | 유 가을 | 사원 | 90 | 15,392 | 유 가을 |
| 9 | 02월 | 윤 대현 | 사원 | 확인 | 12,240 | 윤 대현 |
| 10 | 02월 | 최 소라 | 대리 | 46 | 82,135 | 최 소라 |
| 11 | 03월 | 김 덕훈 | 과장 | 30 | 2,400 | 김 덕훈 |
| 12 | 03월 | 김 소미 | 사원 | 58 | 8,256 | 김 소미 |
| 13 | 03월 | 선 하라 | 대리 | 16 | 10,880 | 선 하라 |
| 14 | 03월 | 유 가을 | 사원 | 105 | 674,296 | 유 가을 |
| 15 | 03월 | 윤 대현 | 사원 | 176 | 125,200 | 윤 대현 |
| 16 | 03월 | 최 소라 | (Ctrl) | 162 | 96,876 | 최 소라 |

판매내역 | 통계

대상을 선택한 다음 <Enter>... 개수: 61 디스플레이 설정 110%

**30** B열과 C열의 데이터를 정확하게 구했으면 F열 머리글에서 마우스 오른쪽 단추를 클릭하고 [삭제]를 선택하여 F열을 제거합니다.

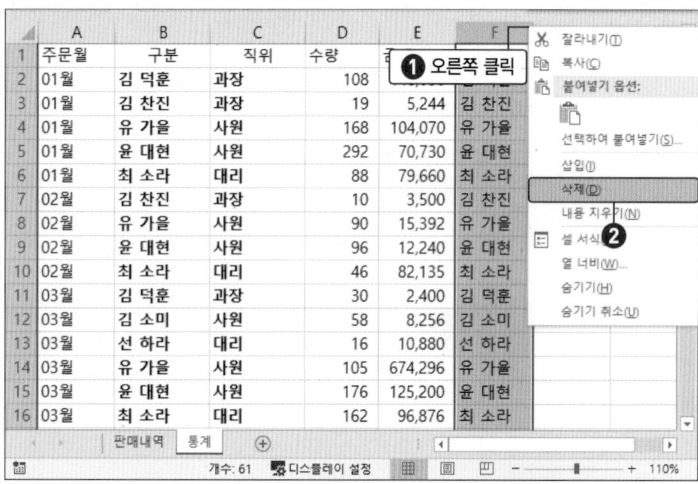

CASE

# 04 집계 자료에 조건부 서식 지정하기

◉ **예제파일** : 조건부서식지정하기(준비).xlsx ◉ **완성파일** : **조건부**서식지정하기(완성).xlsx



**1** [통계] 시트에서 주문월이 같을 때 맨 위에 하나의 월만 표시하고 나머지 행에는 월을 숨겨볼게요. A2셀을 선택하고 Ctrl+Shift+↓를 눌러 '주문월' 항목의 데이터 범위만 선택합니다. [홈] 탭-[스타일] 그룹에서 [조건부 서식]을 클릭하고 [새 규칙]을 선택하세요.

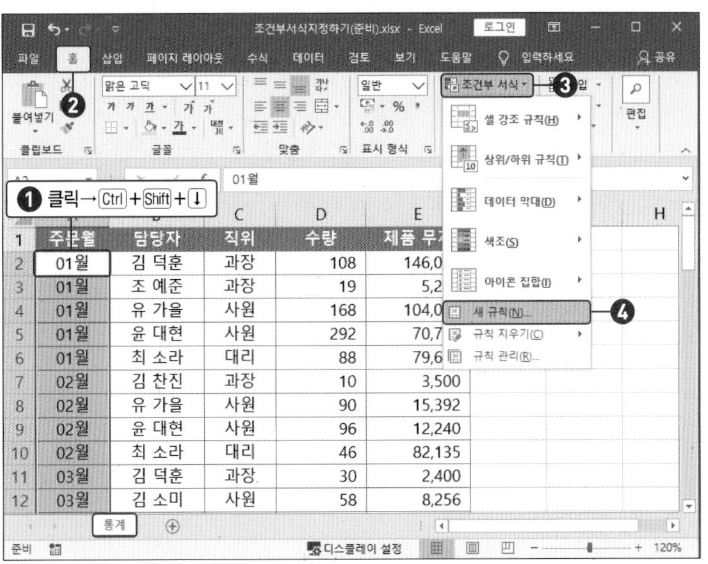


**2** [새 서식 규칙] 대화상자가 열리면 '규칙 유형 선택'에서 [수식을 사용하여 서식을 지정할 셀 결정]을 선택합니다. '규칙 설명 편집'의 '다음 수식이 참인 값의 서식 지정'에 수식 『=A2=A1』을 입력하고 [서식]을 클릭하세요.

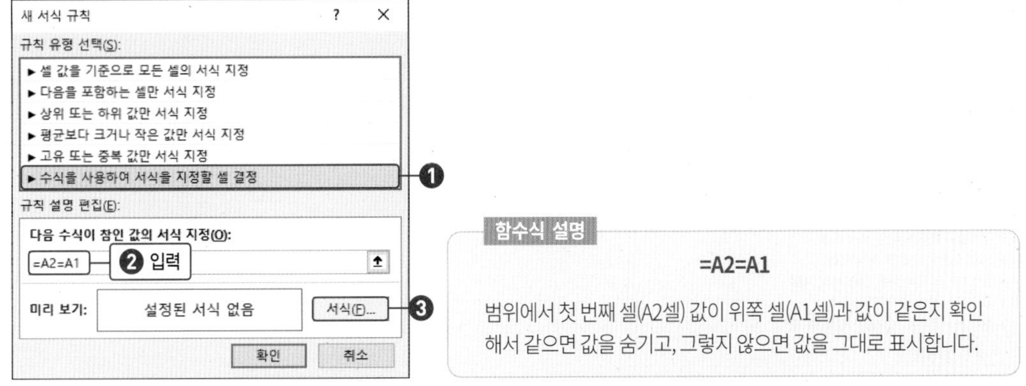


**함수식 설명**

**=A2=A1**

범위에서 첫 번째 셀(A2셀) 값이 위쪽 셀(A1셀)과 값이 같은지 확인해서 같으면 값을 숨기고, 그렇지 않으면 값을 그대로 표시합니다.

**3** [셀 서식] 대화상자의 [표시 형식] 탭이 열리면 [사용자 지정] 범주를 선택하고 '형식'에 『;;;』을 입력합니다.

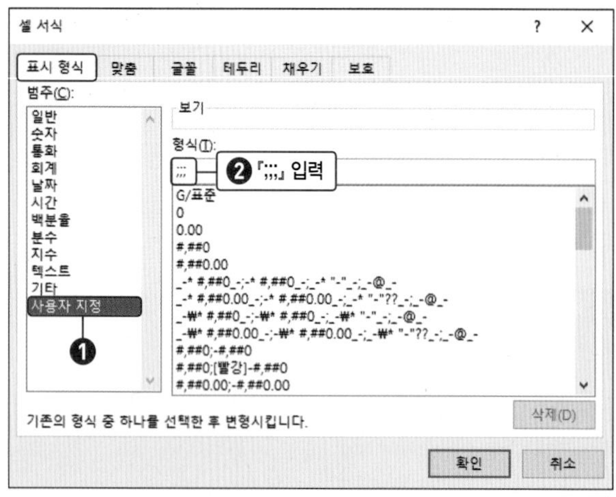


**TIP**

셀에 표시 형식으로 ';;;'을 지정하면 셀에는 값이 있지만, 화면에는 값이 보이지 않게 숨길 수 있습니다.

**4** [셀 서식] 대화상자의 [테두리] 탭을 클릭하고 '선'의 '스타일'에서 [없음]을 선택합니다. '테두리'에서 위쪽 선(▣)을 클릭해서 선 스타일이 사라졌는지 확인하고 [확인]을 클릭하세요.

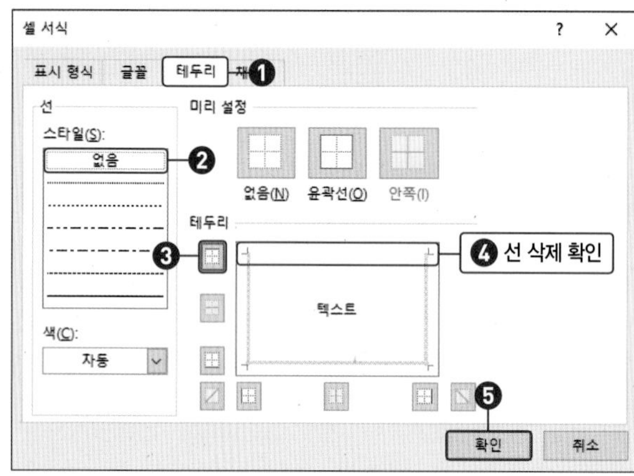


**5** [새 서식 규칙] 대화상자로 되돌아오면 [확인]을 클릭합니다.

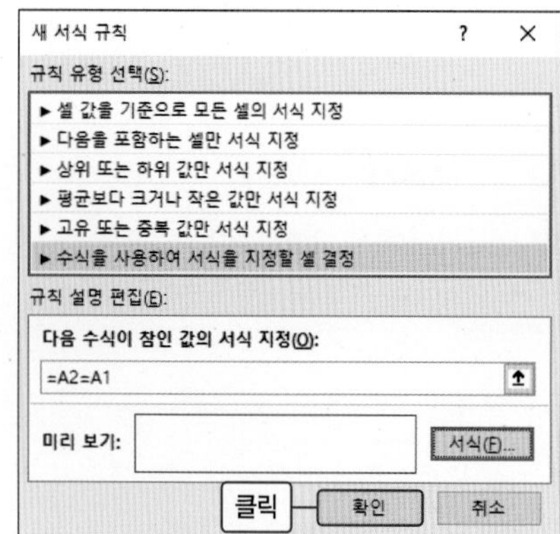

**6** '주문월' 항목에서 주문월이 같으면 화면에서 월이 보이지 않게 숨겨지면서 위쪽 테두리도 지워졌는지 확인합니다.

| | A | B | C | D | E | F | G | H |
|---|---|---|---|---|---|---|---|---|
| 1 | 주문월 | 담당자 | 직위 | 수량 | 제품 무게 | | | |
| 2 | 01월 | 김 덕춘 | 과장 | 108 | 146,030 | | | |
| 3 | | 조 예준 | 과장 | 19 | 5,244 | | | |
| 4 | | 유 가을 | 사원 | 168 | 104,070 | | | |
| 5 | | 윤 대현 | 사원 | 292 | 70,730 | | | |
| 6 | | 최 소라 | 대리 | 88 | 79,660 | | | |
| 7 | 02월 | 확인 | 과장 | 10 | 3,500 | | | |
| 8 | | | 사원 | 90 | 15,392 | | | |
| 9 | | 윤 대현 | 사원 | 96 | 12,240 | | | |
| 10 | | 최 소라 | 대리 | 46 | 82,135 | | | |
| 11 | 03월 | 김 덕춘 | 과장 | 30 | 2,400 | | | |
| 12 | | 김 소미 | 사원 | 58 | 8,256 | | | |
| 13 | | 선 하라 | 대리 | 16 | 10,880 | | | |

통계

준비 개수: 61 디스플레이 설정 120%

**7** E열에 표시된 '제품 무게' 항목의 숫자 값에서 천 단위를 생략해서 표시해 볼게요. E2셀을 선택하고 Ctrl+Shift+↓를 눌러 범위를 지정한 후 Ctrl+1을 누릅니다.

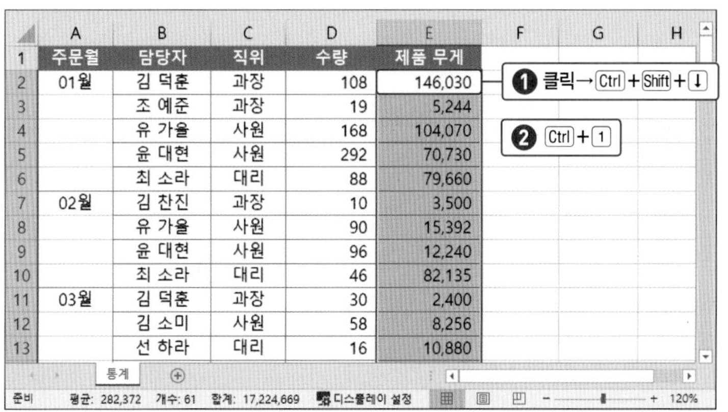

| | A | B | C | D | E | F | G | H |
|---|---|---|---|---|---|---|---|---|
| 1 | 주문월 | 담당자 | 직위 | 수량 | 제품 무게 | | | |
| 2 | 01월 | 김 덕춘 | 과장 | 108 | 146,030 | | | |
| 3 | | 조 예준 | 과장 | 19 | 5,244 | | | |
| 4 | | 유 가을 | 사원 | 168 | 104,070 | | | |
| 5 | | 윤 대현 | 사원 | 292 | 70,730 | | | |
| 6 | | 최 소라 | 대리 | 88 | 79,660 | | | |
| 7 | 02월 | 김 찬진 | 과장 | 10 | 3,500 | | | |
| 8 | | 유 가을 | 사원 | 90 | 15,392 | | | |
| 9 | | 윤 대현 | 사원 | 96 | 12,240 | | | |
| 10 | | 최 소라 | 대리 | 46 | 82,135 | | | |
| 11 | 03월 | 김 덕춘 | 과장 | 30 | 2,400 | | | |
| 12 | | 김 소미 | 사원 | 58 | 8,256 | | | |
| 13 | | 선 하라 | 대리 | 16 | 10,880 | | | |



**8** [셀 서식] 대화상자의 [표시 형식] 탭이 열리면 [사용자 지정] 범주를 선택하고 '형식'에 『#,##0,』를 입력한 후 [확인]을 클릭합니다.

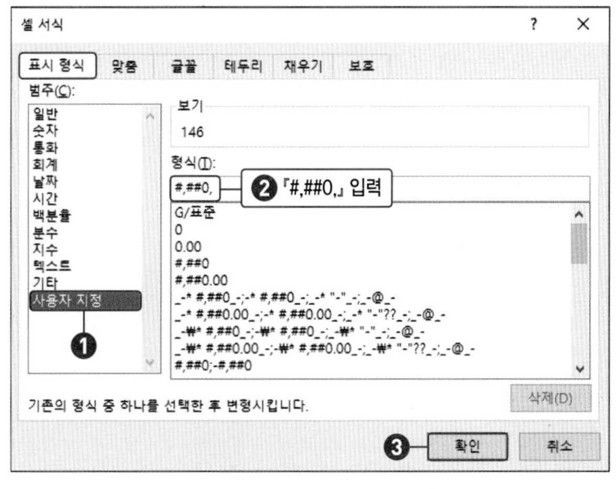


**TIP**

'#,##0,'는 숫자 데이터의 세 자리마다 콤마를 표시하는데, 천 단위 값은 생략하고 표시하라는 뜻입니다. 백만 단위를 생략하려면 '#,##0,,'를 입력하세요.

**9** E열의 '제품무게' 항목에서 천 단위가 생략되어 표시되었는지 확인합니다. 이 값의 뒤에 단위를 함께 표시하기 위해 범위를 지정한 상태에서 Ctrl+1을 누릅니다.

| | A | B | C | D | E |
|---|---|---|---|---|---|
| 1 | 주문월 | 담당자 | 직위 | 수량 | 제품 무게 |
| 2 | 01월 | 김 덕훈 | 과장 | 108 | 146 |
| 3 | | 조 예준 | 과장 | 19 | 5 |
| 4 | | 유 가을 | 사원 | 168 | 104 |
| 5 | | 윤 대현 | 사원 | 292 | 71 |
| 6 | | 최 소라 | 대리 | 88 | 80 |
| 7 | 02월 | 김 찬진 | 과장 | 10 | 4 |
| 8 | | 유 가을 | 사원 | 90 | 15 |
| 9 | | 윤 대현 | 사원 | 96 | 12 |
| 10 | | 최 소라 | 대리 | 46 | 82 |
| 11 | 03월 | 김 덕훈 | 과장 | 30 | 2 |
| 12 | | 김 소미 | 사원 | 58 | 8 |
| 13 | | 선 하라 | 대리 | 16 | 11 |
| 14 | | 유 가을 | 사원 | 105 | 674 |
| 15 | | 윤 대현 | 사원 | 176 | 125 |
| 16 | | 최 소라 | 대리 | 162 | 97 |
| 17 | 04월 | 김 덕훈 | 과장 | 48 | 6 |
| 18 | | 김 소미 | 사원 | 230 | 196 |
| 19 | | 김 찬진 | 과장 | 159 | 391 |

확인→Ctrl+1

통계

평균: 282 개수: 61 합계: 17,225 디스플레이 설정 120%

**10** [셀 서식] 대화상자의 [표시 형식] 탭이 열리면 [사용자 지정] 범주를 선택하고 '형식'에서 '#,##0,'의 뒤에 『ㄹ』을 입력한 후 한자를 누릅니다. ㄹ에 대한 기호 목록이 표시되면 [보기 변경] 단추(»)를 클릭해서 목록을 확장하고 [kg]을 선택하세요.

TIP

한글 자음 ㄱ부터 ㅎ까지 각 자음별로 기호가 등록되어 있습니다. 예를 들어 ㄷ에는 수학 기호가, ㄹ에는 다양한 단위가 등록되어 있으니 하나씩 눌러 보면서 확인해 보세요.

**11** '형식'에 '#,##0,kg'이 표시되었으면 뒤쪽에 한 칸의 공백을 지정하는 『_-』를 추가 입력해서 '#,##0,kg_-'로 수정하고 [확인]을 클릭합니다.

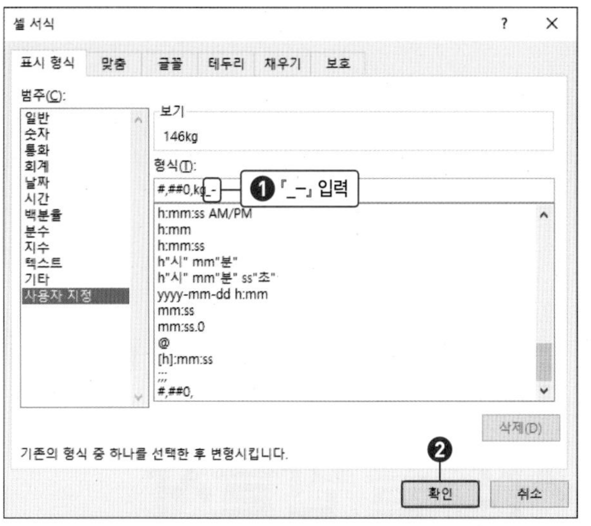


**12** '제품 무게' 항목의 숫자 값에서 천 단위가 생략되면서 'kg'이 함께 표시되었는지 확인합니다. [보기] 탭-[표시] 그룹에서 [눈금선]의 체크를 해제하여 시트에 기본적으로 표시되었던 눈금선을 없애 더욱 깔끔하게 데이터를 정리하세요.

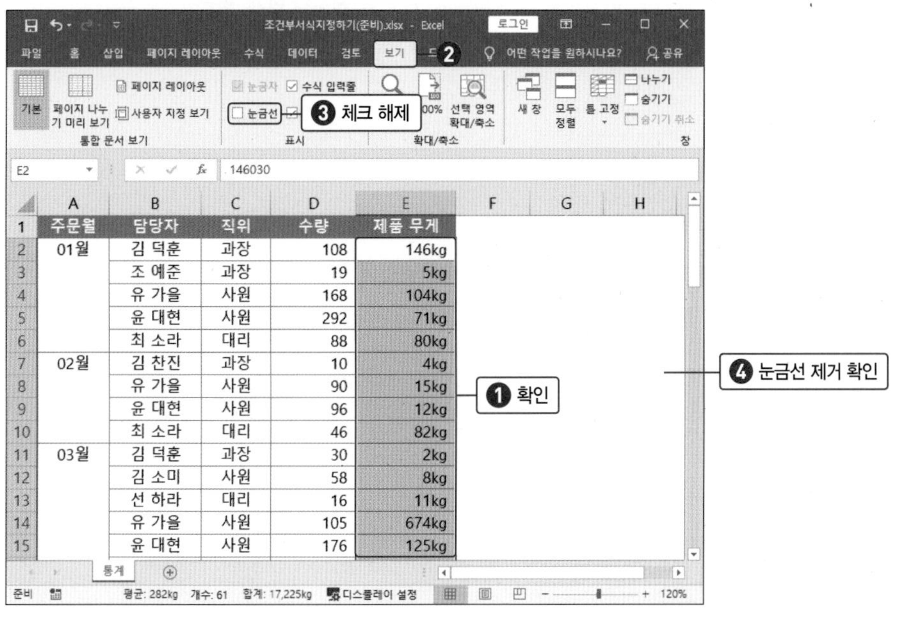

# 04 피벗 테이블로 항목별 집계 자료를 만들자

항목별로 집계 자료를 만들 때는 부분합이나 함수를 이용하는 등 다양한 방법을 사용할 수 있지만, 가장 편리하고 손쉬운 방법은 피벗 테이블을 이용하는 것입니다. 피벗 테이블은 원하는 레이아웃으로 쉽게 바꿀 수도 있고, 개수나 합계, 평균 등의 함수를 간단하게 바꿔서 적용할 수도 있습니다.

**주요 기능**

/ 피벗 테이블로 다양한 함수 효과 적용하기

/ 슬라이서로 원하는 데이터만 필터링하기

/ 시간 표시 막대로 한 번에 데이터 필터링하기

CASE

# 01 피벗 테이블로 다양한 함수 효과 적용하기

◉ **예제파일** : 피벗테이블로집계하기(준비).xlsx ◉ **완성파일** : 피벗테이블로집계하기(완성).xlsx

**1** 피벗 테이블을 이용해서 집계 자료를 만들면 앞에서 살펴본 함수나 부분합을 이용하는 것보다 간단하고 편리하게 데이터를 만들 수 있어요. [판매내역] 시트에서 데이터 영역에 있는 하나의 셀을 선택하고 [삽입] 탭-[표] 그룹에서 [피벗 테이블]을 클릭합니다.

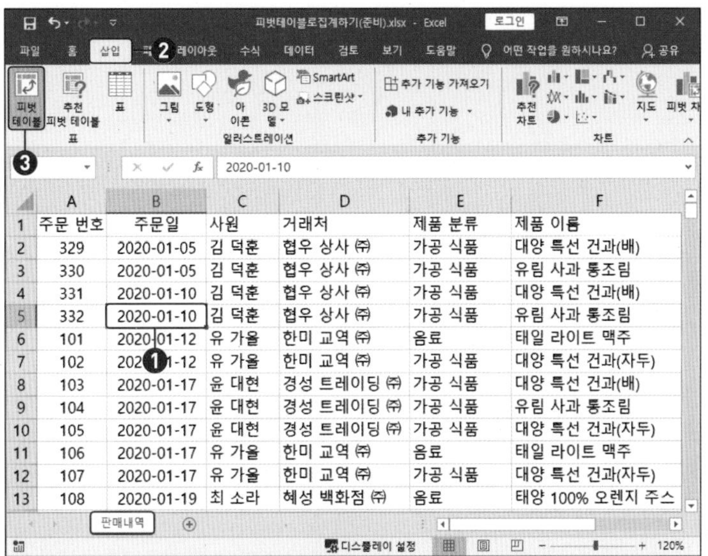

**2** [피벗 테이블 만들기] 대화상자가 열리면 [표 또는 범위 선택]의 '표/범위'에 셀 포인터가 위치한 곳을 기준으로 연속해서 데이터가 입력된 영역이 자동으로 지정되어 있습니다. '피벗 테이블 보고서를 넣을 위치를 선택하십시오.'에서 [새 워크시트]가 선택되어 있는지 확인하고 [확인]을 클릭하세요.

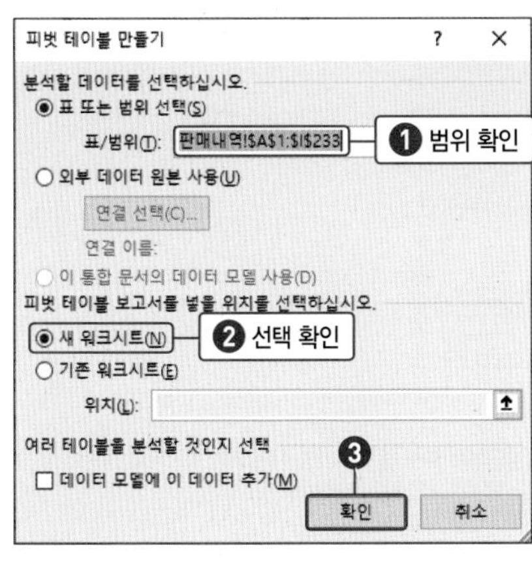


TIP

선택한 데이터를 이용해서 피벗 테이블을 작성하는데, 새 시트에 삽입하겠다는 뜻입니다.

**3** 새로운 시트가 삽입되면서 화면의 오른쪽에 [피벗 테이블 필드] 창이 열리면 '보고서에 추가할 필드 선택'에서 [제품 분류] 필드를 '열' 영역으로 드래그합니다.

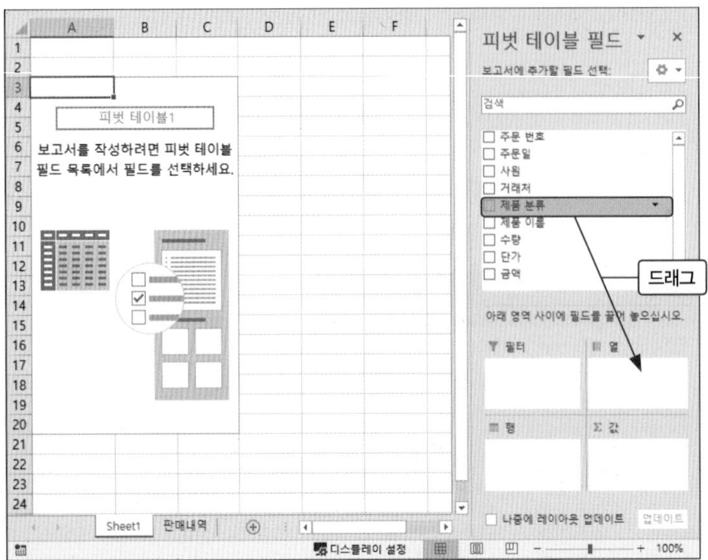


**4** 선택한 [제품 분류] 필드에서 유일한 값만 추출해서 시트의 가로(열) 방향에 표시되었습니다. 이번에는 [피벗 테이블 필드] 창의 '보고서에 추가할 필드 선택'에서 [사원] 필드를 '행' 영역으로 드래그합니다.

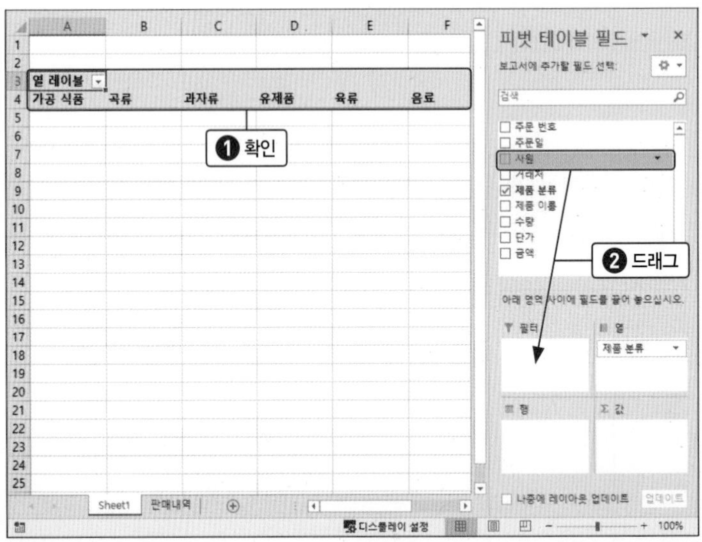


TIP

피벗 테이블에서는 원하는 필드를 '행' 영역이나 '열' 영역으로 드래그해서 배치하면 해당 필드에서 중복된 데이터를 자동으로 제거하고 유일한 항목만 추출되어 해당 방향으로 표시됩니다.

5 선택한 [사원] 필드에서 유일한 항목만 추출해서 시트의 세로(행) 방향에 표시되었으면 시트에 표시된 데이터를 이용해서 가로와 세로가 만나는 셀에 어떤 통계 자료를 만들 것인지 설정해 볼게요. [피벗 테이블 필드] 창의 '보고서에 추가할 필드 선택'에서 [제품 이름] 필드를 '값' 영역으로 드래그합니다.

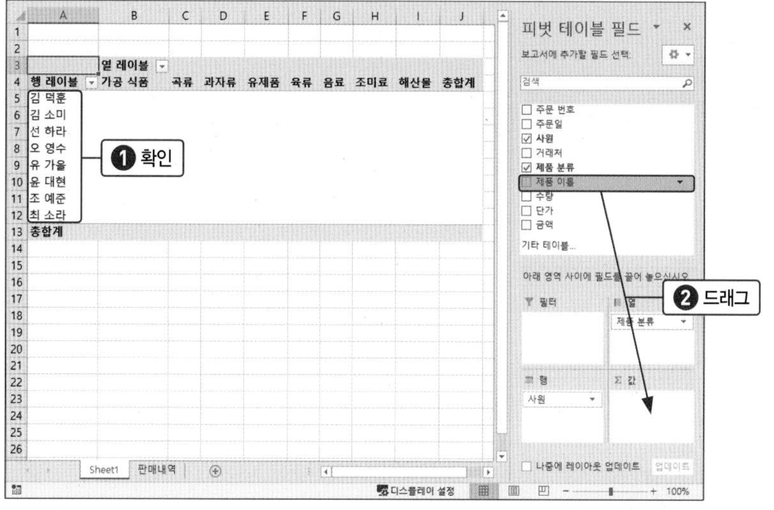


6 각 사원에 따라 제품 분류 항목별로 몇 건의 주문이 발생했는지 통계 자료가 나타납니다. 이번에는 [피벗 테이블 필드] 창의 '보고서에 추가할 필드 선택'에서 [거래처] 필드를 '행' 영역에 위치한 [사원] 필드의 아래쪽으로 드래그합니다.

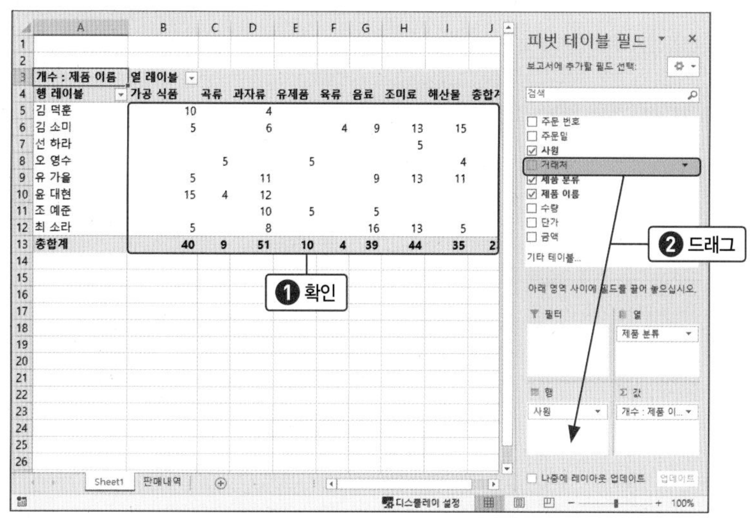


**TIP**

'값' 영역으로 문자 데이터가 저장된 필드를 배치하면 기본적으로 개수가 구해지고, 숫자 데이터가 저장된 필드를 배치하면 합계가 구해집니다. 이 값은 필요에 따라 평균, 최대값, 최소값, 곱 등의 다른 통계 값으로 언제든지 바꿀 수 있습니다.

**7** 행 방향으로 배치된 사원 데이터의 하위 레벨로 거래처 이름이 표시되었고 '값' 영역에도 그에 맞게 개수가 다시 계산되어 나타납니다. 이번에는 '행' 영역에 배치된 [사원] 필드를 [거래처] 필드의 아래쪽으로 드래그하세요.

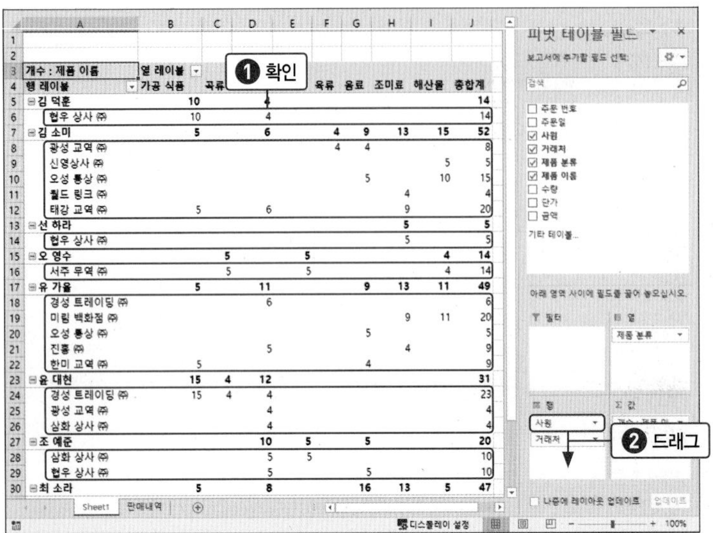


**8** 피벗 테이블의 행 방향에 배치된 값이 거래처별 사원 이름으로 바뀌고 그에 맞게 값도 자동으로 바뀌었는지 확인합니다. 이번에는 '행' 영역에 배치된 [거래처] 필드를 '열' 영역에 위치한 [제품 분류] 필드의 아래쪽으로 드래그하세요.

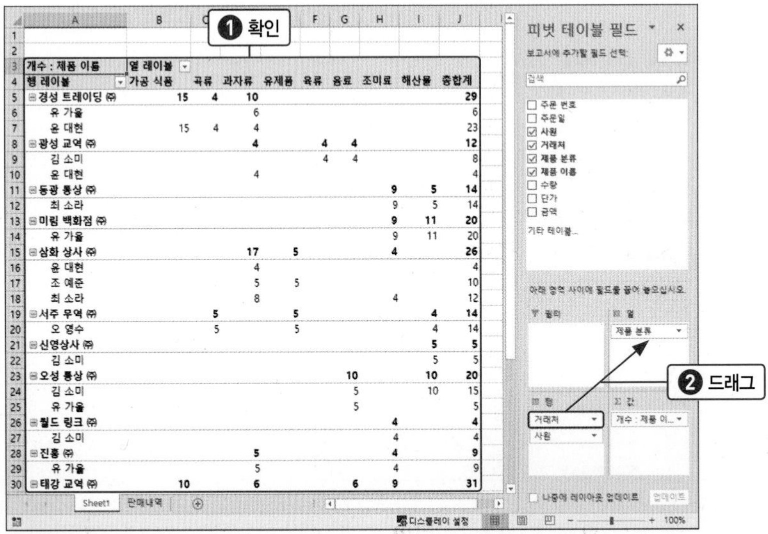

**9** 피벗 테이블의 열 방향에 배치된 값이 제품 분류별 거래처 항목으로 바뀌면서 값도 다시 계산되어 바뀌었습니다. [피벗 테이블 필드] 창의 '열' 영역에 배치된 [거래처] 필드를 클릭하고 [필드 제거]를 선택하세요.

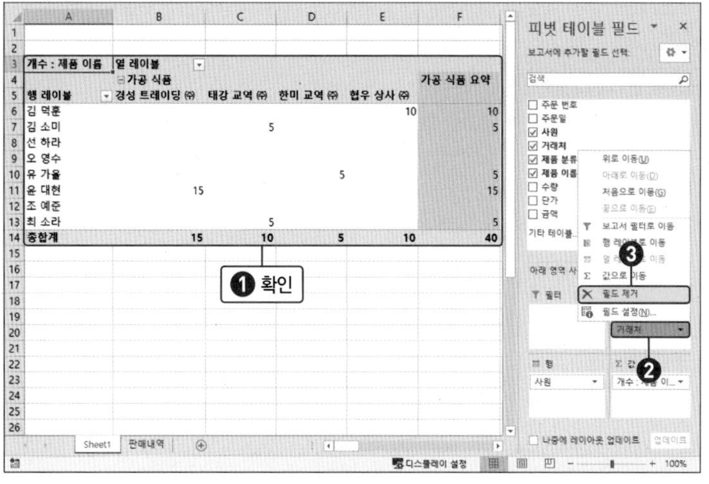


**TIP**

[피벗 테이블 필드] 창의 '행' 영역이나 '열' 영역에 그룹으로 설정할 항목을 원하는 순서대로 배치하면 그에 맞게 자동으로 레이아웃이 완성됩니다. 따라서 직관적으로 보고 싶은 필드를 자유롭게 드래그해서 배치해 보세요.

**10** 피벗 테이블에 [거래처] 필드가 사라지고 그에 맞게 개수가 다시 계산되어 나타납니다. 이번에는 [피벗 테이블 필드] 창의 '보고서에 추가할 필드 선택'에서 [수량] 필드를 '값' 영역에 위치한 [개수 : 제품 이름] 필드의 아래쪽으로 드래그하세요.

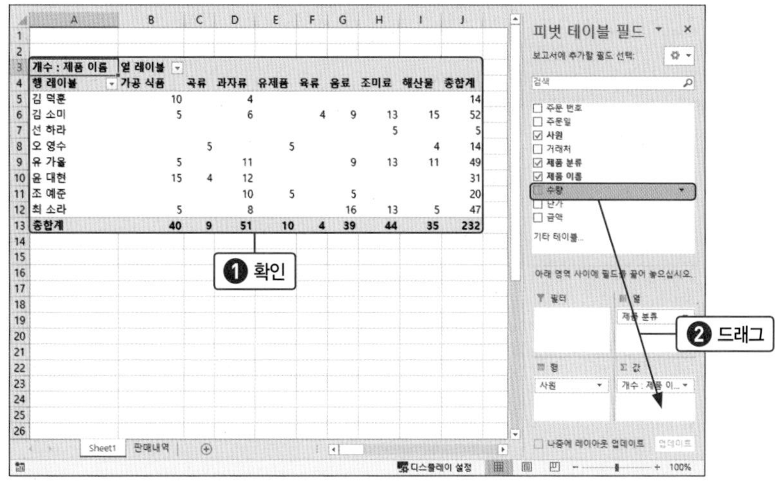


**TIP**

피벗 테이블에 배치된 필드 중 필요 없는 필드가 있으면 언제든지 [피벗 테이블 필드] 창의 '열' 영역과 '행' 영역, '값' 영역에 배치된 해당 필드를 클릭하고 [필드 제거]를 선택하세요.

11 피벗 테이블에 개수가 표시되었던 값의 오른쪽으로 수량의 합계가 추가되었습니다. 이때 수량의 합계가 표시된 특정 셀(여기서는 C10셀)에서 마우스 오른쪽 단추를 클릭하고 [값 요약 기준]-[평균]을 선택하세요.

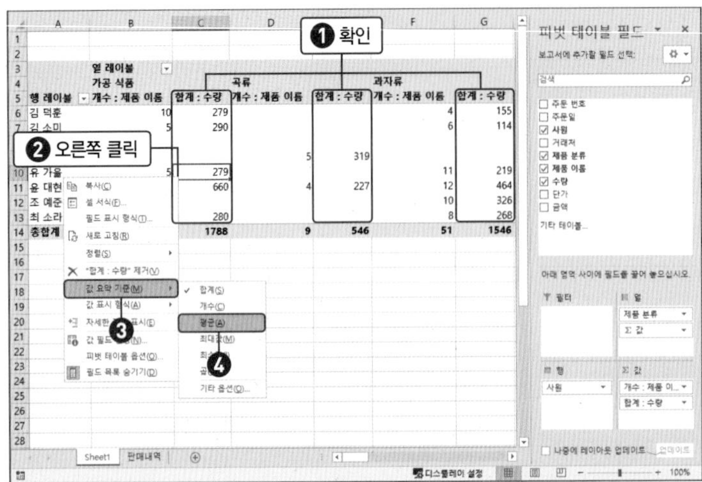


12 이전에 수량의 합계가 표시되었던 값이 수량의 평균으로 바뀌었는지 확인합니다. 이와 같이 피벗 테이블을 이용하면 여러 가지 레이아웃으로 다양한 함수를 적용한 효과를 간단히 드래그만 해서도 지정할 수 있어서 매우 편리합니다.

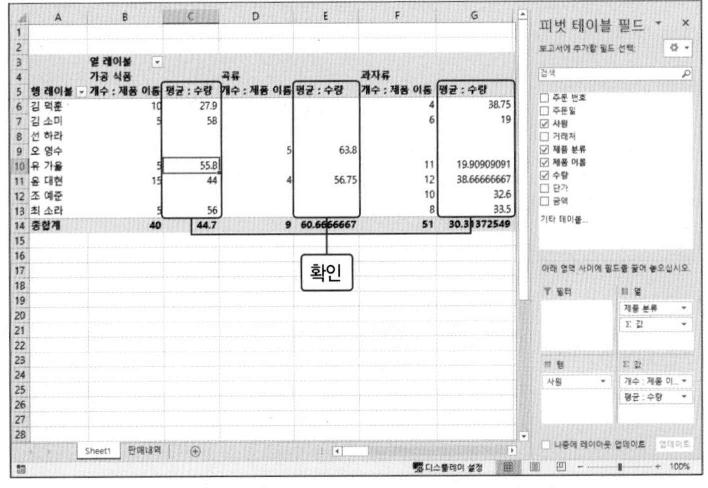


TIP

현재 작업 중인 피벗 테이블은 원본 데이터인 [판매내역] 시트를 참조해서 만들어지는 것입니다. 하지만 원본 데이터가 중간에 수정되어도 피벗 테이블에 곧바로 반영되지 않기 때문에 반드시 [피벗 테이블 도구]의 [분석] 탭-[데이터] 그룹에서 [새로 고침]을 자주 클릭해서 새로 바뀐 데이터를 적용해야 합니다.

CASE

# 02 슬라이서로 원하는 데이터만 필터링하기

◉ **예제파일** : 슬라이서이용하기(준비).xlsx ◉ **완성파일** : 슬라이서이용하기(완성).xlsx



**1** 각 제품별로 판매 금액을 합산한 피벗 테이블에서 사원, 거래처, 제품 분류 등의 특정 항목으로 필터링한 값을 알아볼게요. [Sheet1] 시트에서 데이터 영역에 있는 하나의 셀을 선택하고 [피벗 테이블 도구]의 [분석] 탭-[필터] 그룹에서 [슬라이서 삽입]을 클릭합니다.

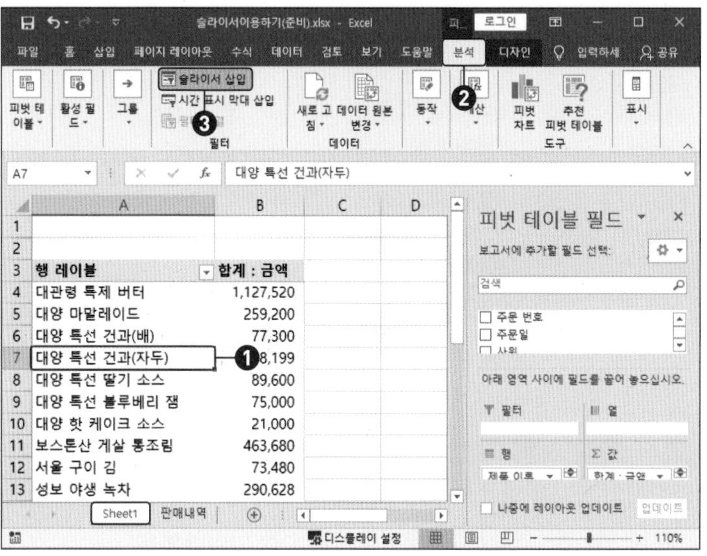


**2** [슬라이서 삽입] 대화상자가 열리면 필드 목록에서 [사원]과 [거래처]에 체크하고 [확인]을 클릭합니다.

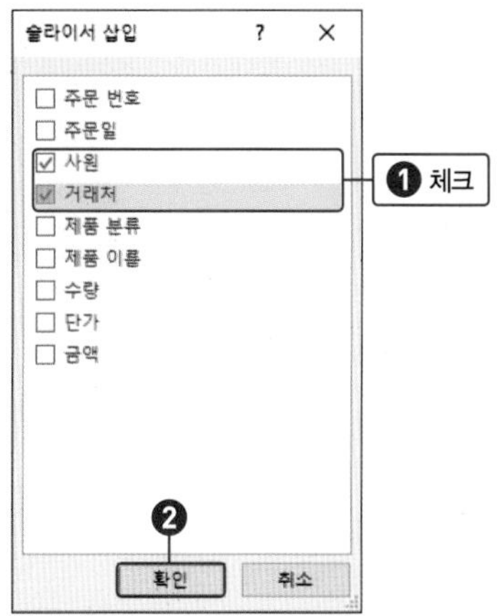

**3** [사원] 슬라이서와 [거래처] 슬라이서가 나타나면 위쪽의 제목 부분을 드래그해서 적당히 보기 좋은 위치로 이동합니다. [사원] 슬라이서를 클릭하고 [슬라이서 도구]의 [옵션] 탭-[단추] 그룹에서 '열'에 『2』를 입력합니다.

**4** [사원] 슬라이서에서 사원 이름이 2열로 재배치되었으면 크기를 적당하게 조절합니다. [거래처] 슬라이서를 클릭하고 [슬라이서 도구]의 [옵션] 탭-[슬라이서 스타일] 그룹에서 '밝게'의 [연보라, 슬라이스 스타일 밝게 4]를 선택한 후 [옵션] 탭-[단추] 그룹에서 '열'에 『3』을 입력하세요.

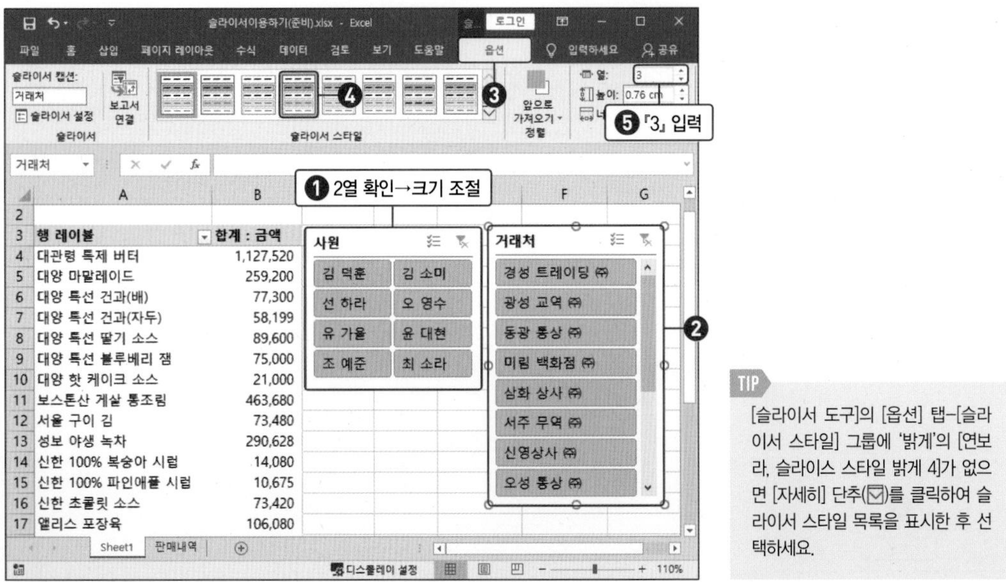


**TIP**

[슬라이서 도구]의 [옵션] 탭-[슬라이서 스타일] 그룹에 '밝게'의 [연보라, 슬라이스 스타일 밝게 4]가 없으면 [자세히] 단추(▽)를 클릭하여 슬라이서 스타일 목록을 표시한 후 선택하세요.

**5** [거래처] 슬라이서의 스타일이 원하는 색상으로 바뀌면서 3개의 열로 재배치되었으면 크기를 적당하게 조절합니다.

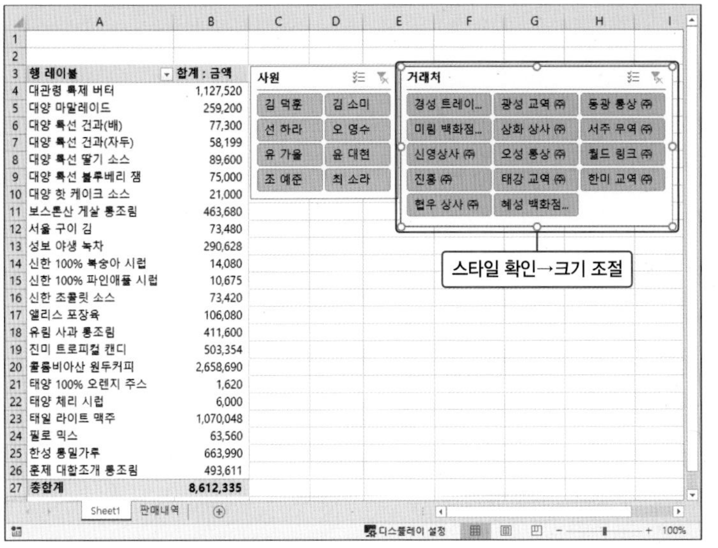


**6** [사원] 슬라이서에서 [김 소미]를 선택하면 피벗 테이블에 표시된 전체 데이터 중에서 [김 소미] 사원의 주문 내역만으로 필터링되어 값이 재계산됩니다.

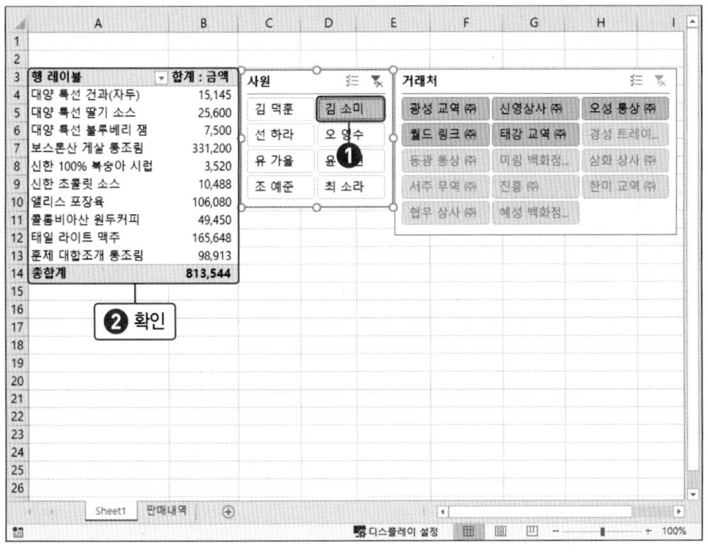

**7** 이와 같은 방법으로 [거래처] 슬라이서에서 [광성 교역 ㈜]을 클릭하면 '김소미' 사원의 주문 내역 중 '광성 교역'에서 주문한 값만 필터링해서 피벗 테이블이 재계산됩니다. 이번에는 [사원] 슬라이서에서 [다중 선택] 단추( )를 클릭하세요.

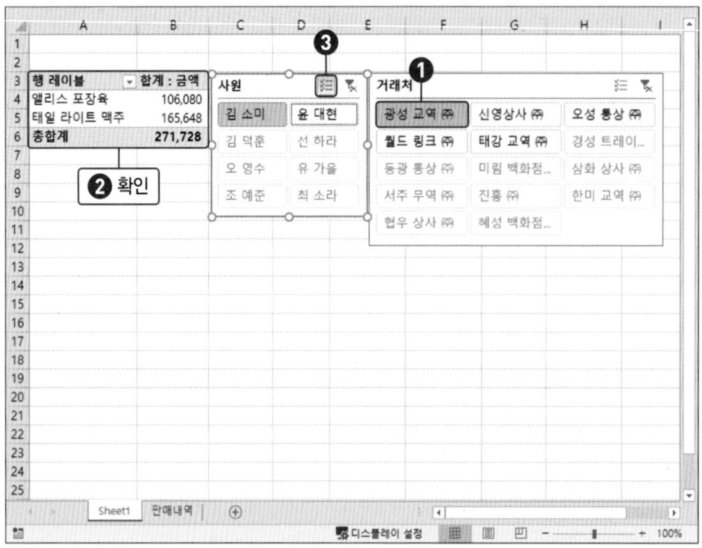


**8** [사원] 슬라이서에서 [윤 대현]을 클릭하면 김소미와 윤대현, 이들 두 사람이 함께 다중 선택되는지 확인하고 재계산된 피벗 테이블도 확인합니다. [사원] 슬라이서와 [거래처] 슬라이서에서 [필터 지우기] 단추( )를 차례대로 클릭하세요.

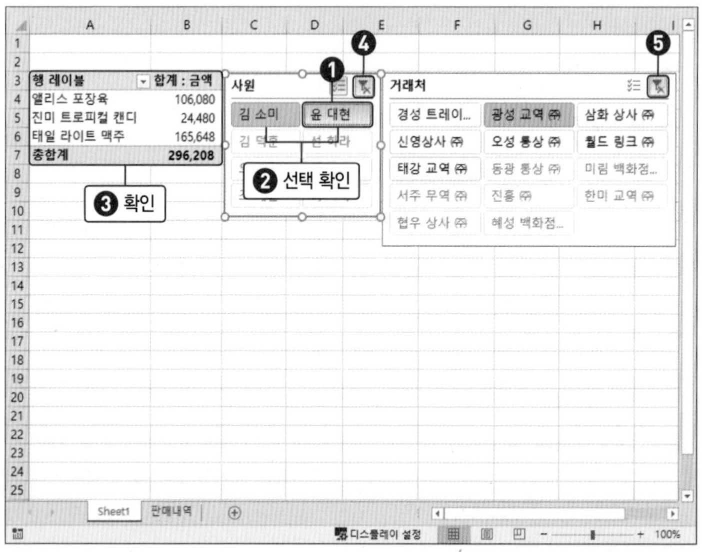

**9** [사원] 슬라이서와 [거래처] 슬라이서에 선택되었던 특정 사원과 거래처의 필터링이 해제되면서 모든 사원과 거래처가 대상으로 바뀌었습니다. [거래처] 슬라이서의 위쪽에 있는 제목을 클릭하고 Delete를 눌러 [거래처] 슬라이서를 삭제합니다. 이와 같이 필터링할 필드를 슬라이서로 추가해서 원하는 항목에 해당하는 데이터만 선택하면 데이터를 쉽게 필터링할 수도 있고, 그 데이터만을 대상으로 피벗 테이블의 값이 자동으로 재계산되어 간단하게 통계 자료를 만들 수도 있습니다.

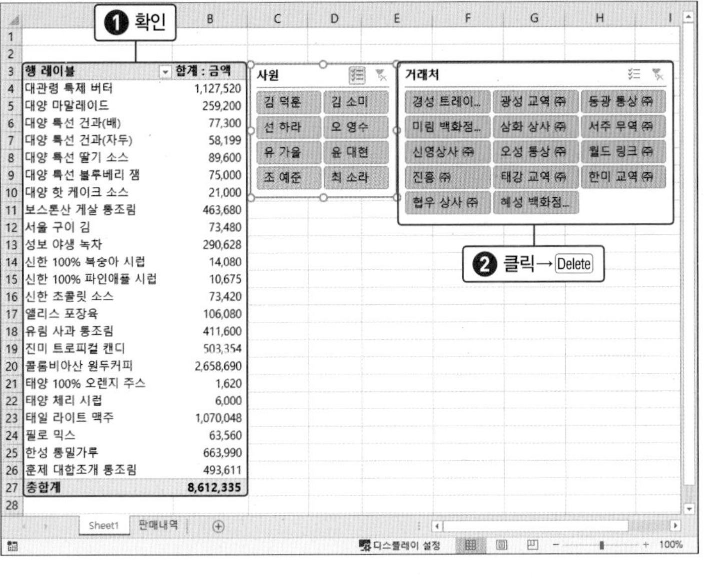

# 시간 표시 막대로 한 번에 데이터 필터링하기

◉ **예제파일** : 시간표시막대이용하기(준비).xlsx ◉ **완성파일** : 시간표시막대이용하기(완성).xlsx

**1** 각 사원별 제품 판매건수와 금액의 합계가 구해진 피벗 테이블에서 주문일을 이용한 필터를 설정해 볼게요. [Sheet1] 시트에서 피벗 테이블에 있는 하나의 셀을 선택하고 [피벗 테이블 도구]의 [분석] 탭-[필터] 그룹에서 [시간 표시 막대 삽입]을 클릭하세요.

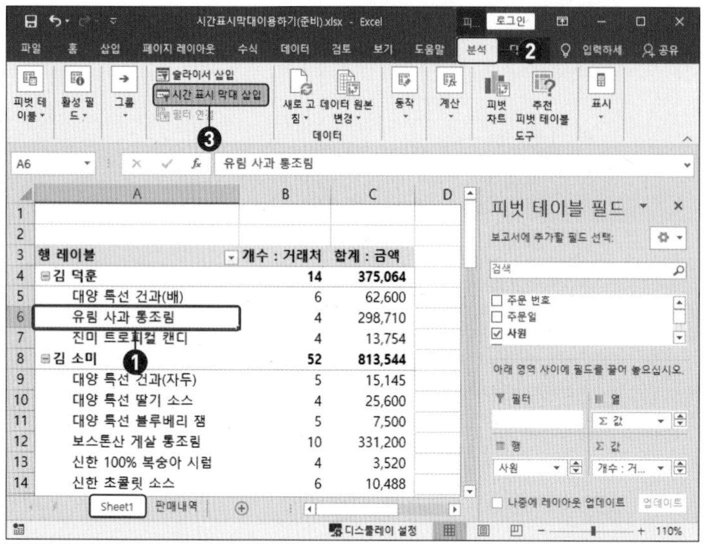

**2** [시간 표시 막대 삽입] 대화상자가 열리면 [주문일]에 체크하고 [확인]을 클릭합니다.

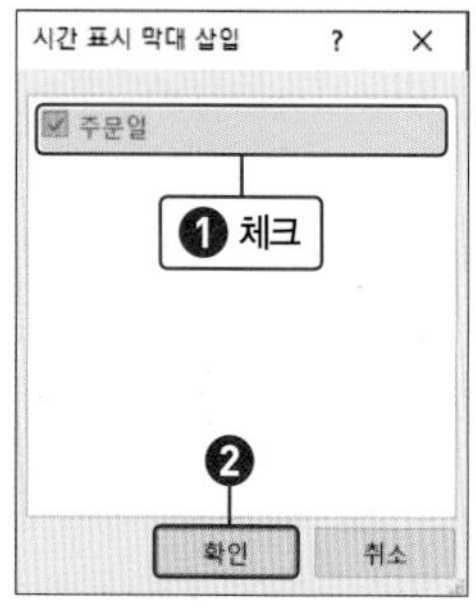


**TIP**

시간 표시 막대는 입력된 데이터 필드 중에서 날짜나 시간을 표시한 필드만 이용할 수 있습니다.

**3** [주문일] 시간 표시 막대가 나타나면 이것을 위쪽에 배치해 볼게요. 2행 머리글과 3행 머리글 사이의 경계선에 마우스 포인터를 올려놓고 ✚ 모양으로 변경되면 아래쪽으로 드래그해서 2행의 높이를 늘립니다.

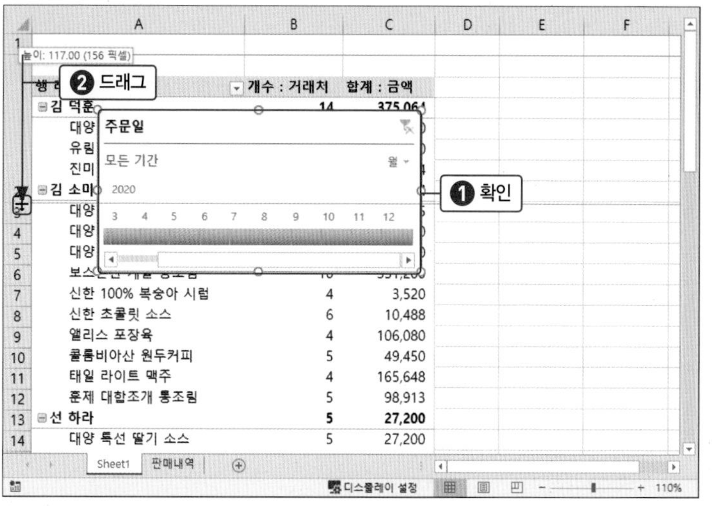


**4** 위쪽의 빈 공간으로 [주문일] 시간 표시 막대의 제목 부분을 드래그해서 이동합니다. [시간 표시 막대 도구]의 [옵션] 탭-[시간 표시 막대 스타일] 그룹에서 '밝게'의 [다홍, 시간 표시 막대 스타일 밝게 2]를 선택합니다.

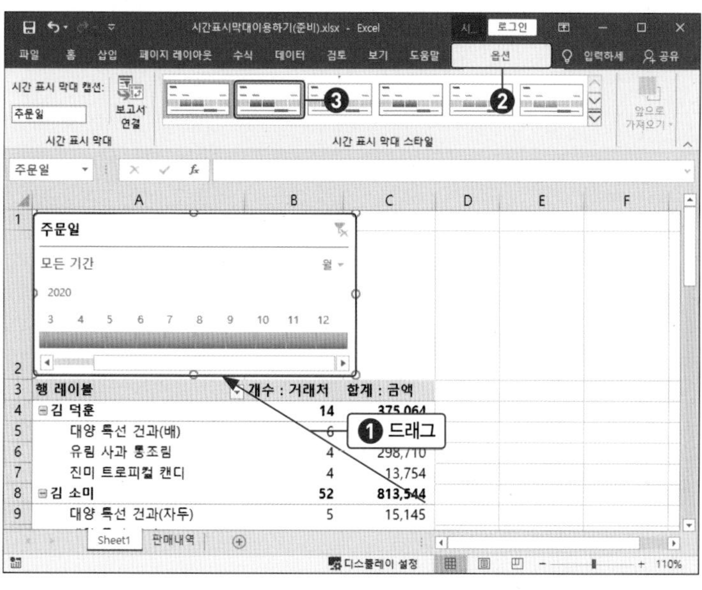

**5** [주문일] 시간 표시 막대의 디자인이 변경되었으면 모든 월이 표시되도록 시간 표시 막대의 가로 길이를 넓게 조절하고 표시된 월 중에서 [5]를 클릭합니다. 전체 데이터 중에서 5월에 주문한 데이터만 필터링되면서 피벗 테이블의 값이 재계산되었는지 확인합니다.

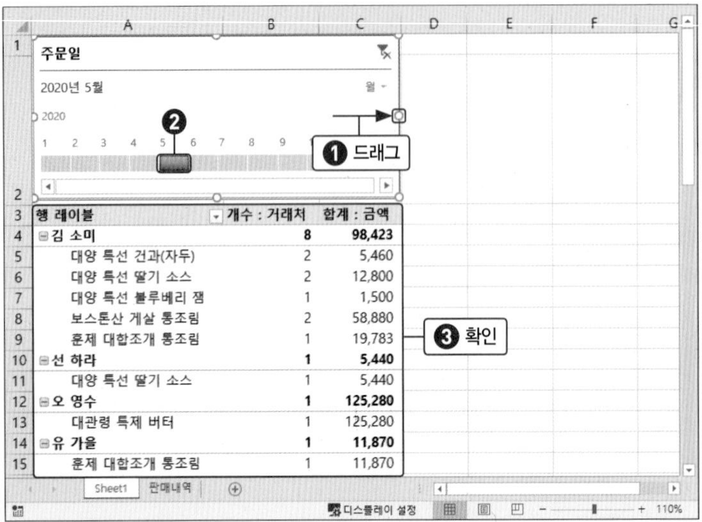


| 행 레이블 | 개수 : 거래처 | 합계 : 금액 |
|---|---|---|
| **김 소미** | **8** | **98,423** |
| 대양 특선 건과(자두) | 2 | 5,460 |
| 대양 특선 딸기 소스 | 2 | 12,800 |
| 대양 특선 블루베리 잼 | 1 | 1,500 |
| 보스톤산 게살 통조림 | 2 | 58,880 |
| 훈제 대합조개 통조림 | 1 | 19,783 |
| **선 하라** | **1** | **5,440** |
| 대양 특선 딸기 소스 | 1 | 5,440 |
| **오 영수** | **1** | **125,280** |
| 대관령 특제 버터 | 1 | 125,280 |
| **유 가을** | **1** | **11,870** |
| 훈제 대합조개 통조림 | 1 | 11,870 |

**6** 이번에는 [주문일] 시간 표시 막대에서 [2]부터 [6]까지 드래그하여 선택합니다. 전체 데이터 중에서 2월에서 6월 사이에 주문한 데이터만 필터링되고 피벗 테이블의 값이 재계산되었는지 확인합니다.

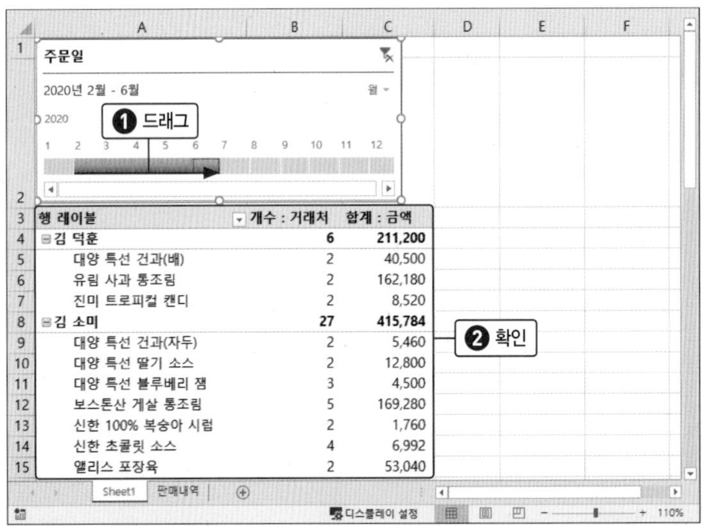


| 행 레이블 | 개수 : 거래처 | 합계 : 금액 |
|---|---|---|
| **김 덕훈** | **6** | **211,200** |
| 대양 특선 건과(배) | 2 | 40,500 |
| 유림 사과 통조림 | 2 | 162,180 |
| 진미 트로피컬 캔디 | 2 | 8,520 |
| **김 소미** | **27** | **415,784** |
| 대양 특선 건과(자두) | 2 | 5,460 |
| 대양 특선 딸기 소스 | 2 | 12,800 |
| 대양 특선 블루베리 잼 | 3 | 4,500 |
| 보스톤산 게살 통조림 | 5 | 169,280 |
| 신한 100% 복숭아 시럽 | 2 | 1,760 |
| 신한 초콜릿 소스 | 4 | 6,992 |
| 앨리스 포장육 | 2 | 53,040 |

**7** 이번에는 [주문일] 시간 표시 막대에서 [월]을 클릭하고 시간 표시 막대에 표시할 값의 유형으로 [분기]를 선택하세요.

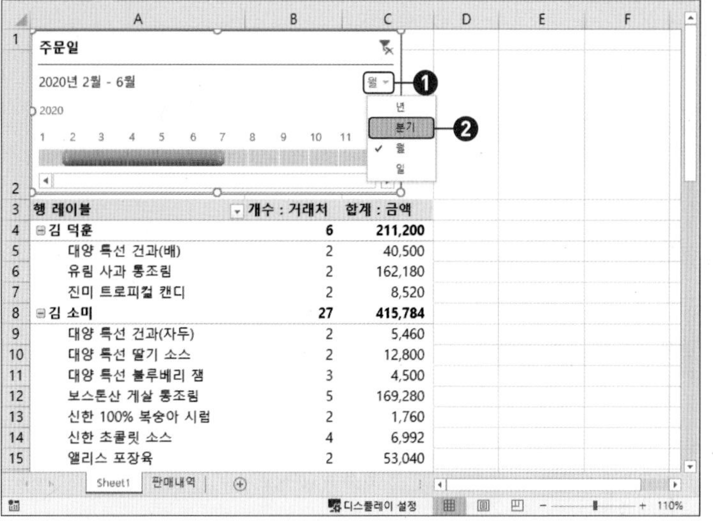


**8** 월로 표시되었던 값이 분기로 바뀌었으면 [3분기]를 클릭하여 전체 데이터 중에서 3분기에 주문한 데이터만 필터링하고 피벗 테이블의 값을 재계산합니다. 이와 같이 시간 표시 막대는 날짜나 시간 데이터를 이용해서 다양하게 준비된 유형으로 쉽게 데이터를 필터링할 수 있어요.

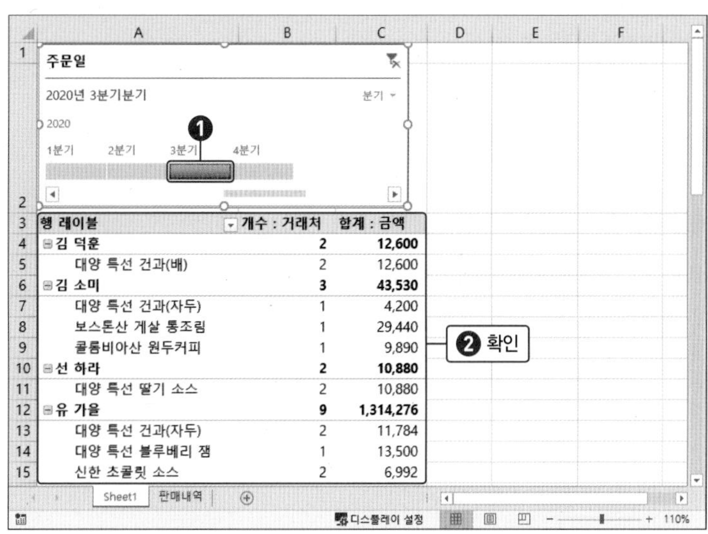

05

# 여러 시트의 데이터를 하나로 통합하자

데이터가 하나의 시트에 입력된 것이 아니라 월별, 지역별, 직원별과 같이 다양한 시트에 나눠서 관리하는 경우에는 여러 시트들을 하나로 통합해서 통계를 만들어야 합니다. 이번에는 시트를 하나로 합치지 않고 여러 시트들을 그대로 통합할 수 있는 방법을 살펴보겠습니다.

**주요 기능**

/ 여러 시트의 데이터를 같은 위치로 통합하기

/ 사업장별 데이터를 같은 값으로 통합하기

/ 다중 항목으로 사업장별 데이터 통합하기

/ 피벗 테이블로 사업장별 데이터 통합하기

# CASE 01 여러 시트의 데이터를 같은 위치로 통합하기

◉ **예제파일** : 위치로통합하기(준비).xlsx ◉ **완성파일** : 위치로통합하기(완성).xlsx

**1** [조예준], [김하준], [한재호] 시트에는 각 사원별로 매출 실적이 작성된 레이아웃이 모두 동일한 상태에서 실제 매출 금액만 다르게 작성되어 있습니다.

**조예준사원 매출 자료**

| 사업부 | 사업장 | 매출금액 | 부가세 | 합계 |
|---|---|---|---|---|
| MOTEK | 월산 | 3,200 | 320 | 3,520 |
| | 수북 | 81,090 | 8109 | 89199 |
| | 창평 | 6,300 | 630 | 6930 |
| | 봉산 | 55,440 | 5544 | 60984 |
| | 금성 | 47,600 | 4760 | 52360 |
| | 대전 | 6,020 | 602 | 6622 |
| CTR | 월산 | 2,700 | 270 | 2970 |
| | 수북 | 2,440 | 244 | 2684 |
| | 창평 | 2,800 | 280 | 3080 |
| | 봉산 | 7,600 | 760 | 8360 |
| | 금성 | 2,850 | 285 | 3135 |
| | 대전 | 270 | 27 | 297 |
| LTS | 월산 | 39,560 | 3956 | 43516 |
| | 수북 | 3,600 | 360 | 3960 |
| | 창평 | 4,500 | 450 | 4950 |
| | 봉산 | 2,800 | 280 | 3080 |
| | 금성 | 350 | 35 | 385 |
| | 대전 | 39,560 | 3956 | 43516 |

조예준 | 김하준 | 한재호 | 통합

**김하준사원 매출 자료**

| 사업부 | 사업장 | 매출금액 | 부가세 | 합계 |
|---|---|---|---|---|
| MOTEK | 월산 | 5,244 | 524 | 5,768 |
| | 수북 | 3,500 | 350 | 3850 |
| | 창평 | 3,496 | 349.6 | 3845.6 |
| | 봉산 | 6,120 | 612 | 6732 |
| | 금성 | 3,496 | 349.6 | 3845.6 |
| | 대전 | 6,120 | 612 | 6732 |
| CTR | 월산 | 79,130 | 7913 | 87043 |
| | 수북 | 3,005 | 300.5 | 3305.5 |
| | 창평 | 8,400 | 840 | 9240 |
| | 봉산 | 5,440 | 544 | 5984 |
| | 금성 | 2,800 | 280 | 3080 |
| | 대전 | 593,400 | 59340 | 652740 |
| LTS | 월산 | 5,440 | 544 | 5984 |
| | 수북 | 77,400 | 7740 | 85140 |
| | 창평 | 61,200 | 6120 | 67320 |
| | 봉산 | 3,496 | 349.6 | 3845.6 |
| | 금성 | 48,438 | 4843.8 | 53281.8 |
| | 대전 | 1,500 | 150 | 1650 |

조예준 | 김하준 | 한재호 | 통합

**2** 각 시트의 매출 금액이 위치한 셀끼리 합산하거나 평균을 구하는 등의 통계 자료를 만들기 위해 [통합] 시트를 클릭하세요. C4셀을 선택하고 함수식 『=SUM(』를 입력한 후 합계를 구할 첫 번째 시트인 [조예준] 시트를 클릭합니다.

**3** 계속 이어서 [조예준] 시트의 C4셀을 선택하고 함수식이 '=SUM(조예준!C4'와 같이 바뀌면 Shift를 누른 상태에서 마지막 사원 시트인 [한재호] 시트를 클릭합니다. 그러면 [조예준] 시트부터 [김하준] 시트와 [한재호] 시트까지 모두 선택됩니다.

> **TIP**
> Shift는 연속된 영역을 지정할 때 사용하는데, 여기서는 [조예준] 시트부터 [한재호] 시트 사이의 모든 시트들을 함께 선택하고 범위를 지정할 수 있습니다. 만약 [조예준] 시트와 [한재호] 시트만 지정하려면 Shift 대신 Ctrl을 누르세요.

**4** 함수식이 '=SUM('조예준:한재호'!C4'와 같이 바뀌면 Enter를 눌러 함수식을 완성합니다.

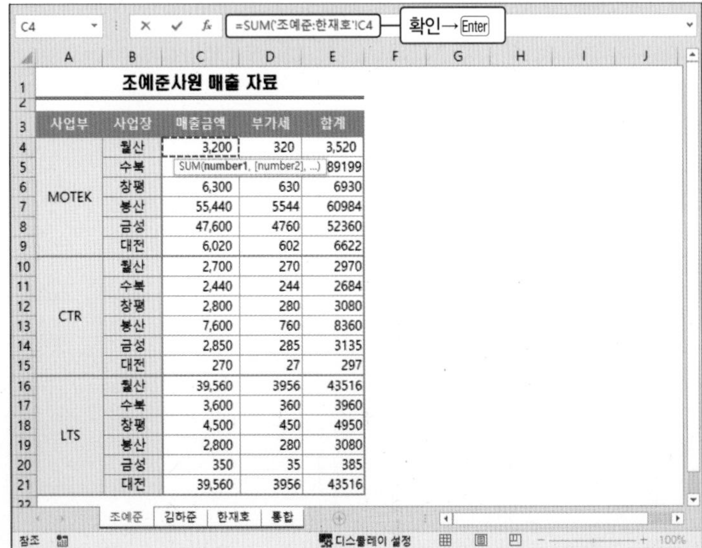

**5** 수식 입력줄에 '=SUM(조예준:한재호!C4)'와 같이 함수식이 완성되면서 C4셀에 [조예준] 시트부터 [한재호] 시트까지의 모든 시트에 있는 C4셀 값을 합산한 결과가 계산되었으면 C4셀의 자동 채우기 핸들을 더블클릭합니다.

**함수식 설명**

**=SUM(조예준:한재호!C4)**

[조예준] 시트부터 [한재호] 시트까지 모든 시트에 있는 C4셀 값을 모두 합산할 대상으로 사용해서 합계를 구하겠다는 뜻입니다. 만약 **3** 과정에서 Shift 대신 Ctrl 을 누르면 함수식이 '=SUM(조예준!C4,한재호!C4)'로 작성되어 [조예준] 시트와 [한재호] 시트만 C4셀 값을 합산합니다.

**6** 나머지 행에도 함수식을 복사했으면 [자동 채우기 옵션] 단추(  )를 클릭하고 [서식 없이 채우기]를 선택합니다.

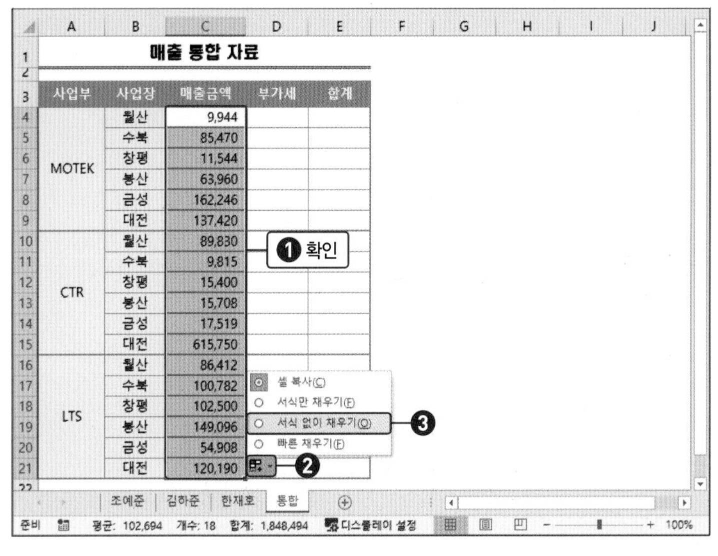


**TIP**

자동 채우기 핸들을 이용해서 복사하면 값뿐만 아니라 셀에 설정된 모든 서식도 함께 복사됩니다. 지금은 C4셀의 테두리 모양이 함께 복사되어 스타일이 달라지지 않게 서식을 제외하고 복사하는 것입니다.

**7** C4셀에 설정된 서식을 제외하고 복사되어 테두리 모양이 바뀌지 않았으면 C21셀의 자동 채우기 핸들을 E21셀까지 드래그합니다. E열까지 함수식을 복사했으면 [자동 채우기 옵션] 단추()를 클릭하고 [서식 없이 채우기]를 선택합니다. 이제 [통합] 시트의 C4셀에 [조예준] 시트부터 [김하준] 시트와 [한재호] 시트까지의 C4셀 값을 더해서 합계를 구했습니다.

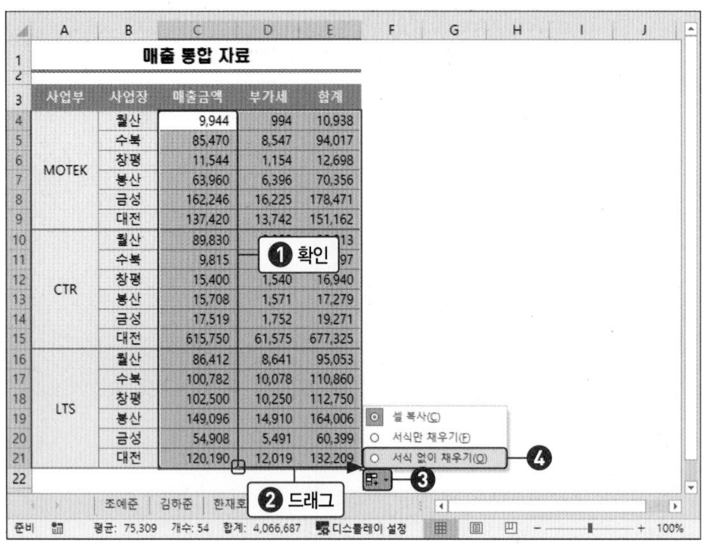


**8** 이번에는 시트 탭에서 [김하준] 시트 탭을 [통합] 시트 탭의 뒤쪽으로 드래그해서 이동하세요.

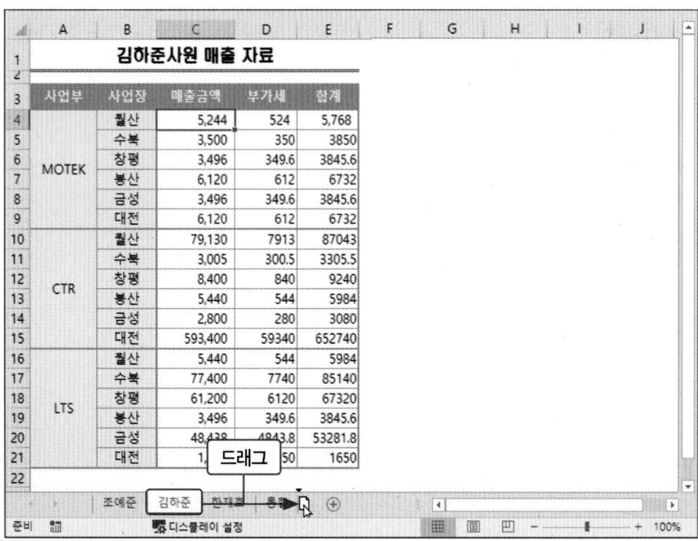

**9** [통합] 시트를 클릭하면 이전과 값이 달라진 것을 확인할 수 있어요. 이것은 [김하준] 시트가 [조예준] 시트와 [한재호] 시트의 사이에서 벗어났기 때문에 대상에서 제외되어 [김하준] 시트 값을 뺀 값으로 재계산되었기 때문입니다. 시트 탭에서 [김하준] 시트를 [조예준] 시트와 [한재호] 시트의 사이로 드래그해서 원래의 위치로 이동합니다.

매출 통합 자료

| 사업부 | 사업장 | 매출금액 | 부가세 | 합계 |
|---|---|---|---|---|
| MOTEK | 월산 | 4,700 | 470 | 5,170 |
| | 수북 | 81,970 | 8,197 | 90,167 |
| | 창평 | 8,048 | 805 | 8,853 |
| | 봉산 | 57,840 | 5,784 | 63,624 |
| | 금성 | 158,750 | 15,875 | 174,625 |
| | 대전 | 131,300 | 13,130 | 144,430 |
| CTR | 월산 | 10,700 | 1,070 | 11,770 |
| | 수북 | 6,810 | 681 | 7,491 |
| | 창평 | 7,000 | 700 | 7,700 |
| | 봉산 | 10,268 | 1,027 | 11,295 |
| | 금성 | 14,719 | 1,472 | 16,191 |
| | 대전 | 22,350 | 2,235 | 24,585 |
| LTS | 월산 | 80,972 | 8,097 | 89,069 |
| | 수북 | 23,382 | 2,338 | 25,720 |
| | 창평 | 41,300 | 4,130 | 45,430 |
| | 봉산 | 145,600 | 14,560 | 160,160 |
| | 금성 | 6,470 | 647 | 7,117 |
| | 대전 | 118,690 | 11,869 | 130,559 |

김하준사원 매출 자료

| 사업부 | 사업장 | 매출금액 | 부가세 | 합계 |
|---|---|---|---|---|
| MOTEK | 월산 | 5,244 | 524 | 5,768 |
| | 수북 | 3,500 | 350 | 3850 |
| | 창평 | 3,496 | 349.6 | 3845.6 |
| | 봉산 | 6,120 | 612 | 6732 |
| | 금성 | 3,496 | 349.6 | 3845.6 |
| | 대전 | 6,120 | 612 | 6732 |
| CTR | 월산 | 79,130 | 7913 | 87043 |
| | 수북 | 3,005 | 300.5 | 3305.5 |
| | 창평 | 8,400 | 840 | 9240 |
| | 봉산 | 5,440 | 544 | 5984 |
| | 금성 | 2,800 | 280 | 3080 |
| | 대전 | 593,400 | 59340 | 652740 |
| LTS | 월산 | 5,440 | 544 | 5984 |
| | 수북 | 77,400 | 7740 | 85140 |
| | 창평 | 61,200 | 6120 | 67320 |
| | 봉산 | 3,496 | 349.6 | 3845.6 |
| | 금성 | [illegible] | 4843.8 | 53281.8 |
| | 대전 | 1,500 | 150 | 1650 |



**10** [통합] 시트를 클릭하고 다시 [김하준] 시트까지 합산한 값으로 바뀌었는지 확인합니다. 이번에는 통합 기능을 이용해서 각 시트의 위치가 같은 셀끼리 합산하기 위해 G4셀을 선택하고 [데이터] 탭-[데이터 도구] 그룹에서 [통합]을 선택하세요.

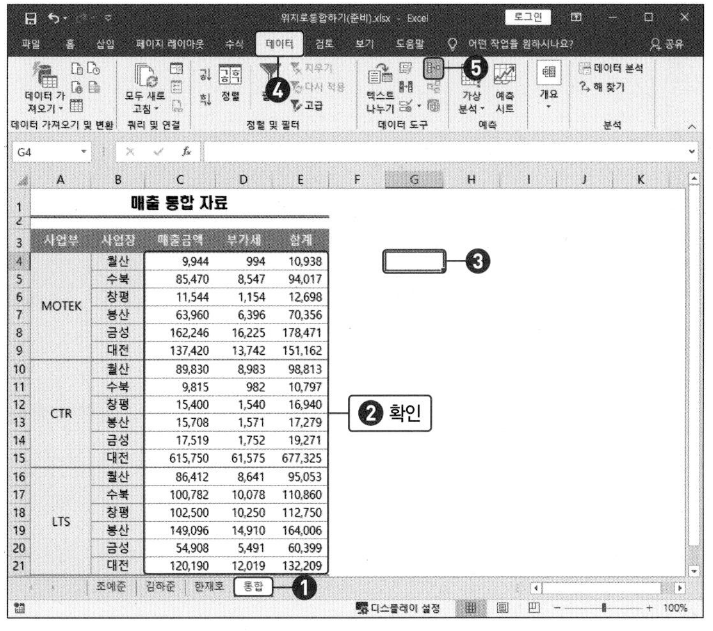

매출 통합 자료

| 사업부 | 사업장 | 매출금액 | 부가세 | 합계 |
|---|---|---|---|---|
| MOTEK | 월산 | 9,944 | 994 | 10,938 |
| | 수북 | 85,470 | 8,547 | 94,017 |
| | 창평 | 11,544 | 1,154 | 12,698 |
| | 봉산 | 63,960 | 6,396 | 70,356 |
| | 금성 | 162,246 | 16,225 | 178,471 |
| | 대전 | 137,420 | 13,742 | 151,162 |
| CTR | 월산 | 89,830 | 8,983 | 98,813 |
| | 수북 | 9,815 | 982 | 10,797 |
| | 창평 | 15,400 | 1,540 | 16,940 |
| | 봉산 | 15,708 | 1,571 | 17,279 |
| | 금성 | 17,519 | 1,752 | 19,271 |
| | 대전 | 615,750 | 61,575 | 677,325 |
| LTS | 월산 | 86,412 | 8,641 | 95,053 |
| | 수북 | 100,782 | 10,078 | 110,860 |
| | 창평 | 102,500 | 10,250 | 112,750 |
| | 봉산 | 149,096 | 14,910 | 164,006 |
| | 금성 | 54,908 | 5,491 | 60,399 |
| | 대전 | 120,190 | 12,019 | 132,209 |

**11** [통합] 대화상자가 열리면 '함수'에 [합계]가 표시되었는지 확인합니다. '참조' 입력 상자에 커서를 올려놓고 통합할 데이터가 입력된 [조예준] 시트를 클릭하세요.

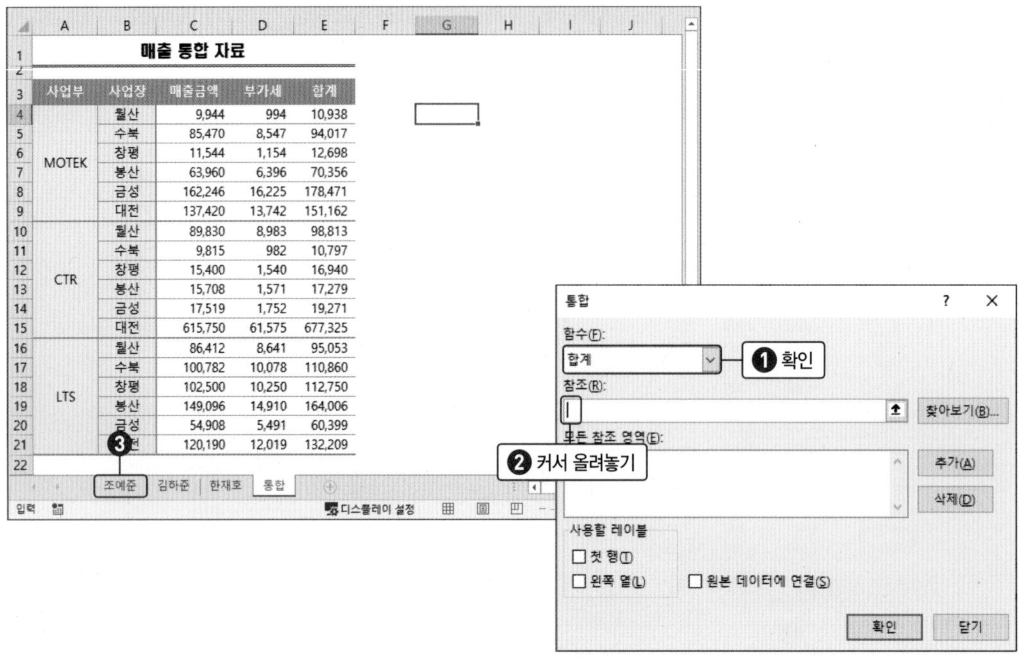


**12** [조예준] 시트의 C4셀을 선택하고 Ctrl+Shift+End를 눌러 합계를 계산할 영역을 지정한 후 [통합] 대화상자에서 [추가]를 클릭합니다.

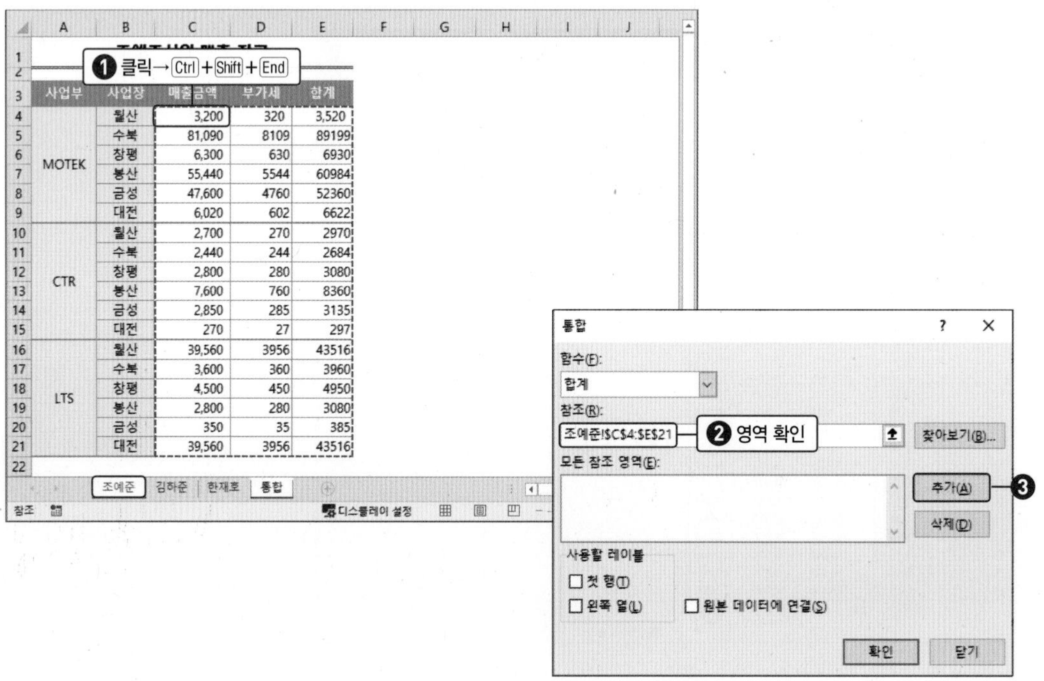

**13** [통합] 대화상자의 '모든 참조 영역'에 [조예준] 시트의 영역이 추가되었으면 계속 [김하준] 시트를 클릭합니다. 앞에서 지정한 영역과 같은 영역이 자동으로 설정되었으면 [추가]를 클릭하세요.

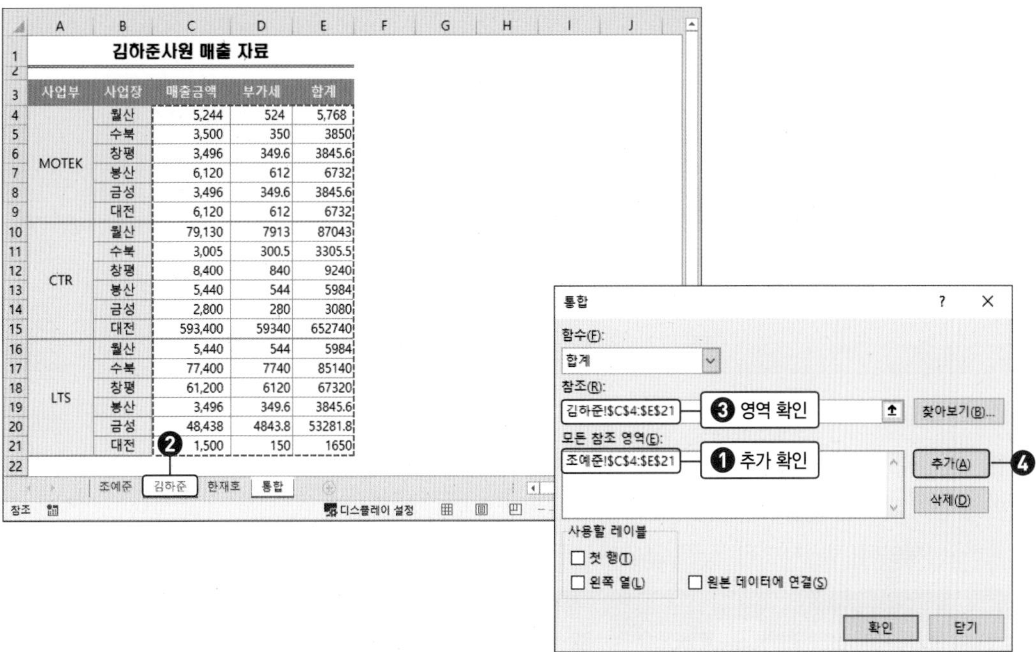

김하준사원 매출 자료

| 사업부 | 사업장 | 매출금액 | 부가세 | 합계 |
|---|---|---|---|---|
| MOTEK | 월산 | 5,244 | 524 | 5,768 |
| | 수북 | 3,500 | 350 | 3850 |
| | 창평 | 3,496 | 349.6 | 3845.6 |
| | 봉산 | 6,120 | 612 | 6732 |
| | 금성 | 3,496 | 349.6 | 3845.6 |
| | 대전 | 6,120 | 612 | 6732 |
| CTR | 월산 | 79,130 | 7913 | 87043 |
| | 수북 | 3,005 | 300.5 | 3305.5 |
| | 창평 | 8,400 | 840 | 9240 |
| | 봉산 | 5,440 | 544 | 5984 |
| | 금성 | 2,800 | 280 | 3080 |
| | 대전 | 593,400 | 59340 | 652740 |
| LTS | 월산 | 5,440 | 544 | 5984 |
| | 수북 | 77,400 | 7740 | 85140 |
| | 창평 | 61,200 | 6120 | 67320 |
| | 봉산 | 3,496 | 349.6 | 3845.6 |
| | 금성 | 48,438 | 4843.8 | 53281.8 |
| | 대전 | 1,500 | 150 | 1650 |



**14** '모든 참조 영역'에 [김하준] 시트의 영역이 추가되었으면 계속 [한재호] 시트를 클릭합니다. 앞에서 지정한 영역과 같은 영역이 자동으로 설정되었으면 [추가]를 클릭하세요.

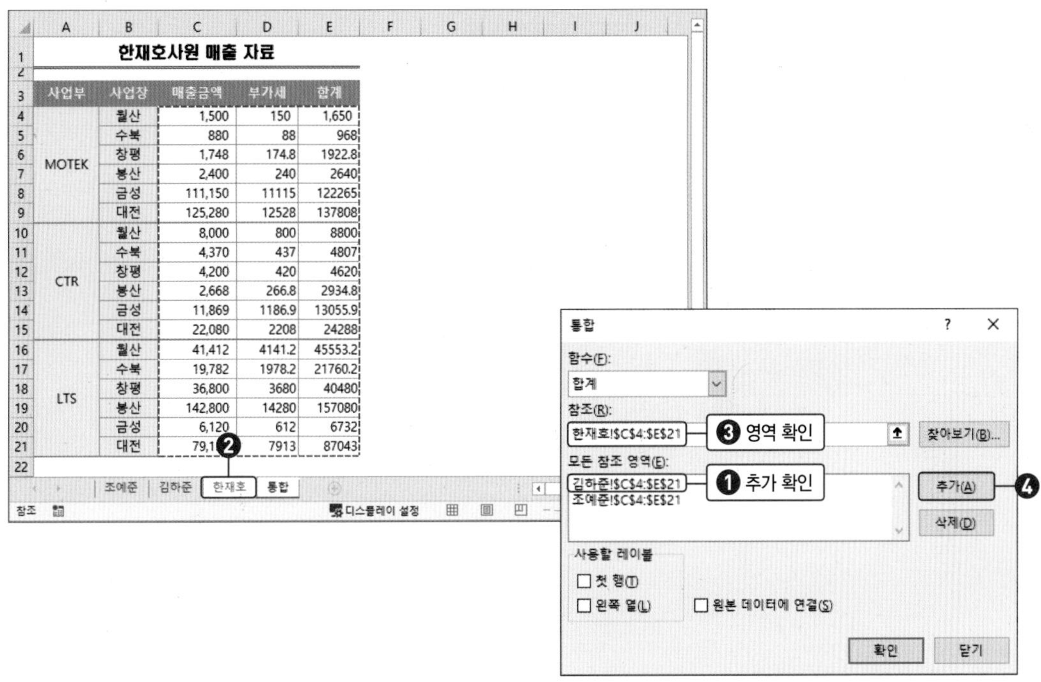

한재호사원 매출 자료

| 사업부 | 사업장 | 매출금액 | 부가세 | 합계 |
|---|---|---|---|---|
| MOTEK | 월산 | 1,500 | 150 | 1,650 |
| | 수북 | 880 | 88 | 968 |
| | 창평 | 1,748 | 174.8 | 1922.8 |
| | 봉산 | 2,400 | 240 | 2640 |
| | 금성 | 111,150 | 11115 | 122265 |
| | 대전 | 125,280 | 12528 | 137808 |
| CTR | 월산 | 8,000 | 800 | 8800 |
| | 수북 | 4,370 | 437 | 4807 |
| | 창평 | 4,200 | 420 | 4620 |
| | 봉산 | 2,668 | 266.8 | 2934.8 |
| | 금성 | 11,869 | 1186.9 | 13055.9 |
| | 대전 | 22,080 | 2208 | 24288 |
| LTS | 월산 | 41,412 | 4141.2 | 45553.2 |
| | 수북 | 19,782 | 1978.2 | 21760.2 |
| | 창평 | 36,800 | 3680 | 40480 |
| | 봉산 | 142,800 | 14280 | 157080 |
| | 금성 | 6,120 | 612 | 6732 |
| | 대전 | 79,1 | 7913 | 87043 |

**15** '모든 참조 영역'에 통합할 세 개의 시트가 추가되었고 '함수'에 사용할 '합계'가 지정되었으면 [확인]을 클릭합니다.

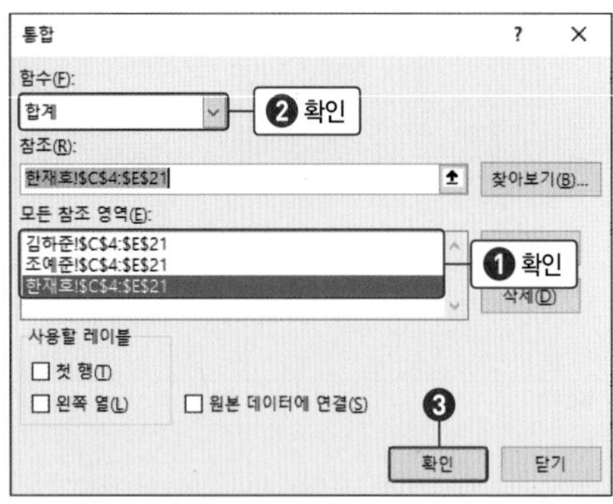


**16** G4셀에 세 영역의 각 셀까지 합산한 결과가 나타나면 C:E열에 함수식을 이용해서 합산한 결과와 같은지 확인합니다. 이 결과를 합계가 아닌 평균으로 구하기 위해 Delete를 눌러 선택한 영역을 삭제하고 [데이터] 탭-[데이터 도구] 그룹에서 [통합]을 클릭하세요.

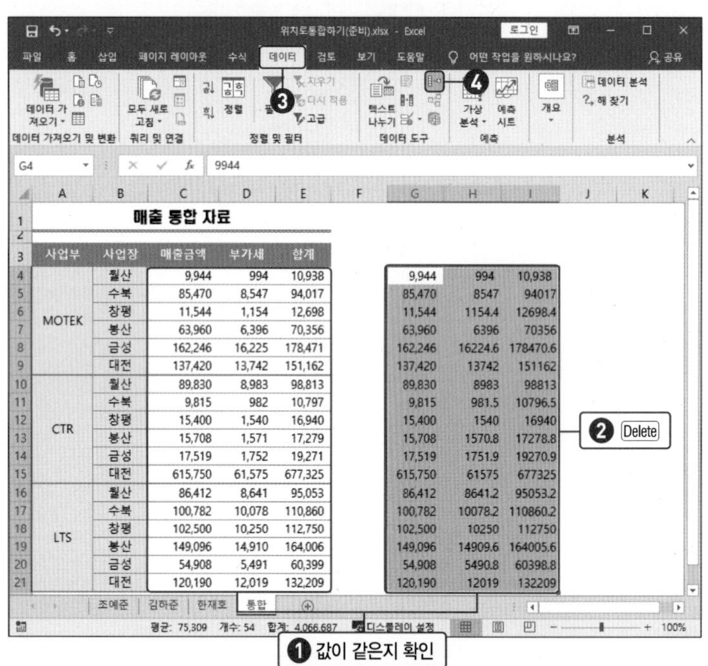

**17** [통합] 대화상자가 열리면 '함수'에서 사용할 함수인 [평균]을 선택하고 '모든 참조 영역'은 기존에 설정한 영역을 그대로 사용할 것이므로 [확인]을 클릭합니다.

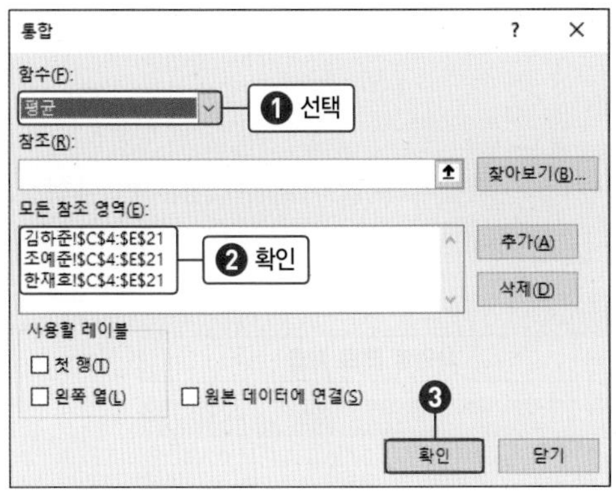


TIP

참조할 대상 셀이 계속 연결되어 원본 값이 바뀌었을 때 함수 결과도 자동으로 바꾸려면 [원본 데이터에 연결]에 체크하세요.

**18** [조예준] 시트, [김하준] 시트, [한재호] 시트에 있는 각 셀 값의 평균이 계산되었는지 확인합니다.

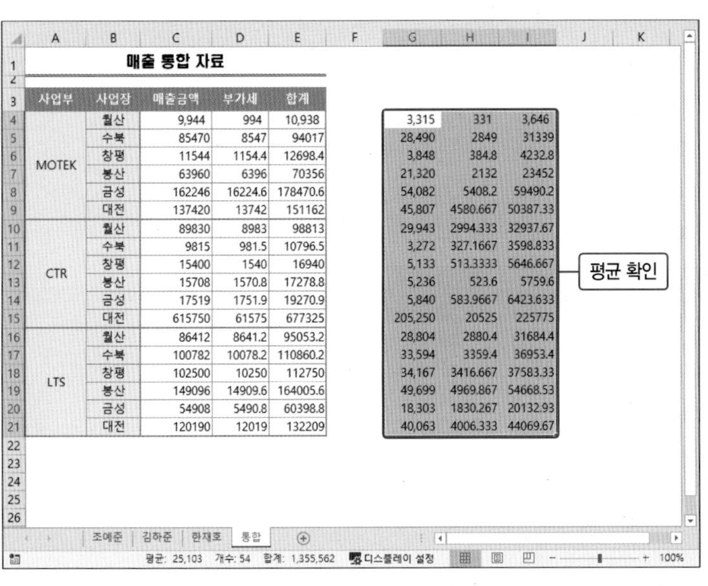


매출 통합 자료

| 사업부 | 사업장 | 매출금액 | 부가세 | 합계 | G | H | I |
|---|---|---|---|---|---|---|---|
| MOTEK | 월산 | 9,944 | 994 | 10,938 | 3,315 | 331 | 3,646 |
| | 수북 | 85470 | 8547 | 94017 | 28,490 | 2849 | 31339 |
| | 창평 | 11544 | 1154.4 | 12698.4 | 3,848 | 384.8 | 4232.8 |
| | 봉산 | 63960 | 6396 | 70356 | 21,320 | 2132 | 23452 |
| | 금성 | 162246 | 16224.6 | 178470.6 | 54,082 | 5408.2 | 59490.2 |
| | 대전 | 137420 | 13742 | 151162 | 45,807 | 4580.667 | 50387.33 |
| CTR | 월산 | 89830 | 8983 | 98813 | 29,943 | 2994.333 | 32937.67 |
| | 수북 | 9815 | 981.5 | 10796.5 | 3,272 | 327.1667 | 3598.833 |
| | 창평 | 15400 | 1540 | 16940 | 5,133 | 513.3333 | 5646.667 |
| | 봉산 | 15708 | 1570.8 | 17278.8 | 5,236 | 523.6 | 5759.6 |
| | 금성 | 17519 | 1751.9 | 19270.9 | 5,840 | 583.9667 | 6423.633 |
| | 대전 | 615750 | 61575 | 677325 | 205,250 | 20525 | 225775 |
| LTS | 월산 | 86412 | 8641.2 | 95053.2 | 28,804 | 2880.4 | 31684.4 |
| | 수북 | 100782 | 10078.2 | 110860.2 | 33,594 | 3359.4 | 36953.4 |
| | 창평 | 102500 | 10250 | 112750 | 34,167 | 3416.667 | 37583.33 |
| | 봉산 | 149096 | 14909.6 | 164005.6 | 49,699 | 4969.867 | 54668.53 |
| | 금성 | 54908 | 5490.8 | 60398.8 | 18,303 | 1830.267 | 20132.93 |
| | 대전 | 120190 | 12019 | 132209 | 40,063 | 4006.333 | 44069.67 |

# CASE 02 사업장별 데이터를 같은 값으로 통합하기

◉ **예제파일** : 값으로통합하기(준비).xlsx ◉ **완성파일** : 값으로통합하기(완성).xlsx

**1** 사원별로 매출 자료가 서로 다른 시트에 작성되어 있습니다. 시트마다 셀 위치는 다르지만 사업장이 같은 데이터끼리 합산한 통계를 구하기 위해 [통합] 시트를 클릭하세요.

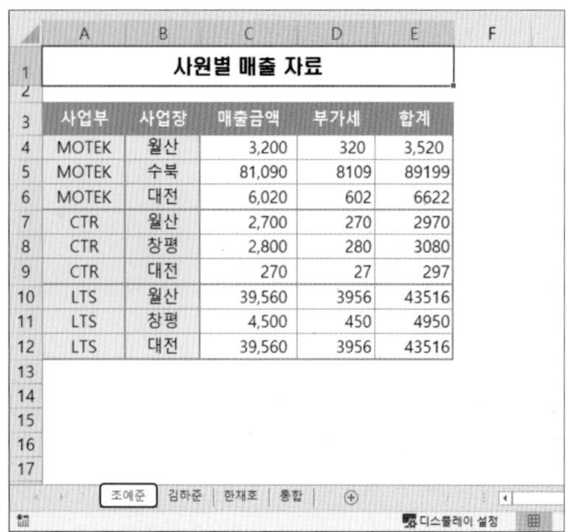

사원별 매출 자료

| 사업부 | 사업장 | 매출금액 | 부가세 | 합계 |
|---|---|---|---|---|
| MOTEK | 월산 | 3,200 | 320 | 3,520 |
| MOTEK | 수북 | 81,090 | 8109 | 89199 |
| MOTEK | 대전 | 6,020 | 602 | 6622 |
| CTR | 월산 | 2,700 | 270 | 2970 |
| CTR | 창평 | 2,800 | 280 | 3080 |
| CTR | 대전 | 270 | 27 | 297 |
| LTS | 월산 | 39,560 | 3956 | 43516 |
| LTS | 창평 | 4,500 | 450 | 4950 |
| LTS | 대전 | 39,560 | 3956 | 43516 |



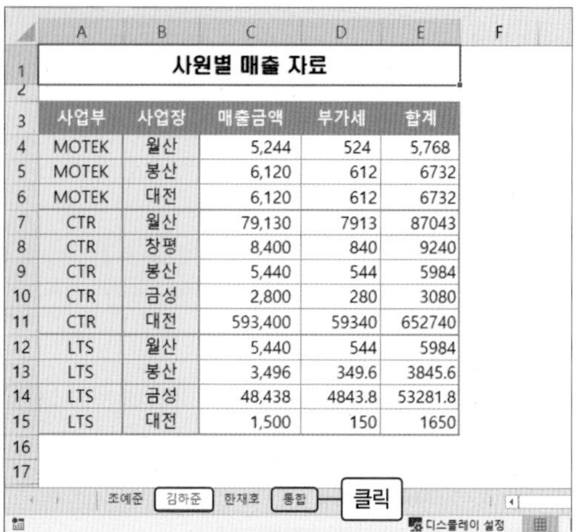

사원별 매출 자료

| 사업부 | 사업장 | 매출금액 | 부가세 | 합계 |
|---|---|---|---|---|
| MOTEK | 월산 | 5,244 | 524 | 5,768 |
| MOTEK | 봉산 | 6,120 | 612 | 6732 |
| MOTEK | 대전 | 6,120 | 612 | 6732 |
| CTR | 월산 | 79,130 | 7913 | 87043 |
| CTR | 창평 | 8,400 | 840 | 9240 |
| CTR | 봉산 | 5,440 | 544 | 5984 |
| CTR | 금성 | 2,800 | 280 | 3080 |
| CTR | 대전 | 593,400 | 59340 | 652740 |
| LTS | 월산 | 5,440 | 544 | 5984 |
| LTS | 봉산 | 3,496 | 349.6 | 3845.6 |
| LTS | 금성 | 48,438 | 4843.8 | 53281.8 |
| LTS | 대전 | 1,500 | 150 | 1650 |



**2** [통합] 시트에서 사업장별로 각 사원의 데이터를 취합해 볼게요. 취합할 항목이 입력된 A3:A8 영역을 선택하고 [데이터] 탭-[데이터 도구] 그룹에서 [통합]을 클릭합니다.

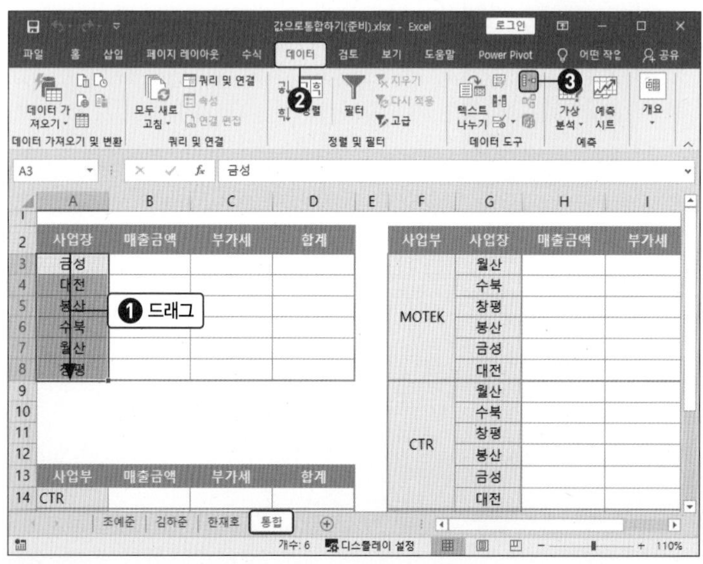



TIP

미리 취합할 항목이 입력된 영역을 범위로 설정한 후 실행하면 해당 항목을 찾아 결과를 표시합니다. 반면 빈 셀을 선택한 후 실행하면 취합할 시트에서 자동으로 유일한 항목을 추출하여 통계를 구합니다.

**3** [통합] 대화상자가 열리면 '모든 참조 영역'에 이전에 사용했던 영역이 표시되어 있는지 확인합니다. 참조 영역을 하나씩 선택한 후 [삭제]를 클릭하여 참조 대상을 모두 지웁니다.

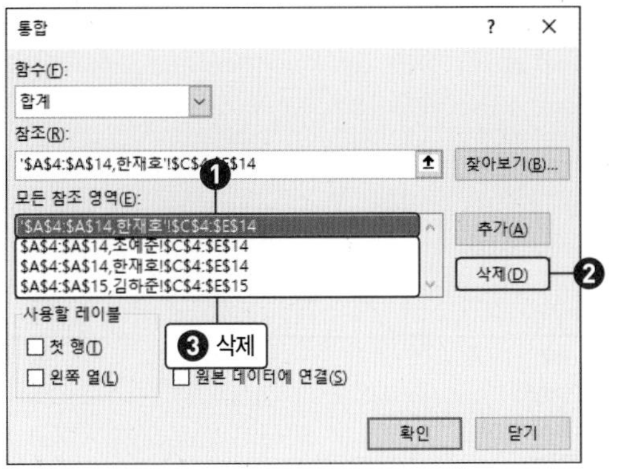


**4** 기존에 표시되었던 참조 대상을 모두 지웠으면 새로운 영역을 추가해 볼게요. [통합] 대화상자에서 '참조'의 단추를 클릭하고 데이터가 입력된 [조예준] 시트를 클릭합니다. [조예준] 시트에서 B4 셀을 선택하고 Ctrl+Shift+End를 눌러 데이터 범위를 지정한 후 [통합] 대화상자에서 [추가]를 클릭합니다.

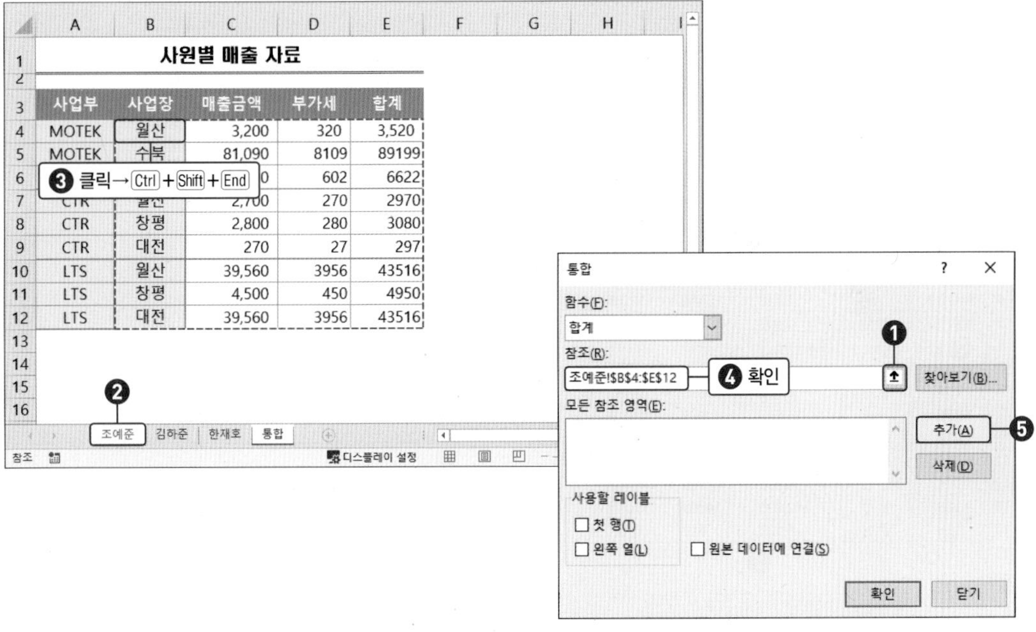


**TIP**

동일한 값끼리 통합할 경우에는 반드시 범위를 설정한 첫 열이나 첫 행에 통합할 텍스트가 있어야 합니다. 여기서는 이름이 같은 사업장끼리 합산할 것이므로 B열부터 범위를 지정한 것인데, 사업부별로 합산할 것이면 A열부터 범위를 지정해야 합니다.

**5** 계속해서 [김하준] 시트를 클릭하고 참조할 데이터 영역이 다르므로 B4셀을 선택합니다. Ctrl+Shift+End를 눌러 새로운 데이터 범위를 지정하고 [추가]를 클릭하세요.

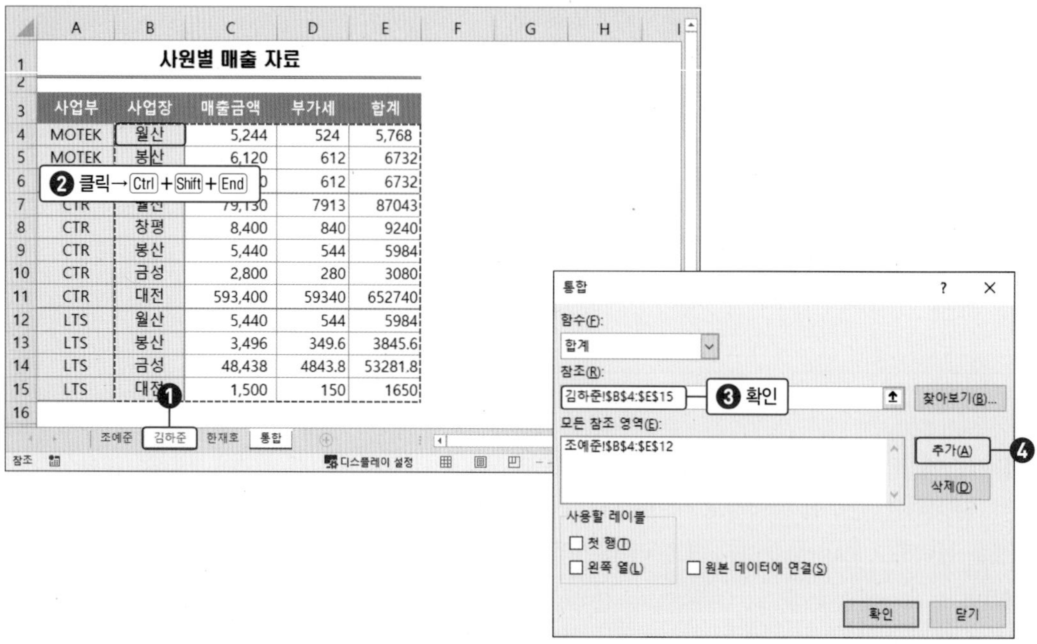


**6** [한재호] 시트를 클릭하고 참조할 데이터 영역이 다르므로 B4셀을 선택합니다. Ctrl+Shift+End를 눌러 새로운 데이터 범위를 지정하고 [추가]를 선택하세요.

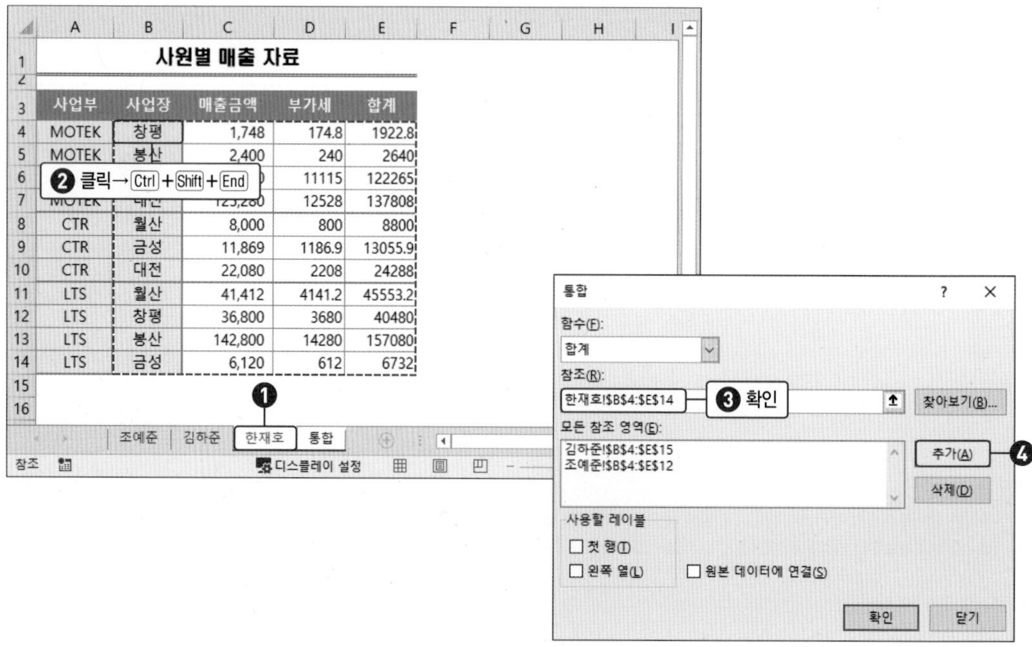

7 합계를 구할 세 시트의 영역이 '모든 참조 영역'에 추가되었으면 '사용할 레이블'에서 [왼쪽 열]에 체크하고 [확인]을 클릭합니다.

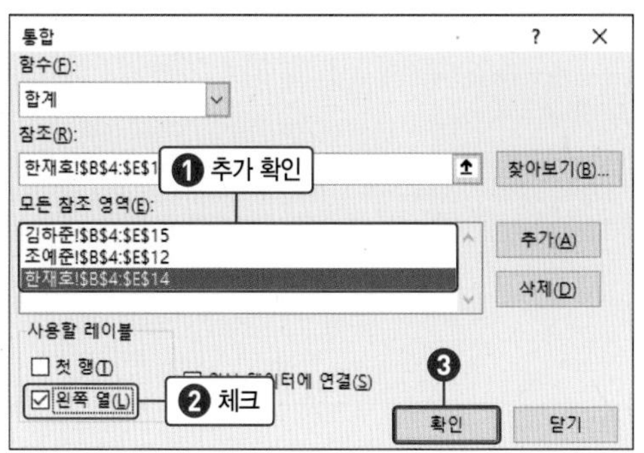


TIP

합산할 데이터의 기준인 사업장이 범위를 지정한 영역에서 첫 번째 열(B열)에 위치하기 때문에 [왼쪽 열]에 체크한 것입니다. 만약 범위를 지정한 첫 번째 행에 입력된 값으로 합산하려면 [첫 행]에 체크하세요.

8 [통합] 시트에서 A3:A8 영역에 입력된 사업장별로 사원들의 매출금액, 부가세, 합계가 합산된 결과를 확인합니다. 이번에는 사업부별로 세 시트의 평균을 구하기 위해 그룹으로 설정할 사업부가 입력된 A14:A16 영역을 선택하고 [데이터] 탭-[데이터 도구] 그룹에서 [통합]을 클릭하세요.

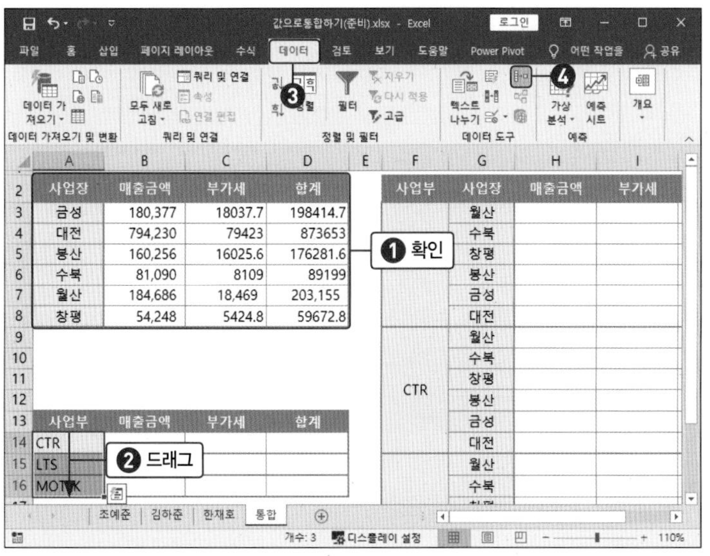


9 [통합] 대화상자가 열리면 '함수'에서 [평균]을 선택합니다. '모든 참조 영역'에 이전에 사용했던 영역이 표시되어 있으면 하나씩 선택하면서 [삭제]를 클릭하여 참조 대상을 모두 지우세요.

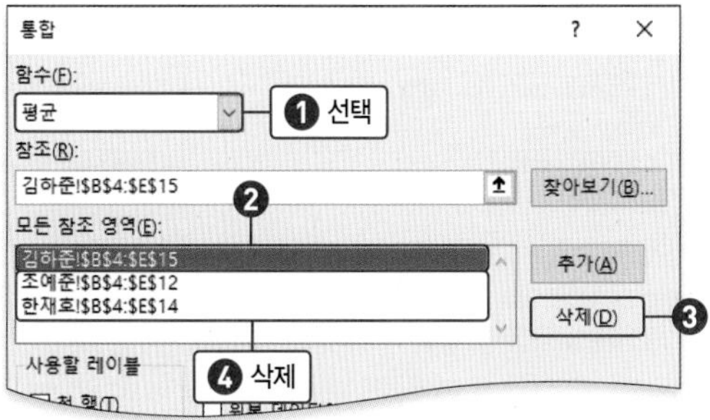

**10** 새로 사용할 데이터를 추가하기 위해 '참조'의 입력 상자에 커서를 올려놓고 [조예준] 시트를 클릭합니다. 사업부가 입력된 A4셀을 선택하고 Ctrl+Shift+End를 눌러 데이터 범위를 지정한 후 [통합] 대화상자에서 [추가]를 클릭하세요.

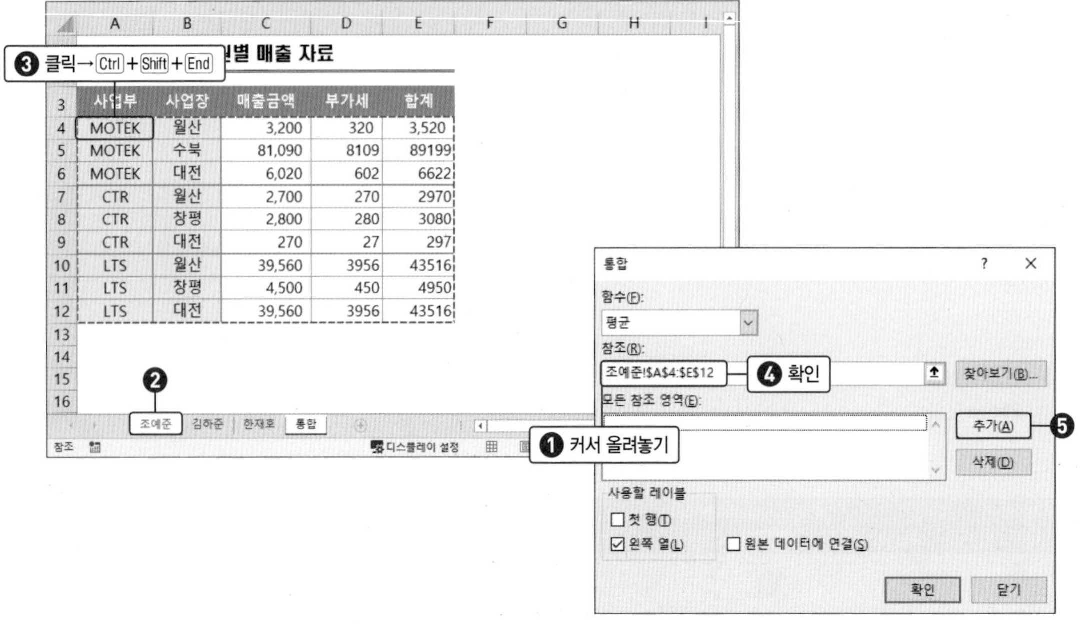


TIP
사업부가 같은 값끼리 그룹으로 지정해서 통계를 구할 것이므로 범위를 지정하는 첫 번째 열(A열)에 반드시 사업부 데이터가 있어야 합니다.

**11** [김하준] 시트를 클릭하고 참조할 데이터 영역이 다르므로 A4셀을 선택합니다. Ctrl+Shift+End를 눌러 새로운 데이터 범위를 지정하고 [추가]를 클릭하세요.

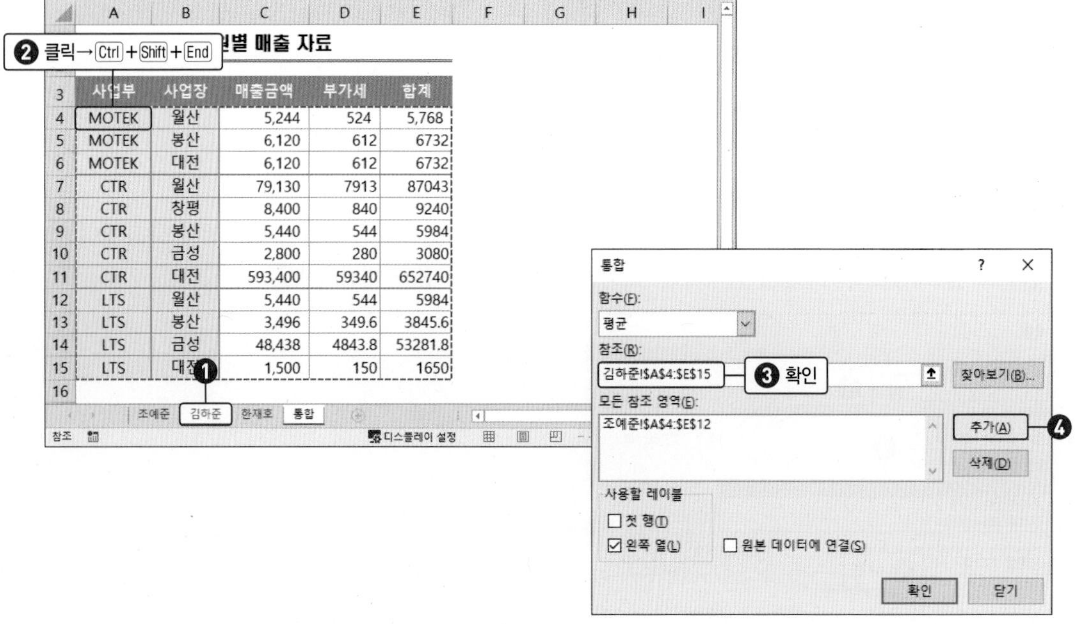

**12** '모든 참조 영역'에 두 개의 영역이 추가되었으면 계속 [한재호] 시트를 클릭합니다. 참조할 대상 영역이 다르므로 A4셀을 선택하고 Ctrl+Shift+End를 눌러 새로운 데이터 범위를 지정한 후 [추가]를 클릭하세요.

**13** 평균을 구할 세 시트의 영역이 '모든 참조 영역'에 추가되었으면 '사용할 레이블'의 [왼쪽 열]에 체크되어 있는지 확인하고 [확인]을 클릭합니다.

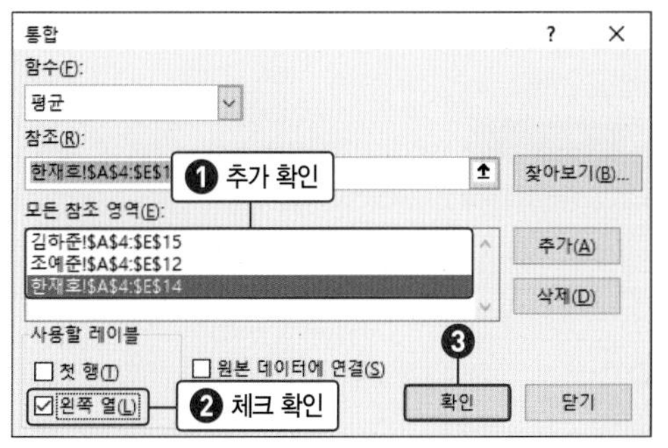


**14** 8 과정에서 범위로 지정했던 A14:A16 영역에 입력된 사업부와 매출이 같은 데이터를 모두 찾아 평균을 구했습니다. 이때 참조 대상 영역의 두 번째 열인 G열에 '사업장'이 있는데, 이 값은 텍스트여서 통계가 표시되지 않아 B열에 빈 셀이 표시되었으므로 C14:E16 영역을 선택하고 Ctrl+C를 눌러 복사하세요.

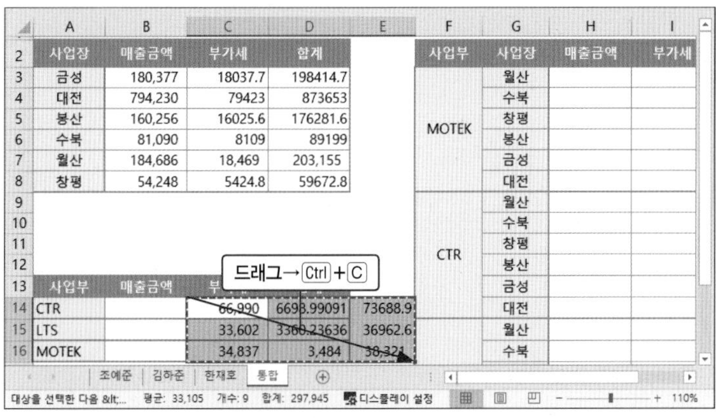

**15** B14셀을 선택하고 Ctrl+V를 눌러 붙여넣습니다. 테두리 등의 다른 서식을 제외하고 붙여넣기 위해 [붙여넣기 옵션] 단추( (Ctrl)▾)를 클릭하고 '값 붙여넣기'에서 [값]( )을 클릭합니다.

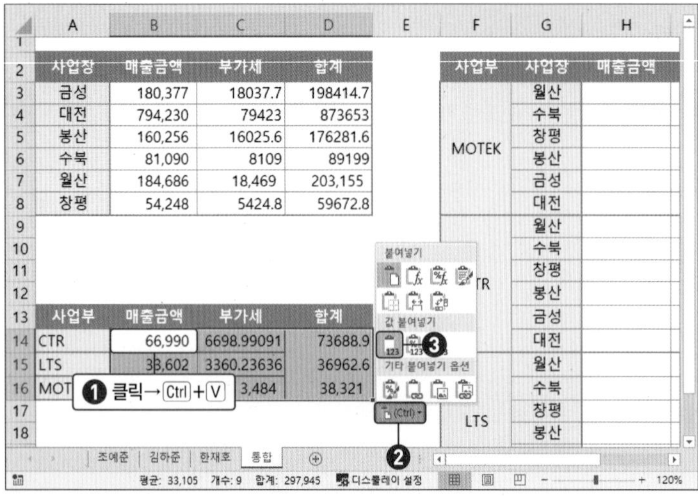


**16** E14:E16 영역을 선택하고 Delete를 눌러 삭제합니다.

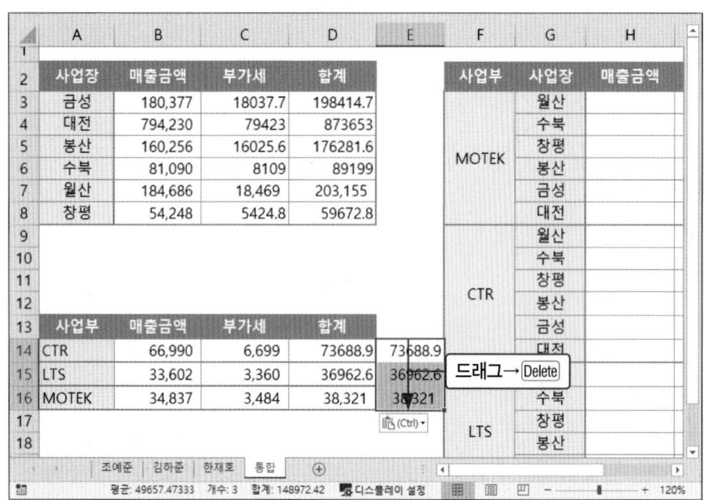

CASE

# 03 다중 항목으로 사업장별 데이터 통합하기

◉ **예제파일** : 다중항목으로통합하기(준비).xlsx ◉ **완성파일** : 다중항목으로통합하기(완성).xlsx



**1** [통합] 시트에 입력된 사업부에 따른 사업장별로 통계를 만들어 볼게요. 통합 기능은 한 번에 한 항목으로만 그룹을 설정할 수 있기 때문에 먼저 그룹으로 설정할 필드 순서대로 하나의 셀에 합친 후 작업해야 합니다. 이때 B열에 입력된 사업부가 여러 셀에 병합되어 있어서 병합을 해제해야 하므로 B열 머리글을 클릭하여 B열 전체를 선택하고 [홈] 탭-[맞춤] 그룹에서 [병합하고 가운데 맞춤]을 클릭하세요.

**2** B열의 '사업부' 항목의 셀 병합이 해제되었으면 B3:B20 영역을 선택합니다. 선택 영역에서 빈 셀만 선택하기 위해 [홈] 탭-[편집] 그룹에서 [찾기 및 선택]을 클릭하고 [이동 옵션]을 선택합니다.

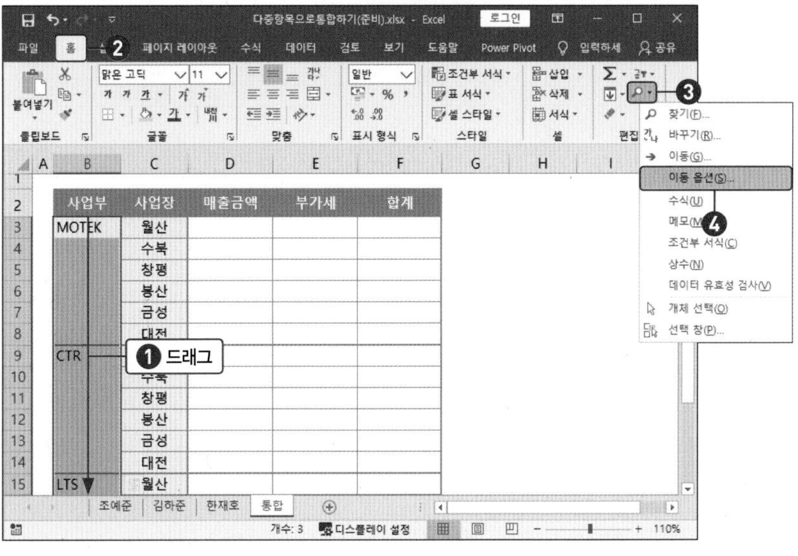

**3** [이동 옵션] 대화상자가 열리면 '종류'에서 [빈 셀]을 선택하고 [확인]을 클릭합니다.

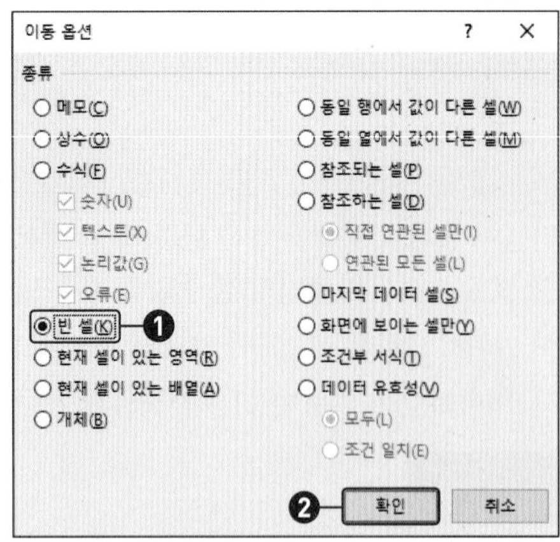


**4** 범위로 선택한 영역에서 빈 셀만 선택되었으면 『=』를 입력하고 B3셀을 선택합니다. '=B3'이 지정되었으면 Ctrl+Enter를 눌러 범위로 지정된 모든 셀에 동일한 함수식을 한 번에 입력합니다. 빈 셀인 경우 바로 위쪽 셀 값이 그대로 복사되었는지 확인합니다.

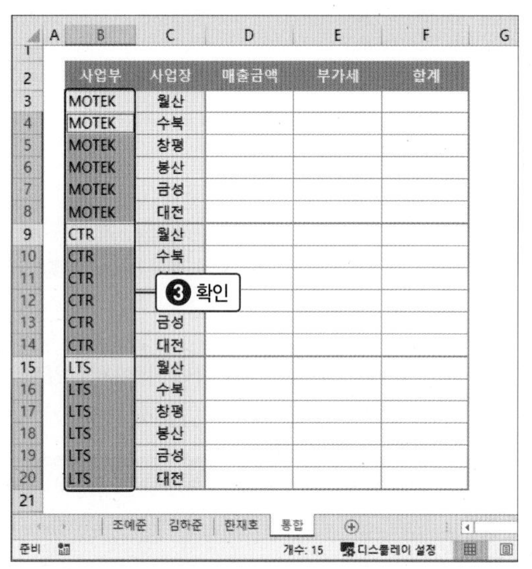


TIP

Ctrl+Enter는 범위로 지정된 모든 셀에 한 번에 똑같은 값을 지정할 때 사용합니다. 여기서는 '=B3'과 같이 빈 셀이 위치한 바로 위쪽 셀과 같은 값으로 채우겠다는 뜻입니다.

**5** B3셀을 선택하고 Ctrl+Shift+↓를 눌러 '사업부' 항목의 모든 범위를 선택하고 Ctrl+C를 눌러 복사합니다. 선택한 범위에서 마우스 오른쪽 단추를 클릭하고 '붙여넣기 옵션'에서 [값]( )을 클릭합니다.

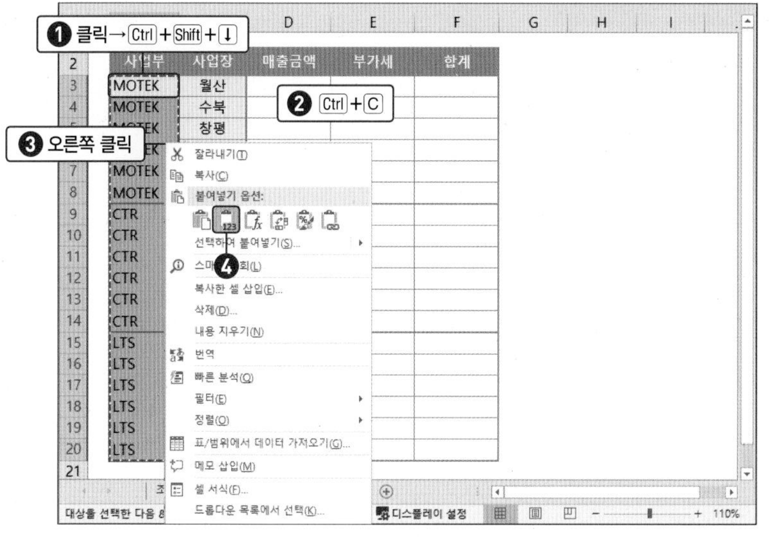


**TIP**

함수식이 입력된 셀을 다른 곳으로 이동하거나 복사하면 오류가 발생할 수 있습니다. 따라서 결과값으로 바꿔서 다시 표시하기 위해 [값]( )으로 붙여넣어야 합니다.

**6** D열 머리글에서 마우스 오른쪽 단추를 클릭하고 [삽입]을 선택합니다.

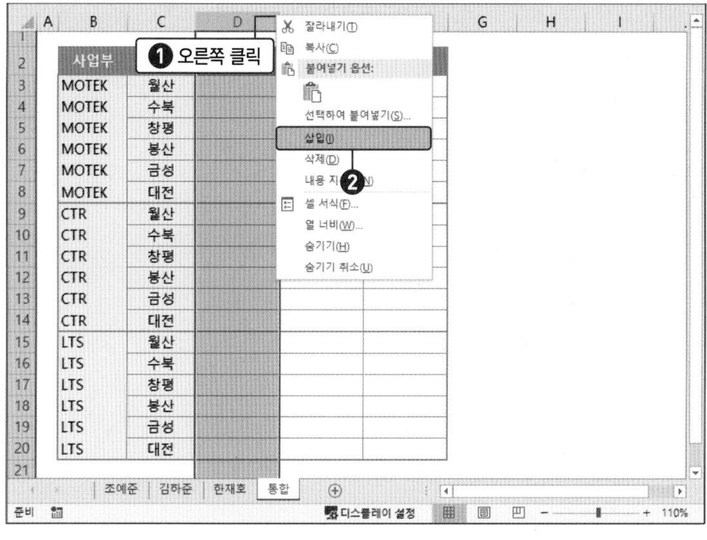


시트 비교

자료 집계

데이터 통합

데이터 추출

고급 필터

매크로

함수

차트

**7** 새로 삽입된 D열에서 D3셀을 선택하고 수식 『=B3&"-"&C3』을 작성한 후 Enter를 누릅니다.

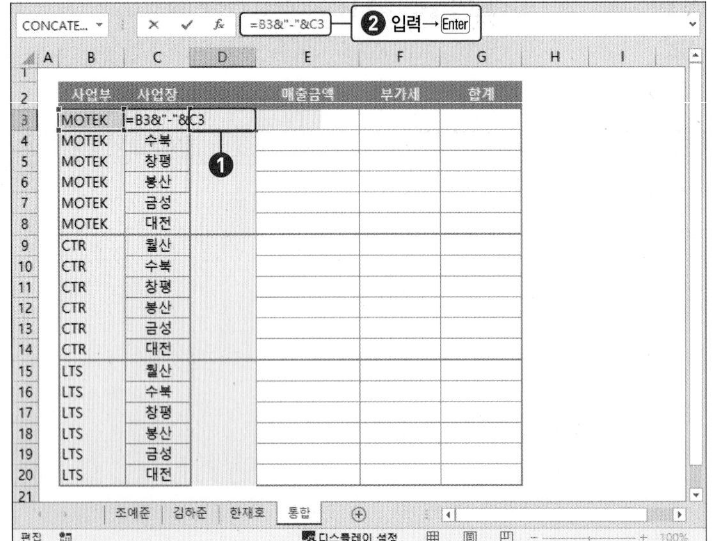


**TIP**
통합 기능은 하나의 항목으로만 그룹을 지정할 수 있습니다. 따라서 사업부에 따른 사업장별로 그룹을 지정하려면 두 항목을 하나의 셀로 합쳐서 표시한 필드가 필요합니다.

**함수식 설명**

=B3&"-"&C3

B3셀의 값에 -를 붙이고 그 결과값에 다시 C3셀 값을 붙여서 두 셀의 값 사이에 -를 지정한 'MOTEK-월산'과 같은 결과값을 구할 수 있습니다. &는 문자열과 문자열을 나란히 붙여주는 역할을 합니다.

**8** D3셀에 결과값을 구했으면 D3셀의 자동 채우기 핸들을 더블클릭해서 나머지 행에도 함수식을 복사합니다. D열 머리글과 E열 머리글 사이의 경계선에 마우스 포인터를 올려놓고 ✚ 모양으로 변경되면 더블클릭해서 열 너비를 조정합니다.

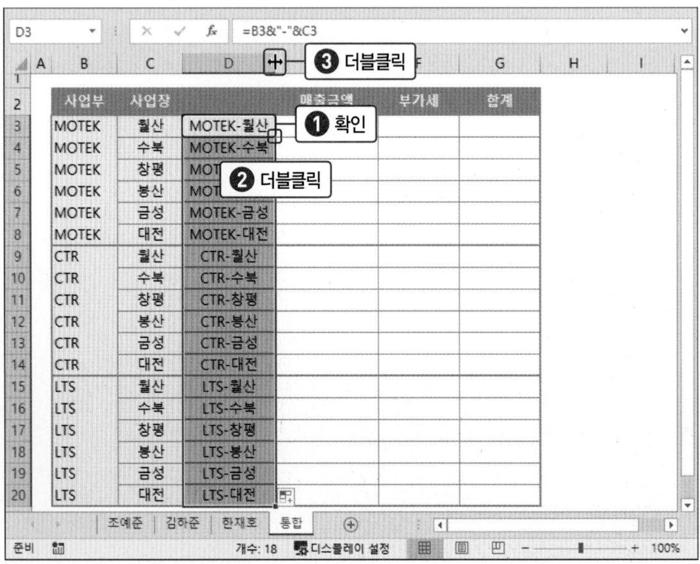

**9** [조예준] 시트에서도 C열에 새로운 빈 열을 삽입하고 이전과 동일하게 C4셀을 선택한 후 수식 『=A4&"-"&B4』를 작성하고 Enter를 누릅니다. C4셀에 결과값을 구했으면 C4셀의 자동 채우기 핸들을 더블클릭해서 나머지 행에도 함수식을 복사합니다. 이와 같은 방법으로 [김하준] 시트와 [한재호] 시트에도 빈 열을 삽입하고 두 열을 하나로 합치세요.

**10** [통합] 시트에서 D3:D20 영역을 지정하고 [데이터] 탭-[데이터 도구] 그룹에서 [통합]을 클릭합니다. [통합] 대화상자가 열리면 '함수'에서 [개수]를 선택하고 '모든 참조 영역'에 표시된 값이 있으면 [삭제]를 클릭하여 모두 지웁니다. 새로운 참조 대상을 지정하기 위해 '참조'의 입력 상자에 커서를 올려놓고 [조예준] 시트를 클릭하세요.

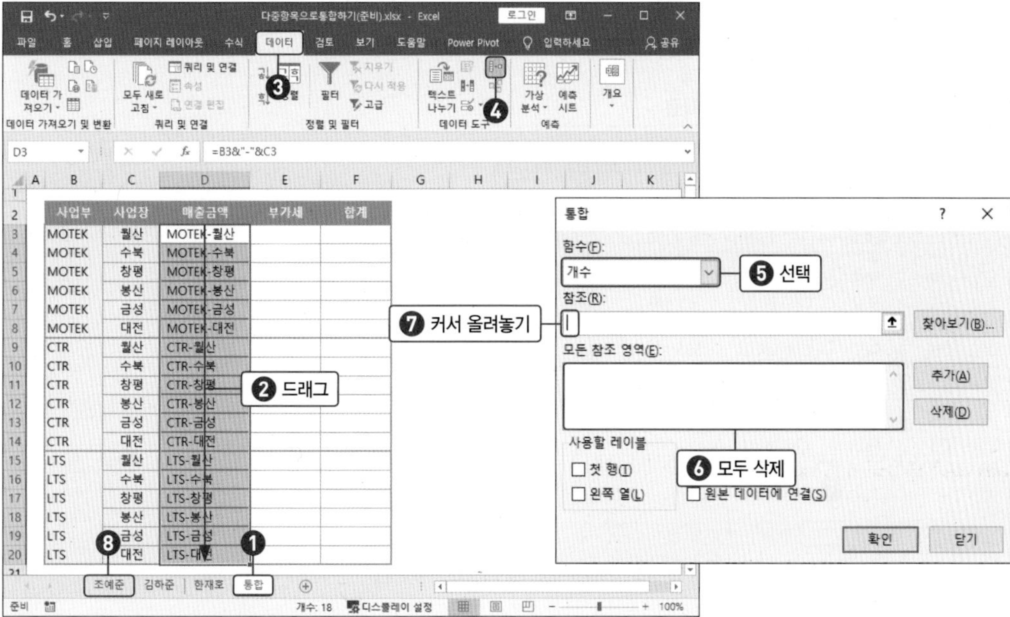

**11** [조예준] 시트에서 C4셀을 선택하고 Ctrl+Shift+End를 눌러 데이터가 입력된 끝까지 범위를 지정한 후 [추가]를 클릭합니다.

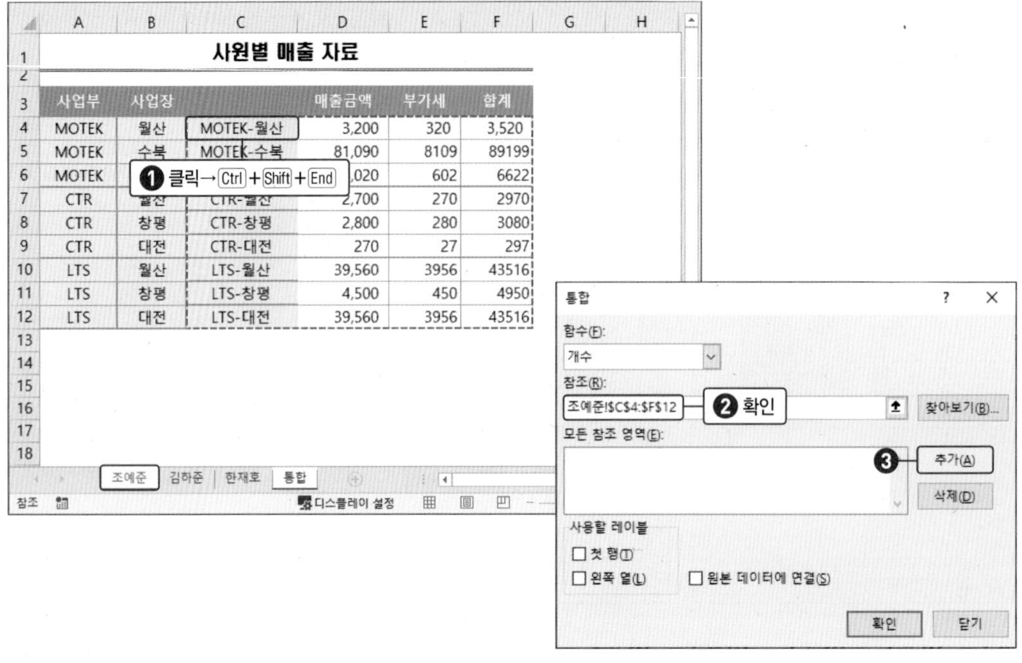


TIP

참조할 대상으로 반드시 첫 번째 열에 그룹화할 항목(10 과정에서 선택했던 값과 같은 유형)이 있어야 합니다.

**12** [김하준] 시트에서 C4셀을 선택하고 Ctrl+Shift+End를 눌러 데이터가 입력된 끝까지 범위를 지정한 후 [추가]를 클릭합니다.

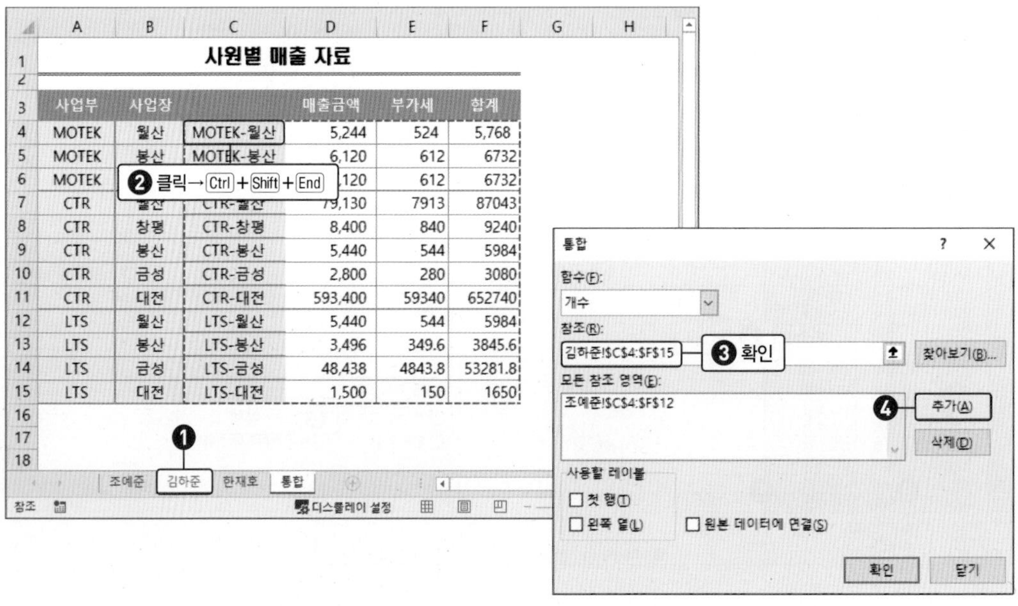

**13** [한재호] 시트에서 C4셀을 선택하고 Ctrl+Shift+End를 눌러 데이터가 입력된 끝까지 범위를 지정한 후 [추가]를 클릭합니다.

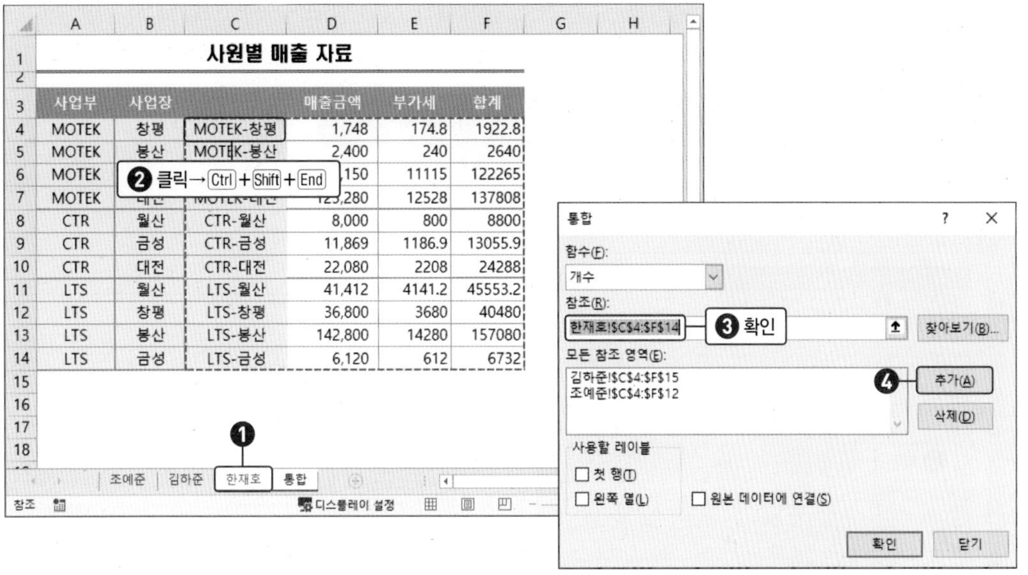


**14** '모든 참조 영역'에 [조예준] 시트, [김하준] 시트, [한재호] 시트의 원하는 영역을 모두 추가했으면 '사용할 레이블'에서 [왼쪽 열]에 체크하고 [확인]을 클릭합니다.

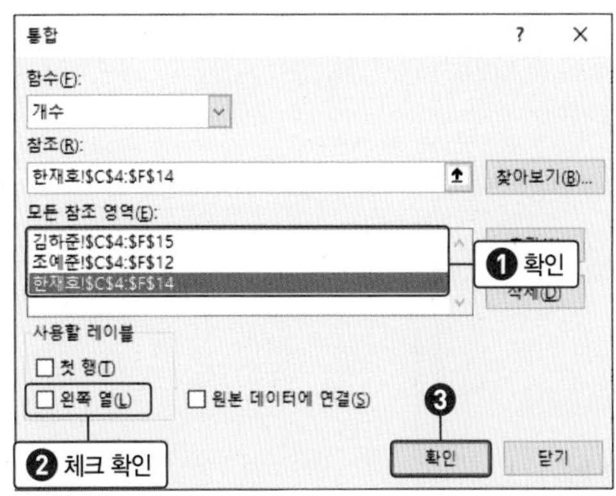


**TIP**

참조 영역으로 지정한 첫 번째 열에 그룹으로 묶을 항목이 있으므로 [왼쪽 열]에 체크한 것입니다. 첫 번째 행을 기준으로 그룹으로 묶으려면 [첫 행]에 체크하세요.

**15** [통합] 시트에 범위로 설정했던 D열을 기준으로 몇 건의 매출이 발생했는지 표시되었습니다. 범위를 설정한 상태에서 적용할 함수를 변경하기 위해 [데이터] 탭-[데이터 도구] 그룹에서 [통합]을 클릭하세요. [통합] 대화상자가 열리면 '모든 참조 영역'에 표시된 참조 영역은 그대로 사용할 것이므로 '함수'만 [평균]으로 변경하고 [확인]을 클릭합니다.

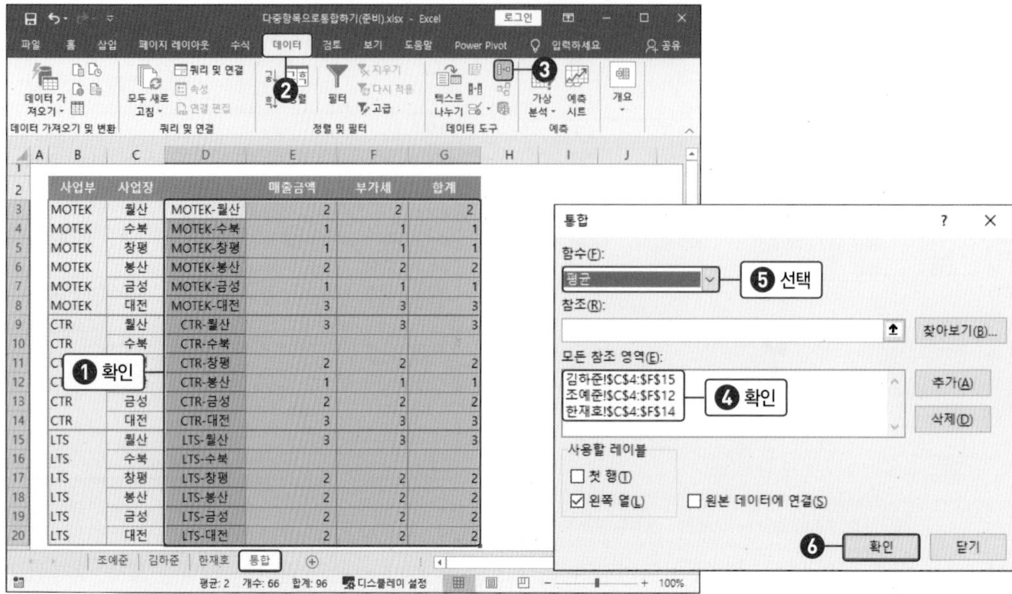


**16** 개수 데이터가 평균 값으로 바뀌었으면 D열 머리글을 클릭하여 D열 전체를 선택하고 선택 영역에서 마우스 오른쪽 단추를 클릭한 후 [삭제]를 선택합니다.

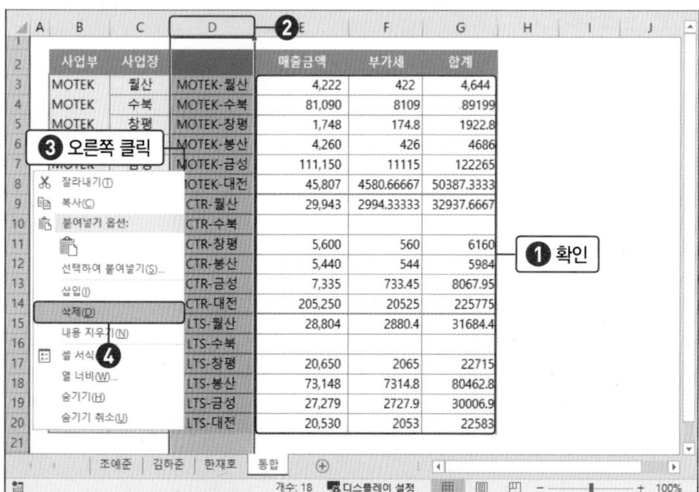

**17** D3셀을 선택하고 Ctrl+Shift+End를 눌러 데이터가 입력된 마지막 셀까지 범위를 지정한 후 Ctrl+1을 누릅니다. [셀 서식] 대화상자의 [표시 형식] 탭이 열리면 [사용자 지정] 범주를 선택하고 '형식'에 『#,##0원_-』를 입력한 후 [확인]을 클릭하세요.

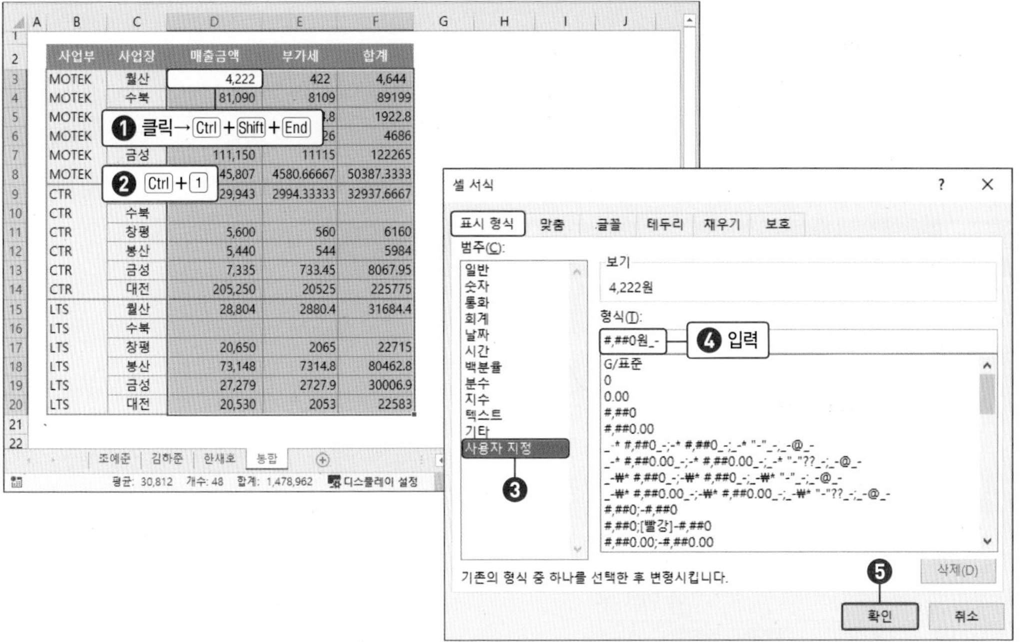


**18** 숫자 데이터에 지정된 표시 형식을 확인합니다.

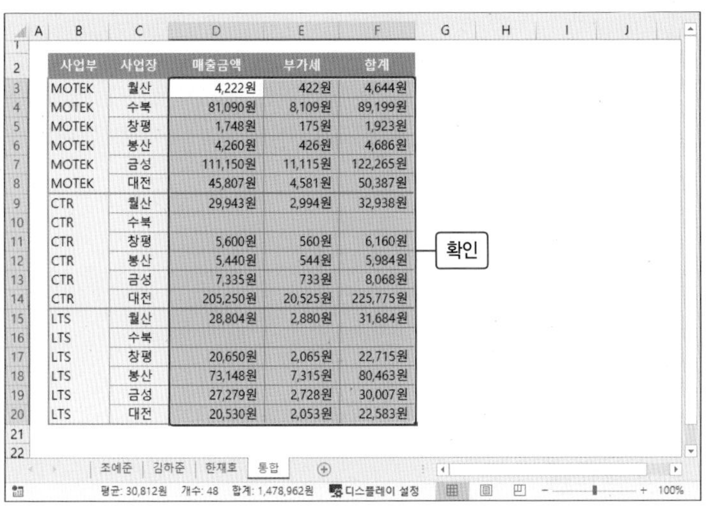

# 피벗 테이블로 사업장별 데이터 통합하기

◉ **예제파일** : 피벗테이블로통합하기(준비).xlsx ◉ **완성파일** : 피벗테이블로통합하기(완성).xlsx

**1** 피벗 테이블을 이용해서 여러 시트의 자료를 하나로 취합할 때는 피벗 테이블 마법사 기능을 이용해야 하는데, 피벗 테이블 마법사가 리본 메뉴에 표시되지 않고 숨겨져 있으므로 추가해 볼게요. [빠른 실행 도구 모음]에서 마우스 오른쪽 단추를 클릭하고 [빠른 실행 도구 모음 사용자 지정]을 선택합니다.

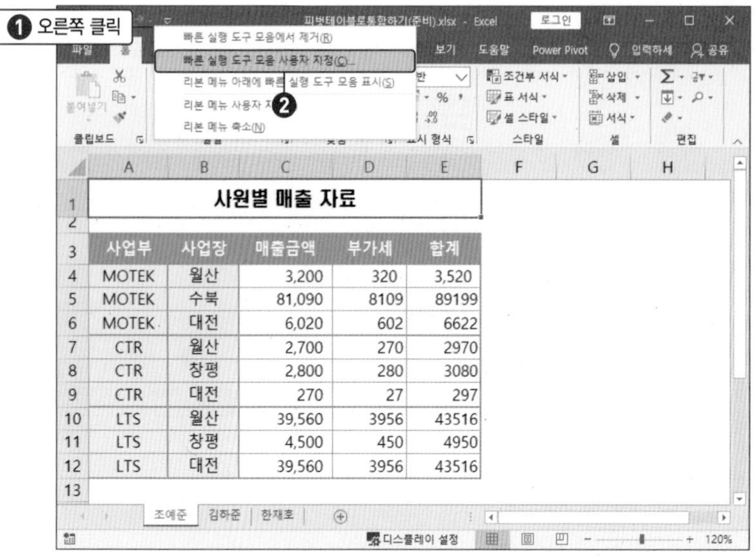


**2** [Excel 옵션] 창의 [빠른 실행 도구 모음]이 열리면 '명령 선택'에서 [리본 메뉴에 없는 명령]을 선택합니다. 아래쪽의 명령 목록에서 [피벗 테이블/피벗 차트 마법사]를 선택하고 [추가]를 클릭해서 '빠른 실행 도구 모음 사용자 지정'에 추가한 후 [확인]을 클릭합니다.

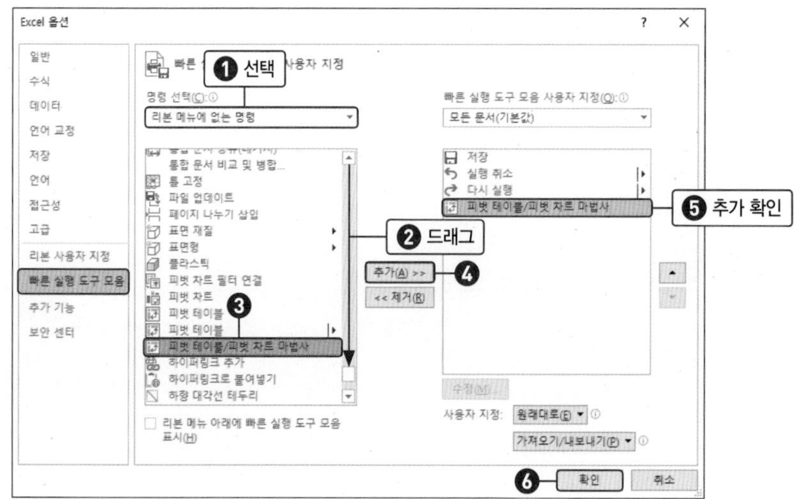

**3** 빠른 실행 도구 모음에 [피벗 테이블/피벗 차트 마법사] 도구(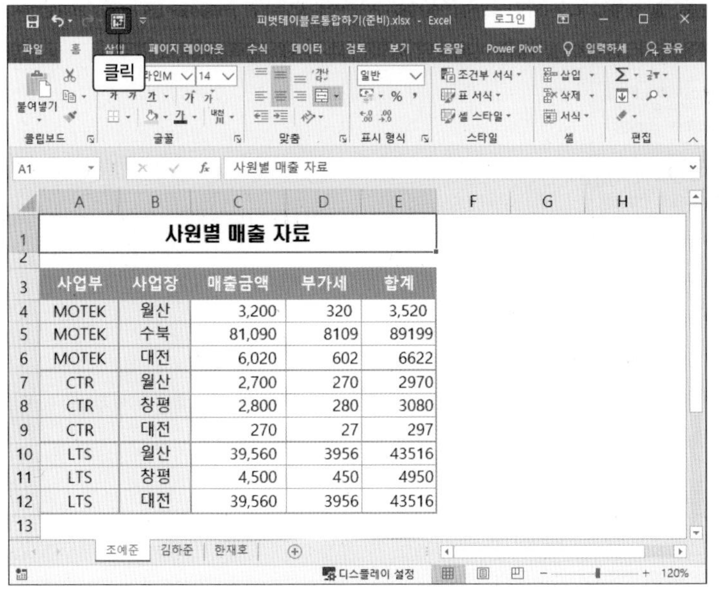)가 추가되었으면 클릭합니다.



**TIP**

빠른 실행 도구 모음에 [피벗 테이블/피벗 차트 마법사]가 추가되지 않았으면 Alt+D+P를 눌러 곧바로 피벗 테이블/피벗 차트 마법사를 실행할 수도 있습니다.

**4** [피벗 테이블/피벗 차트 마법사 – 3단계 중 1단계] 창이 열리면 '분석할 데이터 위치를 지정하십시오.'에서 [다중 통합 범위]를 선택하고 '원하는 보고서 데이터 종류를 선택하십시오.'에서 [피벗 테이블]을 선택한 후 [다음]을 클릭하세요.

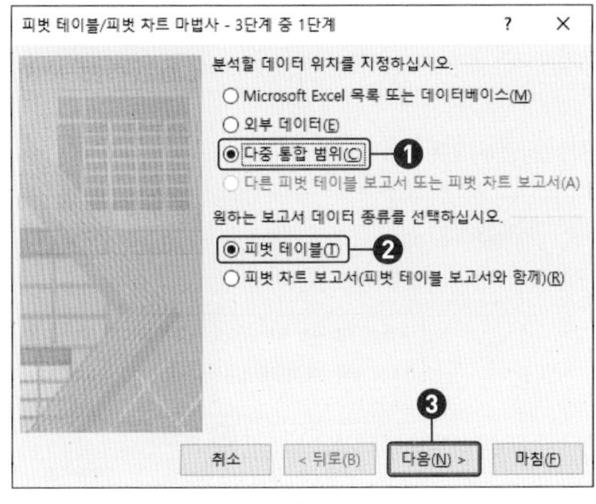

5 [피벗 테이블/피벗 차트 마법사 - 3단계 중 2A단계] 창이 열리면 '원하는 페이지 필드 수를 선택하십시오.'에서 [하나의 페이지 필드 만들기]를 선택하고 [다음]을 클릭합니다.

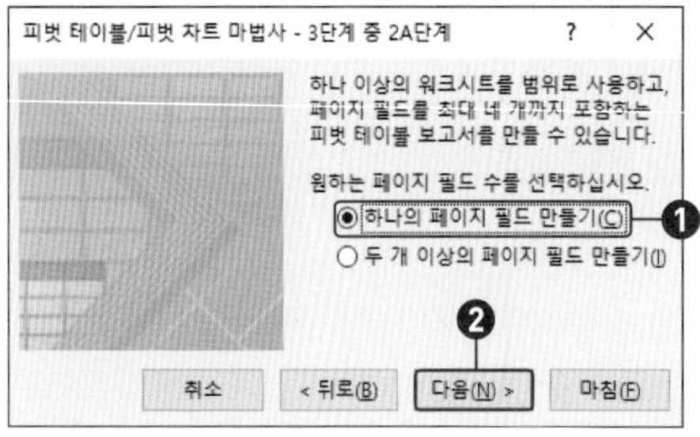


6 [피벗 테이블/피벗 차트 마법사 - 3단계 중 2B단계] 창이 열리면 '범위'에서 [조예준] 시트를 클릭하고 B3:E12 영역을 선택한 후 [추가]를 클릭합니다.

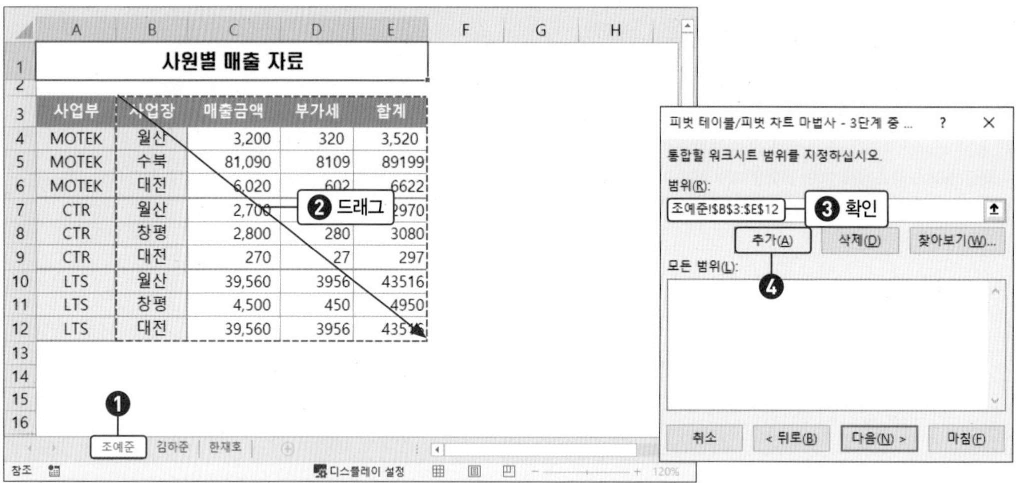


| 사업부 | 사업장 | 매출금액 | 부가세 | 합계 |
|---|---|---|---|---|
| MOTEK | 월산 | 3,200 | 320 | 3,520 |
| MOTEK | 수북 | 81,090 | 8109 | 89199 |
| MOTEK | 대전 | 6,020 | 602 | 6622 |
| CTR | 월산 | 2,700 | [illegible] | [illegible] |
| CTR | 창평 | 2,800 | 280 | 3080 |
| CTR | 대전 | 270 | 27 | 297 |
| LTS | 월산 | 39,560 | 3956 | 43516 |
| LTS | 창평 | 4,500 | 450 | 4950 |
| LTS | 대전 | 39,560 | 3956 | [illegible] |



7 계속 [김하준] 시트의 B3:E15 영역을 선택하고 [추가]를 클릭합니다.

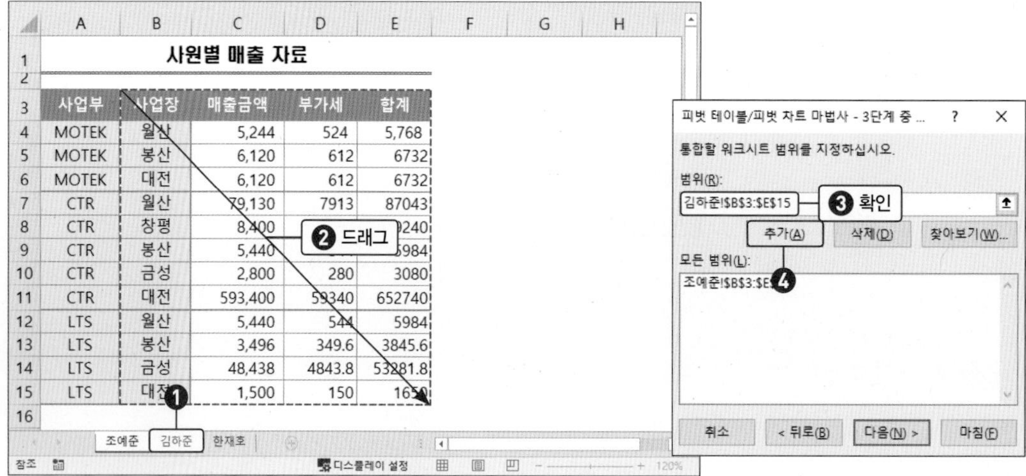


| 사업부 | 사업장 | 매출금액 | 부가세 | 합계 |
|---|---|---|---|---|
| MOTEK | 월산 | 5,244 | 524 | 5,768 |
| MOTEK | 봉산 | 6,120 | 612 | 6732 |
| MOTEK | 대전 | 6,120 | 612 | 6732 |
| CTR | 월산 | 79,130 | 7913 | 87043 |
| CTR | 창평 | 8,400 | [illegible] | [illegible] |
| CTR | 봉산 | 5,440 | [illegible] | [illegible] |
| CTR | 금성 | 2,800 | 280 | 3080 |
| CTR | 대전 | 593,400 | 59340 | 652740 |
| LTS | 월산 | 5,440 | 544 | 5984 |
| LTS | 봉산 | 3,496 | 349.6 | 3845.6 |
| LTS | 금성 | 48,438 | 4843.8 | 53281.8 |
| LTS | 대전 | 1,500 | 150 | 1650 |

8 [한재호] 시트의 B3:E14 영역을 선택하고 [추가]를 클릭합니다. 참조할 세 개의 시트를 모두 추가했으면 [다음]을 클릭하세요.

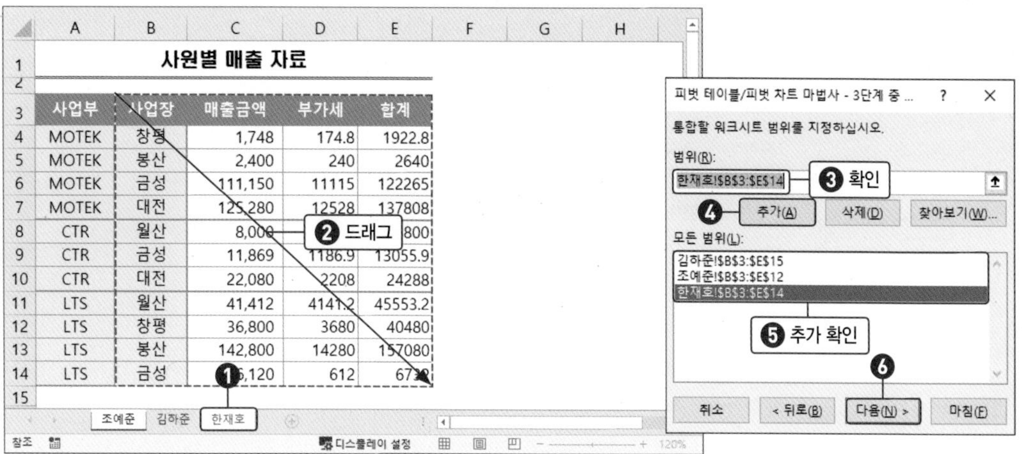


9 [피벗 테이블/피벗 차트 마법사 - 3단계 중 3단계] 창이 열리면 '피벗 테이블 보고서 작성 위치'에서 [새 워크시트]를 선택하고 [마침]을 클릭합니다.

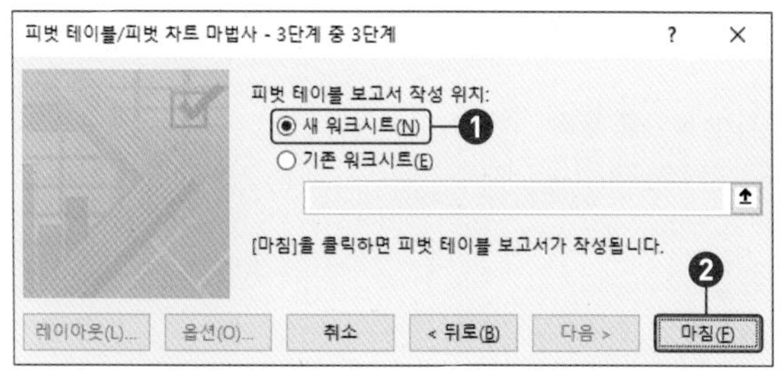


10 새로운 시트가 삽입되면서 피벗 테이블이 작성되면 참조 대상으로 지정한 영역에서 첫 번째 열에 입력된 사업장별로 합계가 계산되었는지 확인합니다.

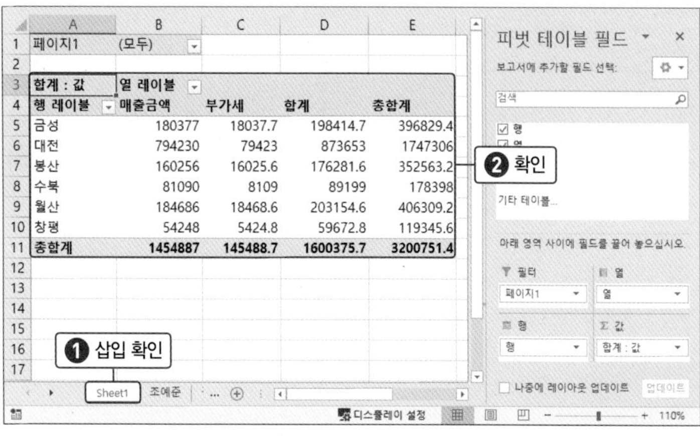

**11** B1셀의 필터 단추(▼)를 클릭하고 [항목1]을 선택한 후 [확인]을 클릭합니다.

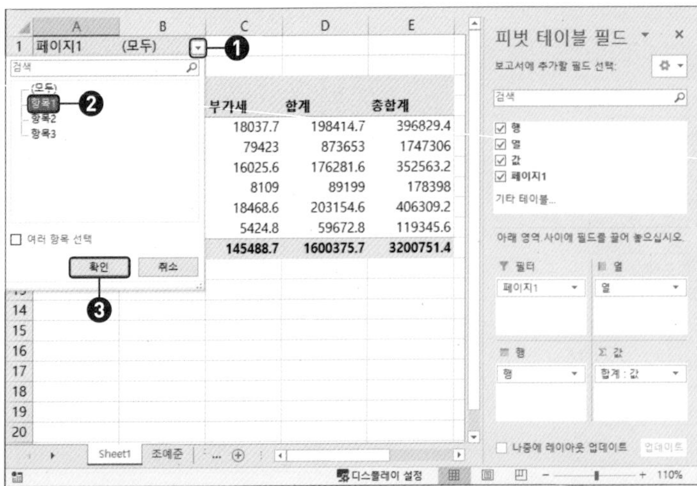

**12** B1셀을 선택해서 『김하준』을 입력하고 Enter를 눌러 '항목1'을 '김하준'으로 변경합니다.

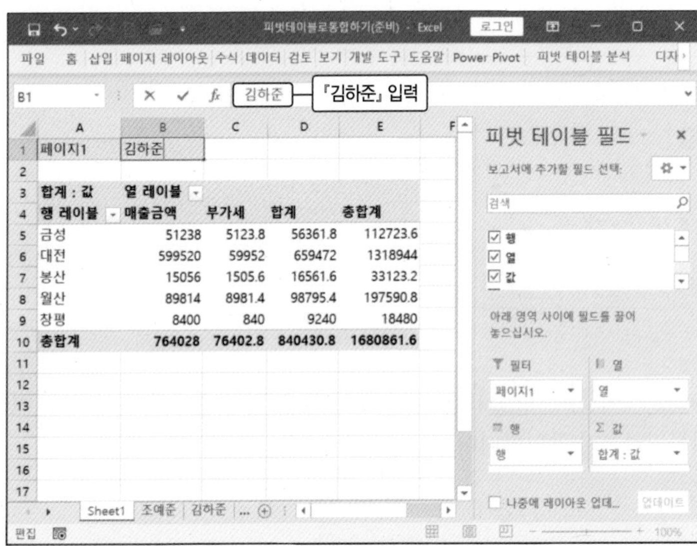


**13** 이 이름의 항목이 피벗 테이블 보고서에 없는데, '김하준'으로 바꾸겠는지 묻는 메시지 창이 열리면 [확인]을 클릭하세요.

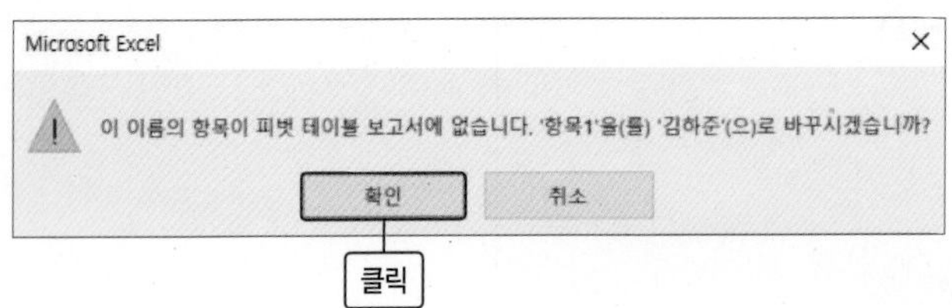

**14** 이와 같은 방법으로 B1셀의 필터 단추(![필터 단추])를 클릭하고 [항목2]를 선택한 후 『조예준』으로 수정합니다.

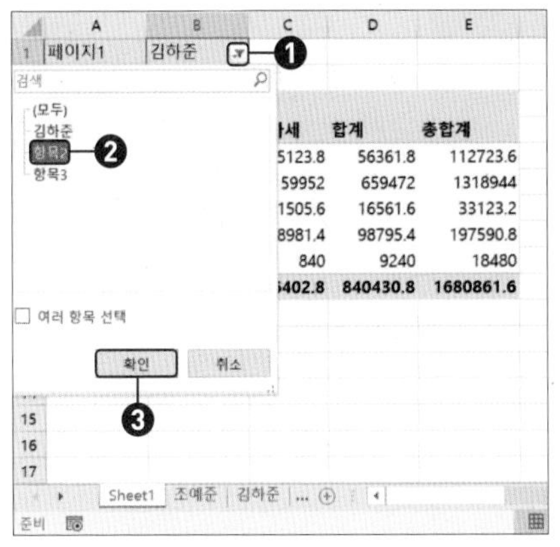


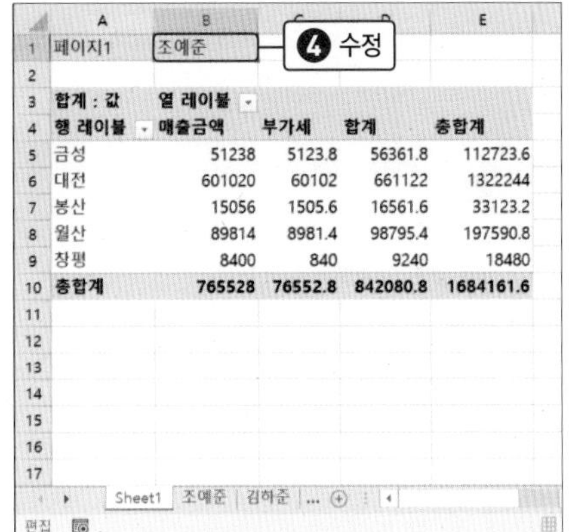


**15** 이 이름의 항목이 피벗 테이블 보고서에 없는데, '조예준'으로 바꾸겠는지 묻는 메시지 창이 열리면 [확인]을 클릭하세요.

**16** B1셀의 필터 단추(![필터 단추])를 클릭하고 [항목3]을 선택한 후 『한재호』로 수정합니다.

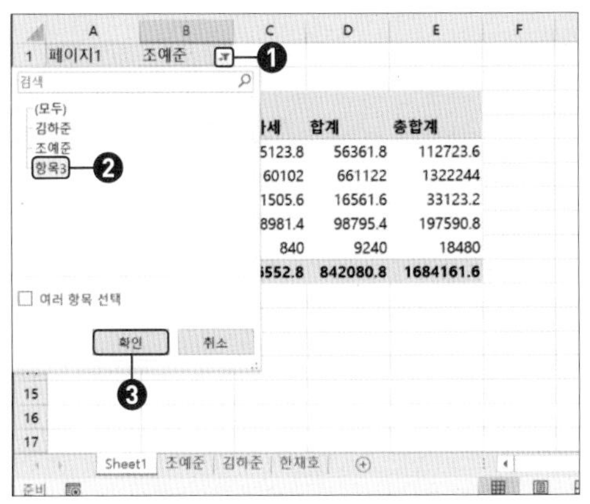


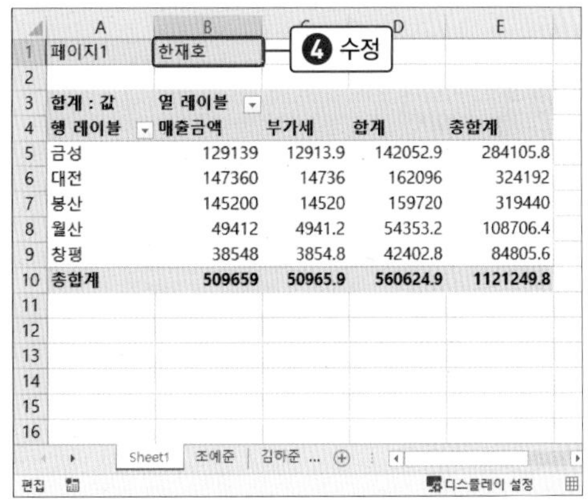


**17** 이 이름의 항목이 피벗 테이블 보고서에 없는데, '한재호'로 바꾸겠는지 묻는 메시지 창이 열리면 [확인]을 클릭하세요.

**18** 피벗 테이블에서 필터 영역인 B1셀의 필터 단추( )를 클릭하면 각 시트의 이름인 사원 이름이 나타납니다. 이 중에서 원하는 사원 이름을 선택하세요.

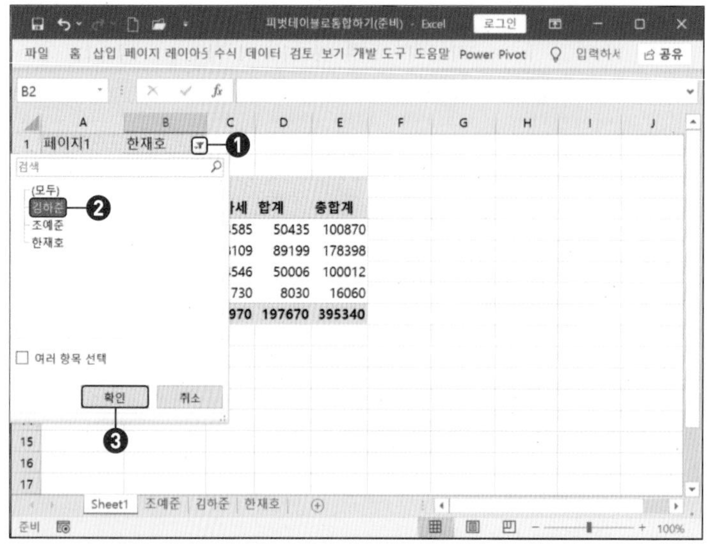

**19** 해당 시트의 데이터만 필터링되면서 피벗 테이블의 데이터가 바뀌었는지 확인합니다. 피벗 테이블의 데이터 영역에 있는 하나의 셀을 선택하여 [피벗 테이블 필드] 창을 열고 '필터' 영역에 위치한 [페이지1] 필드를 '행' 영역에 위치한 [행] 필드의 위쪽으로 드래그하세요.

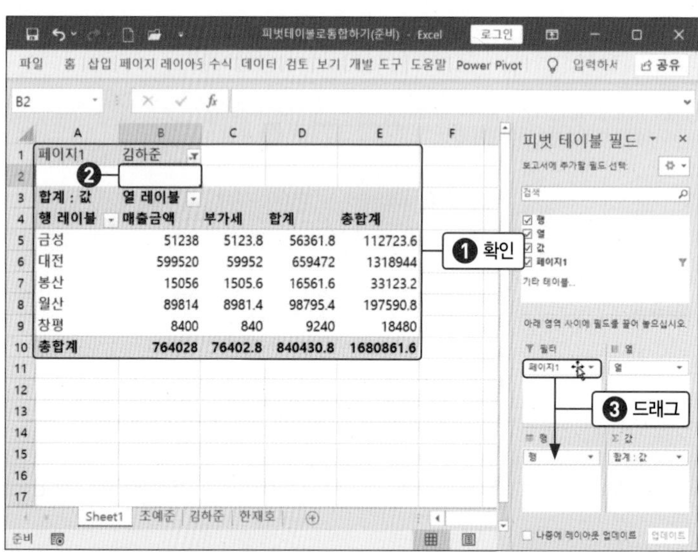

**20** 피벗 테이블이 각 시트의 사원별 사업장으로 레이아웃이 바뀌면서 값이 재계산되었으면 '행' 영역에 위치한 [페이지1] 필드를 [행] 필드의 아래쪽으로 드래그하세요.

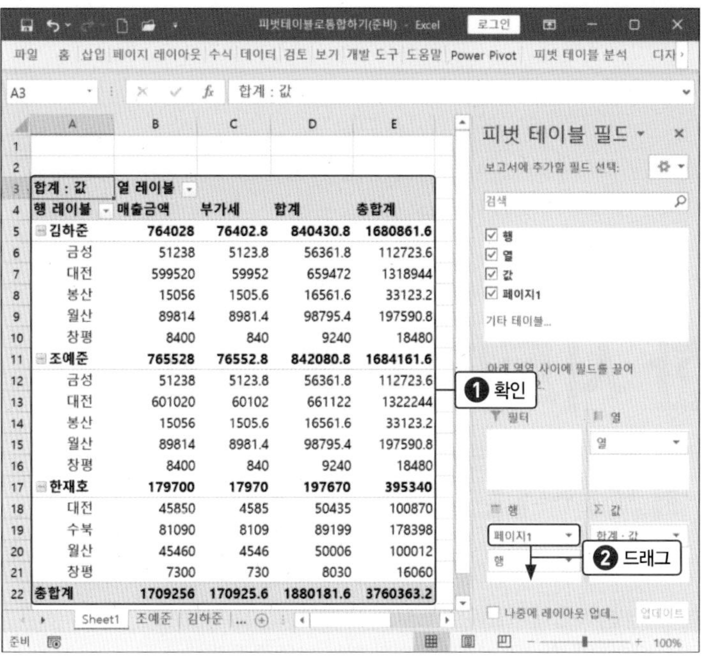


**21** 사업장별 사원 데이터로 레이아웃이 바뀌었는지 확인합니다.

**TIP**

구해진 합계 값 중 특정 셀에서 마우스 오른쪽 단추를 클릭하고 [값 요약 기준]을 선택하여 평균이나 최대값, 최소값, 개수 등의 다른 함수로 바꿀 수 있습니다.

# 06 한 시트에 여러 시트의 데이터를 모으자

월별, 지역별, 지점별과 같이 여러 시트로 구분하여 나누어서 입력된 데이터를 하나의 시트에 모아야 하는 일이 종종 발생합니다. 시트가 여러 개이므로 동일한 작업을 시트마다 반복해야 해서 번거롭지만, 매크로를 이용해서 자동화할 수 있습니다.

**주요 기능**

/ 단축키로 모든 시트의 데이터 통합하기
/ 매크로 이용해 같은 작업 자동화하기
/ VBA로 시트 바꿔서 데이터 가져오기
/ VBA로 모든 시트의 데이터 반복해서 복사하기

CASE 01

# 단축키로 모든 시트의 데이터 통합하기

◉ **예제파일** : 데이터모으기(준비).xlsx ◉ **완성파일** : 데이터모으기(완성).xlsx



**1** 광주, 밀양, 마산과 같이 사업장별로 분류해서 입력된 데이터를 [통합] 시트에 모두 모아서 관리하기 위해 단축키를 이용해서 각 시트의 데이터를 복사해 볼게요. [광주] 시트를 클릭하고 데이터가 시작하는 A2셀을 선택한 후 Ctrl+Shift+End를 누릅니다.

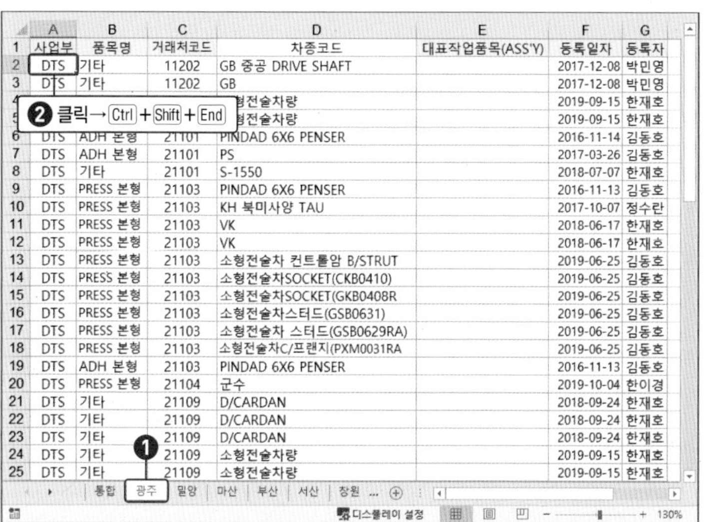


**2** 시트에서 데이터가 입력된 마지막 셀까지 한 번에 범위를 지정했으면 Ctrl+C를 눌러 복사합니다.

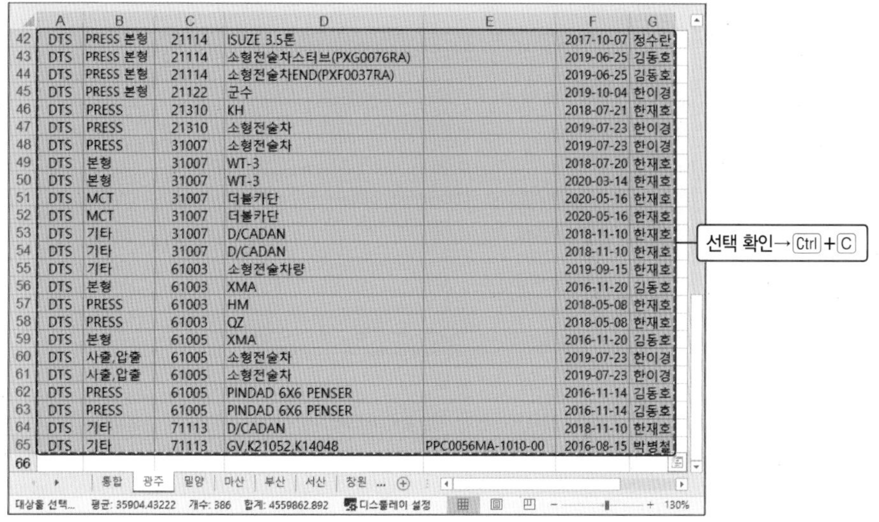

**3** [통합] 시트를 클릭하고 데이터를 넣을 시작 셀인 B5셀을 선택한 후 Enter를 눌러 복사한 데이터를 붙여넣습니다.

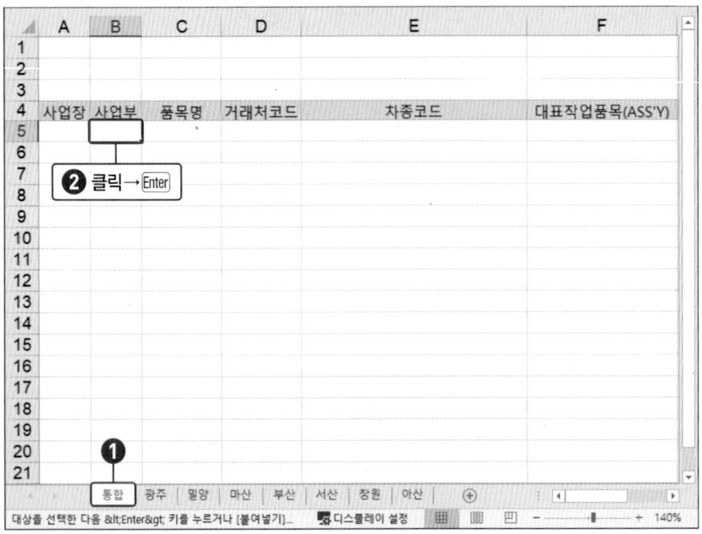


**4** 어떤 사업장 데이터인지 구분할 데이터가 반드시 필요하므로 A5셀을 선택하고 『광주』를 입력한 후 A5셀의 자동 채우기 핸들을 더블클릭합니다. 데이터가 복사된 마지막 행까지 사업장 이름으로 '광주'가 입력되었는지 확인합니다.

| | A | B | C | D | E | F |
|---|---|---|---|---|---|---|
| 4 | 사업장 | | | | 차종코드 | 대표작업품목(ASS'Y) |
| 5 | 광주 | | | 11202 | GB 중공 DRIVE SHAFT | |
| 6 | 광주 | DTS | 기타 | 11202 | GB | |
| 7 | | | 기타 | 21015 | 소형전술차량 | |
| 8 | | | 기타 | 21015 | 소형전술차량 | |
| 9 | 광주 | DTS | ADH 본형 | 21101 | PINDAD 6X6 PENSER | |
| 10 | 광주 | DTS | ADH 본형 | 21101 | PS | |
| 11 | 광주 | DTS | 기타 | 21101 | S-1550 | |
| 12 | 광주 | DTS | PRESS 본형 | 21103 | PINDAD 6X6 PENSER | |
| 13 | 광주 | DTS | PRESS 본형 | 21103 | KH 북미사양 TAU | |
| 14 | 광주 | DTS | PRESS 본형 | 21103 | VK | |
| 15 | 광주 | DTS | PRESS 본형 | 21103 | VK | |
| 16 | 광주 | DTS | PRESS 본형 | 21103 | 소형전술차 컨트롤암 B/STRUT | |
| 17 | 광주 | DTS | PRESS 본형 | 21103 | 소형전술차SOCKET(CKB0410) | |
| 18 | 광주 | DTS | PRESS 본형 | 21103 | 소형전술차SOCKET(GKB0408R | |
| 19 | 광주 | DTS | PRESS 본형 | 21103 | 소형전술차스터드(GSB0631) | |
| 20 | 광주 | DTS | PRESS 본형 | 21103 | 소형전술차 스터드(GSB0629RA) | |
| 21 | 광주 | DTS | PRESS 본형 | 21103 | 소형전술차C/프랜지(PXM0031RA | |

**TIP**

A5셀의 자동 채우기 핸들을 드래그했는데 모두 '광주'가 입력되지 않고 다른 지역 이름 순으로 입력된다면 355쪽의 '잠깐만요'를 참고하세요.

**5** 이번에는 [밀양] 시트를 클릭하고 A2셀을 선택한 후 Ctrl+Shift+End를 누릅니다. [밀양] 시트에 입력된 데이터가 모두 선택되었으면 Ctrl+C를 눌러 복사합니다.

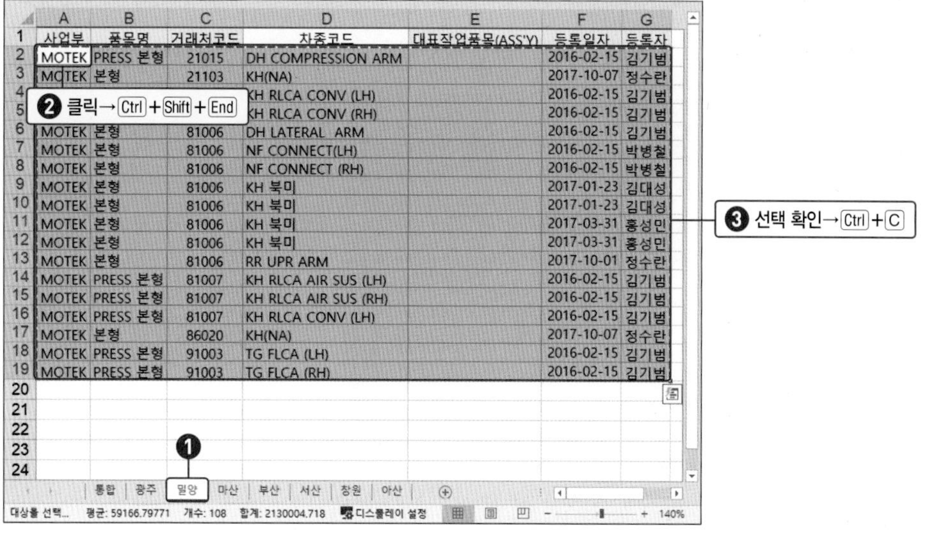


**6** [통합] 시트를 클릭하고 B열의 '사업부' 항목에서 데이터 영역에 있는 하나의 셀을 선택한 후 Ctrl+↓를 누릅니다. 데이터가 입력된 마지막 행으로 이동했으면 새로운 데이터를 넣을 셀로 이동하기 위해 ↓를 누르세요.

| | A | B | C | D | E |
|---|---|---|---|---|---|
| 47 | 광주 | DTS | PRESS 본형 | 21114 | 소형전술차END(PXF0037RA) |
| 48 | 광주 | DTS | PRESS 본형 | 21122 | 군수 |
| 49 | 광주 | DTS | PRESS | 21310 | KH |
| 50 | 광주 | DTS | PRESS | 21310 | 소형전술차 |
| 51 | 광주 | DTS | PRESS | 31007 | 소형전술차 |
| 52 | 광주 | DTS | 본형 | 31007 | WT-3 |
| 53 | 광주 | DTS | 본형 | 31007 | WT-3 |
| 54 | 광주 | DTS | MCT | 31007 | 더블카단 |
| 55 | 광주 | DTS | MCT | 31007 | 더블카단 |
| 56 | 광주 | DTS | 기타 | 31007 | D/CADAN |
| 57 | 광주 | DTS | 기타 | 31007 | D/CADAN |
| 58 | 광주 | DTS | 기타 | 61003 | 소형전술차량 |
| 59 | 광주 | DTS | 본형 | 61003 | XMA |
| 60 | 광주 | DTS | PRESS | 61003 | HM |
| 61 | 광주 | DTS | PRESS | 61003 | QZ |
| 62 | 광주 | DTS | 본형 | 61005 | XMA |
| 63 | 광주 | DTS | 사출,압출 | 61005 | 소형전술차 |
| 64 | 광주 | DTS | 사출,압출 | 61005 | 소형전술차 |
| 65 | 광주 | DTS | PRESS | 61005 | PINDAD 6X6 PENSER |
| 66 | 광주 | DTS | PRESS | 61005 | PINDAD 6X6 PENSER |
| 67 | 광주 | DTS | 기타 | | D/CADAN |
| 68 | 광주 | DTS | | | K21052,K14048 |
| 69 | | | | | |

③ 이동 확인→↓

**7** B69셀로 이동했으면 Enter를 눌러 복사한 데이터를 붙여넣고 ←를 누릅니다.

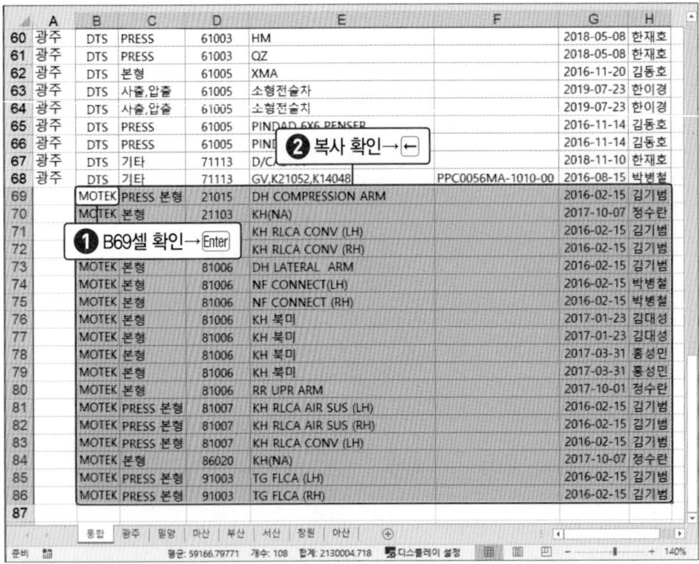


**8** A69셀로 이동했으면 『밀양』을 입력하고 A69셀의 자동 채우기 핸들을 더블클릭합니다. 이와 같은 방법으로 각 지역 시트마다 **5~7** 과정을 반복해서 작업하여 모든 시트를 [통합] 시트로 모을 수 있습니다.

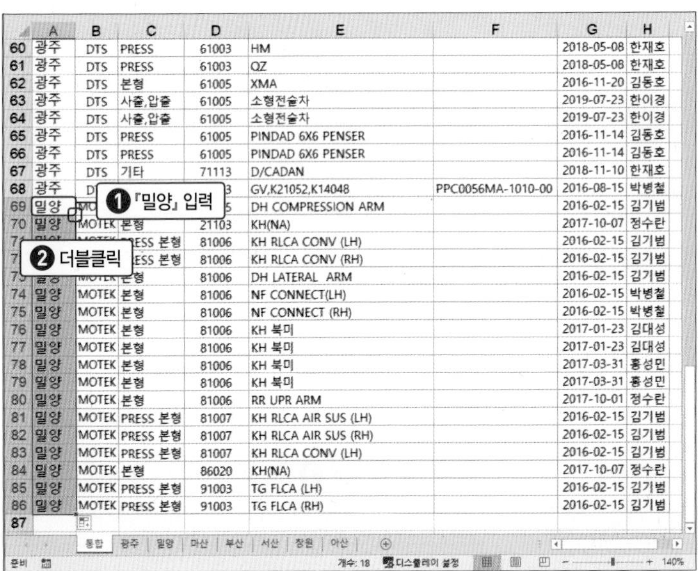

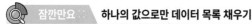

## 잠깐만요 : 하나의 값으로만 데이터 목록 채우기

352쪽의 **4** 과정에서 A5셀의 자동 채우기 핸들을 더블클릭했는데 '광주'로 채워지지 않고 다른 지역명까지 차례대로 채워진다면 사용자 지정 목록에 지역명 순서가 지정되어 있기 때문입니다. 이 문제는 다음 두 가지 방법으로 해결할 수 있어요.

### 방법 1 사용자 지정 목록에서 지역 목록 삭제하기

① [파일] 탭-[옵션]을 선택해서 [Excel 옵션] 대화상자를 열고 [고급]에서 [사용자 지정 목록 편집]을 클릭합니다.
② [사용자 지정 목록] 대화상자가 열리면 '광주'가 포함된 항목을 선택하고 [삭제]와 [확인]을 차례대로 클릭합니다.
③ [Excel 옵션] 대화상자로 되돌아오면 [확인]을 클릭합니다.
④ 다시 A5셀의 자동 채우기 핸들을 더블클릭하면 모든 셀에 '광주'만 채워집니다.

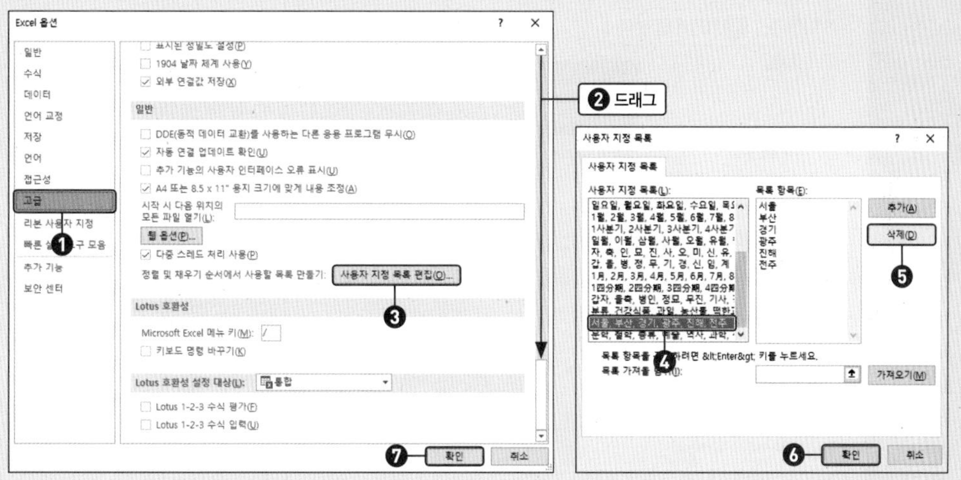


### 방법 2 [자동 채우기 옵션] 단추에서 셀 복사하기

자동 채우기 핸들을 더블클릭해서 나머지 행에도 값을 채우고 [자동 채우기 옵션] 단추(📋)를 클릭한 후 [셀 복사]를 선택합니다. 그러면 연속 데이터로 채워진 값이 '광주'로만 채워집니다.

# 02 매크로 이용해 같은 작업 자동화하기

◉ **예제파일** : 매크로로자동화하기(준비).xlsx ◉ **완성파일** : 매크로로자동화하기(완성).xlsm

**1** 시트마다 똑같은 작업을 반복하는 게 번거로우면 매크로를 이용해서 자동으로 실행하도록 작업해 볼게요. 매크로 이용에 필요한 [개발 도구] 탭을 표시하기 위해 [파일] 탭-[옵션]을 선택하세요.

**2** [Excel 옵션] 대화상자가 열리면 [리본 사용자 지정]을 선택하고 '리본 메뉴 사용자 지정'에서 [개발 도구]에 체크한 후 [확인]을 클릭합니다.

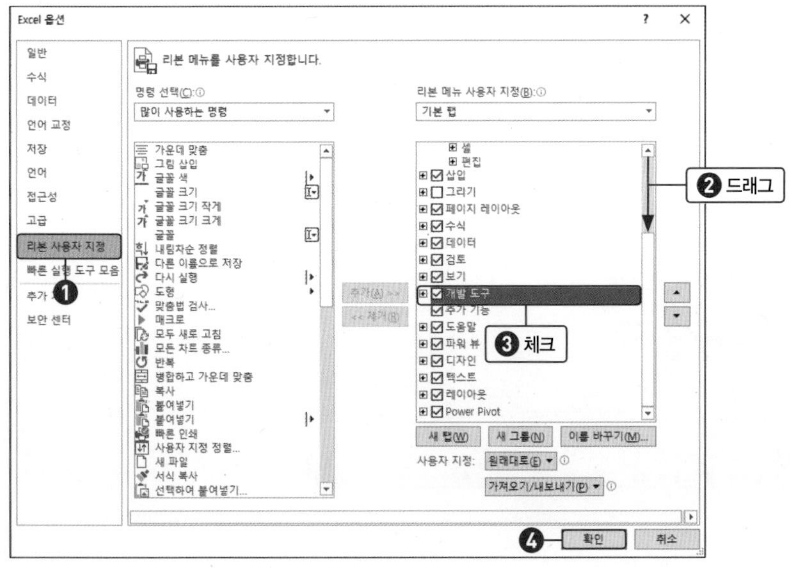

**3** 리본 메뉴에 [개발 도구] 탭이 추가되었으면 새로운 매크로를 만들기 위해 작업을 시작할 위치인 [통합] 시트를 클릭하고 [개발 도구] 탭-[코드] 그룹에서 [매크로 기록]을 클릭하세요.

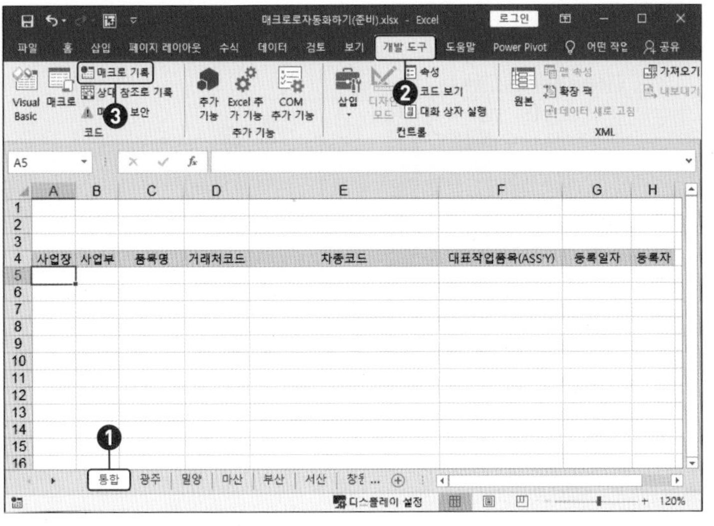


**4** [매크로 기록] 대화상자가 열리면 각 항목에 다음과 같이 지정하고 [확인]을 클릭합니다.

- **매크로 이름** : 『모으기』 입력
- **바로 가기 키** : 입력 상자에 커서를 올려놓고 한/영을 눌러 영문 입력 상태로 전환한 후 Shift+M을 눌러 'Ctrl+Shift+M'으로 표시
- **매크로 저장 위치** : [현재 통합 문서] 선택

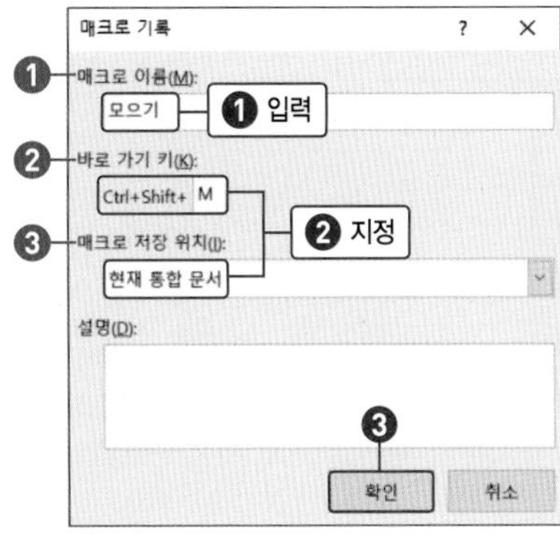


❶ **매크로 이름** : 매크로를 실행할 이름을 지정합니다. 영문과 한글, 숫자 등을 조합할 수 있고, 특수 문자는 포함할 수 없으며, 첫 글자는 반드시 문자로 시작해야 합니다. 이름은 최대 255글자 이내로 어떤 작업을 실행하는 매크로인지 의미를 부여해서 지정하면 됩니다.

❷ **바로 가기 키** : 매크로를 실행한 단축키를 지정합니다. Ctrl+C나 Ctrl+V 등과 같이 기존에 사용하고 있는 키와 충돌하지 않도록 Shift와 조합해서 'Ctrl+Shift+키'와 같은 형식으로 지정하는 게 좋습니다.

❸ **매크로 저장 위치** : 현재 만드는 매크로를 어디에 저장할 것인지 위치를 지정합니다. 일반적으로 현재 작업하는 파일에 저장하기 위해 [현재 통합 문서]를 사용합니다.

**5** 이제부터 작업하는 모든 것이 매크로로 기록되어 소스 코드가 만들어지므로 한 단계씩 차례대로 천천히 작업해 보세요. 복사할 데이터가 저장된 [광주] 시트를 클릭하고 항목명을 제외하고 데이터가 입력된 첫 번째 셀인 A2셀을 선택한 후 Ctrl+Shift+End를 누르세요.

**6** 데이터가 입력된 마지막 셀까지 자동으로 범위가 지정되었으면 Ctrl+C를 눌러 복사합니다.

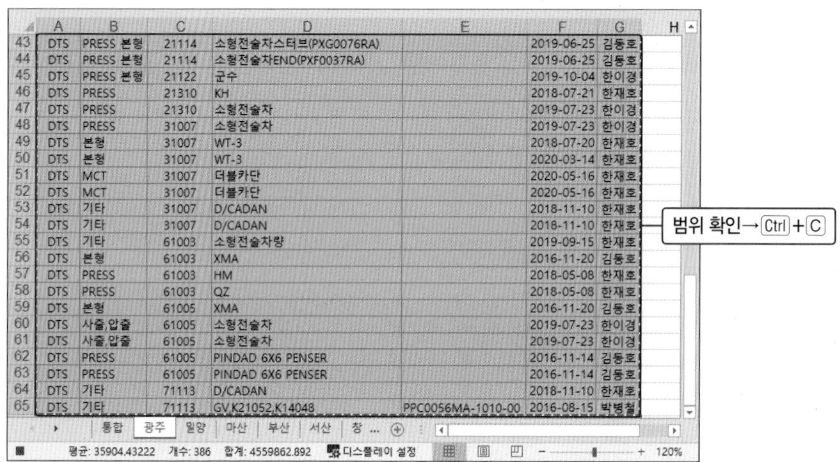


### 잠깐만요 :: 매크로 기록이 잘못된 경우의 해결 방법 익히기

[개발 도구] 탭-[코드] 그룹에서 [매크로 기록]을 클릭한 후부터는 작업하는 모든 과정이 기록되므로 반드시 차례대로 하나씩 따라하면서 작업해야 합니다. 혹시 중간에 다른 메뉴를 선택하거나 셀을 선택하면 그 내용까지 기록됩니다. 따라서 잘못된 작업이 있으면 [개발 도구] 탭-[코드] 그룹에서 [기록 중지]를 클릭하여 기록을 중지한 상태에서 [개발 도구] 탭-[코드] 그룹의 [매크로]를 클릭합니다. [매크로] 대화상자가 열리면 해당 매크로를 선택하고 [삭제]를 클릭하여 삭제한 후 다시 매크로를 기록하세요.

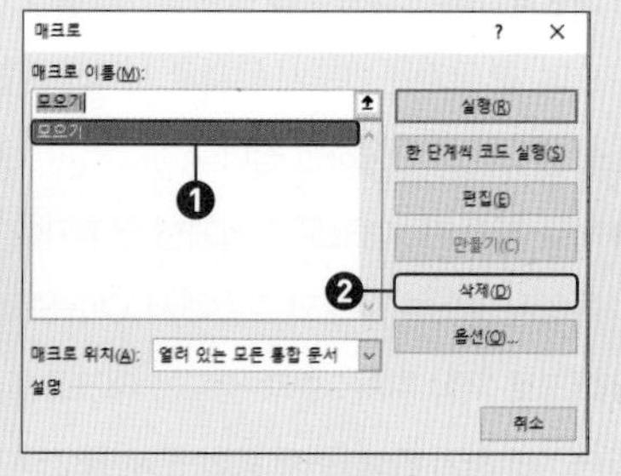

**7** 붙여넣을 [통합] 시트를 클릭하고 수식 입력줄의 왼쪽에 있는 이름 상자에 『B1048576』을 입력한 후 Enter를 누릅니다.

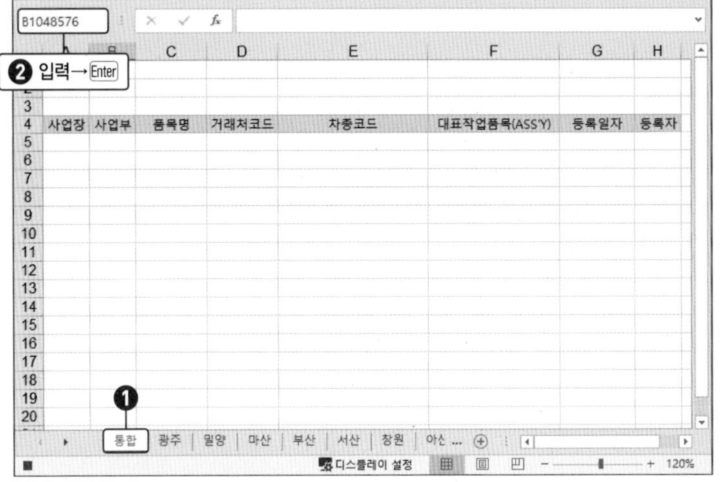


TIP

데이터를 취합할 때 기존 데이터가 있으면 그 다음 행에 붙여넣기 위해서 데이터가 있는 마지막 행을 알아야 하므로 일단 시트의 가장 마지막 셀로 이동한 것입니다.

**8** 현재 셀을 기준으로 값이 비어 있는 마지막 행으로 이동했으면 Ctrl+↑를 누릅니다. 데이터가 시작되는 B4셀로 이동했으면 ↓를 눌러 B5셀을 선택하고 Enter를 눌러 **6** 과정에서 복사한 데이터를 붙여넣으세요.

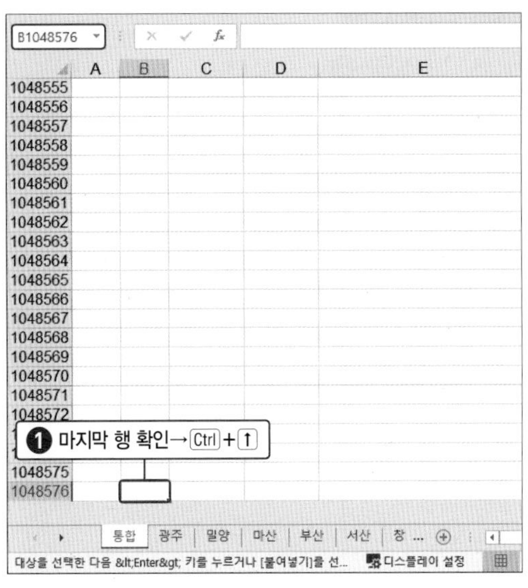

TIP

매크로를 기록할 때는 현재 상태일 때뿐만 아니라 어떤 상황에서도 작업이 오류 없이 실행되게 만들어야 합니다. 만약 현재 상태에서 마지막 빈 셀이 B5셀이라서 바로 B5셀을 선택하는 방식으로 기록하면 안 됩니다. 이렇게 기록하면 데이터가 항상 고정된 B5셀에만 붙여넣어서 기존 데이터를 덮어쓰는 문제가 발생하므로 주의하세요.

**9** [통합] 시트에 [광주] 시트에서 복사한 데이터가 그대로 복사되었으면 '사업장'을 입력하기 위해 B4 셀을 선택하고 Ctrl+Shift+↓를 누릅니다.

TIP

드래그해서 범위를 지정하면 매번 동일하게 그 셀에만 붙여넣게 되므로 Ctrl+방향키(→, ←, ↑, ↓) 또는 Ctrl+Shift+방향키를 이용해서 지정해야 합니다. 이렇게 해야 상황에 맞게 데이터가 입력된 마지막 행/열로 인식해서 데이터가 있는 만큼 실행하는 효과를 얻을 수 있어요.

**10** 데이터가 입력된 마지막 셀까지 범위를 지정했으면 Shift+←를 눌러 A열까지 범위를 추가합니다. [홈] 탭-[편집] 그룹에서 [찾기 및 선택]을 클릭하고 [이동 옵션]을 선택하세요.

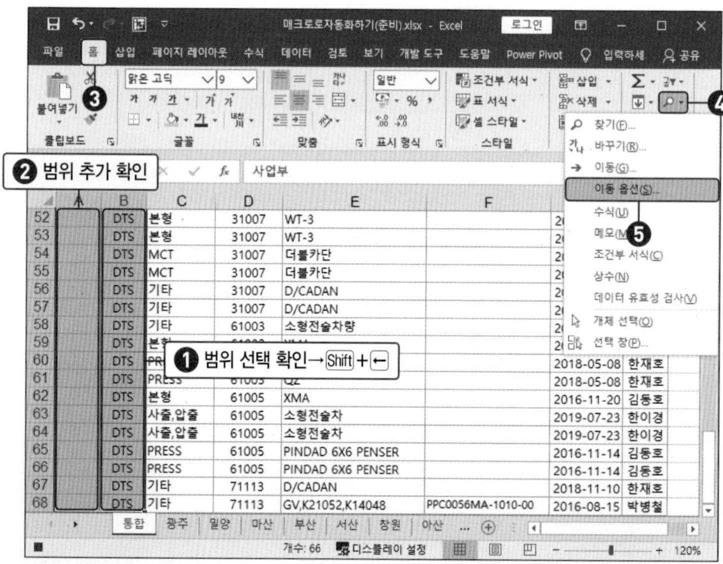

**11** [이동 옵션] 대화상자가 열리면 '종류'에서 [빈 셀]을 선택하고 [확인]을 클릭합니다.

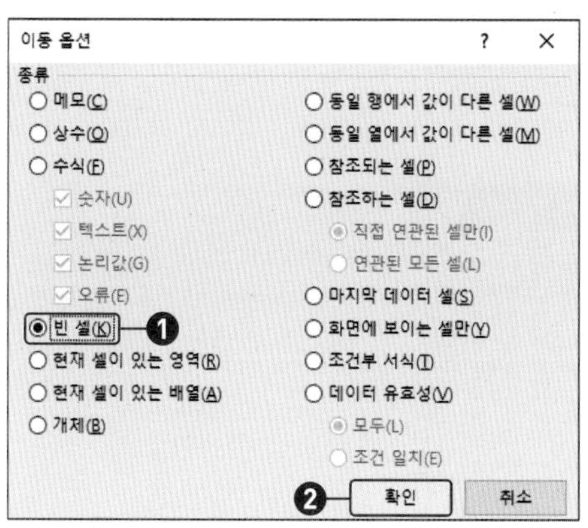


**TIP**

여러 시트를 계속 추가해서 붙여넣을 때를 미리 예상해 보면 새로 붙여넣은 데이터에는 사업장이 아직 입력되지 않았을 것입니다. 따라서 이것들만 선택하기 위해 [빈 셀] 옵션을 선택한 것입니다.

**12** A열의 '사업장' 항목에서 빈 셀만 선택되었으며 『광주』를 입력하고 Ctrl+Enter를 누릅니다.

| | A | B | C | D | E | F | G | H |
|---|---|---|---|---|---|---|---|---|
| 4 | 사업장 | | | | 차종코드 | 대표작업품목(ASS'Y) | 등록일자 | 등록자 |
| 5 | 광주 | | | | 중공 DRIVE SHAFT | | 2017-12-08 | 박민영 |
| 6 | | DTS | | 11202 | GB | | 2017-12-08 | 박민영 |
| 7 | | DTS | 기타 | 21015 | 소형전술차량 | | 2019-09-15 | 한재호 |
| 8 | | DTS | 기타 | 21015 | 소형전술차량 | | 2019-09-15 | 한재호 |
| 9 | | DTS | ADH 본형 | 21101 | PINDAD 6X6 PENSER | | 2016-11-14 | 김동호 |
| 10 | | DTS | ADH 본형 | 21101 | PS | | 2017-03-26 | 김동호 |
| 11 | | DTS | 기타 | 21101 | S-1550 | | 2018-07-07 | 한재호 |
| 12 | | DTS | PRESS 본형 | 21103 | PINDAD 6X6 PENSER | | 2016-11-13 | 김동호 |
| 13 | | DTS | PRESS 본형 | 21103 | KH 북미사양 TAU | | 2017-10-07 | 정수란 |
| 14 | | DTS | PRESS 본형 | 21103 | VK | | 2018-06-17 | 한재호 |
| 15 | | DTS | PRESS 본형 | 21103 | VK | | 2018-06-17 | 한재호 |
| 16 | | DTS | PRESS 본형 | 21103 | 소형전술차 컨트롤암 B/STRUT | | 2019-06-25 | 김동호 |
| 17 | | DTS | PRESS 본형 | 21103 | 소형전술차SOCKET(CKB0410) | | 2019-06-25 | 김동호 |

**13** A열의 '사업장' 항목에 모두 '광주'가 입력되었으면 매크로 기록을 끝내기 위해 [개발 도구] 탭-[코드] 그룹에서 [기록 중지]를 클릭합니다.

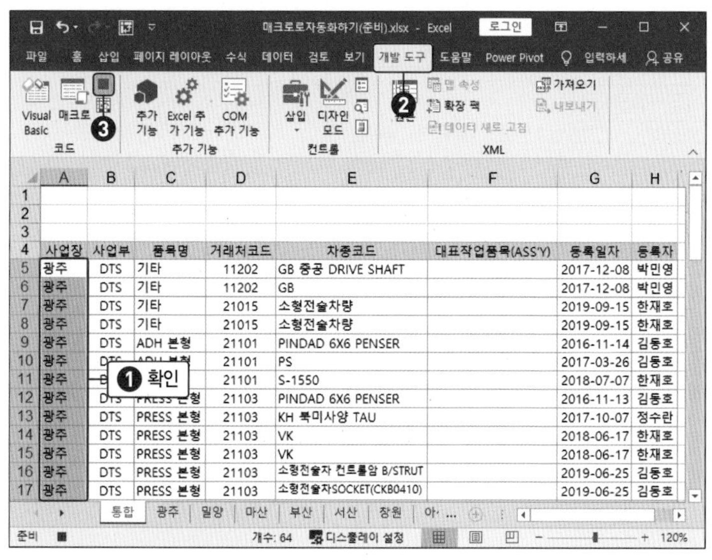


| | A | B | C | D | E | F | G | H |
|---|---|---|---|---|---|---|---|---|
| 4 | 사업장 | 사업부 | 품목명 | 거래처코드 | 차종코드 | 대표작업품목(ASS'Y) | 등록일자 | 등록자 |
| 5 | 광주 | DTS | 기타 | 11202 | GB 중공 DRIVE SHAFT | | 2017-12-08 | 박민영 |
| 6 | 광주 | DTS | 기타 | 11202 | GB | | 2017-12-08 | 박민영 |
| 7 | 광주 | DTS | 기타 | 21015 | 소형전술차량 | | 2019-09-15 | 한재호 |
| 8 | 광주 | DTS | 기타 | 21015 | 소형전술차량 | | 2019-09-15 | 한재호 |
| 9 | 광주 | DTS | ADH 본형 | 21101 | PINDAD 6X6 PENSER | | 2016-11-14 | 김동호 |
| 10 | 광주 | | | 21101 | PS | | 2017-03-26 | 김동호 |
| 11 | 광주 | | | 21101 | S-1550 | | 2018-07-07 | 한재호 |
| 12 | 광주 | | 본형 | 21103 | PINDAD 6X6 PENSER | | 2016-11-13 | 김동호 |
| 13 | 광주 | DTS | PRESS 본형 | 21103 | KH 북미사양 TAU | | 2017-10-07 | 정수란 |
| 14 | 광주 | DTS | PRESS 본형 | 21103 | VK | | 2018-06-17 | 한재호 |
| 15 | 광주 | DTS | PRESS 본형 | 21103 | VK | | 2018-06-17 | 한재호 |
| 16 | 광주 | DTS | PRESS 본형 | 21103 | 소형전술차 컨트롤암 B/STRUT | | 2019-06-25 | 김동호 |
| 17 | 광주 | DTS | PRESS 본형 | 21103 | 소형전술차SOCKET(CKB0410) | | 2019-06-25 | 김동호 |

**TIP**

상태 표시줄에 있는 [매크로 기록 중지] 아이콘(■)을 클릭해도 매크로 기록을 끝낼 수 있습니다.

**14** 매크로로 기록된 작업을 자동으로 실행하기 위해 기존에 추가된 데이터를 삭제해 볼게요. 5행 머리글을 클릭하여 5행 전체를 선택하고 Ctrl+Shift+↓를 누릅니다.

**15** 5행부터 데이터가 모두 선택되었으면 선택 영역에서 마우스 오른쪽 단추를 클릭하고 [삭제]를 선택합니다.

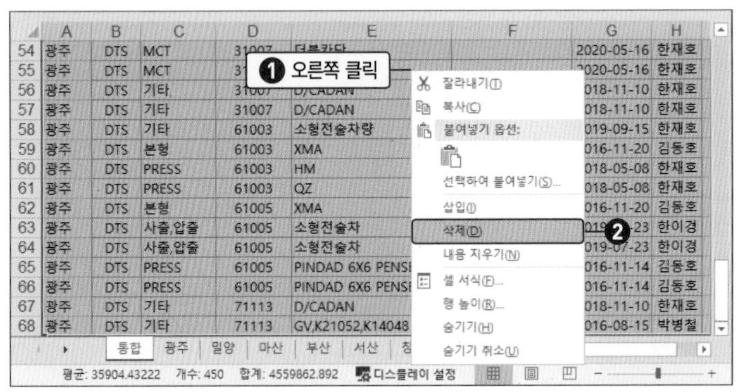


**16** 기존에 복사한 데이터를 모두 삭제한 상태에서 기록된 매크로를 실행해 볼게요. **4** 과정에서 지정한 단축키 Ctrl+Shift+M을 누릅니다.

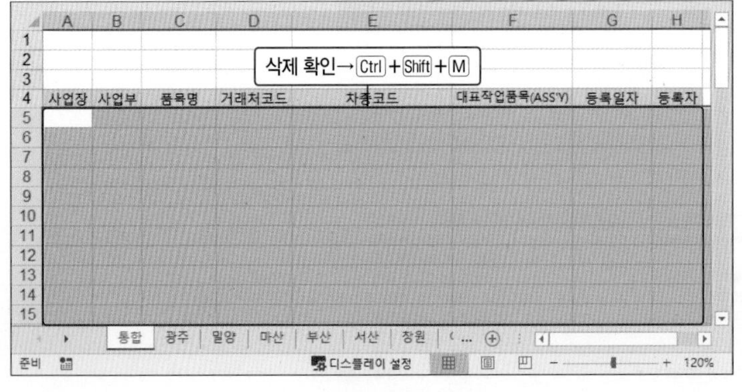


> **TIP**
> 지정한 단축키가 기억이 안 난다면 [개발 도구] 탭-[코드] 그룹에서 [매크로]를 클릭하여 [매크로] 대화상자를 열고 [모으기] 매크로를 선택한 후 [실행]을 클릭해도 결과가 같습니다.

**17** [광주] 시트의 데이터가 자동으로 복사되면서 붙여넣기되었습니다. 하지만 현재까지는 [광주] 시트만 작업할 수 있기 때문에 [밀양], [마산], [부산] 등의 다른 시트까지 자동으로 처리하려면 기록된 매크로를 약간 수정해야 합니다. 매크로가 추가된 파일을 저장할 때는 방법이 조금 다르다는 것을 기억하고 [파일]-[다른 이름으로 저장]을 선택하세요.

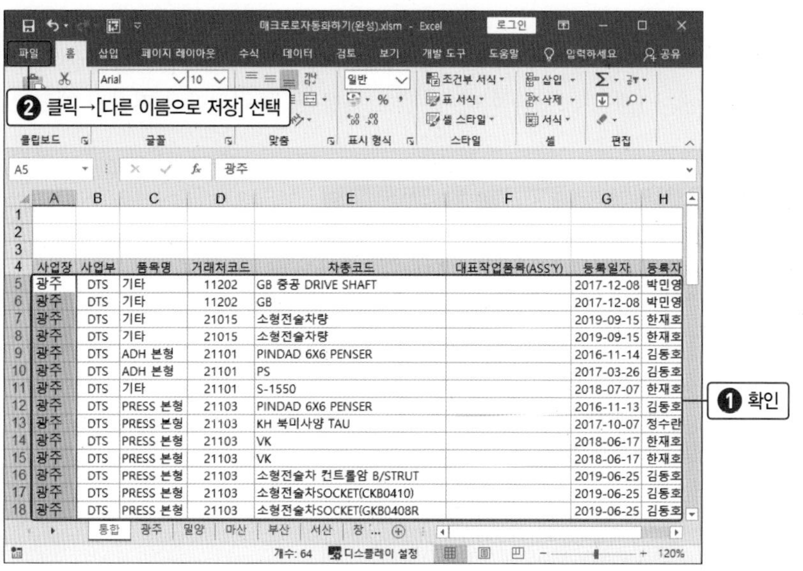


TIP

매크로가 제대로 실행되지 않거나 오류가 발생했으면 기록할 때 무언가를 잘못 선택했기 때문입니다. 이 경우에는 [개발 도구] 탭-[코드] 그룹에서 [매크로]를 클릭해서 [매크로] 대화상자를 열고 [모으기] 매크로를 선택한 후 [삭제]를 클릭하여 삭제한 후 매크로를 다시 기록하세요.

**18** [다른 이름으로 저장] 대화상자가 열리면 '파일 형식'에서 [Excel 매크로 사용 통합 문서 (*.xlsm)]를 선택하고 '파일 이름'에 원하는 파일명을 입력한 후 [저장]을 클릭하세요.

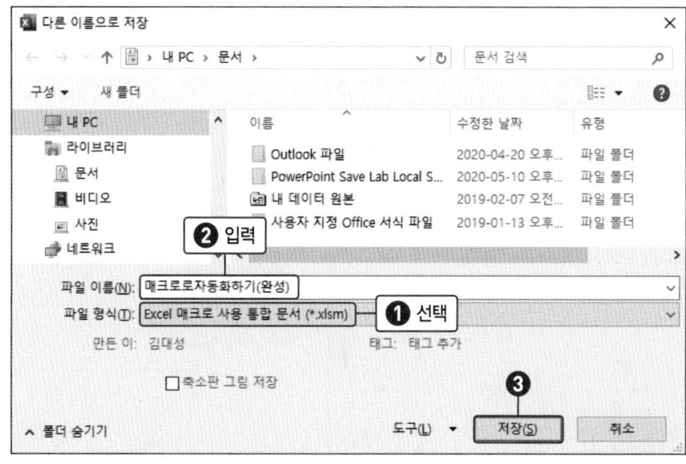


TIP

[Excel 통합 문서 (*.xlsx)] 형식으로 저장하면 기록된 매크로 내용이 사라지고 시트에 입력한 데이터만 저장됩니다. 따라서 매크로를 작성한 상태 그대로 저장하려면 반드시 '파일 형식'에서 [Excel 매크로 사용 통합 문서 (*.xlsm)]를 선택해야 합니다. 일반적인 엑셀 파일은 확장자가 'xlsx'로 저장되지만, [Excel 매크로 사용 통합 문서 (*.xlsm)]를 선택하면 확장자가 'xlsm'으로 저장됩니다.

CASE

# 03 VBA로 시트 바꿔서 데이터 가져오기

◉ **예제파일** : 사용할시트바꾸기(준비).xlsm ◉ **완성파일** : 사용할시트바꾸기(완성).xlsm

**1** 매크로가 저장된 XLSM 형식의 파일을 열 때는 반드시 다음의 그림과 같이 두 가지 유형 중 하나의 경고 창이 열립니다. 이 화면에서 [매크로 포함]이나 [콘텐츠 사용]을 클릭해야만 저장된 매크로를 사용할 수 있어요.

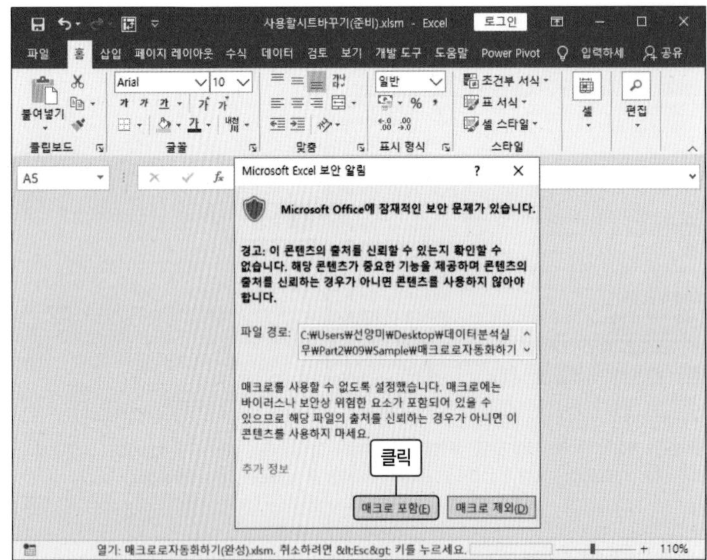


◀ [매크로 포함]을 클릭하는 경우

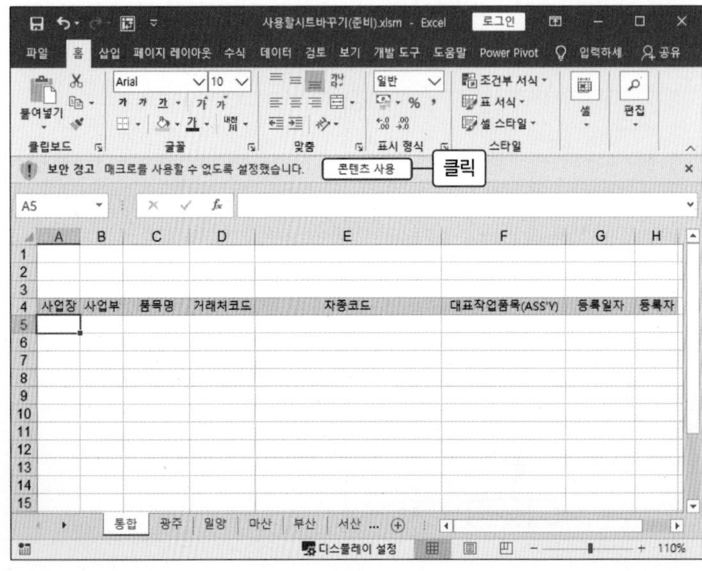


◀ [콘텐츠 사용]을 클릭하는 경우

**2** [통합] 시트에서 매크로를 실행할 명령 단추를 만들기 위해 [개발 도구] 탭-[컨트롤] 그룹에서 [삽입]을 클릭하고 '양식 컨트롤'에서 [단추](▭)를 클릭합니다. 마우스 포인터가 + 모양으로 바뀌면 시트의 위쪽에 비어 있는 1:3행 영역에서 단추를 배치할 적당한 크기로 드래그합니다.

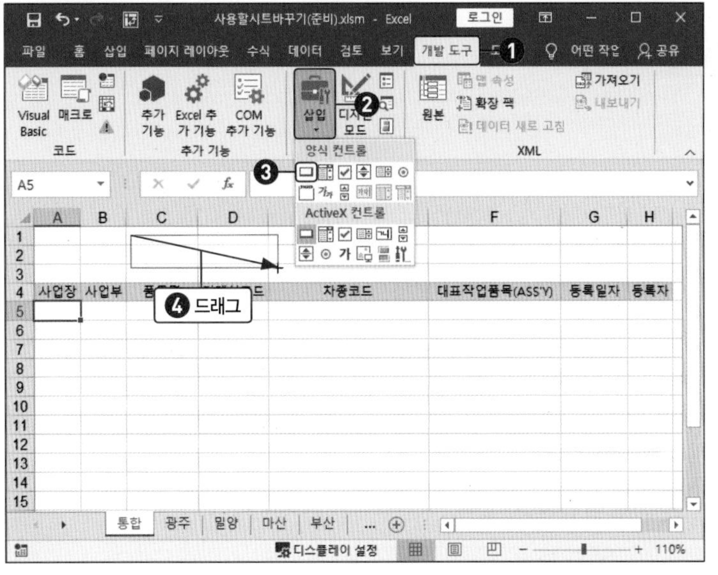


**TIP**
'ActiveX 컨트롤'에도 [명령 단추](▭)가 있지만, 프로그램을 연결하는 방식이 다르기 때문에 반드시 '양식 컨트롤'에서 [단추](▭)를 클릭하세요.

**3** 단추에 어떤 매크로를 연결해서 실행할 것인지 지정하는 [매크로 지정] 대화상자가 열리면 [모으기]를 선택하고 [확인]을 클릭합니다.

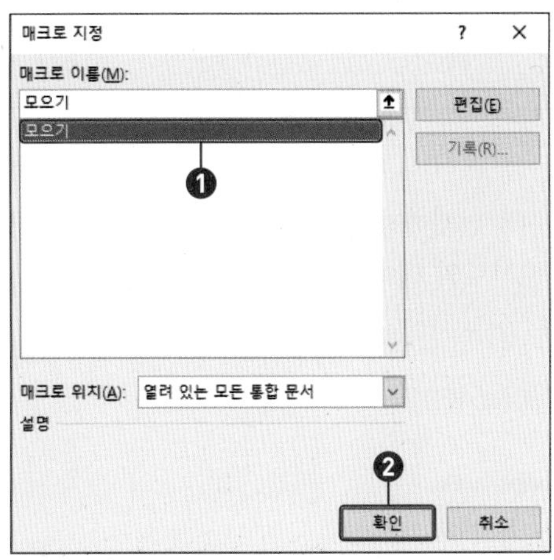


**TIP**
'모으기' 매크로는 357쪽에서 작성한 매크로로, Ctrl+Shift+M을 누르면 실행할 수 있습니다.

**4** 새롭게 생성된 단추에서 마우스 오른쪽 단추를 클릭하고 [텍스트 편집]을 선택합니다.

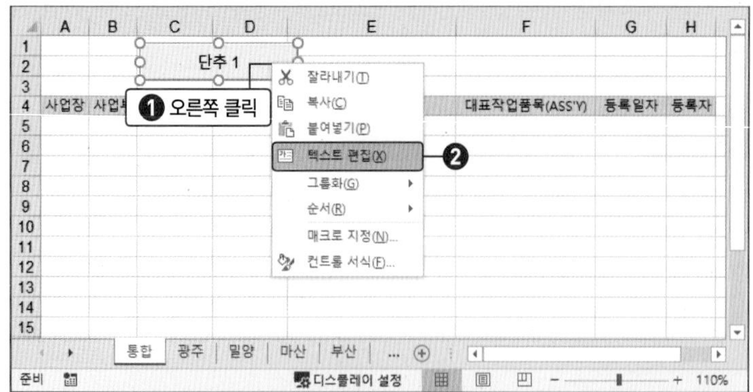


**5** 단추에 표시된 '단추1' 대신 『사업장 데이터 가져오기』를 입력하고 Esc를 눌러 단추의 선택을 해제합니다. 단추의 바깥쪽에 표시된 하얀색 조절점이 없어졌으면 실행 가능한 상태라는 뜻입니다. 매크로를 기록할 때 지정한 단축키(Ctrl+Shift+M)를 누르는 대신 [사업장 데이터 가져오기] 단추를 클릭해서 기록했던 '모으기' 매크로를 실행합니다.

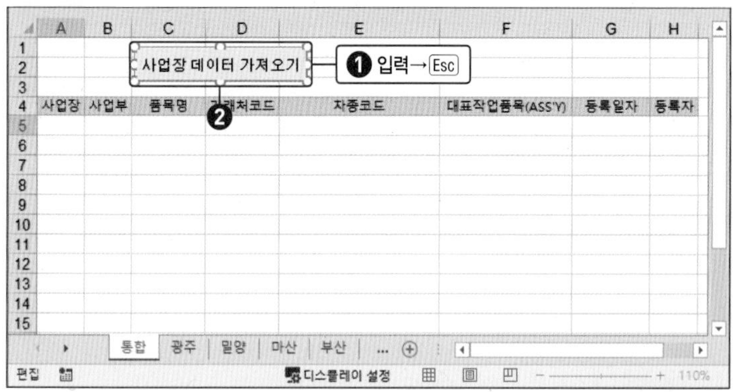


**6** [광주] 시트에 입력된 데이터가 모두 복사되어 붙여졌는데, 현재까지는 실행할 때마다 항상 [광주] 시트의 데이터만 B5셀에 붙여넣었습니다. 이번에는 [밀양] 시트의 데이터를 [통합] 시트에 입력된 데이터의 끝에 붙여넣을 수 있도록 매크로를 수정하기 위해 Alt+F11을 누릅니다.

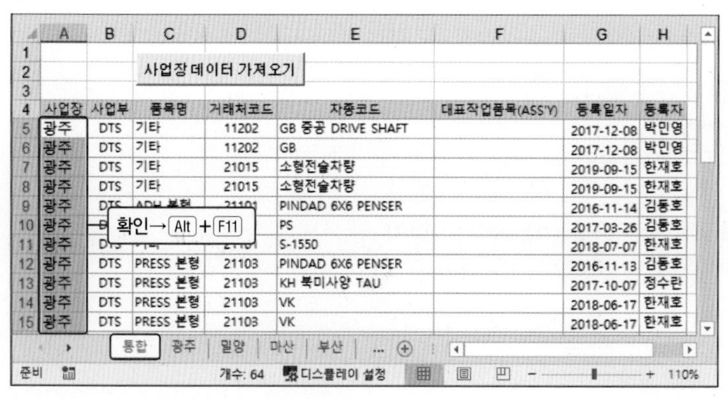


> **TIP**
> Alt+F11은 [개발 도구 탭-[코드] 그룹에서 [Visual Basic]을 클릭한 것과 같은 기능으로, 매크로로 기록한 실제 코드 내용을 확인하거나 수정할 때 사용합니다.

**7** [Visual Basic 편집기] 창이 열리면 오른쪽의 코드 창에서 '모으기' 매크로로 기록했던 내용이 프로그램 소스 코드로 변환되어 저장된 것을 확인할 수 있습니다.

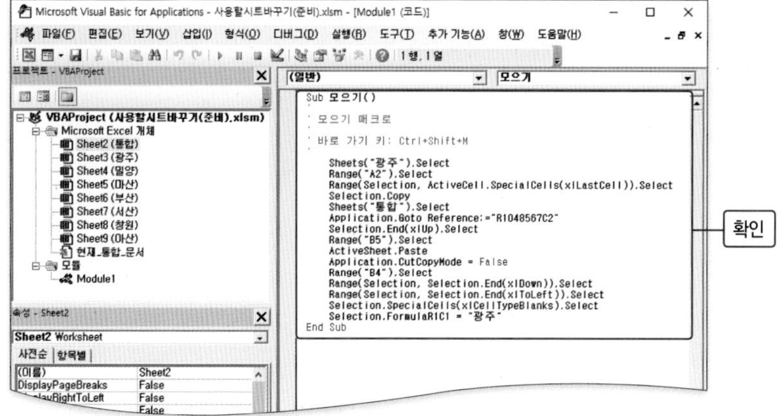


**8** 매크로가 [광주] 시트에서만 작업하는 것을 [밀양] 시트로 바꾸고 항상 데이터가 입력된 마지막 행을 찾아 복사한 데이터를 붙여넣을 수 있도록 소스 코드를 수정합니다.

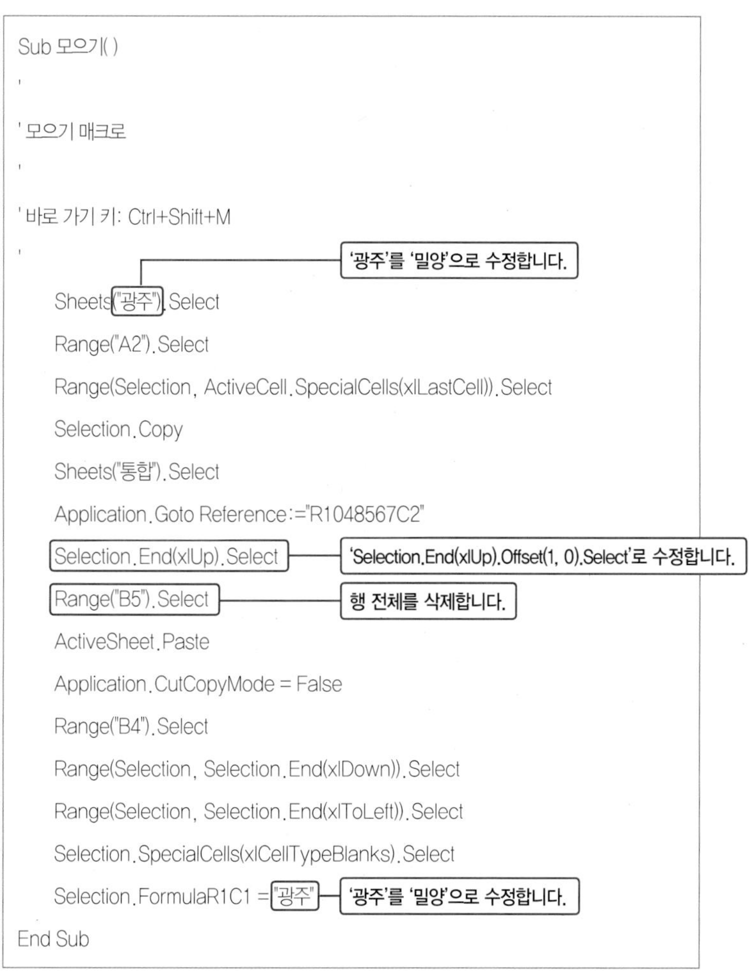

```
Sub 모으기()
'
' 모으기 매크로
'
' 바로 가기 키: Ctrl+Shift+M
'
    Sheets("광주").Select
    Range("A2").Select
    Range(Selection, ActiveCell.SpecialCells(xlLastCell)).Select
    Selection.Copy
    Sheets("통합").Select
    Application.Goto Reference:="R1048567C2"
    Selection.End(xlUp).Select
    Range("B5").Select
    ActiveSheet.Paste
    Application.CutCopyMode = False
    Range("B4").Select
    Range(Selection, Selection.End(xlDown)).Select
    Range(Selection, Selection.End(xlToLeft)).Select
    Selection.SpecialCells(xlCellTypeBlanks).Select
    Selection.FormulaR1C1 = "광주"
End Sub
```

**9** 소스 코드를 모두 수정했으면 Alt+F11을 눌러 엑셀 창으로 되돌아갑니다.

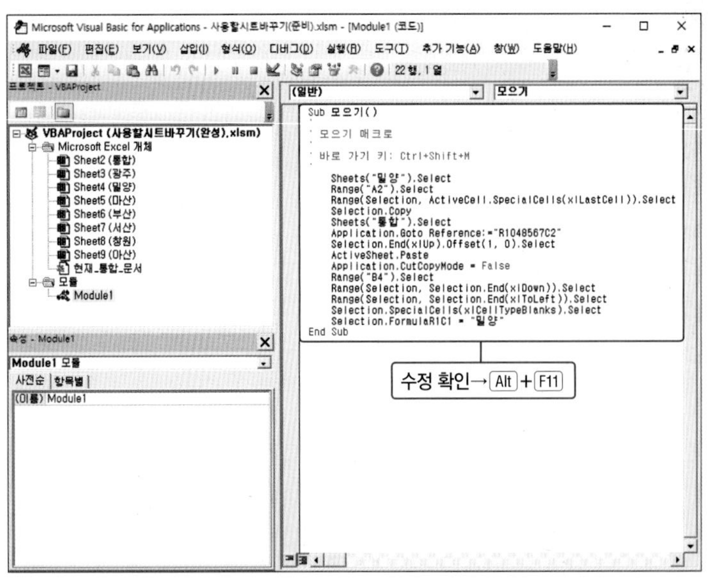


TIP

위쪽의 [표준] 도구 모음에서 [보기 Microsoft Excel] 도구(圖)를 클릭해도 엑셀 창으로 되돌아갈 수 있습니다.

**10** 수정한 매크로로 밀양 데이터를 가져오는지 확인하기 위해 [사업장 데이터 가져오기] 단추를 클릭합니다.

| 사업장 | 사업부 | 품목명 | 거래처코드 | 차종코드 | 대표작업품목(ASS'Y) | 등록일자 | 등록자 |
|---|---|---|---|---|---|---|---|
| 광주 | DTS | 기타 | 11202 | GB 중공 DRIVE SHAFT | | 2017-12-08 | 박민영 |
| 광주 | DTS | 기타 | 11202 | GB | | 2017-12-08 | 박민영 |
| 광주 | DTS | 기타 | 21015 | 소형전술차량 | | 2019-09-15 | 한재호 |
| 광주 | DTS | 기타 | 21015 | 소형전술차량 | | 2019-09-15 | 한재호 |
| 광주 | DTS | ADH 본형 | 21101 | PINDAD 6X6 PENSER | | 2016-11-14 | 김동호 |
| 광주 | DTS | ADH 본형 | 21101 | PS | | 2017-03-26 | 김동호 |
| 광주 | DTS | 기타 | 21101 | S-1550 | | 2018-07-07 | 한재호 |
| 광주 | DTS | PRESS 본형 | 21103 | PINDAD 6X6 PENSER | | 2016-11-13 | 김동호 |
| 광주 | DTS | PRESS 본형 | 21103 | KH 북미사양 TAU | | 2017-10-07 | 정수란 |
| 광주 | DTS | PRESS 본형 | 21103 | VK | | 2018-06-17 | 한재호 |
| 광주 | DTS | PRESS 본형 | 21103 | VK | | 2018-06-17 | 한재호 |
| 광주 | DTS | PRESS 본형 | 21103 | 소형전술차 컨트롤암 B/STRUT | | 2019-06-25 | 김동호 |
| 광주 | DTS | PRESS 본형 | 21103 | 소형전술차SOCKET(CKB0410) | | 2019-06-25 | 김동호 |
| 광주 | DTS | PRESS 본형 | 21103 | 소형전술차SOCKET(GKB0408R | | 2019-06-25 | 김동호 |
| 광주 | DTS | PRESS 본형 | 21103 | 소형전술차스터드(GSB0631) | | 2019-06-25 | 김동호 |
| 광주 | DTS | PRESS 본형 | 21103 | 소형전술차 스터드(GSB0629RA) | | 2019-06-25 | 김동호 |
| 광주 | DTS | PRESS 본형 | 21103 | 소형전술차C/프랜지(PXM0031RA | | 2019-06-25 | 김동호 |
| 광주 | DTS | ADH 본형 | 21103 | PINDAD 6X6 PENSER | | 2016-11-13 | 김동호 |
| 광주 | DTS | PRESS 본형 | 21104 | 군수 | | 2019-10-04 | 한이경 |
| 광주 | DTS | 기타 | 21109 | D/CARDAN | | 2018-09-24 | 한재호 |
| 광주 | DTS | 기타 | 21109 | D/CARDAN | | 2018-09-24 | 한재호 |

**11** 기존에 가져왔던 광주 사업장이 68행까지 있기 때문에 새로운 행인 69행부터 밀양 사업장 데이터가 복사되어 추가되었습니다. 다른 시트의 데이터를 가져오려면 Alt+F11을 눌러 소스 코드에서 '밀양' 대신 원하는 사업장 시트 이름으로 바꾼 후 실행하세요.

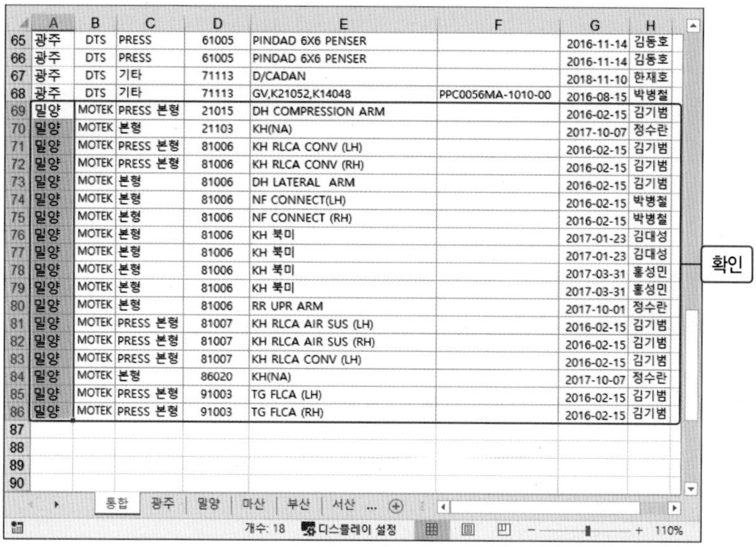

| | A | B | C | D | E | F | G | H |
|---|---|---|---|---|---|---|---|---|
| 65 | 광주 | DTS | PRESS | 61005 | PINDAD 6X6 PENSER | | 2016-11-14 | 김동호 |
| 66 | 광주 | DTS | PRESS | 61005 | PINDAD 6X6 PENSER | | 2016-11-14 | 김동호 |
| 67 | 광주 | DTS | 기타 | 71113 | D/CADAN | | 2018-11-10 | 한재호 |
| 68 | 광주 | DTS | 기타 | 71113 | GV,K21052,K14048 | PPC0056MA-1010-00 | 2016-08-15 | 박병철 |
| 69 | 밀양 | MOTEK | PRESS 본형 | 21015 | DH COMPRESSION ARM | | 2016-02-15 | 김기범 |
| 70 | 밀양 | MOTEK | 본형 | 21103 | KH(NA) | | 2017-10-07 | 정수란 |
| 71 | 밀양 | MOTEK | PRESS 본형 | 81006 | KH RLCA CONV (LH) | | 2016-02-15 | 김기범 |
| 72 | 밀양 | MOTEK | PRESS 본형 | 81006 | KH RLCA CONV (RH) | | 2016-02-15 | 김기범 |
| 73 | 밀양 | MOTEK | 본형 | 81006 | DH LATERAL ARM | | 2016-02-15 | 김기범 |
| 74 | 밀양 | MOTEK | 본형 | 81006 | NF CONNECT(LH) | | 2016-02-15 | 박병철 |
| 75 | 밀양 | MOTEK | 본형 | 81006 | NF CONNECT (RH) | | 2016-02-15 | 박병철 |
| 76 | 밀양 | MOTEK | 본형 | 81006 | KH 북미 | | 2017-01-23 | 김대성 |
| 77 | 밀양 | MOTEK | 본형 | 81006 | KH 북미 | | 2017-01-23 | 김대성 |
| 78 | 밀양 | MOTEK | 본형 | 81006 | KH 북미 | | 2017-03-31 | 홍성민 |
| 79 | 밀양 | MOTEK | 본형 | 81006 | KH 북미 | | 2017-03-31 | 홍성민 |
| 80 | 밀양 | MOTEK | 본형 | 81006 | RR UPR ARM | | 2017-10-01 | 정수란 |
| 81 | 밀양 | MOTEK | PRESS 본형 | 81007 | KH RLCA AIR SUS (LH) | | 2016-02-15 | 김기범 |
| 82 | 밀양 | MOTEK | PRESS 본형 | 81007 | KH RLCA AIR SUS (RH) | | 2016-02-15 | 김기범 |
| 83 | 밀양 | MOTEK | PRESS 본형 | 81007 | KH RLCA CONV (LH) | | 2016-02-15 | 김기범 |
| 84 | 밀양 | MOTEK | 본형 | 86020 | KH(NA) | | 2017-10-07 | 정수란 |
| 85 | 밀양 | MOTEK | PRESS 본형 | 91003 | TG FLCA (LH) | | 2016-02-15 | 김기범 |
| 86 | 밀양 | MOTEK | PRESS 본형 | 91003 | TG FLCA (RH) | | 2016-02-15 | 김기범 |
| 87 | | | | | | | | |
| 88 | | | | | | | | |
| 89 | | | | | | | | |
| 90 | | | | | | | | |

통합 | 광주 | 밀양 | 마산 | 부산 | 서산 ...

개수: 18 디스플레이 설정 110%

확인

**TIP**

시트마다 소스 코드를 매번 원하는 시트 이름으로 수정해서 실행하는 것이 번거로우면 자동으로 시트의 개수만큼 반복해서 처리하도록 소스 코드를 수정할 수 있습니다. 이것에 대해서는 다음 쪽의 실습을 참고 하세요.

# VBA로 모든 시트의 데이터 반복해서 복사하기

◉ **예제파일** : 모든시트반복하기(준비).xlsm, 소스코드.txt ◉ **완성파일** : 모든시트반복하기(완성).xlsm

**1** 예제파일을 열었을 때 표시되는 [보안 경고]에서 [콘텐츠 사용]을 클릭해야만 매크로를 기록한 소스 코드를 사용할 수 있습니다. 시트마다 소스 코드의 사용할 사업장 이름을 바꿔서 실행하는 것이 번거롭다면 시트의 개수만큼 자동으로 바꾸면서 반복 처리하도록 소스 코드를 수정하기 위해 Alt+F11을 누릅니다.

**TIP** 보안 경고가 [Microsoft Excel 보안 알림] 창으로 열리면 [매크로 포함]을 클릭해서 예제파일을 열어야 합니다. Alt+F11을 누르면 [개발 도구 탭]-[코드] 그룹에서 [Visual Basic]을 클릭한 것처럼 [Visual Basic 편집기] 창을 열고 매크로로 기록한 실제 코드 내용을 확인하거나 수정할 수 있습니다.

**2** [Visual Basic 편집기] 창이 열리면 기존에 작성한 소스 코드를 삭제하기 위해 코드 창을 클릭하고 Ctrl+A를 눌러 모든 소스 코드를 선택한 후 Delete를 누릅니다.

**3** 예제파일 '소스코드.txt'를 열고 Ctrl+A를 눌러 모두 선택한 후 Ctrl+C를 눌러 복사합니다. 엑셀로 되돌아온 후 코드 창에서 마우스 오른쪽 단추를 클릭하고 [붙여넣기]를 선택합니다.

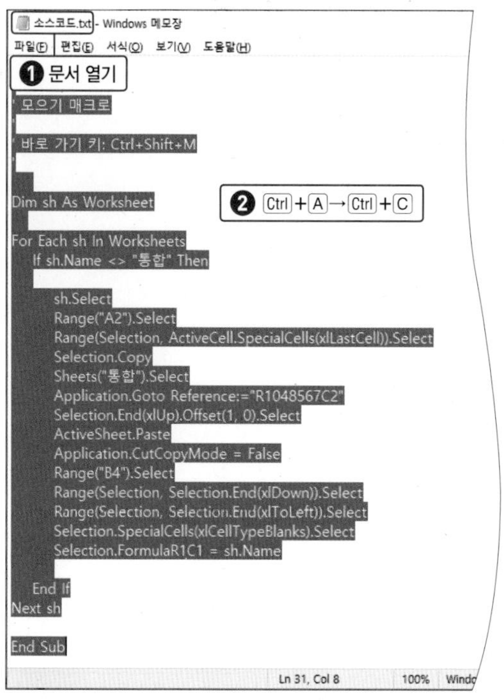


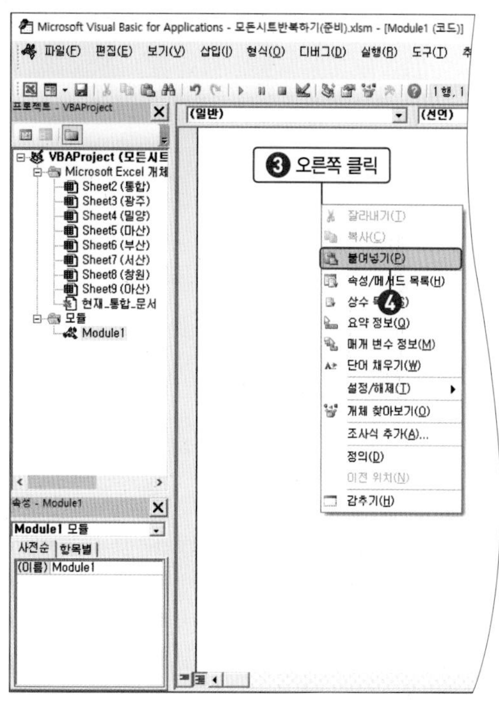


**4** Visual Basic 명령을 이용해서 기존의 소스 코드가 자동으로 반복 처리되도록 수정한 소스 코드를 붙여넣었으면 Alt+F11을 눌러 엑셀 창으로 되돌아갑니다.

```
Sub 모으기()
'
' 모으기 매크로
'
' 바로 가기 키: Ctrl+Shift+M
'

Dim sh As Worksheet // 시트 이름을 저장할 변수

For Each sh In Worksheets
    If sh.Name <> "통합" Then

        sh.Select
        Range("A2").Select
        Range(Selection, ActiveCell.SpecialCells(xlLastCell)).Select
        Selection.Copy
        Sheets("통합").Select
        Application.Goto Reference:="R1048567C2"
        Selection.End(xlUp).Offset(1, 0).Select
        ActiveSheet.Paste
        Application.CutCopyMode = False
        Range("B4").Select
        Range(Selection, Selection.End(xlDown)).Select
        Range(Selection, Selection.End(xlToLeft)).Select
        Selection.SpecialCells(xlCellTypeBlanks).Select
        Selection.FormulaR1C1 = sh.Name

    End If
Next sh

End Sub
```

**시트 이름이 '통합'이 아닌 경우에 실행합니다.**

**시트의 개수를 자동으로 인식해서 시트의 개수만큼 반복 처리합니다.**

**5** 시트마다 자동으로 이름을 바꾸고 시트의 개수만큼 반복 처리하도록 수정한 매크로를 실행하기 위해 [사업장 데이터 가져오기] 단추를 클릭합니다.

**6** [광주] 시트부터 마지막 시트인 [아산] 시트까지 자동으로 데이터를 복사한 후 [통합] 시트에서 기존 데이터의 아래쪽으로 계속 추가해서 붙여넣기되었는지 확인합니다.

**7** 붙여넣은 모든 데이터를 한 번에 삭제하는 매크로를 작성해 볼게요. Ctrl+Home을 눌러 A1셀을 선택하고 [개발 도구] 탭-[코드] 그룹에서 [매크로 기록]을 클릭하세요.

**8** [매크로 기록] 대화상자가 열리면 각 항목에 다음과 같이 지정하고 [확인]을 클릭합니다.

- **매크로 이름** : 『지우기』 입력
- **바로 가기 키** : 입력 상자에 커서를 올려놓고 한/영을 눌러 영문 입력 상태로 전환한 후 Shift+D를 눌러 'Ctrl+Shift+D'로 표시
- **매크로 저장 위치** : [현재 통합 문서] 선택

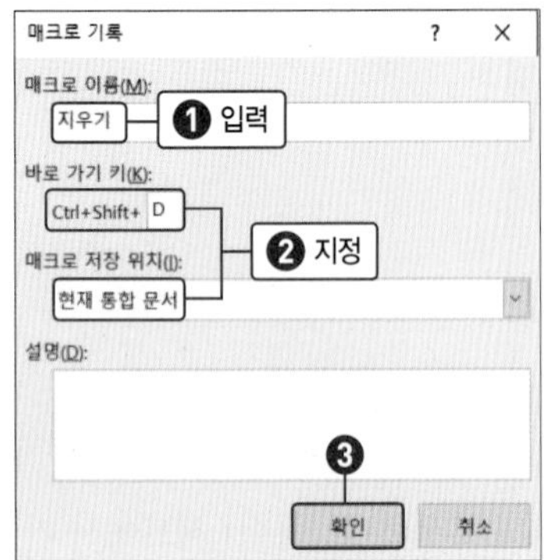


**9** 이제부터 작업하는 모든 것이 매크로로 기록되어 소스 코드가 만들어지므로 한 단계씩 차례대로 천천히 작업해 보세요. 제목 행을 제외하고 데이터가 입력된 첫 번째 행인 5행 머리글을 클릭하여 5행 전체를 선택한 후 Ctrl+Shift+↓를 누릅니다.

**10** 연속해서 데이터가 입력된 마지막 행까지 자동으로 범위가 설정되었으면 선택한 범위에서 마우스 오른쪽 단추를 클릭하고 [삭제]를 선택합니다.

**11** 데이터가 모두 지워졌으면 이름 상자에 『A5』를 입력하고 Enter를 눌러 A5셀을 선택해서 범위 설정을 해제합니다. 매크로 기록을 끝내기 위해 [개발 도구] 탭-[코드] 그룹에서 [기록 중지]를 클릭하세요.

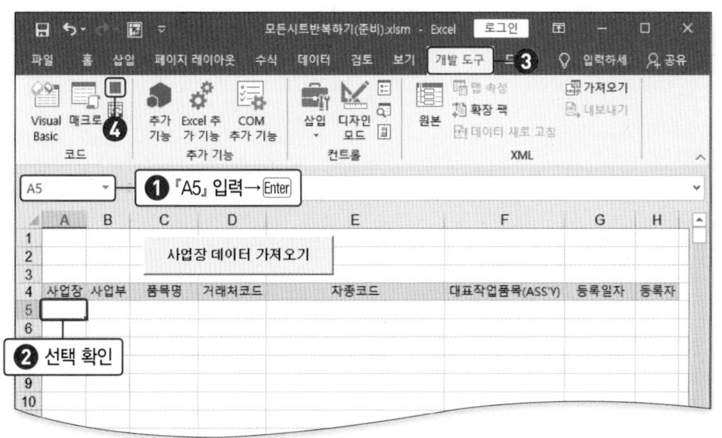


**12** 작성한 매크로를 실행할 단추를 만들기 위해 [개발 도구] 탭-[컨트롤] 그룹에서 [삽입]을 클릭하고 '양식 컨트롤'에서 [단추](▭)를 클릭합니다.

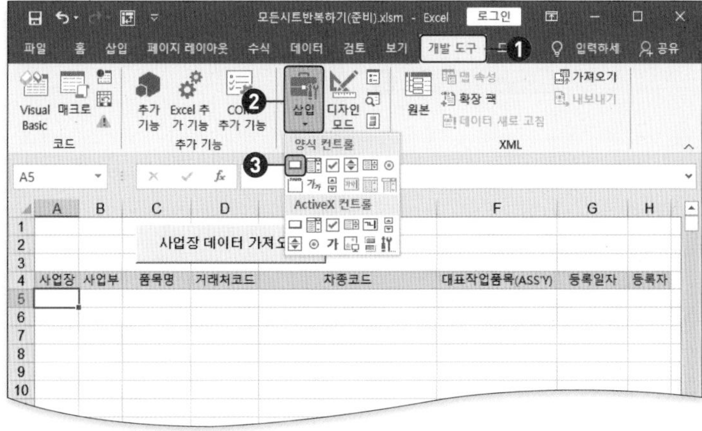

**13** 마우스 포인터가 + 모양으로 바뀌면 시트의 위쪽에 비어 있는 1:3행 영역에서 단추를 배치할 적당한 크기로 드래그합니다.

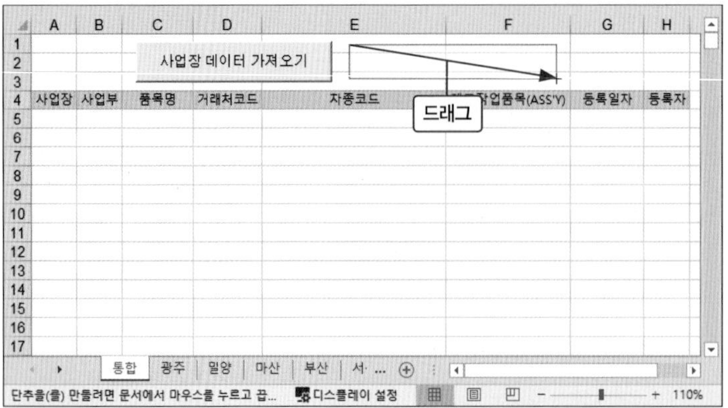


**14** [매크로 지정] 대화상자가 열리면 단추에 연결할 매크로인 [지우기]를 선택하고 [확인]을 클릭합니다.

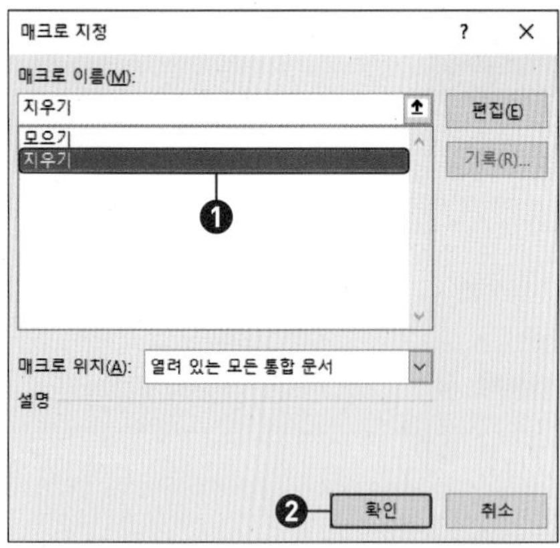


**15** 새로 추가된 단추에서 마우스 오른쪽 단추를 클릭하고 [텍스트 편집]을 선택합니다.

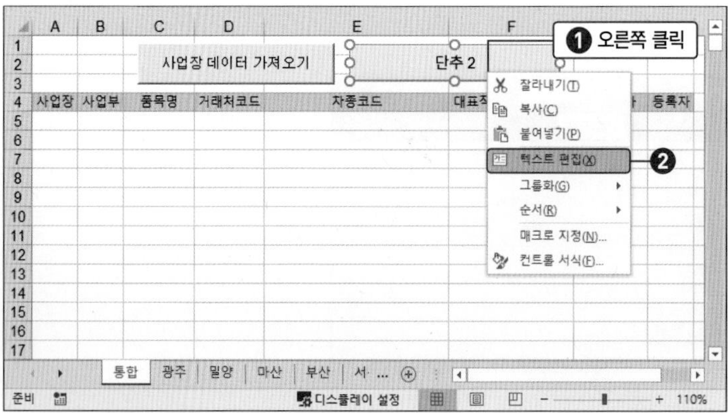

16 단추에 표시할 텍스트로 『데이터 모두 지우기』를 입력하고 Esc를 눌러 단추의 선택을 해제합니다. 완성된 명령 단추를 실행하기 전에 먼저 데이터를 가져오기 위해 [사업장 데이터 가져오기] 단추를 클릭합니다.

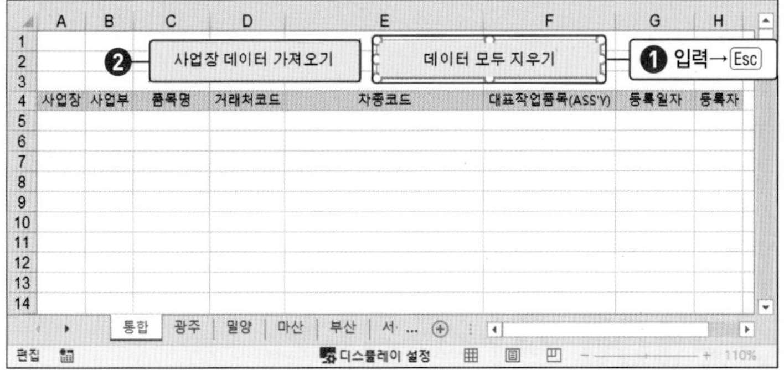


17 [통합] 시트에 다른 모든 시트의 데이터가 차례대로 복사되었으면 Ctrl+Home을 눌러 A1셀로 되돌아갑니다.

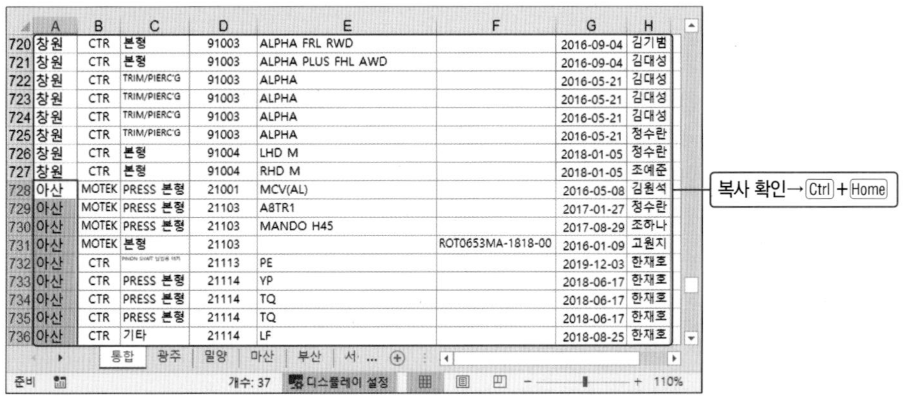


18 이렇게 복사된 데이터를 원하는 용도로 사용할 수 있습니다. 특정 사업장 시트에 데이터가 수정되거나 추가되었으면 새로 바뀐 데이터로 다시 가져오기 전에 기존 데이터를 삭제하기 위해 [데이터 모두 지우기]를 클릭하여 시트에 복사했던 모든 데이터를 삭제하세요.

# 07 조건에 만족하는 데이터만 추출하자

데이터를 관리할 때 원하는 조건에 만족하는 데이터만 걸러내거나 조건에 만족하는 데이터만 다른 곳에 추출하는 작업을 가장 많이 할 것입니다. 필터를 이용하면 이런 작업을 가장 편리하게 할 수 있는데, 좀 더 세부적인 조건을 처리하려면 고급 필터를 이용해야 합니다. 이번에는 피벗 테이블로 쉽게 데이터를 필터링하고 추출하는 방법을 알아보겠습니다.

**주요 기능**

/ 필터로 평균 초과 제품 금액만 추출하기

/ 고급 필터로 조건 만족 데이터만 추출하기

/ 피벗 테이블로 성씨별 주문건수 추출하기

CASE

# 01 필터로 평균 초과 제품 금액만 추출하기

◉ **예제파일** : 필터로추출하기(준비).xlsx ◉ **완성파일** : 필터로추출하기(완성).xlsx

**1** 수주일이 2분기에 해당하는 데이터만 추출해 볼게요. [판매분석] 시트에서 데이터 영역에 있는 하나의 셀을 선택하고 [데이터] 탭-[정렬 및 필터] 그룹에서 [필터]를 클릭합니다.

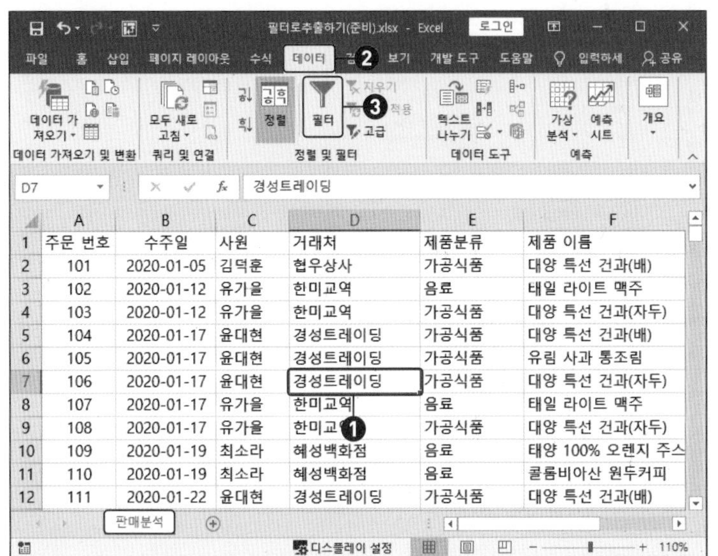


> **TIP**
> 원하는 조건에 만족하는 데이터만 추출할 때 필터를 가장 쉽게 사용할 수 있습니다.

**2** 제목 행에 항목마다 필터 단추가 표시되었으면 '수주일' 항목의 필터 단추(▼)를 클릭하고 [날짜 필터]-[해당 기간의 모든 날짜]-[2분기]를 선택합니다.

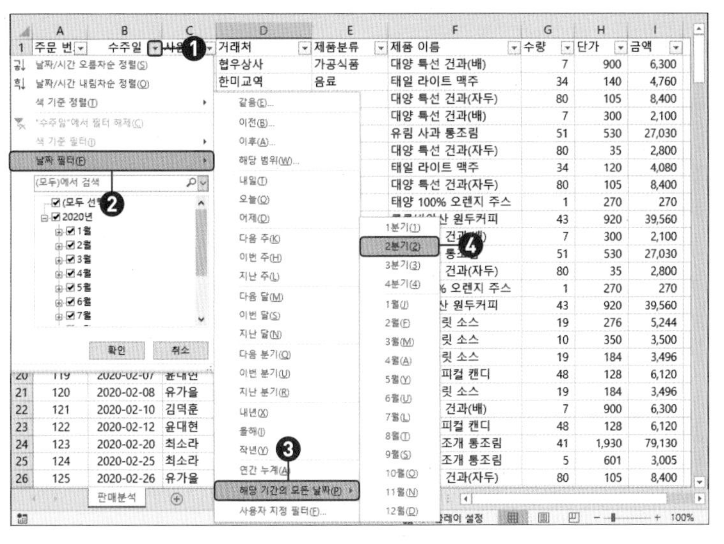


> **TIP**
> 선택한 항목에 입력된 데이터가 숫자인지, 문자인지, 날짜인지에 따라 표시되는 조건 유형이 다르게 나타납니다. [수주일]은 날짜 데이터가 입력되어 있기 때문에 그에 맞는 조건 유형이 표시된 것입니다.

**3** 전체 데이터 중에서 수주일이 2분기에 해당하는 4월, 5월, 6월에 주문한 내역만 표시되고 나머지 행은 숨겨졌습니다. 이번에는 주문한 수량이 50개 이상인 제품만 추가로 추출하기 위해 '수량' 항목의 필터 단추(▾)를 클릭하고 [숫자 필터]-[보다 큼]을 선택하세요.

> **TIP**
> 필터가 적용되면 행 머리글의 숫자 색이 파란색으로 바뀌고 작업 표시줄에는 '232개 중 85개 레코드가 있습니다.'와 같은 메시지가 표시됩니다.

**4** [사용자 지정 자동 필터] 대화상자가 열리면 '찾을 조건'의 조건 항목에 [>]이 표시되었는지 확인하고 '수량'에 『50』을 입력한 후 [확인]을 클릭합니다.

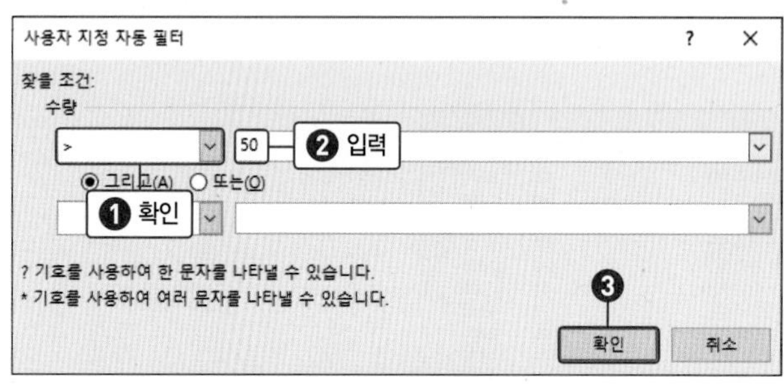


> **TIP**
> 선택한 수량 항목이 50보다 큰 데이터만 추출하는 조건을 지정한 것입니다.

**5** 2 과정에서 필터링한 데이터 중에서 수량이 50보다 큰 데이터만 다시 추출되었는지 확인합니다. 이번에는 사원 이름이 김씨나 오씨인 데이터만 추출하기 위해 '사원' 항목의 필터 단추(▼)를 클릭하고 [텍스트 필터]-[시작 문자]를 선택하세요.

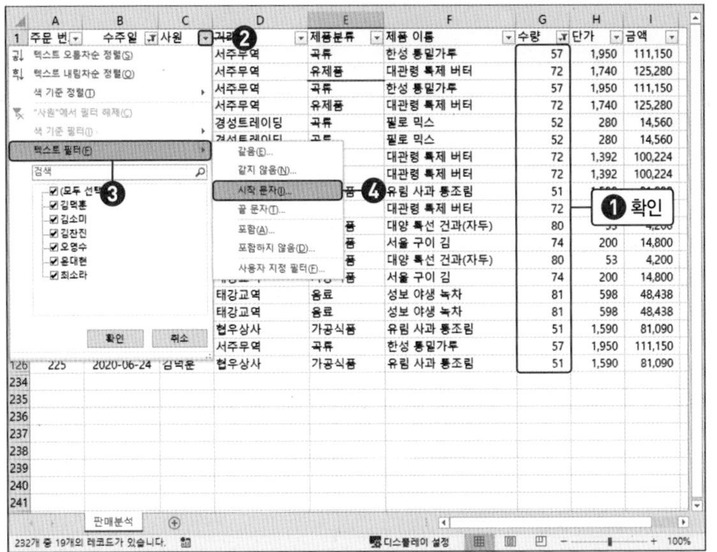


**TIP** 작업 표시줄을 살펴보면 이전 단계에서 85개였던 데이터가 '232개 중 19개 레코드가 있습니다.'로 바뀐 것을 확인할 수 있습니다.

**6** [사용자 지정 자동 필터] 대화상자가 열리면 첫 번째 '찾을 조건'에서 조건 항목에 [시작 문자]가 지정되었는지 확인하고 찾을 조건 값으로 『김』을 입력합니다. 두 번째 '찾을 조건'에서 조건 항목에 [시작 문자]를 지정하고 찾을 조건 값으로 『오』를 입력한 후 [또는]을 선택하고 [확인]을 클릭합니다.

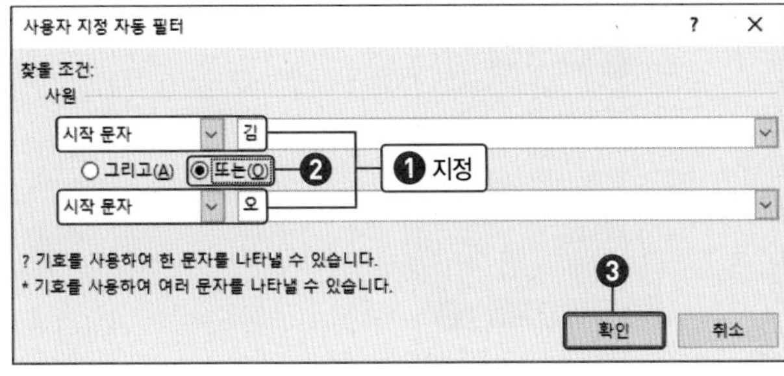


**TIP** 필터를 이용하면 한 필드의 세부 조건에 두 개 이상(김씨, 오씨, 이씨 등) 지정할 수 없으므로 이런 상황에서는 고급 필터를 이용하세요.

**7** 앞에서 지정한 수주일, 사원, 수량 등의 세 가지 조건을 모두 만족하는 데이터만 표시되고 나머지 데이터는 행 전체가 숨겨졌습니다. 이렇게 지정한 필터를 해제하기 위해 필터가 적용된 하나의 셀을 선택하고 [데이터] 탭-[정렬 및 필터] 그룹에서 [지우기]를 클릭하세요.

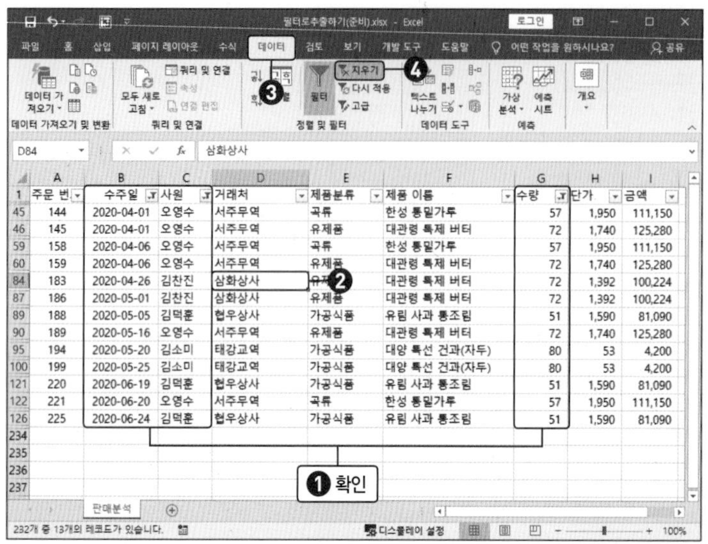

TIP

필터를 이용하면 세 가지 조건을 모두 만족하는 데이터를 추출할 수 있습니다. 하지만 세 가지 조건 중에서 하나만 만족해도 추출할 수 없으므로 이런 상황에서는 고급 필터를 이용하세요.

**8** 지정한 모든 필터가 해제되어 다시 원래의 데이터로 되돌아왔으면 새로운 조건으로 필터링해 볼게요. 제품 이름에 '통조림'이라는 단어가 있는 항목만 추출하기 위해 '제품 이름' 항목의 필터 단추(▾)를 클릭하고 [텍스트 필터]-[포함]을 선택합니다.

**9** [사용자 지정 자동 필터] 대화상자가 열리면 첫 번째 '찾을 조건'에서 조건 항목에 [포함]이 지정되었는지 확인하고 찾을 조건 값으로 『통조림』을 입력한 후 [확인]을 클릭합니다.

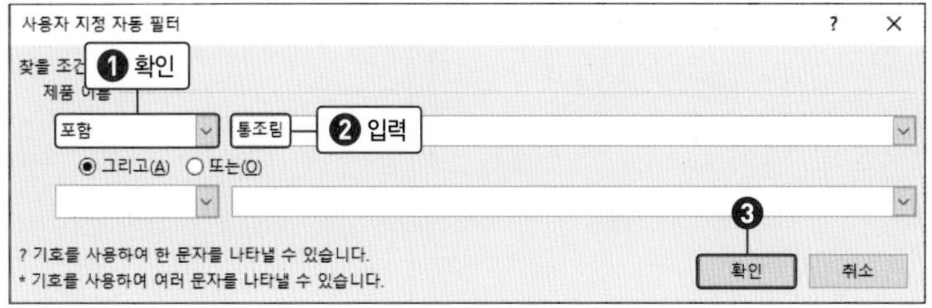


**10** 전체 데이터 중에서 제품 이름에 '통조림'이 포함된 데이터만 추출되었으면 '금액'의 필터 단추(▼)를 클릭하고 [숫자 필터]-[평균 초과]를 선택합니다.

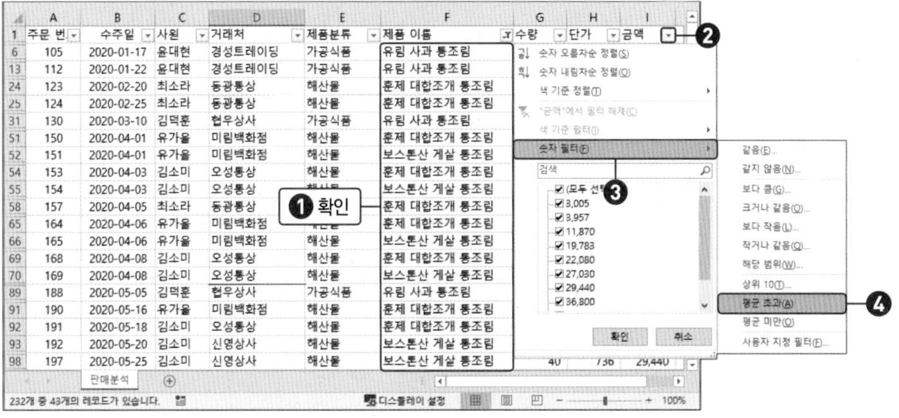


**11** 전체 데이터 중에서 '통조림'에 관련된 제품을 찾아 금액이 평균을 초과하는 데이터만 추출되었으면 추출된 데이터만 따로 관리해 볼게요. 데이터 영역에 있는 하나의 셀을 선택하고 Ctrl+A를 눌러 추출된 전체 데이터를 선택한 후 Ctrl+C를 눌러 복사하세요.

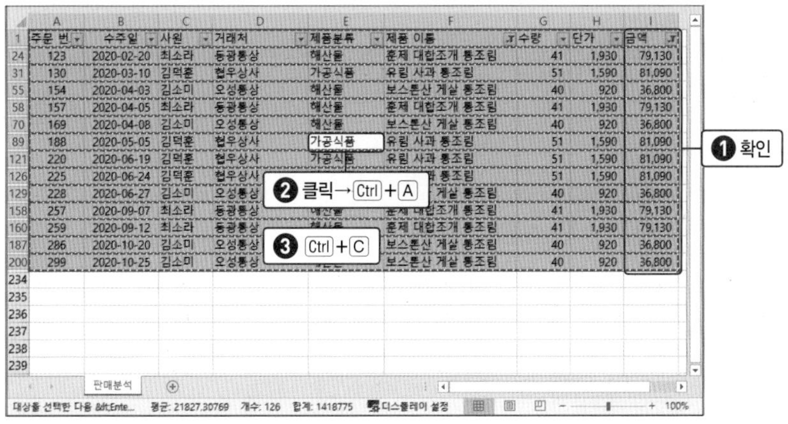

**12** 아래쪽의 시트 탭에서 [새 시트] 단추(⊕)를 클릭해서 새로운 시트를 삽입하고 A1셀을 선택한 후 Enter를 누릅니다.

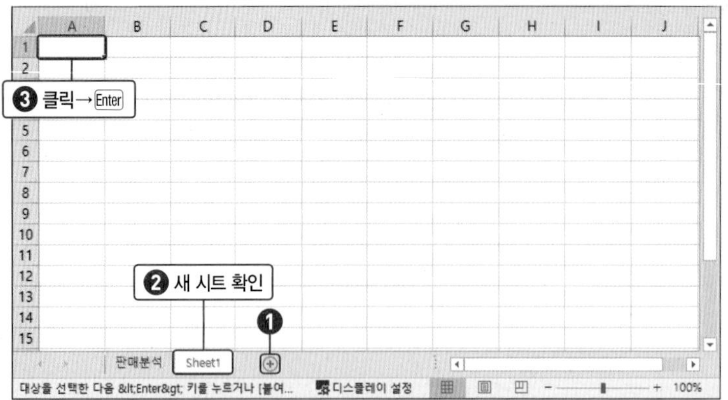


**13** A1셀부터 복사한 데이터가 붙여넣어졌는지 확인합니다. 이와 같이 전체 데이터 중에서 원하는 조건에 만족하는 데이터만 추출한 후 별도의 시트에 복사해서 관리하거나 편집할 수 있습니다. 원본 데이터에서 추출된 데이터만 삭제하기 위해 [판매분석] 시트를 클릭하세요.

> **TIP**
> 필터를 이용하면 조건에 만족하는 데이터를 같은 시트에서만 확인할 수 있습니다. 그래서 별도의 시트에 따로 모으려면 복사해야 하는데, 이 과정을 한 번에 해결하려면 고급 필터를 이용하세요.

**14** [판매분석] 시트에서 A24셀을 선택하고 Ctrl+Shift+End를 눌러 데이터 영역만 선택합니다. 선택 영역에서 마우스 오른쪽 단추를 클릭하고 [행 삭제]를 선택하세요.

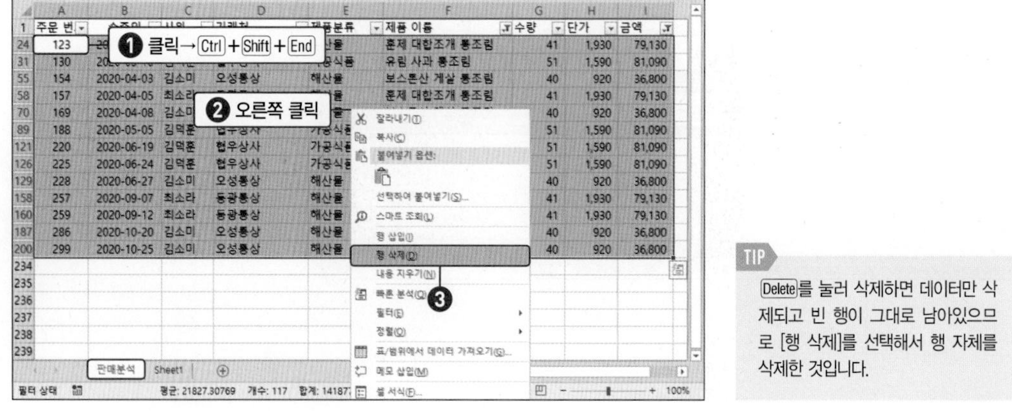


> **TIP**
> Delete를 눌러 삭제하면 데이터만 삭제되고 빈 행이 그대로 남아있으므로 [행 삭제]를 선택해서 행 자체를 삭제한 것입니다.

**15** '시트 행 전체를 삭제하시겠습니까?'라는 메시지 창이 열리면 [확인]을 클릭합니다.

**16** 추출되었던 데이터가 모두 삭제되었으면 [데이터] 탭-[정렬 및 필터] 그룹에서 [필터]를 클릭합니다.

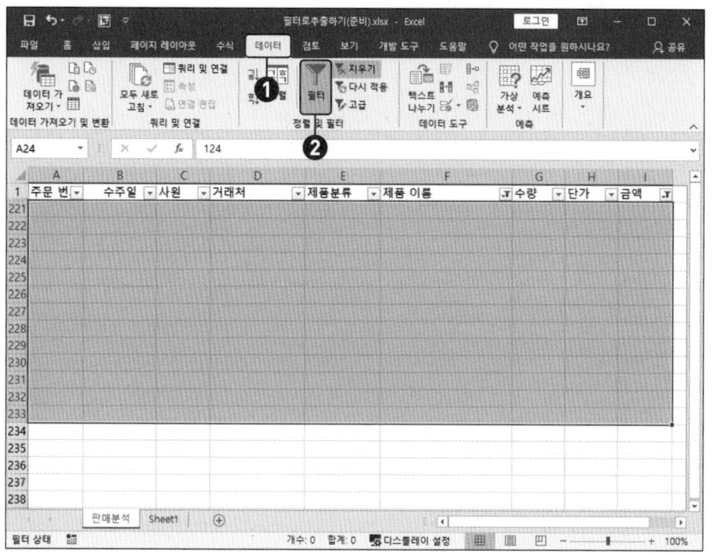


**18** 필터가 해제되어 원래의 데이터로 되돌아오면 주문 번호 123번, 130번, 154번 등 **14** 과정에서 삭제했던 행들이 사라졌는지 확인합니다.

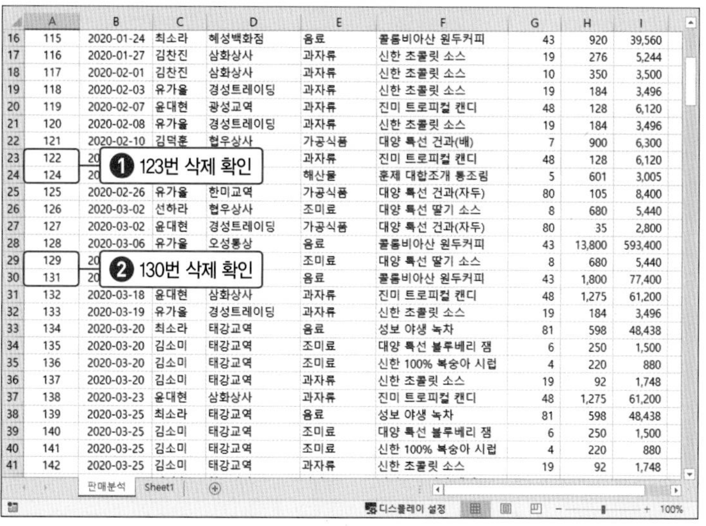


| | A | B | C | D | E | F | G | H | I |
|---|---|---|---|---|---|---|---|---|---|
| 16 | 115 | 2020-01-24 | 최소라 | 혜성백화점 | 음료 | 콜롬비아산 원두커피 | 43 | 920 | 39,560 |
| 17 | 116 | 2020-01-27 | 김찬진 | 삼화상사 | 과자류 | 신한 초콜릿 소스 | 19 | 276 | 5,244 |
| 18 | 117 | 2020-02-01 | 김찬진 | 삼화상사 | 과자류 | 신한 초콜릿 소스 | 10 | 350 | 3,500 |
| 19 | 118 | 2020-02-03 | 유가을 | 경성트레이딩 | 과자류 | 신한 초콜릿 소스 | 19 | 184 | 3,496 |
| 20 | 119 | 2020-02-07 | 윤대현 | 광성교역 | 과자류 | 진미 트로피컬 캔디 | 48 | 128 | 6,120 |
| 21 | 120 | 2020-02-08 | 유가을 | 경성트레이딩 | 과자류 | 신한 초콜릿 소스 | 19 | 184 | 3,496 |
| 22 | 121 | 2020-02-10 | 김덕훈 | 협우상사 | 가공식품 | 대양 특선 건과(배) | 7 | 900 | 6,300 |
| 23 | 122 | 20 | | | 과자류 | 진미 트로피컬 캔디 | 48 | 128 | 6,120 |
| 24 | 124 | 20 | | | 해산물 | 훈제 대합조개 통조림 | 5 | 601 | 3,005 |
| 25 | 125 | 2020-02-26 | 유가을 | 한미교역 | 가공식품 | 대양 특선 건과(자두) | 80 | 105 | 8,400 |
| 26 | 126 | 2020-03-02 | 선하라 | 협우상사 | 조미료 | 대양 특선 딸기 소스 | 8 | 680 | 5,440 |
| 27 | 127 | 2020-03-02 | 윤대현 | 경성트레이딩 | 가공식품 | 대양 특선 건과(자두) | 80 | 35 | 2,800 |
| 28 | 128 | 2020-03-06 | 유가을 | 오성통상 | 음료 | 콜롬비아산 원두커피 | 43 | 13,800 | 593,400 |
| 29 | 129 | 20 | | | 조미료 | 대양 특선 딸기 소스 | 8 | 680 | 5,440 |
| 30 | 131 | 20 | | | 음료 | 콜롬비아산 원두커피 | 43 | 1,800 | 77,400 |
| 31 | 132 | 2020-03-18 | 윤대현 | 삼화상사 | 과자류 | 진미 트로피컬 캔디 | 48 | 1,275 | 61,200 |
| 32 | 133 | 2020-03-19 | 유가을 | 경성트레이딩 | 과자류 | 신한 초콜릿 소스 | 19 | 184 | 3,496 |
| 33 | 134 | 2020-03-20 | 최소라 | 태강교역 | 음료 | 성보 야생 녹차 | 81 | 598 | 48,438 |
| 34 | 135 | 2020-03-20 | 김소미 | 태강교역 | 조미료 | 대양 특선 블루베리 잼 | 6 | 250 | 1,500 |
| 35 | 136 | 2020-03-20 | 김소미 | 태강교역 | 조미료 | 신한 100% 복숭아 시럽 | 4 | 220 | 880 |
| 36 | 137 | 2020-03-20 | 김소미 | 태강교역 | 과자류 | 신한 초콜릿 소스 | 19 | 92 | 1,748 |
| 37 | 138 | 2020-03-23 | 윤대현 | 삼화상사 | 과자류 | 진미 트로피컬 캔디 | 48 | 1,275 | 61,200 |
| 38 | 139 | 2020-03-25 | 최소라 | 태강교역 | 음료 | 성보 야생 녹차 | 81 | 598 | 48,438 |
| 39 | 140 | 2020-03-25 | 김소미 | 태강교역 | 조미료 | 대양 특선 블루베리 잼 | 6 | 250 | 1,500 |
| 40 | 141 | 2020-03-25 | 김소미 | 태강교역 | 조미료 | 신한 100% 복숭아 시럽 | 4 | 220 | 880 |
| 41 | 142 | 2020-03-25 | 김소미 | 태강교역 | 과자류 | 신한 초콜릿 소스 | 19 | 92 | 1,748 |

# CASE 02 고급 필터로 조건 만족 데이터만 추출하기

◉ **예제파일** : 고급필터로추출하기(준비).xlsx ◉ **완성파일** : 고급필터로추출하기(완성).xlsx

**1** 필터를 이용하면 '김덕훈'이면서 '가공식품'인 데이터를 추출할 수 있습니다. 하지만 '김덕훈'이거나, '가공식품'이거나, 둘 중 하나만 만족해도 추출하는 작업은 처리할 수 없으므로 고급 필터를 이용해야 합니다. [판매분석] 시트에 준비된 데이터를 이용해서 조건에 만족하는 레코드만 [조회] 시트에 추출하기 위해 [조회] 시트를 클릭하세요.

| | A | B | C | D | E | F | G |
|---|---|---|---|---|---|---|---|
| 1 | 주문번호 | 수주일 | 사원 | 거래처 | 제품분류 | 제품이름 | 수량 |
| 2 | 101 | 2020-01-05 | 김덕훈 | 협우상사 | 가공식품 | 대양 특선 건과(배) | 7 |
| 3 | 102 | 2020-01-12 | 유가율 | 한미교역 | 음료 | 태일 라이트 맥주 | 34 |
| 4 | 103 | 2020-01-12 | 유가율 | 한미교역 | 가공식품 | 대양 특선 건과(자두) | 80 |
| 5 | 104 | 2020-01-17 | 윤대현 | 경성트레이딩 | 가공식품 | 대양 특선 건과(배) | 7 |
| 6 | 105 | 2020-01-17 | 윤대현 | 경성트레이딩 | 가공식품 | 유림 사과 통조림 | 51 |
| 7 | 106 | 2020-01-17 | 윤대현 | 경성트레이딩 | 가공식품 | 대양 특선 건과(자두) | 80 |
| 8 | 107 | 2020-01-17 | 유가율 | 한미교역 | 음료 | 태일 라이트 맥주 | 34 |
| 9 | 108 | 2020-01-17 | 유가율 | 한미교역 | 가공식품 | 대양 특선 건과(자두) | 80 |
| 10 | 109 | 2020-01-19 | 최소라 | 혜성백화점 | 음료 | 태양 100% 체리 주스 | 1 |
| 11 | 110 | 2020-01-19 | 최소라 | 혜성백화점 | 음료 | 콜롬비아산 원두커피 | 43 |
| 12 | 111 | 2020-01-22 | 윤대현 | 경성트레이딩 | 가공식품 | 대양 특선 건과(배) | 7 |
| 13 | 112 | 2020-01-22 | 윤대현 | 경성트레이딩 | 가공식품 | 유림 사과 통조림 | 51 |
| 14 | 113 | 2020-01-22 | 윤대현 | 경성트레이딩 | 가공식품 | 대양 특선 건과(자두) | 80 |
| 15 | 114 | 2020-01-24 | 최소라 | 혜성백화점 | 음료 | 태양 100% 오렌지 주스 | 1 |
| 16 | 115 | 2020-01-24 | 최소라 | 혜성백화점 | 음료 | 콜롬비아산 원두커피 | 43 |
| 17 | 116 | 2020-0[illegible] | 김찬진 | 삼화상사 | 과자류 | 신한 초콜릿 소스 | 19 |
| 18 | 117 | 2020-[illegible] | 김찬진 | 삼화상사 | 과자류 | 신한 초콜릿 소스 | 10 |
| 19 | 118 | 2020-02-03 | 유가율 | 경성트레이딩 | 과자류 | 신한 초콜릿 소스 | 19 |

클릭

판매분석 | 조회

**2** 고급 필터를 이용하려면 별도 영역에 조건을 지정해야 하는데, [조회] 시트의 A1:B2 영역과 같이 필드명 아래쪽에 조건값을 지정하는 방식으로 조건을 지정해야 합니다. 여기서는 '사원' 필드가 '김덕훈'이면서 '제품분류' 필드가 '가공식품'인 데이터를 추출할 수 있는 조건이 미리 입력된 상태에서 데이터가 입력되지 않은 빈 셀을 선택한 후 [데이터] 탭-[정렬 및 필터] 그룹에서 [고급]을 클릭합니다.

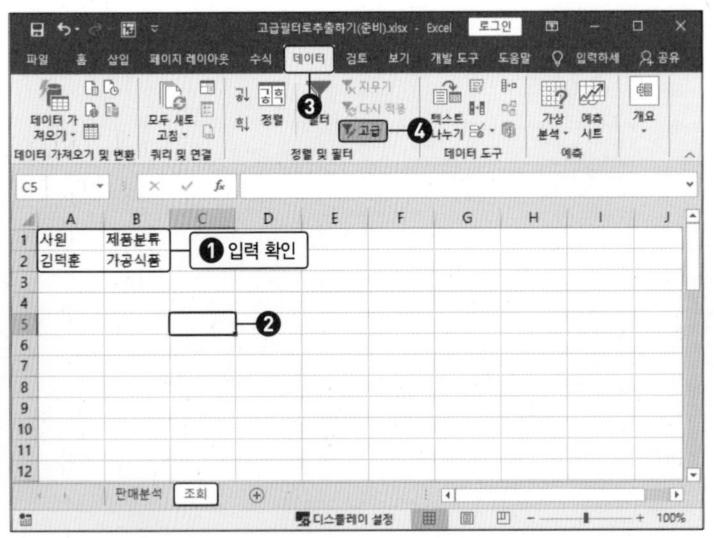


**TIP**

조건을 지정할 때는 반드시 [판매분석] 시트의 필드명과 같은 이름을 사용해야 합니다.

3 [고급 필터] 대화상자가 열리면 '결과'에서 [다른 장소에 복사]를 선택하고 '목록 범위'에 커서를 올려놓은 후 [판매분석] 시트를 선택합니다.

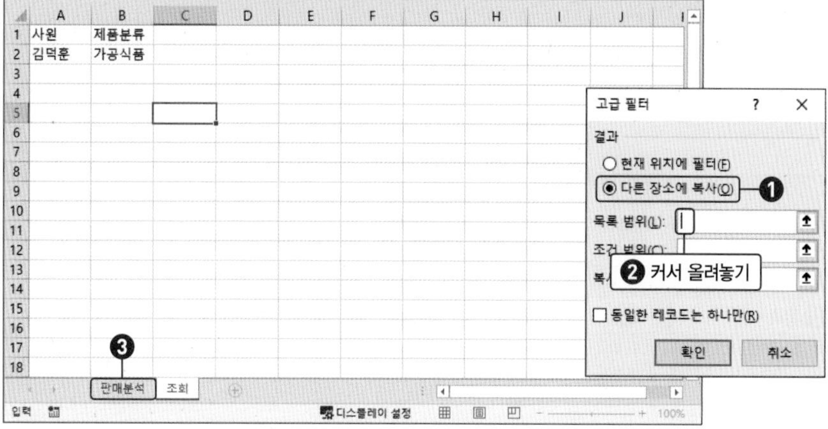


4 [판매분석] 시트에서 데이터 영역에 있는 하나의 셀을 선택하고 Ctrl+A를 누릅니다. '목록 범위'에 '판매분석!$A$1:$I$233'과 같이 영역이 지정되었으면 '조건 범위'에 커서를 올려놓고 [조회] 시트를 선택합니다.

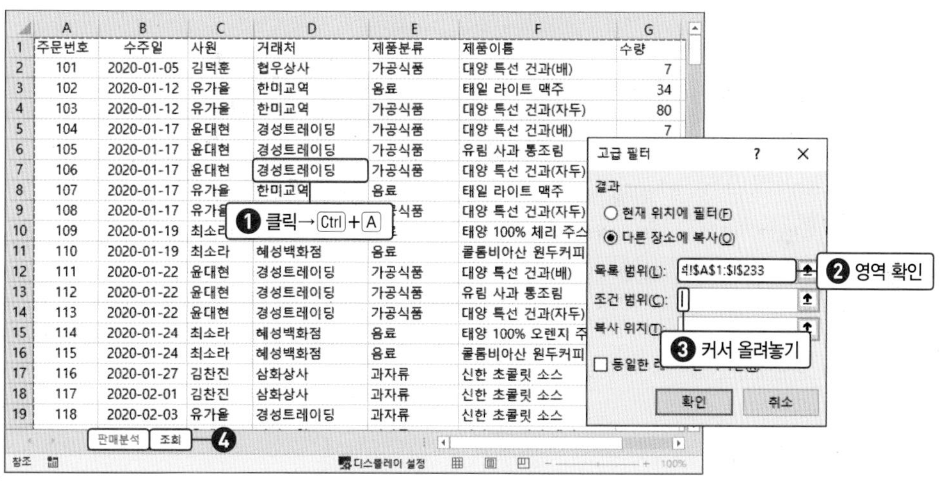


5 이와 같은 방법으로 '조건 범위'에는 [조회] 시트의 A1:B2 영역을 드래그하여 지정하고 '복사 위치'에는 [조회] 시트의 A6셀을 선택하여 지정한 후 [확인]을 클릭합니다.

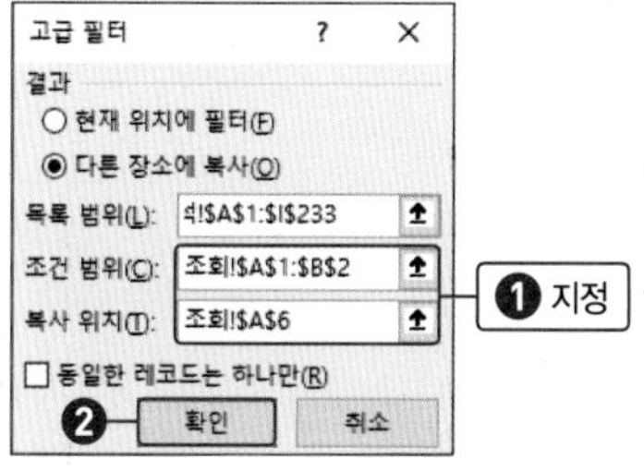

**6** '복사 위치'로 지정한 A6셀에 '김덕훈' 사원의 '가공식품'에 해당하는 데이터만 [판매분석] 시트에서 추출해서 표시되었습니다. 추출한 데이터 영역에 있는 하나의 셀을 선택하고 Ctrl+A를 눌러 모두 선택한 후 Delete를 눌러 삭제하세요.

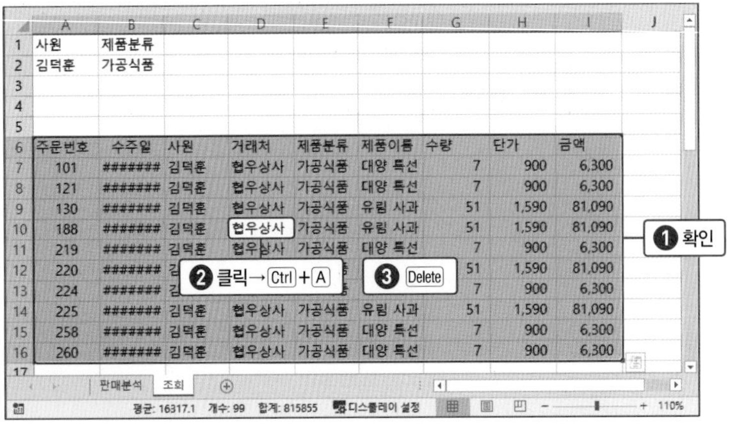


**7** 이번에는 '김덕훈' 사원이거나, '가공식품'이거나, 둘 중에 하나만 만족해도 모두 추출해 볼게요. B2셀을 선택하고 Ctrl+X를 눌러 잘라낸 후 B3셀을 선택하고 Enter를 눌러 조건 값을 서로 다른 행에 옮깁니다. 데이터가 입력되지 않는 빈 셀을 선택하고 [데이터] 탭-[정렬 및 필터] 그룹에서 [고급]을 클릭하세요.

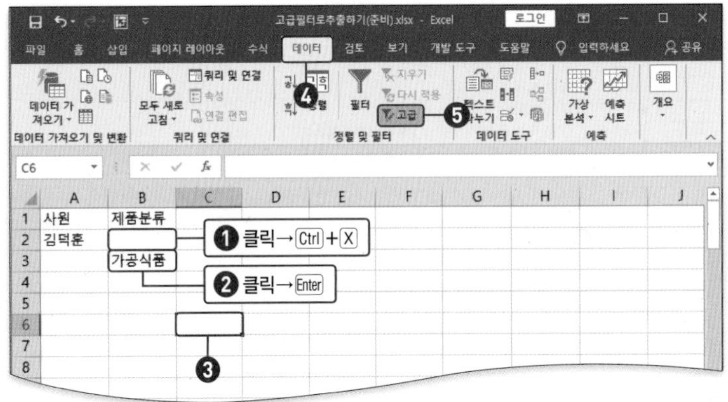


**8** [고급 필터] 대화상자의 '결과'에서 [다른 장소에 복사]를 선택합니다. 이전과 동일한 방법으로 '목록 범위'에는 [판매분석!$A$1:$I$233]을, '조건 범위'에는 [조회!$A$1:$B$3]을, '복사 위치'에는 [조회!$A$6]을 지정하고 [확인]을 클릭하세요.

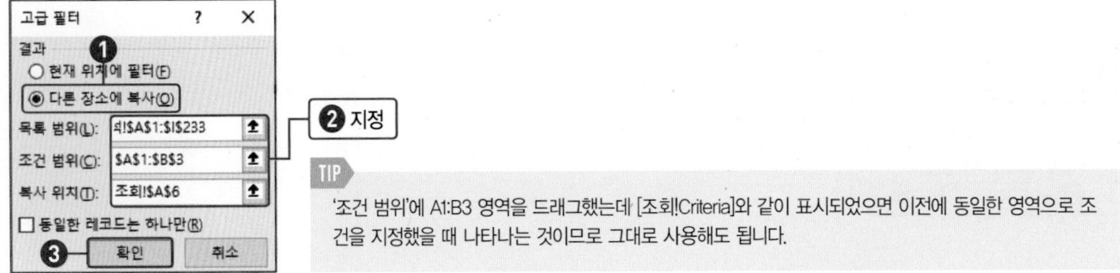


TIP

'조건 범위'에 A1:B3 영역을 드래그했는데 [조회!Criteria]와 같이 표시되었으면 이전에 동일한 영역으로 조건을 지정했을 때 나타나는 것이므로 그대로 사용해도 됩니다.

**9** 두 가지 조건 중에서 하나만 만족해도 추출되기 때문에 이전보다 데이터가 훨씬 많아졌습니다. 데이터가 입력되지 않은 빈 셀을 선택하고 Ctrl+A를 눌러 시트 전체를 선택한 후 Delete를 눌러 삭제하세요.

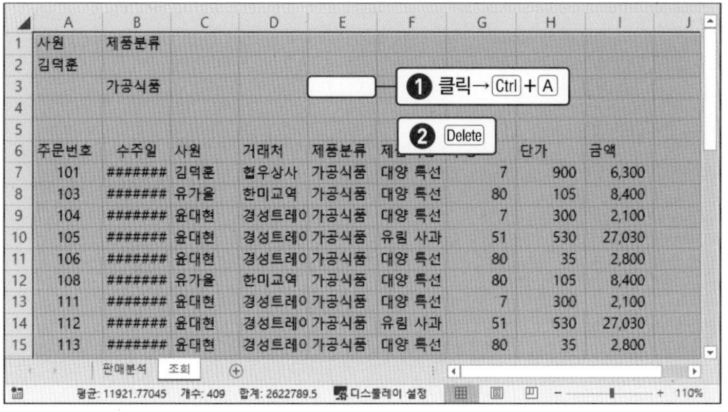


**10** 시트의 데이터가 깨끗하게 삭제되었으면 A1:B2 영역에 조건을 입력합니다. 이 조건은 2행에 똑같이 입력했기 때문에 조건을 모두 만족하는 데이터를 추출해야 하고 필드명이 같으므로 수주일이 '2020-1-1'보다 크거나 같으면서 '2020-3-1'보다 작은 날짜인 1월, 2월에 수주한 데이터만 추출해야 합니다. 데이터가 입력되지 않은 빈 셀을 선택하고 [데이터] 탭-[정렬 및 필터] 그룹에서 [고급]을 클릭하세요.

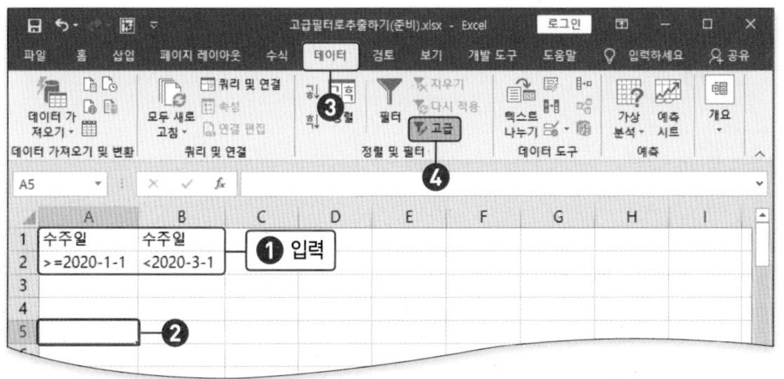


**11** [고급 필터] 대화상자가 열리면 '결과'에서 [다른 장소에 복사]를 선택합니다. '목록 범위'에는 [판매분석!$A$1:$I$233]을, '조건 범위'에는 [조회!$A$1:$B$2]를, '복사 위치'에는 [조회!$A$6]을 지정하고 [확인]을 클릭하세요.

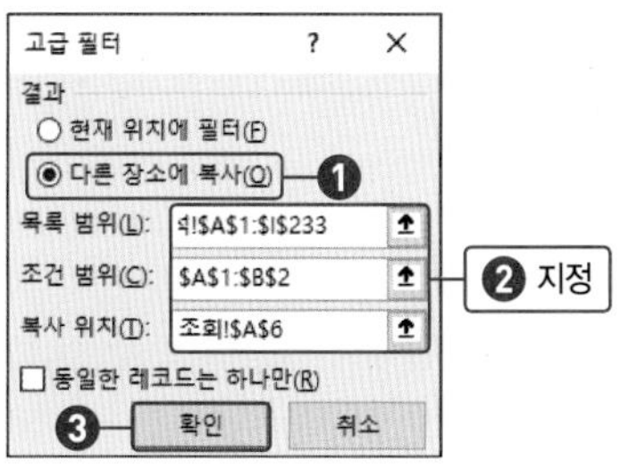

**12** 1월부터 2월까지 수주한 데이터만 추출되었는지 확인합니다. 데이터가 입력되지 않은 빈 셀을 선택하고 Ctrl+A를 눌러 시트 전체를 선택한 후 Delete를 눌러 삭제하세요.

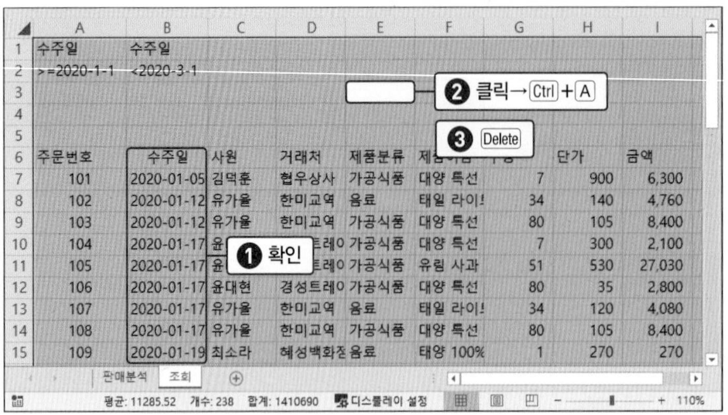


**13** 시트의 데이터가 깨끗하게 삭제되었으면 A1:C2 영역에 조건을 입력합니다. 데이터가 입력되지 않은 빈 셀을 선택하고 [데이터] 탭-[정렬 및 필터] 그룹에서 [고급]을 클릭하세요.

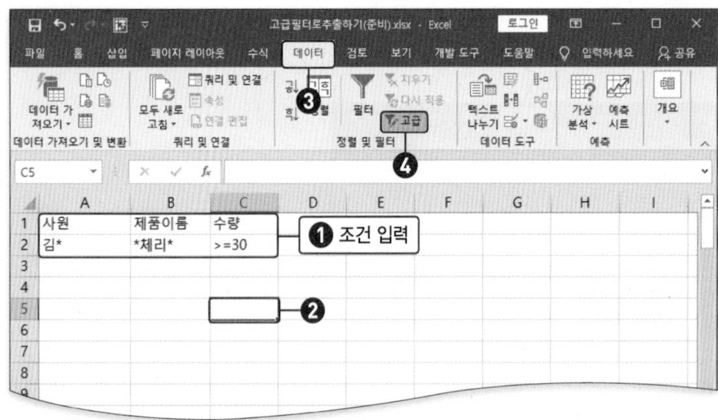


TIP

조건에 '*'를 이용해서 입력하면 문자 데이터를 필터링할 수 있습니다. 즉 '김*'는 김으로 시작하는 모든 것을 추출할 수 있고, '*체리*'는 제품 이름에 '체리'가 포함되어 있으면 추출할 수 있습니다.

**14** [고급 필터] 대화상자가 열리면 '결과'에서 [다른 장소에 복사]를 선택하고 '목록 범위'에는 [판매분석!$A$1:$I$233]을, '조건 범위'에는 [조회!$A$1:$C$2]를, '복사 위치'에는 [조회!$A$6]을 지정한 후 [확인]을 클릭합니다.

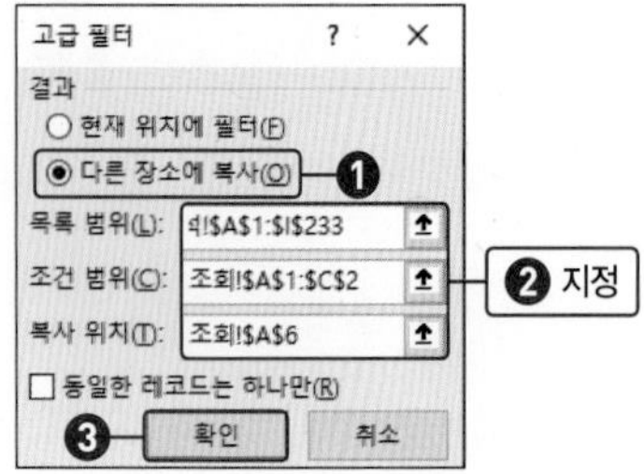

**15** 세 필드의 조건을 모두 만족하는 데이터는 한 건이라는 것을 확인할 수 있어요. 추출된 데이터 영역에 있는 하나의 셀을 선택하고 Ctrl+A를 눌러 모두 선택한 후 Delete를 눌러 삭제합니다.

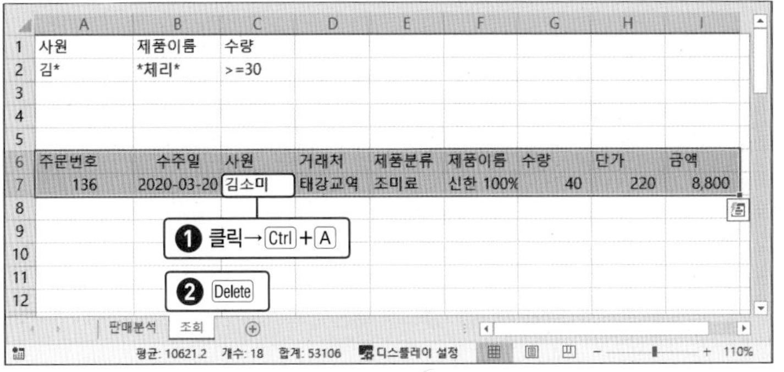


**16** C2셀 값을 잘라내고 C3셀에 붙여넣어 조건을 수정합니다. 이 조건은 사원과 제품 이름을 2행에 똑같이 입력했기 때문에 두 가지 조건을 모두 만족하는 데이터이거나, 수량이 30개 이상인(서로 다른 행인 3행에 입력되어 있으므로) 데이터를 추출해야 합니다. 데이터가 입력되지 않은 빈 셀을 선택하고 [데이터] 탭-[정렬 및 필터] 그룹에서 [고급]을 클릭하세요.

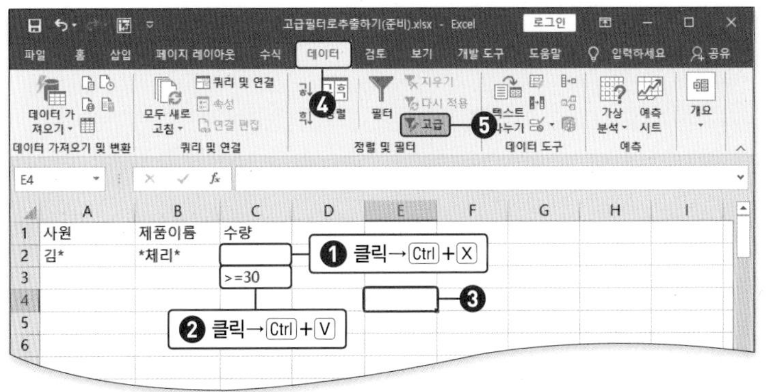


**17** [고급 필터] 대화상자가 열리면 '결과'에서 [다른 장소에 복사]를 선택합니다. '목록 범위'에는 [판매분석!$A$1:$I$233]을, '조건 범위'에는 [조회!$A$1:$C$3]을, '복사 위치'에는 [조회!$A$6]을 지정하고, [확인]을 클릭합니다.

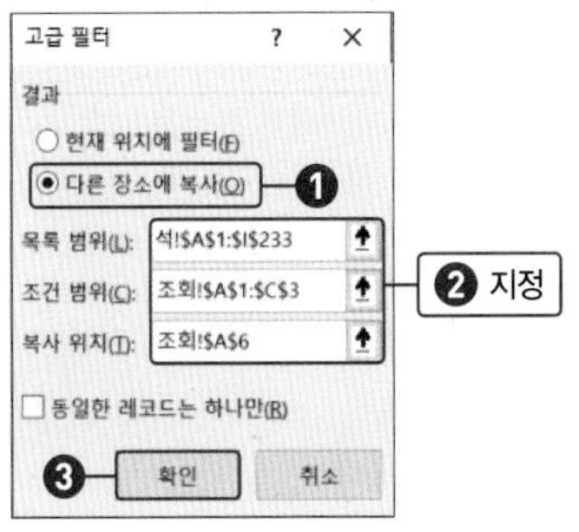

**18** 성이 '김씨'이면서 '체리'가 포함된 제품이거나, 수량이 30개 이상이거나, 두 가지 조건 중 하나의 조건만 만족해도 추출된 결과를 확인합니다.

| | A | B | C | D | E | F | G | H | I |
|---|---|---|---|---|---|---|---|---|---|
| 1 | 사원 | 제품이름 | 수량 | | | | | | |
| 2 | 김* | *체리* | | | | | | | |
| 3 | | | >=30 | | | | | | |
| 4 | | | | | | | | | |
| 5 | | | | | | | | | |
| 6 | 주문번호 | 수주일 | 사원 | 거래처 | 제품분류 | 제품이름 | 수량 | 단가 | 금액 |
| 7 | 102 | 2020-01-12 | 유가율 | 한미교역 | 음료 | 태일 라이! | 34 | 140 | 4,760 |
| 8 | 103 | 2020-01-12 | 유가율 | 한미교역 | 가공식품 | 대양 특선 | 80 | 105 | 8,400 |
| 9 | 105 | 2020-01-17 | 윤대현 | 경성트레이 | 가공식품 | 유림 사과 | 51 | 530 | 27,030 |
| 10 | 106 | 2020-01-17 | 윤대현 | 경성트레이 | 가공식품 | 대양 특선 | 80 | 35 | 2,800 |
| 11 | 107 | 2020-01-17 | 유가율 | 한미교역 | 음료 | 태일 라이! | 34 | 120 | 4,080 |
| 12 | 108 | 2020-01-17 | 유가율 | 한미교역 | 가공식품 | 대양 특선 | 80 | 105 | 8,400 |
| 13 | 110 | 2020-01-19 | 최소라 | 혜성백화점 | 음료 | 콜롬비아신 | 43 | 920 | 39,560 |
| 14 | 112 | 2020-01-22 | 윤대현 | 경성트레이 | 가공식품 | 유림 사과 | 51 | 530 | 27,030 |
| 15 | 113 | 2020-01-22 | 윤대현 | 경성트레이 | 가공식품 | 대양 특선 | 80 | 35 | 2,800 |
| 16 | 115 | 2020-01-24 | 최소라 | 혜성백화점 | 음료 | 콜롬비아신 | 43 | 920 | 39,560 |
| 17 | 119 | 2020-02-07 | 윤대현 | 광성교역 | 과자류 | 진미 트로I | 48 | 128 | 6,120 |
| 18 | 122 | 2020-02-12 | 윤대현 | 광성교역 | 과자류 | 진미 트로I | 48 | 128 | 6,120 |
| 19 | 123 | 2020-02-20 | 최소라 | 동광통상 | 해산물 | 훈제 대합: | 41 | 1,930 | 79,130 |
| 20 | 125 | 2020-02-26 | 유가율 | 한미교역 | 가공식품 | 대양 특선 | 80 | 105 | 8,400 |
| 21 | 127 | 2020-03-02 | 윤대현 | 경성트레이 | 가공식품 | 대양 특선 | 80 | 35 | 2,800 |
| 22 | 128 | 2020-03-06 | 유가율 | 오성통상 | 음료 | 콜롬비아신 | 43 | 13,800 | 593,400 |

확인

판매분석 | 조회

디스플레이 설정 110%

## 잠깐만요 :: 고급 필터에 AND 조건과 OR 조건 지정하기

고급 필터는 시트에 조건 영역을 따로 지정해야 하는데, 조건을 설정할 때는 반드시 데이터 영역에 있는 필드 이름과 동일한 이름을 사용해야 합니다. 이때 조건을 같은 행에 입력하면 AND 조건으로, 서로 다른 행에 입력하면 OR 조건으로 실행됩니다.

**• AND 조건의 사용 예**

조건이 서로 '같은' 행에 'AND' 조건으로 입력되어 있습니다. 이 경우에는 사원 이름이 김씨 성이면서 수량이 30개 이상인 데이터를 추출합니다.

| 수주일 | 사원 | 거래처 | 제품분류 | 수량 |
|---|---|---|---|---|
| | 김* | | | >=30 |

**• OR 조건의 사용 예**

조건이 서로 '다른' 행에 OR 조건으로 입력되어 있습니다. 이 경우에는 사원 이름이 김씨 성이거나, 수량이 30개 이상이거나, 두 가지 조건 중 하나의 조건만 만족해도 데이터를 추출합니다.

| 수주일 | 사원 | 거래처 | 제품분류 | 수량 |
|---|---|---|---|---|
| | 김* | | | |
| | | | | >=30 |

사원의 성이 김씨이면서 가공식품이거나, 사원 이름이 이씨 성이면서 수량이 10개 이상이거나, 두 가지 조건 중 하나의 조건만 만족해도 데이터를 추출합니다.

| 수주일 | 사원 | 거래처 | 제품분류 | 수량 |
|---|---|---|---|---|
| | 김* | | 가공식품 | |
| | 이* | | | >=10 |

# 피벗 테이블로 성씨별 주문건수 추출하기

◉ **예제파일** : 피벗테이블로추출하기(준비).xlsx ◉ **완성파일** : 피벗테이블로추출하기(완성).xlsx



**1** [판매분석] 시트에서 데이터 영역에 있는 하나의 셀을 선택하고 [삽입] 탭-[표] 그룹에서 [피벗 테이블]을 클릭합니다.

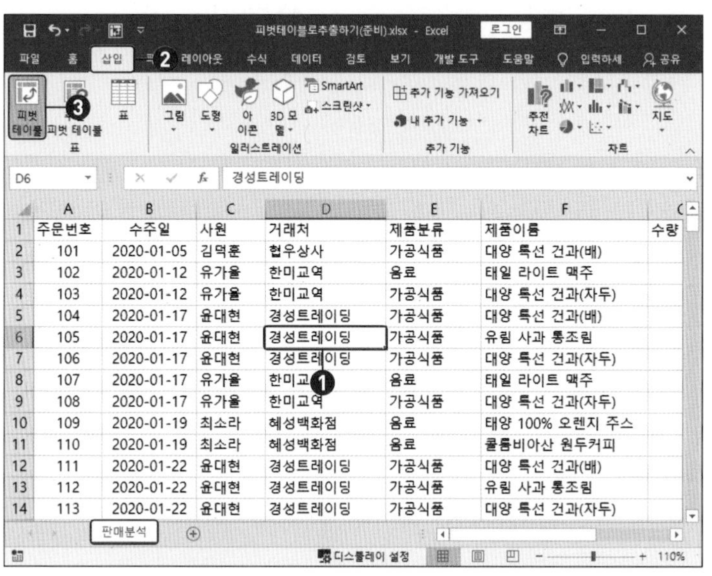

**2** [피벗 테이블 만들기] 대화상자가 열리면 [표 또는 범위 선택]의 '표/범위'에 셀 포인터가 위치한 곳을 기준으로 연속해서 데이터가 입력된 영역이 자동으로 지정되어 있습니다. '피벗 테이블 보고서를 넣을 위치를 선택하십시오.'에서 [새 워크시트]가 선택되어 있는지 확인하고 [확인]을 클릭하세요.

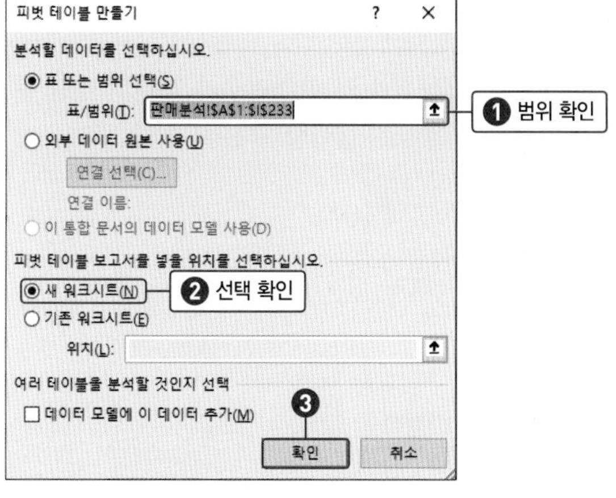

**3** 새로운 시트가 삽입되면서 화면의 오른쪽에 [피벗 테이블 필드] 창이 열리면 [사원] 필드는 '행' 영역으로, [제품분류] 필드는 '열' 영역으로, [수량] 필드는 '값' 영역으로 드래그해서 배치합니다.

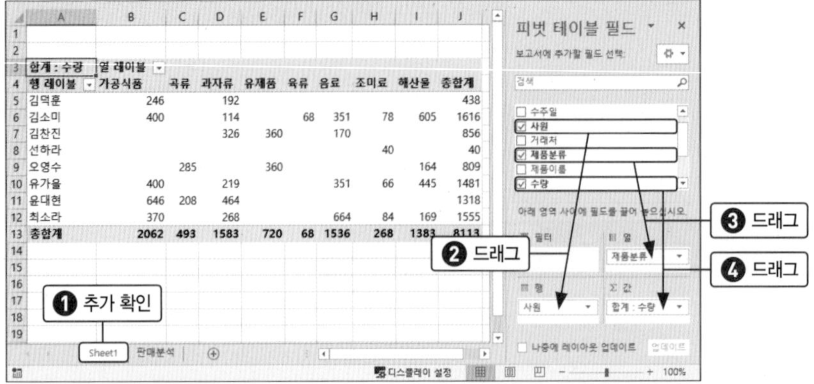


**4** 선택한 필드가 각 영역에 자동으로 배치되어 수량의 합이 계산되었습니다. 합계 대신 다른 함수를 적용하기 위해 표시된 수량 값 중 하나의 셀에서 마우스 오른쪽 단추를 클릭하고 [값 요약 기준]-[개수]를 선택하세요.

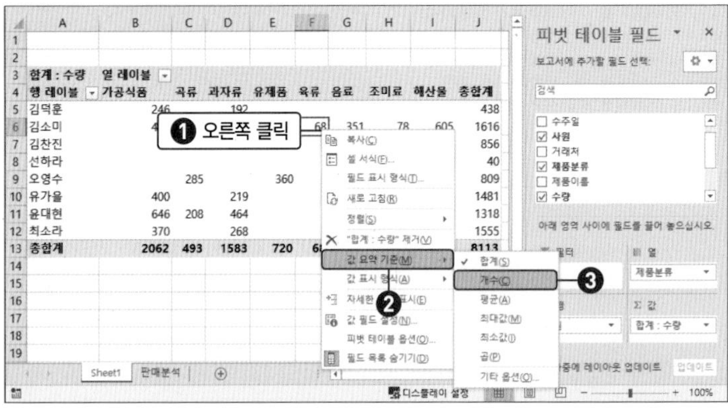


**5** 수량의 합 대신 개수로 재계산되었으면 '김덕훈' 사원의 '가공식품'의 판매건수가 10건인 것을 확인할 수 있습니다. 이 10건의 세부 내용을 살펴보기 위해 B5셀을 더블클릭합니다.

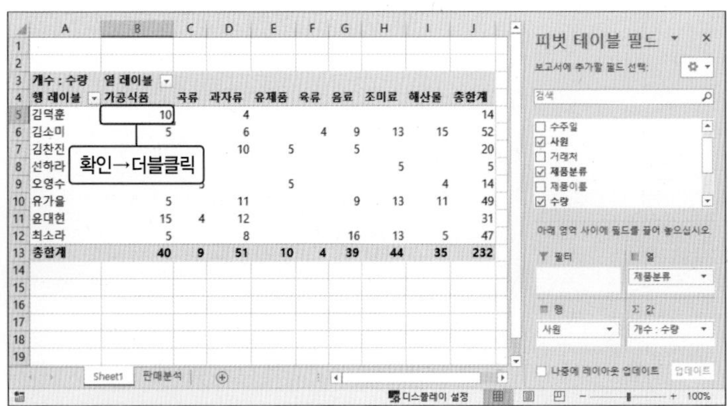

**6** 새로운 시트가 추가되고 원본 데이터인 [판매분석] 시트에서 B5셀의 값에 해당하는 데이터만 자동으로 필터링되어 표시되었는지 확인합니다.

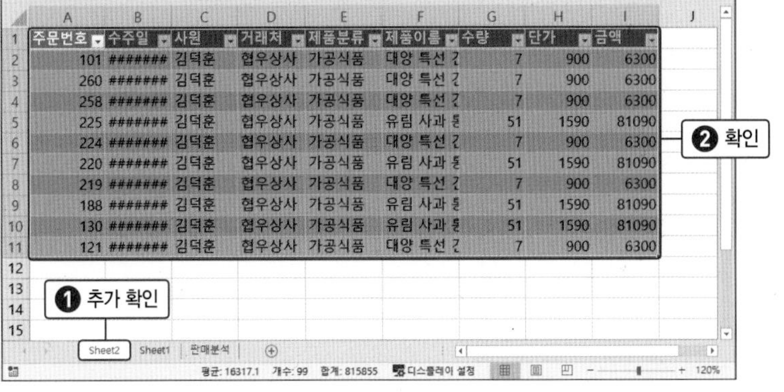


**7** [Sheet1] 시트를 클릭해서 피벗 테이블로 되돌아옵니다. [피벗 테이블 필드] 창의 '행' 영역에 배치된 [사원] 필드를 클릭하고 [필드 제거]를 선택하세요.

**8** [피벗 테이블 필드] 창에서 [수주일] 필드를 '행' 영역으로 드래그합니다. 표시된 피벗 테이블의 수주일 값 중 하나의 셀에서 마우스 오른쪽 단추를 클릭하고 [그룹]을 선택하세요.

**TIP**

'행' 영역이나 '열' 영역에 날짜 데이터 필드를 배치하면 월, 일, 분기, 년 등으로 그룹핑할 수 있습니다. 그리고 숫자 데이터 필드를 배치하면 원하는 묶음 단위를 지정해서 그룹을 지정할 수 있습니다.

9 [그룹화] 대화상자가 열리면 '단위'에서 [월]과 [분기]만 선택하고 [확인]을 클릭합니다.

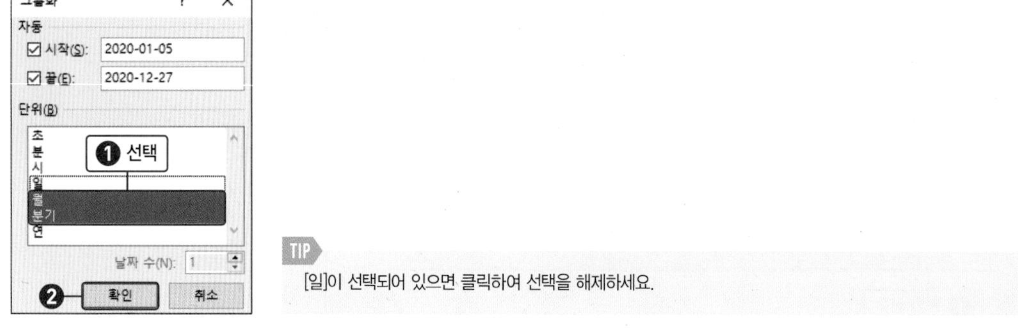


TIP

[일]이 선택되어 있으면 클릭하여 선택을 해제하세요.

10 '행' 영역에 배치된 [수주일] 필드의 값이 분기별, 월별 데이터로 그룹별로 묶여서 표시되었습니다. 표시된 숫자 값 중에서 D7셀 값에 해당하는 데이터만 추출하기 위해 D7셀을 더블클릭하세요.

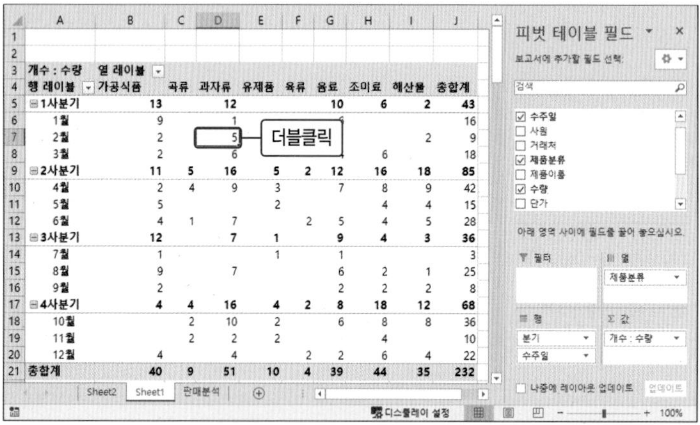


11 새로운 시트가 추가되면서 2월에 판매된 과자류에 해당하는 5개의 레코드가 [판매분석] 시트에서 필터링되어 표시되었습니다. 이와 같이 피벗 테이블에 표시된 값을 더블클릭하면 그것에 해당하는 원본 데이터가 필터링되어 새로운 시트에 추출됩니다.

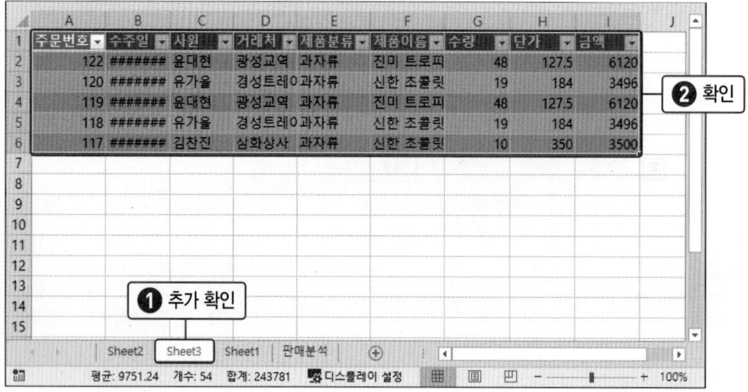

**12** 사원 이름을 성씨별로 그룹별로 묶어서 표현해 볼게요. [Sheet1] 시트를 클릭하고 [피벗 테이블 필드] 창에서 '행' 영역에 배치된 [분기] 필드와 [수주일] 필드를 클릭하고 [필드 제거]를 선택하여 모두 삭제합니다.

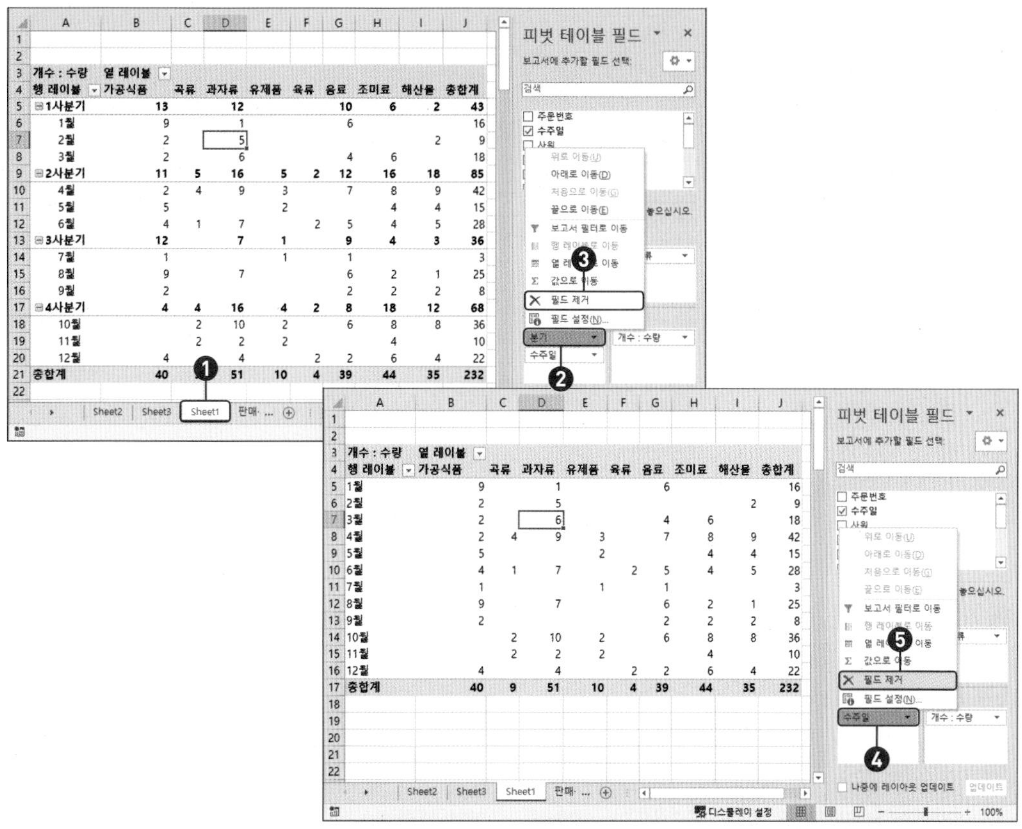


**13** 문자 데이터 필드는 자동으로 그룹별로 묶을 수 없어서 원본 데이터에 원하는 필드를 직접 만들어서 사용해야 합니다. [판매분석] 시트를 클릭하고 D열 머리글을 클릭하여 '거래처' 항목을 모두 선택한 후 선택 영역에서 마우스 오른쪽 단추를 클릭하고 [삽입]을 선택하세요.

**14** 새로운 D열이 삽입되면 D1셀에 『성』을 입력하고 Enter를 누릅니다. D2셀에는 함수식 『=LEFT(C2,1)』을 입력하고 Enter를 누르세요.

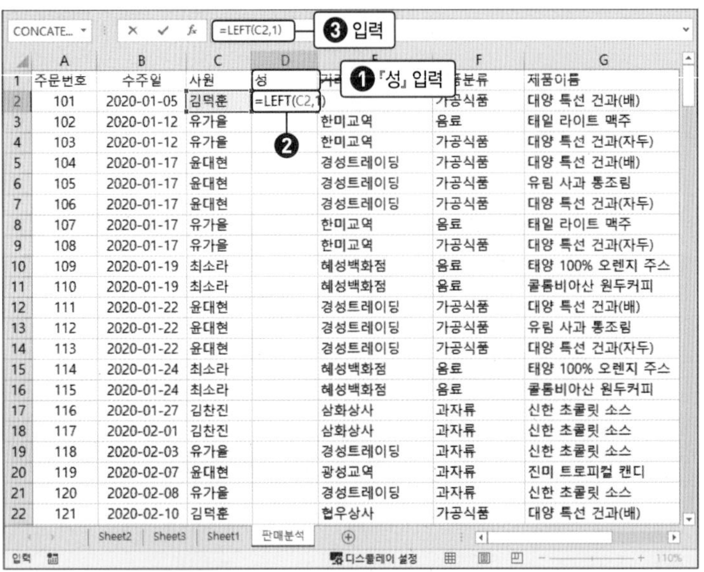


**15** C2셀에 입력된 사원 이름에서 왼쪽의 한 문자만 D2셀에 표시되었는지 확인합니다. D2셀의 자동 채우기 핸들을 더블클릭해서 나머지 행에도 함수식을 복사합니다.

**16** [Sheet1] 시트를 클릭해서 피벗 테이블로 되돌아오면 **14** 과정에서 추가했던 D열의 [성] 필드가 [피벗 테이블 필드] 창에는 나타나지 않습니다. 원본 [판매분석] 시트에서 수정한 내용을 피벗 테이블에도 반영하려면 [피벗 테이블 도구]의 [분석] 탭-[데이터] 그룹에서 [새로 고침]의 [icon]를 클릭하세요.

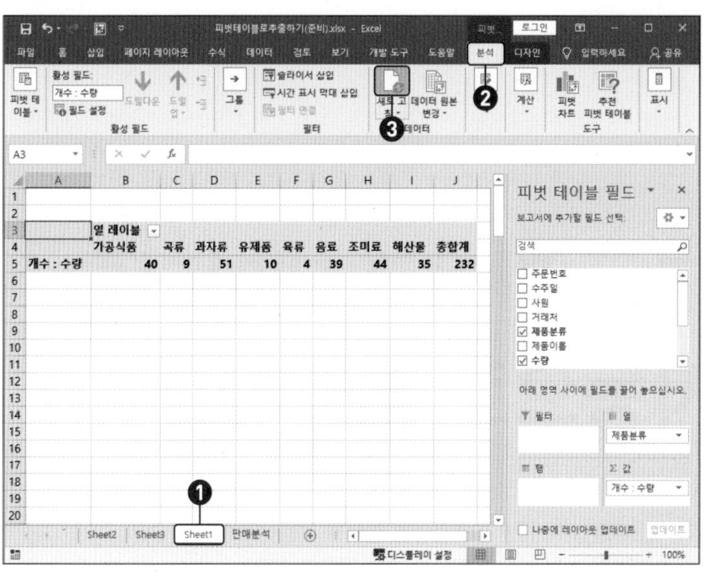


**TIP**

피벗 테이블을 작성한 후 원본 데이터에 수정된 사항은 실시간으로 즉시 반영되지 않습니다. 따라서 필요할 때마다 수동으로 [분석] 탭-[데이터] 그룹에서 [새로 고침]의 [icon]를 클릭하여 변경된 사항을 적용해야 합니다.

**17** [피벗 테이블 필드] 창에 [성] 필드가 나타났으면 '행' 영역으로 드래그한 후 피벗 테이블에 성씨별로 주문건수가 표시되었는지 확인합니다.

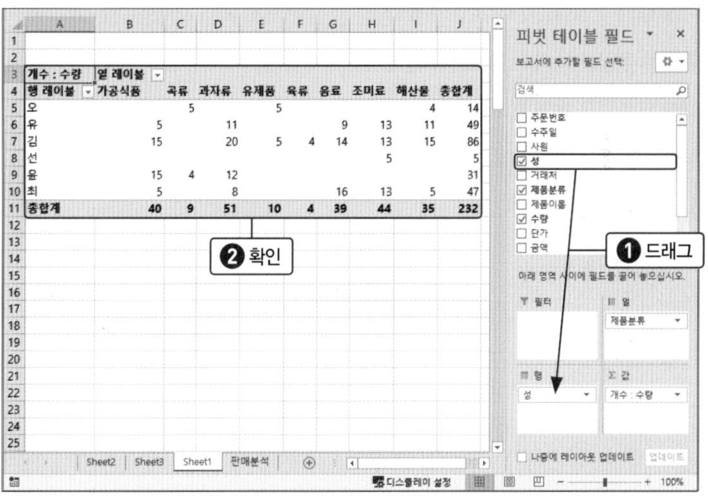

# 08 고급 필터로 데이터를 자동으로 추출하자

데이터를 추출할 때 간단한 조건이면 필터를 이용하고, 세부적이고 다양한 조건 지정을 원하면 고급 필터를 이용하는 것이 좋습니다. 고급 필터의 조건을 사용자가 좀 더 편리하게 지정할 수 있도록 범위 이름과 유효성 검사, 매크로 등 여러 가지 기능을 활용하는 방법을 살펴보겠습니다.

**주요 기능**

/ 이름 정의해 원하는 거래처만 추출하기

/ 특정 수주일 이내의 데이터만 추출하기

/ 이중 목록으로 조건 표시하기

/ 매크로로 반복 작업 자동화하기

/ VBA로 기록한 매크로 수정하기

CASE

# 01 이름 정의해 원하는 거래처만 추출하기

◉ **예제파일** : 범위이름으로추출하기(준비).xlsx ◉ **완성파일** : 범위이름으로추출하기(완성).xlsx

**1** [판매분석] 시트에는 전체 데이터가 입력되어 있고, [조건] 시트에는 데이터를 추출할 조건(A1:G2 영역)이나 조건을 지정하기 위한 준비 자료가 입력되어 있습니다.

**2** [조회] 시트의 1:2행에 원하는 조건을 지정하면 고급 필터 기능에 적합한 형태로 수정해서 [조건] 시트의 A1:G2 영역에 표시되도록 연결해 볼게요. [조회] 시트에서 원하는 사원 이름을 쉽게 선택할 수 있도록 사원 목록을 표시하기 위해 C2셀을 선택하고 [데이터] 탭-[데이터 도구] 그룹에서 [데이터 유효성 검사]를 클릭하세요.

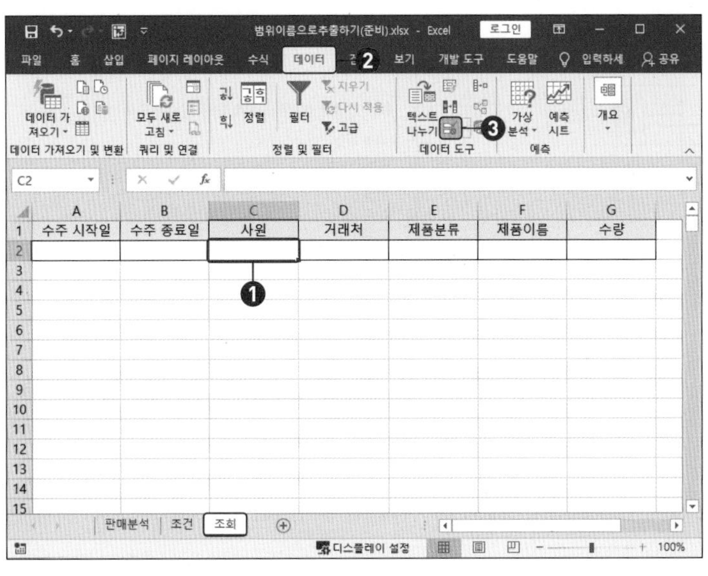

**3** [데이터 유효성] 대화상자의 [설정] 탭이 열리면 '유효성 조건'의 '제한 대상'에서 [목록]을 선택합니다. '원본'의 입력 상자에 커서를 올려놓고 [조건] 시트를 클릭하세요.

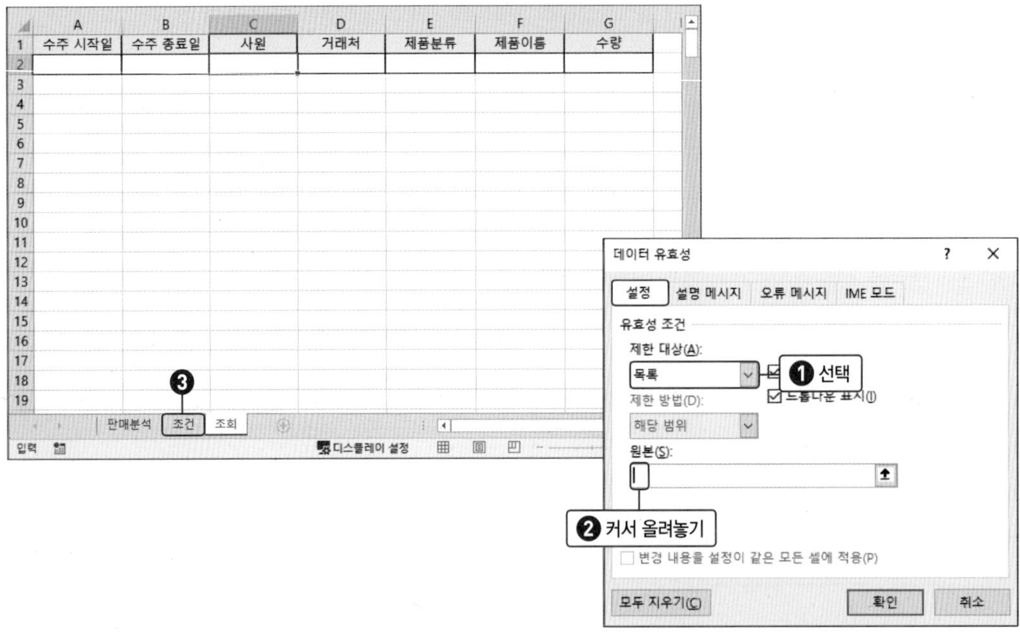


**4** [조건] 시트에서 J10:J18 영역을 선택합니다. '원본'에 [=조건!$J$10:$J$18]과 같이 표시되었으면 [확인]을 클릭합니다.

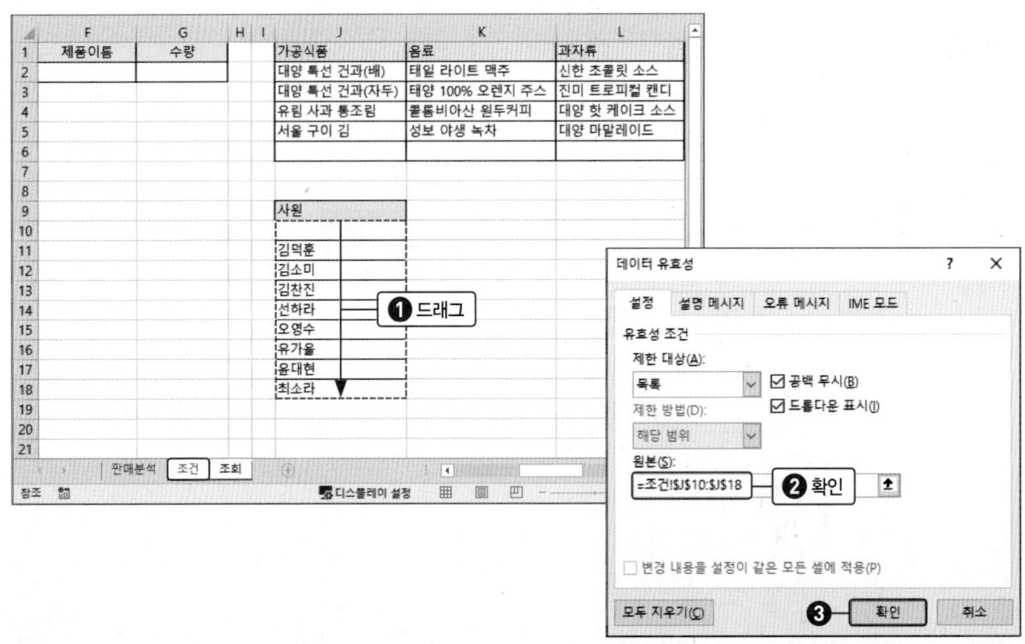


**TIP**

사원 목록으로 J10:J18 영역의 데이터를 그대로 표시하는데, J10셀이 빈 셀이어서 사원 이름에 아무 조건을 넣고 싶지 않을 때 선택할 수 있습니다.

**5** C2셀의 오른쪽에 목록 단추(▾)가 표시되면 클릭합니다. 사원 목록이 표시되면 [선하라]를 선택합니다.

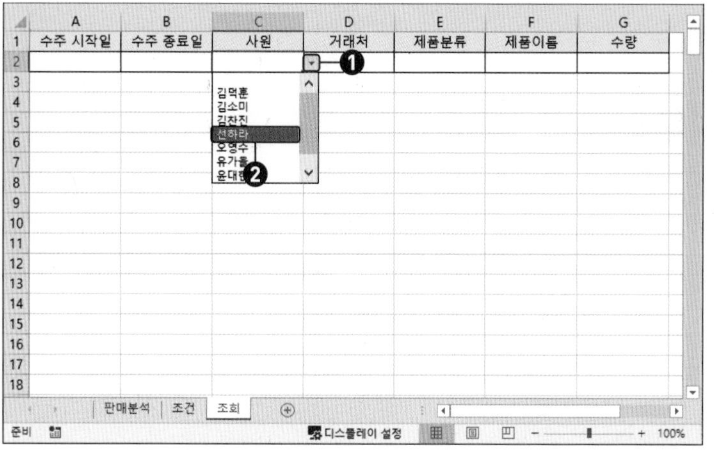

**6** [조회] 시트에 입력된 C2셀 값이 [조건] 시트에도 동일하게 표시되도록 지정해 볼게요. [조건] 시트를 클릭하고 C2셀에 함수식 『=IF(조회!C2="","",조회!C2)』를 입력한 후 Enter를 누르세요.

TIP

[조회] 시트에 입력한 조건은 사용자 입장에서 편리하게 넣을 수 있는 형태로 지정하고, 실제 고급 필터에 적용할 조건은 [조건] 시트의 A1:G2 영역을 이용합니다.

**함수식 설명**

**=IF(조회!C2="","",조회!C2)**

[조회] 시트의 C2셀이 빈 셀("")이면 그대로 빈 셀로 두고, 그렇지 않고 무언가가 입력되었으면 그 값을 표시하는 함수식입니다. C2셀에 조건으로 아무 것도 입력하지 않으면 이 항목을 조건으로 사용하지 않겠다는 뜻입니다.

**7** [조회] 시트를 클릭하고 거래처에 상사가 포함된 데이터를 추출하기 위한 조건으로 D2셀에 『상사』를 입력한 후 Enter를 누릅니다.

| 수주 시작일 | 수주 종료일 | 사원 | 거래처 | 제품분류 | 제품이름 | 수량 |
|---|---|---|---|---|---|---|
| | | 선하라 | 상사 | | | |

입력

**8** [조회] 시트에 입력된 D2셀 값을 [조건] 시트에도 동일하게 표시되도록 지정해 볼게요. [조건] 시트를 클릭하고 D2셀에 함수식 『=IF(조회!D2="","","*"&조회!D2&"*")』을 입력한 후 Enter를 누릅니다.

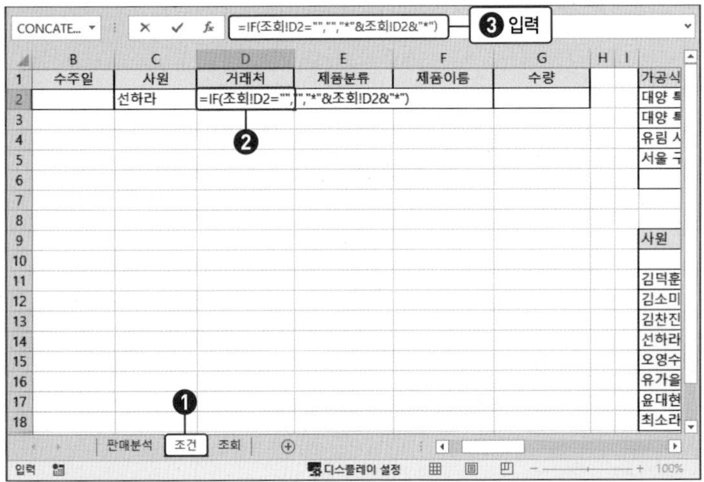


**함수식 설명**

**=IF(조회!D2="","","*"&조회!D2&"*")**

[조회] 시트의 D2셀에 아무것도 입력되지 않았으면 그대로 비워두고, 무엇인가 입력되었으면 D2셀 값의 앞과 뒤에 *를 넣는 함수식입니다. 문자 데이터를 검색할 때 '*상사'를 조건으로 지정하면 '상사'로 끝나는 모든 문자를 검색하고, '*송*'을 지정하면 '송'자가 포함된 모든 문자를 검색합니다.

**9** [조회] 시트의 D2셀에 『상사』가 입력되어 있는 상태에서 [조건] 시트를 클릭하면 D2셀이 '*상사*'로 바뀌어 표시되면서 거래처에 '상사'가 포함된 모든 데이터를 검색할 수 있어요.

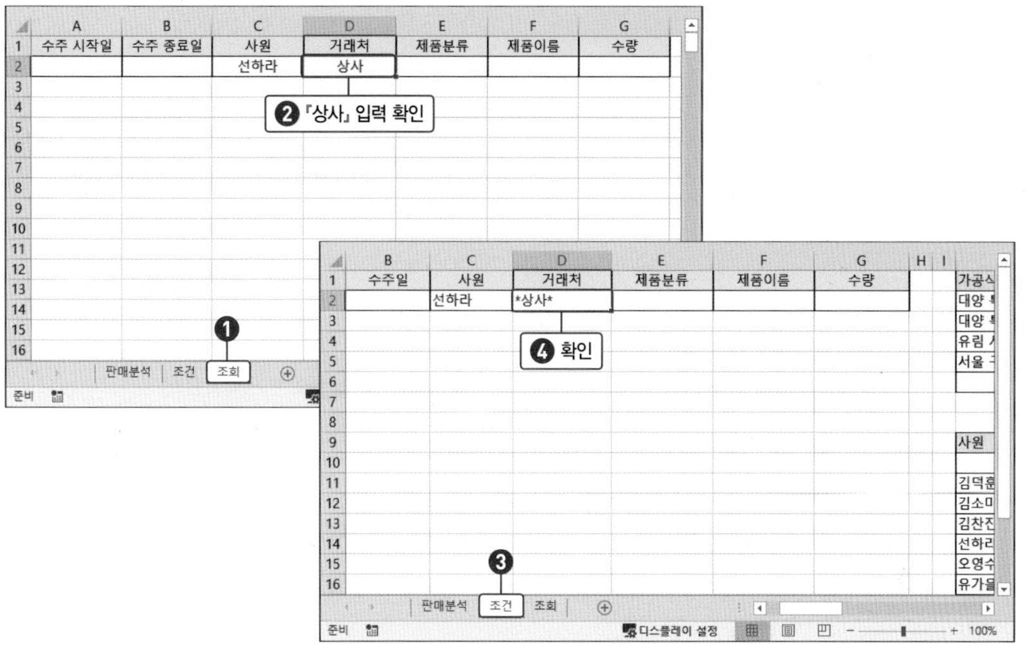


**10** 지정한 조건에 만족하는 데이터만 필터링하기 위해 고급 필터를 사용하려면 세 가지 영역이 필요한데, 이 영역의 위치가 매번 같으므로 이름을 정의해서 사용하는 것이 편리합니다. 먼저 원본 데이터의 영역을 지정하기 위해 [판매분석] 시트를 클릭하고 [수식] 탭-[정의된 이름] 그룹에서 [이름 정의]를 클릭하세요.

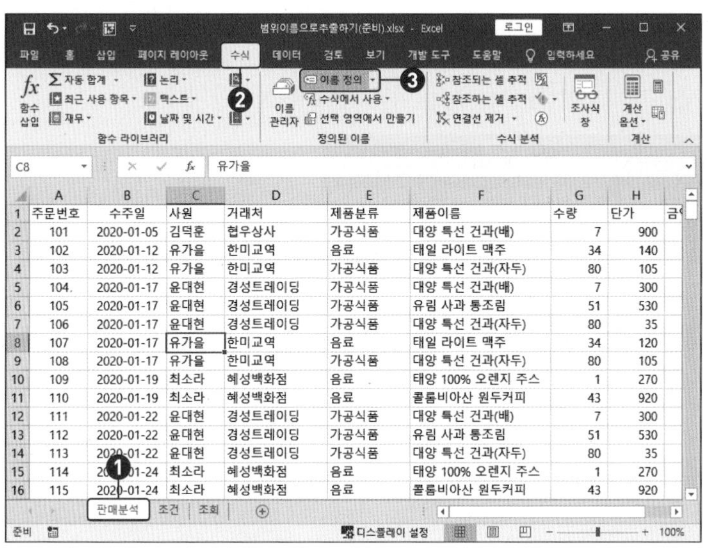

**11** [새 이름] 대화상자가 열리면 '이름'에는 『데이터』를, '참조 대상'에는 『=OFFSET(판매분석!$A$1,0,0,COUNTA(판매분석!$A:$A),COUNTA(판매분석!$1:$1))』을 입력하고 [확인]을 클릭합니다.

**함수식 설명**

**=OFFSET(판매분석!$A$1,0,0,COUNTA(판매분석!$A:$A),COUNTA(판매분석!$1:$1))**

① ② ③

**← 형식 =OFFSET(기준 셀,시작 셀과의 행거리,시작 셀과의 열거리,행의 크기,열의 크기)**

[판매분석] 시트에 입력된 데이터 전체를 대상으로 고급 필터를 적용할 것인데, 작업할 때마다 새로운 데이터가 추가될 수 있습니다. 매번 추가 영역을 새로 지정하는 것이 번거로워서 자동으로 데이터가 있는 개수만큼 인식해서 범위가 달라지도록 함수를 사용했습니다.

① 항상 데이터가 A1셀부터 있으므로 첫 번째 인수로 '판매분석!$A$1'을 지정했습니다. 만약 데이터가 A4셀부터 있으면 '판매분석!$A$4'로 바꿔서 사용하세요.

② 두 번째 인수와 세 번째 인수에는 기준 셀인 A1셀부터 아래쪽으로 몇 행 떨어진 위치부터 오른쪽으로는 몇 열 떨어진 위치로 이동한 셀부터 범위를 시작하겠다는 뜻입니다. 여기서는 기준 셀과 같은 위치에서 범위를 시작할 것이므로 '0,0'을 지정한 것인데, 범위 지정할 시작 위치가 C4셀이면 '2,3'으로 바꾸세요.

③ 네 번째 인수와 다섯 번째 인수에는 시작 셀부터 어느 정도의 크기(영역)로 범위를 지정할 것인지 행 개수와 열 개수를 지정합니다. 여기서는 'COUNTA(판매분석!$A:$A)'로 A열에 데이터가 입력된 개수를 세서 그 값만큼 행(높이) 크기를 지정합니다. 그리고 'COUNTA(판매분석!$1:$1)'로 1행에 데이터가 입력된 개수를 세서 그 값만큼 열(너비) 크기를 지정한다는 뜻입니다. 새로운 데이터가 추가되면 행 개수나 열 개수가 달라지면서 추가된 행/열도 범위 영역에 반영됩니다.

**12** 이번에는 고급 필터에 조건 영역으로 사용할 범위를 이름 정의해 볼게요. [조건] 시트를 클릭하고 A1:G2 영역을 선택한 후 [수식] 탭-[정의된 이름] 그룹에서 [이름 정의]를 클릭합니다.

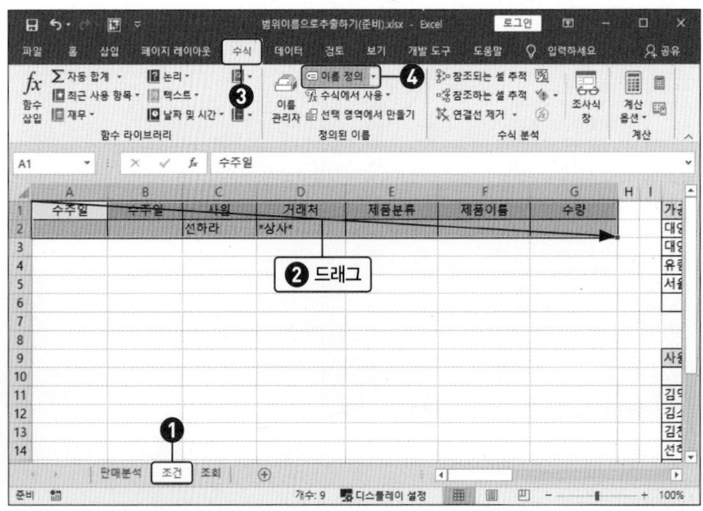

**13** [새 이름] 대화상자가 열리면 '이름'에 『조건』을 입력하고 '참조 대상'에 범위로 지정한 영역이 자동으로 표시되었는지 확인한 후 [확인]을 클릭합니다.

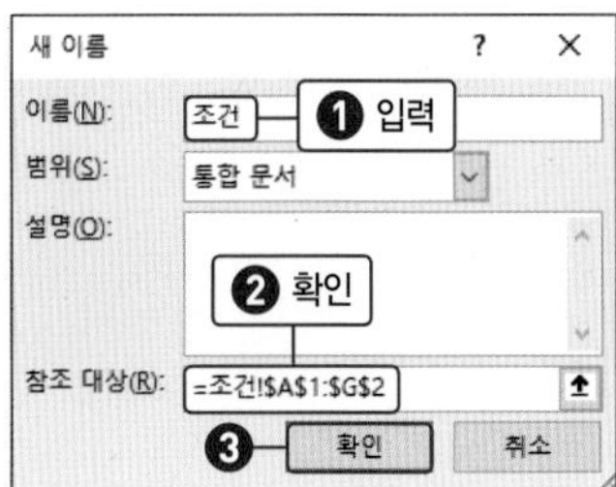


**14** 이번에는 고급 필터에 데이터를 추출할 시작 위치의 이름을 정의해 볼게요. [조회] 시트를 클릭하고 A5셀을 선택한 후 [수식] 탭-[정의된 이름] 그룹에서 [이름 정의]를 클릭합니다.

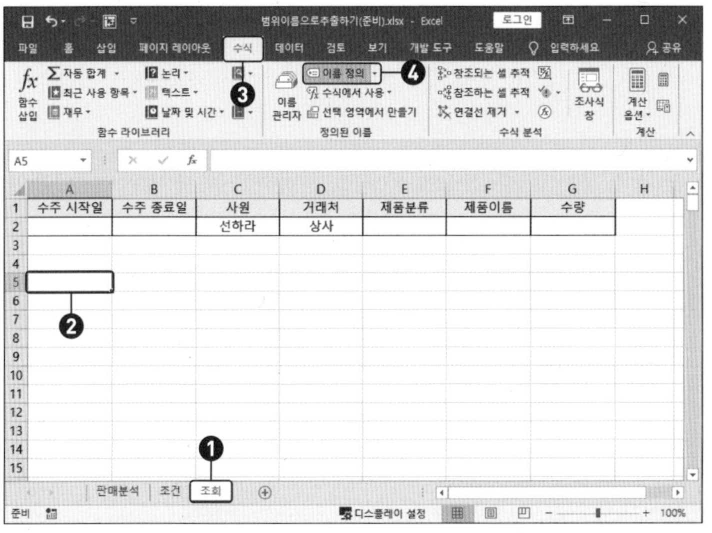


**15** [새 이름] 대화상자가 열리면 '이름'에 『결과』를 입력하고 '참조 대상'에 셀 포인터가 위치한 A5셀이 자동으로 표시되었는지 확인한 후 [확인]을 클릭합니다.

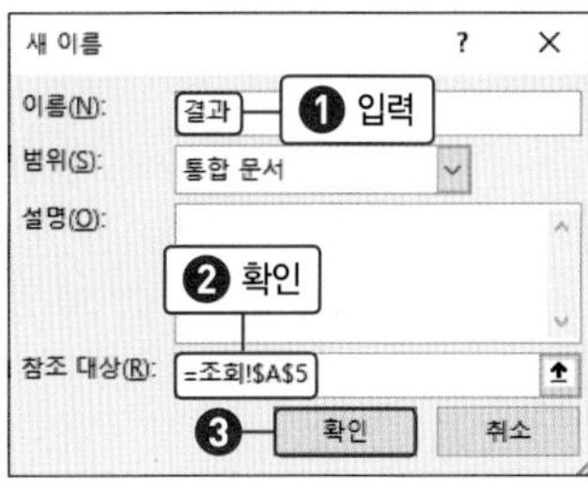

**16** 고급 필터에 필요한 세 가지 영역의 이름('데이터', '조건', '결과' 이름)을 모두 정의했으면 A1:G2 영역에 지정한 조건(사원 이름이 '선하라'이면서 거래처에 '상사'가 포함된 데이터)에 만족하는 데이터를 추출하기 위해 [데이터] 탭-[정렬 및 필터] 그룹에서 [고급]을 클릭합니다.

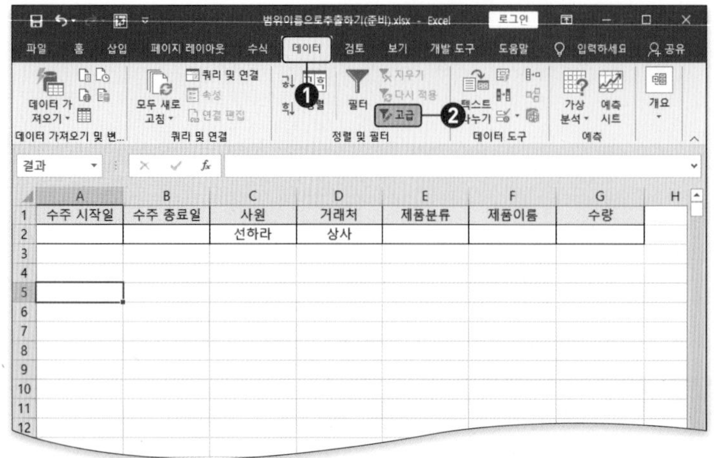

**17** [고급 필터] 대화상자가 열리면 '결과'에서 [다른 장소에 복사]를 선택하고 '목록 범위'에는 『데이터』를, '조건 범위'에는 『조건』을, '복사 위치'에는 『결과』를 입력한 후 [확인]을 클릭합니다.

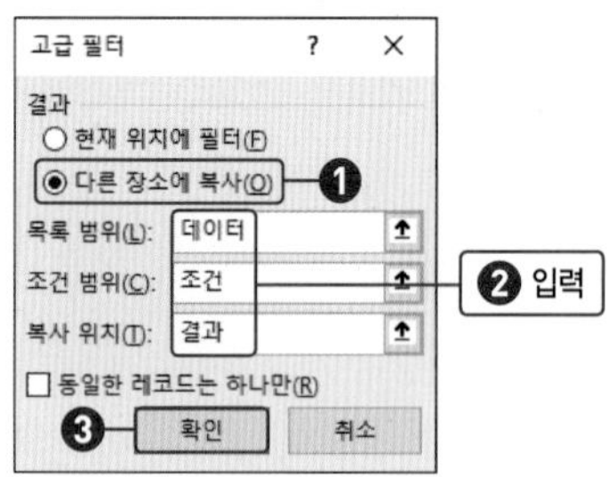


**18** A5셀부터 원하는 조건에 만족하는 데이터만 추출되었는지 확인하고 추출된 데이터 영역에 있는 하나의 셀을 선택하세요. Ctrl+A를 눌러 추출된 데이터를 모두 선택한 후 Delete를 눌러 삭제합니다.

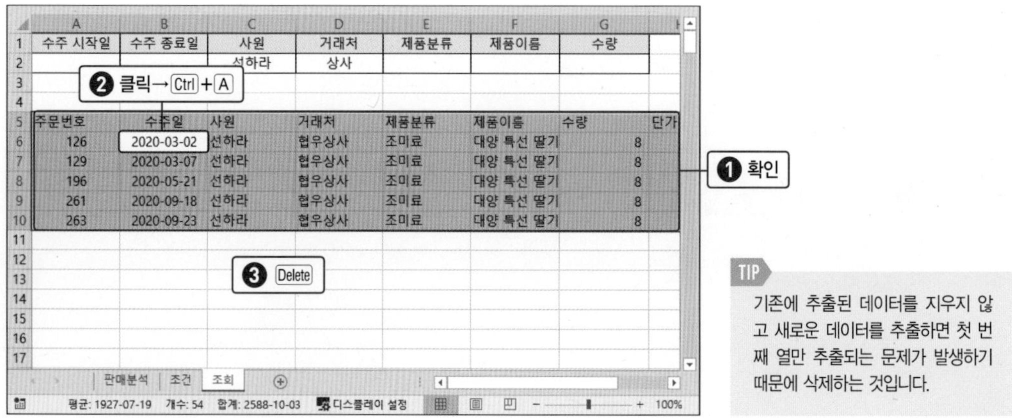

TIP

기존에 추출된 데이터를 지우지 않고 새로운 데이터를 추출하면 첫 번째 열만 추출되는 문제가 발생하기 때문에 삭제하는 것입니다.

**19** 새로운 조건으로 데이터를 추출하기 위해 C2셀의 '선하라'를 지우고 D2셀에 『성』을 입력해서 조건을 수정한 후 [데이터] 탭-[정렬 및 필터] 그룹에서 [고급]을 클릭합니다.

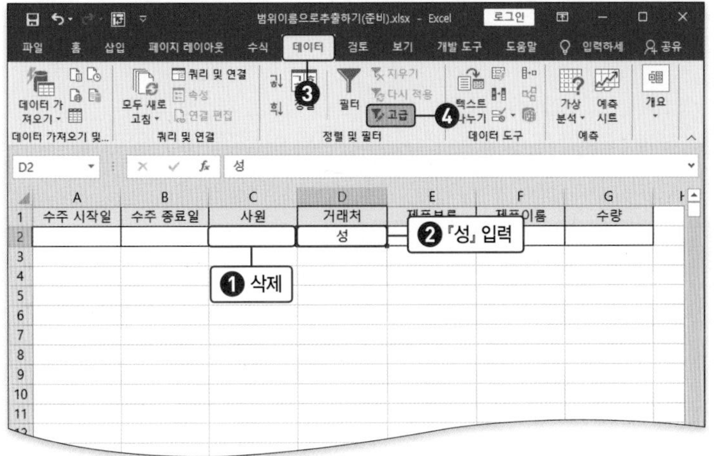


**20** [고급 필터] 대화상자의 '결과'에서 [다른 장소에 복사]를 선택하고 '목록 범위'에는 『데이터』를, '조건 범위'에는 『조건』을, '복사 위치'에는 『결과』를 입력한 후 [확인]을 클릭합니다.

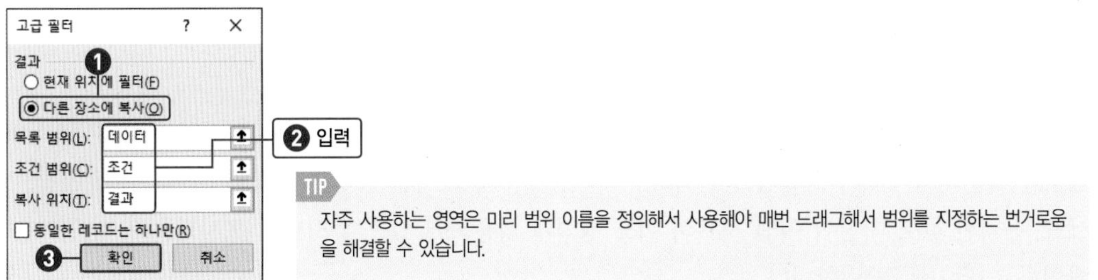


TIP
자주 사용하는 영역은 미리 범위 이름을 정의해서 사용해야 매번 드래그해서 범위를 지정하는 번거로움을 해결할 수 있습니다.

**21** 거래처 이름에 '성'자가 포함된 데이터가 모두 추출되었는지 확인합니다.

| | A | B | C | D | E | F | G | H |
|---|---|---|---|---|---|---|---|---|
| 1 | 수주 시작일 | 수주 종료일 | 사원 | 거래처 | 제품분류 | 제품이름 | 수량 | |
| 2 | | | | 성 | | | | |
| 3 | | | | | | | | |
| 4 | | | | | | | | |
| 5 | 주문번호 | 수주일 | 사원 | 거래처 | 제품분류 | 제품이름 | 수량 | 단가 |
| 6 | 104 | 2020-01-17 | 윤대현 | 경성트레이딩 | 가공식품 | 대양 특선 건과 | 7 | |
| 7 | 105 | 2020-01-17 | 윤대현 | 경성트레이딩 | 가공식품 | 유림 사과 통조 | 51 | |
| 8 | 106 | 2020-01-17 | 윤대현 | 경성트레이딩 | 가공식품 | 대양 특선 건과 | 80 | |
| 9 | 109 | 2020-01-19 | 최소라 | 혜성백화점 | 음료 | 태양 100% 오렌 | 1 | |
| 10 | 110 | 2020-01-19 | 최소라 | 혜성백화점 | 음료 | 콜롬비아산 원두 | 43 | |
| 11 | 111 | 2020-01-22 | 윤대현 | 경성트레이딩 | 가공식품 | 대양 특선 건과 | 7 | |
| 12 | 112 | 2020-01-22 | 윤대현 | 경성트레이딩 | 가공식품 | 유림 사과 통조 | 51 | |
| 13 | 113 | 2020-01-22 | 윤대현 | 경성트레이딩 | 가공식품 | 대양 특선 건과 | 80 | |
| 14 | 114 | 2020-01-24 | 최소라 | 혜성백화점 | 음료 | 태양 100% 오렌 | 1 | |
| 15 | 115 | 2020-01-24 | 최소라 | 혜성백화점 | 음료 | 콜롬비아산 원두 | 43 | |
| 16 | 118 | 2020-02-03 | 유가을 | 경성트레이딩 | 과자류 | 신한 초콜릿 소 | 19 | |
| 17 | 119 | 2020-02-07 | 윤대현 | 광성교역 | 과자류 | 진미 트로피컬 | 48 | |
| 18 | 120 | 2020-02-08 | 유가을 | 경성트레이딩 | 과자류 | 신한 초콜릿 소 | 19 | |
| 19 | 122 | 2020-02-12 | 윤대현 | 광성교역 | 과자류 | 진미 트로피컬 | 48 | |
| 20 | 127 | 2020-03-02 | 윤대현 | 경성트레이딩 | 가공식품 | 대양 특선 건과 | 80 | |
| 21 | 128 | 2020-03-06 | 유가을 | 오성통상 | 음료 | 콜롬비아산 원두 | 43 | 13 |
| 22 | 131 | 2020-03-11 | 유가을 | 오성통상 | 음료 | 콜롬비아산 원두 | 43 | 1 |

확인

판매분석 | 조건 | 조회

# 특정 수주일 이내의 데이터만 추출하기

◉ **예제파일** : 기간으로추출하기(준비).xlsx ◉ **완성파일** : 기간으로추출하기(완성).xlsx

**1** 예제파일에는 고급 필터를 편리하게 사용할 수 있도록 세 가지 영역의 이름을 미리 정의했는데, 이것을 확인해 볼게요. [수식] 탭-[정의된 이름] 그룹에서 [이름 관리자]를 클릭합니다.

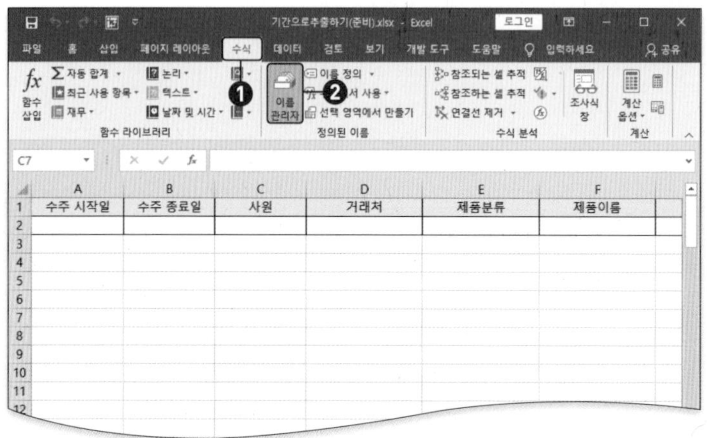

**2** [이름 관리자] 대화상자가 열리면 '데이터', '결과', '조건' 이름이 준비되어 있습니다. 해당 데이터 영역을 확인하기 위해 [데이터]를 선택하고 '참조 대상'에 표시된 영역을 클릭하여 커서를 올려놓으세요. 선택한 참조 대상이 어떤 시트의 어느 영역에 적용되어 있는지 시트에 표시되는 참조 영역을 확인하고 [닫기]를 클릭합니다.

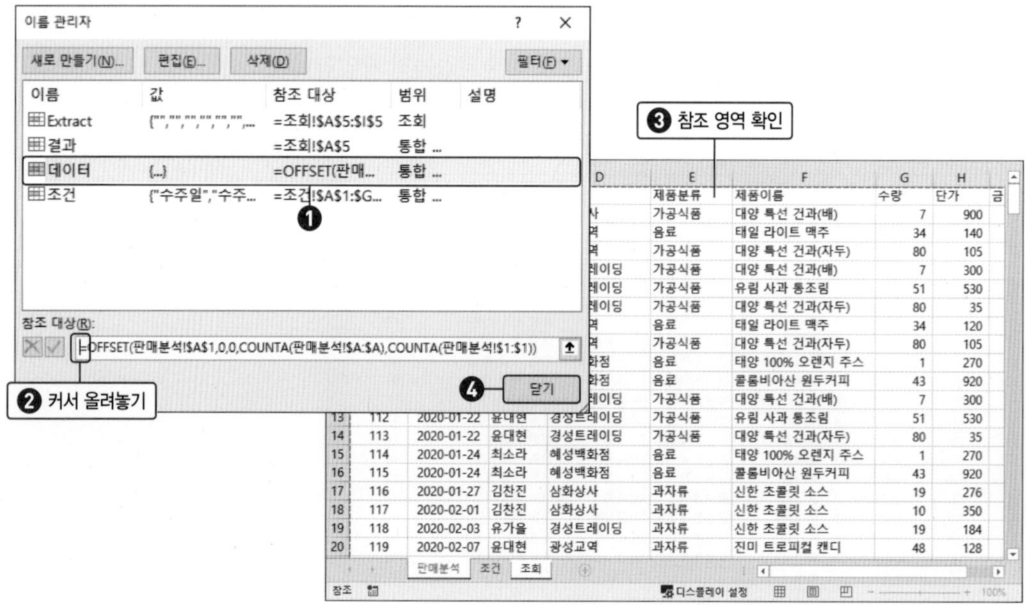

**3** [조회] 시트에서 A2셀에는 조회할 시작 수주일을, B2셀에는 종료일을 지정하면 해당 기간에 수주한 내역만 추출하도록 작업해 볼게요. A2셀에는 『2020-1-1』을, B2셀에는 『2020-5-15』를 입력합니다.

| | A | B | C | D | E | F |
|---|---|---|---|---|---|---|
| 1 | 수주 시작일 | 수주 종료일 | 사원 | 거래처 | 제품분류 | 제품이름 |
| 2 | 2020-01-01 | 2020-05-15 | | | | |

입력

**4** [조회] 시트에 넣은 값이 [조건] 시트의 A2셀과 B2셀에 연동되도록 설정해 볼게요. [조건] 시트에서 A2셀을 선택하고 함수식 『=">="&IF(조회!A2="",0,조회!A2)』를 입력한 후 Enter를 누릅니다.

**함수식 설명**

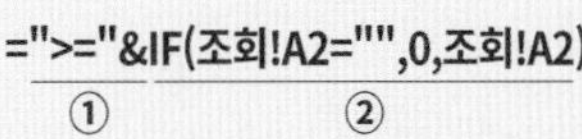


① 시작일보다는 크거나 같은 값을 표시하려면 '>=2010-1-1'과 같이 입력해야 하므로 '=">="&'를 지정한 것입니다.

② 시작일을 지정하지 않으면 모두 추출하기 위해 IF 함수를 이용해서 A2셀에 아무것도 입력되지 않았는지 확인한 것입니다. 만약 A2셀이 비어있으면 결과로 '>=0'이 표시되는데, 날짜는 1900-1-1을 1로 저장하므로 0보다 큰 값이면 모든 날짜를 지정한 효과를 얻을 수 있습니다.

**6** A2셀에 함수식의 결과값으로 '>=43831'이 표시되었습니다. 이것은 엑셀에서 날짜를 저장할 때 1900-1-1을 1로 인식하므로 1900-1-1을 기준으로 43831번째 해당하는 날짜인 2010-1-1을 의미합니다.

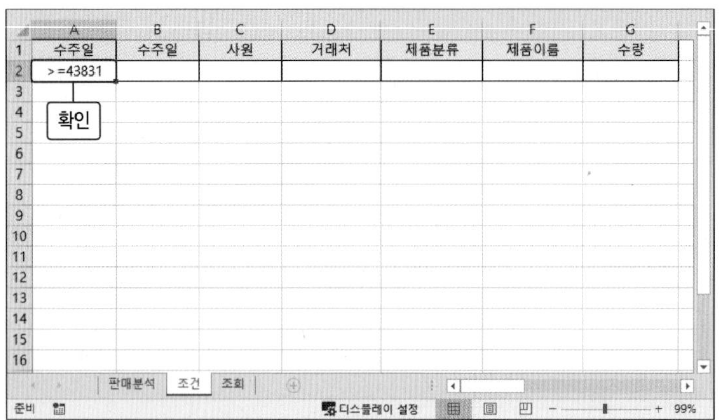


**7** B2셀을 선택하고 종료일을 지정하는 함수식 『="<="&IF(조회!B2="",DATE(YEAR(TODAY()),12,31),조회!B2)』를 입력한 후 Enter를 누릅니다.

**함수식 설명**

① 종료일보다 작거나 같은 날짜를 표시하려면 '<=2010-5-15'와 같이 날짜의 앞에 <=를 표시하기 위해 '"<="&'를 지정합니다.

② 종료일에 아무 값도 입력하지 않았을 때 작업하는 당일에 해당하는 연도의 마지막 날을 자동으로 지정하기 위해 'YEAR(TODAY( ))'를 이용해서 작업하는 당일 날짜의 연도를 알아냅니다.

③ DATE 함수는 수식으로 날짜를 셀에 입력할 때 사용합니다. '=DATE(연도 값,월 값,일 값)' 중에서 연도는 'YEAR(TODAY( ))'를 이용해서 작업 당일의 연도를 그대로 사용하고, 월은 12월을, 일은 31을 지정합니다.

**8** B2셀에 함수식의 결과값으로 '<=43966'이 표시되었습니다. 이것은 1900-1-1을 기준으로 43966번째 해당하는 날짜인 2010-5-15를 의미합니다.

| | A | B | C | D | E | F | G |
|---|---|---|---|---|---|---|---|
| 1 | 수주일 | 수주일 | 사원 | 거래처 | 제품분류 | 제품이름 | 수량 |
| 2 | >=43831 | <=43966 | | | | | |

확인

**9** [조회] 시트에서 A2셀 값과 B2셀 값을 지우고 [조건] 시드를 클릭하면 A2셀과 B2셀의 값이 바뀐 것을 확인할 수 있습니다.

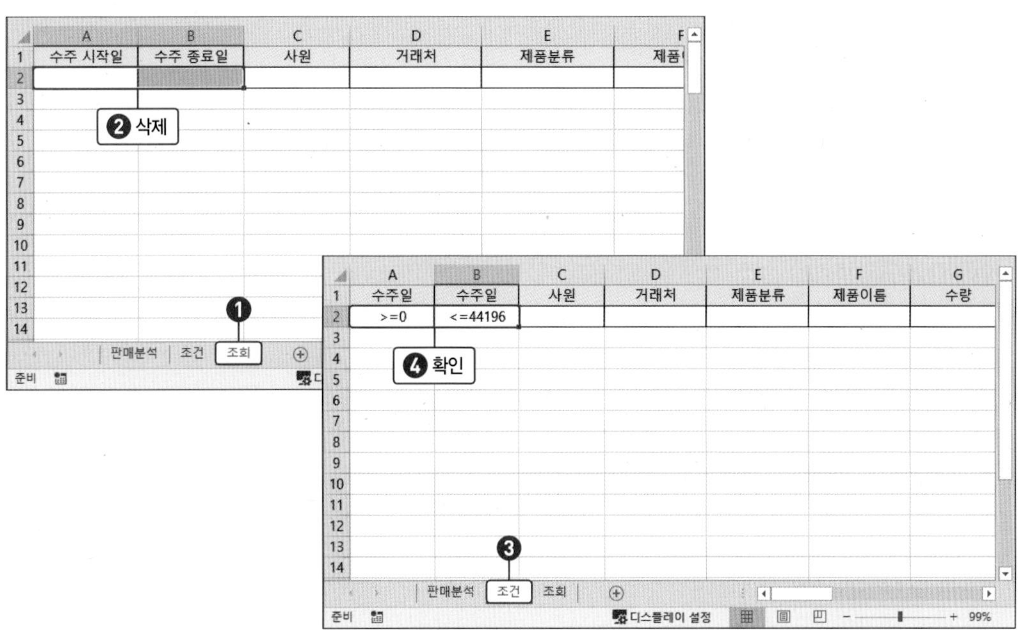

**10** [조회] 시트에서 A2셀에는 『2020-3-1』을, B2셀에는 『2020-5-30』을, D2셀에는 『통상』을 조건으로 입력하고 [데이터] 탭-[정렬 및 필터] 그룹에서 [고급]을 클릭합니다.

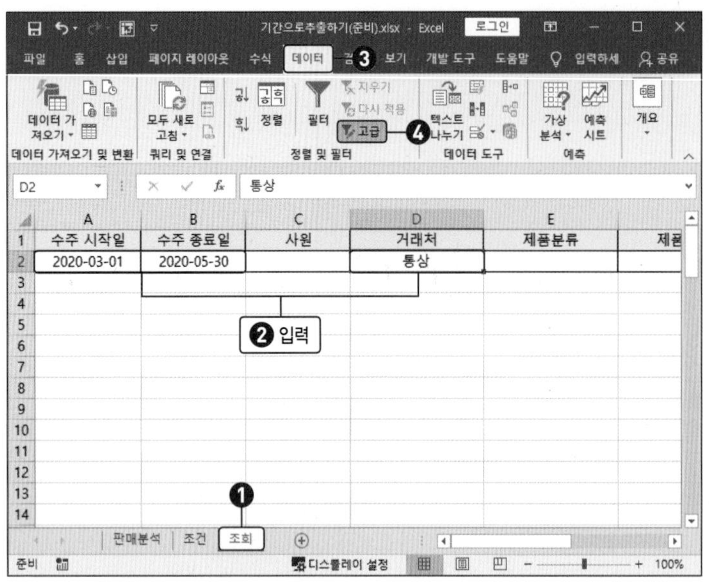


**11** [고급 필터] 대화상자가 열리면 '결과'에서 [다른 장소에 복사]를 선택하고 '목록 범위'에는 『데이터』를, '조건 범위'에는 『조건』을, '복사 위치'에는 『결과』를 입력한 후 [확인]을 클릭합니다.

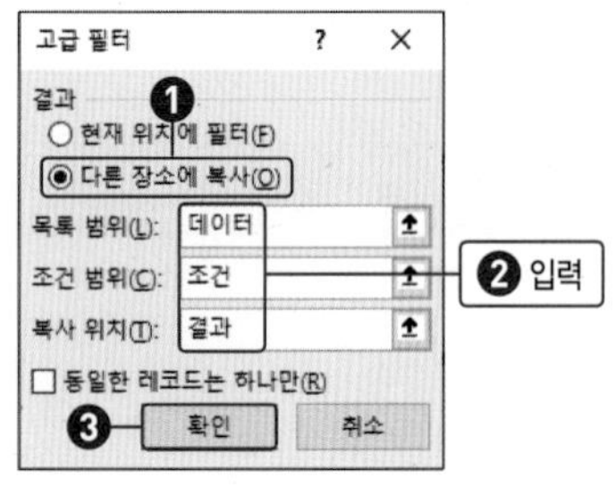


**TIP**

조건의 내용은 달라졌지만, 사용한 영역은 기존과 같으므로 미리 정의해둔 이름을 그대로 사용하면 됩니다.

**12** 수주일이 2020-3-1부터 2020-5-30 사이의 데이터 중에서 '거래처'에 '통상'이라는 단어가 포함된 데이터가 A5셀부터 모두 추출되었습니다. 결과 데이터 영역에 있는 하나의 셀을 선택하고 Ctrl+A를 눌러 모두 선택한 후 Delete를 눌러 삭제하세요.

| | A | B | C | D | E | F |
|---|---|---|---|---|---|---|
| 1 | 수주 시작일 | 수주 종료일 | 사원 | 거래처 | 제품분류 | 제품이름 |
| 2 | | 20-05- | | 통상 | | |
| 4 | | | | | | |
| 5 | 주문번호 | 수주일 | 사원 | 거래처 | 제품분류 | 제품이름 |
| 6 | 128 | 2020-03-06 | 유가을 | 오성통상 | 음료 | 콜롬비아산 원두커피 |
| 7 | 131 | 2020-03-11 | 유가을 | 오성통상 | 음료 | 콜롬비아산 원두커피 |
| 8 | 153 | 2020-04-03 | 김소미 | 오성통상 | 해산물 | 훈제 대합조개 통조림 |
| 9 | 154 | 2020-04-03 | 김소미 | 오성통상 | 해산물 | 보스톤산 게살 통조림 |
| 10 | 157 | 2020-04-05 | 최소라 | 동광통상 | 해산물 | 훈제 대합조개 통조림 |
| 11 | 168 | 2020-04-08 | 김소미 | 오성통상 | 해산물 | 훈제 대합조개 통조림 |
| 12 | 169 | 2020-04-08 | 김소미 | 오성통상 | 해산물 | 보스톤산 게살 통조림 |
| 13 | 176 | 2020-04-20 | 유가을 | 오성통상 | 음료 | 콜롬비아산 원두커피 |
| 14 | 177 | 2020-04-21 | 최소라 | 동광통상 | 조미료 | 태양 체리 시럽 |
| 15 | 178 | 2020-04-21 | 최소라 | 동광통상 | 조미료 | 대양 특선 딸기 소스 |
| 16 | 184 | 2020-04-26 | 최소라 | 동광통상 | 조미료 | 태양 체리 시럽 |
| 17 | 185 | 2020-04-26 | 최소라 | 동광통상 | 조미료 | 대양 특선 딸기 소스 |
| 18 | 191 | 2020-05-18 | 김소미 | 오성통상 | 해산물 | 훈제 대합조개 통조림 |

❷ 클릭→Ctrl+A ❸ Delete ❶ 확인

판매분석 | 조건 | 조회

평균: 32164.89231 개수: 126 합계: 2090718

**TIP**

새롭게 추출하려면 미리 추출할 영역에 입력된 데이터를 삭제한 후 작업해야 합니다. 만약 데이터를 삭제하지 않으면 첫 번째 열만 추출되거나 결과가 제대로 표시되지 않습니다.

**13** 시작일에 상관없이 2020-5-30일까지 수주한 모든 데이터를 추출하기 위해 조건을 수정해 볼게요. A2셀과 D2셀에 입력된 조건을 모두 지우고 B2셀의 '수주 종료일'에 『2020-5-30』이 입력된 것을 확인한 후 [데이터] 탭-[정렬 및 필터] 그룹에서 [고급]을 클릭하세요.

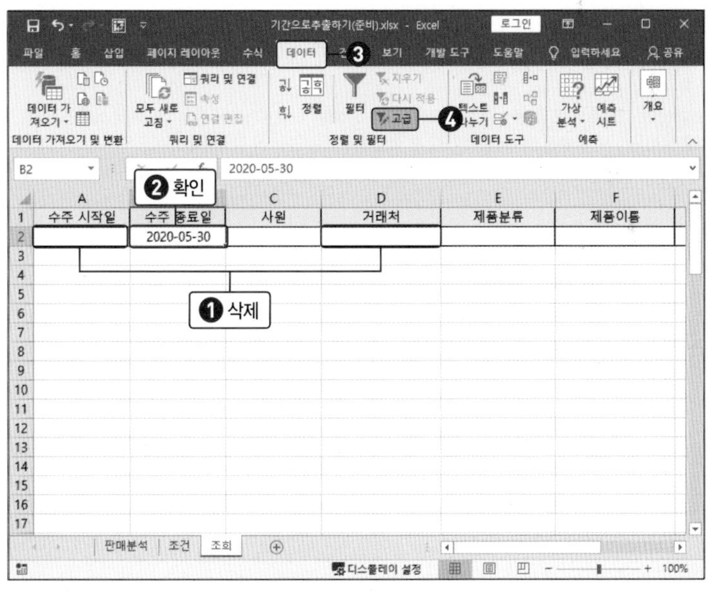

**14** [고급 필터] 대화상자가 열리면 '결과'에서 [다른 장소에 복사]를 선택하고 '목록 범위'에는 『데이터』를, '조건 범위'에는 『조건』을, '복사 위치'에는 『결과』를 입력한 후 [확인]을 클릭합니다.

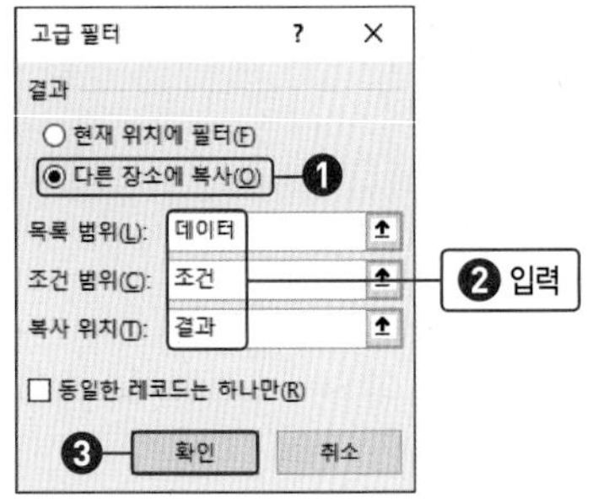


**15** 수주일이 2020년 5월 30일 이내인 모든 데이터가 추출되었는지 확인합니다.

| | A | B | C | D | E | F | |
|---|---|---|---|---|---|---|---|
| 1 | 수주 시작일 | 수주 종료일 | 사원 | 거래처 | 제품분류 | 제품이름 | |
| 2 | | 2020-05-30 | | | | | |
| 3 | | | | | | | |
| 4 | | | | | | | |
| 5 | 주문번호 | 수주일 | 사원 | 거래처 | 제품분류 | 제품이름 | 수량 |
| 6 | 101 | 2020-01-05 | 김덕훈 | 협우상사 | 가공식품 | 대양 특선 건과(배) | |
| 7 | 102 | 2020-01-12 | 유가을 | 한미교역 | 음료 | 태일 라이트 맥주 | |
| 8 | 103 | 2020-01-12 | 유가을 | 한미교역 | 가공식품 | 대양 특선 건과(자두) | |
| 9 | 104 | 2020-01-17 | 윤대현 | 경성트레이딩 | 가공식품 | 대양 특선 건과(배) | |
| 10 | 105 | 2020-01-17 | 윤대현 | 경성트레이딩 | 가공식품 | 유림 사과 통조림 | |
| 11 | 106 | 2020-01-17 | 윤대현 | 경성트레이딩 | 가공식품 | 대양 특선 건과(자두) | |
| 12 | 107 | 2020-01-17 | 유가을 | 한미교역 | 음료 | 태일 라이트 맥주 | |
| 13 | 108 | 2020-01-17 | 유가을 | 한미교역 | 가공식품 | 대양 특선 건과(자두) | |
| 14 | 109 | 2020-01-19 | 최소라 | 혜성백화점 | 음료 | 태양 100% 오렌지 주 | |
| 15 | 110 | 2020-01-19 | 최 | 혜성백화점 | 음료 | 콜롬비아산 원두커피 | |
| 16 | 111 | 2020-01-22 | 윤 | 경성트레이딩 | 가공식품 | 대양 특선 건과(배) | |
| 17 | 112 | 2020-01-22 | 윤대현 | 경성트레이딩 | 가공식품 | 유림 사과 통조림 | |
| 18 | 113 | 2020-01-22 | 윤대현 | 경성트레이딩 | 가공식품 | 대양 특선 건과(자두) | |
| 19 | 114 | 2020-01-24 | 최소라 | 혜성백화점 | 음료 | 태양 100% 오렌지 주 | |
| 20 | 115 | 2020-01-24 | 최소라 | 혜성백화점 | 음료 | 콜롬비아산 원두커피 | |
| 21 | 116 | 2020-01-27 | 김찬진 | 삼화상사 | 과자류 | 신한 초콜릿 소스 | |
| 22 | 117 | 2020-02-01 | 김찬진 | 삼화상사 | 과자류 | 신한 초콜릿 소스 | |
| 23 | 118 | 2020-02-03 | 유가을 | 경성트레이딩 | 과자류 | 신한 초콜릿 소스 | |
| 24 | 119 | 2020-02-07 | 윤대현 | 광성교역 | 과자류 | 진미 트로피컬 캔디 | |
| 25 | 120 | 2020-02-08 | 유가을 | 경성트레이딩 | 과자류 | 신한 초콜릿 소스 | |



**TIP**

데이터 영역, 조건 영역, 추출 위치는 항상 동일하므로 그대로 두고 조건만 '수주 시작일', '수주 종료일', '사원', '거래처' 등을 다양하게 바꾸면서 새롭게 데이터를 추출할 수 있습니다. 새롭게 추출할 때는 이미 추출된 데이터를 삭제한 후 작업해야 하는 것을 꼭 기억하세요.

# CASE 03 이중 목록으로 조건 표시하기

◉ **예제파일** : 이중목록표시하기(준비).xlsx ◉ **완성파일** : 이중목록표시하기(완성).xlsx

**1** [조회] 시트에서 '제품분류' 항목에 가공식품, 음료, 과자류 등의 분류 항목을 목록으로 표시해 볼게요. E2셀을 선택하고 [데이터] 탭-[데이터 도구] 그룹에서 [데이터 유효성 검사]를 클릭합니다.

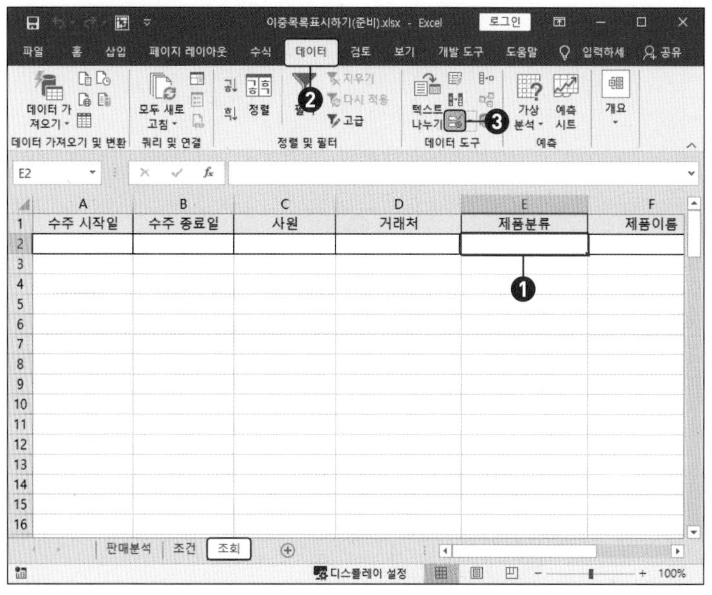

**2** [데이터 유효성] 대화상자의 [설정] 탭이 열리면 '유효성 조건'의 '제한 대상'에서 [목록]을 선택합니다. '원본'의 입력 상자에 커서를 올려놓고 [조건] 시트를 클릭하세요.

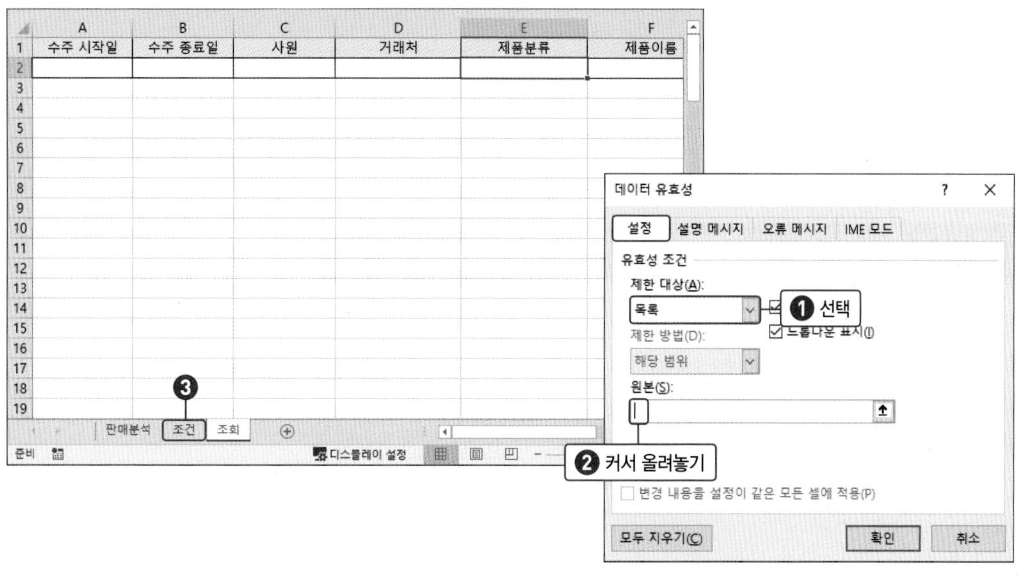

**3** [조건] 시트에서 J1셀을 선택하고 Ctrl+Shift+→를 눌러 Q1셀까지 범위를 지정합니다. '원본'에 [=조건!$J$1:$Q$1]과 같이 표시되었으면 [확인]을 클릭하세요.

**4** E2셀의 오른쪽에 목록 단추(▾)가 생겼으면 클릭합니다. [조건] 시트의 J1:Q1 영역의 데이터가 목록으로 표시되면 조회할 분류 항목을 선택하세요.

**5** F2셀에도 제품 이름을 목록으로 표시해 볼게요. F2셀을 선택하고 [데이터] 탭-[데이터 도구] 그룹에서 [데이터 유효성 검사]를 클릭합니다.

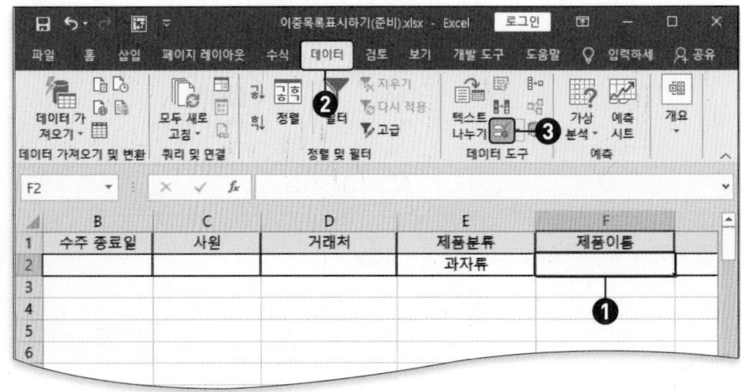

**6** [데이터 유효성] 대화상자의 [설정] 탭이 열리면 '유효성 조건'의 '제한 대상'에서 [목록]을 선택합니다. '원본'의 입력 상자에 커서를 올려놓고 [조건] 시트의 T2셀을 선택한 후 Ctrl+Shift+↓를 눌러 T24셀까지 범위를 지정하고 [확인]을 클릭하세요.

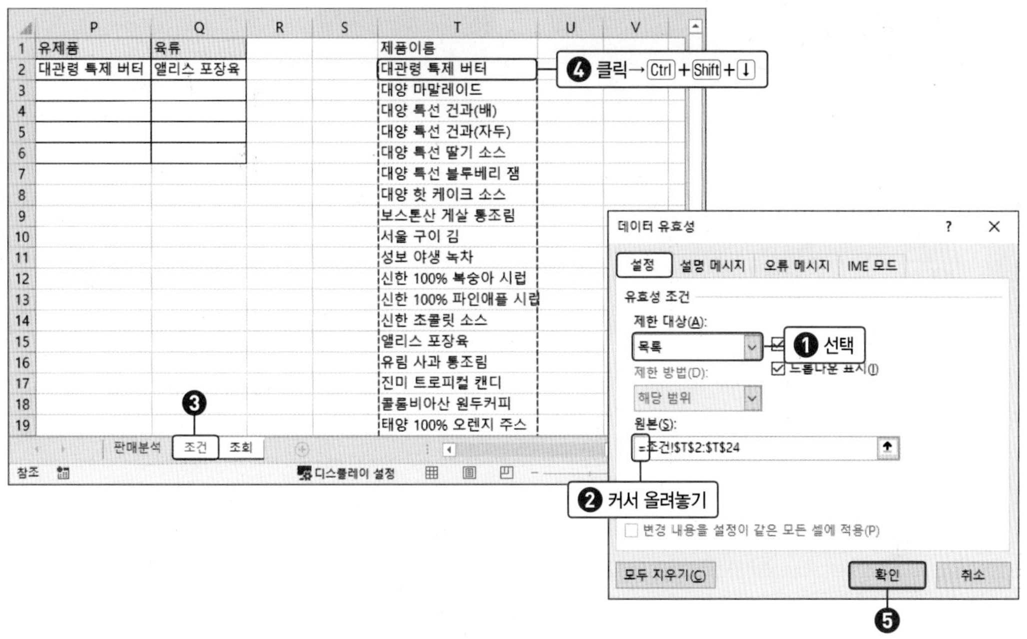


**7** F2셀의 오른쪽에 목록 단추(▾)가 표시되면 클릭하세요. 모든 제품 이름이 목록으로 표시되는데, E2셀에서 [과자류]를 선택했으면 과자류에 해당하는 이름만 표시되도록 수정해 볼게요.

**8** [조건] 시트를 클릭하고 J1셀을 살펴보면 첫 행에는 제품 분류 항목이 입력되어 있고 아래쪽으로는 해당 제품에 해당하는 제품 이름이 입력된 상태입니다. J1셀을 선택하고 Ctrl+A를 눌러 데이터 영역을 모두 선택한 후 [수식] 탭-[정의된 이름] 그룹에서 [선택 영역에서 만들기]를 클릭하세요.

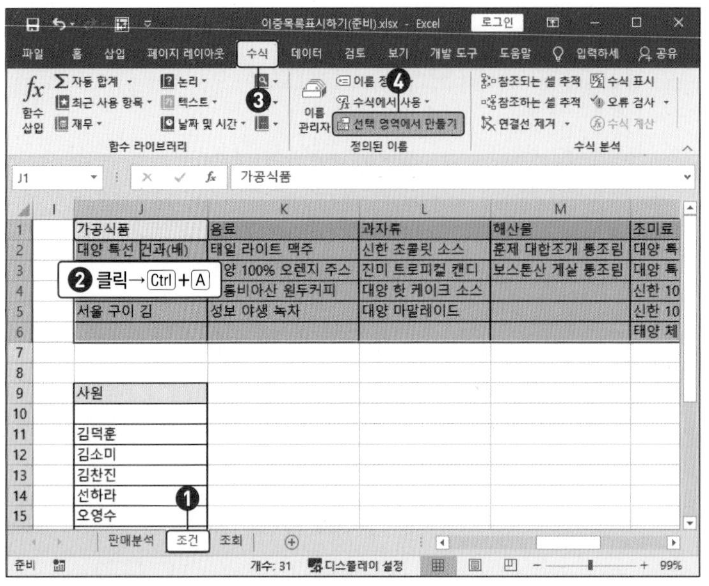


**9** [선택 영역에서 이름 만들기] 대화상자가 열리면 '이름 만들기'에서 [첫 행]에만 체크하고 [확인]을 클릭합니다. 정의한 이름을 확인하기 위해 [수식] 탭-[정의된 이름] 그룹에서 [이름 관리자]를 클릭합니다.

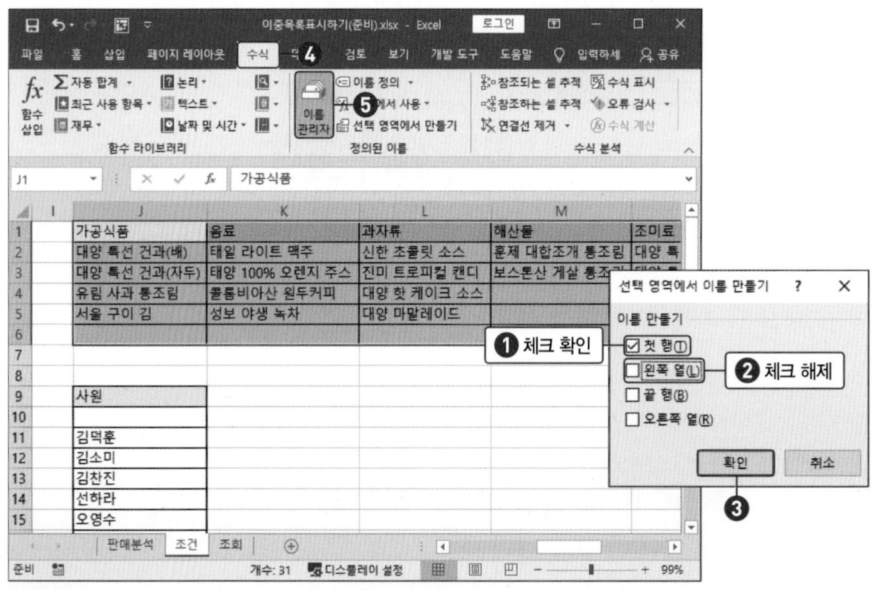


TIP

범위를 지정한 J1:Q6 영역의 데이터 중에서 첫 행에 입력된 값은 범위 이름으로, 나머지 행은 데이터 목록으로 일괄적으로 이름을 정의할 수 있습니다. 따라서 J1셀의 '가공식품'이라는 이름으로 J2:J6 영역을 데이터 목록으로 지정하고, K1셀의 '음료'라는 이름으로 K2:K6 영역의 데이터를 목록으로 지정합니다.

**10** [이름 관리자] 대화상자가 열리면 '가공식품', '곡류', '과자류', '유제품', '육류' 등의 이름이 정의되어 있습니다. 표시된 이름 중에서 [가공식품]을 선택하고 '참조 대상'의 입력 상자를 클릭하여 커서를 올려놓으세요. 참조된 영역이 시트의 해당 부분에 표시되면 확인한 후 [닫기]를 클릭합니다.

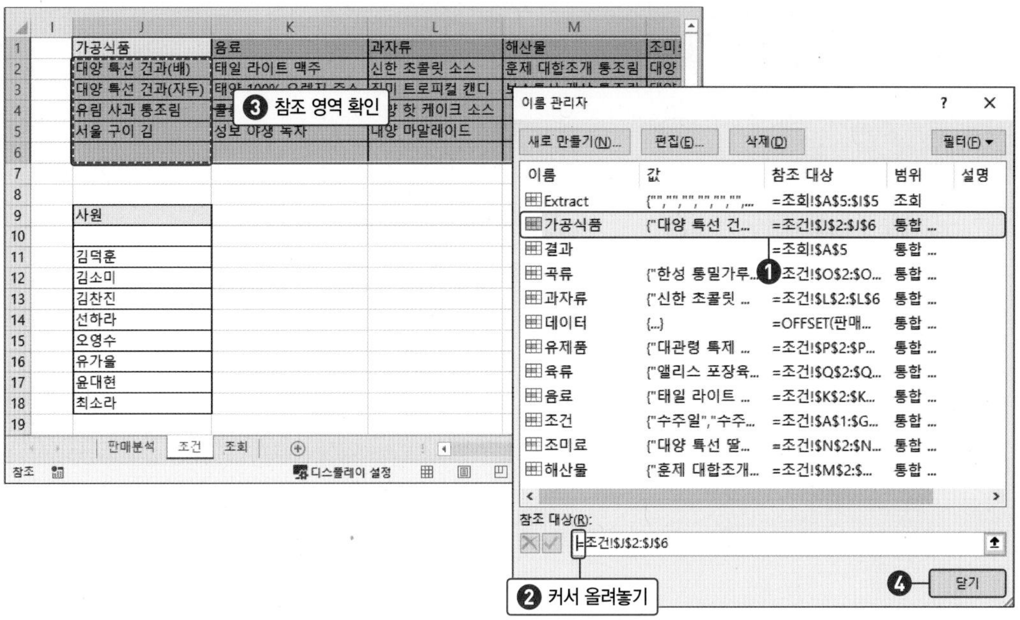


**11** [조회] 시트의 F2셀을 선택하면 표시되는 목록을 수정해 볼게요. [조회] 시트에서 [데이터] 탭-[데이터 도구] 그룹에서 [데이터 유효성 검사]를 클릭합니다. [데이터 유효성] 대화상자가 열리면 [설정] 탭에서 '원본'에 지정된 값을 지우고 E2셀을 선택해서 '=$E$2'를 지정한 후 [확인]을 클릭합니다.

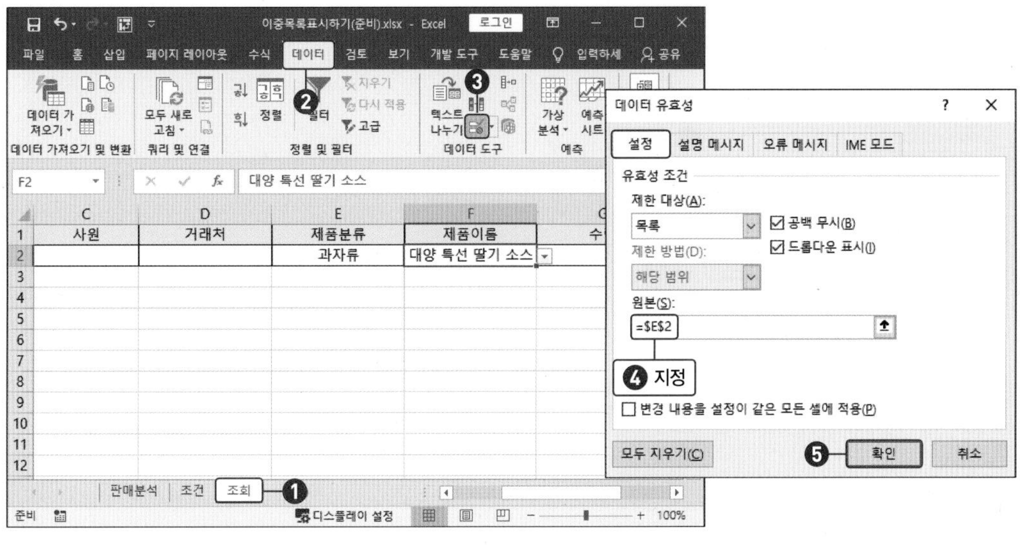


**TIP**

F2셀에 E2셀에서 선택한 값과 동일하게 '과자류'를 표시하도록 설정한 것입니다.

**12** F2셀을 선택하고 목록 단추(▾)를 클릭하면 F2셀에 선택된 이름과 같은 영역의 데이터가 표시되지 않고 그냥 값으로 표시되어 [과자류]가 나타난 것을 확인할 수 있습니다. 이것을 수정하기 위해 [데이터] 탭-[데이터 도구] 그룹에서 [데이터 유효성 검사]를 클릭하세요.

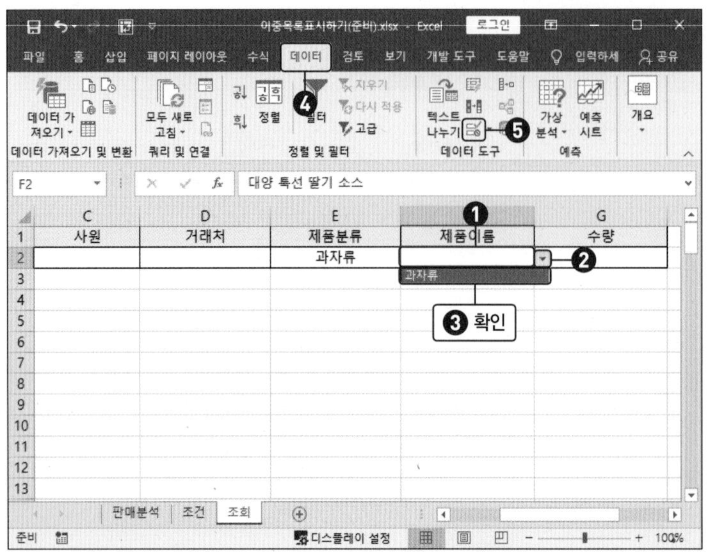


**13** [데이터 유효성] 대화상자가 열리면 [설정] 탭에서 '원본'에 지정된 값을 『=INDIRECT($E$2)』로 수정하고 [확인]을 클릭합니다.

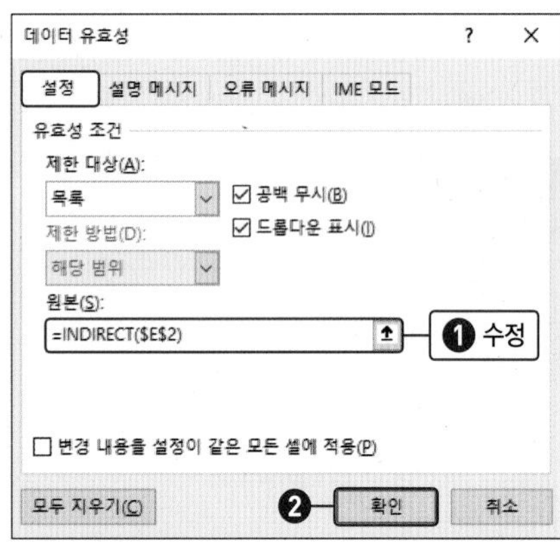


**함수식 설명**

**=INDIRECT($E$2)**

E2셀의 값이 '가공식품'이면 '=INDIRECT(가공식품)'으로 인식해서 '가공식품'이라는 이름으로 정의한 영역이 적용됩니다. 그래서 이름을 정의한 J2:J6 영역을 지정한 것과 같은 결과를 얻을 수 있습니다. 정의된 이름은 421쪽의 **10** 과정에서 확인했습니다.

**14** F2셀의 목록 단추(▾)를 클릭하면 목록에 모든 제품 이름이 표시되지 않고 E2셀에서 선택한 [과자류]와 같은 이름으로 정의된 영역의 데이터만 표시되었습니다.

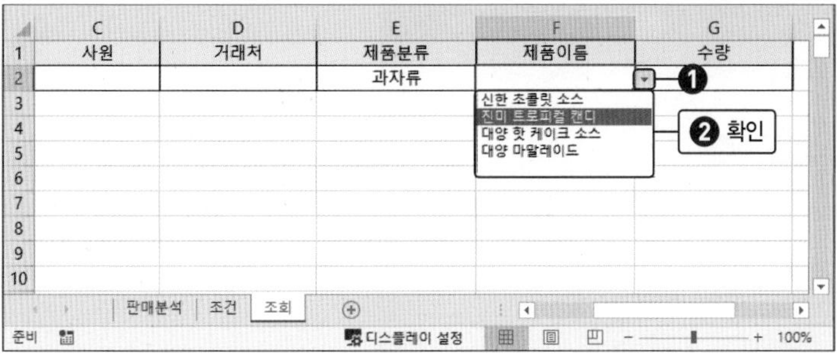


**15** 이번에는 E2셀에서 [조미료]를 선택하고 F2셀의 목록 단추(▾)를 클릭합니다. '조미료'라고 이름 정의한 [조건] 시트의 N2:N6 영역의 데이터가 목록으로 표시되었는지 확인합니다.

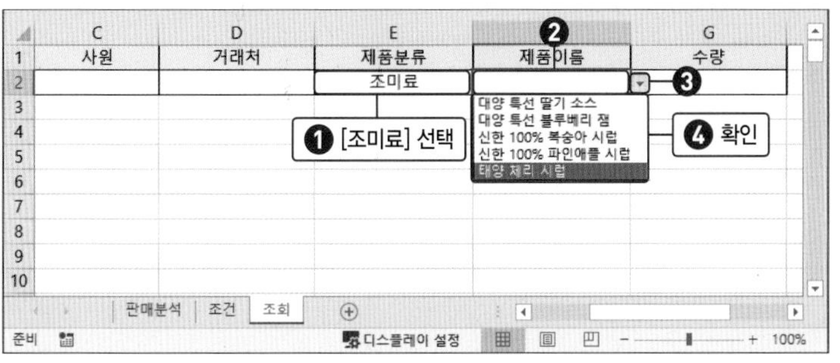


**16** '제품분류' 항목에서 원하는 종류를 선택하면 해당 종류에 해당하는 이름만 조회되도록 이중으로 목록을 연결해서 지정했는데, 이 조건을 실제 고급 필터의 조건에 표시해 볼게요. [조건] 시트에서 E2셀에는 함수식 『=IF(조회!E2="","",조회!E2)』를, F2셀에는 [조회] 시트의 값이 바뀌어도 그대로 표시하기 위해 함수식 『=IF(조회!F2="","",조회!F2)』를 입력하고 Enter를 누르세요.

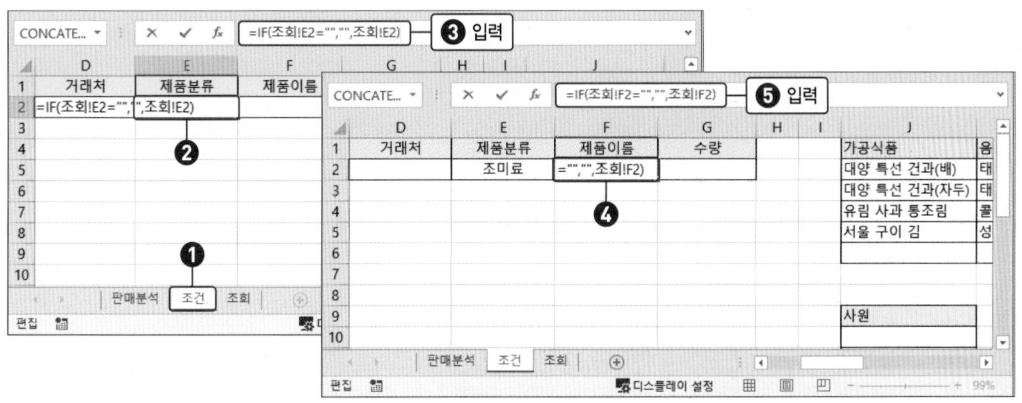


**함수식 설명**

**=IF(조회!E2="","",조회!E2)**

[조회] 시트의 E2셀(또는 F2셀)에 아무것도 입력되지 않았다면 그대로 비워두고, 무엇인가 입력되었다면 E2셀(또는 F2셀)의 값을 그대로 표시합니다.

17 [조회] 시트를 클릭하고 E2:F2 영역에 조회하려는 조건을 지정합니다. 조건에 만족하는 데이터만 추출하기 위해 [데이터] 탭-[정렬 및 필터] 그룹에서 [고급]을 클릭합니다.

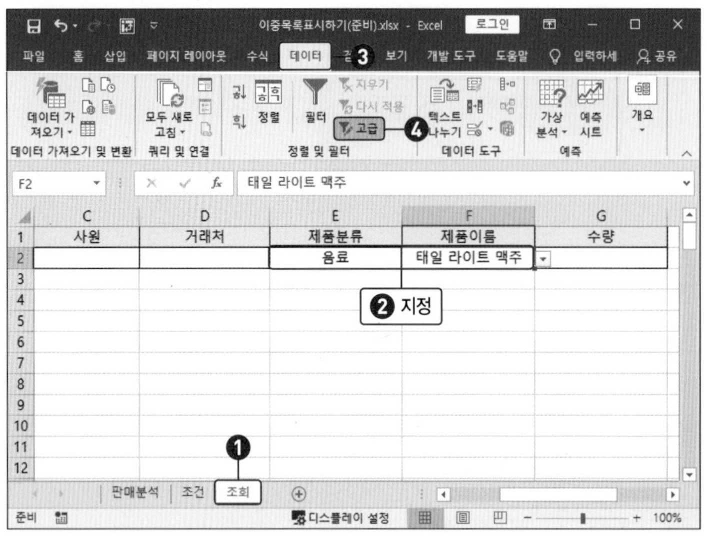


18 [고급 필터] 대화상자가 열리면 '결과'에서 [다른 장소에 복사]를 클릭하고 '목록 범위'에는 『데이터』를, '조건 범위'에는 『조건』을, '복사 위치'에는 『결과』를 입력한 후 [확인]을 클릭합니다.

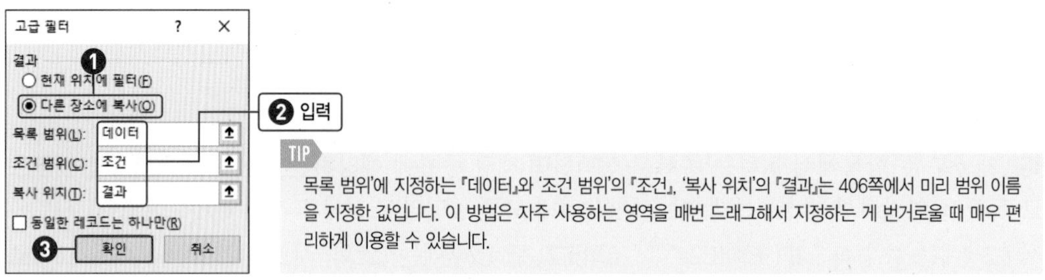


TIP

'목록 범위'에 지정하는 『데이터』와 '조건 범위'의 『조건』, '복사 위치'의 『결과』는 406쪽에서 미리 범위 이름을 지정한 값입니다. 이 방법은 자주 사용하는 영역을 매번 드래그해서 지정하는 게 번거로울 때 매우 편리하게 이용할 수 있습니다.

19 [판매분석] 시트의 '음료' 제품 중에서 '태일 라이트 맥주'에 해당하는 데이터만 A5셀부터 추출되었는지 확인합니다.

| 주문번호 | 수주일 | 사원 | 거래처 | 제품분류 | 제품이름 | 수량 |
|---|---|---|---|---|---|---|
| 102 | 2020-01-12 | 유가을 | 한미교역 | 음료 | 태일 라이트 맥주 | 34 |
| 107 | 2020-01-17 | 유가을 | 한미교역 | 음료 | 태일 라이트 맥주 | 34 |
| 152 | 2020-04-01 | 김소미 | 광성교역 | 음료 | 태일 라이트 맥주 | 34 |
| 155 | 2020-04-04 | 김찬진 | 협우상사 | 음료 | 태일 라이트 맥주 | 34 |
| 166 | 2020-04-06 | 김소미 | 광성교역 | 음료 | 태일 라이트 맥주 | 34 |
| 171 | 2020-04-09 | 김찬진 | 협우상사 | 음료 | 태일 라이트 맥주 | |
| 223 | 2020-06-23 | 김찬진 | 협우상사 | 음료 | 태일 라이트 맥주 | |
| 230 | 2020-07-30 | 유가을 | 한미교역 | 음료 | 태일 라이트 맥주 | 34 |
| 235 | 2020-08-04 | 유가을 | 한미교역 | 음료 | 태일 라이트 맥주 | 34 |
| 284 | 2020-10-18 | 김소미 | 광성교역 | 음료 | 태일 라이트 맥주 | 34 |
| 287 | 2020-10-21 | 김찬진 | 협우상사 | 음료 | 태일 라이트 맥주 | 34 |
| 297 | 2020-10-23 | 김소미 | 광성교역 | 음료 | 태일 라이트 맥주 | 34 |
| 300 | 2020-10-26 | 김찬진 | 협우상사 | 음료 | 태일 라이트 맥주 | 34 |

# 매크로로 반복 작업 자동화하기

◉ **예제파일** : 매크로로자동화하기(준비).xlsx ◉ **완성파일** : 매크로로자동화하기(완성).xlsm

**1** 고급 필터로 데이터를 필터링할 때 조건 값은 달라지지만 항상 같은 영역을 사용하고 방법도 동일하므로 이 과정이 자동으로 실행되도록 매크로를 작성해 볼게요. [조회] 시트에서 매크로로 기존에 추출된 데이터를 지우는 작업을 기록하기 위해 [개발 도구] 탭-[코드] 그룹에서 [매크로 기록]을 클릭합니다.

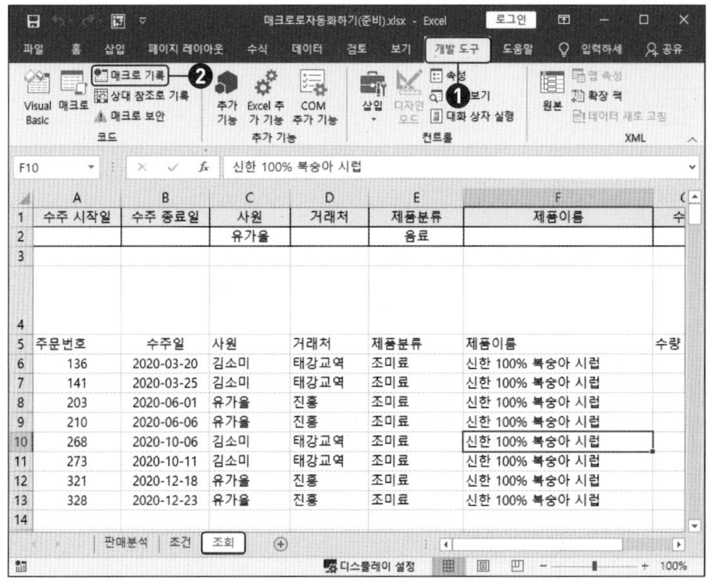

**TIP**

메뉴 탭에 [개발 도구] 탭이 보이지 않으면 356쪽을 참고해서 표시한 후 작업하세요.

**2** [매크로 기록] 대화상자가 열리면 '매크로 이름'에 지금 기록할 매크로 이름으로 『지우기』를 입력합니다. '바로 가기 키'는 생략하고 '매크로 저장 위치'는 [현재 통합 문서]를 선택한 상태에서 [확인]을 클릭하세요.

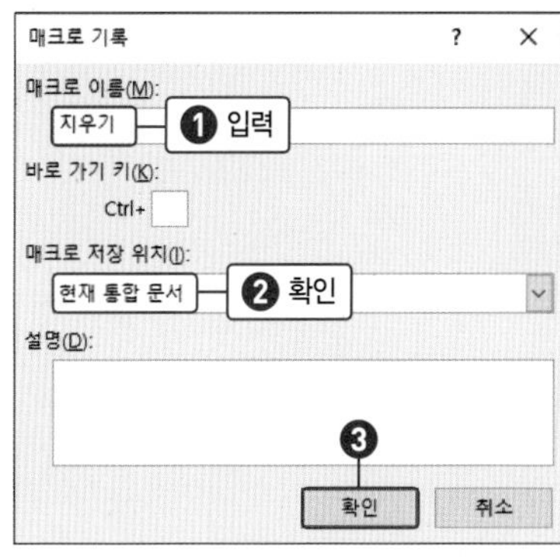

**TIP**

매크로를 기록할 때는 한 단계씩 천천히 그대로 따라해야 하는데, 중간에 다른 곳을 클릭하거나 다른 방법으로 선택하면 결과가 달라질 수 있습니다. 이때 매크로 기록이 잘못되었으면 [개발 도구] 탭-[코드] 그룹에서 [기록 중지]를 클릭하여 매크로 기록을 중지하고 다시 기록해야 합니다.

**3** 지금부터 작업하는 모든 동작은 매크로로 기록되어 소스 코드로 저장됩니다. 지울 데이터가 입력된 첫 번째 셀인 A5셀을 선택하고 Ctrl+Shift+↓를 눌러 아래쪽 마지막 행까지 범위를 지정합니다. 계속해서 Ctrl+Shift+→를 눌러 오른쪽 마지막 열까지 범위 영역을 추가하세요.

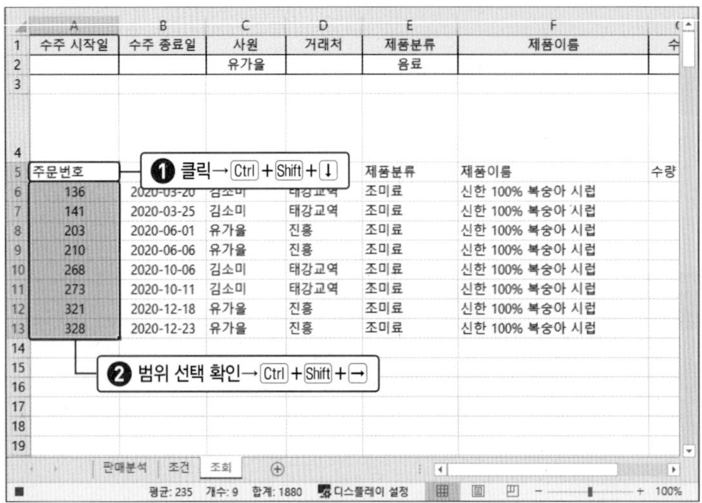


> **TIP**
> Ctrl+A를 눌러 전체를 한 번에 선택하거나 드래그해서 범위를 지정하면 다음에 데이터가 더 많이 추출된 상황에서도 항상 A5:I13 영역만 지우는 매크로가 됩니다. 따라서 반드시 Ctrl+Shift+방향키를 이용해서 범위를 지정하세요.

**4** 데이터가 추출된 영역을 모두 범위로 설정했으면 Delete를 눌러 삭제합니다.

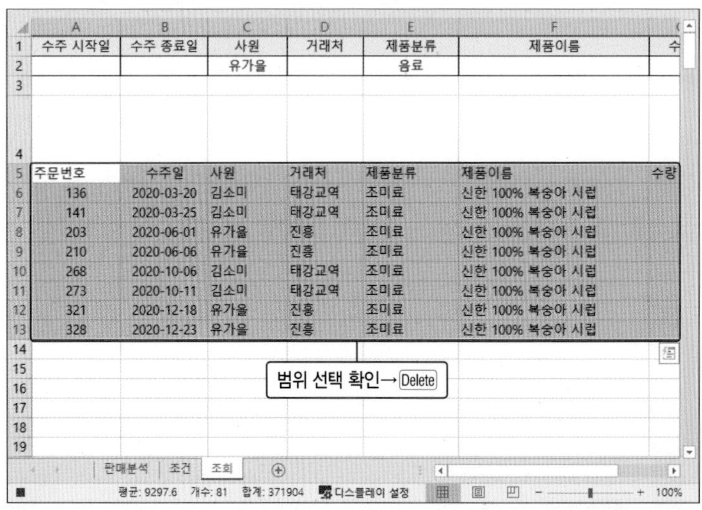


> **TIP**
> 행 전체를 삭제하는 명령으로 데이터를 지우면 A5셀에 이름 정의된 것도 함께 지워져서 고급 필터에서 오류가 발생하므로 반드시 Delete로 삭제하세요.

5 범위로 지정한 영역의 모든 데이터를 삭제했으면 A5셀을 선택해서 범위 설정을 해제합니다. 매크로 기록을 끝내기 위해 [개발 도구] 탭-[코드] 그룹에서 [기록 중지]를 클릭합니다.

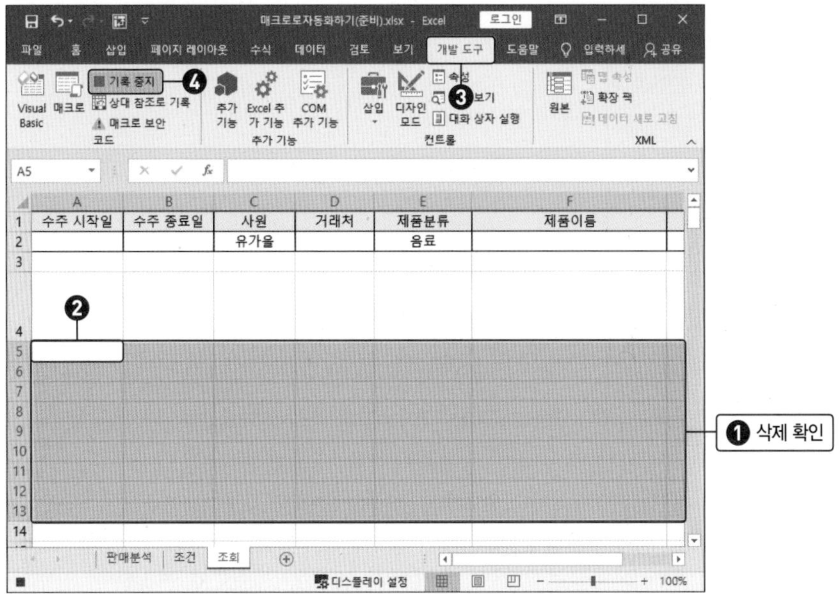


6 기록된 매크로를 실행하는 명령 단추를 만들기 위해 [개발 도구] 탭-[컨트롤] 그룹에서 [삽입]을 클릭하고 '양식 컨트롤'에서 [단추](▭)를 클릭합니다. 마우스 포인터가 + 모양으로 변경되면 D4:F4 영역에서 적당한 크기로 드래그하여 명령 단추를 만듭니다.

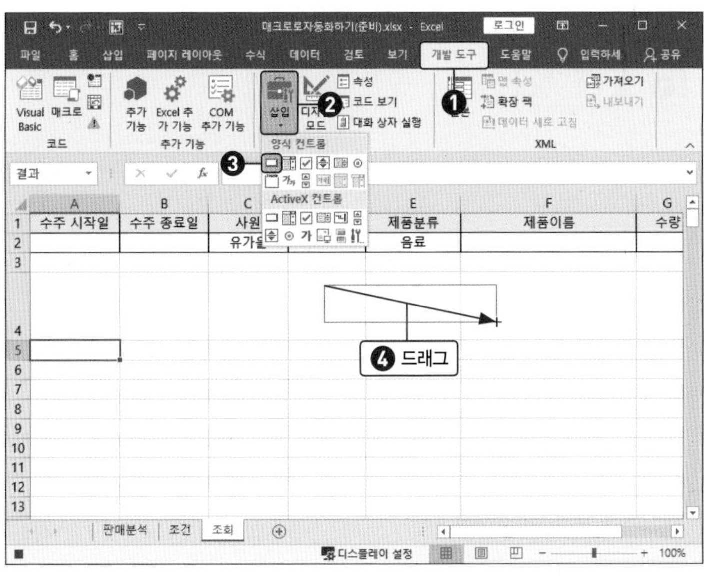

**7** 새로 만든 단추든 클릭했을 때 실행할 매크로를 지정하는 [매크로 지정] 대화상자가 열리면 '매크로 이름'에서 [지우기]를 선택하고 [확인]을 클릭하세요.

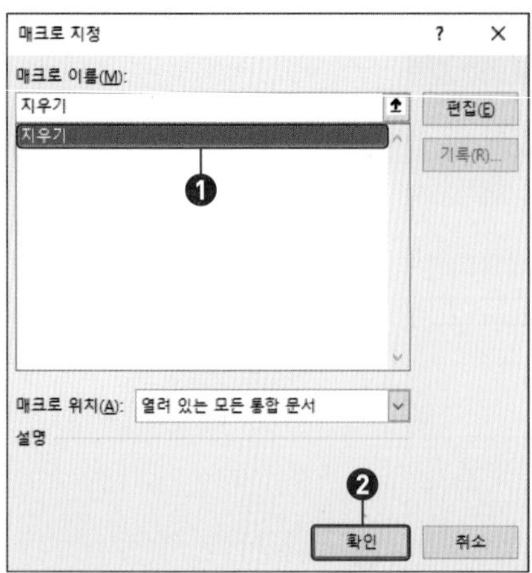


**8** 추가된 단추의 이름을 클릭하고 기존 이름을 삭제한 후 『데이터 지우기』로 수정합니다. Esc를 눌러 [데이터 지우기] 단추 이름의 수정을 완료하고 다시 클릭하면 A5셀을 기준으로 연속해서 입력된 데이터를 모두 지우는 매크로가 실행됩니다. 현재는 [데이터 지우기] 단추를 클릭해도 A5셀에 데이터가 없기 때문에 아무 효과를 확인할 수 없습니다.

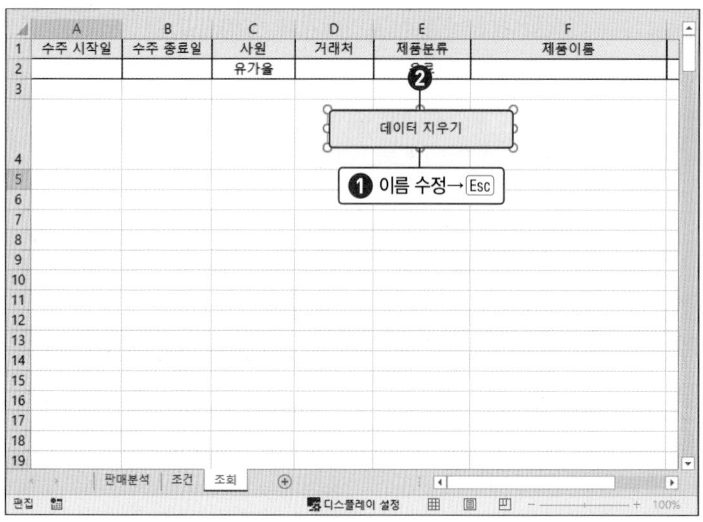


TIP

[데이터 지우기] 단추를 클릭했는데 오류가 발생했으면 매크로 기록 작업이 잘못된 것입니다. 이 경우에는 [개발 도구] 탭–[코드] 그룹에서 [매크로]를 클릭하여 [매크로] 대화상자를 열고 [지우기] 매크로를 선택해서 삭제한 후 1 과정부터 다시 작업해 보세요.

**9** 이번에는 고급 필터로 데이터를 추출하는 매크로를 만들기 위해 [개발 도구] 탭-[코드] 그룹에서 [매크로 기록]을 클릭합니다. [매크로 기록] 대화상자가 열리면 '매크로 이름'에 새로 기록할 매크로 이름인 『추출하기』를 입력합니다. '바로 가기 키'는 생략하고 '매크로 저장 위치'는 [현재 통합 문서]를 선택한 상태에서 [확인]을 클릭하세요.

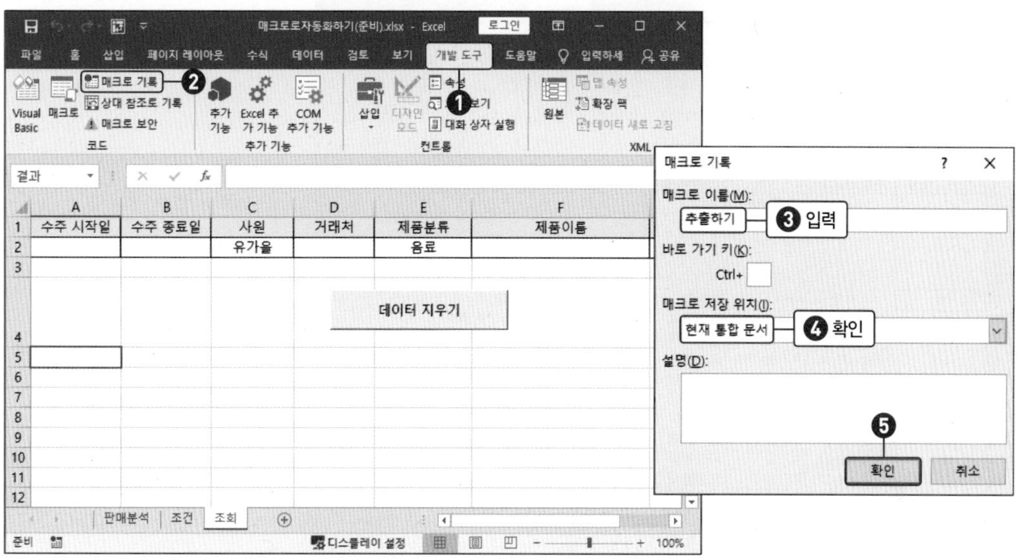


**10** 지금부터 작업하는 모든 동작은 매크로로 기록되므로 천천히 따라해 보세요. [데이터] 탭-[정렬 및 필터] 그룹에서 [고급]을 클릭합니다. [고급 필터] 대화상자가 열리면 '결과'에서 [다른 장소에 복사]를 선택하고 '목록 범위'에는 『데이터』를, '조건 범위'에는 『조건』을, '복사 위치'에는 『결과』를 입력한 후 [확인]을 클릭합니다.

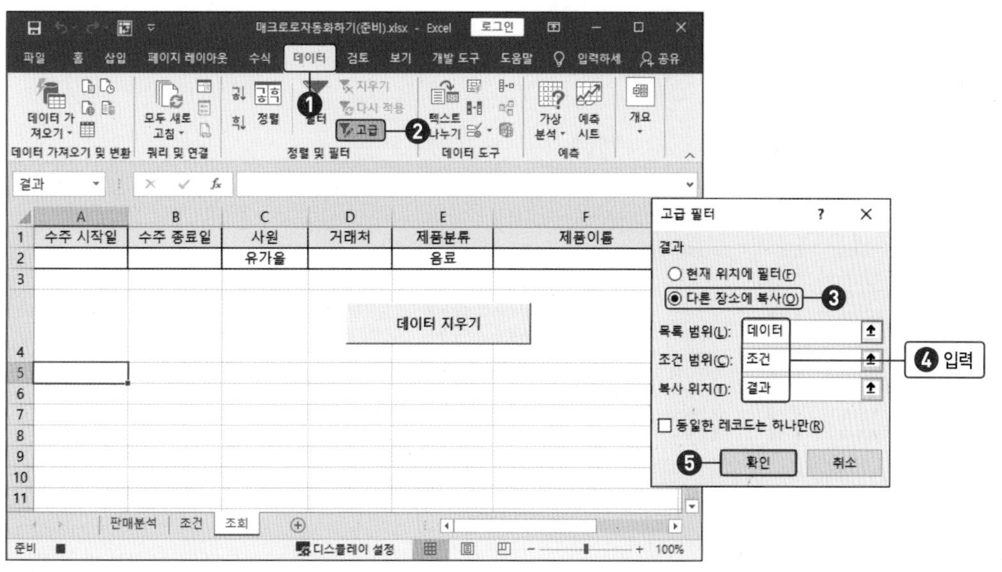


TIP

자주 사용하는 영역에 미리 범위 이름을 정의했기 때문에 '데이터', '조건', '결과'와 같이 범위 이름을 입력하는 것입니다. 이름을 정의하는 방법에 대해서는 406쪽을 참고하세요.

**11** A1:G2 영역에 지정한 조건에 의해 '유가을' 사원의 '음료'에 해당하는 수주 데이터가 추출되었습니다. 이제까지의 작업을 기록한 매크로를 완료하기 위해 [개발 도구] 탭-[코드] 그룹에서 [기록 중지]를 클릭하세요.

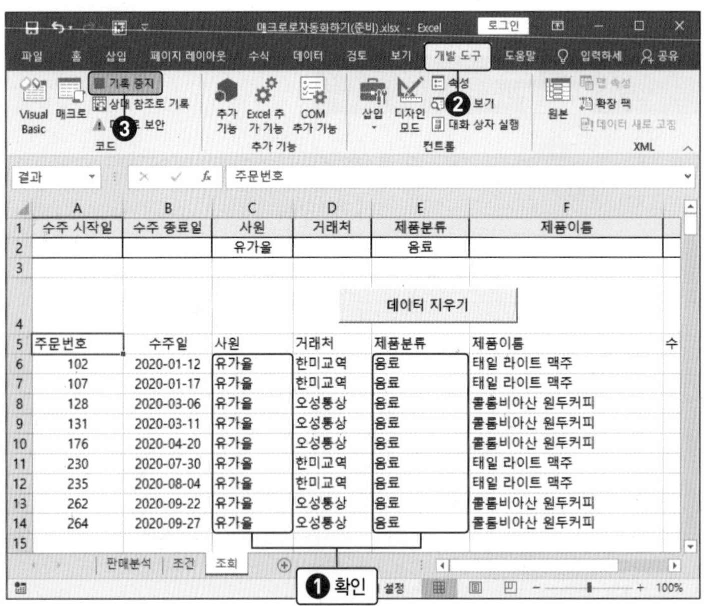


**12** 이번에는 새로 기록한 매크로를 실행하는 단추를 만들기 위해 [개발 도구] 탭-[컨트롤] 그룹에서 [삽입]을 클릭하고 '양식 컨트롤'에서 [단추](▭)를 클릭합니다.

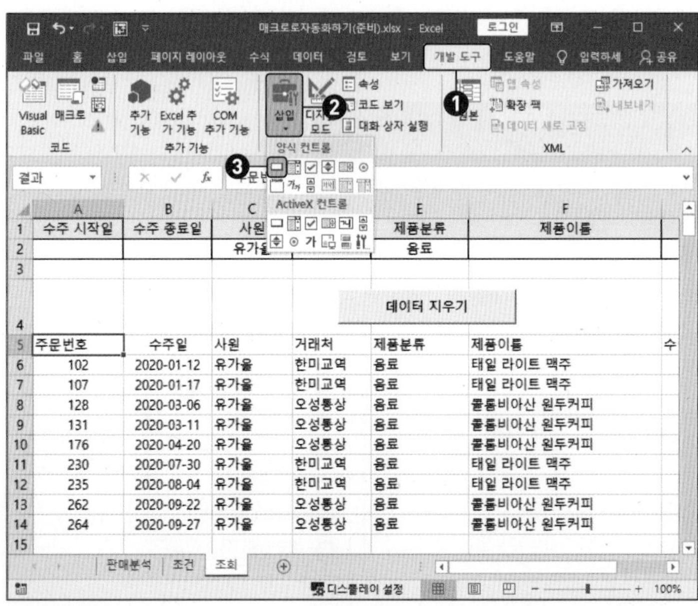

**13** B4:C4 영역에서 적당한 크기로 드래그하여 단추를 만듭니다. [매크로 지정] 대화상자가 열리면 단추를 클릭했을 때 실행할 매크로를 지정하기 위해 [추출하기]를 선택하고 [확인]을 클릭합니다.

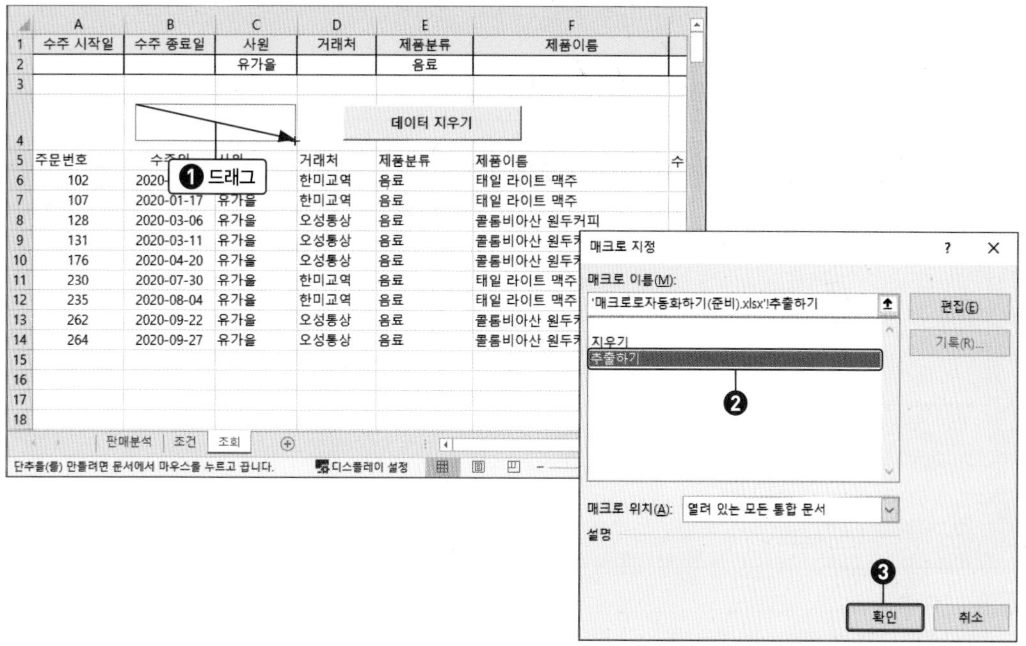


**TIP**

[매크로 지정] 대화상자에는 현재 열려있는 모든 엑셀 파일에 저장된 매크로가 목록으로 표시됩니다.

**14** 새로 생성된 단추에 표시된 텍스트를 클릭하고 『데이터 추출하기』로 수정합니다. 시트의 특정 셀을 선택하거나 Esc를 눌러 단추 이름의 수정을 완료하세요.

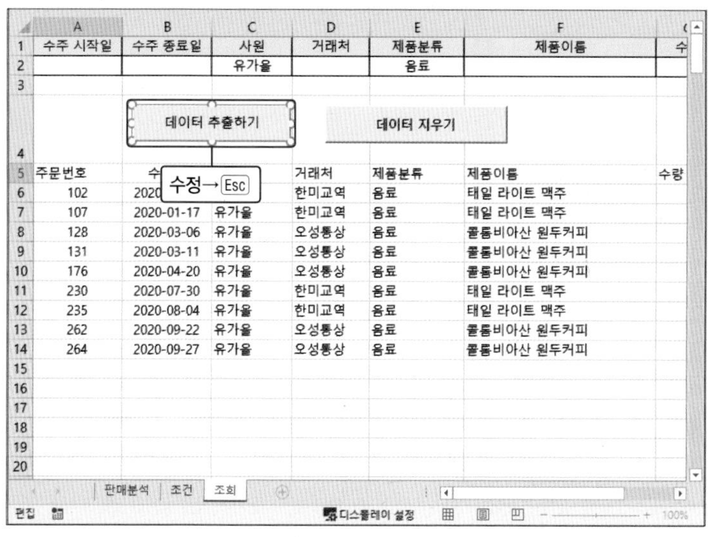


**TIP**

매크로 이름과 명령 단추에 표시할 텍스트는 달라도 상관없습니다.

**15** 새로운 데이터를 추출하려면 기존의 시트에 추출된 데이터를 먼저 삭제해야 하므로 [데이터 지우기] 단추를 클릭합니다. 이전에 추출되었던 데이터가 지워졌는지 확인하고 이미 지정된 조건을 다른 조건으로 새로 수정한 후 [데이터 추출하기] 단추를 클릭합니다.

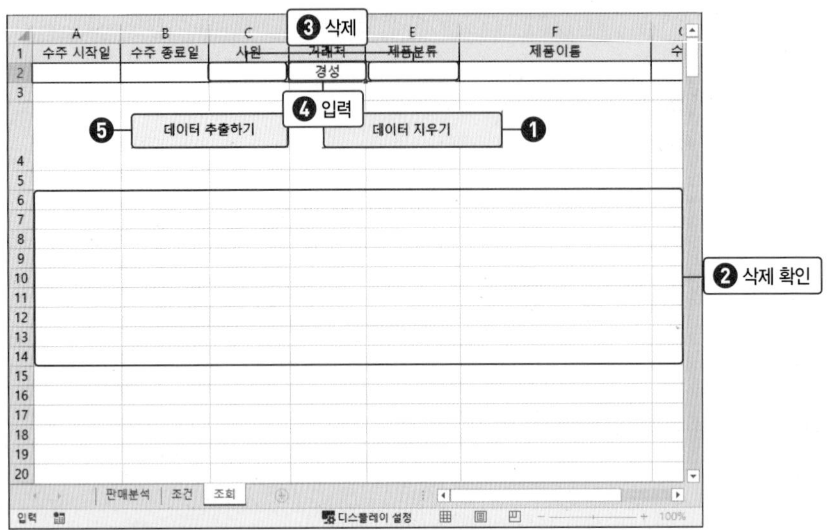


> **TIP**
> [데이터 추출하기] 단추를 클릭했는데 오류가 발생했으면 매크로 기록 작업이 잘못된 것입니다. 이 경우에는 [개발 도구] 탭-[코드] 그룹에서 [매크로]를 클릭하여 [매크로] 대화상자를 열고 [데이터 지우기] 매크로를 선택해서 삭제한 후 **9** 과정부터 다시 작업해 보세요.

**16** 새로 지정한 조건으로 거래처에 '경성'이 포함된 데이터만 추출되었으면 이 데이터를 지우기 위해 [데이터 지우기] 단추를 클릭합니다.

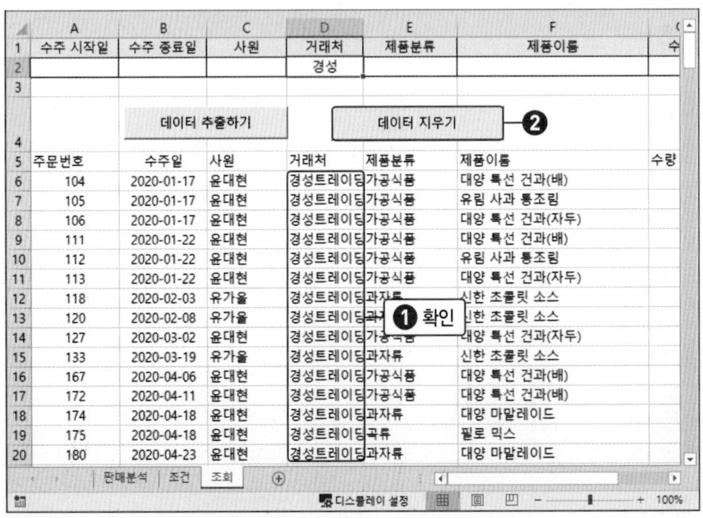


> **TIP**
> 매크로를 이용해서 실행한 결과는 이전 상태로 되돌리기 위해 [실행 취소]를 사용할 수 없습니다. 매크로는 사용자가 직접 실행한 것이 아니라 프로그램으로 자동 실행되었기 때문에 [실행 취소] 기능이 적용되지 않습니다.

**17** 이와 같이 반복되는 작업을 기록해서 자동으로 실행하는 용도로 매크로를 사용하면 됩니다. 매크로가 작성된 파일을 저장할 때는 반드시 [파일] 탭-[다른 이름으로 저장]을 선택하세요.

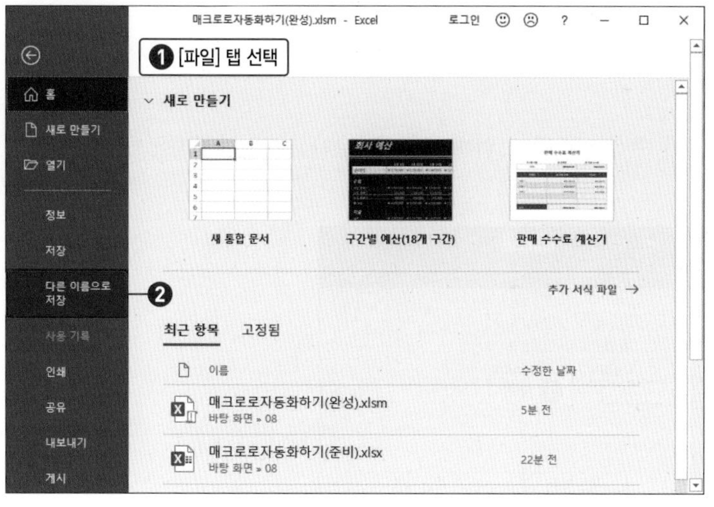


**18** [다른 이름으로 저장] 대화상자가 열리면 '파일 이름'에 원하는 이름을 입력합니다. 매크로가 작성된 문서이면 '파일 형식'에서 반드시 [Excel 매크로 사용 통합 문서 (*.xlsm)]를 선택하고 [저장]을 클릭합니다. 이렇게 저장한 파일은 확장자가 XLSM로 저장되어 매크로로 기록한 소스 코드와 함께 저장되지만, 일반 XLSX 파일로 저장하면 매크로 기록한 내용은 제외되고 시트에 입력된 데이터만 저장됩니다.

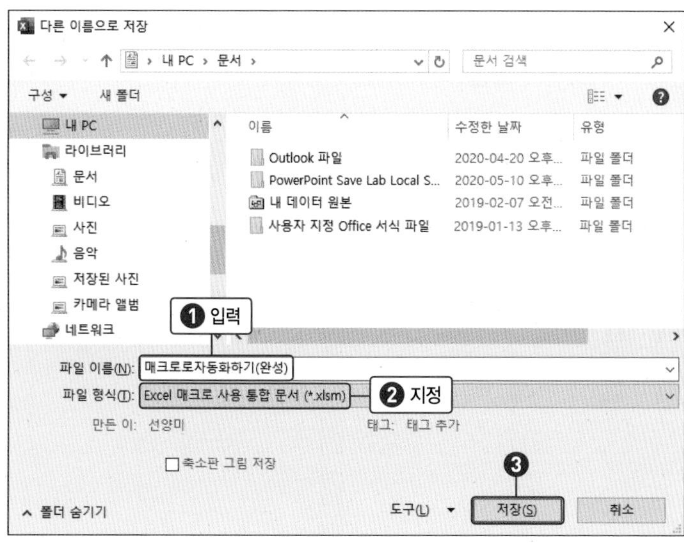

# VBA로 기록한 매크로 수정하기

◉ **예제파일** : 기록된매크로수정하기(준비).xlsm ◉ **완성파일** : 기록된매크로수정하기(완성).xlsm

**1** 매크로가 저장된 문서는 반드시 수식 입력줄의 위에 나타난 [보안 경고] 메시지에서 [콘텐츠 사용]을 클릭해서 열어야 합니다.

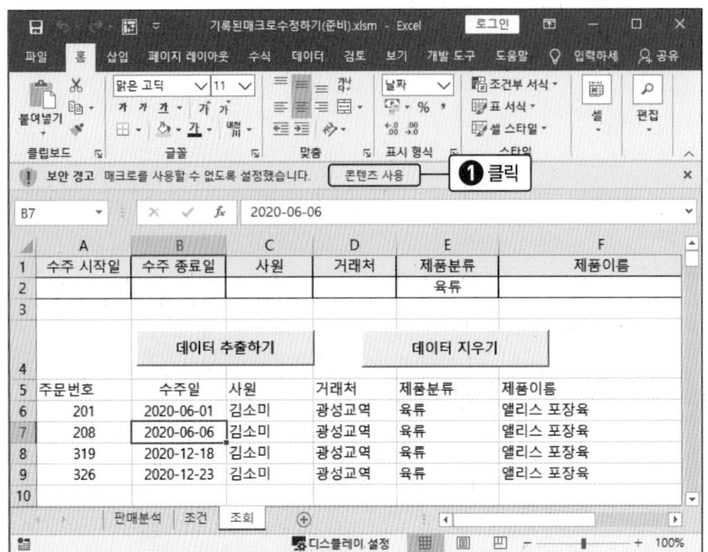


> **TIP**
> 매크로가 함께 저장되어 있는 파일을 열었을 때 [보안 경고] 메시지나 경고 창이 열리면 [콘텐츠 사용]을 클릭하거나 [매크로 포함]을 클릭해서 열어야 합니다. 그렇지 않으면 데이터만 보이고 매크로는 열리지 않아서 매크로를 실행할 수 없습니다. 이것에 대해서는 364쪽을 참고하세요.

**2** 기존에 육류가 추출되어 있는 상태에서 E2셀의 조건을 [곡류]로 바꾸고 [데이터 추출하기] 단추를 클릭합니다.

**3** 기존에 추출된 데이터를 지우지 않고 곧바로 추출했기 때문에 기존 데이터의 위에 첫 번째 열인 주문번호만 덮어쓰기되었습니다. 새롭게 추출하려면 반드시 기존에 추출된 데이터를 삭제한 후에 작업해야 하는데, 곧바로 추출하면 이런 문제가 발생합니다.

| | A | B | C | D | E | F |
|---|---|---|---|---|---|---|
| 1 | 수주 시작일 | 수주 종료일 | 사원 | 거래처 | 제품분류 | 제품이름 |
| 2 | | | | | 곡류 | |
| 3 | | | | | | |
| 4 | | 데이터 추출하기 | | 데이터 지우기 | | |
| 5 | 주문번호 | 수주일 | 사원 | 거래처 | 제품분류 | 제품이름 |
| 6 | 144 | 2020-06-01 | 김소미 | 광성교역 | 육류 | 앨리스 포장육 |
| 7 | 158 | 2020-06-06 | 김소미 | 광성교역 | 육류 | 앨리스 포장육 |
| 8 | 175 | 2020-12-18 | 김소미 | 광성교역 | 육류 | 앨리스 포장육 |
| 9 | 181 | 2020-12-23 | 김소미 | 광성교역 | 육류 | 앨리스 포장육 |
| 10 | 221 | | | | | |
| 11 | 276 | | | | | |
| 12 | 289 | | | | | |
| 13 | 302 | | | | | |
| 14 | 306 | | | | | |

확인

판매분석 | 조건 | 조회

**4** [데이터 지우기] 단추를 클릭해서 현재 추출된 데이터를 먼저 삭제합니다. 기존에 추출된 데이터를 지우지 않아도 새롭게 추출할 때마다 자동으로 데이터를 지우고 추출할 수 있도록 매크로에 기록된 코드를 수정하기 위해 Alt+F11을 누르세요.

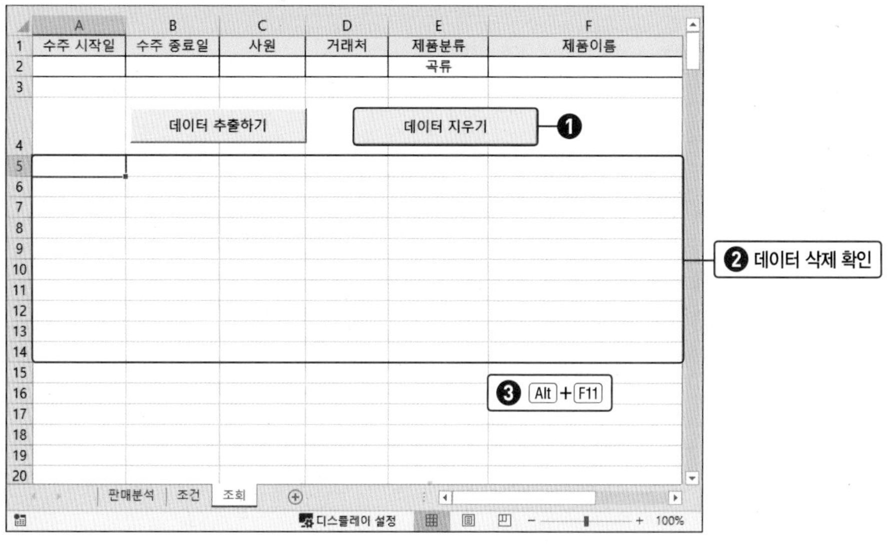


TIP

[개발 도구] 탭-[코드] 그룹에서 [Visual Basic]을 클릭해도 같은 효과를 얻을 수 있습니다.

5 VBE(Visual Basic Editor) 창이 열리면 왼쪽 위의 [프로젝트] 창에서 [모듈]-[Module1]을 더블클릭합니다. 화면의 오른쪽에 코드 창이 열리면 '지우기' 매크로와 '추출하기' 매크로가 프로그래밍 코드로 자동 생성되어 있는지 확인합니다.

6 '추출하기' 매크로 코드의 첫 행인 'Application.CutCopyMode = False'의 윗쪽 빈 영역을 클릭하고 Enter를 몇 번 눌러 빈 행을 몇 줄 추가합니다. 추가한 빈 행에서 『Call 지우기』를 입력하고 Enter를 누른 후 엑셀 작업 창으로 돌아가기 위해 Alt+F11을 누릅니다.

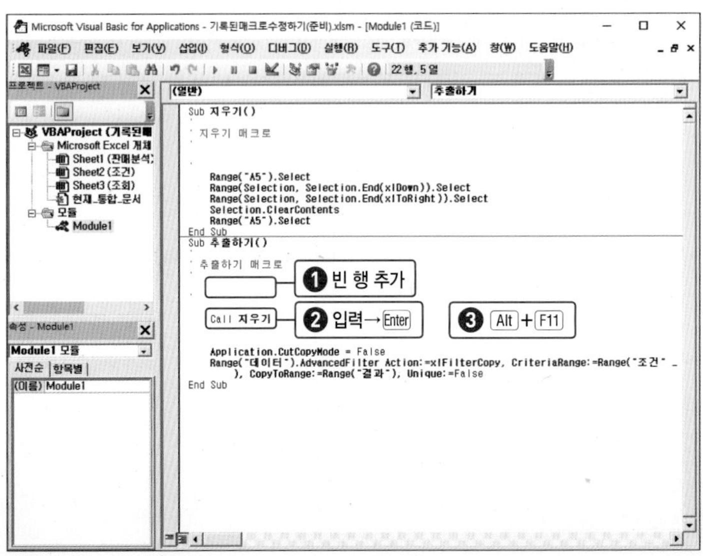


TIP

'Call 지우기' 명령은 '지우기' 매크로에 기록된 프로시저를 찾아서 실행하고 되돌아오게 하는 문장입니다. 새로운 데이터를 추출할 때 기존에 추출된 데이터를 매번 지우기가 불편하기 때문에 먼저 '지우기' 매크로를 찾아서 자동으로 지운 후 추출할 수 있도록 소스 코드를 수정한 것입니다.

**7** 새로운 조건으로 D2셀에 『경성』을 입력하고 E2셀의 제품 분류는 삭제한 후 [데이터 추출하기] 단추를 클릭합니다. '경성'이 포함된 거래처만 추출되었는지 확인하세요.

**8** C2셀에서 [유가을]을 선택하고 새로 수정한 조건으로 추출하기 위해 기존 데이터를 지울 필요 없이 곧바로 [데이터 추출하기] 단추를 클릭하세요. 기존에 추출되었던 데이터가 자동으로 삭제되면서 새로운 조건의 데이터가 추출되었는지 확인합니다.

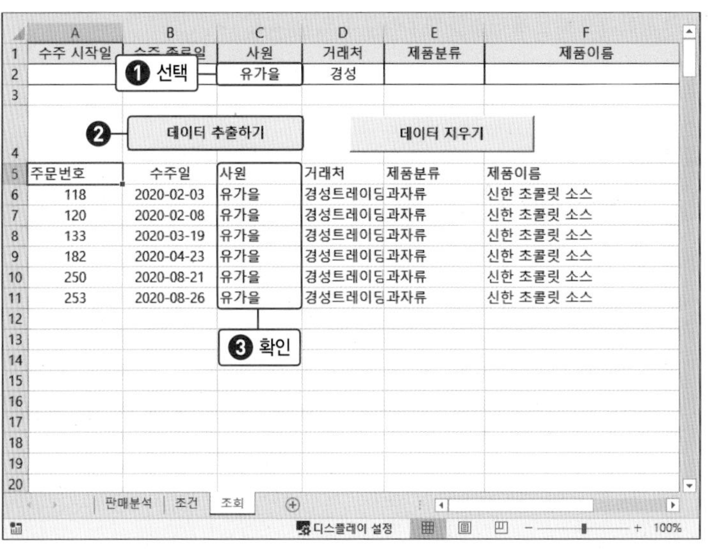

# 09 카드 매출 정보로 부가세 자료를 만들자

매년 부가세와 종합소득세를 신고할 때 카드 매출 정보를 웹에서 다운로드해서 업체별로 정리하는 경우가 많습니다. 이때 개수와 합계 등을 구하는 작업을 일일이 수작업으로 반복 처리해야 하는 경우가 생기는데, 매크로를 이용해서 반복 작업을 자동화하면 정확하고 빠르게 작업을 마무리할 수 있습니다.

**주요 기능**

/ 다운로드한 카드 사용 내역 정리하기

/ 매크로로 사업자 정보를 한 행으로 옮기기

/ 피벗 테이블로 가맹점별 매출건수와 합계 구하기

CASE

# 01 다운로드한 카드 사용 내역 정리하기

◉ **예제파일** : 데이터정리하기(준비).xlsx ◉ **완성파일** : 데이터정리하기(완성).xlsx

**1** [상반기] 시트에는 웹에서 다운로드한 카드 사용 내역이 저장되어 있는데, 이것을 작업하기 편하게 정리하기 위해 [전체 선택] 단추(◢)를 클릭하여 시트 전체를 선택합니다. 병합된 셀이 많아 작업할 때 불편하므로 [홈] 탭-[맞춤] 그룹에서 [병합하고 가운데 맞춤]을 클릭해서 병합된 셀을 모두 해제하세요.

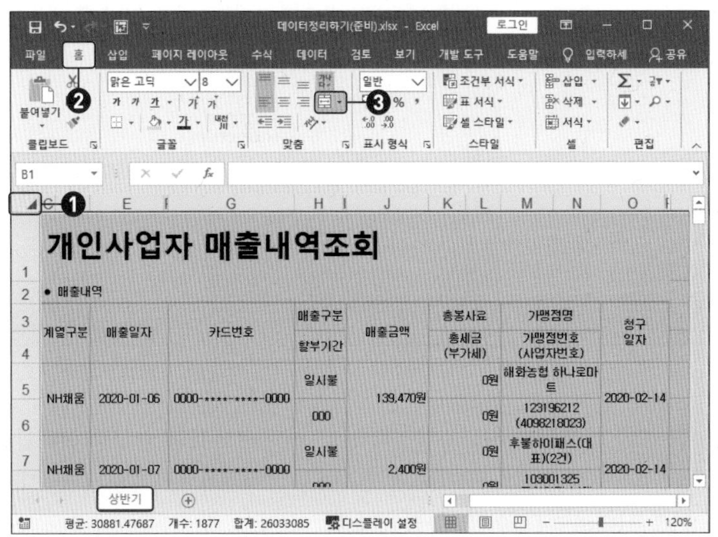


**2** 필요한 항목만 따로 복사하기 위해 E열 머리글을 클릭하고 Ctrl을 누른 상태에서 J열 머리글과 M열 머리글을 차례대로 클릭하여 선택합니다. Ctrl+C를 눌러 선택한 머리글들을 복사하고 [새 시트] 단추(⊕)를 클릭하세요.

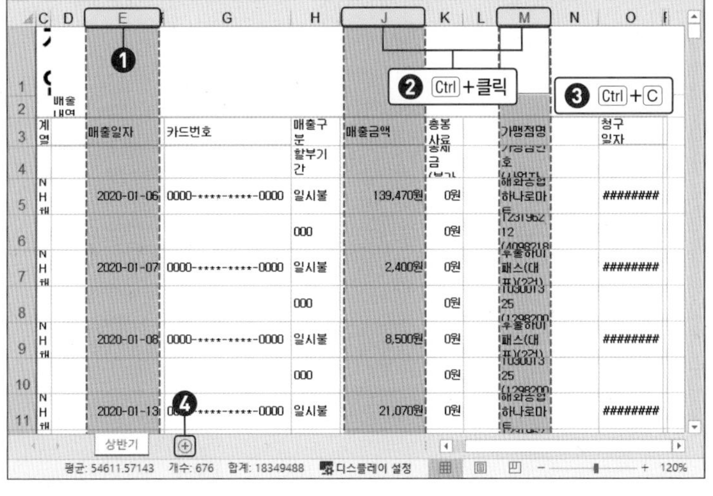

**3** 새로운 시트가 삽입되면 A1셀을 선택하고 Enter를 눌러 [상반기] 시트에서 복사한 내용을 붙여넣은 후 C열의 너비를 조절합니다. 월 데이터의 끝에는 해당 월의 소계가 반복해서 저장되어 있어서 21행에는 1월의 소계가 작성되어 있습니다. 이렇게 소계가 저장된 행에는 C열의 값이 비어있는 것을 확인합니다.

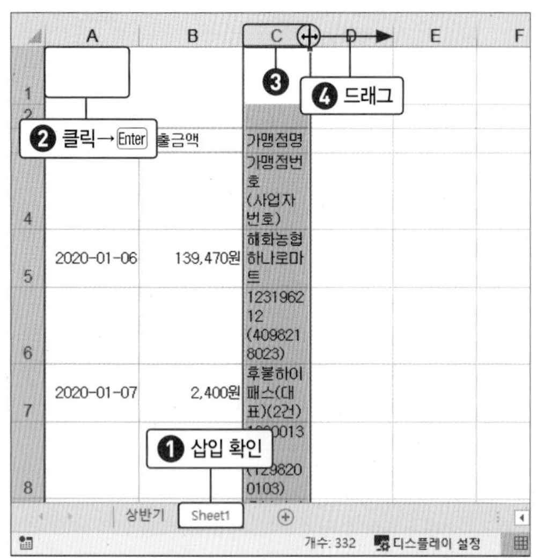

**4** 1월부터 6월까지 모든 소계를 한 번에 삭제하기 위해 C열 머리글을 클릭해서 C열 전체를 선택합니다. [홈] 탭-[편집] 그룹에서 [찾기 및 선택]을 클릭하고 [이동 옵션]을 선택하세요. [이동 옵션] 대화상자가 열리면 '종류'에서 [빈 셀]을 선택하고 [확인]을 클릭합니다.

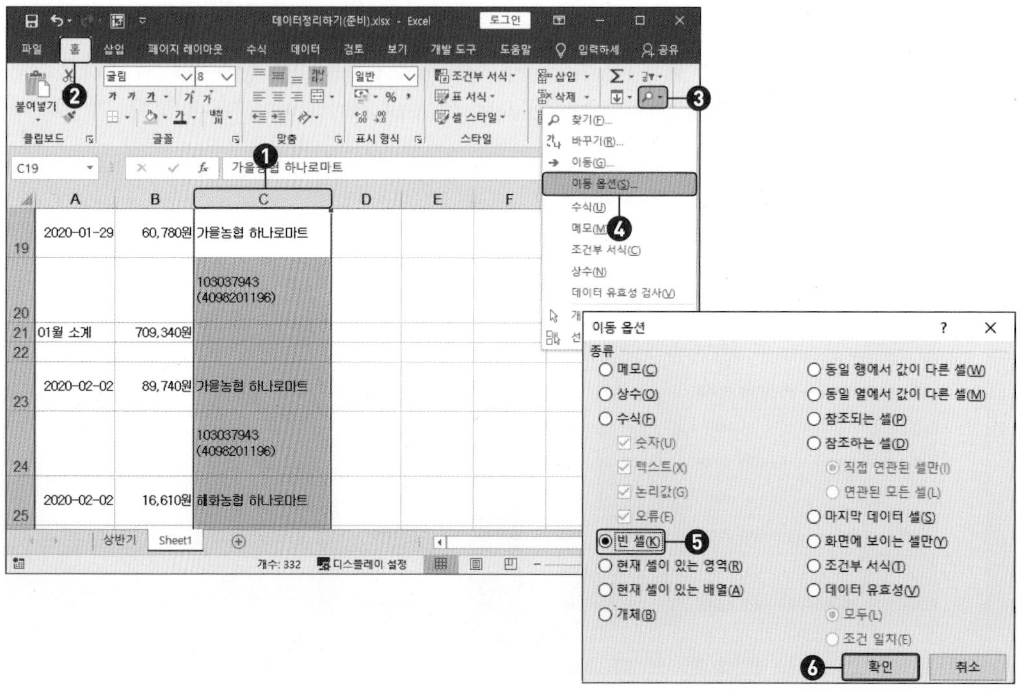

**5** C열에서 소계가 저장된 행의 빈 셀만 찾아 선택되면 범위가 지정된 특정 빈 셀에서 마우스 오른쪽 단추를 클릭하고 [삭제]를 선택합니다.

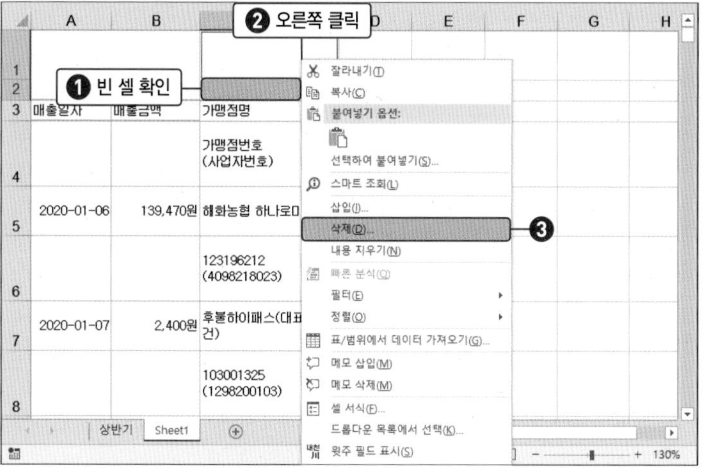


**6** [삭제] 대화상자가 열리면 '삭제'에서 [행 전체]를 선택하고 [확인]을 클릭합니다.

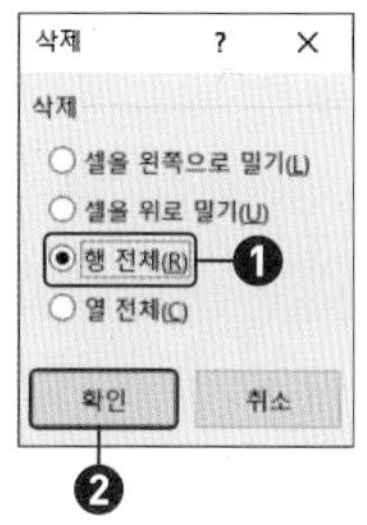


**7** 19행에서 이전에 있었던 1월의 소계가 삭제되었는지 확인합니다. 이와 같이 6월까지 소계가 저장된 모든 행이 한 번에 삭제되었습니다.

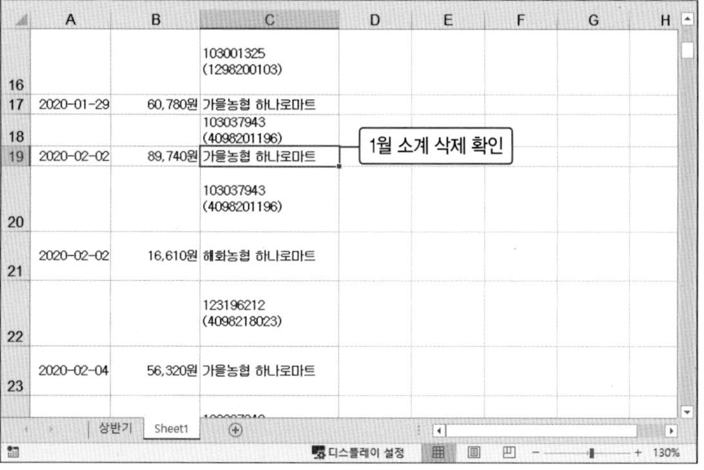

**8** 2행 머리글을 선택하고 선택 영역에서 마우스 오른쪽 단추를 클릭한 후 [삭제]를 선택하여 2행을 삭제합니다.

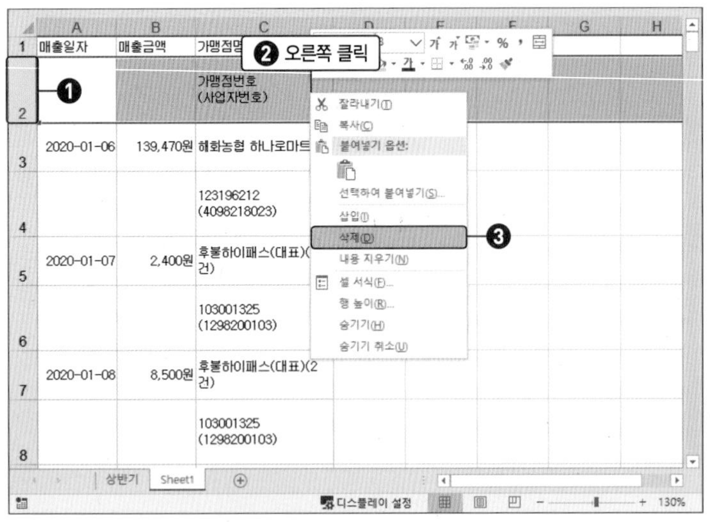


**9** [전체 선택] 단추(◢)를 클릭하여 시트 전체를 선택하고 2행과 3행의 머리글 사이의 경계선에 마우스 포인터를 올려놓은 후 ✚ 모양으로 변경되면 아래쪽 방향으로 드래그해서 행 높이를 [20] 정도로 조절합니다. 카드 사용 내역에서 필요한 항목만 가져와서 작업하기 편하게 결과를 정리했습니다.

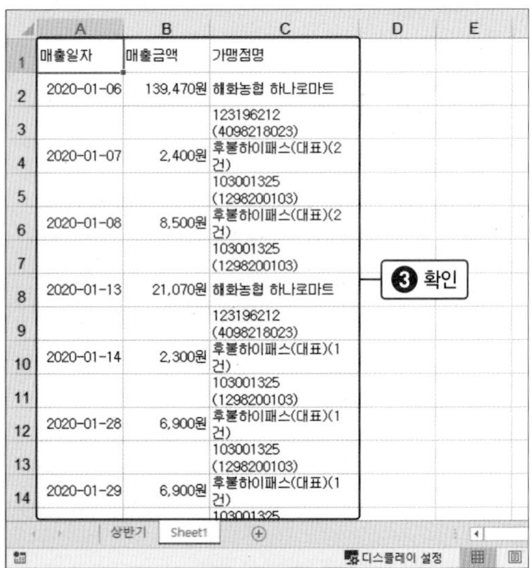

CASE 02 

# 매크로로 사업자 정보를 한 행으로 옮기기

◉ **예제파일** : 매크로로사업자정보옮기기(준비).xlsx ◉ **완성파일** : 매크로로사업자정보옮기기(완성).xlsm

**1** [준비] 시트에서 C2셀에는 가맹점명이, C3셀에는 사업자번호가 표시되어 있는데, 이 데이터를 한 행으로 옮겨야 통계 자료를 쉽게 작성할 수 있습니다.

**2** 반복되는 루틴을 찾아보면 C3셀 값을 복사해서 D2셀에 붙여넣고 C3셀이 위치한 3행 전체를 삭제한 후 그 다음 작업을 편하게 진행하기 위해 다음 사업자 정보 셀인 C4셀을 선택하면 됩니다. 이 작업을 반복해서 데이터가 저장된 개수만큼 자동으로 처리할 수 있도록 매크로를 만들어 볼게요.

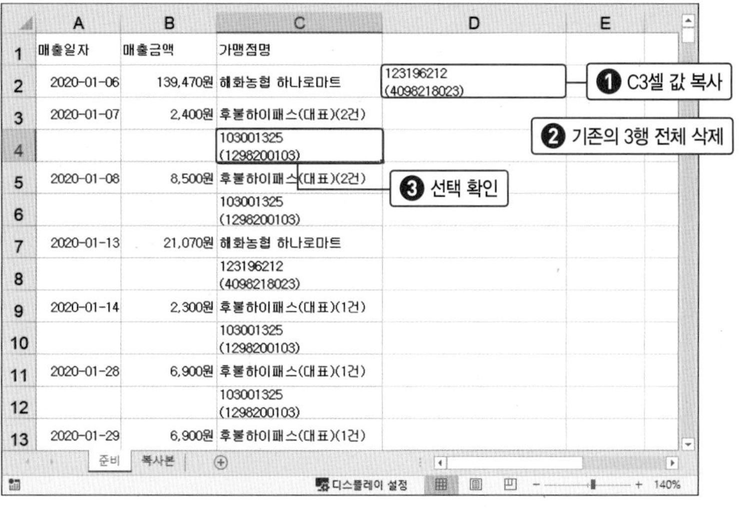

**3** Ctrl+Z를 눌러 모든 작업 실행을 취소해서 초기 데이터의 상태로 되돌립니다. 매크로를 실행할 첫 번째 셀인 C3셀을 선택하고 [개발 도구] 탭-[코드] 그룹에서 [매크로 기록]을 클릭하세요.

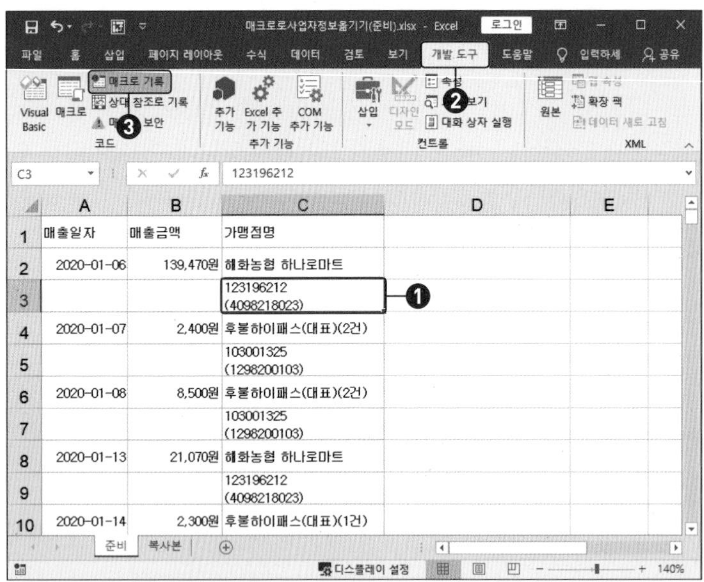


**4** [매크로 기록] 대화상자가 열리면 '매크로 이름'에 『데이터옮기기』를 입력하고 '바로 가기 키'에서 한/영을 눌러 영문 상태로 전환한 후 Shift+M을 눌러 'Ctrl+Shift+M'으로 표시합니다. '매크로 저장 위치'가 [현재 통합 문서]인지 확인하고 [확인]을 클릭하세요.

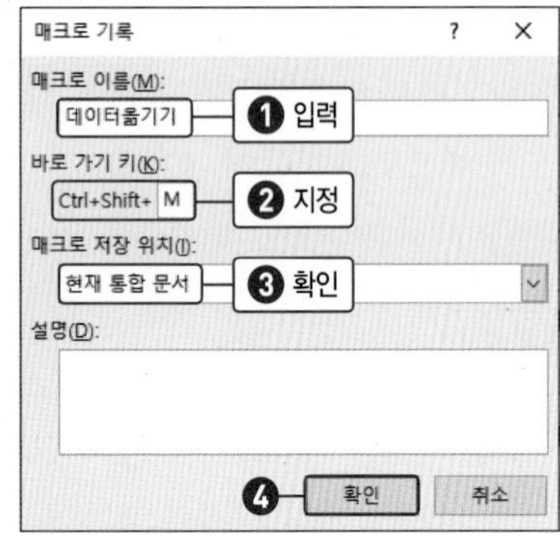


**TIP**

바로 가기 키는 엑셀에서 이미 사용 중인 Ctrl+C, Ctrl+V 등과 같이 Ctrl과 조합한 키를 지정하면 문제가 발생할 수 있습니다. 그러므로 Shift를 조합해서 Ctrl+Shift+해당 키와 같이 지정하는 것이 좋습니다.

**5** 이제부터 선택하는 모든 과정이 매크로로 기록되므로 꼭 필요한 작업만 클릭해야 합니다. [개발 도구] 탭-[코드] 그룹에서 [상대 참조로 기록]을 클릭하고 C3셀을 선택한 상태에서 Ctrl+C를 눌러 복사하세요.

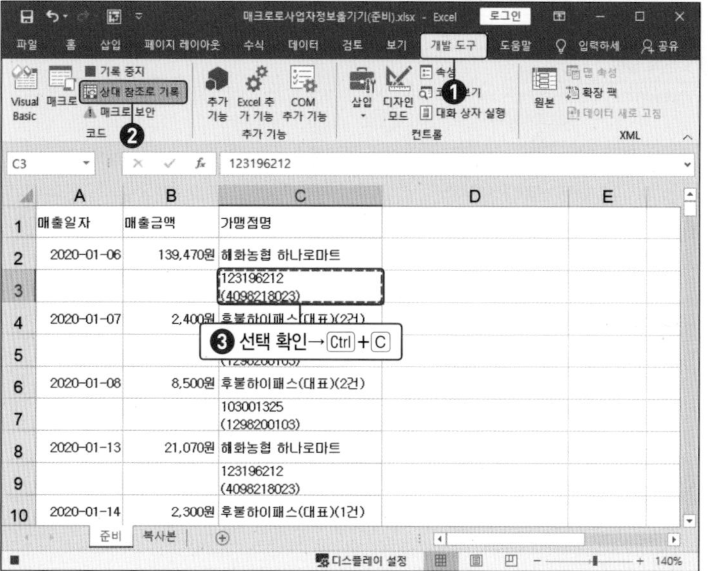


**TIP**

[상대 참조로 기록]은 매크로 기록할 때 셀 포인터를 C3셀, F10셀과 같이 고정된 셀로 기록하지 않습니다. 즉 현재 셀 포인터가 위한 곳을 기준으로 어느 방향으로 몇 행 또는 몇 열 이동했는지 상대적인 이동 거리로 기록합니다.

**6** D2셀을 선택하고 Enter를 눌러 복사한 내용을 붙여넣습니다.

**7** D2셀에 C3셀의 데이터를 복사했으면 D3셀에서 마우스 오른쪽 단추를 클릭하고 [삭제]를 선택합니다.

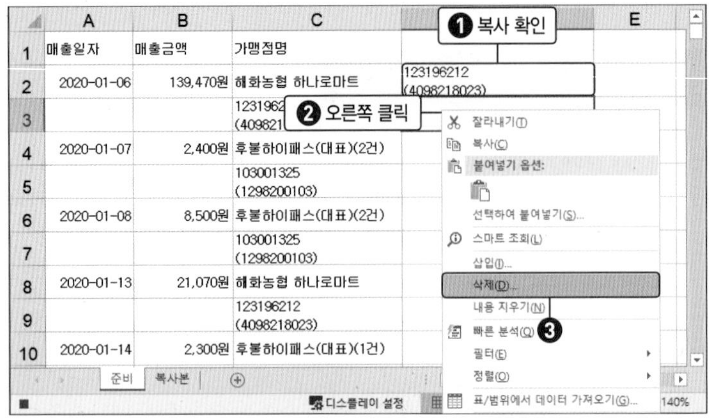


**8** [삭제] 대화상자가 열리면 '삭제'에서 [행 전체]를 클릭하고 [확인]을 클릭합니다.

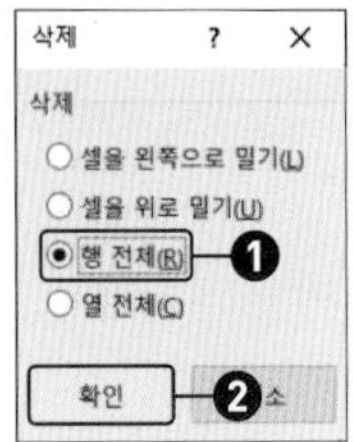


**9** 3행 전체가 삭제되었으면 다음 작업을 시작할 C4셀을 선택하고 [개발 도구] 탭-[코드] 그룹에서 [상대 참조로 기록]을 클릭하여 선택을 해제합니다.

**10** [개발 도구] 탭-[코드] 그룹에서 [기록 중지]를 클릭하여 매크로 기록을 종료합니다. 기록된 매크로를 실행하기 위해 C4셀을 선택한 상태에서 **4** 과정에서 바로 가기 키로 지정한 Ctrl+Shift+M을 누르세요.

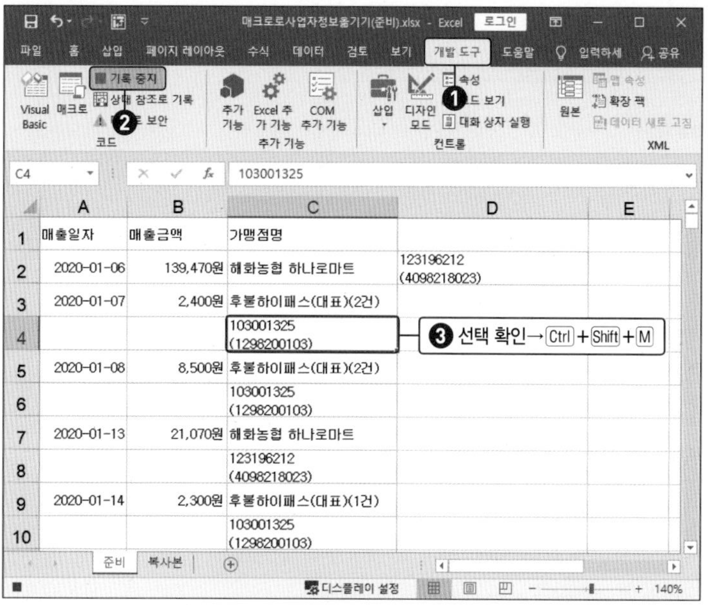


**11** C4셀 값이 D3셀로 복사되고 4행이 자동으로 삭제되면서 C5셀이 선택되었습니다. 이제부터 언제든지 옮기고 싶은 사업자번호 셀을 선택하고 Ctrl+Shift+M만 누르면 됩니다.

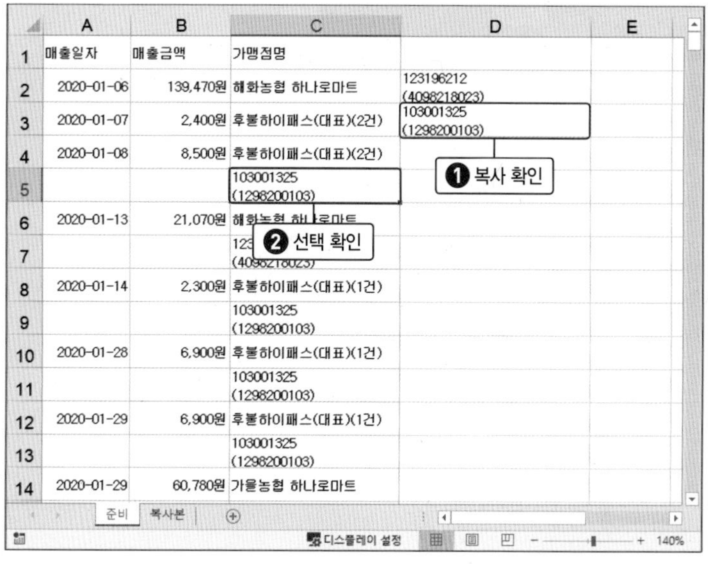

**12** 사업자 번호를 옮길 셀이 50개이면 Ctrl+Shift+M을 50번 눌러야 하는데, 이것도 귀찮다면 매크로로 작성한 소스 코드를 수정해서 원하는 횟수만큼 반복 설정할 수 있습니다. Ctrl+End를 눌러 데이터가 입력된 마지막 셀로 이동하면 C열의 데이터가 연속해서 입력되어 있고 330행부터 빈 행이 나타나는데, C열에 빈 셀이 나타나면 반복 처리가 끝나도록 설정할 것입니다.

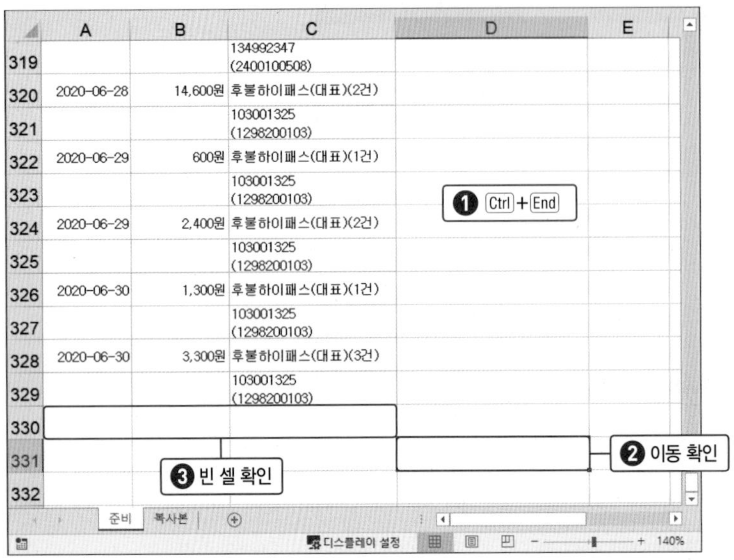


**13** Ctrl+Home을 눌러 A1셀로 이동합니다. 기록한 매크로를 수정하기 위해 [개발 도구] 탭-[코드] 그룹에서 [Visual Basic]을 클릭하세요.

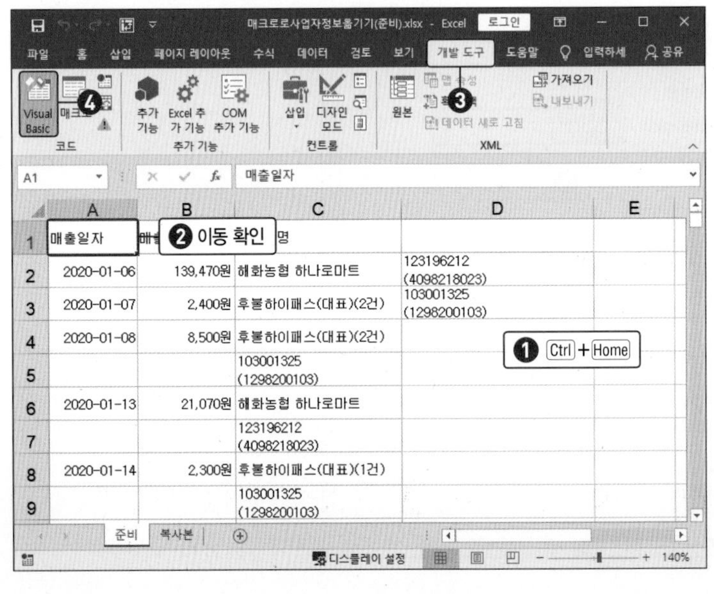


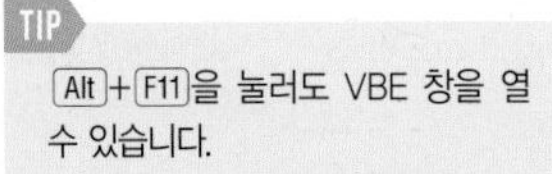

TIP

Alt+F11을 눌러도 VBE 창을 열 수 있습니다.

**14** VBE 창이 열리면 왼쪽 위에 있는 [프로젝트] 창에서 [모듈]-[Module1]을 더블클릭합니다. 화면의 오른쪽에 코드 창이 열리면 코드 창을 클릭하여 커서를 올려놓고 Ctrl+A를 눌러 모두 선택한 후 Delete를 눌러 삭제합니다.

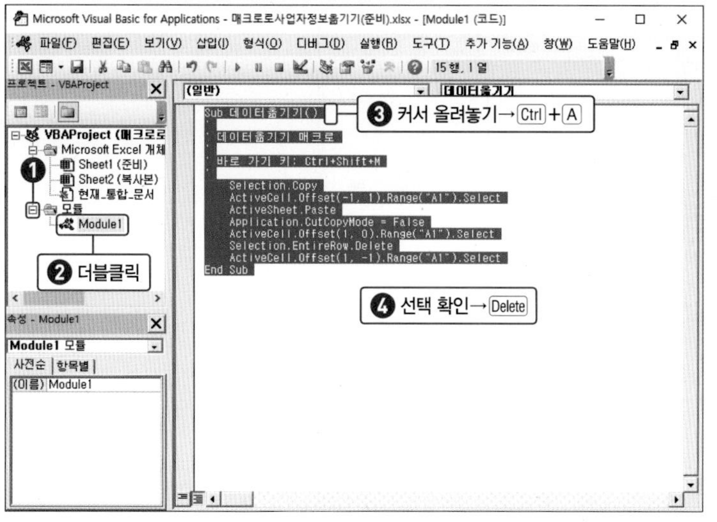


**15** 예제파일에서 '소스코드.txt'를 열고 Ctrl+A를 눌러 모두 선택한 후 Ctrl+C를 눌러 복사합니다. VBE 창으로 되돌아온 후 코드 창에서 마우스 오른쪽 단추를 클릭하고 [붙여넣기]를 선택합니다.

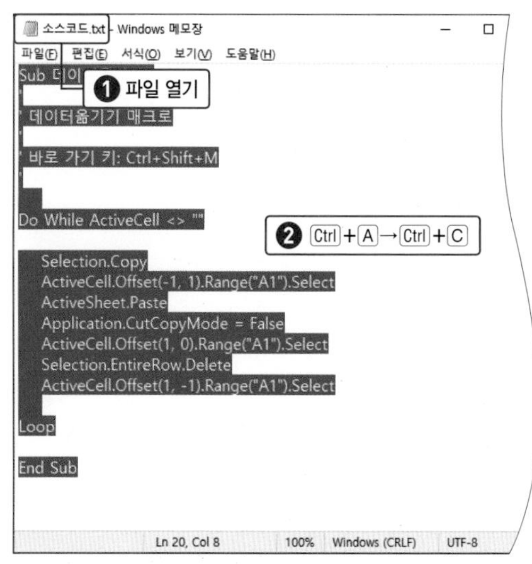


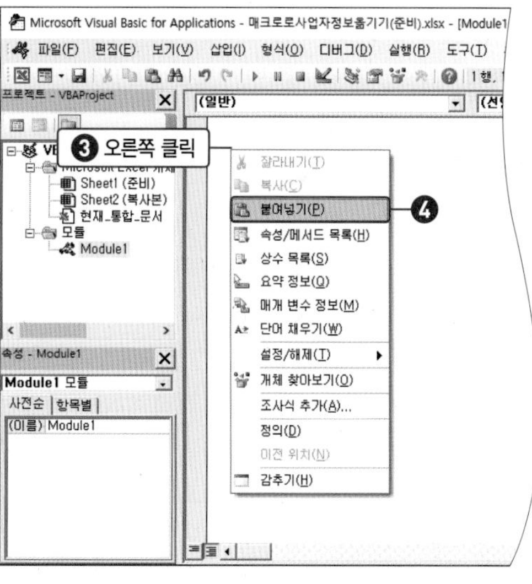

**16** 매크로로 기록했던 작업을 반복 처리하도록 소스 코드가 수정되었는지 확인하고 Alt+F11을 눌러 엑셀 창으로 되돌아갑니다.

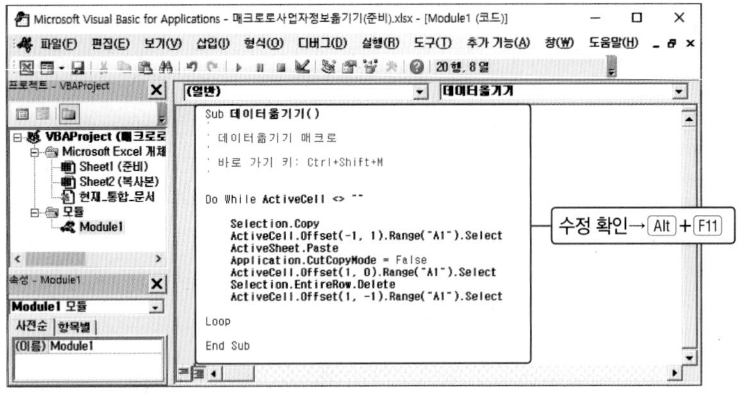


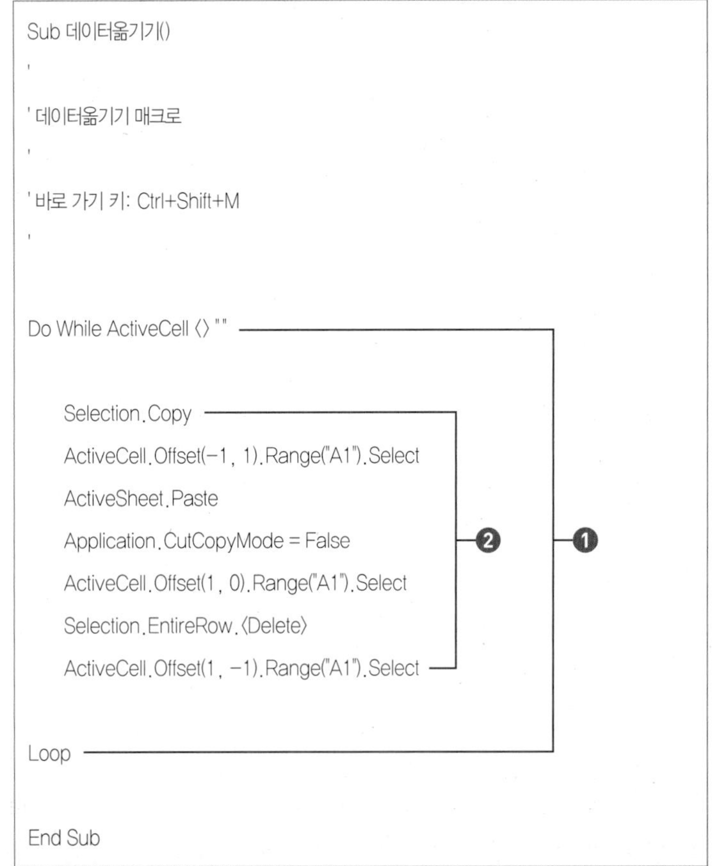

```
Sub 데이터옮기기()
'
' 데이터옮기기 매크로
'
' 바로 가기 키: Ctrl+Shift+M
'

Do While ActiveCell <> ""

    Selection.Copy
    ActiveCell.Offset(-1, 1).Range("A1").Select
    ActiveSheet.Paste
    Application.CutCopyMode = False
    ActiveCell.Offset(1, 0).Range("A1").Select
    Selection.EntireRow.Delete
    ActiveCell.Offset(1, -1).Range("A1").Select

Loop

End Sub
```



❶ 반복 처리할 때 사용하는 명령으로, 현재 셀 포인터가 위치한 곳의 값이 빈 셀이 아니면 Loop 문자 사이에 입력된 명령을 반복해서 처리하라는 뜻입니다. 따라서 셀 포인터가 빈 셀이 아니면 Do~Loop 사이를 계속 반복 실행하고, 빈 셀이면 실행을 끝냅니다.

❷ **3~10** 과정에서 '데이터 옮기기' 매크로로 기록했던 작업으로, 자동으로 생성된 소스 코드입니다.

**17** 기존에 기록한 매크로를 삭제한 후 수정된 소스로 다시 만들었기 때문에 이전에 사용하던 바로 가기 키(단축키)가 지워졌습니다. 바로 가기 키를 새로 설정하기 위해 [개발 도구] 탭-[코드] 그룹에서 [매크로]를 클릭하세요.

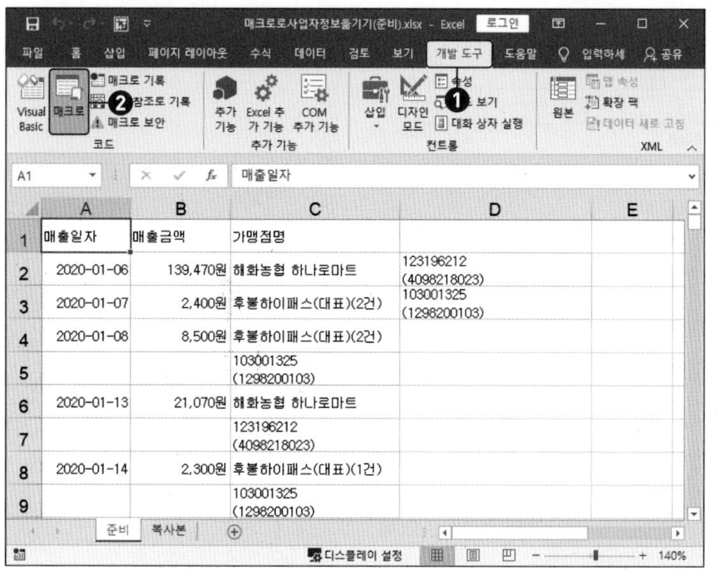


**18** [매크로] 대화상자가 열리면 '매크로 이름'에서 [데이터옮기기]를 선택하고 [옵션]을 클릭합니다. [매크로 옵션] 대화상자가 열리면 '바로 가기 키'에서 Shift+M을 눌러 [Ctrl+Shift+M]으로 표시하고 [확인]을 클릭합니다. [매크로] 대화상자로 되돌아오면 [취소]를 클릭합니다.

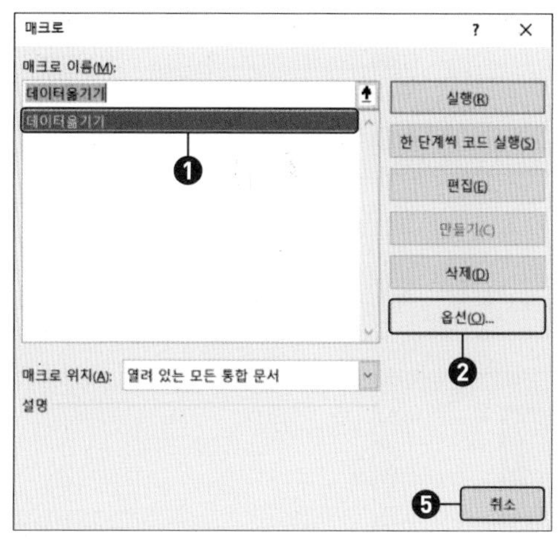


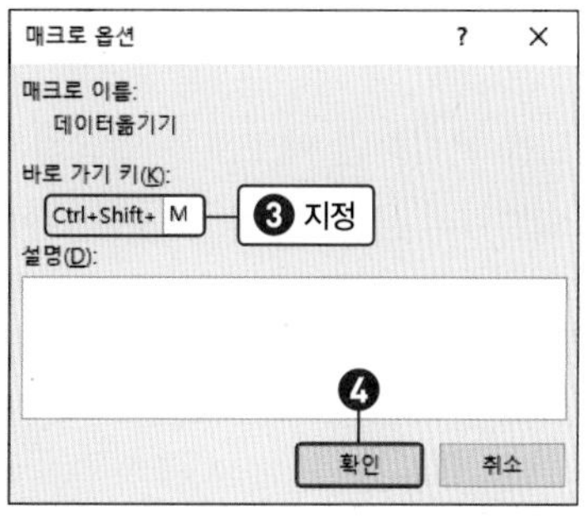


TIP

Shift+M을 눌러도 값이 바뀌지 않으면 한/영을 눌러 영문 자판으로 변환한 후 작업해 보세요.

**19** 다음에 작업할 사업자번호 셀인 C5셀을 선택하고 Ctrl+Shift+M을 누릅니다.

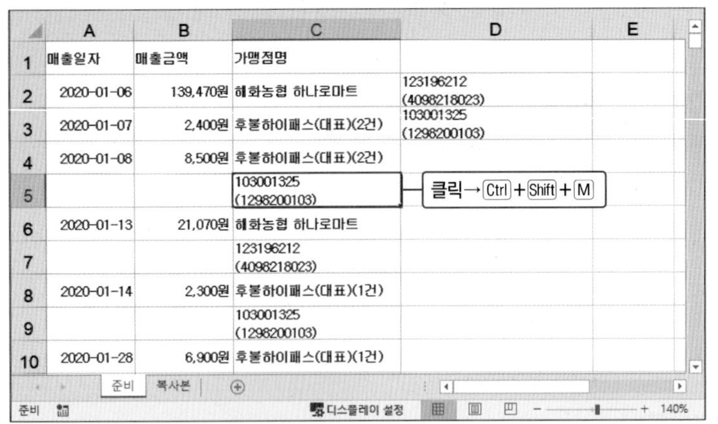


> **TIP**
> 이미 실행했으면 C5셀 대신 다음 사업자 번호 셀 중 하나를 선택하세요.

**20** 잠시 기다리면 160여 건의 매크로가 자동으로 반복되면서 한 번에 실행된 결과를 확인할 수 있습니다.

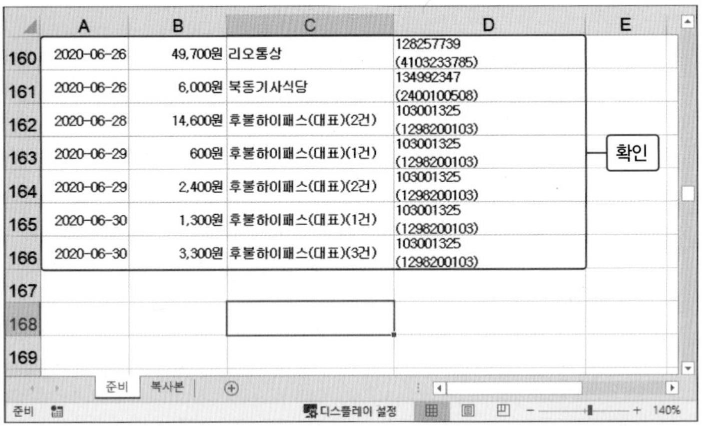


**21** [복사본] 시트를 클릭하면 매크로를 연습하기 이전 상태로 원본 데이터가 저장되어 있습니다. A:D열 머리글을 선택하고 Ctrl+C를 눌러 복사하세요.

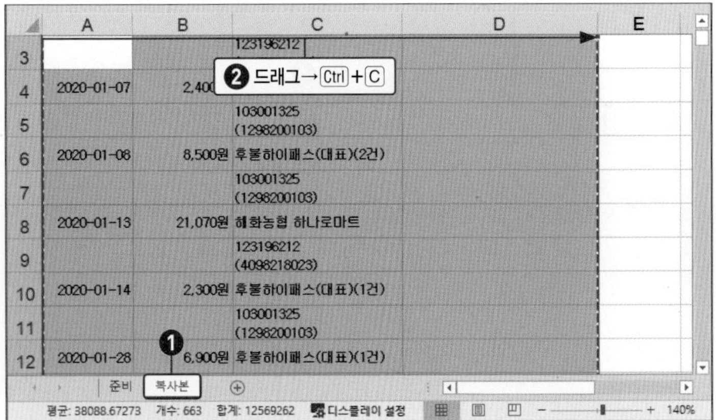

**22** [준비] 시트에서 A열 머리글을 클릭하고 Enter를 눌러 붙여넣습니다.

**23** 실행할 명령 단추를 만들기 위해 [개발 도구] 탭-[컨트롤] 그룹에서 [삽입]을 클릭하고 '양식 컨트롤'에서 [단추](□)를 클릭합니다.

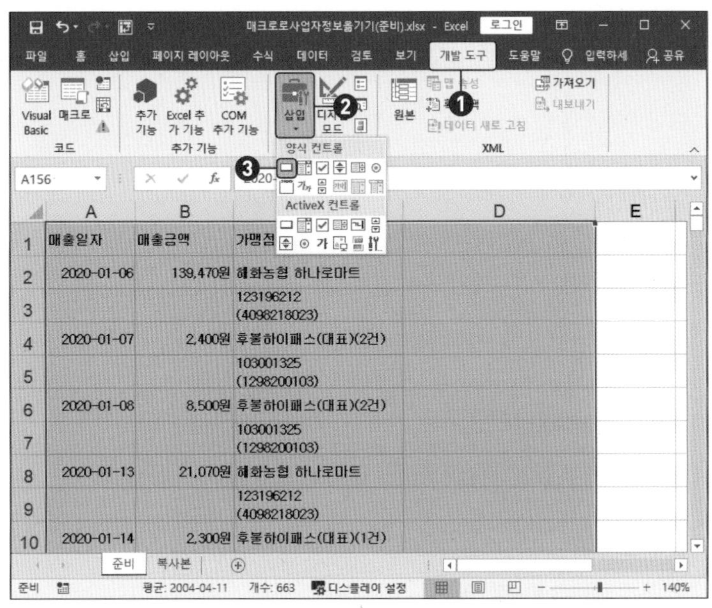

**24** 마우스 포인터가 + 모양으로 변경되면 E1:H2 영역에서 적당한 크기로 드래그하여 단추를 만듭니다.

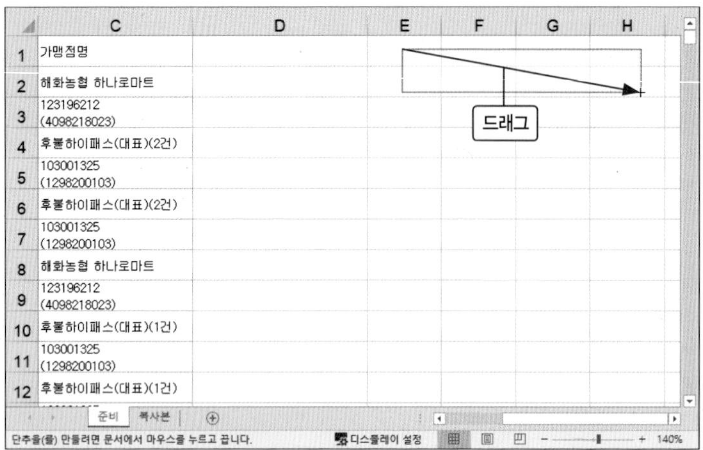


**25** [매크로 지정] 대화상자가 열리면 '매크로 이름'에서 단추를 클릭했을 때 실행할 매크로인 [데이터 옮기기]를 선택하고 [확인]을 클릭합니다.

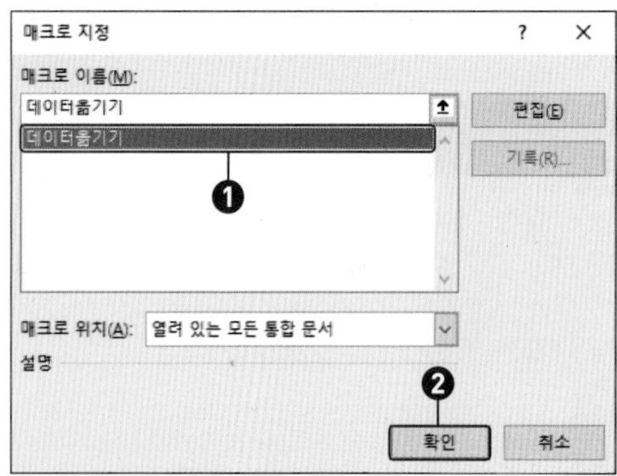

**26** 완성된 명령 단추의 텍스트를 『사업자정보 옮기기』로 수정하고 시트의 특정 셀을 선택하거나 Esc를 눌러 명령 단추 이름의 수정을 완료하세요.

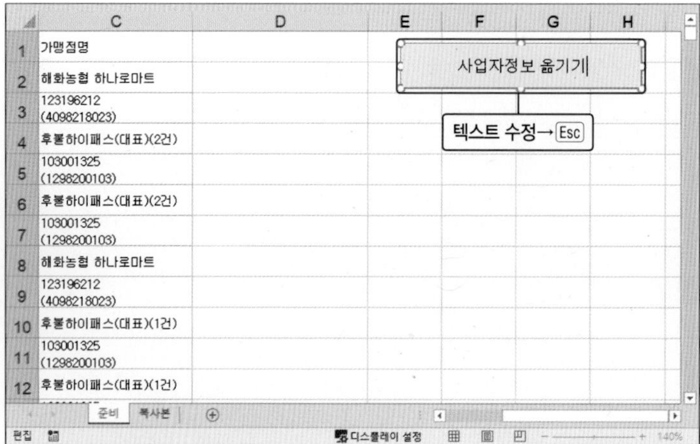

**27** 매크로를 실행할 시작 셀로 C3셀을 선택하고 [사업자정보 옮기기] 단추를 클릭합니다.

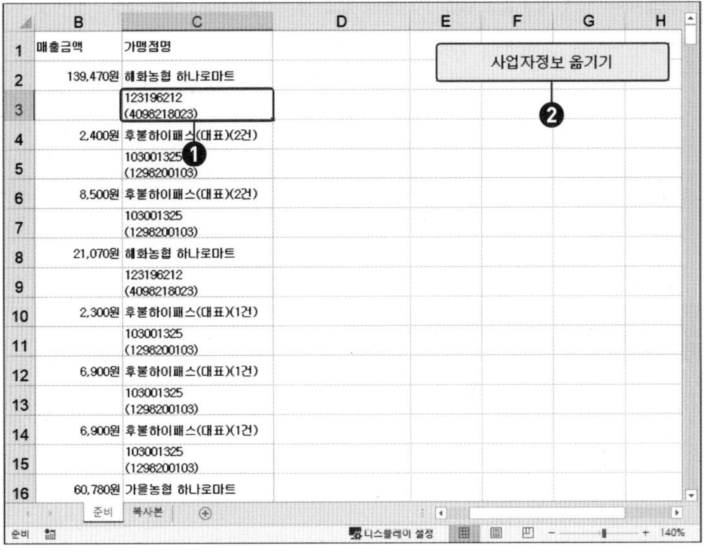


| | B | C | D | E | F | G | H |
|---|---|---|---|---|---|---|---|
| 1 | 매출금액 | 가맹점명 | | | | | |
| 2 | 139,470원 | 해화농협 하나로마트 | | | | | |
| 3 | | 123196212 (4098218023) | | | | | |
| 4 | 2,400원 | 후불하이패스(대표)(2건) | | | | | |
| 5 | | 103001325 (1298200103) | | | | | |
| 6 | 8,500원 | 후불하이패스(대표)(2건) | | | | | |
| 7 | | 103001325 (1298200103) | | | | | |
| 8 | 21,070원 | 해화농협 하나로마트 | | | | | |
| 9 | | 123196212 (4098218023) | | | | | |
| 10 | 2,300원 | 후불하이패스(대표)(1건) | | | | | |
| 11 | | 103001325 (1298200103) | | | | | |
| 12 | 6,900원 | 후불하이패스(대표)(1건) | | | | | |
| 13 | | 103001325 (1298200103) | | | | | |
| 14 | 6,900원 | 후불하이패스(대표)(1건) | | | | | |
| 15 | | 103001325 (1298200103) | | | | | |
| 16 | 60,780원 | 가율농협 하나로마트 | | | | | |

**28** 잠시 기다리면 자동으로 매크로가 반복 실행되다가 데이터가 없는 빈 셀이 선택되었을 때 매크로 실행을 멈춥니다. 수작업으로 처리했으면 몇 시간 걸리겠지만, 단 몇 초만에 해결할 수 있어서 너무 편리하네요.

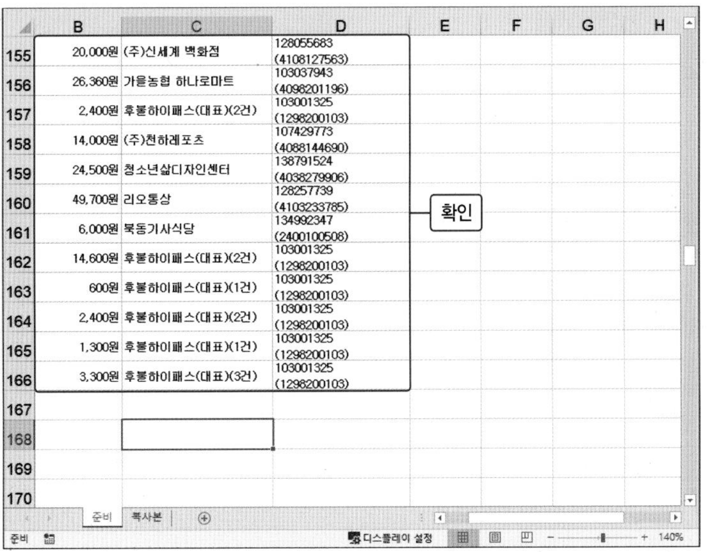


| | B | C | D | E | F | G | H |
|---|---|---|---|---|---|---|---|
| 155 | 20,000원 | (주)신세계 백화점 | 128055683 (4108127563) | | | | |
| 156 | 26,360원 | 가율농협 하나로마트 | 103037943 (4098201196) | | | | |
| 157 | 2,400원 | 후불하이패스(대표)(2건) | 103001325 (1298200103) | | | | |
| 158 | 14,000원 | (주)천하레포츠 | 107429773 (4088144690) | | | | |
| 159 | 24,500원 | 청소년삽디자인센터 | 138791524 (4038279906) | | | | |
| 160 | 49,700원 | 리오통상 | 128257739 (4103233785) | | | | |
| 161 | 6,000원 | 북동기사식당 | 134992347 (2400100508) | | | | |
| 162 | 14,600원 | 후불하이패스(대표)(2건) | 103001325 (1298200103) | | | | |
| 163 | 600원 | 후불하이패스(대표)(1건) | 103001325 (1298200103) | | | | |
| 164 | 2,400원 | 후불하이패스(대표)(2건) | 103001325 (1298200103) | | | | |
| 165 | 1,300원 | 후불하이패스(대표)(1건) | 103001325 (1298200103) | | | | |
| 166 | 3,300원 | 후불하이패스(대표)(3건) | 103001325 (1298200103) | | | | |
| 167 | | | | | | | |
| 168 | | | | | | | |
| 169 | | | | | | | |
| 170 | | | | | | | |

# 피벗 테이블로 가맹점별 매출건수와 합계 구하기

◉ **예제파일** : 가맹점명표시하기(준비).xlsx ◉ **완성파일** : 가맹점명표시하기(완성).xlsx

**1** [Sheet1] 시트에서 D열에 입력된 사업자번호에는 괄호 기호 안에 입력된 데이터만 필요하므로 나머지를 제거해 볼게요. D열 머리글을 클릭하고 [홈] 탭-[편집] 그룹에서 [찾기 및 선택]을 클릭한 후 [바꾸기]를 선택하세요.

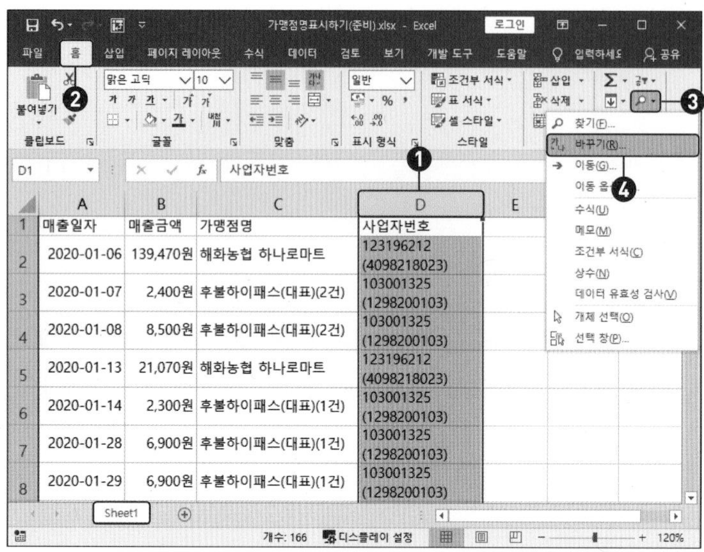


**2** [찾기 및 바꾸기] 대화상자의 [바꾸기] 탭이 열리면 '찾을 내용'에는 『*(』를 입력하고 '바꿀 내용'에는 아무것도 입력하지 않은 상태에서 [모두 바꾸기]를 클릭합니다.

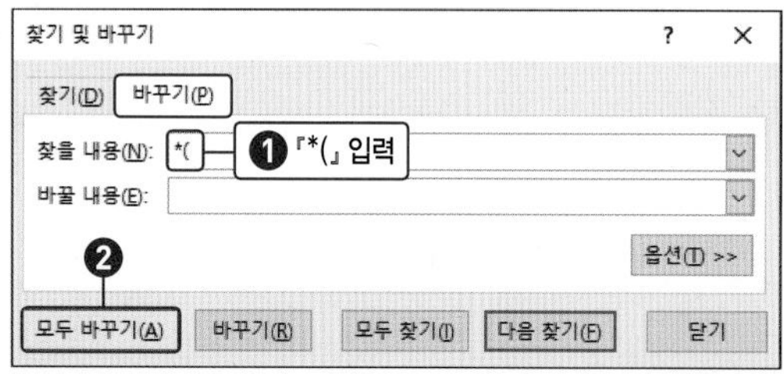


**TIP**

'찾을 문자'에 지정한 '*'는 '*'가 있는 위치에 어떤 문자가 몇 자가 있든지 모든 데이터를 포함하겠다는 뜻입니다. 여기서는 '*('로 지정했으니 '(' 앞에 어떤 문자가 있어도 '바꿀 문자'에 아무것도 넣지 않았기 때문에 모든 문자를 지웁니다.

**3** D열의 '사업자번호' 항목에서 '(' 문자 앞에 있는 모든 문자가 지워지면서 '161개의 항목이 바뀌었습니다.'라는 메시지 창이 열리면 [확인]을 클릭하세요. 이번에는 ')'를 지우기 위해 [찾기 및 바꾸기] 대화상자의 [바꾸기] 탭에서 '찾을 내용'에는 『)』를 입력하고 '바꿀 내용'에는 아무것도 입력하지 않은 상태에서 [모두 바꾸기]를 클릭합니다.

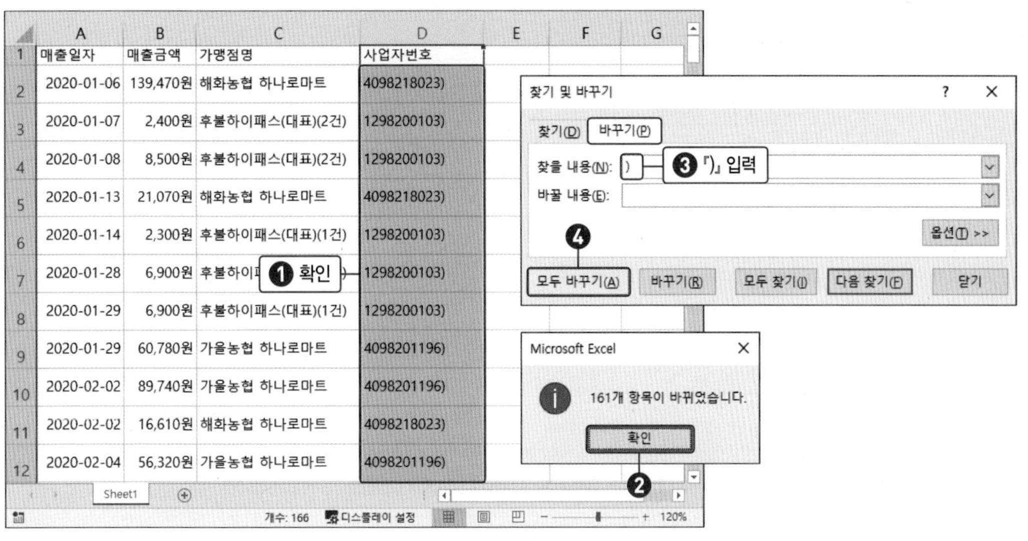


**4** D열의 '사업자번호' 항목에서 ')' 문자가 모두 지워지면서 '161개의 항목이 바뀌었습니다.'라는 메시지 창이 열리면 [확인]을 클릭하세요. [찾기 및 바꾸기] 대화상자로 되돌아오면 [닫기]를 클릭하세요.

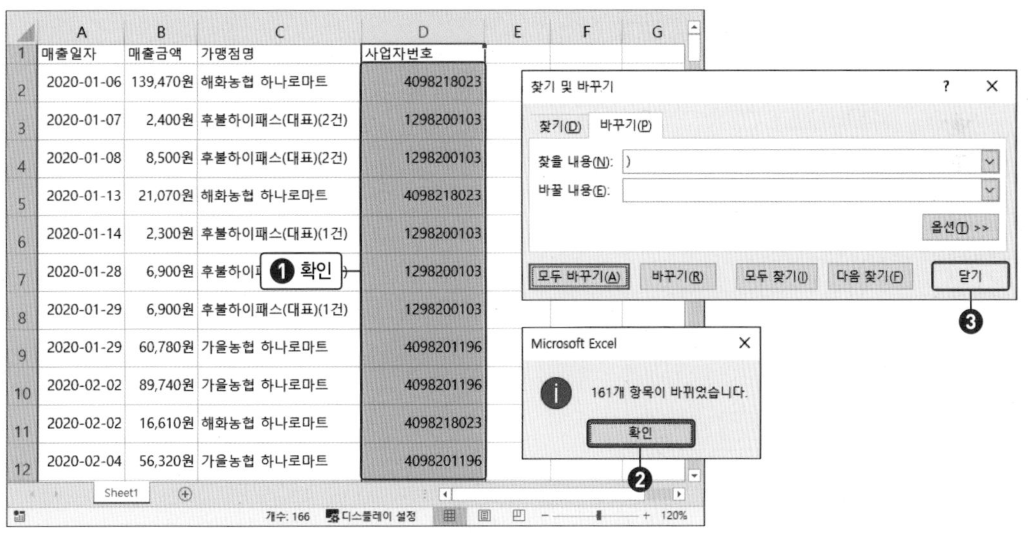

5 준비된 데이터를 사업자 번호별로 몇 건인지, 총합계가 얼마인지를 구해볼게요. 데이터 영역에 있는 하나의 셀을 선택하고 [삽입] 탭-[표] 그룹에서 [피벗 테이블]을 클릭하세요.

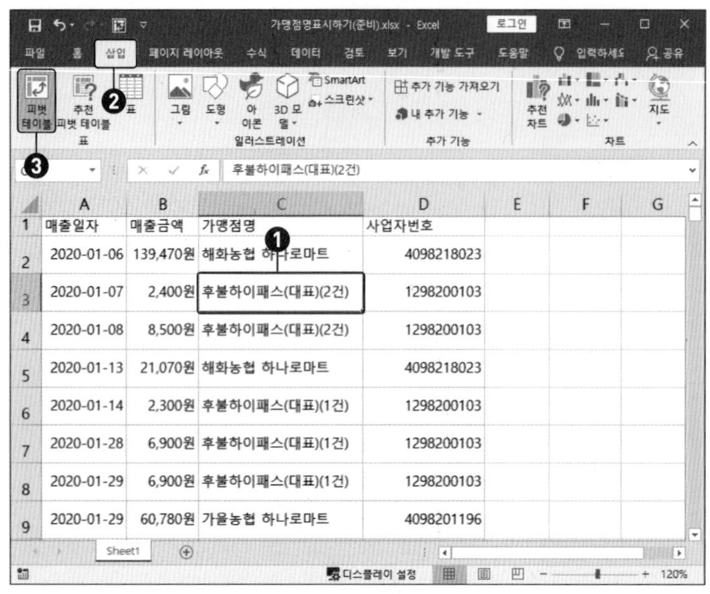


| | A | B | C | D |
|---|---|---|---|---|
| 1 | 매출일자 | 매출금액 | 가맹점명 | 사업자번호 |
| 2 | 2020-01-06 | 139,470원 | 해화농협 하나로마트 | 4098218023 |
| 3 | 2020-01-07 | 2,400원 | 후불하이패스(대표)(2건) | 1298200103 |
| 4 | 2020-01-08 | 8,500원 | 후불하이패스(대표)(2건) | 1298200103 |
| 5 | 2020-01-13 | 21,070원 | 해화농협 하나로마트 | 4098218023 |
| 6 | 2020-01-14 | 2,300원 | 후불하이패스(대표)(1건) | 1298200103 |
| 7 | 2020-01-28 | 6,900원 | 후불하이패스(대표)(1건) | 1298200103 |
| 8 | 2020-01-29 | 6,900원 | 후불하이패스(대표)(1건) | 1298200103 |
| 9 | 2020-01-29 | 60,780원 | 가율농협 하나로마트 | 4098201196 |

6 [피벗 테이블 만들기] 대화상자가 열리면 [표 또는 범위 선택]의 '표/범위'에 셀 포인터가 위치한 곳을 기준으로 연속해서 데이터가 입력된 영역이 자동으로 지정되어 있습니다. '피벗 테이블 보고서를 넣을 위치를 선택하십시오.'에서 [새 워크시트]가 선택되어 있는지 확인하고 [확인]을 클릭하세요.

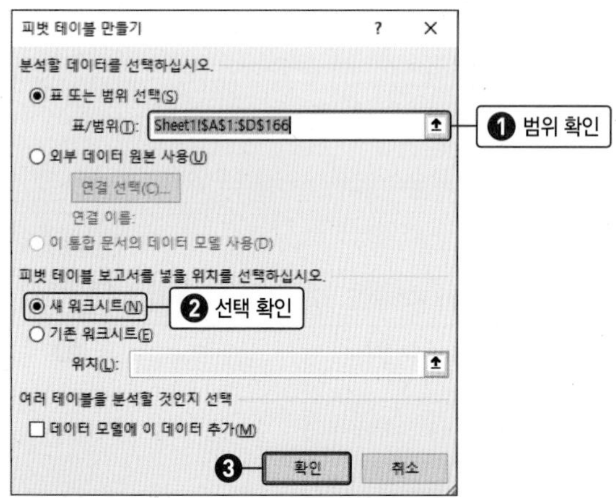

**7** 새 시트가 삽입되면서 [피벗 테이블 필드] 창이 열리면 [사업자번호] 필드는 '행' 영역으로, [가맹점명] 필드와 [매출금액] 필드는 '값' 영역으로 드래그합니다. 그러면 사업자 번호별로 그룹으로 묶이면서 가맹점당 몇 건의 매출이 발생했고 매출 금액의 총합계는 얼마인지 표시됩니다.

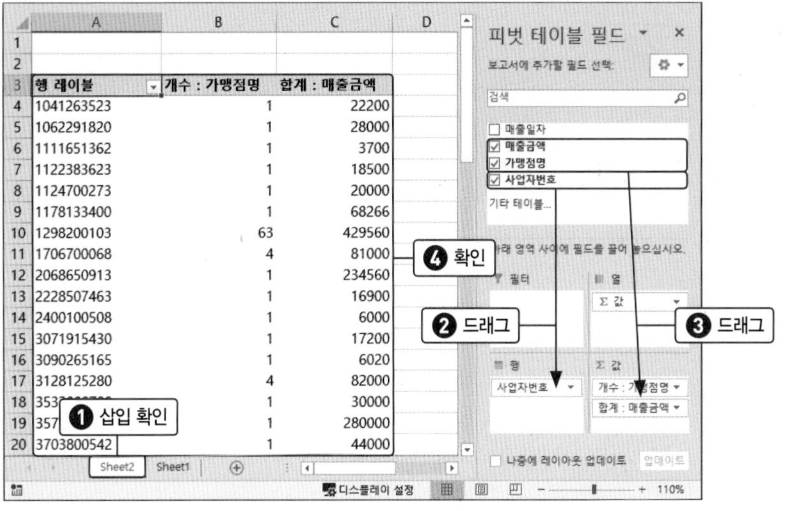


**TIP**

'값' 영역에 배치한 필드가 문자 데이터 필드이면 개수가, 숫자 필드이면 합계가 기본적으로 계산되어 나타납니다.

**8** C열의 매출 합계는 원금과 부가세가 함께 포함된 값이므로 원금과 부가세를 구해볼게요. 피벗 테이블 영역에 있는 하나의 셀을 선택하고 [피벗 테이블 도구]의 [분석] 탭-[계산] 그룹에서 [필드, 항목 및 집합]을 클릭한 후 [계산 필드]를 선택하세요.

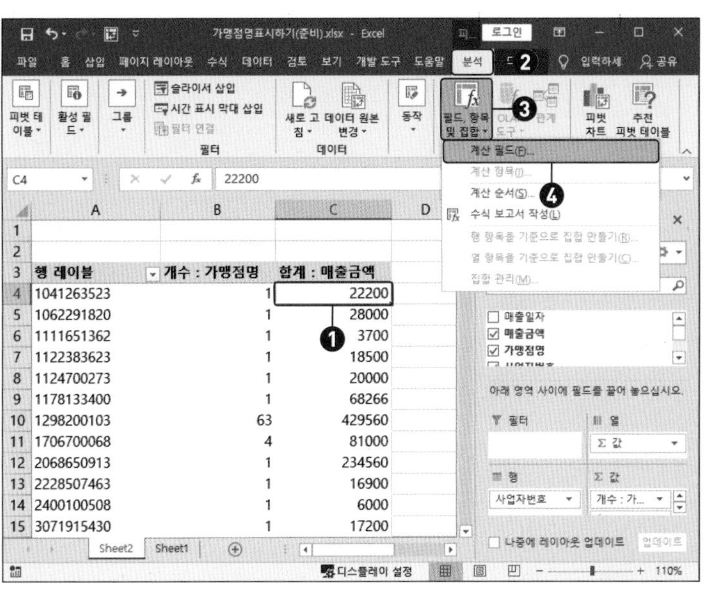

**9** [계산 필드 삽입] 대화상자가 열리면 '이름'에는 새로 추가할 필드 이름인 『원금』을, '수식'에는 『=매출금액*100/110』을 입력하고 [추가]를 클릭합니다.

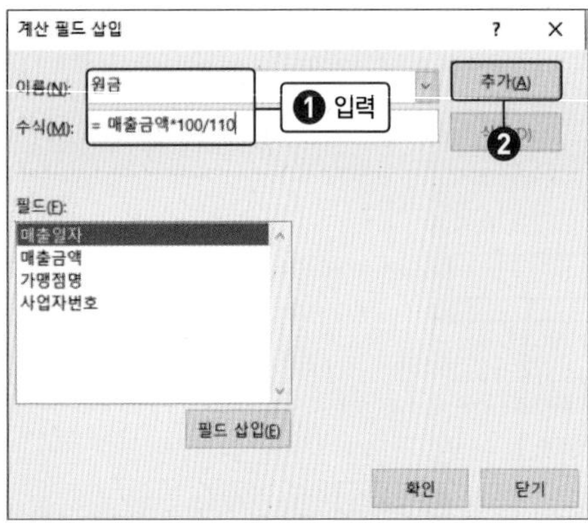


**10** '필드' 목록에 [원금]이 추가되었는지 확인합니다. 이번에는 '이름'에는 새로 추가할 필드 이름인 『부가세』를, '수식'에는 『=매출금액*10/110』을 입력하고 [추가]를 클릭하세요.

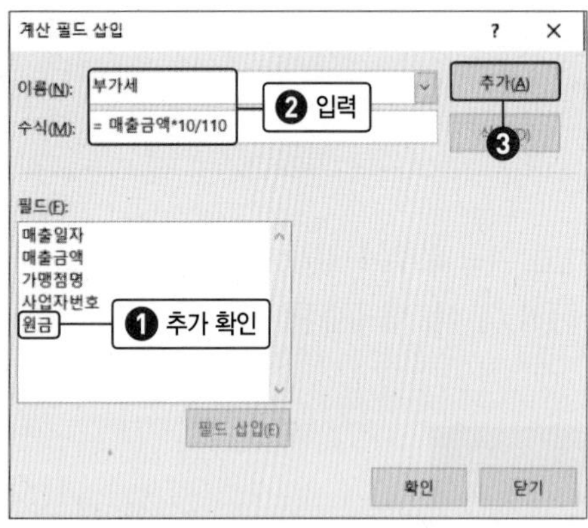


**11** [필드] 목록에 새롭게 [부가세] 필드가 추가되었으면 [확인]을 클릭합니다.

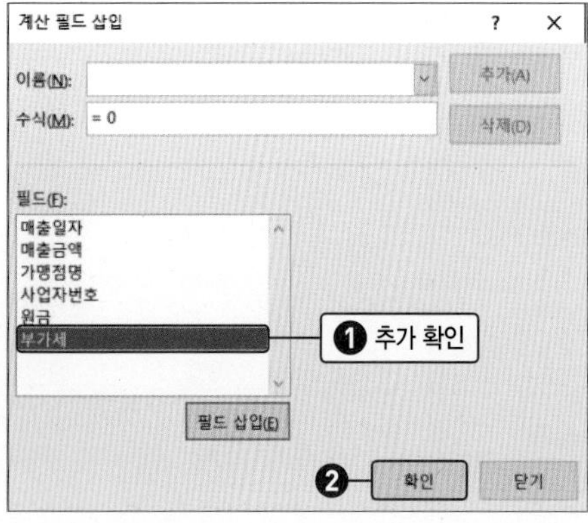

**12** 피벗 테이블의 D열에는 매출 금액에서 100/110을 구한 '원금'이, E열에는 매출 금액에서 10/110을 구한 '부가세'가 계산되었는지 확인합니다.

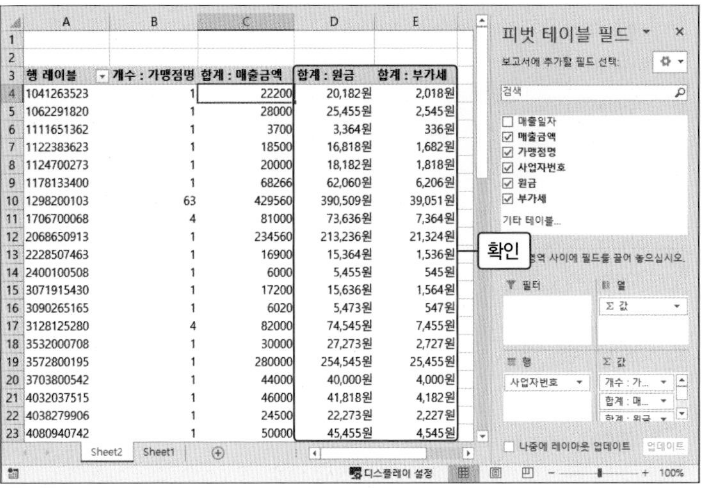


**13** 이번에는 A열에 표시된 사업자번호에 해당하는 실제 가맹점명을 F열에 표시해 볼게요. [Sheet1] 시트를 클릭해서 데이터를 살펴보면 가맹점명이 사업자번호보다 왼쪽에 있는데, VLOOKUP 함수를 사용하려면 기준 데이터는 범위의 첫 번째 열에 있어야 하고, 가맹점명은 사업자번호보다 오른쪽에 위치해야 합니다. C열 머리글을 클릭하고 Ctrl+X를 눌러 C열 전체를 잘라내세요.

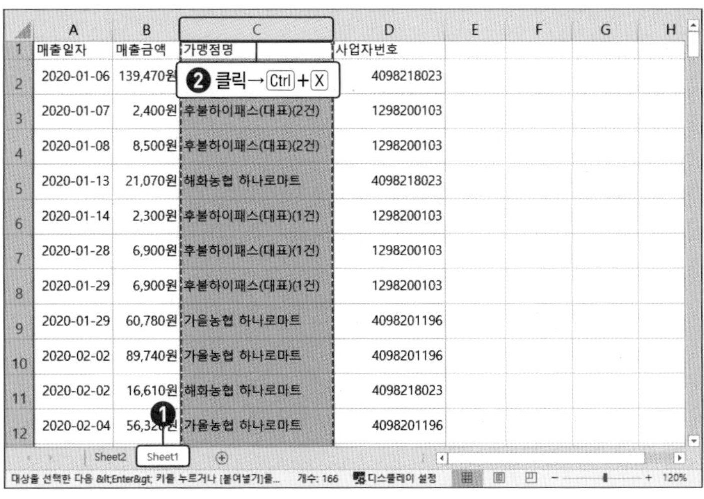

## 14 E열 머리글에서 마우스 오른쪽 단추를 클릭하고 [잘라낸 셀 삽입]을 선택합니다.

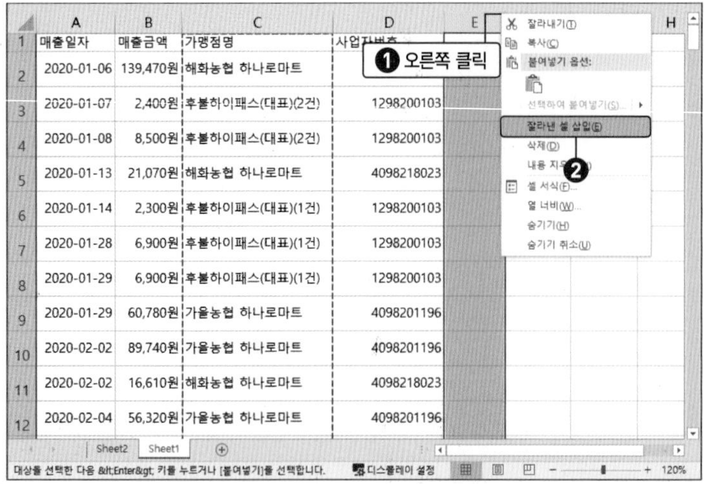


TIP

[붙여넣기]로 붙여넣으면 C열에 빈 셀이 그대로 남겨지므로 해당 영역을 지우면서 그대로 붙여넣기 위해 [잘라낸 셀 삽입]을 선택한 것입니다.

## 15 C열의 데이터가 D열로 옮겨졌는지 확인합니다.

TIP

VLOOKUP 함수를 이용해서 사업자번호를 기준으로 이와 같은 값을 [Sheet1] 시트에서 찾아 가맹점명을 가져오는 경우가 있습니다. 이때 가져올 값은 반드시 기준인 사업자번호보다 오른쪽에 위치해야 합니다.

**16** [Sheet2] 시트로 되돌아와서 F4셀을 선택하고 함수식 『=VLOOKUP(A4,Sheet1!$C$2:$D$166,2,FALSE)』를 입력한 후 Enter 를 누릅니다.

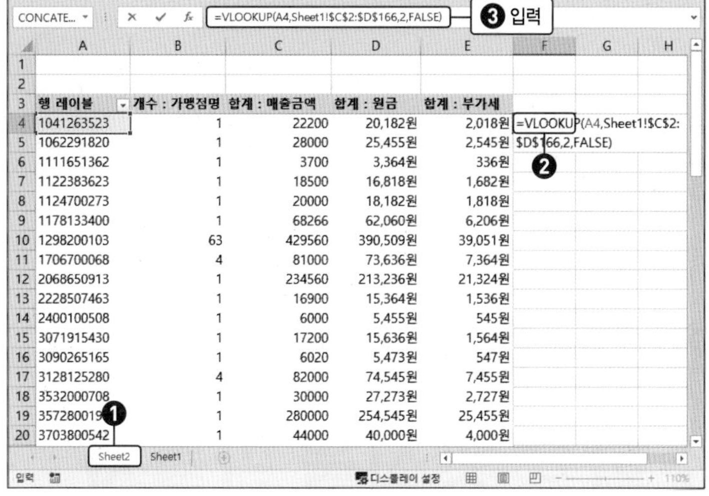

CONCATE... | =VLOOKUP(A4,Sheet1!$C$2:$D$166,2,FALSE)

| | A | B | C | D | E | F | G | H |
|---|---|---|---|---|---|---|---|---|
| 1 | | | | | | | | |
| 2 | | | | | | | | |
| 3 | 행 레이블 | 개수 : 가맹점명 | 합계 : 매출금액 | 합계 : 원금 | 합계 : 부가세 | | | |
| 4 | 1041263523 | 1 | 22200 | 20,182원 | 2,018원 | =VLOOKUP(A4,Sheet1!$C$2:$D$166,2,FALSE) | | |
| 5 | 1062291820 | 1 | 28000 | 25,455원 | 2,545원 | | | |
| 6 | 1111651362 | 1 | 3700 | 3,364원 | 336원 | | | |
| 7 | 1122383623 | 1 | 18500 | 16,818원 | 1,682원 | | | |
| 8 | 1124700273 | 1 | 20000 | 18,182원 | 1,818원 | | | |
| 9 | 1178133400 | 1 | 68266 | 62,060원 | 6,206원 | | | |
| 10 | 1298200103 | 63 | 429560 | 390,509원 | 39,051원 | | | |
| 11 | 1706700068 | 4 | 81000 | 73,636원 | 7,364원 | | | |
| 12 | 2068650913 | 1 | 234560 | 213,236원 | 21,324원 | | | |
| 13 | 2228507463 | 1 | 16900 | 15,364원 | 1,536원 | | | |
| 14 | 2400100508 | 1 | 6000 | 5,455원 | 545원 | | | |
| 15 | 3071915430 | 1 | 17200 | 15,636원 | 1,564원 | | | |
| 16 | 3090265165 | 1 | 6020 | 5,473원 | 547원 | | | |
| 17 | 3128125280 | 4 | 82000 | 74,545원 | 7,455원 | | | |
| 18 | 3532000708 | 1 | 30000 | 27,273원 | 2,727원 | | | |
| 19 | 3572800195 | 1 | 280000 | 254,545원 | 25,455원 | | | |
| 20 | 3703800542 | 1 | 44000 | 40,000원 | 4,000원 | | | |



> **TIP**
> [피벗 테이블 필드] 창이 열려있으면 좀 더 넓은 워크시트에서 작업하기 위해 닫습니다.

> **함수식 설명**
>
> **=VLOOKUP(A4,Sheet1!$C$2:$D$166,2,FALSE)**
>
> A4셀에 입력된 사업자번호와 같은 값을 [Sheet1] 시트에서 C2:D166 영역의 첫 번째 열인 C열에서 찾아 두 번째 열인 D열에 위치한 값을 가져옵니다. 이때 정확한 값만 가져오고, 일치하는 값이 없으면 오류 메시지를 표시하라고 마지막 인수에 'FALSE'를 지정한 것입니다.

**17** F4셀에 결과값이 표시되었으면 F4셀의 자동 채우기 핸들을 더블클릭해서 나머지 행에도 함수식을 복사합니다.

| | A | B | C | D | E | F |
|---|---|---|---|---|---|---|
| 1 | | | | | | |
| 2 | | | | | | |
| 3 | 행 레이블 | 개수 : 가맹점명 | 합계 : 매출금액 | 합계 : 원금 | 합계 : 부가세 | |
| 4 | 1041263523 | 1 | 22200 | 20,182원 | 2,018원 | 라라브래드[illegible] |
| 5 | 1062291820 | 1 | 28000 | 25,455원 | 2,545원 | 감성공판장 |
| 6 | 1111651362 | 1 | 3700 | 3,364원 | 336원 | [illegible] |
| 7 | 1122383623 | 1 | 18500 | 16,818원 | 1,682원 | [illegible] |
| 8 | 1124700273 | 1 | 20000 | 18,182원 | 1,818원 | 백억 |
| 9 | 1178133400 | 1 | 68266 | 62,060원 | 6,206원 | 쇼핑 |
| 10 | 1298200103 | 63 | 429560 | 390,509원 | 39,051원 | 후불하이피스(대표)(2건) |
| 11 | 1706700068 | 4 | 81000 | 73,636원 | 7,364원 | 해화백동점 |
| 12 | 2068650913 | 1 | 234560 | 213,236원 | 21,324원 | 이마트 점 |
| 13 | 2228507463 | 1 | 16900 | 15,364원 | 1,536원 | (주)대청산업개발 |
| 14 | 2400100508 | 1 | 6000 | 5,455원 | 545원 | 북동기사식당 |
| 15 | 3071915430 | 1 | 17200 | 15,636원 | 1,564원 | 맘스터치 |
| 16 | 3090265165 | 1 | 6020 | 5,473원 | 547원 | CU 해화추성로점 |
| 17 | 3128125280 | 4 | 82000 | 74,545원 | 7,455원 | (주)동원홈푸드 |
| 18 | 3532000708 | 1 | 30000 | 27,273원 | 2,727원 | 스마일주유소 스마일LPG충전소 |
| 19 | 3572800195 | 1 | 280000 | 254,545원 | 25,455원 | 한라장어&활어 |
| 20 | 3703800542 | 1 | 44000 | 40,000원 | 4,000원 | 미드픽(mid pick) |
| 21 | 4032037515 | 1 | 46000 | 41,818원 | 4,182원 | 강마루돈가스 |
| 22 | 4038279906 | 1 | 24500 | 22,273원 | 2,227원 | 청소년삶디자인센터 |

# 10 주문 내역을 한 번에 조회할 양식을 만들자

데이터를 세로 방향으로 입력하면 전체적으로 쉽게 관리할 수 있지만, 한 레코드씩 세부 정보를 조회하는 것은 불편합니다. 이 경우 전체 데이터가 입력된 마스터 시트를 참조해서 한 레코드씩 보기 쉽게 조회할 수 있는 양식 시트를 만들어 활용하면 매우 편리합니다.

**주요 기능**

/ 양식에 입력할 조건 설정하기

/ 찾을 값을 알고 있는 데이터 연결하기

/ 찾을 위치를 알고 있는 데이터 연결하기

CASE

# 01 양식에 입력할 조건 설정하기

◉ **예제파일** : 양식에조건설정하기(준비).xlsx ◉ **완성파일** : 양식에조건설정하기(완성).xlsx



**1** [판매내역] 시트에는 거래처 코드와 제품 코드로 데이터가 입력되어 있어서 실제 거래처 이름과 제품 이름뿐만 아니라 세부 정보를 알려면 [제품] 시트와 [거래처] 시트에서 찾아보아야 합니다. 이런 정보를 한눈에 보기 좋게 연결해서 볼 수 있도록 [주문조회] 시트를 작성해 볼게요.

| 주문번호 | 수주일 | 담당사원 | 거래처코드 | 제품코드 | 수량 | 단가 | 금액 |
|---|---|---|---|---|---|---|---|
| 101 | 2020-01-12 | 유가을 | 1 | NWTB-34 | 7 | 900 | 6,300 |
| 102 | 2020-01-12 | 유가을 | 1 | NWTDFN-80 | 34 | 140 | 4,760 |
| 103 | 2020-01-17 | 윤대현 | 2 | NWTDFN-7 | 80 | 105 | 8,400 |
| 104 | 2020-01-17 | 윤대현 | 2 | NWTDFN-51 | 7 | 300 | 2,100 |
| 105 | 2020-01-17 | 윤대현 | 2 | NWTDFN-80 | 51 | 530 | 27,030 |
| 106 | 2020-01-17 | 유가을 | 1 | NWTB-34 | 80 | 35 | 2,800 |
| 107 | 2020-01-17 | 유가을 | 1 | NWTDFN-80 | 34 | 120 | 4,080 |
| 108 | 2020-01-19 | 최소라 | 3 | NWTB-1 | 80 | 105 | 8,400 |
| 109 | 2020-01-19 | 최소라 | 3 | NWTB-43 | 1 | 270 | 270 |
| 110 | 2020-01-22 | 윤대현 | 2 | NWTDFN-7 | 43 | 920 | 39,560 |
| 111 | 2020-01-22 | 윤대현 | 2 | NWTDFN-51 | 7 | 300 | 2,100 |
| 112 | 2020-01-22 | 윤대현 | 2 | NWTDFN-80 | 51 | 530 | 27,030 |
| 113 | 2020-01-24 | 최소라 | 3 | NWTB-1 | 80 | 35 | 2,800 |
| 114 | 2020-01-24 | 최소라 | 3 | NWTB-43 | 23 | 150 | 3,450 |
| 115 | 2020-01-27 | 김찬진 | 4 | NWTBGM-19 | 43 | 920 | 39,560 |
| 116 | 2020-02-01 | 김찬진 | 4 | NWTBGM-19 | 19 | 276 | 5,244 |
| 117 | 2020-02-03 | 유가을 | 2 | NWTBGM-19 | 10 | 350 | 3,500 |
| 118 | 2020-02-07 | 윤대현 | 5 | NWTCA-48 | 19 | 184 | 3,496 |
| 119 | 2020-02-08 | 유가을 | 2 | NWTBGM-19 | 48 | 128 | 6,120 |
| 120 | 2020-02-12 | 윤대현 | 5 | NWTCA-48 | 19 | 184 | 3,496 |
| 121 | 2020-02-20 | 최소라 | 6 | NWTSO-41 | 12 | 650 | 7,800 |

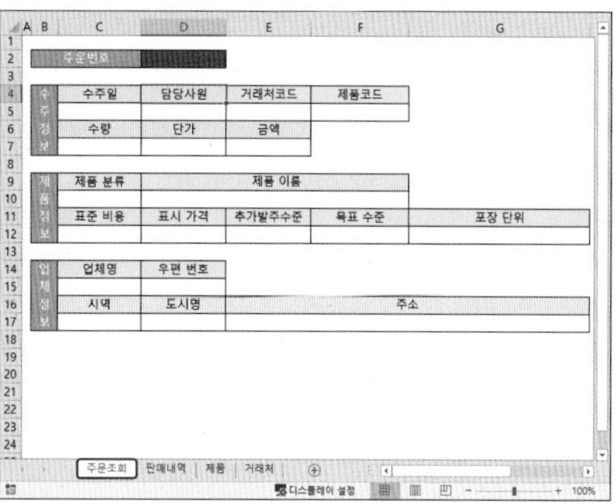


**2** 작업에 필요한 영역을 편리하게 사용할 수 있도록 미리 이름을 정의해 볼게요. [판매내역] 시트에서 [수식] 탭-[정의된 이름] 그룹의 [이름 정의]를 클릭합니다.

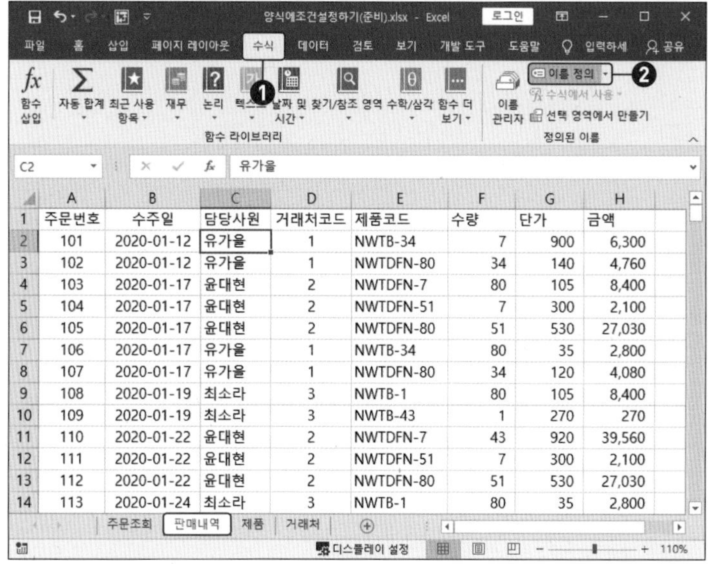


| 주문번호 | 수주일 | 담당사원 | 거래처코드 | 제품코드 | 수량 | 단가 | 금액 |
|---|---|---|---|---|---|---|---|
| 101 | 2020-01-12 | 유가을 | 1 | NWTB-34 | 7 | 900 | 6,300 |
| 102 | 2020-01-12 | 유가을 | 1 | NWTDFN-80 | 34 | 140 | 4,760 |
| 103 | 2020-01-17 | 윤대현 | 2 | NWTDFN-7 | 80 | 105 | 8,400 |
| 104 | 2020-01-17 | 윤대현 | 2 | NWTDFN-51 | 7 | 300 | 2,100 |
| 105 | 2020-01-17 | 윤대현 | 2 | NWTDFN-80 | 51 | 530 | 27,030 |
| 106 | 2020-01-17 | 유가을 | 1 | NWTB-34 | 80 | 35 | 2,800 |
| 107 | 2020-01-17 | 유가을 | 1 | NWTDFN-80 | 34 | 120 | 4,080 |
| 108 | 2020-01-19 | 최소라 | 3 | NWTB-1 | 80 | 105 | 8,400 |
| 109 | 2020-01-19 | 최소라 | 3 | NWTB-43 | 1 | 270 | 270 |
| 110 | 2020-01-22 | 윤대현 | 2 | NWTDFN-7 | 43 | 920 | 39,560 |
| 111 | 2020-01-22 | 윤대현 | 2 | NWTDFN-51 | 7 | 300 | 2,100 |
| 112 | 2020-01-22 | 윤대현 | 2 | NWTDFN-80 | 51 | 530 | 27,030 |
| 113 | 2020-01-24 | 최소라 | 3 | NWTB-1 | 80 | 35 | 2,800 |

**3** [새 이름] 대화상자가 열리면 [이름]에는 『주문』을, '참조 대상'에는 『=OFFSET(판매내역!$A$2,0,0, COUNTA(판매내역!$A:$A)-1,1)』을 입력하고 [확인]을 클릭합니다.

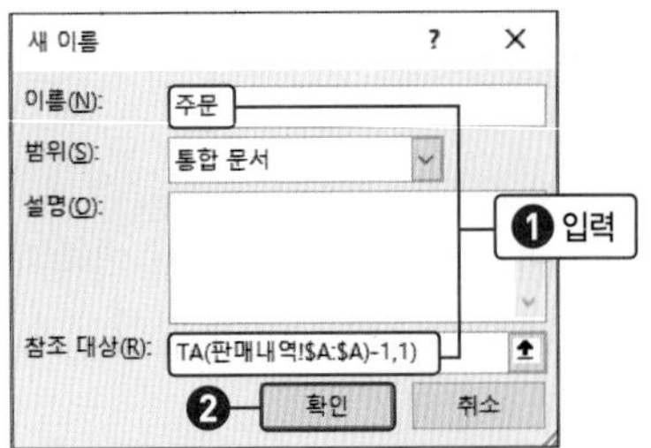


**함수식 설명**

**=OFFSET(판매내역!$A$2,0,0,COUNTA(판매내역!$A:$A)-1,1)**

**← 형식 =OFFSET(기준 셀,시작 셀과의 행거리,시작 셀과의 열거리,행의 크기,열의 크기)**

[판매내역] 시트의 A2셀을 기준으로 '0,0'은 A2셀에서 어느 정도 이동할 것인지 거리를 지정하는데, '0,0'이므로 A2셀을 시작 셀로 설정하겠다는 의미입니다. 'COUNTA(판매내역!$A:$A)-1'은 범위 설정할 행의 개수를 지정하는 함수식입니다. 여기서는 [판매내역] 시트의 A열에 입력된 데이터의 개수만큼 행 범위를 설정하기 위해 '-1'을 지정했으므로 한 행(제목 행)을 뺀 개수만큼 범위를 지정합니다. 마지막 인수 1은 범위 설정할 열 개수를 지정한 것인데, 1이므로 한 개의 열을 범위로 지정합니다. 따라서 A2셀을 기준으로 A열에 입력된 행 개수에서 1을 뺀 행만큼 범위를 설정하고, 열은 한 개만 범위를 설정하겠다는 의미로, 데이터를 추가 입력하거나 삭제했을 때 데이터 영역을 자동으로 인식하기 위한 함수식입니다. OFFSET 함수에 대해서는 406쪽을 참고하세요.

**4** 이와 같은 방법으로 [수식] 탭-[정의된 이름] 그룹에서 [이름 정의]를 클릭하여 [새 이름] 대화상자를 열고 '이름'에는 『판매』를, '참조 대상'에는 『=OFFSET(판매내역!$A$2,0,0,COUNTA(판매내역!$A:$A)-1,COUNTA(판매내역!$1:$1))』을 입력한 후 [확인]을 클릭하세요.

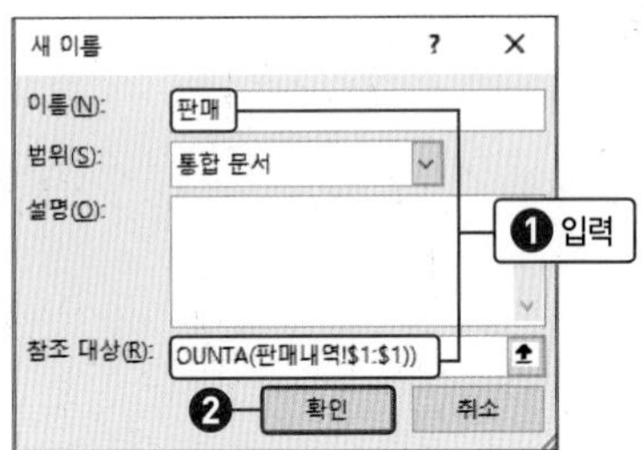


**함수식 설명**

**=OFFSET(판매내역!$A$2,0,0,COUNTA(판매내역!$A:$A)-1,COUNTA(판매내역!$1:$1))**

[판매내역] 시트의 A2셀을 기준으로 A열에 입력된 데이터의 개수에서 1을 뺀 만큼 행 범위를 지정하고, 1행에 입력된 데이터의 개수만큼 열 개수를 지정합니다. [판매내역] 시트에 새로운 데이터가 추가되거나 기존 데이터가 삭제되었을 때 데이터 영역을 자동으로 인식하기 위한 함수식입니다.

**5** 다시 [수식] 탭-[정의된 이름] 그룹에서 [이름 정의]를 클릭하여 [새 이름] 대화상자를 열고 '이름'에는 『제품』을, '참조 대상'에는 『=OFFSET(제품!$A$2,0,0,COUNTA(제품!$A:$A)-1,COUNTA(제품!$1:$1))』을 입력한 후 [확인]을 클릭하세요.

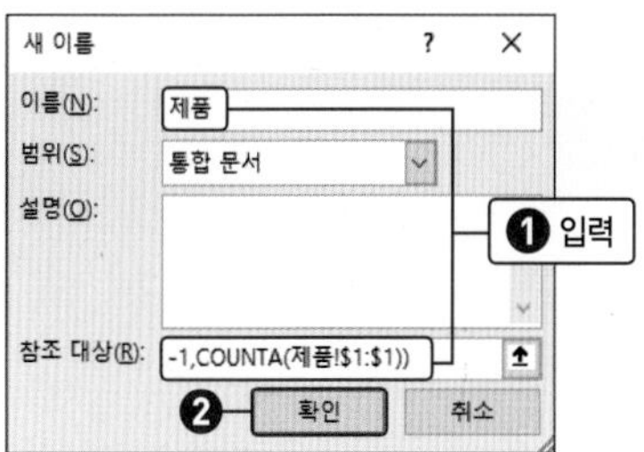


**함수식 설명**

**=OFFSET(제품!$A$2,0,0,COUNTA(제품!$A:$A)-1,COUNTA(제품!$1:$1))**

[제품] 시트의 A2셀을 기준으로 A열에 입력된 데이터의 개수에서 1을 뺀 만큼 행 범위를 지정하고, 1행에 입력된 데이터의 개수만큼 열 개수를 지정합니다. [제품] 시트에 새로운 데이터가 추가되거나 기존 데이터가 삭제되었을 때 데이터 영역을 자동으로 인식하기 위한 함수식입니다.

**6** [수식] 탭-[정의된 이름] 그룹에서 [이름 정의]를 클릭하여 [새 이름] 대화상자를 열고 '이름'에는 『거래처』를, '참조 대상'에는 『=OFFSET(거래처!$A$2,0,0,COUNTA(거래처!$A:$A)-1,COUNTA(거래처!$1:$1))』을 입력한 후 [확인]을 클릭하세요.

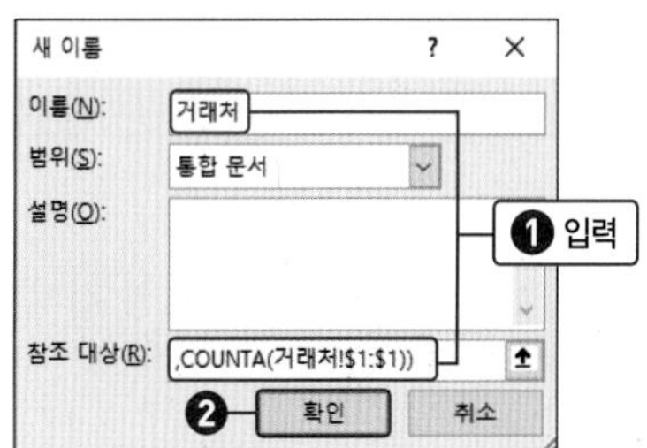


**함수식 설명**

**=OFFSET(거래처!$A$2,0,0,COUNTA(거래처!$A:$A)-1,COUNTA(거래처!$1:$1))**

[거래처] 시트의 A2셀을 기준으로 A열에 입력된 데이터의 개수에서 1을 뺀 만큼 행 범위를 지정하고, 1행에 입력된 데이터의 개수만큼 열 개수를 지정합니다. [거래처] 시트에 새로운 데이터가 추가되거나 기존 데이터가 삭제되었을 때 데이터 영역을 자동으로 인식하기 위한 함수식입니다.

7 [수식] 탭-[정의된 이름] 그룹에서 [이름 관리자]를 클릭합니다. [이름 관리자] 대화상자가 열리면 '이름' 항목에서 [거래처]를 선택하고 '참조 대상'에 표시된 함수식을 클릭하여 커서를 올려놓으면 실제 참조하고 있는 영역이 시트에 표시되는 것을 확인할 수 있어요. 이와 같은 방법으로 정의한 이름의 참조 영역을 확인하고 [닫기]를 클릭하세요.

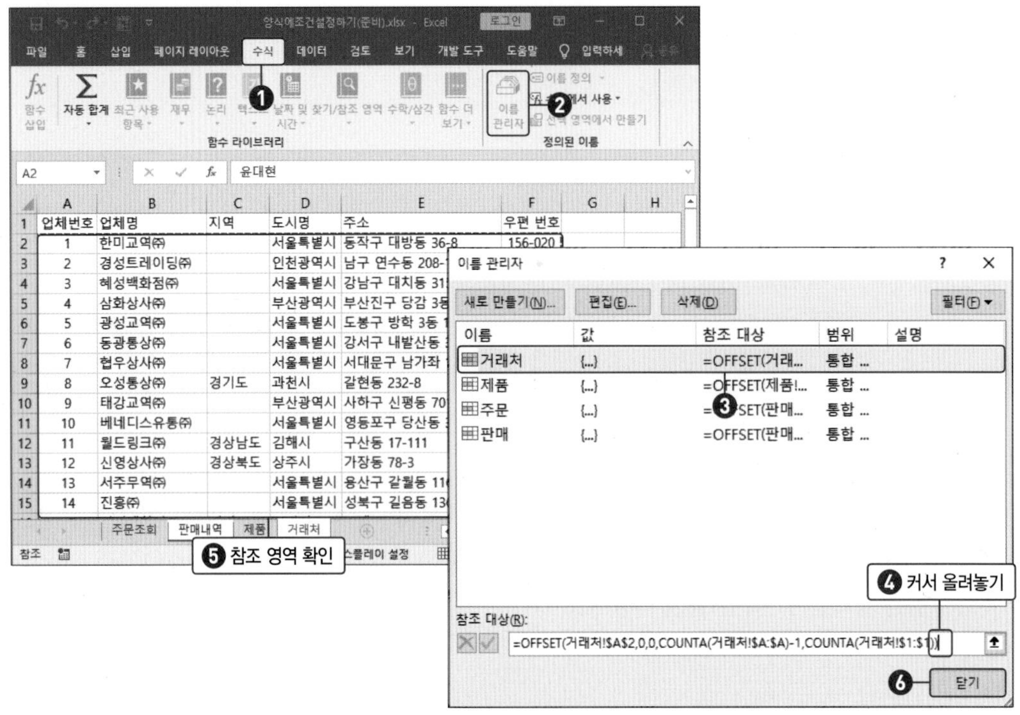


6 [주문조회] 시트에서 D2셀을 선택하고 [데이터] 탭-[데이터 도구] 그룹에서 [데이터 유효성 검사]를 클릭합니다.

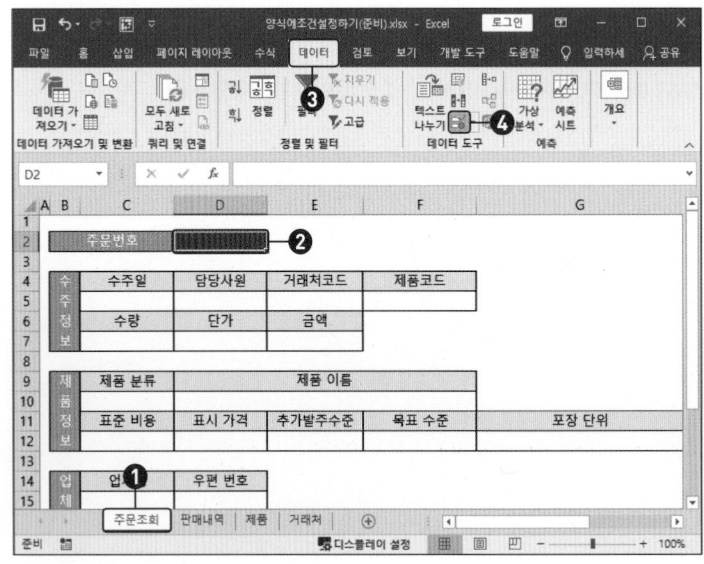

**7** [데이터 유효성] 대화상자가 열리면 [설정] 탭의 '제한 대상'에서 [목록]을 선택하고 '원본'에 『=주문』을 입력한 후 [확인]을 클릭하세요.

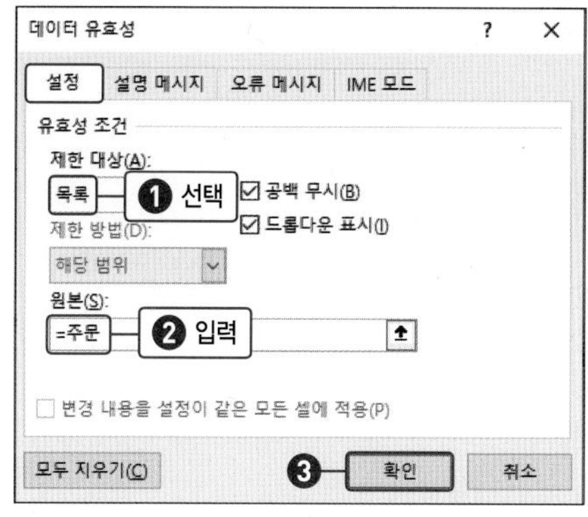


> **TIP**
> D2셀에 목록을 표시하는데, '=주문'에 의해 3 과정에서 이름 정의한 영역을 목록으로 표시하겠다는 의미입니다.

**8** D2셀을 선택하고 목록 단추(▾)를 클릭한 후 이전 단계에서 '주문'이라고 이름 정의했던 영역의 데이터가 목록으로 표시되는지 확인합니다.

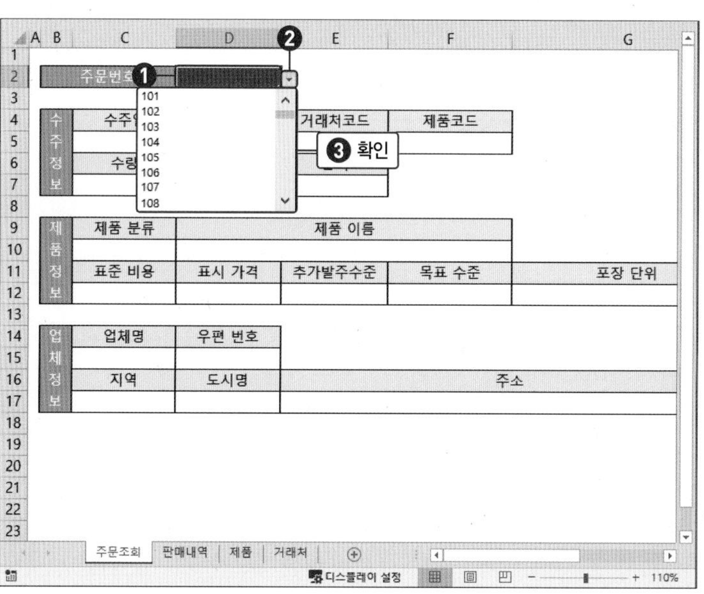

# 02 찾을 값을 알고 있는 데이터 연결하기

◉ **예제파일** : 세부정보표시하기(준비).xlsx ◉ **완성파일** : 세부정보표시하기(완성).xlsx

**1** [주문조회] 시트의 D2셀에 표시된 값과 같은 값을 [판매내역] 시트의 A열에서 찾아 수주일과 담당 사원, 거래처 코드 등의 정보를 가져와 볼게요. C5셀을 선택하고 함수식 『=VLOOKUP($D$2,판매,2,FALSE)』를 입력한 후 Enter를 누르세요.

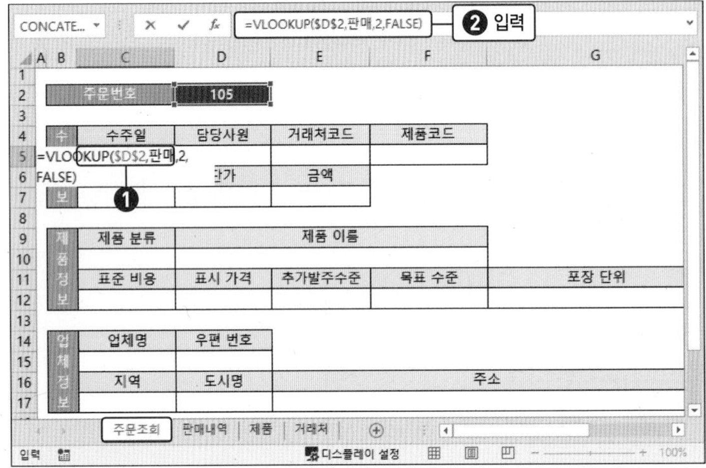


**함수식 설명**

**=VLOOKUP($D$2,판매,2,FALSE)**

D2셀에 입력된 주문 번호와 동일한 값을 '판매'라고 이름 정의한 영역의 첫 번째 열에서 찾아 두 번째 위치한 열 값(수주일)을 가져옵니다. 마지막 인수에 'FALSE'를 지정했기 때문에 정확히 일치하는 값일 때만 가져오고, 그렇지 않으면 오류 메시지를 표시합니다.

**2** C5셀에 날짜 대신 숫자가 함수식의 결과 값으로 나타나면 날짜로 환산해 볼게요. C5셀을 선택하고 [홈] 탭-[표시 형식] 그룹에서 [표시 형식]의 목록 단추(⌵)를 클릭한 후 [간단한 날짜]를 선택하세요.

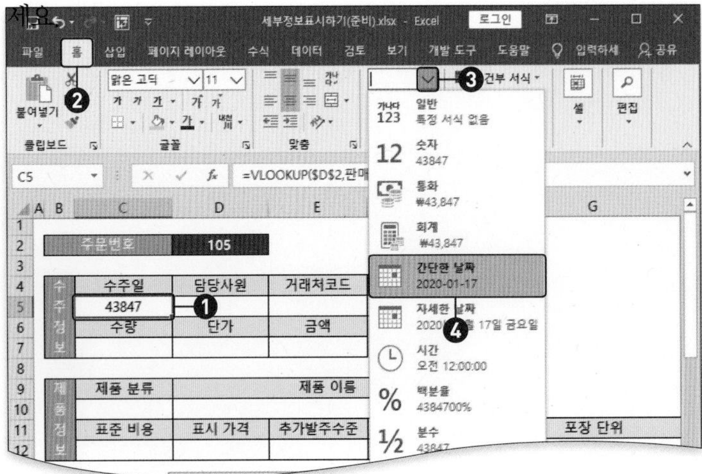

**3** C5셀에 표시되었던 숫자가 간단한 날짜 형식으로 바뀌었는지 확인합니다.

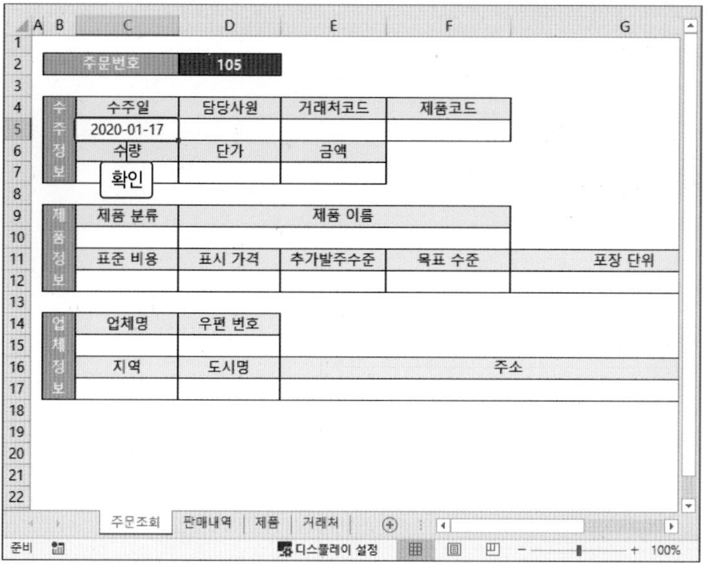


**4** 나머지 '담당사원', '거래처코드', '제품코드' 항목의 값도 함수식이 비슷하므로 복사해서 구해볼게요. C5셀을 선택한 상태에서 수식 입력줄에 표시된 함수식을 드래그하여 선택하고 Ctrl+C를 눌러 복사한 후 Esc를 누릅니다.

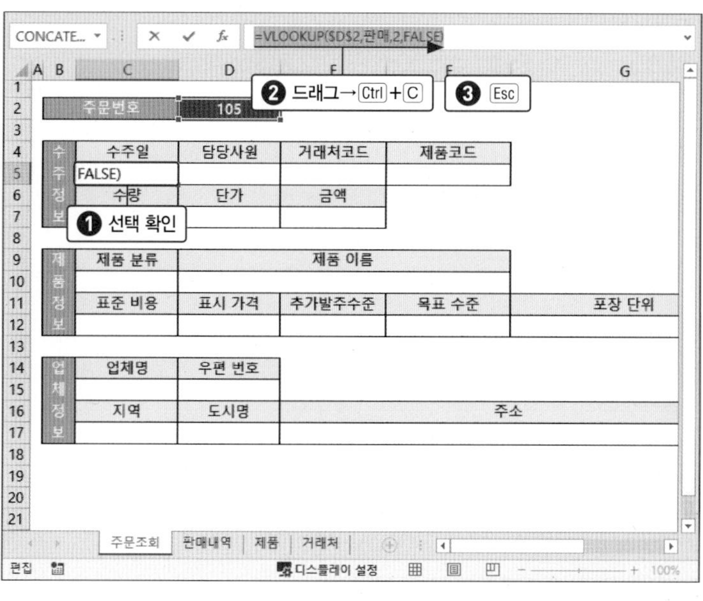

**5** D5셀을 더블클릭하여 커서를 올려놓고 Ctrl+V를 누릅니다. 이전에 복사한 함수식을 붙여넣었으면 가져올 열 번호인 '2'를 '3'으로 수정하고 Enter를 누르세요.

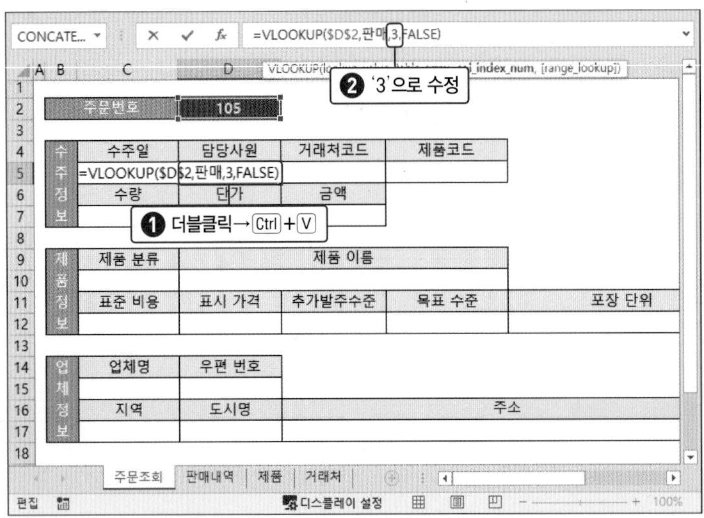


**TIP**

'판매'로 이름 정의한 영역에서 두 번째 위치한 '수주일' 대신 세 번째 위치한 열인 '담당사원'을 가져오도록 함수식을 수정합니다.

**6** 이와 같은 방법으로 해당 셀을 더블클릭해서 커서를 올려놓고 Ctrl+V를 눌러 함수식을 붙여넣은 후 가져올 열 값을 차례대로 수정합니다.

- **E5셀** : =VLOOKUP($D$2,판매,4,FALSE)
- **F5셀** : =VLOOKUP($D$2,판매,5,FALSE)
- **C7셀** : =VLOOKUP($D$2,판매,6,FALSE)
- **D7셀** : =VLOOKUP($D$2,판매,7,FALSE)
- **E7셀** : =VLOOKUP($D$2,판매,8,FALSE)

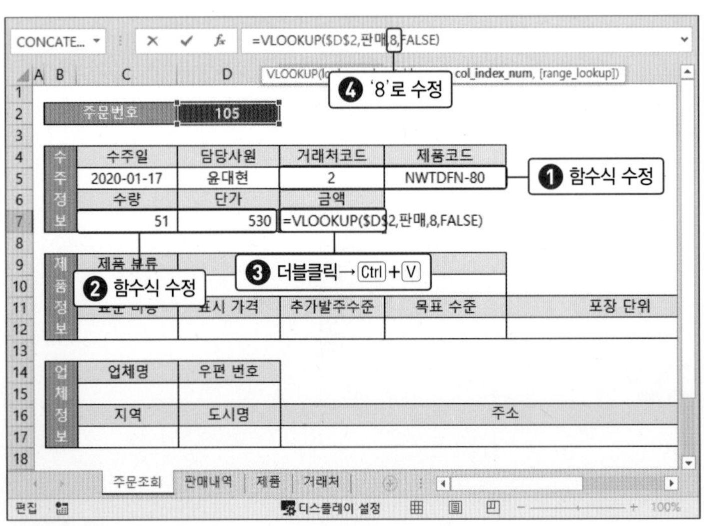

**7** F5셀의 '제품코드'에 해당하는 세부 제품 정보를 표시해 볼게요. C10셀을 선택하고 함수식 『=VLOOKUP($F$5,제품,2,FALSE)』를 입력한 후 Enter를 누릅니다.

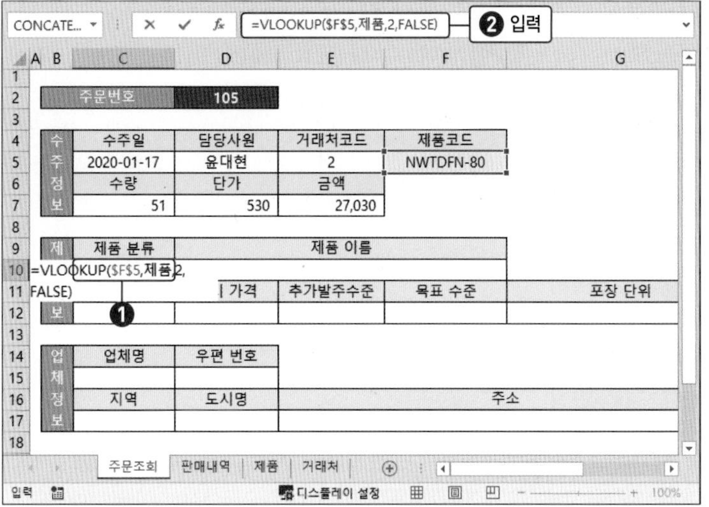


**함수식 설명**

**=VLOOKUP($F$5,제품,2,FALSE)**

F5셀에 입력된 제품 코드와 동일한 값을 '제품'으로 이름 정의한 영역의 첫 번째 열에서 검색해 원하는 코드를 찾았다면 두 번째 열 값을 가져옵니다. 이때 마지막 인수에 지정한 'FALSE'에 의해서 정확히 일치하는 값만 가져오고, 그렇지 않으면 오류 메시지를 표시합니다.

**8** C10셀에 표시된 결과값을 확인합니다. 수식 입력줄에 입력된 함수식을 드래그하여 선택하고 Ctrl+C를 눌러 복사한 후 Esc를 누르세요.

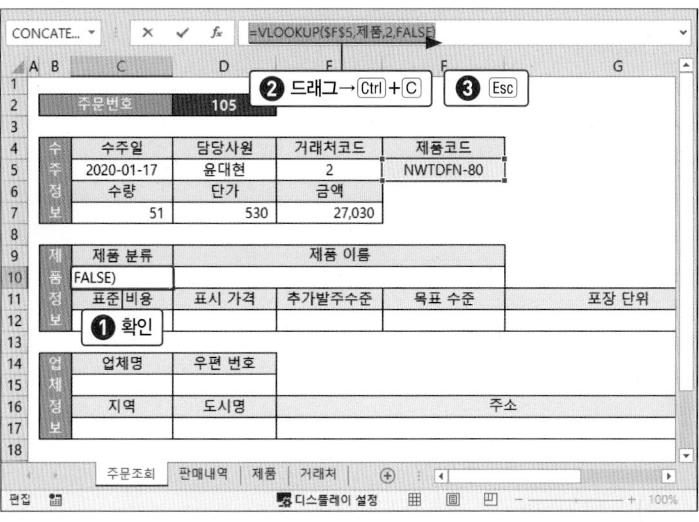

**9** 해당 셀마다 더블클릭해서 커서를 올려놓고 Ctrl+V를 눌러 복사한 함수식을 붙여넣은 후 가져올 열 값을 차례대로 수정하세요.

- **D10셀** : =VLOOKUP($F$5,제품,3,FALSE)
- **C12셀** : =VLOOKUP($F$5,제품,4,FALSE)
- **D12셀** : =VLOOKUP($F$5,제품,5,FALSE)
- **E12셀** : =VLOOKUP($F$5,제품,6,FALSE)
- **F12셀** : =VLOOKUP($F$5,제품,7,FALSE)
- **G12셀** : =VLOOKUP($F$5,제품,8,FALSE)

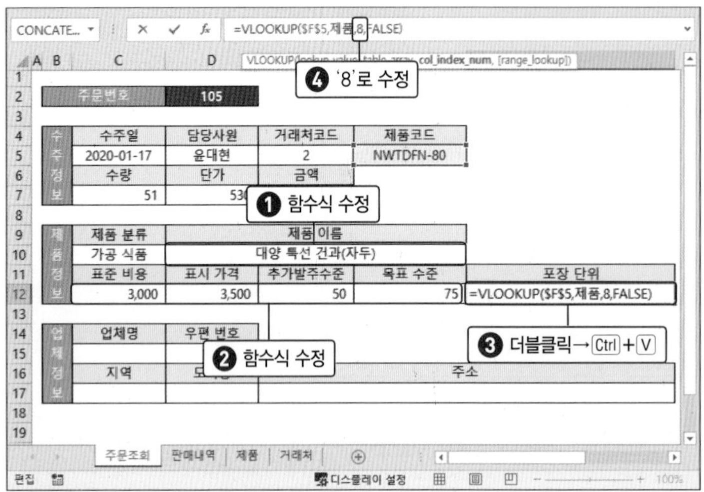


**10** E5셀의 거래처 코드에 해당하는 세부 거래처 정보를 표시해 볼게요. C15셀을 선택하고 함수식 『=VLOOKUP($E$5,거래처,2,FALSE)』를 입력한 후 Enter를 누릅니다.

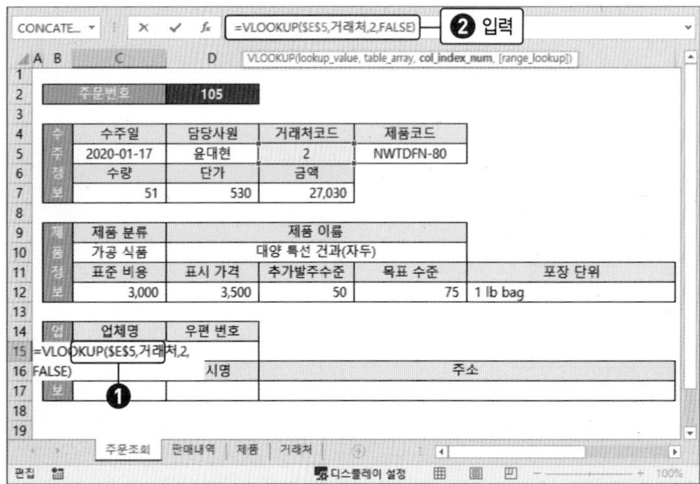

**11** C15셀에 표시된 결과값을 확인합니다. 수식 입력줄에 입력된 함수식을 드래그하여 선택하고 Ctrl+C를 눌러 복사한 후 Esc를 누르세요.

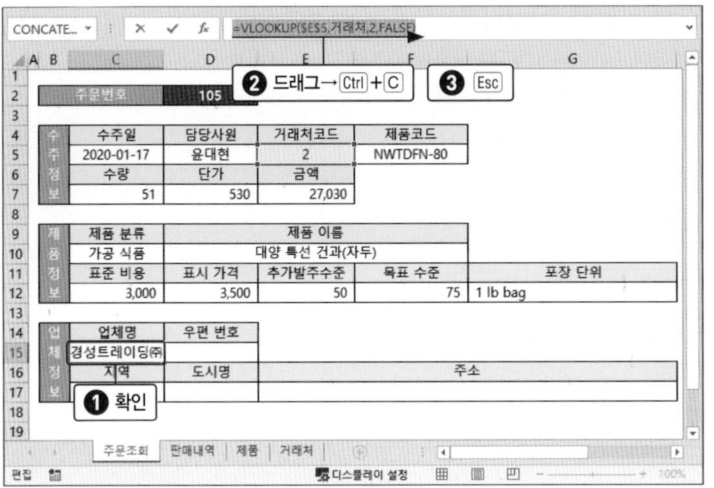


**12** 해당 셀마다 더블클릭해서 커서를 올려놓고 Ctrl+V를 눌러 복사한 함수식을 붙여넣은 후 가져올 열 값을 차례대로 수정하세요.

- **D15셀** : =VLOOKUP($E$5,거래처,6,FALSE)
- **C17셀** : =VLOOKUP($E$5,거래처,3,FALSE)
- **D17셀** : =VLOOKUP($E$5,거래처,4,FALSE)
- **E17셀** : =VLOOKUP($E$5,거래처,5,FALSE)

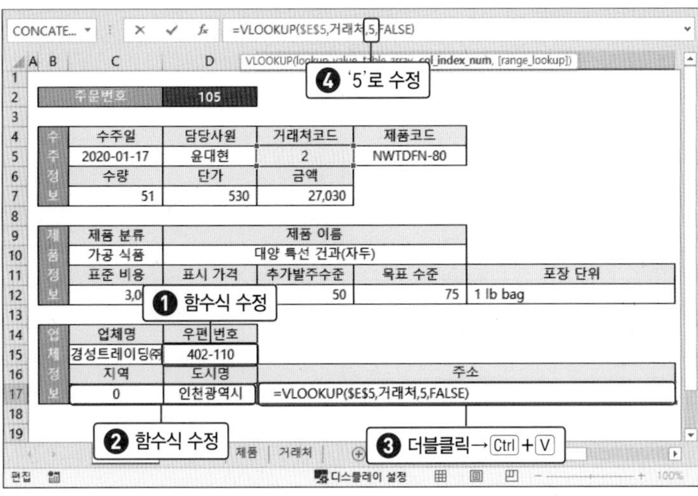

**13** C17셀에 지역으로 '0'이 표시되는 것은 [거래처] 시트에 도시가 '서울특별시'이거나 '광역시'인 경우에는 지역이 없기 때문입니다. 이 경우에는 빈 셀로 표시하기 위해 함수식을 『=IF(VLOOKUP($E$5,거래처,3,FALSE)=0,"",VLOOKUP($E$5,거래처,3,FALSE))』로 수정하세요.

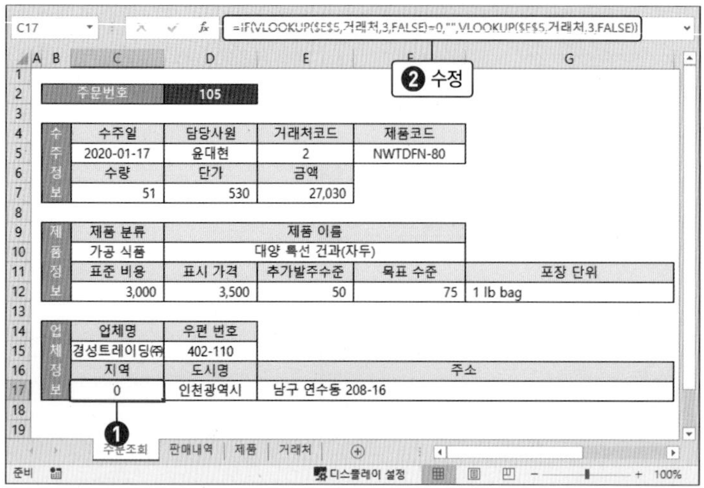


**14** C17셀이 빈 셀로 표시되었는지 확인하고 D2셀의 목록 단추(▾)를 클릭하여 원하는 주문 번호를 선택하세요. 그러면 해당 시트에서 주문 번호에 맞는 수주 정보와 제품 정보, 업체 정보를 찾아 결과가 표시됩니다. 여기서는 '주문번호'에서 [108]을 선택하고 수주 정보와 제품 정보, 업체 정보가 어떻게 변경되는지 확인합니다.

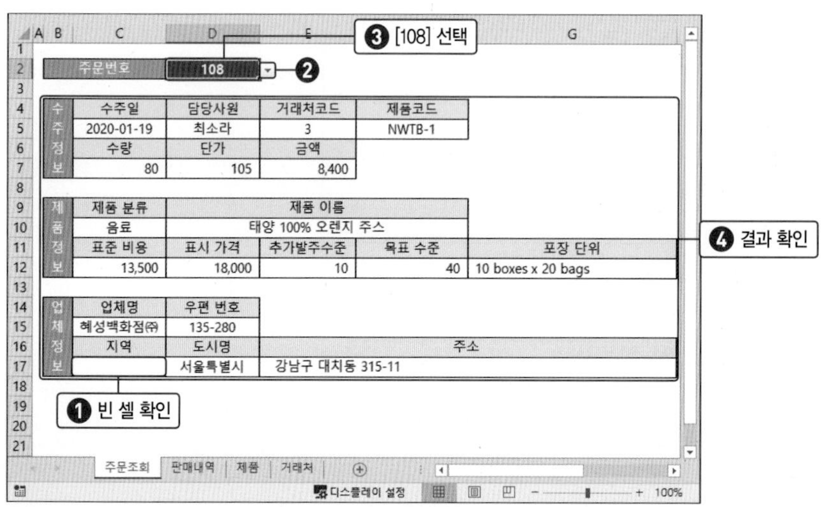

# CASE 03 찾을 위치를 알고 있는 데이터 연결하기

◉ **예제파일** : 실제정보가져오기(준비).xlsx ◉ **완성파일** : 실제정보가져오기(완성).xlsx

**1** [조회] 시트에서 원하는 사원번호만 선택하면 [사원정보] 시트에 입력된 자료를 한눈에 보기 쉽게 찾아서 가져오도록 연결해 볼게요. [조회] 시트에서 [개발 도구] 탭-[컨트롤] 그룹의 [삽입]을 클릭하고 '양식 컨트롤'에서 [목록 상자]( )를 클릭하세요.

**2** 마우스 포인터가 + 모양으로 변경되면 A2:B8 영역에서 드래그해 목록 상자를 그립니다. 목록 상자에서 마우스 오른쪽 단추를 클릭하고 [컨트롤 서식]을 선택합니다.

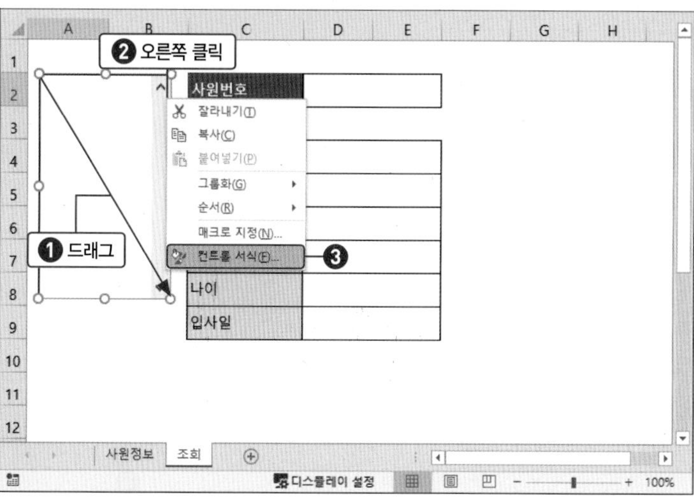

3 [컨트롤 서식] 대화상자의 [컨트롤] 탭이 열리면 '입력 범위'에 커서를 올려놓고 [사원정보] 시트의 A3셀을 선택한 후 Ctrl+Shift+↓를 눌러 『사원정보!$A$3:$A$11』을 표시하세요.

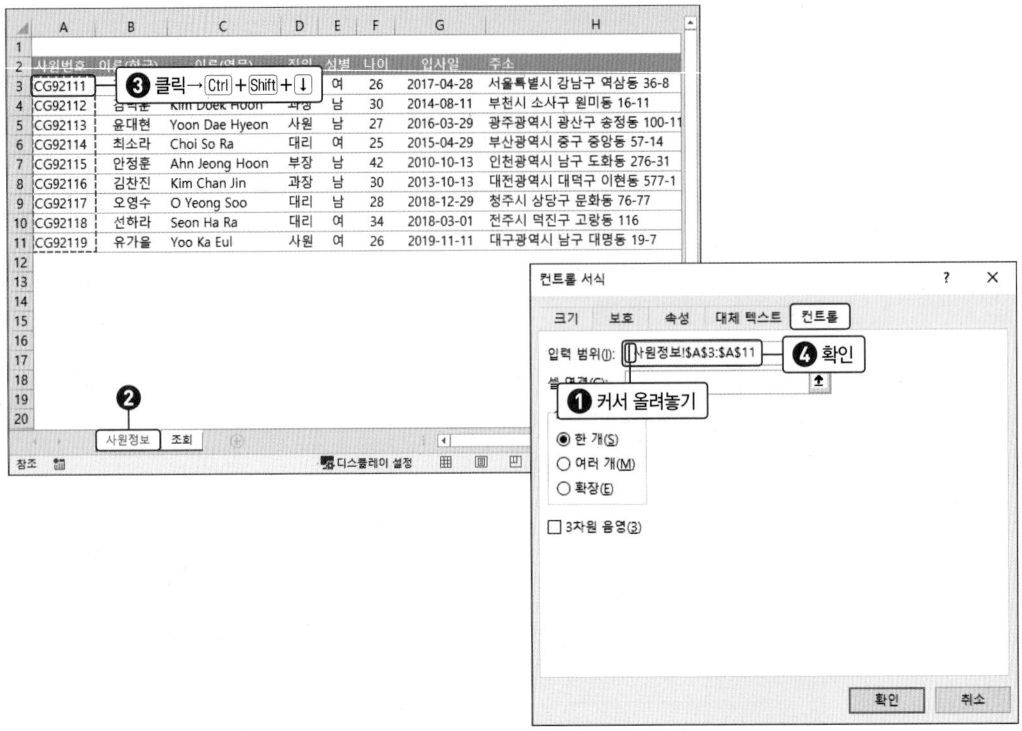


4 '셀 연결'에 커서를 올려놓고 [조회] 시트의 A1셀을 선택한 후 [확인]을 클릭합니다.

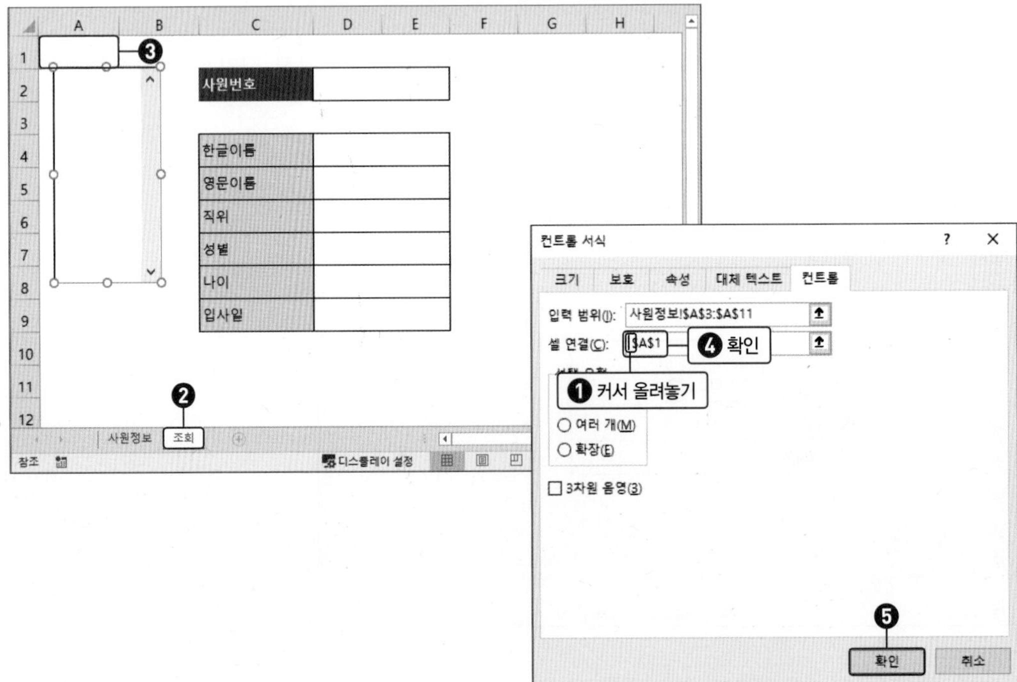

**5** 목록 상자에 [사원정보] 시트의 A3:A11 영역의 사원 번호가 표시되었으면 Esc를 누릅니다. 목록 상자의 선택이 해제되었으면 특정 사원 번호를 선택하고 A1셀에 해당하는 숫자가 표시되는지 확인하세요.

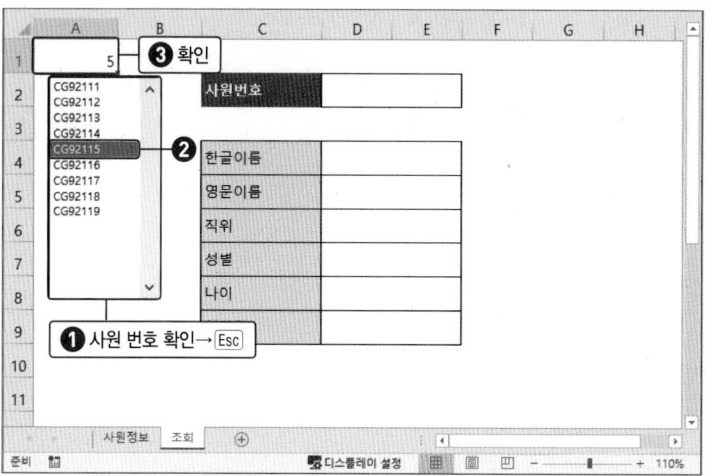


TIP

A1셀에 표시된 숫자는 목록 상자에서 몇 번째 항목이 선택되었는지 위치를 표시하는데, A1셀이 '3'이면 목록에서 세 번째 항목이 선택되었다는 의미입니다. 실제 데이터는 [사원정보] 시트에 입력된 A3:A11 영역의 사원 중에서 세 번째 입력된 값을 선택했다는 의미입니다.

**6** 실제 사원 번호는 모르지만, 몇 번째 행에 위치한 사원 번호인지 A1셀에 표시되므로 이 값을 이용해서 실제 사원 정보를 가져와 볼게요. D2셀을 선택하고 함수식 『=INDEX(사원정보!$A$3:$K$11,$A$1,1)』을 입력한 후 Enter를 누릅니다.

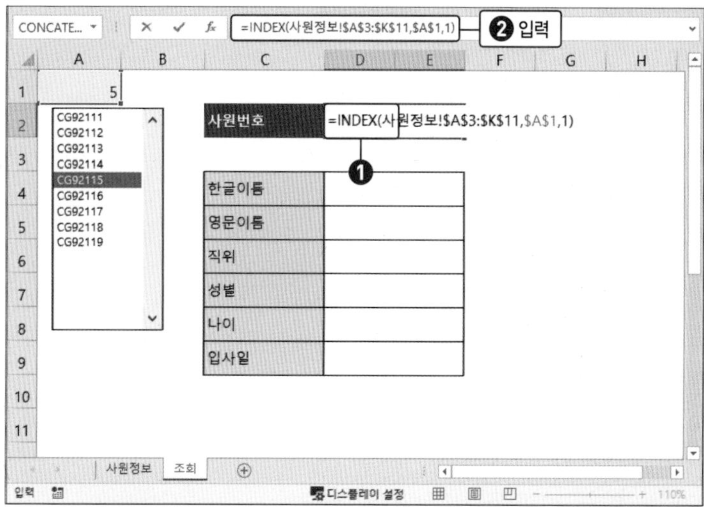


**함수식 설명**

**=INDEX(사원정보!$A$3:$K$11,$A$1,1) ← 형식 =INDEX(비교 대상,가져올 행 위치,가져올 열 위치)**

'사원정보!$A$3:$K$11' 영역의 데이터 중에서 A1셀의 값이 3이면 3행(5이면 5행)에 위치하고 1열에 있는 사원 번호 값을 가져오는 함수식입니다. 동일한 함수식에서 마지막 인수에 가져올 열 값을 2, 3, 4로 바꾸면 한글 이름과 영문 이름, 직위 등을 가져올 수 있습니다.

**7** D2셀에 사원 번호를 구했으면 D2셀의 함수식을 복사해서 나머지 셀에도 다음과 같이 함수식을 완성합니다.

- **D4셀** : =INDEX(사원정보!$A$3:$K$11,$A$1,2)
- **D5셀** : =INDEX(사원정보!$A$3:$K$11,$A$1,3)
- **D6셀** : =INDEX(사원정보!$A$3:$K$11,$A$1,4)
- **D7셀** : =INDEX(사원정보!$A$3:$K$11,$A$1,5)
- **D8셀** : =INDEX(사원정보!$A$3:$K$11,$A$1,6)
- **D9셀** : =INDEX(사원정보!$A$3:$K$11,$A$1,7)

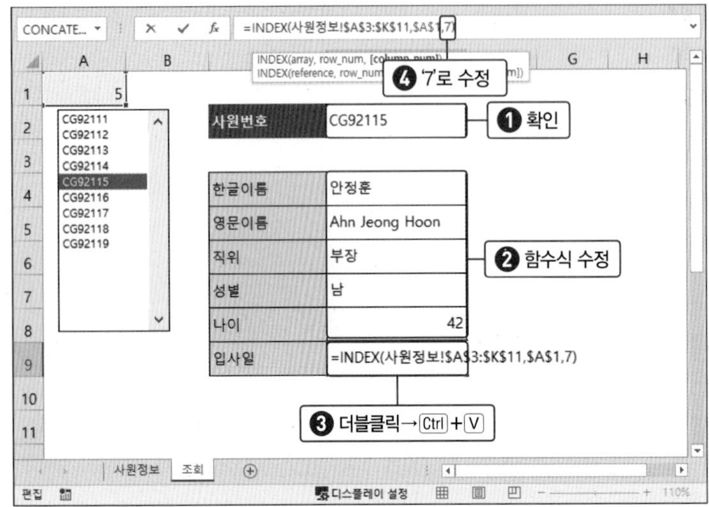


**8** D9셀에 표시된 숫자를 해당하는 날짜로 변환해 볼게요. D9셀을 선택하고 [홈] 탭-[표시 형식] 그룹에서 [표시 형식]의 목록 단추(⌵)를 클릭한 후 [간단한 날짜]를 선택합니다.

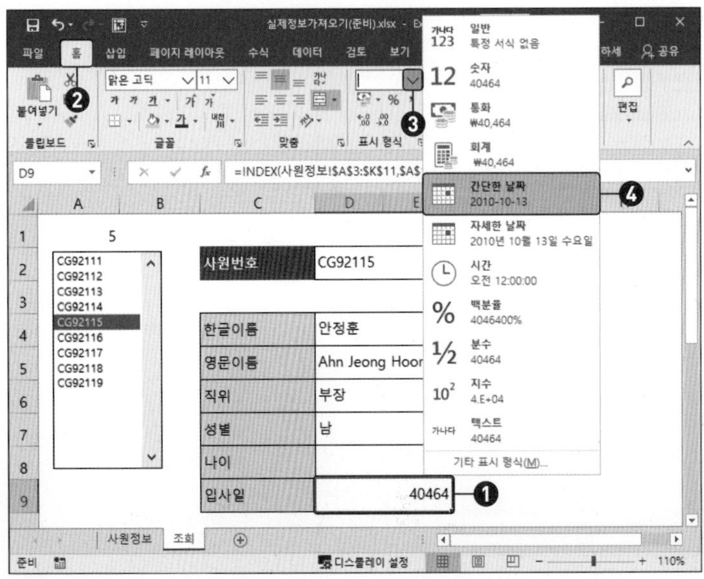

**9** 완성한 함수식을 확인하기 위해 목록 상자에서 특정 사원 번호를 선택합니다. 그러면 A1셀에 몇 번째가 선택되었는지 위치가 표시되면서 **7** 과정에서 작성한 함수식에 의해 사원 번호와 한글 이름, 영문 이름 등도 함께 표시됩니다.

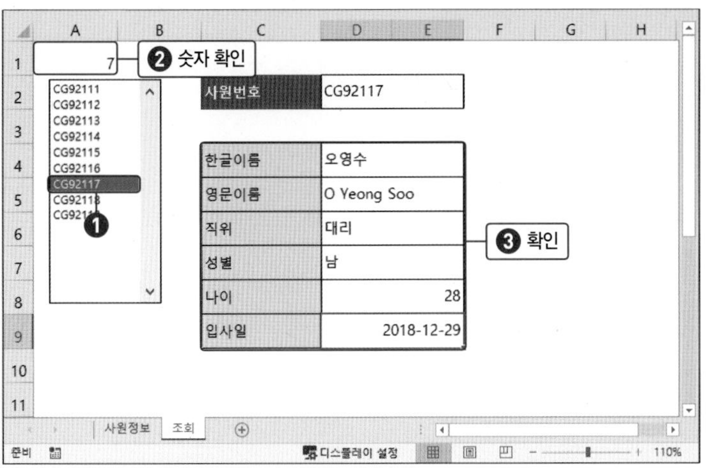


**10** A1셀 값은 필요하지만, 다른 사용자에게 보이지 않게 숨겨볼게요. A1셀을 선택하고 Ctrl+1을 누릅니다. [셀 서식] 대화상자의 [표시 형식] 탭이 열리면 [사용자 지정] 범주를 선택하고 '형식'에 『;;;』을 입력한 후 [확인]을 클릭하세요.

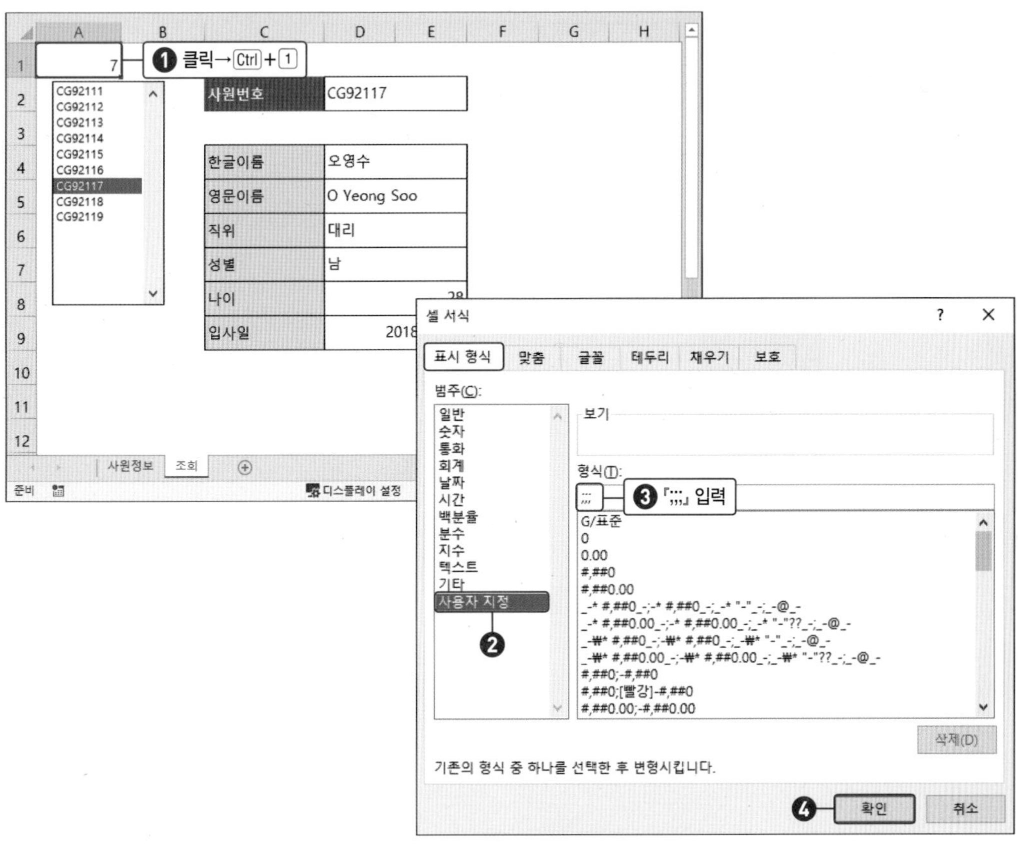

11 A1셀 값이 보이지 않지만, 수식 입력줄에는 값이 표시된 것을 확인할 수 있습니다. 이와 같이 실제 값이 있지만, 시트에서 숨겨두고 싶을 때 이 방법을 사용하세요.

12 '사원번호' 항목의 텍스트를 보기 좋게 정렬하기 위해 C열 머리글을 클릭하고 Ctrl+1을 누릅니다.

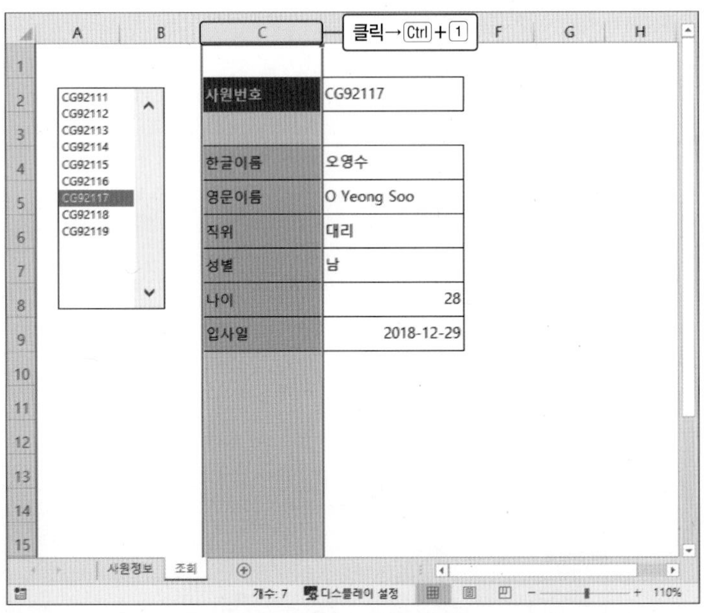

**13** [셀 서식] 대화상자가 열리면 [맞춤] 탭에서 '텍스트 맞춤'의 '가로'의 [균등 분할 (들여쓰기)]를 선택하고 '들여쓰기'에 『1』을 입력한 후 [확인]을 클릭하세요.

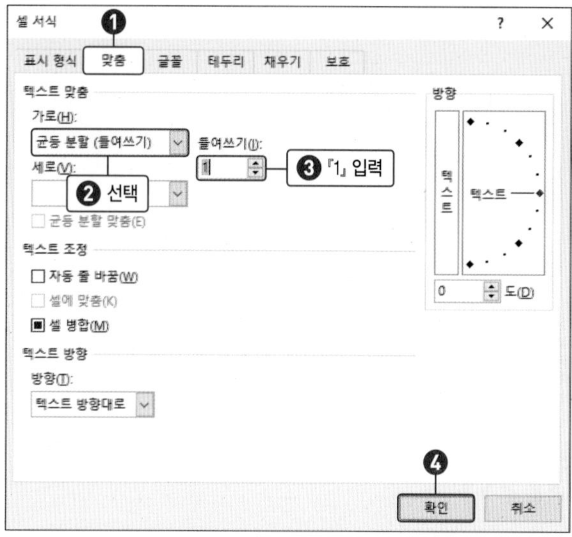


**14** C열에 입력된 텍스트가 셀 너비에 맞게 자동으로 균등 분할되고 셀의 좌우에 빈 공간이 한 칸씩 들여쓰기되었는지 확인합니다.

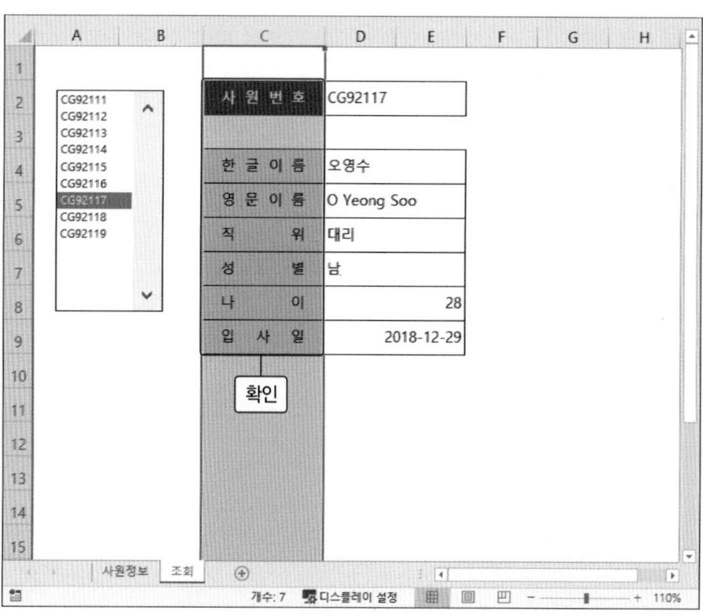

# 11 차트로 매출 데이터를 비교하자

차트를 이용해서 매출 자료를 비교할 때 항상 모든 데이터를 한꺼번에 표시하지 않고 사용자가 원하는 데이터만 선택하면 훨씬 보기가 편합니다. 여기서는 시트에서 선택한 값이 차트에 자동으로 반영되어 손쉽게 데이터를 비교할 수 있는 방법을 소개합니다.

**주요 기능**

/ 차트에 사용하기 편하게 데이터 준비하기

/ 함수로 매출 데이터 자동 연결해 표시하기

/ 차트에 세부 옵션 지정해 꾸미기

CASE

# 01 차트에 사용하기 편하게 데이터 준비하기

◉ **예제파일** : 데이터준비하기(준비).xlsx ◉ **완성파일** : 데이터준비하기(완성).xlsx

**1** [매출] 시트에는 지역별로 사원들의 매출 자료가 입력되어 있는데, 이 데이터 중에서 두 명의 특정 사원을 선택해서 [차트] 시트에 자동으로 표시해 볼게요. [매출] 시트에서 B1셀을 선택하고 Ctrl+Shift+End를 누릅니다. B1:G18 영역을 선택했으면 [수식] 탭-[정의된 이름] 그룹에서 [선택 영역에서 만들기]를 클릭하세요.

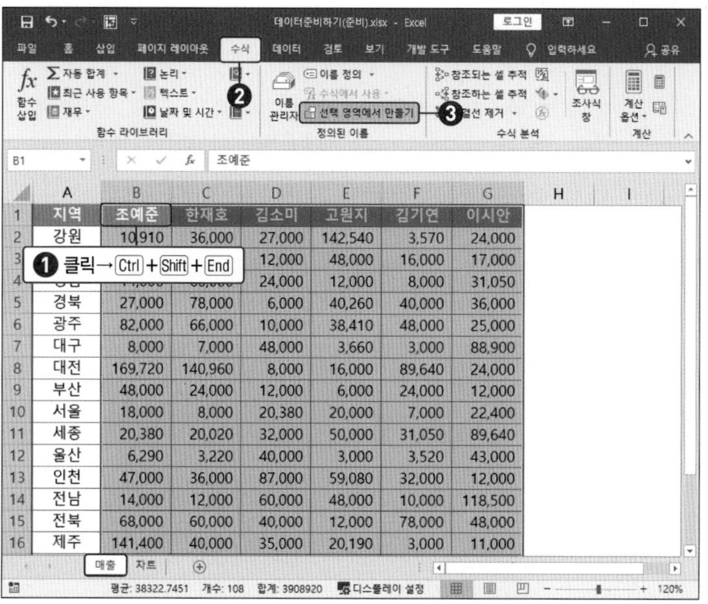


| | A | B | C | D | E | F | G |
|---|---|---|---|---|---|---|---|
| 1 | 지역 | 조예준 | 한재호 | 김소미 | 고원지 | 김기연 | 이시안 |
| 2 | 강원 | 10,910 | 36,000 | 27,000 | 142,540 | 3,570 | 24,000 |
| 3 | | | | 12,000 | 48,000 | 16,000 | 17,000 |
| 4 | | | | 24,000 | 12,000 | 8,000 | 31,050 |
| 5 | 경북 | 27,000 | 78,000 | 6,000 | 40,260 | 40,000 | 36,000 |
| 6 | 광주 | 82,000 | 66,000 | 10,000 | 38,410 | 48,000 | 25,000 |
| 7 | 대구 | 8,000 | 7,000 | 48,000 | 3,660 | 3,000 | 88,900 |
| 8 | 대전 | 169,720 | 140,960 | 8,000 | 16,000 | 89,640 | 24,000 |
| 9 | 부산 | 48,000 | 24,000 | 12,000 | 6,000 | 24,000 | 12,000 |
| 10 | 서울 | 18,000 | 8,000 | 20,380 | 20,000 | 7,000 | 22,400 |
| 11 | 세종 | 20,380 | 20,020 | 32,000 | 50,000 | 31,050 | 89,640 |
| 12 | 울산 | 6,290 | 3,220 | 40,000 | 3,000 | 3,520 | 43,000 |
| 13 | 인천 | 47,000 | 36,000 | 87,000 | 59,080 | 32,000 | 12,000 |
| 14 | 전남 | 14,000 | 12,000 | 60,000 | 48,000 | 10,000 | 118,500 |
| 15 | 전북 | 68,000 | 60,000 | 40,000 | 12,000 | 78,000 | 48,000 |
| 16 | 제주 | 141,400 | 40,000 | 35,000 | 20,190 | 3,000 | 11,000 |

**2** [선택 영역에서 이름 만들기] 대화상자가 열리면 '이름 만들기'에서 [첫 행]에 체크되었는지 확인하고 [확인]을 클릭합니다.

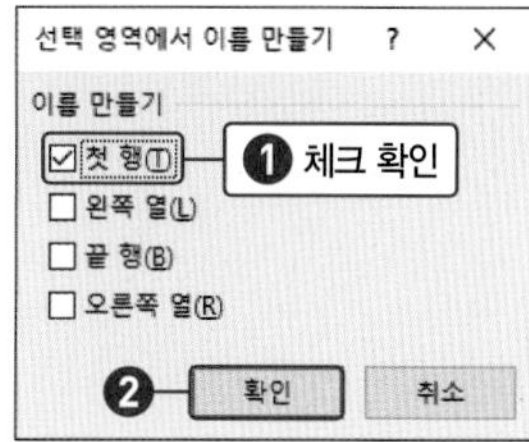


TIP

이름을 정의할 때 한 번에 하나씩 정의하는 것보다 한꺼번에 여러 개의 이름을 일괄적으로 정의할 때 사용하는 방법입니다. 여기서는 선택한 범위 영역에서 첫 행을 범위 이름으로 지정하고 나머지 행을 데이터로 사용하겠다는 의미입니다. 예를 들어 범위 영역의 첫 행인 B1셀의 값 '조예준'이라는 이름으로 B2:B18 영역을 이름 정의하는 방식입니다. 이와 같은 방법으로 '한재호', '김소미', '고원지', '김기연', '이시안'과 같은 이름도 한 번에 이름 정의할 수 있습니다.

**3** 정의한 이름을 확인하기 위해 [수식] 탭-[정의된 이름] 그룹에서 [이름 관리자]를 클릭합니다. [이름 관리자] 대화상자가 열리면서 정의된 이름 목록이 표시되면 특정 이름을 선택하고 '참조 대상'의 범위를 클릭하여 커서를 올려놓으세요. 시트에 참조 영역이 표시되었는지 확인하고 [닫기]를 클릭하세요.

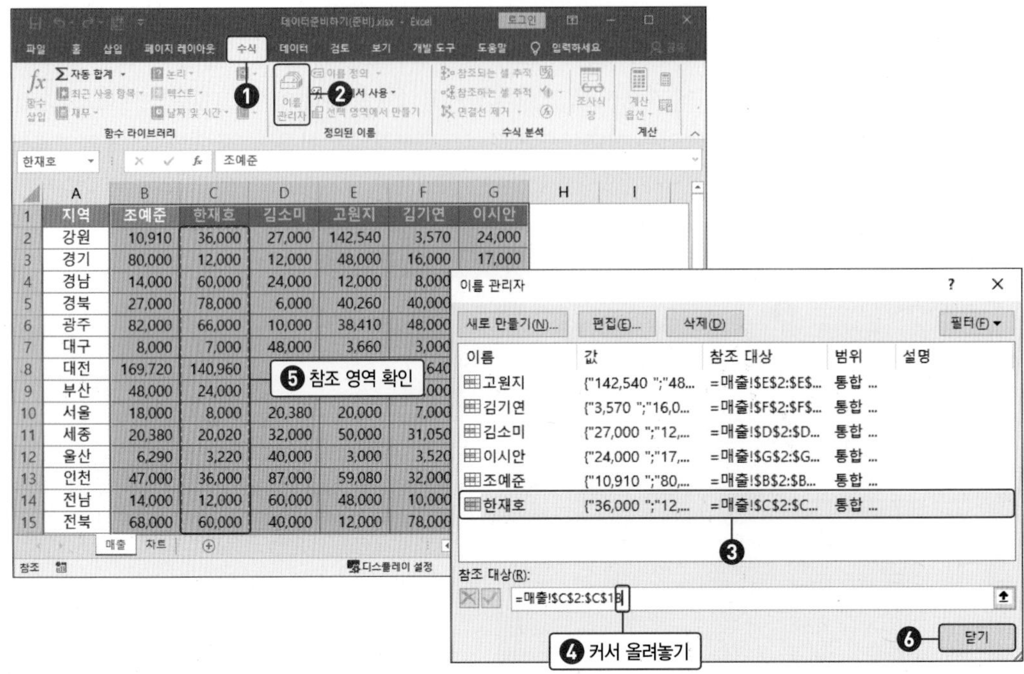


**4** [차트] 시트에서 B1:C1 영역을 선택하고 [데이터] 탭-[데이터 도구] 그룹에서 [데이터 유효성 검사]를 클릭합니다.

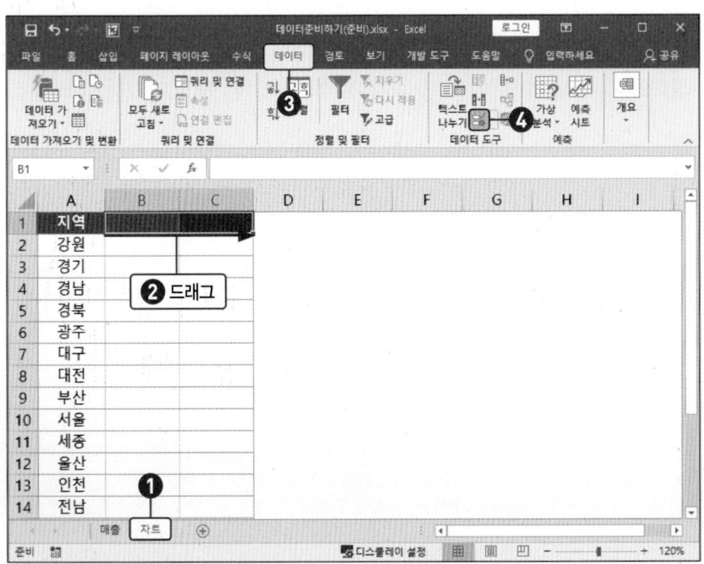

**5** [데이터 유효성] 대화상자의 [설정] 탭이 열리면 '유효성 조건'의 '제한 대상'에서 [목록]을 선택합니다. '원본'에 커서를 올려놓고 [매출] 시트의 B1:G1 범위를 드래그해서 '=매출!$B$1:$G$1'을 표시한 후 [확인]을 클릭하세요.

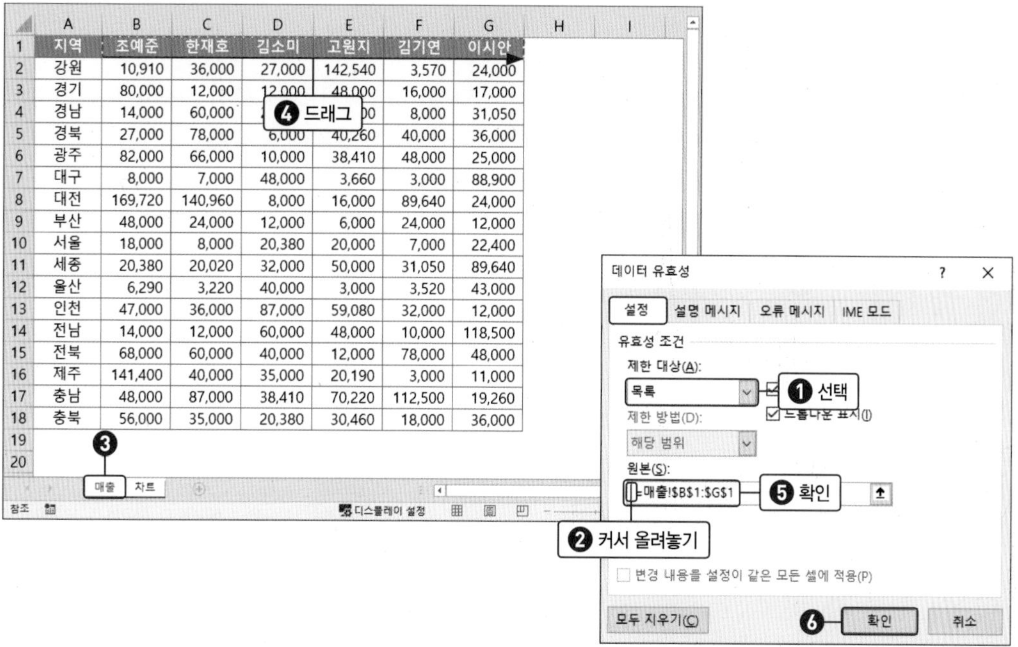

| 지역 | 조예준 | 한재호 | 김소미 | 고원지 | 김기연 | 이시안 |
|---|---|---|---|---|---|---|
| 강원 | 10,910 | 36,000 | 27,000 | 142,540 | 3,570 | 24,000 |
| 경기 | 80,000 | 12,000 | 12,000 | 48,000 | 16,000 | 17,000 |
| 경남 | 14,000 | 60,000 | [illegible] | [illegible] | 8,000 | 31,050 |
| 경북 | 27,000 | 78,000 | 6,000 | 40,260 | 40,000 | 36,000 |
| 광주 | 82,000 | 66,000 | 10,000 | 38,410 | 48,000 | 25,000 |
| 대구 | 8,000 | 7,000 | 48,000 | 3,660 | 3,000 | 88,900 |
| 대전 | 169,720 | 140,960 | 8,000 | 16,000 | 89,640 | 24,000 |
| 부산 | 48,000 | 24,000 | 12,000 | 6,000 | 24,000 | 12,000 |
| 서울 | 18,000 | 8,000 | 20,380 | 20,000 | 7,000 | 22,400 |
| 세종 | 20,380 | 20,020 | 32,000 | 50,000 | 31,050 | 89,640 |
| 울산 | 6,290 | 3,220 | 40,000 | 3,000 | 3,520 | 43,000 |
| 인천 | 47,000 | 36,000 | 87,000 | 59,080 | 32,000 | 12,000 |
| 전남 | 14,000 | 12,000 | 60,000 | 48,000 | 10,000 | 118,500 |
| 전북 | 68,000 | 60,000 | 40,000 | 12,000 | 78,000 | 48,000 |
| 제주 | 141,400 | 40,000 | 35,000 | 20,190 | 3,000 | 11,000 |
| 충남 | 48,000 | 87,000 | 38,410 | 70,220 | 112,500 | 19,260 |
| 충북 | 56,000 | 35,000 | 20,380 | 30,460 | 18,000 | 36,000 |



**6** B1셀의 선택하고 목록 단추(▾)를 클릭한 후 [매출] 시트에 입력된 B1:G1 영역의 사원 이름이 목록으로 표시되었는지 확인합니다.

# 함수로 매출 데이터 자동 연결해 표시하기

◉ **예제파일** : 매출데이터자동연결하기(준비).xlsx ◉ **완성파일** : 매출데이터자동연결하기(완성).xlsx

**1** [차트] 시트의 B1셀에서 원하는 사원을 선택하면 [매출] 시트에서 해당 사원 이름으로 이름 정의한 매출 데이터를 찾아 데이터가 자동으로 표시되도록 함수식을 연결해 볼게요.

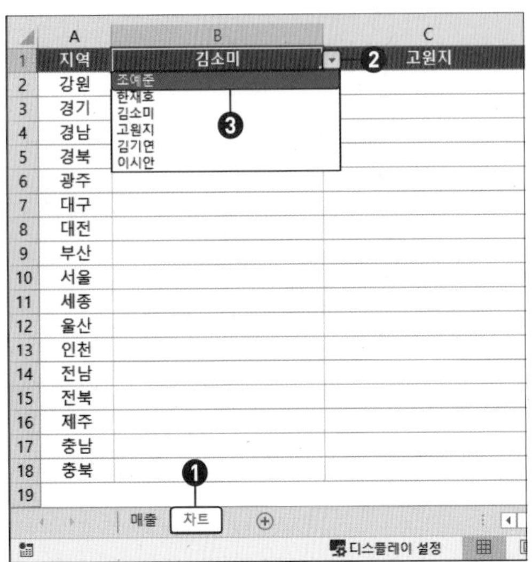


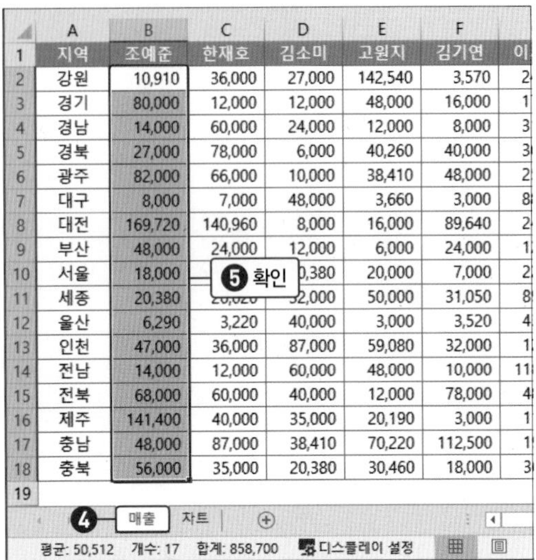

| | A | B | C | D | E | F |
|---|---|---|---|---|---|---|
| 1 | 지역 | 조예준 | 한재호 | 김소미 | 고원지 | 김기연 |
| 2 | 강원 | 10,910 | 36,000 | 27,000 | 142,540 | 3,570 |
| 3 | 경기 | 80,000 | 12,000 | 12,000 | 48,000 | 16,000 |
| 4 | 경남 | 14,000 | 60,000 | 24,000 | 12,000 | 8,000 |
| 5 | 경북 | 27,000 | 78,000 | 6,000 | 40,260 | 40,000 |
| 6 | 광주 | 82,000 | 66,000 | 10,000 | 38,410 | 48,000 |
| 7 | 대구 | 8,000 | 7,000 | 48,000 | 3,660 | 3,000 |
| 8 | 대전 | 169,720 | 140,960 | 8,000 | 16,000 | 89,640 |
| 9 | 부산 | 48,000 | 24,000 | 12,000 | 6,000 | 24,000 |
| 10 | 서울 | 18,000 | [illegible] | 0,380 | 20,000 | 7,000 |
| 11 | 세종 | 20,380 | [illegible] | 2,000 | 50,000 | 31,050 |
| 12 | 울산 | 6,290 | 3,220 | 40,000 | 3,000 | 3,520 |
| 13 | 인천 | 47,000 | 36,000 | 87,000 | 59,080 | 32,000 |
| 14 | 전남 | 14,000 | 12,000 | 60,000 | 48,000 | 10,000 |
| 15 | 전북 | 68,000 | 60,000 | 40,000 | 12,000 | 78,000 |
| 16 | 제주 | 141,400 | 40,000 | 35,000 | 20,190 | 3,000 |
| 17 | 충남 | 48,000 | 87,000 | 38,410 | 70,220 | 112,500 |
| 18 | 충북 | 56,000 | 35,000 | 20,380 | 30,460 | 18,000 |



**2** [차트] 시트에서 B2셀을 선택하고 함수식 『=INDEX(INDIRECT($B$1),1,1)』을 입력한 후 Enter 를 누릅니다.

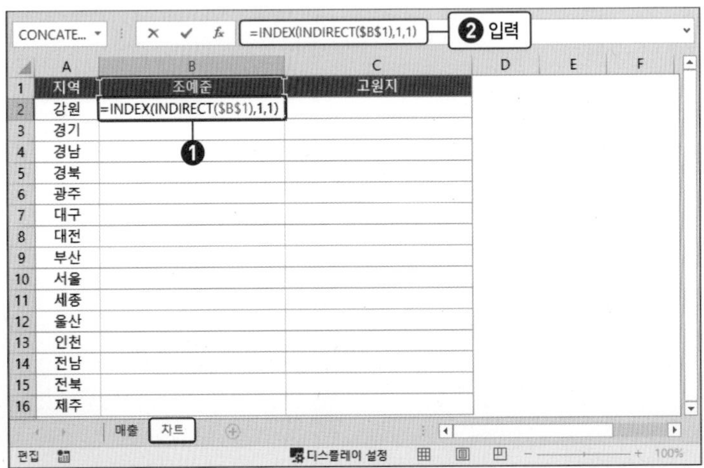


**함수식 설명**

**=INDEX(INDIRECT($B$1),1,1)**

INDIRECT($B$1)은 B1셀에 입력된 '조예준'이라는 값이 일반적인 값이 아니라 범위 이름이라는 뜻입니다. 따라서 '조예준'이라는 범위 이름 영역(B2:B18)에서 '1,1'에 의해 첫 번째 행과 첫 번째 열에 위치한 값을 가져옵니다.

**3** B1셀에 선택한 사원 이름에 해당하면서 [매출] 시트 영역의 첫 행에 위치한 '강원' 지역의 매출이 표시되었습니다. '경기' 지역은 두 번째 행에 위치한 값이므로 함수식 '=INDEX(INDIRECT($B$1),1,1)'의 행 번호를 '=INDEX(INDIRECT($B$1),2,1)'로 바꾸면 됩니다.

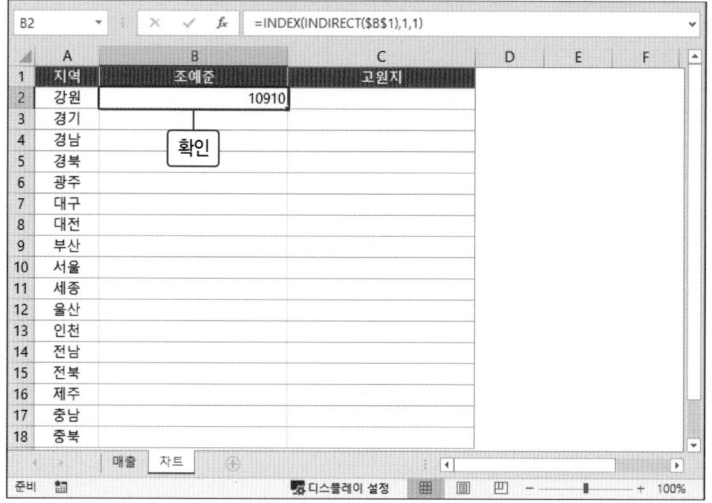


**4** 같은 함수식에서 가져올 행 번호만 '1'에서 '2'로, '3'으로, '4'로 바꾸는 게 번거롭다면 자동으로 행 번호가 바뀌도록 함수식을 수정해 볼게요. B2셀을 더블클릭하여 함수식을 표시하고 『=INDEX(INDIRECT($B$1),ROW(A1),1)』로 수정한 후 Enter를 누릅니다.

**함수식 설명**

**=INDEX(INDIRECT($B$1),ROW(A1),1)**

가져올 행 번호를 '1' 대신 '2'로, '3'으로 일일이 바꾸지 않고 자동으로 1씩 증가하는 값으로 표시되도록 함수식을 'ROW(A1)'로 수정했습니다. ROW 함수는 지정한 셀의 행이 몇 행인지 값을 표시하는데, 'ROW(A1)'이므로 A1셀의 행은 1행이어서 결과값 '1'을 얻을 수 있습니다. 이 함수식을 아래쪽 방향으로 복사하면 A1셀이 A2셀로. A3셀로 자동으로 바뀌면서 '2', '3', '4' 등으로 가져올 행 위치를 자동으로 변경할 수 있습니다.

**5** B2셀에 '강원' 지역 '조예준'의 매출을 구했으면 B2셀의 자동 채우기 핸들을 더블클릭해서 나머지 행에도 함수식을 복사합니다. 그러면 가져올 행 값이 자동으로 바뀌면서 지역별 매출이 표시됩니다.

**6** B2셀의 함수식을 C2셀로 복사하면 '조예준'을 '고원지'로 바꾸어야 합니다. B2셀을 더블클릭하여 함수식을 표시하고 『=INDEX(INDIRECT(B$1),ROW(A1),1)』로 수정하세요.

**함수식 설명**

**=INDEX(INDIRECT(B$1),ROW(A1),1)**

이전에 INDIRECT($B$1)와 같이 작성한 함수식에서 $B$1이 절대 참조 방식이므로 오른쪽으로 함수식을 복사해도 항상 B1셀로 고정되어 있습니다. 따라서 'B$1'로 수정해서 오른쪽으로 함수식을 복사할 때는 B열이 C열, D열 등으로 차례대로 바뀌지만, 아래쪽으로 함수식을 복사하면 항상 1행으로 고정된 셀을 참조합니다.

**7** B2셀의 자동 채우기 핸들을 C2셀까지 드래그해서 함수식을 복사합니다. B2:C2 영역을 선택한 상태에서 C2셀의 자동 채우기 핸들을 C18셀까지 드래그해서 나머지 행에도 함수식을 복사하세요.

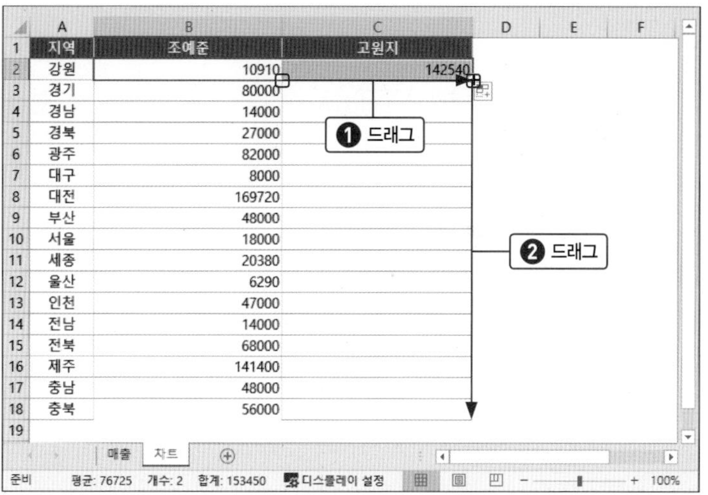

| | A | B | C |
|---|---|---|---|
| 1 | 지역 | 조예준 | 고원지 |
| 2 | 강원 | 10910 | 142540 |
| 3 | 경기 | 80000 | |
| 4 | 경남 | 14000 | |
| 5 | 경북 | 27000 | |
| 6 | 광주 | 82000 | |
| 7 | 대구 | 8000 | |
| 8 | 대전 | 169720 | |
| 9 | 부산 | 48000 | |
| 10 | 서울 | 18000 | |
| 11 | 세종 | 20380 | |
| 12 | 울산 | 6290 | |
| 13 | 인천 | 47000 | |
| 14 | 전남 | 14000 | |
| 15 | 전북 | 68000 | |
| 16 | 제주 | 141400 | |
| 17 | 충남 | 48000 | |
| 18 | 충북 | 56000 | |



**8** B1셀과 C1셀의 목록 단추(▾)를 클릭하여 다른 사원을 선택하면 해당 사원의 매출 데이터가 자동으로 연결되어 표시됩니다.

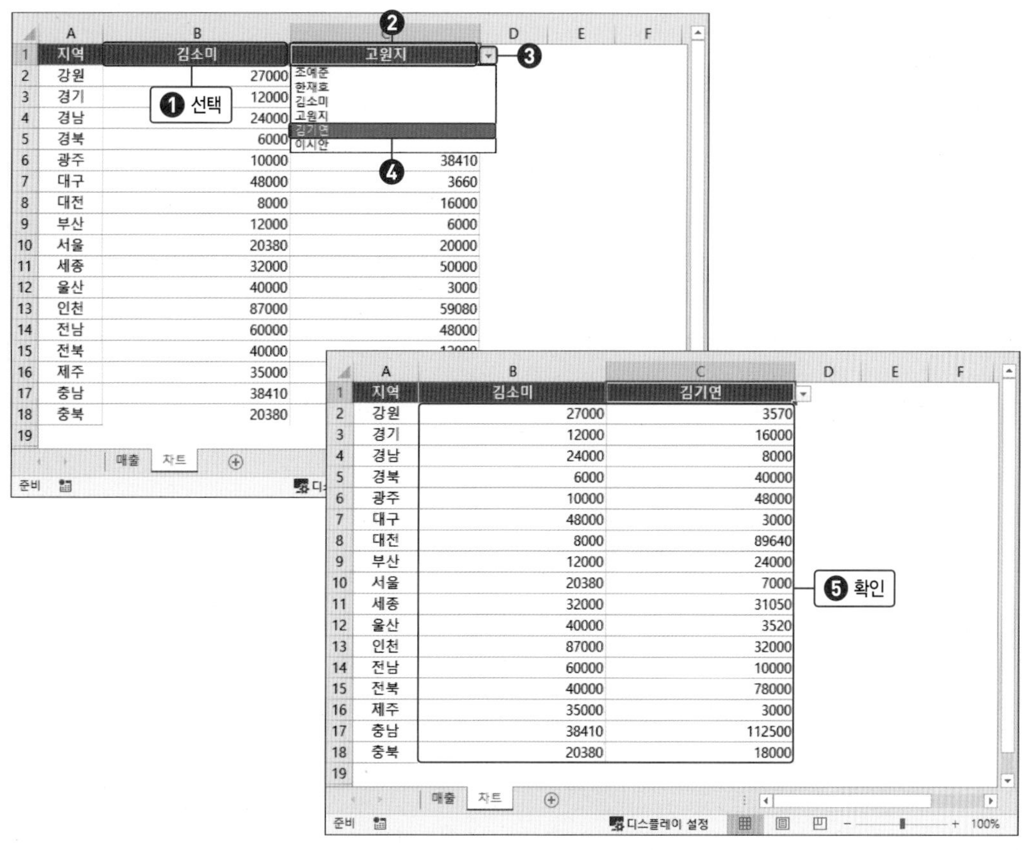

| | A | B | C |
|---|---|---|---|
| 1 | 지역 | 김소미 | 고원지 |
| 2 | 강원 | 27000 | |
| 3 | 경기 | 12000 | |
| 4 | 경남 | 24000 | |
| 5 | 경북 | 6000 | |
| 6 | 광주 | 10000 | 38410 |
| 7 | 대구 | 48000 | 3660 |
| 8 | 대전 | 8000 | 16000 |
| 9 | 부산 | 12000 | 6000 |
| 10 | 서울 | 20380 | 20000 |
| 11 | 세종 | 32000 | 50000 |
| 12 | 울산 | 40000 | 3000 |
| 13 | 인천 | 87000 | 59080 |
| 14 | 전남 | 60000 | 48000 |
| 15 | 전북 | 40000 | |
| 16 | 제주 | 35000 | |
| 17 | 충남 | 38410 | |
| 18 | 충북 | 20380 | |

| | A | B | C |
|---|---|---|---|
| 1 | 지역 | 김소미 | 김기연 |
| 2 | 강원 | 27000 | 3570 |
| 3 | 경기 | 12000 | 16000 |
| 4 | 경남 | 24000 | 8000 |
| 5 | 경북 | 6000 | 40000 |
| 6 | 광주 | 10000 | 48000 |
| 7 | 대구 | 48000 | 3000 |
| 8 | 대전 | 8000 | 89640 |
| 9 | 부산 | 12000 | 24000 |
| 10 | 서울 | 20380 | 7000 |
| 11 | 세종 | 32000 | 31050 |
| 12 | 울산 | 40000 | 3520 |
| 13 | 인천 | 87000 | 32000 |
| 14 | 전남 | 60000 | 10000 |
| 15 | 전북 | 40000 | 78000 |
| 16 | 제주 | 35000 | 3000 |
| 17 | 충남 | 38410 | 112500 |
| 18 | 충북 | 20380 | 18000 |

CASE

# 03 차트에 세부 옵션 지정해 꾸미기

◉ **예제파일** : 차트옵션지정하기(준비).xlsx ◉ **완성파일** : 차트옵션지정하기(완성).xlsx

**1** [차트] 시트에서 데이터 영역에 있는 하나의 셀을 선택하고 Ctrl+A를 눌러 전체 범위를 선택합니다. [삽입] 탭-[차트] 그룹에서 [꺾은선형 또는 영역형 차트 삽입]을 클릭하고 '2차원 꺾은선형'에서 [표식이 있는 꺾은선형]을 선택하세요.

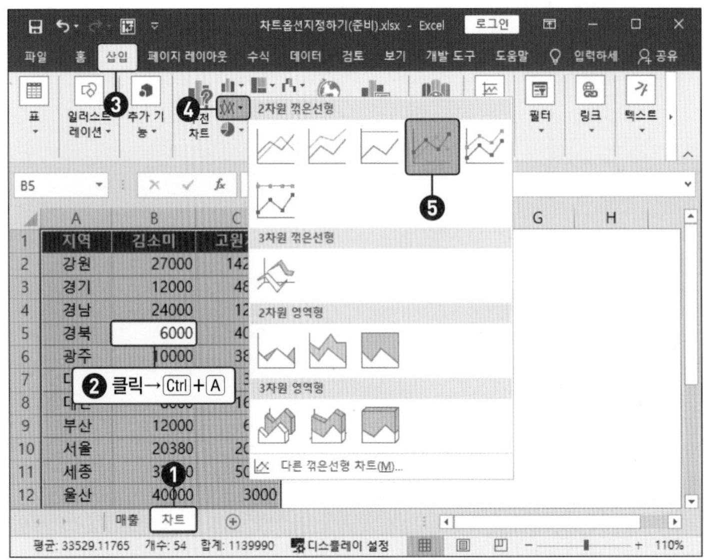


**2** 표식이 있는 꺾은선형 차트가 표시되면 차트의 너비와 위치를 적당하게 조절합니다.

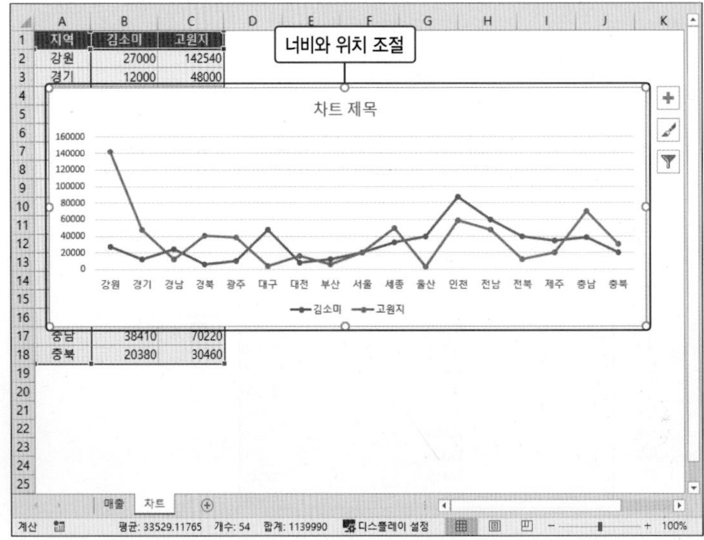

3 차트를 선택한 상태에서 [차트 도구]의 [디자인] 탭-[차트 스타일] 그룹에서 [자세히] 단추(⊽)를 클릭하고 [스타일 9]를 클릭합니다.

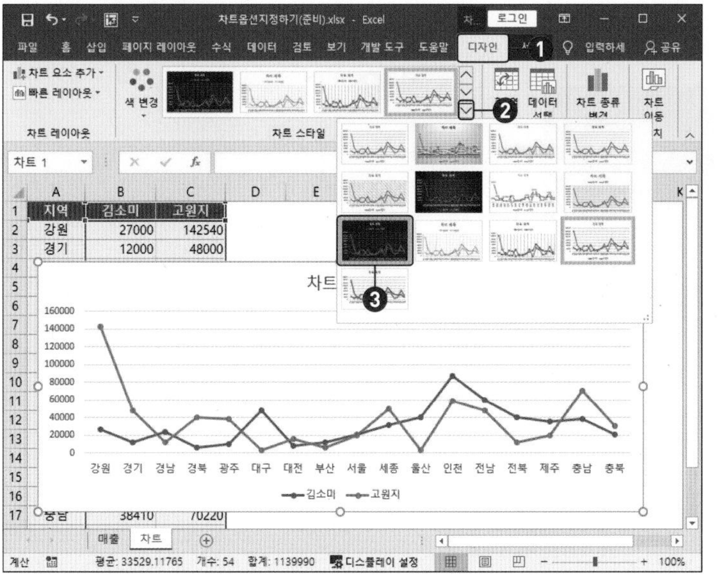


4 차트를 선택한 상태에서 [차트 요소](+)를 클릭하고 목록에서 [차트 제목]의 체크를 해제합니다. [데이터 레이블]에 체크하고 [위쪽]을 선택하여 차트에 실제 금액이 얼마인지 확인한 후 [기타 옵션]을 선택하세요.

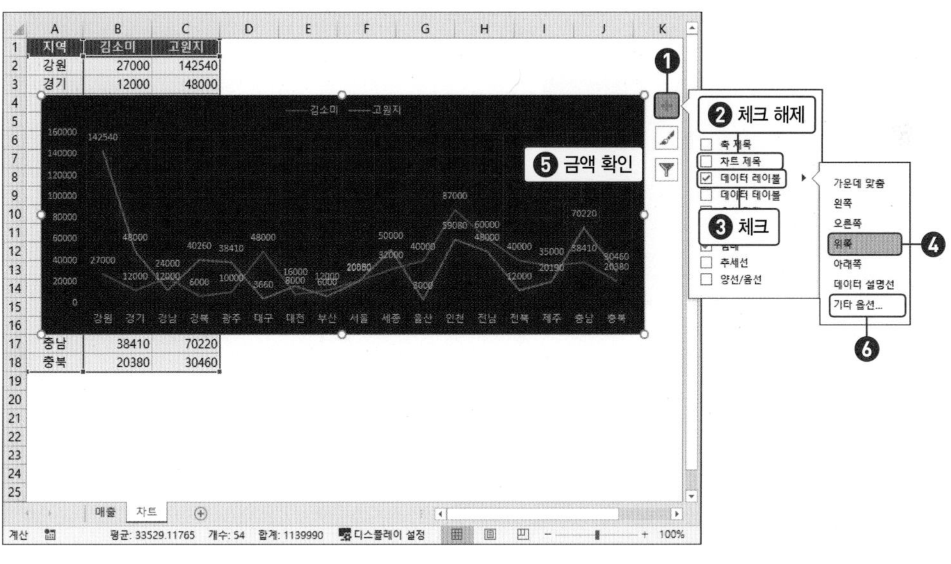

**5** 화면의 오른쪽에 [데이터 레이블 서식] 창이 열리면 [레이블 옵션]( )의 '표시 형식'에서 '서식 코드'에 『#,##0,』를 입력하고 [추가]를 클릭합니다.

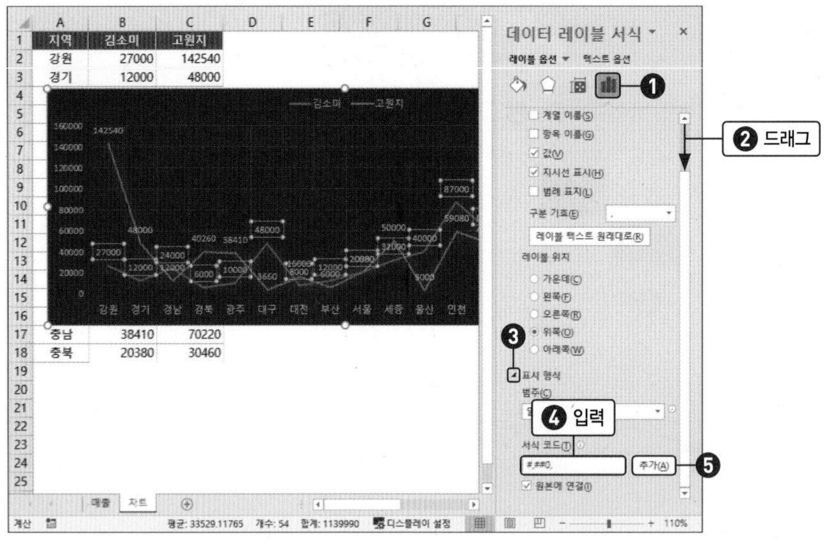


TIP

'#,##0,'는 숫자 값에서 천 단위 값을 생략하고 표시할 때 사용합니다. 백만 단위를 생략하려면 쉼표(,)를 2개 사용하여 『#,##0,,』를 입력하세요.

**6** 차트에서 파란색 꺾은선에 표시된 레이블 값이 천 단위가 생략되어 표시되었는지 확인합니다.

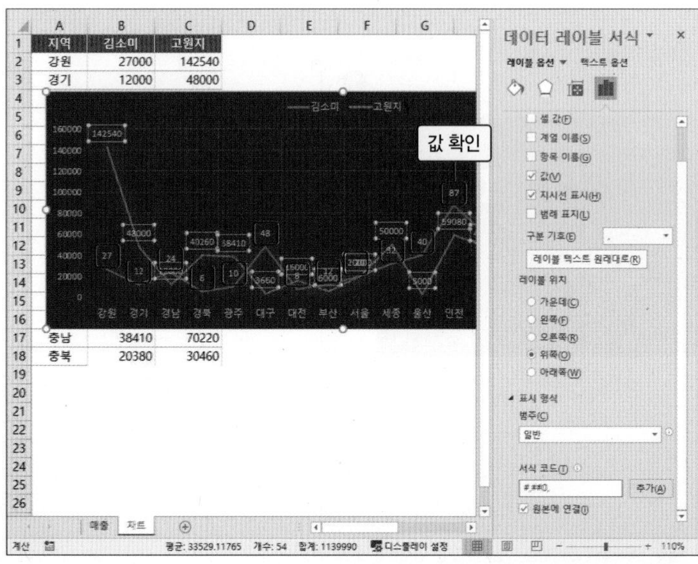

**7** 이번에는 차트에 표시된 주황색 꺾은선의 특정 레이블 값 중 하나의 값을 클릭하여 전체 레이블 값을 모두 선택합니다. [데이터 레이블 서식] 창에서 '서식 코드'에 『#,##0,』를 입력하고 [추가]를 클릭합니다.

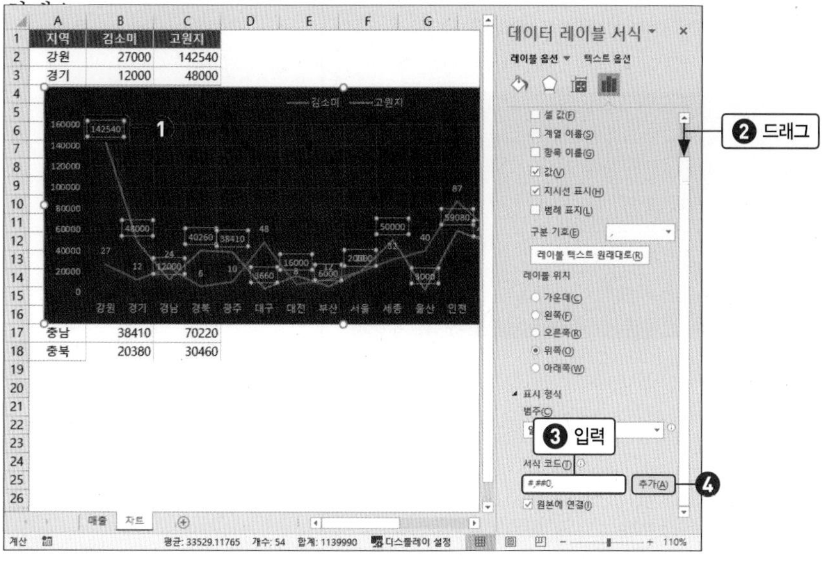


**TIP**
주황색 꺾은선에서 하나의 레이블 값만 클릭해도 전체 레이블 값이 한 번에 선택됩니다.

**8** 차트에서 주황색 꺾은선에 표시된 레이블 값이 천 단위가 생략되어 표시되었는지 확인하고 [데이터 레이블 서식] 창을 닫습니다.

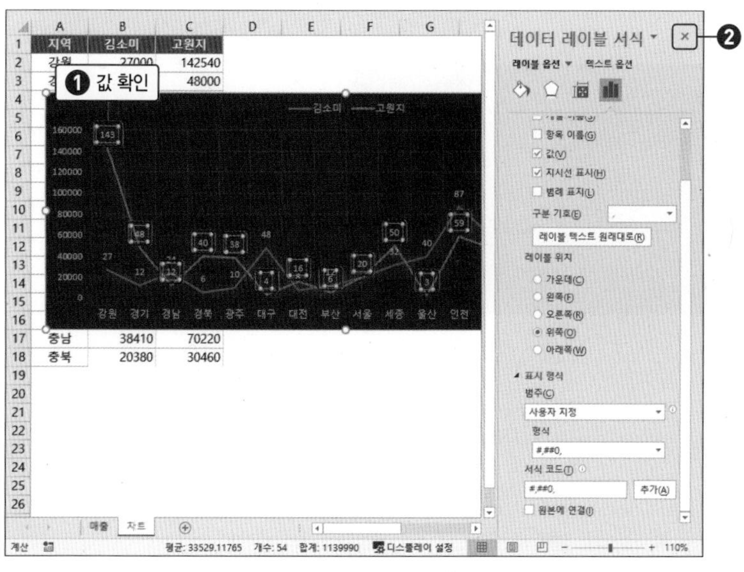

**9** B1셀의 목록 단추(▾)를 클릭하고 C1셀의 '고원지' 사원과 매출 자료를 비교하고 싶은 사원을 선택합니다.

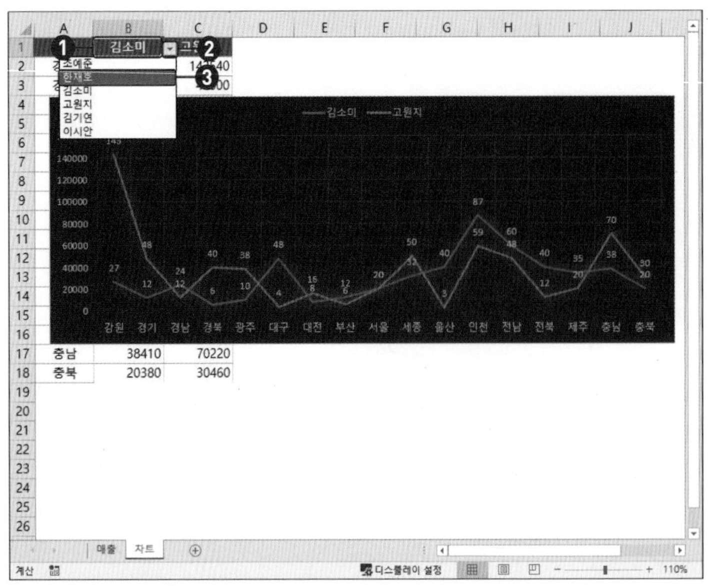


**10** 선택한 사원 데이터로 시트 데이터가 바뀌면서 그 값이 차트에 반영되어 차트 그래프가 변경되었습니다. 이와 같은 방법으로 C1셀에서도 원하는 사원을 선택하여 B1셀에서 선택한 사원과 매출을 비교해 보세요.

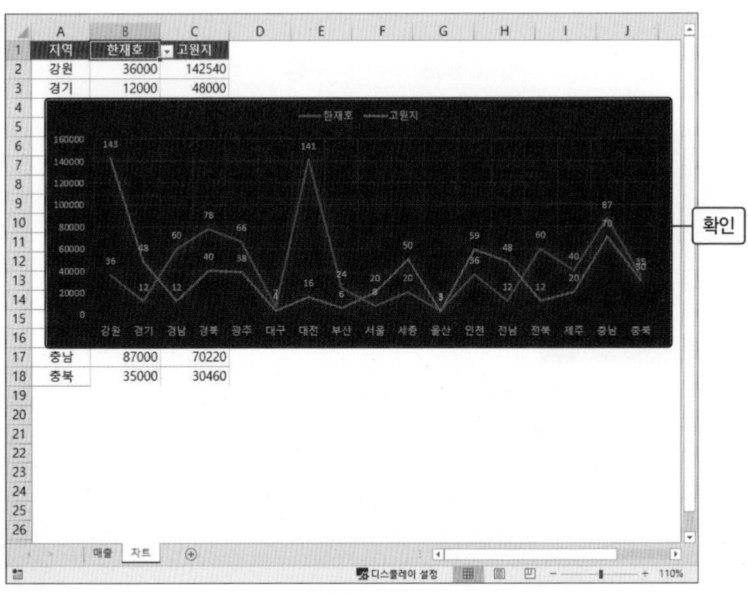

# 찾아보기

# 찾아보기

# 찾아보기